【中华藏书百部】

学术顾问◎汤一介 文怀沙

主编◎徐寒

史记精華【上】

全新校勘精注今译版

中国书店

**图书在版编目 (CIP) 数据**

史记精华 / 徐寒主编. --北京：中国书店，2010.5
（中华藏书百部）
ISBN 978-7-80663-827-9

I．史… II．徐… III．中国－古代史－纪传体 IV．
K204.2

中国版本图书馆CIP数据核字（2010）第055674号

书　　名：**史记精华**

责任编辑：陈利辉

封面设计：藏典閣圖書 CANGDIANGETUSHU

出版发行：中国书店

地　　址：北京市宣武区琉璃厂东街115号

邮　　编：100050

总 经 销：全国新华书店

印　　刷：北京德富泰印务有限公司

开　　本：787 × 1092　　1/16

印　　张：75.5

字　　数：1566千字

版　　次：2010 年 6 月第 1 版　第 1 次印刷

书　　号：ISBN 978-7-80663-827-9

定　　价：485.00元（上中下册）

ISBN 978-7-80663-827-9

9 787806 638279 >

# 总　序

　　中华民族的传统文化，源远流长，博大精深，而又影响深远。"富贵利达，朝荣夕萎；而著述行世，可以不朽"，无疑已成为了中国历代知识分子重要的人生理念。由于中国知识阶层往往具有的集知识分子与官僚阶层于一身的双重身份，从而带来了巨大的示范效应，逐步放大成为全社会普遍认可的道德规范。一段传世文字，一篇精彩文章，一本经典著作，蕴含并体现着他们毕生所追求的"文章经国之大业，人生不朽之盛事"的人生理念。一代一代的文人学者们孜孜不倦地投身于著书立说的事业之中，他们藏之名山的著述，传之后世，泽被后代，已成为中华文明重要的文化精神财富。

　　继春秋战国学术繁荣之后，汉代刘向、刘歆曾将古代典籍概括为六略，即六艺、诸子、诗赋、兵书、术数、方技。此后，历经各种新的组合和分化，逐步形成了以经、史、子、集四部为主导的分类体系。总之，中华国学数千年积淀的学术文化典籍，大致可归纳为经学、史学、佛教、道教、兵家、科技、小学、类书、丛书等九个方面。

　　我国历代藏书，通常分为"官藏"、"公藏"和"私藏"三大类。官藏类藏书是我国古代最早出现的图书典籍收藏体系。官藏又称古代国家藏书，主要分为皇室藏书和官府藏书两种，但二者在级别、体制、功能等方面都有明显的区别。公藏类藏书是历代中华藏书三大体系的重要组成部分之一。公藏又称古代公共藏书，主要分为书院藏书和寺观藏书两种。公藏类藏书基本呈现了中华藏书文化分布的自然状况。私家藏书是中国历代藏书中官藏、公藏和私藏三大系统的重要组成部分，是一种以私人收藏的方式来保存书籍的藏书形式。其收藏者是广泛性的，从皇宫贵族、官宦权贵到士、农、工、商无所不包；其藏书的内容也是多角度、全方位的，经、史、子、集无不涉及。因此，私家藏书是中华藏书中传统典籍积累、保存、整理、再造的重要系统之一。私藏类藏书又可细分为五种：藏书楼藏书，以藏书地闻名而藏书成就较高；藏书家藏书，是私藏的主流，不仅数量多、版本精，而且其藏书活动带有专业性和职业性；名家藏书是以历代各阶层的社会名流为藏书主体，其藏书一般带有明显的个人特色，而且数量可观；民间藏书是以朝代划分的，这类藏书集中反映了历代统治者对书籍的查抄禁毁情况，所选大都为禁毁书目；海外藏书是指因为各种原因而流失海外的中华典籍，其中有很多珍本、善本甚至是孤本，是私家类藏书不得不涉及的一个重要组成部分。

　　为了使这些中华藏书传世经典的价值和魅力在流光岁影里永不褪色、历久弥新；同时也是为了在古代经典和现代经验之间架起一座沟通的桥梁，中国书店出版社与北京藏典阁图书有限责任公司合作推出了这套"中华藏书百部"大型系列丛书。这套丛书定位为中华传统文化经典的普及本，遴选中华藏书经典中的传世之作，辅之以精注今译和全新校勘，并约请国内文史哲领域的专家学者把关，引领大家系统地阅读历代中华藏书的经典名篇。这套丛书所推书目为 100 种，以展现中国历代藏书文化特点为宗旨，以弘扬中华藏书文化为目标，特邀专家学者对历代中华藏书的代表性篇目精挑细选，并进行研究整理，加以分类编排。内容分别有：中华国学藏书经典；中国古典文学名著；中国古典诗词文章精选；中华传统文化读本精选；中国历代奇书、私家藏书精选；世界文化精选读本；历代人物传记系列；历代文学名著鉴赏系列；中华传统保健养生系列等。本套丛书不是对古代典籍的简单拼凑和编辑，而是将中华藏书分门别类，形成一个有机的整体，力求全方位、立体化地展现中华藏书的整体风貌。编者在编写过程中尤其突出家庭藏书的理念，依据市场需求分批出版，所列书目无不遵循从"基础"到"拓展"的延伸，体现由浅入深的特点，展现出家庭藏书的丰富层次。

回顾数千年的中华藏书史，"书于竹帛，传遗后世子孙"的价值观念，让人们清醒地认识到，藏书是能够传遗后世子孙的，是值得后人继承和借鉴的。胡锦涛总书记在十七大报告中指出："要全面认识祖国传统文化，取其精华，去其糟粕，使之与当代社会相适应，与现代文明相协调，保持民族性，体现时代性。加强中华优秀文化传统教育，运用现代科技手段开发利用民族文化丰厚资源。加强对各民族文化的挖掘和保护，重视文化和非物质文化遗产保护，做好文化典籍整理工作。"温家宝总理曾在哈佛大学做过一个很有名的演讲，他说，中华民族的祖先曾追求这样一种境界——"为天地立心，为生民立命，为往圣继绝学，为万世开太平。"今天我们正处在社会急剧大变化的时代，回溯文明源头，传承文化命脉，相互学习，开拓创新，是弘扬中华民族优秀文化传统的明智选择。所以整理出版我国优秀的古代藏书典籍，培育中华文化的传人，使中华文明薪火代代相传，是我们义不容辞的责任。

中宣部、新闻出版总署最近联合发出《关于进一步推动做好全民阅读活动的通知》，通知指出，希望各地结合实际，设计和实施推动本地区全民阅读活动的具体安排。同时要努力探索、不断创新全民阅读活动的方式，充分利用广播、电视、期刊、报纸、网络、手机等多种载体、多种途径，加大宣传力度，进一步扩大全民阅读活动的社会影响，吸引更多群众参与全民阅读。在国家和政府进一步加快文化产业化建设和大力倡导开展全民阅读，鼓励多读书、读好书的大背景下，"中华藏书百部"大型系列丛书将陆续出版，编者努力体现其集成古代藏书典籍，传承中华灿烂文明的核心价值，力争掀起新一轮的"中华藏书"阅读和收藏热潮，为和谐社会精神文明建设做出贡献。

作为炎黄子孙，中华传统文化是我们共同的骄傲和共同的身份，也是每一个中国人都无法抹去的生命"痕迹"。

《中华藏书百部》编委会

# 史家之绝唱　无韵之离骚

## ——《史记精华》（精注今译本）出版前言

公元前184年至公元前91年间，诞生了中国历史上第一部贯穿古今的纪传体通史。作者是西汉时期的太史公司马迁。这位著名的历史学家，在这部被后人梁启超赞为"千古之绝作"的巨著中，记载了中国古代从上古传说中的黄帝到汉武帝元狩元年共三千多年的历史。这部书就是流芳百世的《史记》。

### 《史记》的成书缘起

司马迁的父亲是西汉的太史令司马谈。司马迁从小受到良好的教育，20岁时，便从长安出发到各地游历，足迹遍及江淮流域和中原、巴蜀地区，所到之处考察风俗，采集传说。汉武帝元封三年（前108年），其父去世，司马迁承袭父职，任太史令，同时也继承父亲遗志，准备撰写一部通史。汉武帝太初元年（前104年），司马迁与唐都等共创"太初历"，此后司马迁便修心养性，潜心著述，开始了《史记》的写作。

汉武帝天汉三年（前98年），司马迁为因兵败降匈奴的李陵辩护，触怒武帝，被投入牢狱并施以腐刑，对此他曾长叹"祸莫憯于欲利，悲莫痛于伤心，行莫丑于辱先，而诟莫大于宫刑。刑馀之人，无所比数，非一世也"，其意味深长。出狱后，司马迁任中书令，发愤撰写史书，终于完成了《太史公书》，后世称为《史记》。

成书伊始，并无固定书名，司马迁曾将这部巨著给当时的大学者东方朔过目，东方朔看后对其非常钦佩，就在书上加了"太史公"三字。这部空前绝后的名著也就被称为《太史公书》或《太史公记》，简称《太史公》。而《史记》原本是古代史书的通称，大约从东汉时期开始，《史记》则由通称逐渐成为《太史公书》的专名。书成之后，司马迁知道该书不被当世所容，故预先将副本存之名山，流传后世。《史记》成书直至司马迁去世之后，均未立刻流行，被人重视。到汉宣帝时，司马迁外孙等人开始把《史记》部分内容向外流传，而西汉皇室却始终把《史记》作为宫廷秘籍收藏，并阻止该书内容外传，即使诸侯东平王要求朝廷赐书都遭拒绝，所以直到东汉《史记》才开始流传。

### 《史记》的三大价值

《史记》的诞生，是中国文化史上的一件大事。这部纵横古今数千年的巨著，就后世史学和文学的具体发展而言，贡献巨大。郑樵称："六经之后，唯有此作"。赵翼说："自此例一定，历代作史者，遂不能出其范围，信史家之极则也。"总结起来，《史记》对后世的影响和价值主要体现在它的"三大贡献"和"四大思想"等几个方面：

其一，《史记》的三大贡献。

《史记》对中国史学发展，有三大贡献，一，建立了杰出的通史体裁。《史记》作为中国史学史上第一部贯通古今，网罗百代的纪传体通史，代表了古代中国史学的最高成就，它开启了纪传体通史的先例，树立了范本榜样，后世史家效仿不绝，通史家风，一直影响着近现代的史学研究与写作。二，建立了史学独立地位。《史记》之前，史学多含在经学范围内，没有自己的独立地位，史书都是附在《春秋》之后的，晋朝荀勖开始把历代典籍分为甲乙丙丁四部，其中丙部专记史记皇览，从而史学一门才在中国学术领域里取得了独立地位，饮水思源，这一功绩当归司马迁和他的《史记》。三，建立了纪传文学传统。司马迁文学修养浓厚，艺术手段高妙，纪传体文字生动，笔力洗练，使人"呼之击节，不自知其所以然。"（《容斋随笔》）因此，《史记》不但是纪传文学的集大成者，而且对后来的魏晋小说、唐宋诗文、甚至宋元词曲、明清戏曲等，都有很大影响，成为中国古代文学重要的活水源头。

其二，《史记》的四大思想。

《史记》中最为闪光的人文思想主要有四点：一是表现出了进步的民族观。《史记》将春秋战国时代广大边塞地区的国家和民族都视为黄帝子孙，这对于中国多民族大家庭的形成与稳定，起了难以估量的作用。二是表现出了进步的经济观。《史记》文章，强调发展经济，提倡"工、农、商、虞"并重，反对歧视工商业者，认为经济是国家强大的基础。三是表现出了强烈的民主观。《史记》集先秦文化之大成，继承和发扬了先秦士大夫优秀的思想人格，突出地显示了作者追求的政治理想和社会理想，并对现实政治、社会敢于批判，终"成一家之言"，两千年来，每每令人常读常新。四是表现出了豪迈的人生观。《史记》中歌颂的几乎都是有理想、有抱负、有追求、敢于进取、勇于建功立业的英雄。在著名的《报任安书》中，司马迁写道："人固有一死，或重于泰山，或轻于鸿毛"，而其奋斗一生的经历所昭示出来的精神，更是司马迁留给后人的一份宝贵财富。

其三，《史记》的世界影响。

说到《史记》的传播和影响，它作为中国古代第一部通史和第一部传记文学，确立的史学及文学地位，同时是具有世界意义的。过去欧洲称古希腊的普鲁塔克为"世界传记之王"。普鲁塔克大约生于公元46年，死于公元120年。生前著作有《列传》，今译《希腊罗马名人传》50篇，是欧洲传纪文学的开端。如果我们把普鲁塔克放到中国古代史的长河里来比较一下的话，可以发现，普鲁塔克比班固（公元32年至公元92年）还要晚生14年，若和司马迁相比，则要晚生191年了。司

# 目　录

# 一　本纪三篇（精选）

## 秦始皇本纪

秦始皇帝者，秦庄襄王子也。[1]庄襄王为秦质子于赵，[2]见吕不韦姬，[3]悦而取之，生始皇。以秦昭王四十八年正月生于邯郸。[4]及生，名为政，姓赵氏。[5]年十三岁，庄襄王死，政代立为秦王。当是之时，秦地已并巴、蜀、汉中，[6]越宛有郢，[7]置南郡矣；北收上郡以东，[8]有河东、太原、上党郡；[9]东至荥阳，[10]灭二周，[11]置三川郡。[12]吕不韦为相，[13]封十万户，号曰文信侯。招致宾客游士，欲以并天下。李斯为舍人。[14]蒙骜、王齮、麃公等为将军。[15]王年少，初即位，委国事大臣。

【注释】〔1〕"秦庄襄王"，名子楚，秦孝文王之子，公元前二四九年至前二四七年在位，事见本书《秦本纪》。　〔2〕"质子"，即人质。派往别国作为抵押的人，多为王子或世子，故名。古代不但弱国为了取得强国的信任，免遭侵伐，遣子为质，而且有时强国为了取得弱国的服从和支持，也遣子为质。此外，相敌对的两国亦或互质。子楚质于赵，即属强国遣子为质于弱国。子楚质于赵时，秦国多次攻打赵国。　〔3〕"吕不韦"，战国末年卫国濮阳（今河南濮阳西南）人，为阳翟（今河南禹县）巨商，在赵国都城邯郸遇见子楚，以为"奇货可居"，游说华阳夫人立为太子。子楚继位，以吕不韦为相国，封文信侯。秦王政继位后，仍任相国。秦王政十年，免相国，后流处蜀郡，自杀。事详《史记》本传。　〔4〕"秦昭王"，即昭襄王，秦武王异母弟，本书《甘茂列传》司马贞《索隐》引《世本》云名侧，又引《赵世家》云名稷。《秦本纪》《索隐》云名则，又名稷。公元前三〇六年至前二五一年在位。事见本书《秦本纪》。"邯郸"，赵国都城，在今河北邯郸市。　〔5〕"姓赵氏"，始皇为嬴姓。据本书《秦本纪》记载，秦的先人造父以善御幸于周缪王，"缪王以赵封造父，造父族由此为赵氏"。有的人认为始皇生于赵，所以又姓赵氏，此说不可信。　〔6〕"巴、蜀"，古国名。巴地在今四川东部、湖北西部，周武王克殷，以其地为巴子国。蜀地在今四川中部偏西，西周中期以后，蜀侯蚕丛始称王。秦惠文王后九年，秦伐蜀，灭之，同时也消灭了巴子国，以二国地置巴、蜀二郡。巴郡治江州（在今四川重庆市北嘉陵江北岸），蜀郡治成都（即今四川成都市）。"汉中"，本书《秦本纪》记载，秦惠文王更元十三年，秦庶长章"攻楚汉中，取地六百里，置汉中郡"。故地在今陕西秦岭以南及湖北西北部，治所在南郑（今陕西南郑县）。〔7〕"宛"，音 yuān，县名，在今河南南阳市。据本书《秦本纪》记载，秦昭襄王十五年，秦将白起攻楚，取宛。"郢"，音 yǐng，战国时曾为楚都，在今湖北江陵县北纪南城遗址处。秦昭襄王二十九年，白起攻楚，拔郢，楚顷襄王士卒散亡，不能再战，徙都于陈，秦遂以郢为中心，置设南郡。〔8〕"上郡"，战国时魏所置郡。秦惠文王十年，魏纳上郡十五县于秦。秦所置上郡包有今陕西西北部和内蒙古自治区黄河河套以南一带，治所在肤施（今陕西榆林县东南）。〔9〕"河东"，战国时魏地。本书《秦本纪》记载，秦昭襄王二十一年，秦将司马错攻魏河内，魏献安邑求和，秦迁走魏人，募民徙河东，赐给爵号，又赦免罪人徙至河东。明年，以河东地为九县。秦置河东郡，应始于此时。秦统一全国后，仍置河东郡，辖境在今山西沁水以西，霍山以南，治所在安邑（今山西夏县西北）。"太原"，战国时赵地。据本书《秦本纪》记载，秦庄襄王三年，秦初置太原郡。秦统一全国后，仍置太原郡，辖境在今山西霍山以北，句注山以南，治所在晋阳（今山西太原市西南晋源镇）。"上党郡"，战国时韩地。据本书《赵世家》记载，赵孝成王四年，赵取韩上党。又据本书《秦本纪》记载，秦昭襄王四十八年，秦尽取上党地。秦当在此时置以为郡。秦统一全国后，仍置上党郡，辖境在今山西和顺县、榆社县以南，沁水流域以东，治所在壶关（今山西长治市北）。〔10〕"荥阳"，战国时韩地，在今河南荥阳县。据本书《韩世家》记载，韩桓惠王二十四年，秦拔韩成皋、荥阳。"荥"，音 xíng。〔11〕"二周"，西周、东周。周考王封其弟揭于河南，是为西周桓公，形成一个西周小国。西周桓公去世，其子威公嗣立。周显王二年，威公去世，少子公子根与太子公子朝争立，韩、赵帮助公子根在巩独立，于是周分裂为西周和东周两个小国。西周赧王五十九年，秦将军摎攻韩伐赵，赧王恐，率诸侯军攻秦。秦昭襄王派将军摎攻西周，赧王入秦，尽献其邑，赧王卒，西周亡。秦庄襄王元年，秦使相国吕不韦率师灭掉东周。西周都河南（今河南洛阳市西），东周都巩（今河南巩县西南）。〔12〕"三川郡"，秦庄襄王元年，秦东取韩地至于荥阳，又灭西周、东周，遂在这一地带置三川郡。秦统一全国后，仍置三川郡。因境内有河、雒、伊三川，故名。治所在雒阳（今河南洛阳市东北）。〔13〕"相"，即相国、丞相。辅佐天子掌理天下政务。秦朝分置左右丞相各一人，至二世二年始废去左右丞相，另设中丞相一人。〔14〕"李斯"，楚上蔡（今河南上蔡县西南）人。曾就学于荀卿。入秦后，初为吕不韦舍人，后被秦王政拜为客卿。秦王政十年，由于韩国水工郑国事件，秦宗室大臣建议逐客。李斯上书谏阻，意见被秦王政采纳。不久任廷尉。秦统一全国后任丞相。秦二世时为赵高所忌，被杀。他反对分封制，主张焚《诗》、《书》，禁私学，又以小篆为标准，整理文字，对秦朝政治、文化有过较大的影响。事详《史记》本传。"舍人"，侍从宾客之类，与后世的幕僚相似。〔15〕"蒙骜"，齐人，蒙恬的祖父。入秦事秦昭襄王，官至上卿。在秦庄襄王、秦王政时期，为秦将，屡立战功，卒于秦王政七年。"王齮"，秦昭襄王时即为秦将，曾先后率军伐赵，攻上党。卒于秦王政三年。"齮"，音 yǐ。"麃公"，秦大夫，姓麃，名伏。但南朝宋裴骃《集解》引应劭云："麃，秦邑。"唐司马贞《索隐》云："麃公盖麃邑公，史失其姓名。""麃"，张守节《正义》："麃，彼苗反。"是"麃"音 biāo。

【译文】秦始皇帝是秦庄襄王的儿子。庄襄王在赵国作秦国人质时，看见吕不韦的姬妾，很喜欢，就把她娶了过来，生了始皇。始皇在秦昭王四十八年正月生于邯郸。等到出生时，取名为政，姓赵氏。十三岁，庄襄王死了，政继位为秦王。当时，秦国已经兼并了巴、蜀、汉中，越过宛占有了郢，设置了南郡；往北取得了上郡以东，占有了河东、太原、上党郡；东边到达荥阳，消灭了西周、东周，设置了三川郡。吕不韦做丞相，封邑十万户，号为文信侯。招揽宾客游士，打算吞并天下。李斯为舍人，蒙骜、王龁、麃公等为将军。秦王年幼，即位初期，国家政事交由大臣处理。

晋阳反，[1]元年，将军蒙骜击定之。二年，麃公将卒攻卷，[2]斩首三万。三年，蒙骜攻韩，取十三城。王龁死。十月，将军蒙骜攻魏氏畼、有诡。[3]岁大饥。四年，拔畼、有诡。三月，军罢。秦质子归自赵，赵太子出归国。十月庚寅，蝗虫从东方来，蔽天。天下疫。百姓内粟千石，[4]拜爵一级。[5]五年，将军骜攻魏，定酸枣、燕、虚、长平、雍丘、山阳城，[6]皆拔之，取二十城。初置东郡。冬雷。六年，韩、魏、赵、卫、楚共击秦，[7]取寿陵。[8]秦出兵，五国兵罢。拔卫，[9]迫东郡，[10]其君角率其支属徙居野王，[11]阻其山以保魏之河内。[12]七年，彗星先出东方，[13]见北方，[14]五月见西方。将军骜死。以攻龙、孤、庆都，[15]还兵攻汲。[16]彗星复见西方十六日。夏太后死。[17]八年，王弟长安君成蛟将军击赵，[18]反，死屯留，[19]军吏皆斩死，迁其民于临洮。[20]将军壁死，卒屯留蒲鶮反，戮其尸。[21]河鱼大上，[22]轻车重马东就食。

【注释】〔1〕"晋阳"，战国时属赵，秦庄襄王三年，被秦攻取，置太原郡。此年五月庄襄王死，晋阳遂反。 〔2〕"卷"，音 quān，战国魏地，在今河南西原阳县旧原武西北。据本书《秦本纪》记载，秦昭襄王三十三年，"客卿胡阳攻魏卷、蔡阳、长社，取之"。此又云麃公攻卷，可能卷曾叛秦，否则"卷"字有误。 〔3〕"畼、有诡"，皆为魏邑，今地不详。"畼"，音 chàng。 〔4〕"内"，与"纳"字同。 〔5〕"拜爵一级"，秦爵二十级，由下而上，一公士，二上造，三簪袅，四不更，五大夫，六官大夫，七公大夫，八公乘，九五大夫，十左庶长，十一右庶长，十二左更，十三中更，十四右更，十五小上造，十六大上造，十七驷车庶长，十八大庶长，十九关内侯，二十彻侯。秦始皇四年为我国历史上百姓纳粟买爵之始。当时一般人买爵，主要是为了免除徭役征发。 〔6〕"酸枣"，战国魏地，在今河南延津县西南。"燕"，古南燕国旧地，战国属魏，在今河南延津县东北。"虚"，战国魏地，在今河南延津县东。"长平"，战国魏地，在今河南华县东北。"雍丘"，战国魏地，在今河南杞县。"山阳城"，战国魏地，地处太行山之阳，故名。在今河南焦作市东。 〔7〕"韩、魏、赵、卫、楚共击秦"，五国诸侯合纵西伐秦，楚为纵长，春申君黄歇主持其事。五国兵至函谷关，秦出兵迎击，诸侯军败走。事见本书《春申君列传》。 〔8〕"寿陵"，唐张守节《正义》云："徐广云：'在常山。'按本赵邑也。"据本书《春申君列传》，五国诸侯军是从函谷关方向攻秦，所取寿陵当在河东郡一带，不应远在常山。今地不详。 〔9〕"卫"，当时卫仅有濮阳。秦拔濮阳，即以其地并入东郡。 〔10〕"迫东郡"，秦统一全国后所置东郡辖有河南延津县、濮阳县、南乐县以东，山东聊城县、东阿县以南，郓城县、成武县以西，山东定陶县、河南封丘县以北。秦王政五年设置的东郡还没有包举濮阳以东。这里所说的"迫东郡"，是指濮阳以东的东郡地区。　〔11〕"君角"，卫元君之子，秦王政十八年继位，秦二世元年，废为庶人。"野王"，在今河南沁阳县。据本书《卫世家》，徙居野王为卫元君时事。又本书《白起列传》云：秦昭襄王"四十五年，伐韩之野王，野王降秦"。是秦把卫徙于野王。　〔12〕"魏之河内"，魏国境内的河内地区。河内本是泛指黄河以北地区，秦当时尚未占有全部河内地，所以这里说"魏之河内"。　〔13〕"彗星"，即通常所说的扫帚星。古人认为彗星出现，预示着某种灾祸。如唐张守节《正义》引《孝经内记》云："彗出北斗，兵大起。彗在三台，臣害君。彗在太微，君害臣。彗在天狱，诸侯作乱。所指其处大恶。彗在日旁，子欲杀父。"这里记载彗星屡见，预示着将军蒙骜死。下面又记载彗星见，预示着夏太后死。〔14〕"见"，与"现"字同。出现。　〔15〕"龙"，在今河北行唐县。"孤"，在今河北唐县北。"庆都"，在今河北望都县。当时三地皆属赵。　〔16〕"汲"，当时为魏地，在今河南汲县西。〔17〕"夏太后"，即夏姬，秦庄襄王生母。庄襄王即位后，尊为夏太后。　〔18〕"长安君成蟜"，长安君为封号，成蟜为长安君之名。　〔19〕"屯留"，在今山西屯留县南。〔20〕"临洮"，在今甘肃岷县。地临洮水，故名。成蟜叛乱时，劫持屯留民众共反，所以成蟜兵败身死后，把屯留民众迁徙到僻远的临洮。　〔21〕"将军壁死，卒屯留蒲鹖反，戮其尸"，对这段文字的解释众说纷纭。一般人标点为"将军壁死，卒屯留、蒲鹖反，戮其尸"，"壁"释为壁垒。"屯留、蒲鹖"解为二邑名。注者认为，"壁"，人名，秦将军。击斩成蟜军吏，迁徙屯留民众者即为将军壁。"蒲鹖"，人名，姓蒲名鹖，屯留人，将军壁的士卒。将军壁尽徙屯留民众于临洮，为屯留民众所痛恨，所以他死后，屯留人蒲鹖反叛，戮其尸。　〔22〕"河"，黄河。《汉书·五行志中之下》载："史记秦始皇八年，河鱼大上。刘向以为近鱼孽也。是岁，始皇弟长安君将兵击赵，反，死屯留，军吏皆斩，迁其民于临洮。明年有嫪毐之诛。鱼阴类，民之象，逆流而上者，民将不从君令为逆行也。其在天文，鱼星中河而处，车骑满野。至于二世，暴虐愈甚，终用急亡。京房《易传》曰：'众逆同志，厥妖河鱼逆流上。'"是"河鱼大上"，谓河中鱼逆流而上。也有人认为"河鱼大上"，指黄河泛滥，大量河鱼被冲到平地上来。在古人看来，这是不吉利现象。

【译文】晋阳反叛，秦王政元年，将军蒙骜平定了叛乱。二年，麃公率军攻打卷邑，杀死了三万人。三年，蒙骜攻打韩国，夺取了十三个城邑。王齮死了。十月，将军蒙骜攻打魏国的畅邑、有诡。这一年粮食大歉收。四年，攻克畅邑、有诡。三月，撤回了军队。秦国的人质从赵国返回，赵国太子离开秦国回到赵国。十月庚寅，蝗虫从东方飞来，遮蔽了天空。天下瘟疫。百姓缴纳一千石粟米拜爵一级。五年，将军蒙骜进攻魏国，平定了酸枣、燕邑、虚邑、长平、雍丘、山阳城，都是使用武力攻克的，共夺取了二十个城邑。开始设置东郡。冬天打雷。六年，韩国、魏国、赵国、卫国、楚国一起进攻秦国，夺取了寿陵。秦国出兵，五国的军队撤了回来。秦国攻克卫国，进逼东郡，卫君角率领他的支属迁居野王，凭借山险保卫魏国境内的河内地区。七年，彗星先出现在东方，又出现在北方。五月出现在西方。将军蒙骜死了。是因为攻打龙邑、孤邑、庆都，又回军攻打汲邑（而死去的）。彗星又在西方出现了十六天。夏太后死了。八年，秦王的弟弟长安君成蟜率领军队攻打赵国，举兵反叛，死在屯留，他的军吏都被斩首处死，把屯留民众迁徙到临洮。将军壁死了，士卒屯留人蒲鶂反叛，斩断他的尸体。河鱼被大量冲到平地上，秦国人轻车重马地到东边来就地食用。

　　嫪毐封为长信侯。[1]予之山阳地，令毐居之。宫室车马衣服苑囿驰猎恣毐。[2]事无小大皆决于毐。又以河西、太原郡更为毐国。[3]九年，彗星见，或竟天。[4]攻魏垣、蒲阳。[5]四月，上宿雍。[6]己酉，王冠，[7]带剑。[8]长信侯毐作乱而觉，矫王御玺及太后玺以发县卒及卫卒、官骑、戎翟君公、舍人，[9]将欲攻蕲年宫为乱。[10]王知之，令相国昌平君、昌文君发卒攻毐。[11]战咸阳，[12]斩首数百，皆拜爵，[13]及宦者皆在战中，亦拜爵一级。毐等败走。即令国中：有生得毐，赐钱百万；杀之，五十万。尽得毐等。卫尉竭、内史肆、佐弋竭、中大夫令齐等二十人皆枭首。[14]车裂以徇，[15]灭其宗。及其舍人，轻者为鬼薪。[16]及夺爵迁蜀四千余家，[17]家房陵。[18]是月寒冻，有死者。杨端和攻衍氏。[19]彗星见西方，又见北方，从斗以南八十日。[20]十年，相国吕不韦坐嫪毐免。桓齮为将军。[21]齐、赵来，置酒。齐人茅焦说秦王曰：“秦方以天下为事，而大王有迁母太后之名，[22]恐诸侯闻之，由此倍秦也。”[23]秦王乃迎太后于雍而入咸阳，复居甘泉宫。[24]

【注释】〔1〕“嫪毐”，音 lào ǎi。初为吕不韦舍人，后诈受腐刑，为宦者，得侍太后，与太后私通，权势颇大。秦王政九年，谋反被诛。事迹主要见于本书《秦始皇本纪》、《吕不韦列传》。　〔2〕“苑囿”，种植林木，畜养禽兽，供上层统治者游猎的园林。有墙垣者为苑，无墙垣者为囿。　〔3〕“河西”，指流经今陕西、山西间黄河南段的西部地区。　〔4〕“竟”，终，尽。“竟天”，彗星光芒与天空一样长。　〔5〕“垣”，即王垣，在今山西垣曲县东南。“蒲阳”，在今山西隰县。　〔6〕“雍”，在今陕西凤翔县南，秦德公都于此，至秦献公徙都栎阳。　〔7〕“冠”，古代男子二十岁举行加冠的礼节，表示已经成年。秦王政举行冠礼时为二十二岁，这是一种变通的做法。　〔8〕“带剑”，本书《货殖列传》云：“游闲公子，饰冠剑，连车骑，亦为富贵容也。”可见带剑是富贵的象征。既是为了防身自卫，也是以壮威仪。　〔9〕“戎翟君公”，指西北非华夏部族的首领。“翟”，同“狄”。　〔10〕“蕲年宫”，秦惠公时建造，在雍地。当时秦王政居此宫。“蕲”，音 qí。　〔11〕“昌平君”，楚公子，名字史书失载。秦王政二十一年，徙居郢。二十三年，楚项燕起兵反秦，立昌平君为荆王。明年即死去。“昌文君”，姓名不详，《史记》全书只此一见。　〔12〕“咸阳”，秦朝都城，故城在今陕西咸阳市东北。　〔13〕“斩首数百，皆拜爵”，秦自孝公时商鞅变法后，崇尚军功，有斩首封爵规定。《韩非子·定法篇》说商鞅规定斩一首者爵一级。战国时秦国具体规定无明文记载，但斩首越多，爵位越高则是可以肯定的。〔14〕“卫尉”，负责掌管宫门警卫，多以博士、议郎担任。“内史”，掌治京畿地区，相当于后世的京兆尹。“佐弋”，主管帝王的射猎。“弋”，音 yì。“中大夫令”，秦有郎中令，掌管宫殿门户，中大夫令是郎中令的属官。“齐”与上面提到的“竭”、“肆”都是人名，姓氏史书未载。“枭首"，砍头悬挂起来。是一种酷刑。"枭"，音xiāo。 〔15〕"徇"，音xùn，示众。 〔16〕"鬼薪"，服役三年的刑徒。据东汉应劭解释，"取薪给宗庙为鬼薪"。 〔17〕"迁蜀"，当时蜀地僻远，交通不便，秦常把罪人迁处蜀地。 〔18〕"房陵"，秦县，属汉中郡，在今湖北房县。〔19〕"杨端和"，秦将领，事迹仅略见《秦始皇本纪》。"衍氏"，战国魏地，在今河南郑州市北。 〔20〕"斗"，斗宿，又称北斗，二十八宿之一，玄武七宿的第一宿。 〔21〕"桓齮"，姓桓名齮，事迹主要见于《秦始皇本纪》。 〔22〕"迁母太后"，秦王政九年，嫪毐与太后淫乱事败露，嫪毐谋反被诛，秦王政把太后从都城咸阳迁徙于雍，软禁起来。 〔23〕"倍"，通"背"。〔24〕"甘泉宫"，宫在秦云阳县甘泉山上，故名。又名林光宫，建于秦王政初年。故址在今陕西淳化县西北。裴骃《集解》引徐广云："表云咸阳南宫也。"有人据此认为此甘泉宫是咸阳南宫，可备一说。

**【译文】**嫪毐封为长信侯。赐给他山阳地区，让他居住。宫室、车马、衣服、苑囿、游猎对嫪毐一律不加限制。事无大小都由嫪毐决断。又把河西、太原郡改为嫪毐的封国。九年，彗星出现，有时光芒竟天。攻打魏国的垣邑、蒲阳。四月，秦王住宿在雍地。己酉，秦王举行冠礼，佩戴宝剑。长信侯嫪毐作乱阴谋被发觉了，就诈用秦王印信和太后印信调动县邑的军队和警卫士卒、国家骑兵、戎翟首领、舍人，打算进攻蕲年宫，发动叛乱。秦王知道了这个消息，派相国昌平君、昌文君调遣士卒，进攻嫪毐。在咸阳交战，杀死了几百人，（斩首有功的人）都得到了爵位，宦者参加战斗的，也得到一级爵位。嫪毐等人战败逃跑了。秦王就在全国下令：有活捉嫪毐的，赏钱一百万；杀死嫪毐的，赏钱五十万。全部抓获了嫪毐等人。卫尉竭、内史肆、佐弋竭、中大夫令齐等二十人都被斩首悬挂。又把他们五马分尸，巡行示众，夷灭了他们的宗族。嫪毐的舍人，罪轻的服刑三年。削除爵位迁徙蜀地的有四千多家，居住在房陵。这个月天寒地冻，有被冻死的。杨端和攻打衍氏。彗星出现在西方，又出现在北方，跟随北斗向南移动了八十天。十年，相国吕不韦由于嫪毐的牵连获罪，免去了相国职务。桓齮为将军。齐国、赵国的使者来了，摆酒设筵。齐国人茅焦劝告秦王说："秦国正在以经营天下为己任，而大王有迁徙母太后的名声，恐怕各国诸侯听到这件事，由此引起背叛秦国。"秦王就去雍地迎接太后，回到咸阳，又重新居住在甘泉宫。

　　大索，逐客。〔1〕李斯上书说，〔2〕乃止逐客令。李斯因说秦王，请先取韩以恐他国，于是使斯下韩。韩王患之，〔3〕与韩非谋弱秦。〔4〕大梁人尉缭来，〔5〕说秦王曰："以秦之强，诸侯譬如郡县之君，臣但恐诸侯合从，〔6〕翕而出不意，〔7〕此乃智伯、夫差、湣王之所以亡也。〔8〕愿大王毋爱财物，赂其豪臣，以乱其谋，不过亡三十万金，则诸侯可尽。"秦王从其计，见尉缭亢礼，〔9〕衣服食饮与缭同。缭曰："秦王为人，蜂准，〔10〕长目，挚鸟膺，〔11〕豺声，少恩而虎狼心，居约易出人下，〔12〕得志亦轻食人。我布衣，然见我常身自下我。诚使秦王得志于天下，天下皆为虏矣。不可与久游。"乃亡去。秦王觉，固止，以为秦国尉，[13]卒用其计策。而李斯用事。

**【注释】**〔1〕"逐客"，秦国对各诸侯国蚕食不已，韩国为了消耗秦的国力，使它无力东进，就派水工郑国游说秦国兴修水利。秦采纳了郑国的建议，自中山西瓠口（今陕西泾阳县西北）凿渠引泾水东流，至今三原县北会合浊水，利用浊水和石川河水道，再引流东去，注入洛水。在工程兴建过程中，秦国察觉了郑国的意图。秦宗室、大臣认为诸侯国游秦的人都是为了本国的利益，要求驱逐全部游士。于是秦王政下达了逐客令。事见本书《河渠书》、《李斯列传》。〔2〕"李斯上书"，李斯上书的内容主要是运用历史事例说明各诸侯国的宾客曾为秦建立了功业。"士不产于秦，而愿忠者众。"现在要想无敌于天下，应该招纳宾客。详见本书《李斯列传》。"说"，音 shuì，劝说。〔3〕"韩王"，韩王安，韩桓惠王之子，是韩国的最后一个国王。公元前二三八年嗣位，公元前二三〇年被秦俘虏。〔4〕"韩非"，韩国贵族，与李斯俱师事荀卿。目睹韩国日益衰弱，多次上书建议韩王变法图强，未见采用。秦王政看到了他的著作，大为感慨，迅速攻韩。韩王派韩非出使秦国。被李斯等陷害，自杀狱中。著有《韩非子》，是法家的代表作。事详本书《韩非列传》。〔5〕"大梁"，魏国都城，在今河南开封市西北。"尉缭"，当代有名的军事家。梁惠王时也有一尉缭，撰有军事著作《尉缭子》。两人生活时代相去百年左右，当是两人。〔6〕"合从"，即"合纵"。战国时，秦国国势日强，为了反抗秦国的兼并，山东六国结成军事联盟，称为"合纵"。〔7〕"翕"，音 xī，收敛。这里是声色不外露的意思。〔8〕"智伯"，又作"知伯"，春秋末年，晋国六卿赵氏、魏氏、韩氏、智氏、范氏、中行氏当政。晋出公十七年，知伯与赵、韩、魏要联合瓜分范氏、中行氏的土地，遭到晋出公的反对。四家赶跑了晋出公。智伯立晋哀公，控制了晋国政权，占领了范氏、中行氏的土地，成为诸卿中最强的势力。智伯日益骄横。晋出公二十一年，智伯联合韩、魏攻赵，赵襄子坚守晋阳。三家军队引水灌城，城中悬釜而炊，易子相食。赵襄子惧，夜间派张孟谈与韩、魏密约，反而联合起来灭掉了智伯，瓜分了他的土地。事见本书《赵世家》、《战国策·赵策》。"夫差"，吴王阖庐被越国军队所伤致死，其子夫差嗣位二年，为报父仇，在夫椒（山名，在今江苏吴县西南太湖中）打败越国军队，乘胜攻破越国都城。后来又打败齐国，与晋争霸，称雄一时。越王勾践失败后，表面上屈服于吴，委国为臣妾。实际上卧薪尝胆，抚循士民，积蓄力量，后来终于攻破吴国，夫差自杀。事见本书《吴太伯世家》、《越王勾践世家》。"湣王"，指齐湣王地，齐宣王之子。他在位期间，国力强盛，一度自称东帝，秦昭王自称西帝。他灭亡了宋国，南向伐楚割地，西向威胁三晋，意欲兼并周室，自为天子。后来燕、秦、楚、三晋联兵攻齐，齐军大败。燕将乐毅攻入都城临淄，齐湣王逃亡被杀。事见本书《田敬仲完世家》。〔9〕"亢"，同"抗"。"亢礼"，礼节相当，彼此同等。〔10〕"蜂"，虿，是一种毒虫。长尾为虿，短尾为蝎。"蜂准"，高鼻梁。〔11〕"挚"，音 zhì，与"鸷"字通。"挚鸟"，猛禽，性情凶悍如鹰、鹯，其胸前突。"膺"，音 yīng，胸。〔12〕"约"，穷困。"易"，轻易。〔13〕"国尉"，掌管全国的军事，汉代称太尉。

**【译文】**秦王大规模地进行搜索，驱逐从诸侯国来的宾客。李斯上书劝阻，秦王就废除了驱逐宾客的命令。他乘机建议秦王，首先攻取韩国，使其他诸侯国感到恐惧。于是秦王派李斯攻打韩国。韩王很忧虑，和韩非商量削弱秦国的力量。大梁人尉缭来到秦国，劝告秦王说："以秦国的强大力量，（与诸侯相比，）诸侯就像一个郡县的君主。但是我担心诸侯联合起来，不露声色，出其不意地攻打秦国，这就是智伯、夫差、湣王所以灭亡的原因。希望大王不要吝惜财物，贿赂他们有权势的大臣，破坏他们的计划，失去的不过三十万斤黄金，而诸侯则可以全部消灭。"秦王听从了他的建议，每次接见尉缭时都以平等的礼节相待，衣服、饮食也与尉缭一样。尉缭说："秦王这个人，高鼻梁，细长的眼睛，鸷鸟一样的胸膛，豺狼一样的声音，刻薄寡恩，心如虎狼，处于穷困时容易谦卑下人，得志时也容易吞噬人。我是一个平民百姓，然而接见我时，常常甘居我下。如果秦王得志于天下，天下人都要成为他的俘虏了。不能和他长期相处。"尉缭就逃走了。秦王发觉了，坚决地挽留他，让他做秦国国尉，终于采用了他的计策。而这时李斯主持朝政。

十一年，王翦、桓齮、杨端和攻邺，[1]取九城。王翦攻阏与、橑杨，[2]皆并为一军。翦将十八日，军归斗食以下，[3]什推二人从军。取邺、安阳，[4]桓齮将。[5]十二年，文信侯不韦死，窃葬。其舍人临者，[6]晋人也逐出之；[7]秦人六百石以上夺爵，[8]迁；五百石以下不临，迁，勿夺爵。自今以来，操国事不道如嫪毐、不韦者籍其门，[9]视此。秋，复嫪毐舍人迁蜀者。[10]当是之时，天下大旱，六月至八月乃雨。

**【注释】**〔1〕"王翦"，频阳（今陕西富平县东北）人，为秦将军，在秦统一六国过程中，战功颇多，事详本书《王翦列传》。"邺"，据本书《六国年表》、《赵世家》，当时为赵地，在今河北临漳县西南。 〔2〕"阏与"，当时属赵，在今山西和顺县。"橑杨"，当时属赵，在今山西左权县。"橑"，音 lǎo。 〔3〕"斗食"，低级官吏，禄俸微薄。汉代斗食之吏月俸只有十一斛。 〔4〕"安阳"，即魏宁新中，秦昭襄王五十年拔之，改名安阳，在今河南安阳市东南。梁玉绳《史记志疑》云："'安阳'当作'橑阳'，必传写之误。" 〔5〕"桓齮将"，此上所述王翦、桓齮、杨端和攻取事含糊不清。据清梁玉绳《史记志疑》卷五考证，这次伐赵，"王翦为主将，桓齮为次将，杨端和为末将，并军伐赵，攻邺未得，先取九城。王翦遂别攻阏与、橑杨，而留桓齮攻邺。齮既取邺，翦复令齮攻橑杨，己独攻阏与，皆取之，故又言取邺、橑杨，桓齮将也"。 〔6〕"临"，临哭，哭吊。 〔7〕"晋人"，三晋人，即韩、魏、赵三国人。吕不韦入秦之前，以赵为活动基地。所以吕不韦死后，秦王特别注意清除吕不韦的三晋势力，驱逐他的舍人中的三晋人。 〔8〕"六百石"，秦爵八级的俸禄。下文"五百石"，为秦爵十级的俸禄。 〔9〕"籍"，登记。"籍其门"，登记于册，抄没全家，把人口变为官府徒隶。 〔10〕"复"，免除罪罚。

**【译文】**十一年，王翦、桓齮、杨端和攻打邺邑，夺取了九个城邑。王翦攻打阏与、橑杨，把全部士卒合并成一支军队。王翦统率全军，过了十八天，遣返军队中斗食以下的无功人员，十人中推选二人从军。攻下邺邑、橑杨，是桓齮领兵攻克的。十二年，文信侯吕不韦死了，偷偷地埋葬了他的尸体。吕不韦的舍人来哭吊的，如果是晋人就驱逐出境；如果是秦人，俸禄在六百石以上的削除爵位，迁离旧居，五百石以下没有来哭吊的，也迁离旧居，不削除爵位。从此以后，治理国家政事，像嫪毐、吕不韦一样为逆不道的，抄没他的全家，按照这个样子处理。秋天，嫪毐的舍人应该迁徙蜀地的得到了赦免。当时，天下大旱，从六月到八月才下雨。

十三年，桓齮攻赵平阳，[1]杀赵将扈辄，[2]斩首十万。王之河南。[3]正月，彗星见东方。十月，桓齮攻赵。十四年，攻赵军于平阳，取宜安，[4]破之，杀其将军。桓齮定平阳、武城。[5]韩非使秦，秦用李斯谋，[6]留非，非死云阳。[7]韩王请为臣。

**【注释】**〔1〕"平阳"，在今河北临漳县西南。 〔2〕"扈辄"，赵幽缪王将军。"辄"，音zhé。 〔3〕"王"，指赵王迁。桓齮杀死赵将扈辄，率军向东进击，赵王迁被迫逃往河南。见本书《六国年表》。"河南"，即周雒邑王城，在今河南洛阳市西郊涧水东岸。 〔4〕"宜安"，在今河北藁城县西南。 〔5〕"武城"，位于平阳西，在今河北磁县南。晋司马彪《续汉书·郡国志》载魏郡邺县有武城，即此。赵国东境还有一武城，故地在今山东武城县西北。当时秦军尚未至此。 〔6〕"李斯谋"，韩非奉韩王命入秦后，李斯对秦王说，韩非不能为秦所用，如果遣送回韩，是自遗祸患，不如以法杀死他。"李斯谋"即指此。后来秦王采纳了李斯的计谋，韩非被逮治自杀。事见本书《韩非列传》。 〔7〕"云阳"，秦县，在今陕西淳化县西北。

**【译文】**十三年，桓齮攻打赵国的平阳，杀死了赵国将领扈辄，斩首十万。赵王逃往河南。正月，彗星出现在东方。十月，桓齮攻打赵国。十四年，在平阳进攻赵国军队，夺取了宜安，打垮了赵国军队，杀死了它的将军。桓齮平定了平阳、武城。韩非出使秦国，秦国采纳李斯的计策，把韩非羁留在秦国，韩非死在云阳。韩王请求作为秦国的臣属。

十五年，大兴兵，一军至邺，一军至太原，[1]取狼孟。[2]地动。十六年九月，发卒受地韩南阳，[3]假守腾。[4]初令男子书年。[5]魏献地于秦。秦置丽邑。[6]十七年，内史腾攻韩，得韩王安，尽纳其地，以其地为郡，命曰颖川。[7]地动。华阳太后卒。[8]民大饥。

**【注释】**〔1〕"太原"，指太原郡。 〔2〕"狼孟"，当时属赵，在今山西阳曲县。 〔3〕"南阳"，在今河南西南部一带。秦昭襄王三十五年，秦初置南阳郡。这次接收的南阳地，当是昭襄王所置南阳郡以外被韩控制的地区。 〔4〕"假"，摄代，代理。"守"，郡守，一郡最高的行政和军事长官。"腾"，姓失载，与下文内史腾可能是一人。 〔5〕"男子书年"，男子在簿籍上登记年龄，主要是为了便于官府征发丁壮，服事徭役，或充军打仗。这在全国是一件大事，所以云梦秦简《编年记》于秦王政十六年也记载"自占年"，即自己申报年龄。〔6〕"丽邑"，又作"骊邑"，汉高祖改名新丰，在今陕西临潼县东北。〔7〕"颍川"，境内有颍水穿流，故名。辖地在今河南登封县、宝丰县以东，尉氏县、鄢城县以西，密县以南，舞阳县、叶县以北。治所在阳翟。〔8〕"华阳太后"，孝惠文王为太子时，立所爱姬为正夫人，号曰"华阳夫人"，孝惠文王继位，华阳夫人为王后。庄襄王生母为夏姬，养母为华阳后。庄襄王继位后，华阳后为华阳太后。事详本书《吕不韦列传》。

**【译文】** 十五年，秦国大举出兵，一支军队到达邺邑，一支军队到达太原，攻下了狼孟。发生地震。十六年九月，派兵接收韩国南阳地区，腾暂时代理郡守。开始下令男子登记年龄。魏国向秦国献纳土地。秦国设置丽邑。十七年，内史腾攻打韩国，抓获了韩王安，兼并了全部韩国领土，把它的领土设置了一个郡，命名为颍川。发生地震。华阳太后死了。发生严重的饥荒。

十八年，大兴兵攻赵，王翦将上地，〔1〕下井陉。〔2〕端和将河内，〔3〕羌瘣伐赵，〔4〕端和围邯郸城。〔5〕十九年，王翦、羌瘣尽定取赵地东阳，〔6〕得赵王。引兵欲攻燕，屯中山。〔7〕秦王之邯郸，诸尝与王生赵时母家有仇怨，皆阬之。秦王还，从太原、上郡归。始皇帝母太后崩。〔8〕赵公子嘉率其宗数百人之代，〔9〕自立为代王，东与燕合兵，军上谷。〔10〕大饥。

**【注释】** 〔1〕"上地"，指上郡地。〔2〕"井陉"，在今河北井陉县西北，城内有井陉山。"陉"，音 xíng。〔3〕"河内"，指河内郡。秦统一全国后，河内郡辖有今河南林县、济源县以东，滑县、新乡市以西，安阳市以南，孟县以北。治所在怀县（今河南武陟县西南）。〔4〕"羌瘣"，秦国将领。"瘣"，音 huì。〔5〕"端和围邯郸城"，以上数句，清梁玉绳《史记志疑》卷五认为"必有错简缺文，盖三将攻赵，王翦将上地下井陉，杨端和将河内围邯郸城，羌瘣独缺，只存'伐赵'二字，而错出于'端和将河内'句下也。'围邯郸城'上又重出'端和'二字"。〔6〕"东阳"，太行山以东赵国地区。〔7〕"中山"，春秋时白狄别族所建立的国家，赵惠文王三年，为赵所灭，故地在今河北境内滹沱河流域，战国时先后建都顾（今河北定县）、灵寿（今河北平山县东北）。〔8〕"崩"，按照封建等级制度，皇帝、皇后、皇太后死曰"崩"，诸侯死曰"薨"，大夫死曰"卒"。〔9〕"代"，据本书《匈奴列传》记载，赵武灵王置代郡。后来秦沿置，辖地在今山西北部、河北西北部一带。〔10〕"上谷"，燕始置上谷郡，地归秦后，仍沿置此郡，位于代郡之东。

**【译文】** 十八年，大举出兵进攻赵国，王翦统率上地士卒，攻下井陉。杨端和统率河内士卒，羌瘣也率军攻打赵国，杨端和围攻邯郸城。十九年，王翦、羌瘣全部攻占和平定了赵国的东阳地区，抓获了赵王。率兵准备进攻燕国，军队驻扎在中山。秦王来到邯郸，凡是他生在赵国时曾与母亲家里有仇怨的，全部坑杀。秦王返回秦国，是从太原、上郡回来的。始皇帝的母亲皇太后去世。赵国公子嘉带领他的宗族几百人前往代地，自立为代王，向东与燕国的军队联合起来，驻扎在上谷。这一年发生严重饥荒。

二十年，燕太子丹患秦兵至国，[1]恐，使荆轲刺秦王。[2]秦王觉之，体解轲以徇，而使王翦、辛胜攻燕。[3]燕、代发兵击秦军，秦军破燕易水之西。[4]二十一年，王贲攻荆。[5]乃益发卒诣王翦军，遂破燕太子军，取燕蓟城，[6]得太子丹之首。燕王东收辽东而王之。[7]王翦谢病老归。[8]新郑反。[9]昌平君徙于郢。[10]大雨雪，深二尺五寸。[11]

**【注释】**〔1〕"燕太子丹"，燕王喜之子，曾到秦国做人质，秦王政对他很不好，后逃回燕国。他看到秦国不断吞噬各诸侯国，祸将延及燕国，就阴养壮士，派荆轲西刺秦王。荆轲行刺没有成功，秦王派王翦率军进攻燕国，燕王喜、太子丹率军退守辽东，后来燕王喜被迫斩太子丹首献给秦国。〔2〕"荆轲"，卫国人。卫国人叫他庆卿，燕国人叫他荆卿。喜好读书击剑。游燕时，被燕太子丹尊为上卿，奉命刺杀秦王政。燕王喜二十八年，他带着秦国逃亡将军樊於期之首和夹有匕首的督亢（今河北易县、涿县、固安一带）地图，作为奉献秦王的礼物。荆轲献图，图穷而匕首见，刺秦王未中而死。事详本书《刺客列传》。〔3〕"辛胜"，秦国将军。全书只此一见。〔4〕"易水"，在燕国南境，发源于今河北易县西，东流至定兴县西南，注入拒马河。〔5〕"王贲"，王翦之子，为秦将军，先后率军攻楚，灭魏、灭燕，灭代王嘉，灭齐，战功卓著，封通武侯。"荆"，即楚国。楚国原建立于荆山（今湖北南漳县西），所以楚也称荆。有人认为秦称楚为荆，是为了避庄襄王子楚之讳。〔6〕"蓟城"，燕国都城，故地在今北京城西南角。〔7〕"燕王"，燕王喜，燕孝王之子，公元前二五四年继位，在位三十三年，被秦国俘虏。"辽东"，燕国设置的郡，秦沿置。辖有辽宁大凌河以东地，治所在襄平（今辽宁辽阳市）。"王"，音 wàng，称王。〔8〕"谢病"，托病辞职。秦国屡次打败楚军之后，准备灭亡楚国。当时秦将李信，年少壮勇。秦王政问李信灭楚需要多少士卒，李信说："不过用二十万人。"又问王翦，王翦说："非六十万人不可。"秦王以为王翦年老胆怯，派李信、蒙恬率军二十万攻楚，王翦遂告病，归老频阳。后来李信军败，秦王又起用王翦为将，最后消灭了楚国。事见本书《王翦列传》。〔9〕"新郑"，春秋时曾为郑国都城，战国韩哀侯灭郑后也建都于此。故城在今河南新郑县。〔10〕"郢"，指寿春。本书《楚世家》云：楚考烈王二十二年，"楚东徙都寿春，命曰郢"。故地在今安徽寿县。〔11〕"尺"，秦代尺比今天短，一尺约等于今天二十三点二厘米。

**【译文】**二十年，燕国太子丹担忧秦国的军队来到燕国，心里惶恐不安，派遣荆轲刺杀秦王。秦王察觉了，肢解了荆轲的尸体巡行示众，派王翦、辛胜进攻燕国。燕国、代国出兵攻击秦国军队，秦国军队在易水西边打败了燕国军队。二十一年，王贲进攻荆地。调遣更多的士卒前往王翦军队，于是打垮了燕太子的军队，攻下了燕国的蓟城，得到了太子丹的脑袋。燕王东去聚集辽东兵力，在那里称王。王翦推托有病，告老还乡。新郑反叛。昌平君迁徙到郢地。下大雪，雪有二尺五寸深。

二十二年，王贲攻魏，引河沟灌大梁，大梁城坏，其王请降，[1]尽取其地。

【注释】〔1〕"王"，指魏王假，魏景湣王之子，公元前二二七年至前二二五年在位。

【译文】二十二年，王贲进攻魏国，挖沟引河水淹灌大梁，大梁城墙毁坏，魏王请求投降，秦国占领了全部魏国领土。

二十三年，秦王复召王翦，强起之，使将击荆。取陈以南至平舆，[1]虏荆王。[2]秦王游至郢陈。[3]荆将项燕立昌平君为荆王，[4]反秦于淮南。[5]二十四年，王翦、蒙武攻荆，[6]破荆军，昌平君死，项燕遂自杀。

【注释】〔1〕"陈"，在今河南淮阳县。"平舆"，在今河南平舆县北。 〔2〕"荆王"，指荆王负刍，荆考烈王之子，荆哀王庶兄，继荆哀王之后立为荆王，公元前二二七年至前二二三年在位。 〔3〕"郢陈"，即陈，楚顷襄王二十一年，秦将白起攻拔楚都郢，楚顷襄王兵散不能再战，徙都陈。楚长期以郢为都，所以把陈也称为郢陈。 〔4〕"项燕"，项梁之父。本书《陈涉世家》载陈涉云："项燕为楚将，数有功，爱士卒，楚人怜之。"陈涉起义曾以项燕为号召。 〔5〕"淮南"，淮水之南。 〔6〕"蒙武"，蒙骜之子，蒙恬之父，秦昭襄王时已为秦将，曾率军伐齐。

【译文】二十三年，秦王又征召王翦，坚持要起用他，派他率军攻打荆国。攻下陈地以南至平舆一带，俘虏了荆王。秦王巡游到达郢陈。荆将项燕立昌平君为荆王，在淮水南边起兵反秦。二十四年，王翦、蒙武进攻荆地，打败了荆军，昌平君战死，项燕也就自杀了。

二十五年，大兴兵，使王贲将，攻燕辽东，得燕王喜。还攻代，虏代王嘉。王翦遂定荆江南地；降越君，[1]置会稽郡。[2]五月，天下大酺。[3]

【注释】〔1〕"越君"，据本书《越王勾践世家》记载，楚威王兴兵伐越，杀死越王无彊，从此越国败散，诸族子争立，或为王，或为君，朝服于楚。王翦所降越君，当是占据秦所置会稽郡者。 〔2〕"会稽郡"，辖有今江苏东南部、浙江中部以北和安徽东南部。治所在吴县（今江苏苏州市）。 〔3〕"酺"，音pú，欢聚宴饮。"大酺"，有国家命令才能举行。秦汉法律规定，不许三人以上无故聚饮，违者罚金。秦王指令天下大宴饮，是因为当时秦国相继平定了韩、赵、魏、燕、楚五国，齐国也即将被秦灭亡。

**【译文】**二十五年，大举出兵，派王贲为将，率军进攻燕国辽东地区，抓获了燕王喜。回军进攻代国，俘虏了代王嘉。王翦平定了荆国江南地区；降服了越君，设置会稽郡。五月，天下欢聚宴饮。

二十六年，齐王建与其相后胜发兵守其西界，[1]不通秦。秦使将军王贲从燕南攻齐，得齐王建。

**【注释】**〔1〕"齐王建"，齐哀王之子，公元前二六四年嗣立，在位四十四年。

**【译文】**二十六年，齐王建和齐相后胜调遣军队防守西部边界，不与秦国来往。秦国派将军王贲从燕国南下进攻齐国，俘虏了齐王建。

秦初并天下，令丞相、御史曰：[1]"异日韩王纳地效玺，[2]请为藩臣，已而倍约，与赵、魏合从畔秦，[3]故兴兵诛之，虏其王。寡人以为善，[4]庶几息兵革。赵王使其相李牧来约盟，[5]故归其质子。已而倍盟，反我太原，故兴兵诛之，得其王。赵公子嘉乃自立为代王，故举兵击灭之。魏王始约服入秦，已而与韩、赵谋袭秦，秦兵吏诛，遂破之。荆王献青阳以西，[6]已而畔约，击我南郡，故发兵诛，得其王，遂定其荆地。燕王昏乱，其太子丹乃阴令荆轲为贼，兵吏诛，灭其国。齐王用后胜计，绝秦使，欲为乱，兵吏诛，虏其王，平齐地。寡人以眇眇之身，[7]兴兵诛暴乱，赖宗庙之灵，六王咸伏其辜，天下大定。今名号不更，无以称成功，传后世。其议帝号。"丞相绾、御史大夫劫、廷尉斯等皆曰：[8]"昔者五帝地方千里，[9]其外侯服夷服，[10]诸侯或朝或否，天子不能制。今陛下兴义兵，诛残贼，平定天下，海内为郡县，法令由一统，自上古以来未尝有，五帝所不及。臣等谨与博士议曰：[11]'古有天皇，[12]有地皇，有泰皇，泰皇最贵。'臣等昧死上尊号，[13]王为'泰皇'。命为'制'，[14]令为'诏'，[15]天子自称曰'朕'。"[16]王曰："去'泰'，著'皇'，采上古'帝'位号，号曰'皇帝'。他如议。"制曰："可。"追尊庄襄王为太上皇。制曰："朕闻太古有号毋谥，[17]中古有号，死而以行为谥。如此，则子议父，臣议君也，甚无谓，朕弗取焉。自今已来，除谥法。朕为始皇帝。后世以计数，二世三世至于万世，传之无穷。"

**【注释】**〔1〕"御史"，即御史大夫，在君主左右掌管文书档案记录等事，又负责监察执法讨奸治狱，是秦代最高的监察官。始皇时此官地位仅次于左右丞相。　〔2〕"效"，献出。　〔3〕"畔"，通"叛"。　〔4〕"寡人"，少德之人。这是一种自我谦辞。春秋、战国时，诸侯王皆自称"寡人"，至秦、汉犹然。先秦诸侯的夫人亦可以此自称。可参阅清赵翼《陔余丛考》卷三六"寡人"条。　〔5〕"李牧"，赵国名将，曾驻守赵北方边境，大破匈奴。赵王迁时，又大败秦军，封为武安君，后被赵王迁杀害。事详本书《廉颇蔺相如列传》所附《李牧列传》。　〔6〕"青阳"，在今湖南长沙市。　〔7〕"眇眇"，微小，是自我谦辞。"眇"，音 miǎo。　〔8〕"绾"，音 wǎn，王绾。"劫"，冯劫，秦二世时被迫自杀。"廷尉"，掌管国家刑狱之官。"斯"，李斯。〔9〕"五帝"，我国古代传说中氏族社会的五个帝王。据本书《五帝本纪》所载，这五个帝王是黄帝、颛顼、帝喾、唐尧、虞舜。"方千里"，千里见方，即长宽各千里。　〔10〕"侯服夷服"，《周礼·夏官·职方氏》记载，天子直接管辖的长宽各一千里的地区称王畿。其外为对天子称臣的小国，由近及远分为九服，即侯服、甸服、男服、采服、卫服、蛮服、夷服、镇服、藩服。每服相去五百里。这仅是一种理想的政治区划。这里说"侯服"，表示距王畿较近的地区；说"夷服"，表示距王畿较远的地区。　〔11〕"博士"，秦代设置的学官，通晓古今，以待帝王咨询，又负责掌管文献典籍。　〔12〕"天皇"，与下"地皇"、"泰皇"均为传说中的三个帝王。〔13〕"昧死"，冒犯死罪。是臣下上书时用来表示敬畏的套语。　〔14〕"命"，君主颁布的有关制度性、法则性的命令。　〔15〕"令"，君主就一具体事物颁布的一般性命令。　〔16〕"朕"，音 zhèn，本为古人自称之辞，从秦始皇帝始，专用为皇帝自称。皇太后听政亦可自称"朕"。〔17〕"谥"，音 shì，古代君主或有地位的人死后，根据生前事迹给予的一字或两字称号。

**【译文】**秦国刚刚兼并天下，下令丞相、御史说："前些时候韩王交出土地，奉献国王的印章，请求成为藩臣。不久背弃了约定，与赵国、魏国联合起来背叛秦国，所以我兴兵讨伐，俘虏了韩国的国王。我以为这是件好事，大概可以偃兵息革了。赵王派他的丞相李牧来签订盟约，所以送回了他的作人质的儿子。不久赵国背叛了盟约，在我国太原起兵反抗，所以我兴兵讨伐，抓获了它的国王。赵国公子嘉自立为代王，所以我又发兵消灭了他。魏王最初说定臣服秦国，不久与韩国、赵国阴谋袭击秦国，秦国吏卒前往讨伐，摧毁了魏国。荆王献纳青阳以西的土地，不久违背约定，进攻我国南郡，所以我发兵讨伐，抓到了荆国国王，平定了荆地。燕王头昏脑乱，他的太子丹暗中指使荆轲做贼，秦国吏卒前去讨伐，灭亡了他的国家。齐王采用后胜的计策，不让秦国使者进入齐国，打算兴兵作乱，我派吏卒去讨伐，俘虏了齐国国王，平定了齐地。我这微不足道的人，发兵诛暴讨乱，靠着祖先宗庙的威灵，六国国王都已各服其罪，天下完全平定了。现在不改换名号，就不能颂扬建立的功业，流传后世。希望议论一下帝王的称号。"丞相王绾、御史大夫冯劫、廷尉李斯等都说："过去五帝管辖千里见方的地区，在这个地区之外的侯服、夷服，有的诸侯朝贡，有的诸侯不朝贡，天子不能控制。现在陛下调遣义军，诛暴讨贼，平定天下，四海之内，设置郡县，统一法令，这是从上古以来所没有过的，五帝也望尘莫及。我们谨慎地和博士讨论，都说：'古代有天皇，有地皇，有泰皇，泰皇最高贵。'我们冒着死罪献上尊号，王称为'泰皇'。天子之命称为'制'，天子之令称为'诏'，天子自称叫'朕'。"秦王说："去掉'泰'字，留下'皇'字，采用上古表示地位称号的'帝'字，叫做'皇帝'。其他遵照议定的意见。"（对已经决定了的名号）下达制命说："可以。"追尊庄襄王为太上皇。皇帝下达制命说："我听说远古有称号，没有谥号，中古有称号，死后根据生前行迹确定谥号。这样做，就是儿子议论父亲，臣子议论君王，很没有意义，我不采取这种做法。从此以后，废除谥法。我是始皇帝。子孙后代用数计算，从二世、三世至于万世，传袭无穷。"

始皇推终始五德之传，[1]以为周得火德，秦代周德，从所不胜方今水德之始。改年始，[2]朝贺皆自十月朔。衣服旄旌节旗皆上黑。[3]数以六为纪，符、法冠皆六寸，[4]而舆六尺，六尺为步，乘六马。更名河曰德水，以为水德之始。刚毅戾深，事皆决于法，刻削毋仁恩和义，然后合五德之数。于是急法，久者不赦。

**【注释】**〔1〕"终始五德之传"，战国阴阳家邹衍的一种学说。他认为，土、木、金、火、水五种物质德性相胜而又终而复始地循环变化，历史上的朝代即根据这一规律兴替。每个朝代在五德中都有相应的一德，以及与德相符的各种制度。按照邹衍的学说，周为火德，秦代周，应为水德。〔2〕"改年始"，改变一年的首月。夏以建寅之月为岁首，殷以建丑之月为岁首，周以建子之月为岁首，秦始皇帝以十月建亥为岁首。〔3〕"旄"，音 máo，上端用旄牛尾作为装饰的旗帜。"旌"，音 jīng，用羽毛做成的旗帜。"节"，使者所执，用作凭信，形似竹节，用竹木或金属制成，上端有旄饰。"上"，与"尚"字通。"上黑"，崇尚黑色。按五行学说，秦得水德，黑色为水德之色。〔4〕"符"，传达命令或调兵遣将用的凭证。用金、玉、铜、竹、木制成，双方各执一半，合之以验真假。"法冠"，又称柱后惠文冠，司法官所戴。据说原来是楚王冠，秦灭楚，把楚王冠赐给了御史。

**【译文】**始皇根据五德终始的嬗递次序进行推演，认为周朝得到了火德，秦朝代替周朝的火德，遵循五行相胜的法则现在应是水德的开端。改变一年的首月，十月初一群臣入朝庆贺。衣服、旄旌、节旗都崇尚黑色。数目用六作标准，符、法冠都六寸，舆车宽六尺，六尺为步，驾车用六匹马。把河改名叫德水，作为水德的开始。为政强硬果决，暴戾苛细，事情都依法决断，刻薄严峻，没有仁爱恩德，没有温情道义，认为这样才符合五德演变的原则。于是急迫地加强法制，囚禁很久的罪犯也不赦免。

丞相绾等言："诸侯初破，燕、齐、荆地远，不为置王，毋以填之。[1]请立诸子，唯上幸许。"始皇下其议于群臣，群臣皆以为便。廷尉李斯议曰："周文武所封子弟同姓甚众，然后属疏远，相攻击如仇雠，诸侯更相诛伐，周天子弗能禁止。今海内赖陛下神灵一统，皆为郡县，诸子功臣以公赋税重赏赐之，甚足易制。天下无异意，则安宁之术也。置诸侯不便。"始皇曰："天下共苦战斗不休，以有侯王。赖宗庙，天下初定，又复立国，是树兵也，而求其宁息，岂不难哉！廷尉议是。"

**【注释】**〔1〕"填"，与"镇"字通。压服，安定。

**【译文】**丞相王绾等对始皇说："各国刚消灭的时候，燕国、齐国、楚国因为地方太远，未尝设立王，没有人去镇压，请封立几个儿子，希望陛下能应允。"始皇把这个建议交给群臣商讨，群臣都赞成，认为是便宜之计，廷尉李斯建议说："周文王、武王所分封的子弟及同姓诸侯很多，然而到了后来彼此疏远，互相攻击，好像仇家一般，诸侯彼此你打我杀，周天子都无法禁止，现在仰赖陛下的神明睿智统一全国，分别设置为郡县，诸子、功臣，用公家的赋税重重地赏赐，这样很容易管理，天下没有二心，这才是安定国家的方法，设置诸侯并不适当。"始皇说："前些日子，天下困苦，战争不止，就是因为有诸侯王存在的原因，幸好凭恃着祖先的威灵，国家才安定下来，再度分封诸侯，是自己树立敌人，要求得安宁，岂不是困难吗？廷尉的建议很好。"

分天下以为三十六郡，[1]郡置守、尉、监。[2]更名民曰"黔首"。[3]大酺。收天下兵，[4]聚之咸阳，销以为钟鐻，[5]金人十二，重各千石，[6]置廷宫中。一法度衡石丈尺。车同轨。[7]书同文字。[8]地东至海暨朝鲜，西至临洮、羌中，[9]南至北向户，[10]北据河为塞，并阴山至辽东。[11]徙天下豪富于咸阳十二万户。诸庙及章台、上林皆在渭南。[12]秦每破诸侯，写放其宫室，[13]作之咸阳北阪上，[14]南临渭，自雍门以东至泾、渭，[15]殿屋复道周阁相属。[16]所得诸侯美人钟鼓，以充入之。

**【注释】**〔1〕"三十六郡"，历来解释不一，南朝宋裴骃《集解》云："三十六郡者，三川、河东、南阳、南郡、九江、鄣郡、会稽、颍川、砀郡、泗水、薛郡、东郡、琅邪、齐郡、上谷、渔阳、右北平、辽西、辽东、代郡、巨鹿、邯郸、上党、太原、云中、九原、雁门、上郡、陇西、北地、汉中、巴郡、蜀郡、黔中、长沙，凡三十五，与内史为三十六郡。"此只备一说，未可尽信。在上述诸郡之外，秦还先后置衡山、闽中、南海、桂林、象郡等郡。〔2〕"守"，郡守，掌管全郡政务和军事。"尉"，郡尉，辅助郡守掌管全郡军事。"监"，监御史，负责监察全郡。〔3〕"黔"，音 qián，黑色。"黔首"，战国时已广泛使用，含义与当时常见的"民"、"庶民”相同，秦为水德，水德尚黑。秦始皇下令称百姓为“黔首”，是取尚黑之义，以与水德相应。〔4〕“兵”，兵器。秦所收为铜兵器。〔5〕“鐻”，音jù，乐器，形状似钟。〔6〕“石”，音shí，三十斤为一钧，四钧为一石。〔7〕“车同轨”，战国时各国车辆轮间距离不一，秦统一为六尺。〔8〕“书同文字”，战国时山东六国文字异形，秦使用大篆，与六国文字又有所不同。始皇统一文字，规定全国使用小篆。小篆与大篆相比，字体结构比较简单、整齐、定形，易于辨识和书写。〔9〕“临洮”，秦县，在陇西郡西部，故城在今甘肃岷县，因地临洮水而得名。“羌中”，指羌族居住地，在秦陇西郡、蜀郡以西。〔10〕“北向户”，门朝北以向日，这是极南地带。也有人认为“向”字是衍文，“北户”为地名，在秦象郡境内。〔11〕“并”，音bàng，通“傍”，依傍。“阴山”，在今内蒙古自治区中部，东西走向。〔12〕“章台”，秦离宫台名，战国时秦王常于此接见诸侯王和使者，汉代犹存，故址在今陕西西安市长安县故城西南。“上林”，秦苑名，始皇三十五年在苑中建造朝宫，阿房宫即为前殿。故址在今陕西西安市西及户县、周至县境内。“渭”，渭水，发源于今甘肃渭源县，东流经秦都咸阳之南，在今陕西潼关县注入黄河。〔13〕“写”，摹画。“放”，通“仿”，仿效。〔14〕“阪”，音bǎn，山坡。〔15〕“雍门”，据《汉书·外戚传》，孝武钩弋赵婕妤之父“为中黄门，死长安，葬雍门”。颜师古注：“雍门在长安西北孝里西南，去长安三十里。”当在今陕西咸阳市南。“泾”，泾水，发源于今宁夏回族自治区南部六盘山东麓，东南流经秦都咸阳北，在今陕西高陵县境注入渭水。〔16〕“复道”，在空中架设的通道。“周阁”，周匝回旋的阁道。“属”，zhǔ，接连。

【译文】把全国划分为三十六郡，郡设守、尉、监。百姓改称“黔首”。天下欢聚宴饮。收集天下兵器，集中在咸阳，熔铸成钟鐻，又铸造了十二个铜人，每一个重一千石，安置在宫廷中。统一法律制度和度量衡标准。规定车子两轮距离相同。书写采用统一的文字。全国地域东至大海和朝鲜，西至临洮、羌中，南至门朝北开的地区，北据黄河为屏障，顺着阴山直至辽东。把天下豪富十二万户迁徙到咸阳。秦国各王的陵庙和章台、上林苑都在渭水南岸。秦国每消灭一个诸侯国，就描摹它的宫殿，在咸阳北坡上仿效建造，南临渭水，从雍门以东到达泾水、渭水汇流地区，宫殿室宇、空中栈道和缭绕回旋的阁道连续不断。从诸侯国掳掠来的美女、钟鼓，都安置在里面。

二十七年，始皇巡陇西、北地，〔1〕出鸡头山，〔2〕过回中。〔3〕焉作信宫渭南，〔4〕已更命信宫为极庙，象天极。〔5〕自极庙道通郦山，〔6〕作甘泉前殿。筑甬道，〔7〕自咸阳属之。是岁，赐爵一级。治驰道。〔8〕

【注释】〔1〕“陇西”，秦郡，辖有今甘肃庄浪县、两当县以西，临夏县以东，静宁县、兰州市以南，成县、宕昌县以北。治所在狄道（今甘肃临洮县南）。“北地”，秦郡，辖有今陕西吴旗县、甘肃宁县以西，贺兰山以东，内蒙古自治区乌海市以南，陕西长武县、甘肃华亭县、会宁县、靖远县以北。治所在义渠（在今甘肃宁县西北，庆阳县南稍西一百五十里）。〔2〕“鸡头山”，在甘肃平凉县西。〔3〕“回中”，秦宫名，本书《匈奴列传》载汉文帝十四年，匈奴从萧关（在今宁夏固原东南）深入，烧毁此宫。张守节《正义》引《括地志》云："秦回中宫在岐州雍县西四十里。"据此，回中宫当在今陕西凤翔县。有人认为故址在今陕西陇县西北，不可信。〔4〕"焉"，于是。有人"焉"字属上句读，是错误的。"信宫"，又称咸阳宫，故址在今陕西咸阳市渭河南岸。〔5〕"天极"，天极星。古人把天分为五个区域，称为五宫，天极星是中宫的主要星座。〔6〕"郦山"，在今陕西临潼县东南。"郦"，音ń，或作"骊"，又作"丽"。〔7〕"甬道"，两边有矮墙的通道。〔8〕"驰道"，专供皇帝行驶车马的道路。据汉文帝时贾山所说，秦驰道东穷燕、齐，南极吴、楚，道宽五十步，道旁隔三丈远植树一棵。见《汉书·贾山传》。

**【译文】**二十七年，始皇巡行陇西、北地，来到鸡头山，（返回时）路过回中。于是在渭水南面建造信宫，不久把信宫改名为极庙，象征天极星。从极庙修路通往郦山，又建造了甘泉宫前殿，修筑甬道，从咸阳和它相连。这一年，赐予全国民爵一级。修建驰道。

二十八年，始皇东行郡县，上邹峄山。〔1〕立石，与鲁诸儒生议，刻石颂秦德，议封禅望祭山川之事。〔2〕乃遂上泰山，立石，封，祠祀。下，风雨暴至，〔3〕休于树下，因封其树为五大夫。〔4〕禅梁父。刻所立石，其辞曰：

**【注释】**〔1〕"邹峄山"，在今山东邹县东南。　〔2〕"封禅"，帝王为宣扬功绩而举行的祭祀天地的典礼，由战国时齐、鲁儒生所倡导。在儒生看来，五岳中泰山（在山东中部、主峰玉皇顶在泰安市北）最高，所以帝王登泰山筑坛祭天，此为"封"。又在泰山南梁父山上辟基祭地，此为"禅"。"望祭"，遥祭山川的一种典礼。　〔3〕"暴"，突然。　〔4〕"五大夫"，秦爵第九级。东汉时，相传封为五大夫的是松树，后世又讹传为五株松树。今泰山游览区有五大夫松，在云步桥北。

**【译文】**二十八年，始皇向东巡行郡县，登上邹峄山。树立石碑，和鲁地的一些儒生商议，刻写石碑颂扬秦朝的功德，又讨论封禅和望祭山川的事情。于是就登上泰山，树立石碑，积土成坛，祭祀上天。下山时，忽然来了风雨，始皇停留在树下（躲避风雨），因此封这棵树为五大夫。又到梁父辟地为基，祭祀了大地，在所立的石碑上进行刻辞，碑文说：

皇帝临位，作制明法，臣下修饬。〔1〕二十有六年，初并天下，罔不宾服。亲巡远方黎民，登兹泰山，周览东极。从臣思迹，本原事业，祗诵功德。〔2〕治道运行，诸产得宜，皆有法式。大义休明，〔3〕垂于后世，顺承勿革。皇帝躬圣，既平天下，不懈于治。夙兴夜寐，〔4〕建设长利，专隆教诲。训经宣达，[5]远近毕理，咸承圣志。贵贱分明，男女礼顺，慎遵职事。昭隔内外，靡不清净，[6]施于后嗣。[7]化及无穷，遵奉遗诏，永承重戒。[8]

**【注释】**〔1〕"修"，整治。"饬"，音 chì，严整。 〔2〕"祗"，音 zhī，恭敬。 〔3〕"休"，美。 〔4〕"夙"，音 sù，早。"寐"，音 mèi，睡。 〔5〕"训"，教导，教诲。"经"，典式，法则。 〔6〕"靡"，音 mǐ，无，没有。 〔7〕"施"，音 yì，延续。 〔8〕"戒"，与"诫"字同。

**【译文】**皇帝即位，创立制度，申明法令，臣下修治严整。二十六年，开始兼并了天下，没有不顺从的。亲自巡视远方的百姓，登上这座泰山，遍览最东边的疆域。随从的臣属回忆走过的道路，探求事业的来龙去脉，恭敬地颂扬秦朝的功德。治国的方法得到贯彻执行，各项生产安排适宜，都有一定的规则。伟大的真理美好而又光明，要流传后世，继承下来，不要改变。皇帝本身神圣，已经平定了天下，仍坚持不懈地治理国家。早起晚睡，谋求长远的利益，特别重视对臣民的教导。有关治国的教诲和法则传播四方，远近都得到治理，完全接受了皇帝的神圣意志。贵贱等级分明，男女依礼行事，谨慎地遵守各自的职责。明显地使内外有别，无不感到清静而纯洁，这种情况要延续到子孙后代。教化所及，无穷无尽，遵循遗留下来的诏令，永远继承这重要的告诫。

于是乃并勃海以东，[1]过黄、腄，[2]穷成山，[3]登之罘，[4]立石颂秦德焉而去。

**【注释】**〔1〕"勃"，与"渤"字同。 〔2〕"黄"，秦县，在今山东黄县东。"腄"，音 chuí，秦县，在今山东福山县。 〔3〕"成山"，在今山东荣成县东北。 〔4〕"之罘"，又作"芝罘"，山名，在今山东烟台市西北海中芝罘半岛上。"罘"，音 fú。

**【译文】**于是沿着渤海东行，经过黄县、腄县，攀上成山的最高点，登上之罘的顶峰，树立石碑，颂扬秦朝的德业，然后离去。

南登琅邪，[1]大乐之，留三月。乃徙黔首三万户琅邪台下，[2]复十二岁。[3]作琅邪台，立石刻，颂秦德，明得意。曰：

**【注释】**〔1〕"琅邪"，山名，在秦琅邪郡琅邪县境，位于今山东胶南县东南。 〔2〕"琅邪台"，越王勾践曾在琅邪山上筑台以望东海，台即以山命名。秦始皇又于山上另筑琅邪台。

〔3〕"复"，免除赋税或徭役。

【译文】向南登上琅邪，非常高兴，停留了三个月。把三万户百姓迁徙到琅邪台下，免除十二年徭役。修建琅邪台，立碑刻辞，颂扬秦朝的德业，表明符合天下的意志。刻辞说：

维二十八年，〔1〕皇帝作始。端平法度，〔2〕万物之纪。以明人事，合同父子。圣智仁义，显白道理。东抚东土，以省卒士。事已大毕，乃临于海。皇帝之功，勤劳本事。上农除末，〔3〕黔首是富。普天之下，抟心揖志。〔4〕器械一量，同书文字。日月所照，舟舆所载。皆终其命，莫不得意。应时动事，是维皇帝。匡饬异俗，陵水经地。〔5〕忧恤黔首，朝夕不懈。除疑定法，咸知所辟。〔6〕方伯分职，〔7〕诸治经易。〔8〕举错必当，〔9〕莫不如画。皇帝之明，临察四方。尊卑贵贱，不逾次行。奸邪不容，皆务贞良。细大尽力，莫敢怠荒。远迩辟隐，〔10〕专务肃庄。端直敦忠，〔11〕事业有常。皇帝之德，存定四极。诛乱除害，兴利致福。节事以时，诸产繁殖。黔首安宁，不用兵革。六亲相保，〔12〕终无寇贼。欢欣奉教，尽知法式。六合之内，〔13〕皇帝之土。西涉流沙，〔14〕南尽北户。东有东海，北过大夏。〔15〕人迹所至，无不臣者。功盖五帝，泽及牛马。莫不受德，各安其宇。

【注释】〔1〕"维"，句首语助词。〔2〕"端平"，端正公平。〔3〕"末"，末业。秦朝执行重农抑商的经济政策，以农为本，以商为末。〔4〕"抟"，与"专"字同。"揖"，与"辑"字通，和同，齐一。〔5〕"陵"，与"凌"字通，经历，越过。"陵水经地"，越过了河川，经历了不同的地域。意谓范围普遍。〔6〕"辟"，通"避"。〔7〕"方伯"，意为一方之长。殷、周时指一方诸侯的领袖，这里指郡守。〔8〕"经"，通"径"，简单，直接。"经易"，简单易行。〔9〕"举错"，也作"举措"，措施。〔10〕"辟"，通"僻"。"辟隐"，偏僻隐蔽的地方。〔11〕"敦"，敦厚，厚道。〔12〕"六亲"，历来众说不一，《汉书·贾谊传》颜师古注引应劭注以父、母、兄、弟、妻、子为六亲。〔13〕"六合"，指天地四方。〔14〕"流沙"，指我国今天西北沙漠地区。〔15〕"大夏"，指今山西太原市一带。也有人认为是湖泽名。《淮南子·墬形训》云："西北方曰大夏，曰海泽。"是湖泽大夏在西北方。从下文所引韩子所云"禹凿龙门，通大夏"看来，大夏当与龙门有关系。太原地区在黄河东，黄河岸边的龙门在太原西南。龙门堵塞，黄河水当危害太原地区。湖泽大夏远在西北，与龙门邈不相涉。此处大夏应指太原地区。

【译文】二十八年，刚开始做皇帝。制定了公正的法律制度，这是天下万物的准则。以此来明确人和人之间的关系，使父子同心协力。皇帝神圣明智而又仁义，明白一切事物的道理。向东巡视东部地区，检阅士卒。巡视已经完全结束，就来到了海边。皇帝的功勋，在于辛勤地操劳国家的根本大事。重农抑商，百姓富裕。举国上下，一心一意。器物有一致的标准，统一书写文字。凡是日月所照，舟车所至，都能完成皇帝的使命，他所作所为没有不符合天下意志的。只有皇帝，根据适当的时机来办理事情。整顿不良的风俗，跨山越水，不受地域的限制。优恤百姓，早晚都不懈怠。消除疑虑，制定法令，大家都知道避免触犯刑律。郡守分别管理地方政务，各项政务的处理方法简单易行。采取的措施都很恰如其分，没有不整齐划一的。皇帝神明，亲自到四方巡视。尊卑贵贱，不逾越等级。奸诈邪恶的现象不允许存在，百姓都力求做一个正直善良的人。大小事情务尽全力，不敢懈怠荒忽。不论远处近处，还是偏僻的地方，都一心做到严肃庄重，正直忠厚，办事有一定的规则。皇帝的德泽，·安定了四方。讨伐暴乱，消除祸患，兴办好事，带来福祉。根据时令来安排事情，各种产品不断增多。百姓安宁，不再进行战争。六亲相安，终身没有盗贼。高兴地遵守国家的教化，人人通晓法律制度。天上地下，四面八方，都是皇帝的领土。西边到达流沙，南边以门朝北开的地方为极限。东边有东海，北边越过了大夏。人们足迹所至，没有不臣服的。功勋超过了五帝，恩惠施及牛马，人人得到皇帝的德泽，过着安定的生活。

　　维秦王兼有天下，[1]立名为皇帝，乃抚东土，至于琅邪。列侯武城侯王离、列侯通武侯王贲、伦侯建成侯赵亥、伦侯昌武侯成、伦侯武信侯冯毋择、丞相隗林、丞相王绾、卿李斯、卿王戊、五大夫赵婴、五大夫杨樛从，[2]与议于海上。曰："古之帝者，地不过千里，诸侯各守其封域，或朝或否，相侵暴乱，残伐不止，犹刻金石，以自为纪。古之五帝三王，[3]知教不同，[4]法度不明，假威鬼神，以欺远方，实不称名，故不久长。其身未殁，[5]诸侯倍叛，[6]法令不行。今皇帝并一海内，以为郡县，天下和平。昭明宗庙，体道行德，尊号大成。群臣相与诵皇帝功德，刻于金石，以为表经。"[7]

　　【注释】[1]"维秦王兼有天下"，此句至下文"以为表经"是上面颂辞的序，记载了群臣议论刻石颂德的经过，所以系于颂辞后面。后世碑铭有序，即源于此。 [2]"列侯"，即彻侯，为秦爵第二十等。"伦侯"，即关内侯，卑于列侯，为秦爵第十九等。"赵亥"、"成"、"冯毋择"、"王戊"、"赵婴"、"杨樛"，本书中只此一见，事迹不详。"樛"，音 jiū。"隗林"，"林"字误，当作"状"。唐司马贞见到的本子作"状"，又古今发现的多种秦代权器、量器、诏版刻有始皇二十六年诏书，都提到"丞相状"，可证。"卿"，位在丞相之下。 [3]"三王"，一般认为指夏禹、商汤、周文王。也有人认为指夏禹、商汤和周文王武王。 [4]"知教"，智术教化。〔5〕"歿"，音mò，身死。 〔6〕"倍"，与"背"字通。 〔7〕"表"，表率，标准。
"经"，规范。

【译文】秦王兼并了全国，确定了皇帝这一称号，于是抚循东部地区，到达琅邪。列侯武城侯王离、列侯通武侯王贲、伦侯建成侯赵亥、伦侯昌武侯成、伦侯武信侯冯毋择、丞相隗林、丞相王绾、卿李斯、卿王戊、五大夫赵婴、五大夫杨樛随从，他们和始皇在海边议论秦朝的功德说："古代称帝的人，领土不过纵横千里，诸侯各自固守自己的疆域，有的朝贡，有的不朝贡，互相侵伐，为暴作乱，残杀无已，然而还是刻金勒石，记载自己的功业。古代五帝、三王，实行的知识教育不一样，法律制度没有明确，借助鬼神的威力，来欺骗远方的百姓，实际情况和称号不相符，所以国家命运不长久。人还没有死去，诸侯就背叛了，法令不能推行。如今皇帝统一了四海之内，把全国分为郡县，天下安宁而和谐。发扬光大宗庙的威灵，服膺真理，广布恩德，名副其实地得到了皇帝这一尊号。群臣一起颂扬皇帝的功德，镌刻在金石上，作为后世的楷模。"

既已，齐人徐市等上书，〔1〕言海中有三神山，名曰蓬莱、方丈、瀛洲，〔2〕仙人居之。请得斋戒，与童男女求之。于是遣徐市发童男女数千人，入海求仙人。

【注释】〔1〕"徐市"，琅邪人，秦代著名的方士。"市"，音fú，与"市"字异，秦汉时人常以此字为名。〔2〕"蓬莱、方丈、瀛洲"，传说中的三神山，皆在渤海中，上有仙人和长生不死之药，鸟兽尽白，以黄金白银为宫阙。战国齐威王、齐宣王、燕昭王都曾派人入海访求这三座山，企图得到不死之药。

【译文】立石刻辞已经结束，齐人徐市等上书，说海中有三座神山，名叫蓬莱、方丈、瀛洲，仙人居住在那里。希望斋戒沐浴，和童男童女寻求三座神山。于是派遣徐市挑选童男童女数千人，到海中寻找仙人。

始皇还，过彭城，〔1〕斋戒祷祠，欲出周鼎泗水。〔2〕使千人没水求之，弗得。乃西南渡淮水，之衡山、南郡。〔3〕浮江，至湘山祠。〔4〕逢大风，几不得渡。上问博士曰："湘君何神?"博士对曰："闻之，尧女，舜之妻，而葬此。"于是始皇大怒，使刑徒三千人皆伐湘山树，赭其山。〔5〕上自南郡由武关归。〔6〕

【注释】〔1〕"彭城"，秦县，在今江苏徐州市。 〔2〕"欲出周鼎泗水"，鼎为立国的重器，是最高统治权力的象征。传说周有九鼎，秦昭襄王时被秦索去，移置咸阳，有一鼎飞入泗水。所以始皇经过彭城时，想打捞出落入泗水的一只鼎。"泗水"，发源于今山东泗水县东境，流经秦彭城东北，东南注入淮水。今泗水与古泗水有很大变化。〔3〕"衡山"，过去人们都认为是山名，在今湖南衡山县西境。但"衡山"与"南郡"并举，显系郡名。衡山郡辖有今河南南部、安徽东南部和湖北东部，郡域与楚汉相争时期的衡山王国不同。治所在邾县（今湖北黄冈县西北）。"南郡"，大体辖有今襄樊市以南的湖北地区，治所在江陵（今湖北江陵县）。〔4〕"湘山"，在今湖南岳阳县西洞庭湖中。传说舜二妃为尧之女，名娥皇、女英，舜南巡，死于苍梧，二妃悲恸不已，也死于江、湘之间，埋葬在湘山，山上有二妃庙，始皇所祠即舜二妃之神。〔5〕"赭"，本为红色土，这里用作动词，即使呈红色。湘山为红壤，砍伐树木后，山呈赭色。〔6〕"武关"，在今陕西丹凤县东南。

**【译文】** 始皇返回的时候，路过彭城，斋戒祈祷，想要从泗水打捞周鼎。让成千人潜入水中寻找，没有找到。于是就向西南走去，渡过淮水，前往衡山、南郡。泛舟江上，来到湘山祭拜。遇上大风，几乎不能渡水上山。始皇问博士说："湘君是什么神？"博士回答说："听说是尧的女儿，舜的妻子，死后埋葬在这里。"于是始皇非常生气，让刑徒三千人把湘山上的树木砍光了，全山露出红色的土壤。始皇从南郡取道武关回到咸阳。

　　二十九年，始皇东游。至阳武博狼沙中，〔1〕为盗所惊。〔2〕求弗得，乃令天下大索十日。

**【注释】** 〔1〕"阳武"，在今河南原阳县东南。"博狼沙"，也作"博浪沙"，在今原阳县东南境。〔2〕始皇东游至博狼沙，张良和他得到的力士伏袭始皇，误中随从车舆。"为盗所惊"即指此。事详本书《留侯世家》。

**【译文】** 二十九年，始皇向东巡游。到了阳武博狼沙，被强盗惊吓了一场。追捕强盗，没有抓获，就命令全国大肆搜查十天。

　　登之罘，刻石。其辞曰：
　　维二十九年，时在中春，〔1〕阳和方起。〔2〕皇帝东游，巡登之罘，临照于海。从臣嘉观，原念休烈，〔3〕追诵本始。大圣作治，建定法度，显箸纲纪。外教诸侯，光施文惠，明以义理。六国回辟，〔4〕贪戾无厌，〔5〕虐杀不已。皇帝哀众，遂发讨师，奋扬武德。义诛信行，威烨旁达，〔6〕莫不宾服。烹灭强暴，振救黔首，周定四极。普施明法，经纬天下，永为仪则。大矣哉！宇县之中，〔7〕承顺圣意。群臣诵功，请刻于石，表垂于常式。〔8〕

**【注释】**〔1〕"中春"，即"仲春"。春季第一个月为孟春，第二个月为仲春，第三个月为季春。 〔2〕"阳和"，春天温暖和畅之气。 〔3〕"原念"，追念，回忆。"休"，美好。"烈"，功业。 〔4〕"回"，邪恶，奸回。"辟"，邪僻。 〔5〕"戾"，音lì，乖张，乖戾。 〔6〕"燀"，音chǎn，炽盛。 〔7〕"宇"，宇宙。"县"，赤县。中国古代称赤县神州。 〔8〕"式"，榜样。

**【译文】**始皇登上之罘，镌刻石碑。碑文说：

二十九年，在春季第二个月的时候，天气开始暖和起来。皇帝向东巡游，登上了之罘，面对着大海。随从的臣属看到这美好的景色，回忆皇帝的丰功伟绩，追念统一大业的始末。伟大的皇帝开始治理国家，制定了法律制度，彰明纲纪。对外教诲诸侯，普施教化，广布惠泽，阐明道理。六国诸侯奸回邪僻，贪婪乖戾，欲壑无厌，残虐杀戮，永无休止。皇帝哀怜民众，就调遣征伐的大军，奋武扬威。进行正义的讨伐，采取诚信的行动，武威灼耀，远播四方，没有不降服的。消灭了强暴的势力，拯救了百姓，安定了天下。普遍推行严明的法律制度，治理天下，成为永久的准则。伟大啊！普天之下，都遵循皇帝的神圣意志。群臣颂扬皇帝的功勋，请求镌刻在石碑上，记载下来永垂后世，作为永恒的法则。

其东观曰：〔1〕

**【注释】**〔1〕"东观"，日本泷川资言《史记会注考证》云："东观，东巡也。"疑"东观"指上述之罘刻石东面台阁处的刻石。

**【译文】**东面台阁处的石碑刻辞说：

维二十九年，皇帝春游，览省远方。逮于海隅，遂登之罘，昭临朝阳。〔1〕观望广丽，从臣咸念，原道至明。圣法初兴，清理疆内，外诛暴强。武威旁畅，振动四极，禽灭六王。〔2〕阐并天下，〔3〕甾害绝息，永偃戎兵。〔4〕皇帝明德，经理宇内，视听不怠。作立大义，昭设备器，〔5〕咸有章旗。〔6〕职臣遵分，各知所行，事无嫌疑。黔首改化，远迩同度，临古绝尤。〔7〕常职既定，〔8〕后嗣循业，长承圣治。群臣嘉德，祗诵圣烈，〔9〕请刻之罘。

旋，遂之琅邪，道上党入。

**【注释】**〔1〕"昭"，与"照"字通。"昭临"，上述之罘刻石云："临照于海。""昭临"、

"临照"意思相同。〔2〕"禽"，通"擒"。"六王"，指被秦消灭的韩王安、赵王迁、魏王假、楚王负刍、燕王喜、齐王建。〔3〕"阐"，开拓。〔4〕"偃"，音yǎn，停止。〔5〕"昭设"，明确设立。"备器"，器用，主要指为统一度量衡而设置的标准器具。〔6〕"章旗"，章程，标志。〔7〕"临古"，自古以来，从古到今。"绝"，极，最。"尤"，特别突出，出类拔萃。〔8〕"常职"，永久性的职业。〔9〕"烈"，功业，功绩。

**【译文】** 二十九年，皇帝在春天巡游，视察远方。到了海边，就登上之罘，而对着初升的太阳。观望辽阔而又秀丽的景色，随从的臣属都怀念往事，回忆走过的道路是非常光明的。英明法治最初施行的时候，就对国内的坏人坏事进行了清理，对外讨伐强暴的敌人。军威远扬，四方震动，消灭了六国，俘获了他们的国王。开拓领土，统一天下，消除了战乱祸患，永远停止了战争。皇帝圣德明智，治理国家，处理政务，毫不懈怠。创立重大的法律制度，明确设置统一的标准器用，都有一定的规则。有职之臣都遵守本分，知道自己该做些什么，事情没有疑猜之处。百姓发生了变化，远处近处都制度统一，是自古以来最好的时代。每人已经确定了固定的职务，子孙后代循守旧业，永远继承这英明的政治。群臣颂美皇帝的恩德，恭敬地赞扬他的伟大功业，请求在之罘山上立碑刻辞。

不久，就前往琅邪，从上党回到咸阳。

三十年，无事。

**【译文】** 三十年，没有发生重大的事情。

三十一年十二月，〔1〕更名腊曰"嘉平"。〔2〕赐黔首里六石米，〔3〕二羊。始皇为微行咸阳，〔4〕与武士四人俱，夜出逢盗兰池，〔5〕见窘，武士击杀盗，关中大索二十日。米石千六百。

**【注释】**〔1〕"三十一年"，据裴骃《集解》引徐广注，这一年"使黔首自实田"，即命令百姓向政府自报占有土地数量。这既是为了征收土地税，也是为了以法律形式加强对土地私有制的保护。〔2〕"腊"，十二月的祭名。夏朝称"清祀"，殷朝称"嘉平"，周朝称"大蜡"，也称"腊"，始皇改称"嘉平"，汉朝又改称"腊"。腊祭过后，就进入新岁。古人对"腊"有两种解释，一云"腊"的意思是猎，猎取禽兽，祭祀祖先。一云"腊"的意思是接，新岁、旧岁交替之际，广祭百神以报功。〔3〕"里"，基层行政单位。"石"，十斗为一石，约合今二万零一百毫升。〔4〕"微行"，帝王改换服装，隐瞒身份出行。〔5〕"兰池"，始皇时在咸阳界内开凿，东西二百里，南北三十里，池中刻石为鲸鱼，长二百丈。池水引自渭水。故址在今陕西咸阳市东北。

**【译文】** 三十一年十二月，把腊祭改名叫"嘉平"。赏赐百姓每里六石米，两只羊。始皇易服出行咸阳，有四个武士随从。夜间出来时，在兰池遇上盗贼，被盗贼所困逼。武士杀死了盗贼，在关中大肆搜查了二十天。粮价一石达到一千六百钱。

三十二年，始皇之碣石，[1]使燕人卢生求羡门、高誓。[2]刻碣石门。坏城郭，决通堤防。其辞曰：

【注释】〔1〕"碣石"，山名，在今河北昌黎县北。〔2〕"卢生"，当时的方士，事迹只见于本篇。"羡门"，裴骃《集解》引韦昭云："古仙人。""高誓"，张守节《正义》云："亦古仙人。"按本书《封禅书》云："宋毋忌、正伯侨、充尚、羡门高最后皆燕人，为方仙道，形解销化，依于鬼神之事。"司马贞《索隐》注"羡门高"云："秦始皇求羡门子高是也。"此语显然是引《秦始皇本纪》。根据《索隐》所引，可知"羡门、高誓"当作"羡门子高"，是一人。

【译文】三十二年，始皇前往碣石，派燕地人卢生访求羡门、高誓。在碣石城门上刻辞。摧毁城郭，挖通堤防。城门上的刻辞说：

遂兴师旅，[1]诛戮无道，为逆灭息。武殄暴逆，[2]文复无罪，[3]庶心咸服。惠论功劳，赏及牛马，恩肥土域。皇帝奋威，德并诸侯，初一泰平。[4]堕坏城郭，决通川防，[5]夷去险阻。地势既定，黎庶无繇，天下咸抚。[6]男乐其畴，[7]女修其业，事各有序。惠被诸产，久并来田，[8]莫不安所。群臣诵烈，请刻此石，垂著仪矩。

【注释】〔1〕"遂"，于是。"遂兴师旅"，此句文起突兀，从语气和文义上看，上面当有脱文。〔2〕"殄"，音 tiǎn，灭绝。〔3〕"文"，与"武"相对，包括文化教育、典章制度。"复"，与"覆"字通，庇护。〔4〕"初一"，初次统一。"泰平"，太平。〔5〕"决通川防"，挖通六国利用河川堤防筑成的军事障碍物。这与上面提到的"堕坏城郭"，和下面提到的"夷去险阻"，都是对六国残余势力的防范措施。〔6〕"抚"，安定。〔7〕"畴"，音 chóu，田地。〔8〕"久"、"来田"，是就时间上来区分的两种农民。"久"为久田者，即长期在秦国耕垦的农民。"来田"指从他乡迁移来的垦荒农民。

【译文】于是调遣军队，诛伐无道，为暴作逆的人被消灭了。用武力平息暴乱，用文治保护无罪的人，全国上下人心归服。加恩论叙有功人员的功劳，连牛马都得到了赏赐，恩惠润泽了大地。皇帝奋武扬威，依靠正义的战争兼并了诸侯，第一次统一了全国，天下太平。拆毁六国的城郭，挖通河堤，铲平险阻。地面上各种军事障碍已经夷平，百姓不再服事徭役，天下安定。男的高兴地耕种他的土地，女的从事她的家庭手工业，各项事业井然有序。各项生产都蒙受皇帝的惠泽，当地的农民和外来的农民，无不安居乐业。君臣颂扬皇帝的功绩，请求镌刻这一石碑，为后世垂示规范。

因使韩终、侯公、石生求仙人不死之药。[1] 始皇巡北边，从上郡入。燕人卢生使入海还，以鬼神事，因奏录图书，[2] 曰"亡秦者胡也"。[3] 始皇乃使将军蒙恬发兵三十万人北击胡，略取河南地。[4]

**【注释】**〔1〕"韩终"，又作"韩众"。与"侯公"、"石生"都是方士，事迹只见于本篇。〔2〕"录图书"，书上当有文有图。从书上"亡秦者胡也"一语来看，颇类似汉代的谶纬之书。〔3〕"亡秦者胡也"，这是一种隐语，"胡"，暗指秦二世胡亥，谓灭亡秦朝的是胡亥。始皇误认"胡"为北方胡人，所以发兵北击胡。〔4〕"河南地"，指今内蒙古自治区伊克昭盟河套一带。

**【译文】**派韩终、侯公、石生寻访仙人求取长生不死的灵药。始皇巡行北方边境，从上郡回到咸阳。燕地人卢生被派入海中寻找仙人回来了，因为向始皇报告鬼神之事，就借机献上抄录的图书，上面说"灭亡秦朝的是胡"。始皇就派将军蒙恬发兵三十万人，向北攻胡人，略取河南地带。

三十三年，发诸尝逋亡人、赘婿、贾人略取陆梁地，[1] 为桂林、象郡、南海，[2] 以适遣戍。[3] 西北斥逐匈奴。自榆中并河以东，[4] 属之阴山，以为三十四县，[5] 城河上为塞。又使蒙恬渡河取高阙、阳山、北假中，[6] 筑亭障以逐戎人。[7] 徙谪，实之初县。禁不得祠。明星出西方。[8] 三十四年，适治狱吏不直者，筑长城及南越地。[9]

**【注释】**〔1〕"逋"，音 bū，逃亡。"赘婿"，家贫卖身他家谓"赘"。赘而不赎，他家娶妻相配，则谓之"赘婿"。赘婿社会地位低下，云梦秦简中有两条魏国律令，即《魏户律》和《魏奔命律》，规定赘婿不许单独立户，不分给田地房屋，让他们去从军，将军可以不爱护他们，待遇在一般人之下。秦朝赘婿地位也大体如此。"贾"，音 gǔ，"贾人"，商人。秦朝重农抑商，一般商人地位卑下，在《魏户律》和《魏奔命律》中，也以商人与赘婿并提。"陆梁"，指今五岭以南地区。〔2〕"桂林"，郡名，辖境在今广西东部和广东西部一部分地区，治所在今广西桂平县西南。"象郡"，辖境在今广西西部、广东西南部和贵州南部一带，治所在临尘（今广西崇左县）。"南海"，郡名，辖有今广东大部分地区，治所在番禺（今广东广州市）。〔3〕"适"，音 zhé，与"谪"字同，谴罚。这里指有罪当流徙戍边的人。据裴骃《集解》引徐广注，当时戍守五岭的罪犯有五十万人。〔4〕"榆中"，地域名，位于秦上郡北部，即今陕西东北地区。〔5〕"三十四县"，本书《六国年表》、《匈奴列传》皆云"四十四县"。〔6〕"高阙"，地名，在今内蒙古自治区杭锦后旗东北。阴山伸延至此中断，两边山壁高耸，中间缺口，望之若阙，故名"高阙"。"阳山"，山名，原误作"陶山"。《水经·河水注》引作"阳山"，本书《蒙恬列传》、《匈奴列传》和《续汉书·郡国志》五原郡刘昭注皆作"阳山"。秦汉时称阴山西段为阳山，即今内蒙古自治区境内的狼山。水南为阴，水北为阳。此山位于当时黄河正流（今乌加河）之北，故名。"北假"，即今内蒙古自治区河套以北、阴山以南地区。〔7〕"戎"，对西北少数民族的泛称。〔8〕"明星"，指彗星。〔9〕"南越"，又作"南粤"，即秦桂林、象郡、南海三郡地。

**【译文】** 三十三年，征发曾经逃亡的罪犯、入赘别人家的男子、商人攻取陆梁地区，设置桂林郡、象郡、南海郡，把有罪应当流徙的人派去戍守。在西北方驱逐匈奴。从榆中沿着黄河往东，直至阴山，（在这一地区）设置三十四个县，在黄河附近修筑要塞。又派蒙恬渡过黄河攻占高阙、阳山、北假地带，修筑亭障来驱逐戎人。迁徙罪犯，安排到刚刚建立的县邑中。禁止民间祭祀。彗星出现在西方。三十四年，贬斥那些听讼断狱不公平的官吏，让他们去修筑长城和戍守南越地区。

始皇置酒咸阳宫，博士七十人前为寿。〔1〕仆射周青臣进颂曰：〔2〕"他时秦地不过千里，赖陛下神灵明圣，平定海内，放逐蛮夷，日月所照，莫不宾服。以诸侯为郡县，人人自安乐，无战争之患，传之万世。自上古不及陛下威德。"始皇悦。博士齐人淳于越进曰：〔3〕"臣闻殷周之王千余岁，封子弟功臣，自为枝辅。今陛下有海内，而子弟为匹夫，卒有田常、六卿之臣，〔4〕无辅拂，〔5〕何以相救哉？事不师古而能长久者，非所闻也。今青臣又面谀以重陛下之过，非忠臣。"始皇下其议。丞相李斯曰："五帝不相复，三代不相袭，各以治，非其相反，时变异也。今陛下创大业，建万世之功，固非愚儒所知。且越言乃三代之事，〔6〕何足法也？异时诸侯并争，厚招游学。今天下已定，法令出一，百姓当家则力农工，士则学习法令辟禁。〔7〕今诸生不师今而学古，以非当世，惑乱黔首。丞相臣斯昧死言：古者天下散乱，莫之能一，是以诸侯并作，语皆道古以害今，饰虚言以乱实，人善其所私学，以非上之所建立。今皇帝并有天下，别黑白而定一尊。私学而相与非法教，人闻令下，则各以其学议之，入则心非，出则巷议，夸主以为名，〔8〕异取以为高，率群下以造谤。如此弗禁，则主势降乎上，党与成乎下。禁之便。臣请史官非秦记皆烧之。非博士官所职，天下敢有藏《诗》、《书》、百家语者，悉诣守、尉杂烧之。有敢偶语《诗》、《书》者弃市。〔9〕以古非今者族。〔10〕吏见知不举者与同罪。令下三十日不烧，黥为城旦。〔11〕所不去者，医药卜筮种树之书。若欲有学法令，以吏为师。"制曰："可。"

【注释】〔1〕"寿"，敬酒祝颂长寿。〔2〕"仆"，主。"射"，音 yè。古代重武，一般官吏都要学射，而以善射的人为长官，称为"仆射"。也有人认为，君主身边有小臣仆人、射人，"仆射"之称即由仆人、射人两个官称合并而来。这里的"仆射"是为博士仆射，即博士的长官。"周青臣"，事迹又见本书《李斯列传》。〔3〕"淳于越"，姓淳于，名越，事迹又见本书《李斯列传》。〔4〕"卒"，音 cù，与"猝"字通，偶然。"田常"，春秋末年齐相田乞之子。田乞死，田常为齐相。他用大斗借出，而用小斗收入，取得了民心。后来他杀死齐简公，立齐平公，完全控制了齐国政权。战国初，他的曾孙田和终于夺取了齐国国君的地位。事详本书《齐太公世家》、《田敬仲完世家》。"六卿"，晋国的范氏、中行氏、智氏和韩、赵、魏。春秋末年，六卿把持晋国政权。事详本书《晋世家》。〔5〕"拂"，音 bì，与"弼"字通。〔6〕"三代"，指夏、商、周。〔7〕"辟"，音 bì，法。"禁"，禁令。〔8〕"夸"，说大话，吹嘘。"名"，声名，名誉。〔9〕"偶语"，相对私语。"弃市"，死刑的一种。在闹市处死罪犯，暴尸街头示众。〔10〕"族"，灭族。秦朝族刑一般是夷三族，但也有夷七族、夷九族、夷十族的记载。〔11〕"黥"，音 qíng，是一种刑罚，在罪犯脸部刺字涂墨。"城旦"，服役四年的一种刑罚。服此刑的罪犯，输送边地修筑长城，警戒敌人。

【译文】始皇在咸阳宫摆酒设宴，七十个博士上前敬酒祝寿。仆射周青臣颂扬说："从前秦国的地域不超过一千里，依靠陛下神灵圣明，平定了天下，驱逐了蛮夷，太阳和月亮所能照到的地方，没有不降服的。把各国诸侯的领土置为郡县，人人安居乐业，没有战争之忧，这功业可以流传万世，从远古以来没有人能赶得上陛下的威德。"始皇很高兴。博士齐人淳于越进谏说："我听说殷周称王天下一千多年，分封子弟和功臣，作为自己的辅助势力。现在陛下拥有天下，而子弟却是平民百姓，偶然出现田常、六卿一样的臣属，无人辅佐，靠什么来挽救呢？事情不效法古代而能长久不败的，我没有听到过。如今青臣当面阿谀，来加深陛下的过错，实在不是忠臣。"始皇把他们的建议交下去讨论。丞相李斯说："五帝的制度不互相重复，三代的制度不互相因袭，各自都得到治理，不是后代一定要与前代相反，这是时代变化的缘故。如今陛下开创了伟大的事业，建立了万世不朽的功勋，本来不是愚蠢的读书人所能理解的。况且淳于越说的又是三代的事情，有什么可效法的？从前诸侯竞争，用优厚的待遇招揽游学之士。现在天下已经平定，颁布统一的法令，百姓在家则努力从事农业生产和家庭手工业，士人则学习法律禁令。如今这些读书人不向现实学习，而去模仿古代，来指责现行的社会制度，惑乱百姓。我丞相李斯冒着死罪说：古代天下分散混乱，不能统一，所以诸侯同时兴起，人们的言论都称道古代，损害现行的政策，文饰虚言空语，搅乱事物的本来面貌，每人都以为自己的学说是最完善的，非议君主所建立的制度。现在皇帝兼并了天下，分辨是非，确立了至高无上的地位。（而人们仍在）私自传授学问，一起批评国家的法令教化，听到法令下达，就各用自己的学说去议论，回家时在心里非难，出来时街谈巷议，在君主面前自我吹嘘，以此来沽名钓誉，标新立异，认为超人一等，带着下面的一群信徒编造诽言谤语。这种情况不加以禁止，上则君主的权威下降，下则形成党徒互相勾结。禁止出现这种情况才是合适的。我希望史官把不是秦国的典籍全部烧掉。不是博士官所主管的，国内敢有收藏《诗》、《书》、诸子百家著作的，都要送到郡守、郡尉那里焚毁。有敢相互私语《诗》、《书》的，在闹市处死示众。以古非今的要杀死全族。官吏知情而不检举的，和他同罪。命令下达三十天不烧掉书籍，就在脸部刺上字，成为刑徒城旦。所不烧毁的，有医药、卜筮、农林方面的书籍。如果想要学法令，可以到官吏那里学习。"始皇下达命令说："可以照此办理。"

三十五年，除道，道九原抵云阳，[1]堑山堙谷，[2]直通之。于是始皇以为咸阳人多，先王之宫廷小，吾闻周文王都丰，[3]武王都镐，[4]丰镐之间，帝王之都也。乃营作朝宫渭南上林苑中。先作前殿阿房，[5]东西五百步，南北五十丈，上可以坐万人，下可以建五丈旗。周驰为阁道，自殿下直抵南山。[6]表南山之颠以为阙。为复道，自阿房渡渭，属之咸阳，以象天极阁道绝汉抵营室也。[7]阿房宫未成；成，欲更择令名名之。[8]作宫阿房，故天下谓之阿房宫。隐宫徒刑者七十余万人，[9]乃分作阿房宫，或作丽山。发北山石椁，[10]乃写蜀、荆地材皆至。[11]关中计宫三百，关外四百余。于是立石东海上朐界中，[12]以为秦东门。因徙三万家丽邑，五万家云阳，皆复不事十岁。

【注释】〔1〕"九原"，秦县，为九原郡治所，故城在今内蒙古自治区包头市西。 〔2〕"堑"，音qiàn，挖掘。"堙"，音yīn，填塞。 〔3〕"周文王"，姬姓，名昌，商朝末年为周族首领，商纣时为西伯，亦称伯昌，在位五十年。事详本书《周本纪》。"丰"，周文王伐崇侯虎后修筑，从岐（今陕西岐山县东北）徙都丰邑。故城在今陕西长安县西南沣水西岸。 〔4〕"武王"，周文王之子，名发，西周王朝的创建者。事详本书《周本纪》。"镐"，故地在今陕西长安县沣水东岸。 〔5〕"阿房"，故址在今陕西西安市西阿房村，秦亡时全部建筑被项羽焚毁。宫殿所在地名阿房，故世人以其地作为宫殿的名称。也有人认为宫殿四阿旁广，阿房宫取宫殿形状为名。又有人认为"阿"是近的意思，宫殿临近咸阳，故名"阿房"。 〔6〕"南山"，即秦岭终南山，在陕西西安市南。 〔7〕"阁道"，属奎宿，共六星，在王良北。古人认为，反映在地上，就为飞阁之道，天子出游别宫时所走。"绝"，越过，直渡。"汉"，天河。"营室"，包括室宿、壁宿，在阁道东南。古人认为反映在地上，则为天子之宫。 〔8〕"令"，美，善。 〔9〕"隐宫"，是"隐官"之误。云梦秦简中秦律《军爵律》载："工隶臣斩首及人为斩首以免者，皆令为工。其不完者，以为隐官工。"《法律答问》载："'将司人而亡，能自捕及亲所智（同知）为捕，除毋（同无）罪，已刑者处隐官。'可（同何）罪得'处隐官'？群盗赦为庶人，将盗戒（同械）囚刑罪以上，亡，以故罪论，斩左止（同趾）为城旦，后自捕所亡，是谓'处隐官'。它罪比群盗者皆如此。"由此看来，"隐官"是国家安置受过刑，身体残损，而又因功获赦的刑徒的处所。实际上在隐官处所的人，不会全是躯体"不完"者。 〔10〕"北山"，泛指关中平原北面的山

岭。"樟"，从文义看，当是衍文。〔11〕"写"，移彼置此。这里是输送的意思。〔12〕
"朐"，音 qú，秦县，境内有朐山，故地在今江苏连云港市西南锦屏山侧。

【译文】三十五年，开辟道路，通过九原，直达云阳，挖山填谷，修建一条笔
直的大道连接起来。始皇认为咸阳人口众多，先王的宫廷狭小，听说周文王建都
丰，武王建都镐，丰镐之间，是帝王的都城所在。于是就在渭水南岸的上林苑中兴
建朝宫。首先建造前殿阿房宫，东西五百步，南北五十丈，殿堂上可以坐一万人，
殿堂顶下可以竖立五丈高的旗帜。周围环绕着架起阁道，从殿下直达南山。在南山
的山顶上修建标志，作为门阙。在空中架设道路，从阿房宫渡过渭水，与咸阳相连
接，以此象征天下阁道越过天河直至营室。阿房宫尚未完工；完工后，想另外选择
一个好的名字称呼它。在阿房建造宫殿，所以天下称它阿房宫。隐官刑徒七十多万
人，分成几批营造阿房宫，或修建丽山工程。挖运北山的石头，输送蜀地、荆地的
木材，都集中到这里。关中共计宫殿三百座，关外四百多座。于是在东海附近朐县
境内树立石碑，作为秦国的东门。迁徙三万户居住丽邑，五万户居住云阳，都免除
十年的徭役。

卢生说始皇曰："臣等求芝奇药仙者常弗遇，类物有害之者。方中，
人主时为微行以辟恶鬼，恶鬼辟，真人至。〔1〕人主所居而人臣知之，则
害于神。真人者，入水不濡，〔2〕入火不爇，〔3〕陵云气，与天地久长。今
上治天下，未能恬倓。〔4〕愿上所居宫毋令人知，然后不死之药殆可得
也。"于是始皇曰："吾慕真人，自谓'真人'，不称'朕'。"乃令咸阳
之旁二百里内宫观二百七十复道甬道相连，帷帐钟鼓美人充之，各案署
不移徙。行所幸，有言其处者，罪死。始皇帝幸梁山宫，〔5〕从山上见丞
相车骑众，弗善也。中人或告丞相，丞相后损车骑。始皇怒曰："此中
人泄吾语。"案问莫服。当是时，诏捕诸时在旁者，皆杀之。自是后莫
知行之所在。听事，群臣受决事，悉于咸阳宫。

【注释】〔1〕"真人"，仙人。〔2〕"濡"，音 rú，沾湿。〔3〕"爇"，与"热"字同。
《庄子·大宗师》云："古之真人……登高不栗，入水不濡，入火不热。"〔4〕"恬倓"，音 tián
tán，清静无所作为。〔5〕"梁山宫"，始皇在梁山所造，宫址在今陕西乾县境内。

【译文】卢生劝始皇说："我和其他人寻找灵芝奇药以及仙人，常常遇不上，
好像有东西伤害它们。仙方中要求，君主时时隐蔽行迹，来躲避恶鬼，躲避了恶
鬼，真人就来到了。君主居住的地方，臣属知道了，就会妨碍神仙。真人没入水中
不会被水浸湿，进入火中不感到热，凌云驾雾，与天地一样长寿。现在您治理天

下，不能恬静无欲。希望您居住的宫殿不要让人知道，然后长生不死的仙药大概可以找到。"于是始皇说："我羡慕真人，自称'真人'，不称'朕'。"就命令咸阳附近二百里内的二百七十座宫殿，用空中架设的道路和地面上的甬道连接起来，把帷帐、钟鼓、美人安置在里面，各种布置不得移动。所临幸之处，如果有人把地点说出去，罪当处死。始皇帝临幸梁山宫，从山上看见丞相随从车骑众多，很不以为然。宫中侍从把这件事告诉了丞相，后来丞相减少了随从的车骑。始皇非常生气地说："这是宫内的人泄漏了我的话。"审问后没有人认罪。这时，下令逮捕当时在他身边的人，全部杀掉。从此以后没有人知道他的行迹在什么地方了。听理国政，群臣受命决断事情，都在咸阳宫。

侯生、卢生相与谋曰："始皇为人，天性刚戾自用，起诸侯，并天下，意得欲从，[1]以为自古莫及己。专任狱吏，狱吏得亲幸。博士虽七十人，特备员弗用。丞相诸大臣皆受成事，倚辨于上。上乐以刑杀为威，天下畏罪持禄，莫敢尽忠。上不闻过而日骄，下慑伏谩欺以取容。[2]秦法，不得兼方，[3]不验，辄死。然候星气者至三百人，[4]皆良士，畏忌讳谀，不敢端言其过。[5]天下之事无小大皆决于上，上至以衡石量书，[6]日夜有呈，[7]不中呈不得休息。贪于权势至如此，未可为求仙药。"于是乃亡去。始皇闻亡，乃大怒曰："吾前收天下书不中用者尽去之。悉召文学方术士甚众，欲以兴太平，方士欲练以求奇药。[8]今闻韩众去不报，徐市等费以巨万计，[9]终不得药，徒奸利相告日闻。卢生等吾尊赐之甚厚，今乃诽谤我，以重吾不德也。诸生在咸阳者，吾使人廉问，或为訞言以乱黔首。"[10]于是使御史悉案问诸生，诸生传相告引，乃自除。[11]犯禁者四百六十余人，皆阬之咸阳，使天下知之，以惩后。益发谪徙边。始皇长子扶苏谏曰：[12]"天下初定，远方黔首未集，诸生皆诵法孔子，今上皆重法绳之，臣恐天下不安。唯上察之。"始皇怒，使扶苏北监蒙恬于上郡。[13]

**【注释】**〔1〕"从"，与"纵"字通。"意得欲从"，称心得意，放纵欲望。 〔2〕"慑"，音 shè，恐惧，害怕。"慑伏"，因骇惧而屈服。 〔3〕"兼方"，兼有两种以上的方伎。 〔4〕"候星气"，观察星辰运行和云气变化形状来预言人事祸福。 〔5〕"端"，正。 〔6〕"衡"，秤杆。"石"，秤锤。"衡石"，犹言权衡。秦朝书写材料主要是竹简或木牍，分量较重，加上始皇一天阅处的文件较多，所以至于用秤来称量。 〔7〕"呈"，通"程"，标准，限额。 〔8〕"练"，与"炼"字通。另有一解，"练"通"拣"，拣选的意思，于义亦通。 〔9〕"巨万"，万万，言数目极大。 〔10〕"訞"，与"妖"字同。 〔11〕"除"，免除。"乃自除"，谓告发他人，就可免除自己的罪行。"除"亦可训为诛。如训为诛，此句当与下句连读，意思是亲自决定诛杀犯禁者四百六十余人。译文取前说。　〔12〕"扶苏"，始皇死于沙丘后，胡亥、赵高、李斯诈为始皇诏书，赐扶苏剑自杀。扶苏见到诏书，自杀于上郡。事详本篇下文和《李斯列传》。〔13〕"监"，监视。当时蒙恬带兵三十万，在北方边境修筑长城，防御匈奴。扶苏即随军监视蒙恬。

**【译文】** 侯生、卢生一起商量说："始皇为人天生的刚愎暴戾，自以为是，从诸侯中兴起，吞并了天下，万事称心如意，为所欲为，认为自古以来没有人能赶上自己。专门任用治狱的官吏，治狱的官吏受到宠幸。虽然有博士七十人，只是充数人员，并不信用。丞相和大臣都是接受已经决断的公事，一切依赖皇帝处理。皇帝喜欢采用刑罚杀戮来确立自己的威严，天下人害怕获罪，只想保持禄位，没有人敢竭尽忠诚。皇帝不能听到自己的过失，日益骄横，臣下恐惧而屈服，用欺骗来取得皇帝的欢心。根据秦朝的法律，一人不能兼有两种方技，方技不灵验，就处以死刑。然而观察星象云气预测吉凶的人多至三百人，全都学问优秀，（但对皇帝）畏忌阿谀，不敢正面指出他的过错。天下之事不论大小都取决于皇帝，皇帝甚至用秤来称量文书，一天有一定的额数，不达到额数不能休息。贪恋权势至于这种地步，不能给他寻找仙药。"于是就逃走了。始皇听说侯生、卢生逃走的消息，就非常气愤地说："我以前收取天下书籍，不合时用的全部烧毁。招集了很多文学方术之士，想要使国家太平，这些方士打算炼丹得到奇药。现在听说韩众离去后一直不来复命，徐市等人耗费巨万，最后还是没有得到仙药，只是每天传来一些为奸谋利的事情。我对卢生等人很尊敬，赏赐丰厚，如今诽谤我，来加重我的不仁。在咸阳的一些儒生，我派人察问，有的制造怪诞邪说来惑乱百姓。"于是派御史审问儒生，儒生辗转告发，就能免除自己的罪过。触犯法禁的四百六十多人，全部在咸阳活埋，使全国都知道这件事，借以警戒后人。更多地调发徒隶去戍守边境。始皇长子扶苏劝告说："天下平定不久，远方百姓尚未安辑，儒生都学习和效法孔子，现在您用严厉的刑罚绳治他们，我担心天下动乱。希望您明察此事。"始皇很生气，派扶苏到北方的上郡监视蒙恬。

三十六年，荧惑守心。〔1〕有坠星下东郡，至地为石，黔首或刻其石曰"始皇帝死而地分"。始皇闻之，遣御史逐问，莫服，尽取石旁居人诛之，因燔销其石。始皇不乐，使博士为《仙真人诗》，及行所游天下，传令乐人歌弦之。秋，使者从关东夜过华阴平舒道，〔2〕有人持璧遮使者曰："为吾遗滈池君。"〔3〕因言曰："今年祖龙死。"〔4〕使者问其故，因忽不见，置其璧去。使者奉璧具以闻。始皇默然良久，曰："山鬼固不过知一岁事也。"〔5〕退言曰："祖龙者，人之先也。"使御府视璧，〔6〕乃二十八年行渡江所沉璧也。于是始皇卜之，卦得游徙吉。迁北河、榆中三万家。[7]拜爵一级。

【注释】〔1〕"荧惑"，即火星。火星荧荧像火，运行轨道多变，令人迷惑，故名"荧惑"。"守"，占据其他星宿的位置。"心"，二十八宿之一，青龙七宿的第五宿，有星三颗。古人错误地认为，荧惑靠近心宿时，地上便会出现灾异。 〔2〕"使者从关东"，此五字《汉书·五行志中之上》引作"郑容从关东来"。"华阴"，秦县，在今陕西华阴县西北。"平舒"，城名，在今陕西华阴县西北，临渭水。 〔3〕"滈池君"，水神，为滈池之神。滈池在今陕西长安县界，久已湮废。在这一神话中，由于秦以水德王，秦始皇被看成为水神，所以他的死，先在水神中互相转告。"滈"，音hào。 〔4〕"祖"，开始的意思。"龙"，人君的象征。"祖龙"，暗指始皇。〔5〕"山鬼固不过知一岁事也"，这是始皇的自我宽慰之辞。当时已是秋季，一年即将过去，持璧者所言未必准确。明年之事，山野之鬼是不知道的。 〔6〕"御府"，天子之府库。 〔7〕"北河"，古时黄河在今内蒙古自治区磴口县以下，分为南北二流，北流约当今乌加河，是黄河正流，称为北河。此指北河沿岸地区。"迁北河、榆中三万家"，是谓把三万家从他处迁移到北河、榆中，而不是把北河、榆中三万家迁移到别处。本书《六国年表》云："徙民于北河、榆中。"意思比较明确。本篇秦王政九年，嫪毒败，"车裂以徇，灭其宗，及其舍人。轻者为鬼薪，及夺爵迁蜀四千余家"。"迁蜀"，亦谓迁到蜀地。

【译文】三十六年，荧惑接近心宿。有一颗星坠落在东郡，到了地面变为石头，百姓中有人在这块石头上刻写说"始皇帝死而地分"。始皇听到了，派御史挨个审问，没有人认罪，把在石头附近居住的人全部抓起来处死，就用火烧毁这块石头。始皇闷闷不乐，让博士创作《仙真人诗》，等到巡视天下所至之地，传令乐工弹唱。秋天，使者从关东来，夜里经过华阴平舒地方，有人拿着璧玉拦住使者说："替我送给滈池君。"又趁机说："今年祖龙死去。"使者问他什么原因，这个人忽然不见，留下他的璧玉走开了。使者向始皇献上璧玉，讲述了事情的全部经过。始皇很长时间沉默无语，后来说："山野的鬼怪只不过知道一年之内的事情。"退朝后又说："祖龙是人们的首领。（'今年祖龙死'，说的难道是我吗?）"让御府看这块璧玉，竟然是二十八年出行渡江时沉入水中的那块璧玉。于是始皇使人占卜吉凶，卦象是巡游迁徙就会吉利。迁徙到北河、榆中三万家。赐给爵位一级。

　　三十七年十月癸丑，始皇出游。左丞相斯从，右丞相去疾守。少子胡亥爱慕请从，上许之。十一月，行至云梦，[1]望祀虞舜于九疑山。[2]浮江下，观籍柯，[3]渡海渚。[4]过丹阳，[5]至钱唐。[6]临浙江，[7]水波恶，乃西百二十里从狭中渡。[8]上会稽，[9]祭大禹，[10]望于南海，[11]而立石刻颂秦德。其文曰：

【注释】〔1〕"云梦"，泽薮名，在南郡华容县（今湖北潜江县西南）南。 〔2〕"望祀"，祭名，与上文"望祭"相同，主要祭祀对象为山川地祇，祭祀时有牺牲粢盛。"虞舜"，姚姓，有虞氏名重华，继承唐尧之位，为传说中父系氏族社会晚期部落联盟首领。据本书《五帝本纪》记载，虞舜在位第三十九年，南巡死于苍梧之野，葬在九疑山。"九疑山"，也作"九嶷山"，又名苍梧山，在今湖南宁远县南。　〔3〕"籍柯"，义不明，疑字有讹误。也可能是地名。　〔4〕"海渚"，疑当作"江渚"，即牛渚山，在今安徽当涂县西北长江边，北部突入江中，名采石矶，为长江重要津渡。"渚"，音zhǔ。　〔5〕"丹阳"，秦县，在今安徽当涂县东北小丹阳镇。　〔6〕"钱唐"，秦县，在今浙江杭州市西灵隐山麓。　〔7〕"浙江"，水名，即钱塘江，在今浙江省境内。　〔8〕"乃西百二十里从狭中渡"，始皇至钱唐，来到浙江，想渡过去。但浙水水势汹涌，不便舟楫，所以又往西走一百二十里，在江面狭窄的地方渡过去。这个地方，在今浙江余杭县境内。　〔9〕"会稽"，山名，在今浙江绍兴县、嵊县、诸暨县、东阳县之间，主峰在嵊县西北。〔10〕"大禹"，姒姓，名文命，原为夏后氏部落首领，被虞舜选为继承人。虞舜死后，大禹任部落联盟首领。据本书《夏本纪》记载，大禹在位第十年，巡狩东方，死于会稽，所以始皇"上会稽，祭大禹"。　〔11〕"南海"，即今东海。

【译文】　三十七年十月癸丑，始皇出外巡游。左丞相李斯随从，右丞相冯去疾留守。始皇的小儿子胡亥很羡慕，要求跟着去，始皇答应了他。十一月，走到云梦，朝九疑山方向望祭虞舜。浮江而下，观览籍柯，渡过江渚。途经丹阳，到达钱唐。在浙江岸边，看见波涛凶险，就向西走了一百二十里，从江面狭窄的地方渡了过去。登上会稽山，祭祀大禹，又望祭南海，树立石碑，刻辞颂扬秦朝的功德。碑文说：

　　皇帝休烈，平一宇内，德惠修长。〔1〕三十有七年，亲巡天下，周览远方。遂登会稽，宣省习俗，黔首斋庄。〔2〕群臣诵功，本原事迹，追首高明。〔3〕秦圣临国，始定刑名，显陈旧章。初平法式，审别职任，以立恒常。六王专倍，〔4〕贪戾慠猛，率众自强。暴虐恣行，负力而骄，数动甲兵。阴通间使，〔5〕以事合从，行为辟方。〔6〕内饰诈谋，外来侵边，遂起祸殃。义威诛之，殄熄暴悖，乱贼灭亡。圣德广密，六合之中，被泽无疆。皇帝并宇，兼听万事，远近毕清。运理群物，考验事实，各载其名。贵贱并通，〔7〕善否陈前，靡有隐情。饰省宣义，〔8〕有子而嫁，倍死不贞。〔9〕防隔内外，禁止淫泆，男女絜诚。〔10〕夫为寄豭，〔11〕杀之无罪，男秉义程。妻为逃嫁，子不得母，咸化廉清。大治濯俗，天下承风，蒙被休经。皆遵度轨，和安敦勉，莫不顺令。黔首修絜，人乐同则，嘉保太平。后敬奉法，常治无极，舆舟不倾。〔12〕从臣诵烈，请刻此石，光垂休铭。〔13〕

【注释】〔1〕"修"，长。　〔2〕"斋"，庄敬。"庄"，恭敬，端庄。　〔3〕"追首"，追溯事物的开端。〔4〕"倍"，通"悖"，违谬。〔5〕"间使"，从事间谍的使者。〔6〕"辟"，邪僻。"方"，通"放"，放纵。〔7〕"通"，通晓，洞察。〔8〕"饰"，音 chì，通"饬"，整饬，整治。"省"，通"眚"，过错。〔9〕"倍"，通"背"，背弃。〔10〕"絜"，与"洁"字同。〔11〕"豭"，音 jiā，公猪。"寄豭"，把自己的公猪寄放到别人家母猪处，使母猪受孕，谓之"寄豭"。这里指主动乱搞男女关系的男人。〔12〕"舆舟不倾"，车和船不会倾覆。譬喻政治平稳，局势安定。〔13〕"铭"，记载。

**【译文】**皇帝建立了丰功伟绩，统一了天下，德惠深远。三十七年，亲自巡行全国，周游观览遥远的地方。于是登上会稽山，视察风俗习惯，百姓都很恭敬。群臣颂扬皇帝的功德，回顾创业的事迹，追溯决策的英明。秦国伟大的皇帝君临天下，开始确定了刑法制度，明白地宣布过去的规章。首次统一了处理政务的法则，审定和区分官吏的职掌，借以建立长久不变的制度。六国的诸侯王独断专行，违谬无信，贪婪乖张，傲慢凶猛，拥众称霸。他们暴虐纵恣，倚仗武力，骄狂自大，屡次挑起战争。做间谍的使者暗中互相联系，进行合纵抗秦，行为邪僻放纵。在内伪饰阴谋诡计，对外侵略秦国边境，因而带来灾难。皇帝出于正义，用武力去讨伐他们，平息了暴乱，消灭了乱贼。圣德宏大而深厚，天地四方，蒙受了无限的恩泽。皇帝统一天下，听理万机，远近都政清民静。运筹和治理天地间的万物，考察事物的实际情况，分别记载它们的名称。不论是尊贵的人还是卑贱的人，都洞察他们的活动，好事坏事都摆在面前，没有隐瞒的情况。纠正人们的过错，宣扬大义，有了儿子而改嫁他人，就是背弃死去的丈夫，不守贞操。把内外隔离开来，禁止纵欲放荡，男女要洁身诚实。做丈夫的和别人的妻子通奸，杀死他也没有罪，这样，男人才能遵守道德规范。做妻子的跑掉另嫁，儿子不能认她作母亲，这样人们都会被廉洁清白的风气所感化。进行大规模地整顿，涤荡不良的风俗习惯，天下百姓接受文明的社会风尚，受到了一种良好的治理。人们都奉规守法，和睦平安，敦厚勤勉，没有不服从国家法令的。百姓德修品洁，人人高兴地遵守统一的规定，欢乐地保持着太平的局面。后世认真地奉行法治，就会无限期地长治久安下去，车船不倾，（国家安稳。）随从的大臣颂扬皇帝的功业，请求镌刻这一石碑，使这美好的记载光垂后世。

还过吴，〔1〕从江乘渡。〔2〕并海上，北至琅邪。方士徐市等入海求神药，数岁不得，费多，恐谴，乃诈曰："蓬莱药可得，然常为大鲛鱼所苦，〔3〕故不得至，愿请善射与俱，见则以连弩射之。"〔4〕始皇梦与海神战，如人状。问占梦，博士曰："水神不可见，以大鱼蛟龙为候。〔5〕今上祷祠备谨，而有此恶神，当除去，而善神可致。"乃令入海者赍捕巨鱼具，〔6〕而自以连弩候大鱼出射之。自琅邪北至荣成山，〔7〕弗见。至之罘，见巨鱼，射杀一鱼。遂并海西。

**【注释】**〔1〕"吴"，秦县，为会稽郡郡治，在今江苏苏州市。 〔2〕"江乘"，秦县，在今江苏句容县北。 〔3〕"鲛鱼"，即鲨鱼。"鲛"，音 jiāo。 〔4〕"见"，与"现"字通。出现。"连弩"，装有机栝，可以连续发射的弓弩。 〔5〕"候"，预示迹象，显示征兆。 〔6〕"赍"，音 jī，携带，带着。 〔7〕"荣成山"，即成山，已见前。

**【译文】**返回时经过吴县，从江乘渡江。沿着海边北上，到达琅邪。方士徐市等人到海中寻找神药，几年都没有找到，耗费了很多钱财，害怕受到谴责，就欺骗始皇说："蓬莱的神药是可以得到的，然而常常苦于鲨鱼的袭击，所以不能到达蓬莱，希望派一些擅长射箭的人和我们一起去，鲨鱼出现就用连弩射死它。"始皇梦中与海神交战，海神像人一样的形状。询问占梦的博士，博士说："水神是看不到的，（它的到来）是以大鱼和蛟龙为征候的。现在陛下祷告和祭祀周到而又恭谨，却出现了这个凶恶的海神，应当把它铲除，然后善良的神物就能到来。"于是让到海中去的人携带捕获大鱼的用具，而自己使用连弩，等待大鱼出现时射死它。从琅邪往北到达荣成山，没有见到大鱼。到了之罘，看见了大鱼，射死了一条。于是沿海西行。

至平原津而病。〔1〕始皇恶言死，群臣莫敢言死事。上病益甚，乃为玺书赐公子扶苏曰：〔2〕"与丧会咸阳而葬。"书已封，在中车府令赵高行符玺事所，〔3〕未授使者。七月丙寅，始皇崩于沙丘平台。〔4〕丞相斯为上崩在外，恐诸公子及天下有变，〔5〕乃秘之，不发丧。棺载辒凉车中，〔6〕故幸宦者参乘，〔7〕所至上食。百官奏事如故，宦者辄从辒凉车中可其奏事。独子胡亥、赵高及所幸宦者五六人知上死。赵高故尝教胡亥书及狱律令法事，胡亥私幸之。高乃与公子胡亥、丞相斯阴谋破去始皇所封书赐公子扶苏者，而更诈为丞相斯受始皇遗诏沙丘，立子胡亥为太子。更为书赐公子扶苏、蒙恬，数以罪，其赐死。〔8〕语具在《李斯传》·中。行，遂从井陉抵九原。会暑，上辒车臭，乃诏从官令车载一石鲍鱼，〔9〕以乱其臭。

**【注释】**〔1〕"平原津"，黄河津渡名，在秦平原县境内。秦平原县在今山东平原县西南。〔2〕"玺书"，盖有皇帝印信的诏书。 〔3〕"中车府令"，官名，掌管皇帝舆车，为太仆属官。"行"，代理，摄理。"符玺事"，符玺郎掌管的事务。当时中车府令赵高代理符玺郎掌管皇帝的符节印章。 〔4〕"沙丘"，在今河北广宗县西北，其地有沙丘宫。"平台"，台名，在沙丘宫内。〔5〕"诸公子"，指胡亥以外的秦始皇的儿子们。 〔6〕"辒凉车"，又作"辒辌车"，一种闭之则温，开之则凉的可以息卧的轿车。秦始皇棺载辒凉车中，后世因名丧车为"辒凉车"。"辒"，音 wēn。　〔7〕"参乘"，也作"骖乘"，陪乘。古人乘车之制，左为主座，驭者居中，右为陪乘，起警卫作用。　〔8〕"其赐死"，从上下文义看，"其"字衍文。《太平御览》卷八六引无此字。有的版本"其"作"共"。　〔9〕"鲍鱼"，盐渍的鱼，其味腥臭。"鲍"，音 bào。

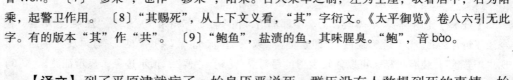

【译文】到了平原津就病了。始皇厌恶说死，群臣没有人敢提到死的事情。始皇的病日益加重，于是就写了一封盖有皇帝玺印的诏书送给公子扶苏，说："回来参加我的丧礼，一起在咸阳埋葬我。"诏书已经加封，放在中车府令赵高代替符玺郎掌管印玺符节事务的地方，还没有送给负责传递的使者。七月丙寅，始皇死于沙丘平台。因为始皇死在外面，丞相李斯怕始皇那些儿子以及国内百姓有人造反，就封锁了消息，不举办丧事。把棺材装在辒凉车中，原来亲近的宦官陪乘，所到之地，照旧送上饭食。百官和过去一样上奏国事，宦官就从辒凉车中批准他们所奏之事。只有始皇的儿子胡亥、赵高和五六个亲近的宦官知道始皇已经死去。赵高过去曾经教胡亥学习文字和刑狱法律，胡亥私下对他很亲近。赵高就同公子胡亥、丞相李斯搞阴谋诡计，毁掉了始皇封好送给公子扶苏的诏书，而另外诈称丞相李斯在沙丘接受始皇遗诏，立儿子胡亥为太子。又另写了诏书送给公子扶苏、蒙恬，列举他们的罪状，命令他们自杀。这些事情都记载在《李斯传》中。胡亥等人继续前进，于是从井陉到了九原。正赶上暑天，始皇的辒凉车散发出臭味，就命令随从官员每车装载一石鲍鱼，用来混淆始皇尸体的臭味。

　　行从直道至咸阳，〔1〕发丧。太子胡亥袭位，为二世皇帝。九月，葬始皇郦山。始皇初即位，穿治郦山．及并天下，天下徒送诣七十余万人，穿三泉，〔2〕下铜而致椁，〔3〕宫观百官奇器珍怪徙臧满之。〔4〕令匠作机弩矢，有所穿近者辄射之。以水银为百川江河大海，〔5〕机相灌输，上具天文，下具地理。以人鱼膏为烛，〔6〕度不灭者久之。〔7〕二世曰："先帝后宫非有子者，出焉不宜。"皆令从死，死者甚众。葬既已下，或言工匠为机，臧皆知之，〔8〕臧重即泄。大事毕，已臧，闭中羡，〔9〕下外羡门，尽闭工匠臧者，无复出者。树草木以象山。

　　【注释】〔1〕"直道"，即始皇三十五年开辟的道路。北起九原，南抵云阳。　〔2〕"三泉"，地下三重泉水，这当是地下很深的地方。　〔3〕"下铜"，用铜来锢洞穴，这样既坚固，又可以防止地下水的渗透。　〔4〕"宫观百官奇器珍怪"，都是随葬品。"宫观"和"百官"，一般采用陶或金属仿制。"奇器"和"珍怪"指各种供日常使用或观赏的奢侈品。"臧"，与"藏"字同。　〔5〕"以水银为百川江河大海"，据考古勘探，秦始皇陵地宫内确有水银分布，面积达一万二千平方米，构成规则的几何图案。　〔6〕"人鱼"，即儒艮，皮肤灰白色，有稀少的毛。前肢呈鳍状，后肢退化。栖息河口或浅海湾内。哺乳时用前肢拥抱幼仔，头部和胸部露出水面，宛如人状。也有人认为"人鱼"即鲸鱼。　〔7〕"度"，音 duó，揣测，估计。　〔8〕"臧"，音

zāng，奴隶。下文"已臧"之"臧"，音cáng，通"藏"。〔9〕"羡"，音yán，与"埏"字通。墓中神道，有内、中、外三道门。

**【译文】** 胡亥等人从直道回到咸阳，宣布了始皇死亡的消息。太子胡亥继位，为二世皇帝。九月，把始皇埋葬在郦山。始皇刚即位时，就在郦山开山凿洞，等到统一了全国，把天下各方的七十多万刑徒送到郦山，把隧洞一直挖到见水的地方，用铜封锢，然后把棺材安放在里面，仿制的宫殿、百官和各种珍奇宝物都徙置其中，藏得满满的。让工匠制造带机关的弩箭，有人掘墓接近墓室时就会自动射向目标。拿水银作成千川百溪和江河大海，使用机械互相灌注流通，墓中上面各种天象齐备，下面有地上景象万千。利用人鱼的脂肪作蜡烛，估计很长时期不会熄灭。二世说："先帝后宫的姬妾没有儿子的，放出宫去不太合适。"（于是）都让她们殉葬，死去的非常多。已经把始皇埋葬了，有人说工匠制造机关，奴隶们都知道，奴隶人数众多，就会泄漏出去。葬礼结束，已经封藏了墓室的随葬品，又关闭了当中的墓道，放下了最外面一段墓道的大门，把工匠和奴隶全部关死在里面，没有一个逃出去的。在坟上种植草木，像山一样。

　　二世皇帝元年，年二十一。赵高为郎中令，〔1〕任用事。二世下诏，增始皇寝庙牺牲及山川百祀之礼。〔2〕令群臣议尊始皇庙。群臣皆顿首言曰："古者天子七庙，诸侯五，大夫三，〔3〕虽万世世不轶毁。〔4〕今始皇为极庙，四海之内皆献贡职，增牺牲，礼咸备，毋以加。先王庙或在西雍，〔5〕或在咸阳。天子仪当独奉酌祠始皇庙。自襄公已下轶毁。〔6〕所置凡七庙。群臣以礼进祠，以尊始皇庙为帝者祖庙。皇帝复自称'朕'。"〔7〕

**【注释】** 〔1〕"郎中令"，秦官名，负责守护宫殿门户，主管诸郎在宫殿上侍卫。〔2〕"牺牲"，古代为宗庙祭祀而宰杀的牲畜。毛色纯一的为"牺"，肢体完整的为"牲"。〔3〕"天子七庙，诸侯五，大夫三"，据《礼记·王制》所说，天子有七庙，三昭三穆，与太祖之庙而七；诸侯有五庙，二昭二穆，与太祖之庙而五；大夫有三庙，一昭一穆，与太祖之庙而三；士有一庙。〔4〕"轶"，音dié，更迭。"轶毁"，更迭废除。有人把"轶毁"解释为"增减"，义亦通。这样解释时，"轶"音yì。〔5〕"西雍"，即春秋时期的雍邑，秦德公建都于此，至秦献公徙都栎阳。后来在此地置县。故城在今陕西凤翔县南。〔6〕"襄公"，秦庄公之子，公元前七七七年至前七六六年在位。在位的第八年，被周平王封为诸侯，秦开始立国。死后葬西垂（今甘肃天水市西南）。"已"，与"以"字同。〔7〕"皇帝复自称'朕'"，始皇三十五年，皇帝自称由"朕"改为"真人"，至此群臣建议二世仍自称为"朕"。

**【译文】** 二世皇帝元年，二世二十一岁。赵高为郎中令，掌握处理国家事务的权力。二世发布诏令，增加始皇陵庙的祭牲，以及对山川等各种祭祀的礼数。让群臣讨论怎样尊崇始皇庙。君臣都跪在地上磕着头说："古代天子七庙，诸侯五庙，大夫三庙，（太祖庙）即使是万世之后也不废除。现在始皇为极庙，四海之内都献上本地的产品，增多祭牲的数量，祭礼都很完备，没有什么可增加的了。先王庙有的在西雍，有的在咸阳。按天子的礼仪来说，应当亲自手持酒爵祭拜始皇庙。自襄公以下各庙都废除。所设祖庙共有七座。群臣按照礼仪进行祭祀，尊崇始皇庙为秦国皇帝的祖庙。皇帝还是自称'朕'。"

二世与赵高谋曰："朕年少，初即位，黔首未集附。先帝巡行郡县，以示强，威服海内。今晏然不巡行，[1]即见弱，毋以臣畜天下。"春，二世东行郡县，李斯从。到碣石，并海，南至会稽，而尽刻始皇所立刻石，石旁著大臣从者名，以章先帝成功盛德焉：[2]

**【注释】**〔1〕"晏然"，平静的样子。 〔2〕"章"，通"彰"，彰明。

**【译文】**二世和赵高商量说："我年龄小，即位不久，百姓还没有归附之心。先帝巡行郡县，来显示力量的强大，用武威压服天下。现在安然不动，不去巡游，就显得软弱无力，这样是没有办法统治天下的。"春天，二世向东巡行郡县，李斯随从。到达碣石，沿海而行，向南来到会稽，又在始皇所立刻石上全部刻写了文字，石碑旁刻上随从大臣的名字，用来显示先帝取得的功绩和隆盛的德业。（石碑旁刻写的文字是：）

皇帝曰：[1]"金石刻尽始皇帝所为也。今袭号而金石刻辞不称始皇帝，其于久远也如后嗣为之者，不称成功盛德。"丞相臣斯、臣去疾、御史大夫臣德昧死言：[2]"臣请具刻诏书刻石，因明白矣。臣昧死请。"制曰："可。"
遂至辽东而还。

**【注释】**〔1〕"皇帝曰"，此句至下文"制曰：'可'"，是二世在秦始皇石刻旁刻写的文字。 〔2〕"德"，史书未载其姓，全书只此一见。

**【译文】**皇帝说："这些金石刻辞都是始皇帝镌刻的。现在我继承了皇帝的称号，而这些金石刻辞不称始皇帝，等到天长日久，好像后来嗣位的人刻写的，这同始皇帝取得的功绩和隆盛的德业是不相称的。"丞相大臣李斯、大臣冯去疾、御史大夫大臣德冒着死罪说："臣下请求把诏书全部刻在石碑上，这样就清楚了。臣下冒着死罪来提出这一要求。"二世下令说："可以。"

二世到辽东后就返回了。

于是二世乃遵用赵高，申法令。乃阴与赵高谋曰："大臣不服，官吏尚强，及诸公子必与我争，为之奈何？"高曰："臣固愿言而未敢也。先帝之大臣，皆天下累世名贵人也，积功劳世以相传久矣。今高素小贱，陛下幸称举，令在上位，管中事。大臣鞅鞅，[1]特以貌从臣，其心实不服。今上出，不因此时案郡县守尉有罪者诛之，上以振威天下，下以除去上生平所不可者。今时不师文而决于武力，愿陛下遂从时毋疑，即群臣不及谋。[2]明主收举余民，贱者贵之，贫者富之，远者近之，则上下集而国安矣。"二世曰："善。"乃行诛大臣及诸公子，以罪过连逮少近官三郎，[3]无得立者，[4]而六公子戮死于杜。[5]公子将闾昆弟三人囚于内宫，[6]议其罪独后。二世使使令将闾曰："公子不臣，罪当死，吏致法焉。"将闾曰："阙廷之礼，[7]吾未尝敢不从宾赞也；廊庙之位，[8]吾未尝敢失节也；受命应对，吾未尝敢失辞也。何谓不臣？愿闻罪而死。"使者曰："臣不得与谋，奉书从事。"将闾乃仰天大呼天者三，曰："天乎！吾无罪！"昆弟三人皆流涕拔剑自杀。宗室振恐。群臣谏者以为诽谤，大吏持禄取容，黔首振恐。

**【注释】**〔1〕"鞅鞅"，与"怏怏"同，因不满而郁郁不乐的样子。 〔2〕"即"，则。〔3〕"少"，小。"少近官"，近侍小臣。"三郎"，秦郎中令属官有五官中郎将、左中郎将、右中郎将，凡三署。署中有郎中、侍郎，无固定员额，多至千人，负责守卫宫殿，皇帝出行，则充车骑。因分隶三署，故称"三郎"。有人认为"三郎"指中郎、外郎、散郎。也有人认为指中郎、郎中、外郎。 〔4〕"立"，与"位"字通。有的版本作"脱"，于文义较顺。 〔5〕"杜"，秦县，在今陕西西安市东南。 〔6〕 "公子将闾"，秦始皇之子，事迹只见载于本篇。 〔7〕"阙"，宫殿、祠庙、陵墓前的高大建筑物，一般左右各一，筑成高台，其上修建楼观。两阙之间空缺有道，故名"阙"。"阙廷"，犹言"宫廷"。 〔8〕"廊庙"，犹言"庙堂"，指朝廷。

**【译文】**这时二世采纳赵高的建议，申明法令。私下和赵高商量说："大臣不顺服，官吏也还势力强大，那些公子们一定和我争夺权力，该怎么办呢？"赵高说："我本来就想说，但没有敢说。先帝的大臣，都是出自几代负有名望的权贵之家，累世功勋，代代相传，为时已久。我赵高一向卑微低贱，如今陛下亲近抬举我，使我的官品居上，掌管宫中事务。大臣们怏怏不乐，只是表面上顺从我，实际上他们心里并不服气。现在您外出巡行，何不趁这个时机，查究郡县守尉有罪的就处死他，上则威震天下，下则铲除您平生所不满的人。当今这个时代，不能师法文治，而是武力决定一切，希望陛下顺时从势，不要犹豫不决，而群臣还来不及策划造反。您这英明的君主可以收揽起用遗民，低贱的使他高贵，贫穷的使他富有，疏远的亲近他，那就会上下辑睦，国家安定。”二世说："很好。"于是杀戮大臣和那些公子们，假借罪名互相株连，来逮捕地位较低的近侍之臣和三署郎官，没有一个人能够保住他的官位，把六个公子处死在杜县。公子将闾兄弟三人被囚禁在宫中，最后审议他们的罪行。二世派使者对将闾下令说："你不像大臣的样子，按所犯罪行应当处死，法官将给予法律制裁。"将闾说："宫廷的礼仪，我未尝敢不服从司仪人的指挥；朝廷上的位次，我未尝敢违背礼节；承命回答问题，我未尝敢辞语差错。为什么说我不像大臣的样子呢？希望知道我的罪行之后再死去。"使者说："我不能参预谋划，只是奉诏办事。"于是将闾仰面连声大呼苍天，喊着说："天啊！我没有罪！"兄弟三人都涕泪俱下，拔剑自杀。宗室为之震动，恐惧不安。群臣进谏的都认为是诽谤朝廷，大臣拿着俸禄，谄媚讨好，百姓惊恐。

四月，二世还至咸阳，曰："先帝为咸阳朝廷小，故营阿房宫。为室堂未就，会上崩，罢其作者，复土郦山。[1]郦山事大毕，今释阿房宫弗就，则是章先帝举事过也。"复作阿房宫。外抚四夷，如始皇计。尽征其材士五万人为屯卫咸阳，[2]令教射。狗马禽兽当食者多，度不足，下调郡县转输菽粟刍藁，[3]皆令自赍粮食，咸阳三百里内不得食其谷。用法益刻深。

**【注释】**〔1〕"复"，与"覆"字同。　〔2〕"材士"，健武有力的士卒。　〔3〕"菽"，豆类。"粟"，谷子。"菽粟"，泛指粮食。"刍"，饲草。"藁"，禾秆。"刍藁"，指喂牲口的草料。

**【译文】**四月，二世回到咸阳，他说："先帝因为咸阳宫廷狭小，所以兴建阿房宫。殿堂还没有建成，碰上先帝逝世，停止了工程，去郦山覆土筑陵。郦山的工程大体已经结束，如今放弃阿房宫不去完成，就是表明先帝所做的事情是错误的。"又开始修建阿房宫。对外安抚四方夷狄，和始皇的策略一样。把健武的士卒五万人全部调来驻守咸阳，让人教习射御。这些人加上畜养的狗马禽兽，要吃粮食的很多，估计储存的粮食不够吃的，就向下面的郡县调用，把粮食草料运送到咸阳，运送的人都自带粮食，咸阳三百里以内的百姓不能食用这批粮谷（拿去解决咸阳的缺粮问题）。执法更加严厉苛刻。

七月，戍卒陈胜等反故荆地，[1]为张楚。[2]胜自立为楚王，居陈，[3]遣诸将徇地。[4]山东郡县少年苦秦吏，[5]皆杀其守尉令丞反，以应陈涉，相立为侯王，合从西乡，[6]名为伐秦，不可胜数也。谒者使东方来，[7]以反者闻二世。二世怒，下吏。后使者至，上问，对曰："群盗，郡守尉方逐捕，今尽得，不足忧。"上悦。武臣自立为赵王，[8]魏咎为魏王，[9]田儋为齐王。[10]沛公起沛。[11]项梁举兵会稽郡。[12]

【注释】〔1〕"陈胜"，字涉，阳城（旧说认为在今河南登封县东南）人，曾为人佣耕。二世元年，被征发屯戍渔阳（今北京密云县西南），七月在蕲县大泽乡（今安徽宿县东南刘村集）率同行戍卒起义，不久即建立张楚政权。次年军败，被他的御车人庄贾杀害。事详本书《陈涉世家》。〔2〕"张楚"，陈胜政权称号，义为张大楚国。〔3〕"陈"，秦县，在今河南淮阳县。〔4〕"徇"，音 xùn。"徇地"，略地。〔5〕"山东"，秦、汉时指崤山或华山以东，与关东所指地域大体相同。〔6〕"乡"，通"向"。〔7〕"谒者"，郎中令的属官，为皇帝掌管宾赞和传达之事，有时也奉命出使各地。〔8〕"武臣"，陈涉部将。陈涉在秦二世元年建立张楚政权后，即遣武臣等人北略赵地。武臣渡过黄河，连下赵地数十城，至邯郸自立为赵王。后被部将李良所杀。事详本书《陈涉世家》、《张耳陈余列传》。〔9〕"魏咎"，魏豹之兄，战国魏后裔，陈涉起义后，归从陈涉。陈涉派魏人周市攻下魏地，周市把魏咎从陈县迎到魏地，被陈涉立为魏王。后被秦军围困自杀。事见本书《魏豹列传》。〔10〕"田儋"，狄县（今山东高青县东南）人，战国齐后裔。陈涉建立张楚政权，派周市略定魏地，北至狄。田儋用计杀死狄令，自立为齐王，发兵击周市，攻取齐地。后兵败，被秦将章邯杀死。事详本书《田儋列传》。"儋"，音 dān。〔11〕"沛公"，即汉高祖刘邦。秦二世元年，在陈涉起义军的影响下，刘邦与沛县百姓里应外合，杀死了沛令，沛县百姓立刘邦为沛公。萧何、曹参、樊哙等在沛聚集了二三千人，开始起义反秦。事详本书《高祖本纪》。"沛"，秦县，故城在今江苏沛县。〔12〕"项梁"，楚将项燕之子，项羽的叔父。秦二世元年九月，项梁、项羽杀死会稽郡守，聚合了精兵八千人，起义反秦。秦二世二年，项梁在定陶（今山东定陶县西北）战败身亡。事详本书《项羽本纪》。

【译文】七月，屯戍的士卒陈胜等人在过去的荆地起兵造反，建立了张楚。陈胜自封为楚王，住在陈县，派遣将领攻城略地。山东郡县的青年人苦于秦朝官吏的统治，都杀死了他们的守尉令丞起来造反，响应陈涉，相互推立为诸侯王，联合起来向西进军，以讨伐秦朝为名，造反的人多得无法计算。谒者出使东方回来，把叛乱的事情报告了二世。二世非常气愤，把谒者交给了狱吏治罪。后面的使者回来了，二世问他情况，使者回答说："是一群盗贼，郡守郡尉正在追捕，现在全部抓获了，不值得担忧。"二世很高兴。武臣自封为赵王，魏咎为魏王，田儋为齐王。沛公在沛县起义。项梁起兵于会稽郡。

二年冬，陈涉所遣周章等将西至戏，[1]兵数十万。二世大惊，与群臣谋曰："奈何？"少府章邯曰：[2]"盗已至，众强，今发近县不及矣。郦山徒多，请赦之，授兵以击之。"二世乃大赦天下，使章邯将，击破周章军而走，遂杀章曹阳。[3]二世益遣长史司马欣、董翳佐章邯击盗，[4]杀陈胜城父，[5]破项梁定陶，灭魏咎临济。[6]楚地盗名将已死，章

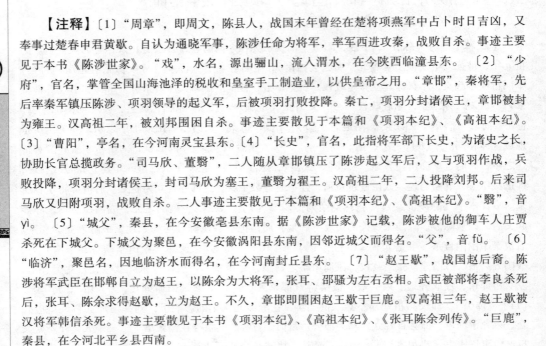

**【注释】**〔1〕"周章"，即周文，陈县人，战国末年曾经在楚将项燕军中占卜时日吉凶，又奉事过楚春申君黄歇。自认为通晓军事，陈涉任命为将军，率军西进攻秦，战败自杀。事迹主要见于本书《陈涉世家》。"戏"，水名，源出骊山，流入渭水，在今陕西临潼县东。〔2〕"少府"，官名，掌管全国山海池泽的税收和皇室手工制造业，以供皇帝之用。"章邯"，秦将军，先后率秦军镇压陈涉、项羽领导的起义军，后被项羽打败投降。秦亡，项羽分封诸侯王，章邯被封为雍王。汉高祖二年，被刘邦围困自杀。事迹主要散见于本篇和《项羽本纪》、《高祖本纪》。〔3〕"曹阳"，亭名，在今河南灵宝县东。〔4〕"长史"，官名，此指将军部下长史，为诸史之长，协助长官总揽政务。"司马欣、董翳"，二人随从章邯镇压了陈涉起义军后，又与项羽作战，兵败投降，项羽分封诸侯王，封司马欣为塞王，董翳为翟王。汉高祖二年，二人投降刘邦。后来司马欣又归附项羽，战败自杀。二人事迹主要散见于本篇和《项羽本纪》、《高祖本纪》。"翳"，音yì。〔5〕"城父"，秦县，在今安徽亳县东南。据《陈涉世家》记载，陈涉被他的御车人庄贾杀死在下城父。下城父为聚邑，在今安徽涡阳县东南，因邻近城父而得名。"父"，音fǔ。〔6〕"临济"，聚邑名，因地临济水而得名，在今河南封丘县东。〔7〕"赵王歇"，战国赵后裔。陈涉将军武臣在邯郸自立为赵王，以陈余为大将军，张耳、邵骚为左右丞相。武臣被部将李良杀死后，张耳、陈余求得赵歇，立为赵王。不久，章邯即围困赵王歇于巨鹿。汉高祖三年，赵王歇被汉将军韩信杀死。事迹主要散见于本书《项羽本纪》、《高祖本纪》、《张耳陈余列传》。"巨鹿"，秦县，在今河北平乡县西南。

**【译文】**二年冬天，陈涉所派遣的周章等将领西进，到达戏水，有几十万军队。二世大为震惊，和群臣商量说："怎么办呢？"少府章邯说："盗贼已经来到这里，兵众势强，现在调发近处县城的军队为时已晚。郦山刑徒很多，希望赦免他们，发给兵器，让他们出击盗贼。"于是二世大赦天下，派章邯为将领，打垮了周章的军队，周章逃走，章邯在曹阳杀死了周章。二世又增派长史司马欣、董翳协助章邯进攻盗贼，在城父杀死了陈胜，在定陶打垮了项梁，在临济消灭了魏咎。楚地盗贼的有名将领都已经死了，章邯就向北渡过黄河，在巨鹿进攻赵王歇。

赵高说二世曰："先帝临制天下久，故群臣不敢为非，进邪说。今陛下富于春秋，〔1〕初即位，奈何与公卿廷决事？事即有误，示群臣短也。天子称朕，固不闻声。"于是二世常居禁中，与高决诸事。其后公卿希得朝见，〔2〕盗贼益多，而关中卒发东击盗者毋已。〔3〕右丞相去疾、左丞相斯、将军冯劫进谏曰："关东群盗并起，秦发兵诛击，所杀亡甚众，然犹不止。盗多，皆以戍漕转作事苦，〔4〕赋税大也。请且止阿房宫作者，减省四边戍转。"二世曰："吾闻之韩子曰：〔5〕'尧舜采椽不刮，〔6〕茅茨不翦，〔7〕饭土塯，〔8〕啜土形，〔9〕虽监门之养，〔10〕不觳于此。〔11〕禹凿龙门，〔12〕通大夏，决河亭水，〔13〕放之海，身自持筑雷，〔14〕胫毋毛，〔15〕臣虏之劳不烈于此矣。'凡所为贵有天下者，得肆意极欲，主重明法，下不敢为非，以制御海内矣。夫虞、夏之主，贵为天子，亲处穷苦之实，以徇百姓，〔16〕尚何于法？朕尊万乘，〔17〕毋其实，吾欲造千乘之驾，万乘之属，充吾号名。且先帝起诸侯，兼天下，天下已定，外攘四夷以安边竟，〔18〕作宫室以章得意，而君观先帝功业有绪。〔19〕今朕即位二年之间，群盗并起，君不能禁，又欲罢先帝之所为，是上毋以报先帝，次不为朕尽忠力，何以在位？"下去疾、斯、劫吏，案责他罪。去疾、劫曰："将相不辱。"自杀。斯卒囚，就五刑。〔20〕

【注释】〔1〕"春秋"，指年龄。 〔2〕"希"，与"稀"字通。 〔3〕"关中"，所指范围大小不一，此指函谷关以西秦国故地。 〔4〕"戍"，屯戍边地。屯戍者不但要守卫边境，而且还要担负修建和维修城墙的任务。云梦秦简《戍律》中即有明文规定。"漕"，水路运输。"转"，陆地运输。"作"，土木兴作等杂泛劳役。 〔5〕"韩子"，即韩非。下面所引韩非语见《韩非子·五蠹篇》，文字与今天流传的《韩非子》歧异。 〔6〕"采"，音 cài，通"棌"，木名，即栎木。"采椽"，栎木屋椽。有人认为"采椽"谓从山上采来而未加整治的屋椽。"刮"，刨光雕饰。 〔7〕"翦"，通"剪"。 〔8〕"塯"，音 liú，盛饭的瓦器。 〔9〕"啜"，音 chuò，喝。"形"，用来盛水盛汤的瓦器。本书《李斯列传》作"啜土铏"，是"形"与"铏"通。 〔10〕"监门"，看守城门者。在古代，看守城门是一种低贱的职业。"养"，供养。或解释为役卒，义亦通。 〔11〕"薮"，音 què，俭薄，节俭。 〔12〕"龙门"，在山西河津县西北和陕西韩城县东北。黄河流至此地，两岸峭壁峙立，状如阙门，故名。 〔13〕"亭"，通"渟"，水停滞，不流通。 〔14〕"筑"，筑墙捣土的杵。"雷"，音 chā，挖土的锹。 〔15〕"胫"，音 jìng，人的小腿。"胫毋毛"，两腿经常在泥土里，毛都没有了。形容极为劳苦。 〔16〕"徇"，顺从。 〔17〕"万乘"，周朝制度，兵车一乘驾四匹马，天子兵车一万乘，诸侯兵车一千乘。后世就用"万乘"指天子位。 〔18〕"竟"，通"境"。 〔19〕"绪"，端绪，头绪。"绪"亦可解释为功业，功绩，于义亦通。 〔20〕"五刑"，五种刑罚。商、周时指墨刑、劓刑、剕刑、宫刑、大辟。墨刑即在脸上刺字涂墨。劓刑即割掉鼻子。剕刑即断足，或云断去膝盖骨。宫刑即阉割生殖器。大辟即杀头。秦五刑也可能有变化。李斯"就五刑"，是极言刑罚之残苛，未必是五种刑罚都受到了。

【译文】赵高劝告二世说："先帝统治天下的时间很长，所以群臣不敢为非作歹，向先帝提出邪说。现在陛下正是年轻的时候，刚刚即位，怎么能和公卿大臣在朝廷上决议事情呢？如果事情有了差错，就把自己的短处暴露给群臣了。天子自称朕，本来群臣就不应该听到天子的声音。"于是二世常常住在宫中，和赵高决断各种政务。从此以后公卿大臣很少有朝见的机会，盗贼越来越多，关中士卒被调发向东去攻打盗贼的一批接一批。右丞相冯去疾、左丞相李斯、将军冯劫进谏说："关东成郡的盗贼一块儿起来造反，秦政府出兵讨伐，杀死了很多，然而盗贼还是没有被平息。盗贼这样多，都是因为屯戍边地、水路运载、陆路转输和土木兴作等各种杂泛差役使百姓太劳苦，赋税也过于沉重。希望停止阿房宫的兴建，减少四方边境的屯戍和运输任务。"二世说："我从韩子那里听说：'尧、舜的栎木屋椽不加整治，茅草屋不加修葺，吃饭用土碗，喝水用瓦盆，即使是供给看守城门的吃食和用品，也不俭薄到这种程度。禹开凿龙门，使大夏畅通，修治河道，疏导积水，引入大海，亲自拿着筑墙的杵和挖土的锹，（两条腿整天泡在泥水里）小腿上的毛都掉光了，奴仆的劳苦程度也不比这更厉害。'凡是尊贵而掌握了天下的人，应该随心所欲，为所欲为，主要着重宣明法治，下面的臣民不敢胡作非为，以此来统治天下。像那虞、夏的君主，贵为天子，亲自处于穷苦的状况，来顺从百姓，这还有什么法治可言？我尊为万乘之君，却没有万乘之实，我要制造一千乘车驾，设置一万乘的随从徒众，来符合我的万乘之君这一名号。而且先帝起于诸侯，兼并天下，天下已经安定，对外抗御四方夷狄，使边境安宁，兴修宫殿，以显示自己的得意之情，你们看到了先帝功业的开端和发展。如今在我即位的两年之间，成群的盗贼同时并起，你们不能加以禁绝，又想废除先帝所做的事情，这是对上无以报答先帝，其次也是不给我尽忠竭力，凭什么处在现在的职位上？"把冯去疾、李斯、冯劫交给狱吏囚禁，审查追究他们的其他各种罪行。冯去疾、冯劫说："将相不能身受侮辱。"自杀而死。李斯最后被监禁狱中，遭受了各种刑罚。

三年，章邯等将其卒围巨鹿，楚上将军项羽将楚卒往救巨鹿。[1]冬，赵高为丞相，竟案李斯杀之。[2]夏，章邯等战数却，二世使人让邯，邯恐，使长史欣请事。赵高弗见，又弗信。欣恐，亡去，高使人捕追不及。欣见邯曰："赵高用事于中，将军有功亦诛，无功亦诛。"项羽急击秦军，虏王离，[3]邯等遂以兵降诸侯。八月己亥，赵高欲为乱，恐群臣不听，乃先设验，持鹿献于二世，曰："马也。"二世笑曰："丞相误邪？谓鹿为马。"问左右，左右或默，或言马以阿顺赵高。或言鹿者，[4]高因阴中诸言鹿者以法。后群臣皆畏高。

**【注释】**〔1〕"上将军"，地位最高的将领，相当于主帅。 〔2〕"竟"，穷究，根究。〔3〕"虏王离"，章邯率军围赵王歇于巨鹿，具体担负围城任务的是王离、涉间，章邯驻扎在巨鹿南面，修筑运粮通道，供给前线粮食。所以项羽打败围城的秦军，能够先俘虏王离。事见本书《项羽本纪》。 〔4〕"者"，从文义看，是衍文，范晔《后汉书·文苑·崔琦列传》李贤注引《史记》无此字。

**【译文】**三年，章邯等人率领他们的军队包围巨鹿，楚国上将军项羽带领楚国士卒前往援救巨鹿。冬天，赵高做了丞相，彻底审查李斯，杀死了他。夏天，章邯等人在战争上屡次退却，二世派人斥责章邯，章邯心里恐惧，派长史司马欣请示事情。赵高不肯接见，又不信任他。司马欣很害怕，就逃走了。赵高派人追捕，没有追上。司马欣见到章邯说："赵高在朝廷中操纵大权，将军有功也要被杀，无功也要被杀。"项羽迅速地攻打秦军，俘虏了王离，章邯等人就率军投降了各路诸侯。八月己亥，赵高想要作乱，害怕群臣不肯服从，就预先做了一个试验，拿一只鹿献给二世，说："这是一匹马。"二世笑着说："丞相错了吧？把鹿说成是马。"赵高问左右大臣，左右大臣有的缄默不语，有的说是马，来阿谀迎合赵高。有的说是鹿，赵高就假借法律暗中陷害那些说是鹿的人。后来大臣们都很惧怕赵高。

　　高前数言"关东盗毋能为也"，及项羽虏秦将王离等巨鹿下而前，章邯等军数却，上书请益助，燕、赵、齐、楚、韩、魏皆立为王，自关以东，大氐尽畔秦吏应诸侯，[1]诸侯咸率其众西乡。沛公将数万人已屠武关，使人私于高，高恐二世怒，诛及其身，乃谢病不朝见。二世梦白虎啮其左骖马，[2]杀之，心不乐，怪问占梦。卜曰："泾水为祟。"[3]二世乃斋于望夷宫，[4]欲祠泾沈四白马。[5]使使责让高以盗贼事。高惧，乃阴与其婿咸阳令阎乐、其弟赵成谋曰：[6]"上不听谏，今事急，欲归祸于吾宗。吾欲易置上，更立公子婴。[7]子婴仁俭，百姓皆载其言。"使郎中令为内应，诈为有大贼，令乐召吏发卒，追劫乐母置高舍。[8]遣乐将吏卒千余人至望夷宫殿门，缚卫令仆射，[9]曰："贼入此，何不止？"卫令曰："周庐设卒甚谨，[10]安得贼敢入宫？"乐遂斩卫令，直将吏入，行射，郎宦者大惊，[11]或走或格，格者辄死，死者数十人。郎中令与乐俱入，射上幄坐帏。[12]二世怒，召左右，左右皆惶扰不斗。旁有宦者一人，侍不敢去。二世入内，谓曰："公何不蚤告我？[13]乃至于此！"宦者曰："臣不敢言，故得全。使臣蚤言，皆已诛，安得至今？"阎乐前即二世数曰："足下骄恣，[14]诛杀无道，天下共畔足下，足下其自为计。"二世曰："丞相可得见否？"乐曰："不可。"二世曰："吾愿得一郡为王。"弗许。又曰："愿为万户侯。"弗许。曰："愿与妻子为黔首，比诸公子。"阎乐曰："臣受命于丞相，为天下诛足下，足下虽多言，臣不敢报。"麾其兵进。[15]二世自杀。

　　【注释】〔1〕"氏"，与"抵"字同。"大氐"，犹言大略。　〔2〕"啮"，音 niè，咬。"左骖"，古代一车驾三匹马，左边的一匹叫"左骖"。　〔3〕"泾水"，渭河支流，源出宁夏回族自治区南部六盘山东麓，流经秦都咸阳北，在陕西高陵县境内注入渭水。　〔4〕"望夷宫"，在今

中華藏書

本紀三篇（精選）

中国书店

四七

陕西泾阳县东南，宫临泾水。〔5〕"沈"，与"沉"字同。〔6〕"令"，秦、汉制度，大县设令，小县设长，主管一县政务。"阎乐"，事迹仅见本篇和《李斯列传》。"赵成"，全书仅此一见。〔7〕"公子婴"，秦始皇之弟。〔8〕"劫乐母置高舍"，赵高怕阎乐有变，所以把阎乐的母亲劫持到自己的住处，作为抵押的人质。〔9〕"卫令仆射"，卫尉掌管宫门屯兵，属官有卫令，统领卫士。卫令仆射为卫令之长。〔10〕"周庐"，宫垣四周设置庐舍，为卫士驻守警卫之所。〔11〕"郎"，郎中令下所属诸郎。"宦"，宦官，统属于少府。〔12〕"幄"，音 wò，大帐篷，上下四周都围起来，有如宫室。"帏"，音 wéi，单帐。〔13〕"蚤"，与"早"字同。〔14〕"足下"，对二世应称"陛下"，阎乐称二世"足下"，是不把二世视为天子。〔15〕"麾"，与"挥"字通。

**【译文】** 赵高以前多次说"关东的盗贼不会有什么作为"，等到项羽在巨鹿俘房了秦军将领王离等人，继续向前推进，章邯等人的军队屡次退却，上书请求增加兵员，燕、赵、齐、楚、韩、魏都自立为王，从函谷关以东，差不多都背叛了秦朝官吏，响应各路诸侯，诸侯们率领自己的军队向西推进。沛公率领几万人屠毁了武关，派人私通赵高，赵高害怕二世发怒，遭到杀身之祸，就推说有病，不去朝见。二世梦见白色的老虎咬他驾车的左边的那匹马，最后马被咬死了，二世心里闷闷不乐，感到奇怪，就去问占梦的人。占梦的人占卜说："泾水的水神在作祟。"于是二世在望夷宫斋戒，打算祭祀泾水的水神，沉入水中四匹白马。派使者以有关盗贼的事情去指责赵高。赵高很恐慌，就暗中和他的女婿咸阳令阎乐、他的弟弟赵成商量说："皇帝不听劝告，如今事已危急，想要嫁祸于我们的家族。我打算废掉二世，另立公子婴做皇帝。公子婴仁爱俭约，百姓都听信他的话。"赵高派郎中令做内应，欺骗说有一大群盗贼来了，命令阎乐叫来官吏发兵追击，又劫持阎乐的母亲，安置在赵高的家里，（逼迫阎乐不能三心二意。）赵高派阎乐带领吏卒一千多人来到望夷宫殿门，把卫令仆射捆绑起来，说："盗贼跑进这里，为什么不加阻止？"卫令说："四周墙垣内的庐舍设有士卒，防卫非常严谨，盗贼怎么敢闯入宫内？"阎乐就杀了卫令，带领吏卒直入宫内，一边走，一边射箭，郎官和宦者大为惊慌，有的逃窜，有的上前搏斗，搏斗的人都被杀死，死了几十人。郎中令和阎乐一起进入二世住处，用箭射向二世坐息的帷帐。二世大怒，叫来了左右侍从人员，左右侍从人员都惶恐纷扰，不上前搏斗。身边有一个宦官，陪侍着二世，不敢走掉。二世逃入室内，对陪侍的宦官说："你为什么不早告诉我？（现在）竟到了这种地步！"宦官说："我不敢说，所以能保住性命。假如我早说了，就已经被杀死，哪里会活到现在？"阎乐上前来到二世面前，列举他的罪状说："你骄横纵恣，屠杀吏民，无道已极，天下百姓一起背叛了你，你自己作打算吧。"二世说："我可以见见丞相吗？"阎乐说："不可以。"二世说："我希望得到一个郡，去做一郡之王。"阎乐不答应。又说："我愿做万户侯。"阎乐仍不答应。二世说："希望和妻子儿女成为平民百姓，和那些公子们一样。"阎乐说："我受命于丞相，替天下百姓处死你，虽然你说了很多话，我不敢向丞相报告。"阎乐指挥他的士卒向前进击。二世自杀。

阎乐归报赵高，赵高乃悉召诸大臣公子，告以诛二世之状。曰："秦故王国，始皇君天下，故称帝。今六国复自立，秦地益小，乃以空名为帝，不可。宜为王如故，便。"立二世之兄子公子婴为秦王。[1]以黔首葬二世杜南宜春苑中。令子婴斋，当庙见，[2]受王玺。斋五日，子婴与其子二人谋曰："丞相高杀二世望夷宫，恐群臣诛之，乃详以义立我。[3]我闻赵高乃与楚约，灭秦宗室而王关中。今使我斋见庙，此欲因庙中杀我。我称病不行，丞相必自来，来则杀之。"高使人请子婴数辈，子婴不行，高果自往，曰："宗庙重事，王奈何不行？"子婴遂刺杀高于斋宫，三族高家以徇咸阳。子婴为秦王四十六日，楚将沛公破秦军入武关，遂至霸上，[4]使人约降子婴。子婴即系颈以组，[5]白马素车，[6]奉天子玺符，[7]降轵道旁。[8]沛公遂入咸阳，封宫室府库，还军霸上。居月余，诸侯兵至，项籍为从长，杀子婴及秦诸公子宗族。遂屠咸阳，烧其宫室，虏其子女，收其珍宝货财，诸侯共分之。灭秦之后，各分其地为三，名曰雍王、塞王、翟王，[9]号曰三秦。项羽为西楚霸王，[10]主命分天下王诸侯，秦竟灭矣。后五年，天下定于汉。

**【注释】**〔1〕"二世之兄子公子婴"，据本书《李斯列传》记载，公子婴为秦始皇之弟。据本篇下文，公子婴和他的两个儿子谋杀赵高，是公子婴之子已为成年人。秦始皇死时，年仅五十。按照年辈推算，在他死后三年不可能有已经成年的曾孙，此处记载不可信，《李斯列传》较为可取。〔2〕"庙见"，到宗庙参拜祖先。〔3〕"详"，与"佯"字同，伪装。〔4〕"霸上"，又作"灞上"，地处霸水西面的高原上，故名。在今陕西西安市东，与蓝田县接壤，是古代军事要地。〔5〕"组"，丝带，古人多用以为绶，系玉、印纽、帷幕等。〔6〕"白马素车"，是一种丧人之服，这里表示有罪该死。〔7〕"玺"，音 xǐ，秦以前，是印的统称。自秦始，皇帝之印称玺。汉代皇帝、皇后、诸侯王之印皆可称玺。〔8〕"轵道"，亭名，长安城东第一亭，在今陕西西安市东北。"轵"，音 zhǐ。〔9〕"雍王"，章邯投降项羽，封为雍王。秦亡后项羽分封诸侯，章邯仍为雍王，占有咸阳以西的秦国故地，都废丘（今陕西兴平县东南）。据本书《高祖本纪》张守节《正义》，"雍王"是以雍县为名。"塞王"，项羽封司马欣为塞王，占有咸阳以东至黄河一带地区，都栎阳（今陕西临潼县东北）。所封地域内有大河、华山为阻塞，故名。"翟王"，项羽封董翳为翟王，占有秦上郡地区，都高奴（今陕西延安市东北）。此地春秋时为白翟之地，故取以为号。〔10〕"西楚"，本书《货殖列传》记载，淮北沛、陈、汝南、南郡为西楚，彭城以东，东海、吴、广陵为东楚，衡山、九江、江南、豫章、长沙为南楚。据此，西楚地包举今河南东部、安徽北部、江苏西北部。实际上，项羽的封域不限于这一范围。项羽的都城彭城在西楚界内，所以他的封国以西楚为号。也有人认为旧名江陵为南楚，吴为东楚，彭城为西楚。"霸王"，诸侯王的盟主，相当于春秋时的霸主。

【译文】阎乐回来报告赵高，赵高就把所有大臣和公子都召集起来，告诉他们杀死二世的情况。赵高说："秦本来是诸侯王国，始皇君临天下，所以号称皇帝。现在六国又都各自建立了政权，秦国地域日益缩小，竟仍然称帝，空有其名，这是不可以的。应该像过去一样称王，这样比较适宜。"就立二世哥哥的儿子公子婴为秦王。用百姓的礼仪把二世埋葬在杜县南面的宜春苑中。赵高让子婴斋戒，到宗庙参拜祖先，接受秦王印玺。斋戒了五天，子婴和他的两个儿子商量说："丞相赵高在望夷宫杀死二世，害怕群臣诛伐他，就假装以大义为名，立我为王。我听说赵高和楚约定，由他消灭秦国宗室，在关中称王。现在让我斋戒，拜见祖庙，这是想要趁我在祖庙的时候杀死我。我就说有病不去，丞相一定亲自来我这里，来时就杀死他。"赵高好几次派人去请子婴，子婴不去，赵高果然亲自来了，说："国家大事，你怎么不去？"子婴就在斋戒的宫室里刺死了赵高，全部处死赵高家的三族，在咸阳示众。子婴做了四十六天秦王，楚将沛公打垮了秦军，进入武关，来到霸上，派人去让子婴签约投降。子婴就用丝带系着脖子，白马素车，捧着天子的印玺和符节，在轵道旁投降。于是沛公进入咸阳，封闭宫室府库，回军霸上，过了一个多月，各路诸侯的军队到了，项羽为诸侯联军的领袖，杀死了子婴和秦公子的宗族。屠毁咸阳，焚烧宫室，俘虏了秦国子弟和妇女，把珍宝财物搜刮在一起，诸侯们共同瓜分了。消灭了秦国以后，把它的土地分为三部分，（封立三个王）名叫雍王、塞王、翟王，号称三秦。项羽为西楚霸王，负责分封天下诸侯王，秦朝最后灭亡了。过了五年，汉朝统一了全国。

太史公曰：秦之先伯翳，[1]尝有勋于唐虞之际，受土赐姓。[2]及殷夏之间微散。至周之衰，秦兴，邑于西垂。[3]自缪公以来，[4]稍蚕食诸侯，竟成始皇。始皇自以为功过五帝，地广三王，而羞与之侔。[5]善哉乎贾生推言之也！[6]曰：

【注释】〔1〕"伯翳"，又作"伯益"，也称大费，为舜主管畜牧，驯养禽兽。又被禹所重用，辅助禹治水有功。事见本书《秦本纪》。 〔2〕"受土赐姓"，本书《秦本纪》载周考王之言曰："昔伯翳为舜主畜，畜多息，故有土，赐姓嬴。" 〔3〕"西垂"，即犬丘，又称西犬丘，在今甘肃天水市西南。有人把"西垂"理解为西方边地，不可信。 〔4〕"缪公"，名任好，秦德公少子，秦成公之弟，公元前六五九年至前六二一年在位。他在位期间，秦国国力渐强，曾东服强晋，西伐戎王，开地千里。事迹主要见于本书《秦本纪》。"缪"，通"穆"。 〔5〕"侔"，音móu，齐等，等同。 〔6〕"贾生"，即贾谊，洛阳人，擅长政论、文学。汉文帝时为博士，旋迁太中大夫。汉文帝本欲任为公卿，但受到大臣周勃、灌婴等人排挤，贬为长沙王太傅，后为梁怀王太傅，卒时仅三十三岁。下面引征的一篇文字是贾谊著名的政论文《过秦论》。在贾谊《新书》中，《过秦论》分为上、中、下三篇，《史记》所引"秦并兼诸侯山东三十余郡"至"故旷日长久而社稷安矣"为下篇，"秦孝公据殽函之固"至"仁义不施而攻守之势异也"为上篇，

“秦并海内”至“是二世之过也”为中篇。字句也间有异同。

【译文】太史公说：秦国的祖先伯翳，曾在唐、虞之际建立了功勋，获得了土地，被赐予嬴姓。到了夏、殷之间，势力衰微分散。及至周朝没落，秦国兴起，在西垂建筑了城邑。从缪公以来，渐渐蚕食诸侯，统一事业最后由始皇完成了。始皇自认为功劳超过了五帝，疆域比三王还广阔，耻于和三王五帝相提并论。贾生的论述非常好。他说：

秦并兼诸侯，山东三十余郡，缮津关，据险塞，修甲兵而守之。然陈涉以戍卒散乱之众数百，奋臂大呼，不用弓戟之兵，鉏櫌白梃，〔1〕望屋而食，〔2〕横行天下。秦人阻险不守，关梁不阖，〔3〕长戟不刺，强弩不射。楚师深入，〔4〕战于鸿门，〔5〕曾无藩篱之艰。于是山东大扰，诸侯并起，豪俊相立。秦使章邯将而东征，章邯因以三军之众要市于外，〔6〕以谋其上。群臣之不信，可见于此矣。子婴立，遂不寤。借使子婴有庸主之材，仅得中佐，山东虽乱，秦之地可全而有，宗庙之祀未当绝也。

【注释】〔1〕“鉏”，与“锄”字同。“櫌”，音 yōu，平整土地的一种农具，形如榔头。“白梃”，木棒。“梃”，音 tǐng。　〔2〕“望屋而食”，意谓陈涉士卒没有储备的军粮，而是看到有人家居住的地方，就在那里就食。此句和上句都是说明陈涉军队的条件很差。〔3〕“阖”，关闭。　〔4〕“楚师”，指陈涉的军队。〔5〕“鸿门”，在今陕西临潼县东北，现在当地人称项王营，此地已接近秦都咸阳。二世二年，陈涉部将周章率军进攻到戏水，与鸿门相邻。这里所说“战于鸿门”，即指周章在戏水与秦将章邯之战。〔6〕“三军”，军队的统称。春秋时晋设中军、上军、下军，楚设中军、左军、右军。秦二世时没有这样的军事编制。“要”，音 yāo，要挟。“市”，做交易。“要市”，意谓章邯利用自己率领的军队做本钱，要挟谋利。史书没有记载章邯要挟二世求取私利的事情，这是夸饰之辞。

【译文】秦兼并了各个诸侯国，山东三十多郡，缮治津渡和关口，占据险隘和要塞，训练军队，加以防守。然而陈涉率领几百个散乱的戍卒，振臂大呼。不用弓戟一类的兵器，只用锄、櫌、木棍，（军无存粮，）走到哪里，吃到哪里，横行天下。秦人有险阻而不能固守，有关口桥梁而不能封锁，有长戟而不能刺杀，有强弩而不能发射。张楚的军队深入腹地，在鸿门作战，连越过篱笆一样的困难都没有。于是山东大乱，诸侯同时并起，豪杰俊士互相推立为王。秦派章邯率军东征，章邯在外利用自己统率的军队相要挟，猎取私利，图谋他的君王。群臣不讲信用，从这里就可以看出来了。子婴立为王，最终也没有醒悟。如果子婴具有一般君主的能力，只要得到中等才能的辅佐大臣，山东虽然叛乱，秦国故地还是可以保全的，宗庙祭祀不会断绝。

秦地被山带河以为固，四塞之国也。[1]自缪公以来，至于秦王，[2]二十余君，[3]常为诸侯雄。岂世世贤哉？其势居然也。且天下尝同心并力而攻秦矣。当此之世，贤智并列，良将行其师，[4]贤相通其谋，[5]然困于阻险而不能进。秦乃延入战而为之开关，百万之徒逃北而遂坏。岂勇力智慧不足哉？形不利，势不便也。秦小邑并大城，守险塞而军，高垒毋战，闭关据阨，荷戟而守之。诸侯起于匹夫，以利合，非有素王之行也。[6]其交未亲，其下未附，名为亡秦，其实利之也。彼见秦阻之难犯也，必退师。安土息民，以待其敝，收弱扶罢，[7]以令大国之君，不患不得意于海内。贵为天子，富有天下，而身为禽者，[8]其救败非也。

**【注释】**〔1〕"四塞之国"，秦国故地东有函谷关，南有武关，西有散关（在今陕西宝鸡市西南），北有萧关（在今宁夏固原县东南），故云"四塞之国"。 〔2〕"秦王"，指秦始皇。〔3〕"二十余君"，自秦缪公至秦始皇共二十三君。这二十三君是缪公、康公、共公、桓公、景公、哀公、惠公、悼公、厉共公、躁公、怀公、灵公、简公、惠公、出子、献公、孝公、惠文王、武王、昭王、孝文王、庄襄王、始皇。 〔4〕"良将"，如吴起、孙膑、廉颇、赵奢等。〔5〕"贤相"，如苏秦、杜赫、齐明、周最等。 〔6〕"素王"，有王者之德，但无王者之位的人。如儒家即视孔子为素王。〔7〕"罢"，通"疲"。 〔8〕"禽"，通"擒"。

**【译文】**秦地被山带河，地势险固，是四面都有屏障和要塞的国家。从缪公以来，至于秦王，有二十多个君主，常常称雄于诸侯。难道秦国世世代代都是贤明的君主吗？那是它的地理形势所造成的。而且天下曾经同心协力进攻秦国。在这个时候，贤人智者会集，优秀的将领统率指挥军队，贤明的宰相互相交流彼此的谋略，然而被险峻的地形所困阻，不能前进。秦就给他们敞开关门，引诱敌人深入，进行交战，于是六国百万之众败逃，土崩瓦解。这难道是武力和智慧不足吗？是地形不利，形势不便的缘故。秦国把小聚邑合并成大城市，在险阻要塞驻军防守，高筑营垒，不去交战，封锁关口，占据险隘，持戟把守这些地方。诸侯都是从平民百姓中起来的，以利相合，没有素王那样的德操。他们的交谊并不亲密，他们的下属还没有诚心归服，表面以灭秦为名，实际上图谋私利。他们看到秦国地势险阻，难以侵犯，必然撤军。秦使百姓休养生息，等待诸侯的衰败，收养贫弱，扶持疲困，来向大国诸侯发号施令，不怕不得意于天下。贵为天子，富有天下，而自己被抓去成为俘虏，是因为他挽救败亡的策略不正确。

秦王足己不问，遂过而不变。二世受之，因而不改，暴虐以重祸。子婴孤立无亲，危弱无辅。三主惑而终身不悟，亡，不亦宜乎？当此时也，世非无深虑知化之士也，然所以不敢尽忠拂过者，[1]秦俗多忌讳之禁，忠言未卒于口而身为戮没矣。故使天下之士，倾耳而听，重足而立，[2]拑口而不言。是以三主失道，忠臣不敢谏，智士不敢谋，天下已乱，奸不上闻，岂不哀哉！先王知雍蔽之伤国也，[3]故置公卿大夫士，以饰法设刑，[4]而天下治。其强也，禁暴诛乱而天下服。其弱也，五伯征而诸侯从。[5]其削也，内守外附而社稷存。[6]故秦之盛也，繁法严刑而天下振；及其衰也，百姓怨望而海内畔矣。故周五序得其道，[7]而千余岁不绝。[8]秦本末并失，故不长久。由此观之，安危之统相去远矣。野谚曰"前事之不忘，后事之师也"。是以君子为国，观之上古，验之当世，参以人事，察盛衰之理，审权势之宜，去就有序，变化有时，故旷日长久而社稷安矣。

【注释】〔1〕"拂"，通"弼"，纠正。 〔2〕"重足"，叠足而立，不敢走动，这是一种非常恐惧的样子。"重"，音chóng。 〔3〕"雍"，与"壅"字通，堵塞，壅塞。 〔4〕"饰"，与"饬"字通，整治。 〔5〕"五伯"，历来有两种说法，一云齐桓公、晋文公、秦缪公、宋襄公、楚庄王为五霸，一云齐桓公、晋文公、楚庄王、吴王阖闾、越王勾践为五霸。"伯"，与"霸"字通。 〔6〕"社稷"，古代帝王和诸侯祭祀的土神和谷神，常用为国家的代称。 〔7〕"五序"，字有讹误，当从贾谊《新书》作"王序"。有人认为"五序"指公、侯、伯、子、男五个等级次序。 〔8〕"千余岁"，周朝立国八百余年，贾谊说"千余岁"，是有意夸张。

【译文】秦王骄傲自满，不虚心下问，因循错误而不进行变革。二世继承下来，沿袭不改，残暴凶虐，加重了祸患。子婴势孤力单，没有亲近的人，地位危险脆弱，无人辅助。这三个君主一生迷惑不悟，国家灭亡，不是应该的吗？在这个时候，世上不是没有深谋远虑、知权达变之士，然而所以不敢尽忠直谏，纠正错误，是因为秦国习俗有很多禁忌，忠诚的话还没有说完，而自己已被杀害。所以天下之士，侧耳听命，叠足而立，闭口不言。这三个君主丧失了治国的原则，忠臣不敢直言规劝，智士不敢出谋划策，天下已经大乱，奸邪的事情没有人向君主报告，这难道不是太可悲了吗！先王知道上下壅塞蒙蔽会损害国家利益，所以设置公卿、大夫、士，以整饬法令，建立刑罚，而使天下太平。国势强盛时，能够禁止残暴，讨伐叛乱，天下归服。国势弱小时，有五霸代替天子征讨，诸侯顺从。国势衰削时，内有所守，外有所附，国家可以存而不亡。秦国强盛时，法令繁密，刑罚严酷，天下震恐。到了它衰落时，百姓怨恨，天下叛离。周朝天子依次得到了治国的规律，所以一千多年间，国运不绝。秦朝本末俱失，因此国祚短促。由此看来，国家安危的基础相差太远了。民间俗话说"前事不忘，后事之师"。因此有道德修养的人治理国家。观察远古的得失，考察当代的所作所为，参酌人的因素，了解盛衰的道理，明悉权力威势的恰当运用，弃取有一定的次序，变革有适当的时间，所以历时久远，而国家安定。

秦孝公据殽函之固，[1]拥雍州之地，[2]君臣固守而窥周室，有席卷天下，[3]包举宇内，囊括四海之意，[4]并吞八荒之心。[5]当是时，商君佐之，[6]内立法度，务耕织，修守战之备，外连衡而斗诸侯，[7]于是秦人拱手而取西河之外。[8]

**【注释】**〔1〕"秦孝公"，秦献公之子，名渠梁，公元前三六一年至前三三八年在位，即位时年二十一。任用商鞅，实行变法，使秦国势强盛。"殽"，殽山，在今河南洛宁县、卢氏县西境，陕县、灵宝县东境。〔2〕"雍州"，古九州之一。《尔雅·释地》云："河西曰雍州。"所谓"河"，系指今山西、陕西二省间的黄河。〔3〕"席卷"，像卷席子一样卷了过去，形容包举无余。〔4〕"囊括"，用口袋全部包裹起来，形容包罗无遗。〔5〕"八荒"，八方荒远之地，犹云八极。〔6〕"商君"，卫国人，公孙氏，名鞅。初事魏相公叔痤，后入秦游说秦孝公，被任为左庶长，实行变法。不久升为大良造。秦从雍徙都咸阳，进一步辅佐秦孝公实行变法。变法主要内容是奖励耕战，推行法治，废除贵族世袭特权。因军功封于商（今陕西商县东南），号为商君。秦孝公死后，被贵族诬害而死。事详本书《商君列传》，他的变法情况《商君书》中记载较详。〔7〕"连衡"，这是秦国针对山东各诸侯国联合反秦而提出的一种策略，这种策略的最终目的是使山东各诸侯国各自西向事秦。〔8〕"拱手"，两手在胸前相合。"拱手而取"，形容夺取得很容易。"西河之外"，魏国在黄河以西的地区。秦孝公二十二年，商鞅率秦军伐魏，魏使公子卬统兵迎击，商鞅设计俘虏公子卬，攻破魏军，魏被迫把西河之外的土地割献于秦，作为媾和的条件。事见本书《商君列传》。

**【译文】**秦孝公据守殽山、函谷关这样坚固的地方，拥有雍州地域，君臣坚守自己的国土，窥视周朝的政权，有席卷全国、收取天下、囊括四海的意图，吞并八方的心愿。在这个时候，商君辅佐秦孝公，对内建立法治和各种制度，致力于耕织，整修攻守的武器，对外采取连衡的策略，使诸侯互相争斗，于是秦国人轻而易举地取得了西河以外的一片土地。

孝公既没，惠王、武王蒙故业，[1]因遗册，南兼汉中，西举巴、蜀，东割膏腴之地，收要害之郡。诸侯恐惧，会盟而谋弱秦，不爱珍器重宝肥美之地，以致天下之士，合从缔交，相与为一。当是时，齐有孟尝，[2]赵有平原，[3]楚有春申，[4]魏有信陵。[5]此四君者，皆明知而忠信，宽厚而爱人，尊贤重士，约从离衡，并韩、魏、燕、楚、齐、赵、宋、卫、中山之众。于是六国之士有宁越、徐尚、苏秦、杜赫之属为之谋，[6]齐明、周最、陈轸、昭滑、楼缓、翟景、苏厉、乐毅之徒通其意，[7]吴起、孙膑、带佗、兒良、王廖、田忌、廉颇、赵奢之朋制其兵。[8]常以十倍之地，百万之众，叩关而攻秦。秦人开关延敌，九国之师逡巡遁逃而不敢进。[9]秦无亡矢遗镞之费，[10]而天下诸侯已困矣。于是从散约解，争割地而奉秦。秦有余力而制其敝，追亡逐北，伏尸百万，流血漂卤。[11]因利乘便，宰割天下，分裂河山，强国请服，弱国入朝。延及孝文王、庄襄王，[12]享国日浅，国家无事。

**【注释】**〔1〕"惠王"，即惠文王，秦孝公之子，名驷，公元前三三七年至前三一一年在位。"武王"，即悼武王，秦惠王之子，名荡，公元前三一〇年至前三〇七年在位。 〔2〕"孟尝"，即田文，齐国贵族，因袭父故爵，封于薛（今山东滕县南），故又称薛公，号孟尝君。齐湣王时，曾为齐相，又先后相秦、相魏。在齐时，接贤纳士，门下有食客数千人。事见本书《孟尝君列传》。 〔3〕"平原"，即赵胜，赵国贵族，曾相赵惠文王和赵孝成王。封于东武城（今山东武城西北），号平原君。喜纳宾客，至者数千人。赵孝成王九年，秦军围困赵都邯郸，平原君组织力量，联合楚、魏，击败了秦军。事见本书《平原君列传》。 〔4〕"春申"，即黄歇，楚国贵族，博学善辩，楚考烈王时为相，封淮北十二县，后改封吴，号春申君。门下有食客数千人。秦围赵邯郸，曾率军救赵，伐灭鲁国。后又联合诸侯伐秦，军败，春申君被疏远。事见本书《春申君列传》。 〔5〕"信陵"，即魏无忌，魏昭王少子，魏安釐王异母弟，号信陵君。礼贤下士，招致食客三千人，与孟尝君、平原君、春申君为战国有名的四公子。秦围赵邯郸，信陵君击杀将军晋鄙，夺取兵权，率军救赵。后为上将军，一度联合诸侯打败秦将蒙骜，威震天下。事见本书《魏公子列传》。 〔6〕"宁越"，赵国人。"徐尚"，宋国人，事迹不详。"苏秦"，东周洛阳人，燕昭王师事郭隗三年后，苏秦从周归燕，一生主要为燕昭王作反间。本书有《苏秦列传》，记载错乱较多，其行事可参考马王堆汉墓帛书《战国纵横家书》。"杜赫"，周人。 〔7〕"齐明"，东周之臣，曾仕秦国、楚国、韩国。"周最"，当作"周冣"，"冣"即"聚"字。周之公子，用事于周赧王时。本书《周本纪》略载其事。"陈轸"，楚国人，熟悉三晋的情况，先事秦，后事楚。本书《张仪列传》附载其事，《战国纵横家书》也略有其事。"昭滑"，又作"召滑"，也作"邵滑"，楚国人，楚怀王曾用昭滑于越，本书《甘茂列传》述及其事。"楼缓"，魏相，又为秦昭襄王相。"翟景"，魏国人，事迹不详。 有人认为就是《战国策·楚策》和《魏策》提到的翟强，翟强为魏相。"苏厉"，苏秦之弟，初事燕，后事齐。本书《苏秦列传》附载其事。"乐毅"，先事赵、魏，后适燕，为燕昭王亚卿。事见本书《乐毅列传》。 〔8〕"吴起"，卫国人，先为鲁将，后为魏文侯将，又任西河守，屡立战功。魏武侯时，吴起逃往楚国，为令尹，辅佐楚悼王变法，使楚国势强盛。事见本书《吴起列传》。"孙膑"，齐国人，军事家孙武后代，为齐威王军师，善为计谋。本书《孙子列传》附载其事。他的军事思想主要反映在临沂县银雀山西汉墓葬中出土的《孙膑兵法》中。"带佗"，又作"带他"。焦赣《易林·益之临》云带季、兒良为赵、魏将。带他即带季。"兒良"，善于用兵，《汉书·艺文志》兵权谋家著录有《兒良》一篇，今佚。"兒"，与"倪"字同。"王廖"，《吕氏春秋·不二篇》有"王廖贵先，兒良贵后"之语，是王廖用兵，主张先发制人。"田忌"，在齐威王、齐宣王时为齐将，曾在桂陵（今河南长垣县西，或云在今山东菏泽县东北）大败魏军，又采用孙膑之计，在马陵（今河北大名县东南，或云在今河南范县西南）大破魏军，杀死魏将庞涓。事迹散见本书《田敬仲完世家》、《孙子列传》等篇。"廉颇"，赵将，赵惠文王时拜上卿，伐齐抗秦。赵孝成王时，以破燕功封信平君，为相国。赵悼襄王时奔魏，老死于楚。事见本书《廉颇列传》。"赵奢"，赵将，赵惠文王时曾率军在阏与（今山西和顺县）大破秦军，以功封为马服君。事迹附载本书《廉颇蔺相如列传》。〔9〕"逡巡"，有所顾虑而徘徊不前的样子。"逡"，音 qūn。〔10〕"镞"，音 zú，箭头。〔11〕"卤"，与"橹"字通，"漂卤"，漂浮起了大盾，形容流血极多。〔12〕"孝文王"，秦昭襄王之子，据《吕氏春秋》高诱的序、本书《秦本纪》和《吕不韦列传》司马贞《索隐》名柱，而唐人道宣《广弘明集》引《陶公年纪》云名式。"庄襄王"，秦孝文王之子，初名异人，后变名为楚，亦云子楚。前者在位一年（公元前二五〇年），后者在位三年（公元前二四九年至前二四七年），所以下文云"享国日浅"。

**【译文】** 孝公死后，惠王、武王继承旧业，沿用遗留下来的策略，向南兼并了汉中，向西攻占了巴、蜀，向东割取了肥沃的地方，获得了地势险要的郡县。诸侯恐惧，开会结为同盟，商量削弱秦国，不吝惜奇珍异宝和肥美的土地，用来罗致天下之士，合纵缔盟，互相结合在一起。这时，齐国有孟尝君，赵国有平原君，楚国有春申君，魏国有信陵君。这四个人，都明智忠信，宽厚爱人，尊贤重士，相约以合纵来破坏秦国的连衡策略，集合了韩、魏、燕、楚、齐、赵、宋、卫、中山的士卒。当时六国之士有宁越、徐尚、苏秦、杜赫这一类人为各国出谋划策，齐明、周最、陈轸、昭滑、楼缓、翟景、苏厉、乐毅这一伙人沟通各国的意见，吴起、孙膑、带佗、兒良、王廖、田忌、廉颇、赵奢这一批人训练和统率各国的军队。常常用十倍于秦的土地，上百万大军，冲击函谷关，进攻秦国。秦人开关迎战，九国军队徘徊逃遁，不敢前进。秦国没有耗费一箭一镞，而天下诸侯已处于困境。于是合纵瓦解，盟约废弃，争先恐后地割地奉献给秦国。秦国有余力来利用各国的短处，追赶败北逃亡的敌人，使百万尸体横卧在地，流的血把大盾都漂浮了起来。趁着战争胜利的便利条件，宰割天下诸侯，把山河一块一块地割取过来，强国请求归附，弱国入秦朝拜。延续到孝文王、庄襄王，在位时间短暂，国家没有发生重大的事情。

及至秦王，〔1〕续六世之余烈，〔2〕振长策而御宇内，吞二周而亡诸侯，〔3〕履至尊而制六合，执棰拊以鞭笞天下，〔4〕威振四海。南取百越之地，〔5〕以为桂林、象郡，百越之君俛首係颈，〔6〕委命下吏。乃使蒙恬北筑长城而守藩篱，却匈奴七百余里，胡人不敢南下而牧马，士不敢弯弓而报怨。于是废先王之道，焚百家之言，以愚黔首。堕名城，杀豪俊，收天下之兵聚之咸阳，销锋铸鐻，以为金人十二，以弱黔首之民。然后斩华为城，〔7〕因河为津，据亿丈之城，临不测之溪以为固。良将劲弩守要害之处，信臣精卒陈利兵而谁何，〔8〕天下以定。秦王之心，自以为关中之固，金城千里，子孙帝王万世之业也。

**【注释】**〔1〕“秦王”，指秦始皇。　〔2〕“六世”，孝公、惠文王、武王、昭王、孝文王、庄襄王。　〔3〕“二周”，西周、东周。西周灭于秦昭王五十一年，东周灭于秦庄襄王元年。贾谊说秦始皇“吞二周”，并不确切。　〔4〕“棰”，棍杖。“拊”，音fǔ，刀柄。“棰拊”，本书《陈涉世家》引作“敲朴”。　〔5〕“百越”，春秋时越国的遗族，散处长江中下游以南的广大地区。　〔6〕“俛”，与“俯”字同。“係”，与“系”字同。　〔7〕“华”，华山，在今陕西华阴县南。　〔8〕“谁何”，谁也不能把他奈何。有人认为，“谁”通“谯”，“何”通“诃”，“谁何”即“谯诃”，盘诘喝问的意思。

**【译文】**等到秦王，继承六代先王遗留下来的功业，挥舞长鞭，驾御天下，兼并了西周、东周，消灭了各国诸侯，登上帝位，控制了天地四方，手执鞭杖来抽打天下，威震四海。向南取得了百越地区，设置了桂林、象郡，百越的君主低着头，用绳子系着脖子，把生命交给秦国的下级官吏。又派蒙恬到北方修筑长城，守卫边界，使匈奴退却七百多里，胡人不敢南下牧马，武士不敢挽弓复仇。于是废除古代帝王的原则，烧毁诸子百家的典籍，以此来愚弄百姓。毁坏坚固的名城，杀死豪杰俊士，没收全国的兵器，集中在咸阳，把这些兵器销毁，熔铸成钟鐻，又做了十二个铜人，以此来削弱百姓的反抗力量。然后劈开华山作为城垣，利用黄河作为渡口，据守高达亿丈的城池，下临深不可测的溪流，作为固守的凭借。优秀的将领、强劲的弓弩手把守要害的地方，忠实的大臣、精锐的士卒摆开锋利的武器，谁也无可奈何，天下得到安定。秦王的心里，自以为关中地方坚固，就像有千里铜墙铁壁，子孙可以世代做帝王，功业流传千秋万代。

秦王既没，余威振于殊俗。[1]陈涉，瓮牖绳枢之子，[2]甿隶之人，[3]而迁徙之徒，[4]才能不及中人，非有仲尼、墨翟之贤，[5]陶朱、猗顿之富，[6]蹑足行伍之间，而倔起什伯之中，[7]率罷散之卒，[8]将数百之众，而转攻秦。斩木为兵，揭竿为旗，天下云集响应，赢粮而景从，[9]山东豪俊遂并起而亡秦族矣。

**【注释】**〔1〕“殊俗”，风俗不同的地方，犹言异邦。　〔2〕“瓮”，与“甕”字同，音wèng，一种盛东西的陶器。“牖”，音yǒu，窗户。“瓮牖”，用破瓦甕做窗户。“枢”，门户的转轴。“绳枢”，用绳系户枢。也有人解为以绳为枢。“瓮牖绳枢”，是描写贫穷人家的状况。　〔3〕“甿”，与“氓”字同，郊野之人。“甿隶”，受人役使的雇农或奴隶。陈涉为人庸耕，所以称他为“甿隶”。　〔4〕“迁徙之徒”，指陈涉在秦二世元年被征发去渔阳戍守的事情。　〔5〕“仲尼”，孔子字，儒家学派的创始人，事见本书《孔子世家》。“墨翟”，墨家学派的创始人，他的思想主张主要见于《墨子》一书。　〔6〕“陶朱”，即范蠡，楚国人，在越国为大夫。吴王夫差打败越国，范蠡为质于吴，返回越国后，辅佐越王勾践发愤图强，终于消灭了吴国。后来范蠡游齐，自谓鸱夷子皮。居于陶（今山东定陶县西北），经商致富，资累巨万，人们称他陶朱公。事迹主要见于本书《越王勾践世家》、《货殖列传》。"猗顿"，春秋时鲁国人，靠经营盐业和畜牧业致富。一说为战国时人，经营河东盐池致富。又善于识别宝玉，经营珠宝。"猗"，音yī。〔7〕"倔"，通"崛"。"什伯"，当作"仟佰"，本书《陈涉世家》引作"仟佰"。"仟"通"阡"，"佰"通"陌"。"仟佰"，田间小路，主要用作田界，也供人们行走。这里泛指田野。有人认为"什伯"即什长、百长，是军队中最低级的军吏。陈涉率九百人去屯戍渔阳，途中为屯长。屯长与什长、百长一样，地位都很低下。〔8〕"罢"，通"疲"。〔9〕"景"，通"影"。"景从"，像影子跟随着形体。

**【译文】**秦王已经死了，余威还远震四夷。陈涉是用破瓮做窗户、用绳捆门轴的穷人家子弟，为人庸耕的农民，而又是流徙之徒，才能赶不上一个中等人，并不具有仲尼、墨翟那样的贤智，陶朱、猗顿那样的财富，插足士卒行列之间，崛起田野之中，率领疲惫散乱的士卒，带着几百个徒众，转身攻秦。砍断树木作为兵器，高举竹竿当作旗帜，天下百姓响应陈涉，云集在一起，携带着粮食，如影相随，山东豪杰俊士同时并起，消灭了秦国。

　　且夫天下非小弱也，雍州之地，殽函之固自若也。陈涉之位，非尊于齐、楚、燕、赵、韩、魏、宋、卫、中山之君；鉏櫌棘矜，〔1〕非铦于句戟长铩也；〔2〕適戍之众，〔3〕非抗于九国之师；深谋远虑，行军用兵之道，非及乡时之士也。〔4〕然而成败异变，功业相反也。试使山东之国与陈涉度长絜大，〔5〕比权量力，则不可同年而语矣。然秦以区区之地，千乘之权，招八州而朝同列，〔6〕百有余年矣。然后以六合为家，殽函为宫，一夫作难而七庙堕，身死人手，为天下笑者，何也？仁义不施而攻守之势异也。

**【注释】**〔1〕"棘"，与"戟"字通。"矜"，音qín，同"槿"，矛柄。"棘矜"，戟柄。秦销兵器，所以陈涉起义军只有戟柄。〔2〕"铦"，音xiān，锋利。"句"，与"勾"字同。"句戟"，带钩的戟。"铩"，音shā，大矛。〔3〕"適"，通"谪"。"適戍"，因为有罪被遣送远方戍守。〔4〕"乡"，通"向"。"乡时"，从前，昔时。〔5〕"度"，音duó，比较。"絜"，音xié，衡量。〔6〕"招"，本书《陈涉世家》引作"抑"，于义亦通。"八州"，我国古代把行政区域划分为九州，九州说法历来不一，据本书《夏本纪》所载，九州为冀州、兖州、青州、徐州、扬州、荆州、豫州、梁州、雍州，此说本《尚书·禹贡》。秦地在雍州，此处所云"八州"，不包括雍州。

**【译文】**再说秦国并不弱小，雍州的领土，殽山、函谷关的险固，还是和从前一样。陈涉的地位，并不比齐、楚、燕、赵、韩、魏、宋、卫、中山的君主尊贵；

锄櫌戟柄，并不比钩戟长矛锋利；被遣送远方戍守的一群人，并不能与九国的军队相抗衡；深谋远虑，行军用兵的方法，比不上过去的谋士。然而成败情况大不相同，所建立的功业大小截然相反。如果拿山东各诸侯国与陈涉比较长短大小，衡量权势和力量，则是不能相提并论的。秦凭借小小的一块领土，一千辆兵车的力量，招致八州诸侯国，使与自己地位同等的诸侯来秦朝见，（这种情况）已有一百多年。然后把天地四方当成自己的家私，用殽山、函谷关作为宫垣，（但是，）一人发难，宗庙全部毁灭，生命死在别人手中，被天下人笑话，这是为什么呢？是因为不施行仁义，进退攻守的形势发生了变化的缘故。

秦并海内，兼诸侯，南面称帝，[1]以养四海，天下之士斐然乡风，[2]若是者何也？曰：近古之无王者久矣。周室卑微，五霸既殁，令不行于天下，是以诸侯力政，[3]强侵弱，众暴寡，兵革不休，士民罢敝。今秦南面而王天下，是上有天子也。既元元之民冀得安其性命，莫不虚心而仰上，当此之时，守威定功，安危之本在于此矣。

**【注释】**〔1〕"南面"，古代以面朝南为尊，所以帝王在朝廷上面向南坐。　〔2〕"斐"，与"靡"字通。"斐然乡风"，景仰德风而全部倾倒。　〔3〕"力政"，本书《项羽本纪》赞：项羽"谓霸王之业，欲以力征经营天下"。"政"、"征"二字通，"力政"即"力征"，谓使用武力征伐。

**【译文】**秦国统一了四海之内，兼并了各国诸侯，南面称帝，来抚养海内百姓，天下之士闻风倾服，如此局面是什么原因呢？可以回答说：这是因为近古以来很长时间没有帝王的缘故。周室衰微，五霸已经去世，天子政令在全国不能下达，因此诸侯使用武力进行征伐，强国侵略弱国，人口多的欺压人口少的，战争连绵不断，百姓疲敝。现在秦王南面而坐，称王天下，是在上面有了一个天子。凡是庶民百姓都希望能人生安定，没有不虚心敬仰天子的。在这个时候，保持威势，巩固功业，国家安危的关键就在这里。

秦王怀贪鄙之心，行自奋之智，不信功臣，不亲士民，废王道，立私权，禁文书而酷刑法，先诈力而后仁义，以暴虐为天下始。夫并兼者高诈力，安定者贵顺权，此言取与守不同术也。秦离战国而王天下，其道不易，其政不改，是其所以取之守之者无异也。[1]孤独而有之，故其亡可立而待。借使秦王计上世之事，并殷周之迹，以制御其政，后虽有淫骄之主而未有倾危之患也。故三王之建天下，名号显美，功业长久。

**【译文】**秦王怀着贪婪卑鄙的心理，运用一己私智，不信任功臣，不亲近士民，废弃仁义治国的原则，树立个人的权威，禁止典籍流传，使刑法残酷，以权术暴力为先，以仁义为后，把暴虐作为统治天下的开端。兼并天下的人崇尚权术暴力，安定天下的人重视顺应民心，知权达变，这就是说攻取征战和持盈守成在方法上是不同的。秦摆脱了战国纷争的局面，称王天下，它的统治原则没有更替，它的政令没有改变，它用以创业和守业的方法没有什么差异。秦王（没有分封子弟功臣），孤单一人占有天下，所以他很快地灭亡了。假使秦王能够考虑一下上古的事情，以及殷、周兴衰的踪迹，来制订和实行他的政策，后世虽然有骄奢淫逸的君主，也不会出现危亡之患。所以三王建立国家，名号显扬而完美，功业传世长久。

　　今秦二世立，天下莫不引领而观其政。夫寒者利裋褐而饥者甘糟糠，〔1〕天下之嗷嗷，〔2〕新主之资也。此言劳民之易为仁也。乡使二世有庸主之行，而任忠贤，臣主一心而忧海内之患，缟素而正先帝之过，〔3〕裂地分民以封功臣之后，建国立君以礼天下，虚囹圄而免刑戮，〔4〕除去收帑汙秽之罪，〔5〕使各反其乡里，发仓廪，散财币，以振孤独穷困之士，〔6〕轻赋少事，以佐百姓之急，约法省刑以持其后，使天下之人皆得自新，更节修行，各慎其身，塞万民之望，而以威德与天下，〔7〕天下集矣。即四海之内，皆欢然各自安乐其处，唯恐有变，虽有狡猾之民，无离上之心，则不轨之臣无以饰其智，而暴乱之奸止矣。二世不行此术，而重之以无道，坏宗庙与民，更始作阿房宫，繁刑严诛，吏治刻深，赏罚不当，赋敛无度，天下多事，吏弗能纪，百姓困穷而主弗收恤。然后奸伪并起，而上下相遁，蒙罪者众，刑戮相望于道，而天下苦之。自君卿以下至于众庶，人怀自危之心，亲处穷苦之实，咸不安其位，故易动也。是以陈涉不用汤武之贤，不借公侯之尊，奋臂于大泽而天下响应者，其民危也。故先王见始终之变，知存亡之机，是以牧民之道，务在安之而已。天下虽有逆行之臣，必无响应之助矣。故曰"安民可与行义，而危民易与为非"，〔8〕此之谓也。贵为天子，富有天下，身不免于戮杀者，正倾非也。是二世之过也。

衣。"裋褐"，指贫贱者穿的粗劣衣服。〔2〕"嗷嗷"，因饥饿愁苦而发出的哀苦声音。〔3〕"缟"，音 gǎo，未经染色的绢。"缟素"，服丧时穿的白色衣服。〔4〕"囹圄"，音 líng yǔ，牢狱。〔5〕"帑"，通"孥"，妻子儿女。"收帑"，收捕罪人的妻子儿女做徒隶。〔6〕"振"，与"赈"字通，赈济。〔7〕"与"，对付。〔8〕"安民可与行义，而危民易与为非"，此为汉代常语。

　　【译文】如今秦二世即位，天下百姓无不伸长脖子来观察他的政令。挨冷受冻的人有件粗布短衣就很满意，饥饿难忍的人觉得糟糠也是甜美的，天下百姓饥寒哀吟，正是新皇帝（治国安民）的资本。这就是说对于劳苦的民众容易实行仁政。如果过去二世具有一般君主的德行，而任用忠臣贤士，君臣同心，把天下百姓的苦难挂在心上，在穿着丧服的时候就纠正先帝的错误，割裂疆土，划分民户，分封给功臣的后裔，让他们创立诸侯王国，设置君主，用礼制治理天下，使监狱空无一人，百姓免遭刑戮，废除收捕罪人妻子儿子为徒隶和各种污秽的罪名，让罪犯回到他们的家乡，打开贮藏粮食的仓库，散发钱财，用来救济孤独穷困的人，轻徭薄赋，帮助百姓解决困急，减少刑罚，只有等到礼义教化无效时才运用刑罚，使天下百姓都能得到重新做人的机会，改变态度，修养品德，每人都谨慎地立身处世，满足千千万万民众的愿望，使用威震天下的仁德来治理全国，全国就会安定了。那么四海之内，都欢欢喜喜，各自安居乐业，唯恐发生变化，虽然有炎诈顽猾的人，天下百姓也没有背叛皇帝的想法，（这样，）行为不轨的大臣就无法掩饰他的阴谋诡计，不再发生暴乱一类的邪恶事件。二世不实行这种治国方法，而是更加暴虐无道，损害国家和人民，又开始修筑阿房宫，刑罚繁细，严于诛杀，官吏处置事情刻薄残酷，赏罚不当，无限制地征收赋税，天下事情繁多，官吏都不能全部办理，百姓穷困，而君主不去安抚救济。于是奸诈邪伪的事情一起爆发，上下互相隐瞒，获罪的人很多，受刑被杀的人充塞道路，天下百姓痛苦不堪。从卿相以下至于庶民百姓，人人怀着自危的心情，亲身处在穷困苦难的境地，都不安心自己的地位，所以很容易动摇。陈涉不必利用商汤、周武王那样优秀的才能和德行，不必凭借公侯一样尊贵的地位，在大泽乡奋臂而起，天下响应，这是由于百姓心怀危惧的缘故。古代先王洞察事物从始至终的变化，知道国家存亡的契机，因此，统治人民的原则，在于尽力使人民安定而已。（这样，）天下虽然有倒行逆施的臣子，但一定不会得到人民的响应和帮助。所以常言说"生活安定的人民可以和他们一起奉公守法，而危惧不安的人民容易和他们一起为非作歹"，就是说的这个道理。贵为天子，拥有天下的财富，自身没有免遭杀害，是因为挽救危亡的方法不正确。这是二世的错误。

　　襄公立，〔1〕享国十二年。初为西畤。〔2〕葬西垂。生文公。〔3〕

　　【注释】〔1〕"襄公"，秦庄公之子，公元前七七七年至前七六六年在位。因有功周室，被周平王封为诸侯，秦始立国，与中原诸侯国通使聘享。以下文字都不是《史记》原文，当出于记载秦国历史的史作《秦记》，后人把它附载于此。〔2〕"畤"，音 zhì，古代祭天地五帝的坛址。"初为西畤"，秦奉少皞为自己的祖神，所以秦襄公立国后，最早建立西畤祭白帝少皞。秦襄公为侯立国，居于西垂，西畤当在西垂之郊。〔3〕"文公"，公元前七六五年至前七一六年在位。

【译文】襄公即位，在位十二年。开始修建西畤。襄公埋葬在西垂。生了文公。

文公立，居西垂宫。五十年死，葬西垂。〔1〕生静公。〔2〕

【注释】〔1〕"西垂"，本书《秦本纪》云秦文公葬西山，与此歧异。张守节《正义》引《括地志》认为西山即陈仓县西北秦陵山，秦陵山就是现在陕西宝鸡市北面的陵原。〔2〕"静公"，秦文公太子，于秦文公四十八年卒，所以下文说"静公不享国而死"。本书《秦本纪》作"竫公"，"静"、"竫"二字同。

【译文】文公即位，居住西垂宫。在位五十年死去，埋葬在西垂。生了静公。

静公不享国而死。生宪公。〔1〕

【注释】〔1〕"宪公"，公元前七一五年至前七〇四年在位，卒时年仅二十二岁。本书《秦本纪》、《十二诸侯年表》皆作"宁公"，一九七八年一月在陕西宝鸡县杨家沟公社太公庙大队出土的秦公钟镈作"宪公"，《汉书·古今人表》也作"宪公"，"宁"乃"宪"字之讹。

【译文】静公没有即位就死了。生了宪公。

宪公享国十二年，居西新邑。〔1〕死，葬衙。〔2〕生武公、德公、出子。〔3〕

【注释】〔1〕本书《秦本纪》云："宁公二年，公徙居平阳。""西新邑"即指平阳，为秦新都，在今陕西宝鸡县东阳平镇。〔2〕"葬衙"，本书《秦本纪》云葬西山，与此不同。"衙"，《汉书·地理志》左冯翊有衙县，即秦衙邑故地，在今陕西白水县东北。〔3〕"武公"，秦宪公长男，为太子，公元前六九七年至前六七八年在位。"德公"，秦武公之弟，公元前六七七年至前六七六年在位，卒年三十四。"出子"，秦德公之弟，公元前七〇三年至前六九八年在位，卒时年仅十岁。

【译文】宪公在位十二年，居住西新邑。死后埋葬在衙邑。生了武公、德公、出子。

　　出子享国六年，居西陵。[1]庶长弗忌、威累、参父三人，[2]率贼贼出子鄜衍，[3]葬衙。武公立。

　　**【注释】**〔1〕"西陵"，邑名。司马贞《索隐》云："一云居西陂。""西陵"、"西陂"，今地不详。 〔2〕"庶长"，据本书《秦本纪》，即大庶长，其地位和权力类似后世的大将军。〔3〕"鄜衍"，邑名。出子在鄜衍被杀，葬于衙，二地当相去不远。

　　**【译文】**出子在位六年，居住西陵。庶长弗忌、威累、参父三个人，率领盗贼在鄜衍把出子杀害了，埋葬在衙邑。武公嗣立。

　　武公享国二十年。居平阳封宫。[1]葬宣阳聚东南。[2]三庶长伏其罪。[3]德公立。

　　**【注释】**〔1〕"封宫"，宫名，在平阳邑内。 〔2〕"宣阳聚"，本书《秦本纪》云武公葬雍平阳，平阳属雍，宣阳聚属平阳。 〔3〕"三庶长伏其罪"，秦武公三年，诛弗忌、威累、参父，并夷三族，事见本书《秦本纪》。

　　**【译文】**武公在位二十年。居住平阳封宫。埋葬在宣阳聚东南。三个庶长伏法被诛。德公嗣立。

　　德公享国二年。居雍大郑宫。[1]生宣公、成公、缪公。[2]葬阳。[3]初伏，[4]以御蛊。[5]

　　**【注释】**〔1〕"大郑宫"，宫名，在雍城内。 〔2〕"宣公"，秦德公长子，公元前六七五年至前六六四年在位。"成公"，秦德公中子，公元前六六三年至前六六〇年在位。 〔3〕"阳"，前人无注，即平阳。在有周一代，秦都邑沿着渭水大体可分为三个地域：西周时，在渭水上游今甘肃天水市一带；春秋时期，在渭水中游今陕西宝鸡县、凤翔县一带；战国时期，又东移至泾水、渭水下游。武公、德公、宣公的都邑都在渭水中游。渭水中游有平阳，而未闻有阳，阳只能是平阳。又上文云武公"居平阳封宫"，下文云宣公"居阳宫"，很明显，阳宫即平阳封宫的省称，"阳"就是平阳的省称。 〔4〕"初伏"，以前无伏，秦德公二年始作伏。"伏"即阳历六月三伏之节。设伏的目的是为了躲避盛暑带来的瘟疫。所以本书《封禅书》司马贞《索隐》引《汉旧仪》云："伏者，万鬼行日，故闭不干求也。"《秦本纪》张守节《正义》云："伏者，隐伏避盛暑也。" 〔5〕"以御蛊"，是指在城郭四门杀狗，消除暑热毒气。这一禳灾仪式于伏日举行。在城郭四门杀狗御灾的风俗汉代还很盛行。"蛊"，音 gǔ，这里指暑热瘟疫。

【译文】德公在位二年。居住雍邑大郑宫。生了宣公、成公、缪公。埋葬在阳邑。开始规定三伏节令，在城郭四门杀狗，禳除暑热瘟疫。

宣公享国十二年。居阳宫。葬阳。初志闰月。
成公享国四年。居雍之宫。葬阳。齐伐山戎、孤竹。[1]

【注释】〔1〕"齐伐山戎、孤竹"，本书《齐太公世家》云：齐桓公"二十三年，山戎伐燕，燕告急于齐。齐桓公救燕，遂伐山戎，至于孤竹而还"。"山戎"，族名，春秋时分布在今河北北部一带，势力较强。"孤竹"，商、西周时的一个小国，故地在今河北卢龙县南。

【译文】宣公在位十二年。居住阳宫。埋葬在阳邑。开始记载闰月。
成公在位四年，居住在雍邑的宫殿里。埋葬在阳邑。齐国讨伐山戎、孤竹。

缪公享国三十九年。天子致霸。[1]葬雍。缪公学著人。[2]生康公。[3]

【注释】〔1〕"天子致霸"，谓周天子命秦缪公为诸侯之长。秦缪公是一个有作为的君主，在位期间主要取得了三方面的成功：一是打败晋国，俘虏晋惠公，把国土向东延伸到黄河岸边；二是周襄王弟带作乱，秦缪公和晋文公一起杀死带，安定了周室；三是攻灭十二国，称霸西戎。正是由于这些功绩，使周天子给秦缪公以诸侯之长的地位。〔2〕"著"，与"宁"字通，门、屏之间。"著人"，宫殿门、屏之间的守卫人员。"缪公学著人"，说明缪公虚心好学。〔3〕"康公"，名罃，公元前六二〇年至前六〇九年在位。

【译文】缪公在位三十九年。天子给予霸主的地位。埋葬在雍邑地区。缪公向宫殿门、屏之间的守卫人员学习。生了康公。

康公享国十二年。居雍高寝。[1]葬竘社。[2]生共公。[3]

【注释】〔1〕"高寝"，宫名，建于雍城。〔2〕"竘"，音 qǔ。"竘社"，自秦德公居雍后，从成公至怀公，都以雍为都邑，灵公始徙至泾阳。在以雍为都邑时期，康公、共公葬竘社，桓公葬义里丘，景公葬丘里，哀公葬车里，夷公葬左宫，惠公葬车里，厉共公葬入里，悼公、躁公葬一地，怀公葬栎圉，这些葬地虽然由于缺乏材料，今天已不能一一确考，但它们大体都在雍地附近则是可以肯定的。在陕西凤翔县南已发现秦君葬地。〔3〕"共公"，据《春秋》宣公四年记载名稻，《穀梁传》宣公四年《疏》引《世本》同；而据本书《十二诸侯年表》名和；《秦本纪》司马贞《索隐》又云名貑。公元前六〇八年至前六〇四年在位。

【译文】康公在位十二年。居住雍邑高寝。埋葬在㵲社。生了共公。

共公享国五年。居雍高寝。葬康公南。生桓公。[1]

【注释】[1]"桓公"，宋程公说《春秋分纪》、胡宏《皇王大纪》云名荣。公元前六〇三年至前五七七年在位。

【译文】共公在位五年。居住雍邑高寝。埋葬在康公南面。生了桓公。

桓公享国二十七年。居雍太寝。[1]葬义里丘北。[2]生景公。[3]

【注释】[1]"太寝"，宫名，建于雍城。 [2]"义里丘"，当作"义丘里"。下文云：景公"葬丘里"。义丘里与丘里为一地，桓公葬其北，景公葬其南。 [3]"景公"，宋程公说《春秋分纪》云名石。司马贞《索隐》引《世本》云名后伯车，不可信，后伯车是景公母弟后子鍼之字。公元前五七六年至前五三七年在位。

【译文】桓公在位二十七年。居住雍邑太寝。埋葬在义里丘北面。生了景公。

景公享国四十年。居雍高寝。葬丘里南。生毕公。[1]

【注释】[1]"毕公"，据《春秋》定公九年和本书《秦本纪》当作"哀公"。公元前五三六年至前五〇一年在位。

【译文】景公在位四十年。居住雍邑高寝。埋葬在丘里南面。生了毕公。

毕公享国三十六年。葬车里北。生夷公。[1]

【注释】[1]"夷公"，秦哀公太子，早死，不得立，所以下文云"夷公不享国"。

【译文】毕公在位三十六年。埋葬在车里北面。生了夷公。

夷公不享国死，葬左宫。生惠公。[1]

【注释】[1]"惠公"，公元前五〇〇年至前四九一年在位。

【译文】夷公没有即位就死了，埋葬在左宫。生了惠公。

惠公享国十年。葬车里，康景。[1]生悼公。[2]

【注释】〔1〕"车里，康景"，此有脱误。张文虎《校刊史记集解索隐正义札记》云："上文康公葬䣙社，景公葬丘里南，疑车里在康、景二墓间，脱'间'字。"〔2〕"悼公"，据本书《秦本纪》记载，在位十四年，即公元前四九〇年至前四七七年在位，而下文云"享国十五年"。

【译文】惠公在位十年。埋葬在车里。车里位于康公、景公二墓之间。生了悼公。

悼公享国十五年。葬僖公西。[1]城雍。生剌龚公。[2]

【注释】〔1〕"僖公"，上文云："桓公……生景公。"司马贞《索隐》云"景公"一作"僖公"。又《秦本纪》云："桓公立二十七年卒，子景公立。"《索隐》云"景公"《始皇本纪》作"僖公"。可见僖公即景公。〔2〕"剌龚公"，即厉共公。"剌"、"厉"义同音近，"龚"、"共"二字古通。公元前四七六年至前四四三年在位。

【译文】悼公在位十五年。埋葬在僖公西面。在雍邑筑城。生了剌龚公。

剌龚公享国三十四年。葬入里。生躁公、怀公。[1]其十年，彗星见。

【注释】〔1〕"躁公"，公元前四四二年至前四二九年在位。"怀公"，公元前四二八年至前四二五年在位。

【译文】剌龚公在位三十四年。埋葬在入里。生了躁公、怀公。剌龚公十年，彗星出现。

躁公享国十四年。居受寝。葬悼公南。其元年，彗星见。

【译文】躁公在位十四年。居住受寝。埋葬在悼公南面。躁公元年，彗星出现。

怀公从晋来。享国四年。葬栎圉氏。[1]生灵公。[2]诸臣围怀公，怀公自杀。[3]

**【注释】**〔1〕"栎圉氏"，下文有"陵圉"、"嚣圉"、"弟圉"，以例相推，此"圉"音 yǔ，"氏"字为衍文。　〔2〕"灵公"，本书《秦本纪》云："怀公太子曰昭子，早死，大臣乃立太子昭子之子，是为灵公。"据此灵公是怀公之孙。《六国年表》于怀公元年注云"生灵公"，是以灵公为怀公之子，而怀公四年又有与《秦本纪》相同的记载，自相矛盾。二说以《秦本纪》的记载为可信，《秦本纪》所载有明确的世系。又《秦始皇本纪》所附秦世系也说："肃灵公，昭子子也。"肃灵公即灵公。裴骃《集解》引徐广云："怀公生昭子，昭子生灵公。"与《秦本纪》的记载完全相合。灵公于公元前四二四年至前四一五年在位。　〔3〕"诸臣围怀公，怀公自杀"，秦怀公四年，庶长晁与大臣围攻怀公，怀公自杀。事见本书《秦本纪》。

**【译文】**怀公从晋国返回。在位四年。埋葬在栎圉。生了灵公。群臣围攻怀公，怀公自杀。

肃灵公，昭子子也。居泾阳。[1]享国十年。葬悼公西。生简公。[2]

**【注释】**〔1〕"泾阳"，在今陕西泾阳县，不是西汉安定郡的泾阳（今甘肃平凉县西北）。〔2〕"简公"，名悼子，此云灵公之子，本书《十二诸侯年表》以为惠公之子，《汉书·古今人表》以为厉共公之子，皆误。本书《秦本纪》云："灵公卒，子献公不得立，立灵公季父悼子，是为简公。简公，昭子之弟而怀公子也。"所述世系十分明确。简公于公元前四一四年至前四〇〇年在位。

**【译文】**肃灵公是昭子的儿子。居住泾阳。在位十年。埋葬在悼公西面。生了简公。

简公从晋来。享国十五年。葬僖公西。生惠公。[1]其七年，.百姓初带剑。[2]

**【注释】**〔1〕"惠公"，公元前三九九年至前三八七年在位。　〔2〕"百姓初带剑"，剑既可防身，又可壮威仪，最初是贵族和高级官吏才有资格佩戴。《秦本纪》记载，秦简公六年，始令基层官吏带剑。七年，又允许百姓带剑，反映了低级官吏和百姓地位的提高。

**【译文】**简公从晋国返回。在位十五年。埋葬在僖公西面。生了惠公。简公七年，百姓开始佩带剑器。

惠公享国十三年。葬陵圉。[1]生出公。[2]

**【注释】**〔1〕"陵圉"，灵公虽然把都邑从雍东移致泾阳，但诸公葬地仍未西迁，灵公葬悼公西，简公葬景公西，出公葬雍，惠公葬地陵圉应与上述诸公葬地相近。 〔2〕"出公"，司马贞《索隐》引《世本》称"少主"， 本书《秦本纪》称"出子"，《吕氏春秋·当赏篇》称"小主"。以惠公十二年生，即位时年尚幼。公元前三八六年至前三八五年在位。

【译文】惠公在位十三年。埋葬在陵圉。生了出公。

出公享国二年。出公自杀，[1]葬雍。

【注释】〔1〕"出公自杀"，据本书《秦本纪》，出公二年，庶长改立灵公之子献公，杀出公及其母。《吕氏春秋·当赏篇》言出公母系自杀。

【译文】出公在位二年。出公自杀，埋葬在雍邑。

献公享国二十三年。[1]葬嚣圉。[2]生孝公。

【注释】〔1〕"献公"，《吕氏春秋·当赏篇》云："公子连立，是为献公。"是献公名连。而本书《秦本纪》司马贞《索隐》云名师隰。公元前三八四年至前三六二年在位。 〔2〕"嚣圉"，献公二年，城栎阳，迁都于此。嚣圉虽然不能确指其地，但大体应于栎阳附近求之。

【译文】献公在位二十三年。埋葬在嚣圉。生了孝公。

孝公享国二十四年。葬弟圉。[1]生惠文王。其十三年，始都咸阳。[2]

【注释】〔1〕"弟圉"，《水经·渭水注》云：白渠"又东，径栎阳城北……又东径秦孝公陵北"。据此，孝公葬地弟圉在栎阳东，北临白渠。杨守敬《水经注疏》卷一九注云："《史记·始皇纪》重序秦世系，孝公葬弟圉，陵当在今富平县东南。"富平县在今陕西中部。 〔2〕"其十三年，始都咸阳"，孝公十二年修筑咸阳，建置宫阙，十三年正式迁都咸阳。

【译文】孝公在位二十四年。埋葬在弟圉。生了惠文王。孝公十三年，开始建都咸阳。

惠文王享国二十七年。葬公陵。[1]生悼武王。

【注释】〔1〕"公陵"，在秦都咸阳西北。

【译文】惠文王在位二十七年。埋葬在公陵。生了悼武王。

悼武王享国四年。葬永陵。[1]

【注释】〔1〕"永陵",在秦都咸阳西。前人称周武王陵,非是。

【译文】悼武王在位四年。埋葬在永陵。

昭襄王享国五十六年。葬芷阳。[1]生孝文王。

【注释】〔1〕"芷阳",又作"芷阳",在今陕西西安市东北。

【译文】昭襄王在位五十六年。埋葬在芷阳。生孝文王。

孝文王享国一年。葬寿陵。[1]生庄襄王。

【注释】〔1〕"寿陵",在今陕西临潼县东北。

【译文】孝文王在位一年。埋葬在寿陵。生了庄襄王。

庄襄王享国三年。葬芷阳。生始皇帝。吕不韦相。
献公立七年,初行为市。[1]十年,为户籍相伍。[2]

【注释】〔1〕"初行为市",秦献公都邑栎阳地处交通要冲,商业发达,本书《货殖列传》云:"献公徙栎邑,栎邑北却戎翟,东通三晋,亦多大贾。"献公开始设置贸易市场,适应了栎阳和秦国其他各地商业发展的趋势。 〔2〕"为户籍相伍",建立户籍,把人口按五家为一伍加以编制。秦孝公时商鞅变法,进一步肯定了户籍制度,《商君书·去强篇》记载:"举民口数,生者著,死者削。"同书《境内篇》也说:"四境之内,丈夫女子皆有名于上,生者著,死者削。""为户籍相伍"的主要目的是为了控制人口,便于征调兵员和粮食,利于战争,以及迫使百姓互相监视。

【译文】庄襄王在位三年。埋葬在芷阳。生了始皇帝。吕不韦为丞相。
献公即位七年,开始设置市场,进行贸易。十年,建立户籍,按五家为一伍进行编制。

孝公立十六年，时桃李冬华。[1]

**【注释】**〔1〕"华"，同"花"。

**【译文】**孝公即位十六年，当时桃树李树在冬天开花。

惠文王生十九年而立。立二年，初行钱。有新生婴儿曰"秦且王"。
悼武王生十九年而立。立三年，渭水赤三日。
昭襄王生十九年而立。立四年，初为田开阡陌。[1]

**【注释】**〔1〕"初为田开阡陌"，本书《秦本纪》、《六国年表》、《商君列传》、《蔡泽列传》和《战国策·秦策三》皆以初为田开阡陌是秦孝公商鞅变法时所为，此记为昭襄王时，不可信。"开阡陌"，开置阡陌。阡陌作为田界，是为了明确和巩固授田制下的土地使用权。可参阅李解民《开阡陌辨正》一文，载《文史》第十一辑。

**【译文】**惠文王生后十九年即位。即位二年，开始铸造发行钱币。有一个刚生下来的婴儿说"秦国将要称王天下"。
悼武王生后十九年即位。即位三年，渭水红了三天。
昭襄王生后十九年即位。即位四年，开始在耕地上设置新田界。

孝文王生五十三年而立。
庄襄王生三十二年而立。立二年，取太原地。[1]庄襄王元年，大赦，修先王功臣，施德厚骨肉，布惠于民。东周与诸侯谋秦，秦使相国不韦诛之，[2]尽入其国。秦不绝其祀，以阳人地赐周君，[3]奉其祭祀。

**【注释】**〔1〕"取太原地"，秦庄襄王二年，派蒙骜攻赵，夺取了太原。事见本书《秦本纪》。〔2〕"相国"，本称"相邦"，汉代避刘邦讳，"邦"字改作"国"。〔3〕"阳人"，聚邑，在今河南临汝县西。

**【译文】**孝文王生后五十三年即位。
庄襄王生后三十二年即位。即位二年，攻取了太原地区。庄襄王元年，大赦天下，崇敬先王的功臣，广施恩德，亲厚宗室骨肉，播惠于百姓。东周和各国诸侯图谋秦国，秦国派相国吕不韦消灭了东周，兼并了它的国土。秦国不断绝它的祭祀，把阳人地区赐予周君，在那里奉事周先祖的祭祀。

始皇享国三十七年。葬郦邑。生二世皇帝。始皇生十三年而立。

二世皇帝享国三年。葬宜春。赵高为丞相安武侯。二世生十二年而立。[1]

**【注释】**〔1〕"二世生十二年而立"，据上文，二世年二十一即位。此"十二"当作"二十"。梁玉绳《史记志疑》卷五云："《纪》言二十一者，以逾年改元言之。此言二十者，以始皇崩年言之。"

**【译文】**始皇在位三十七年。埋葬在郦邑。生了二世皇帝。始皇生后十三年即位。

二世皇帝在位三年。埋葬在宜春。赵高为丞相，封安武侯。二世生后十二年即位。

右秦襄公至二世，六百一十岁。[1]

**【注释】**〔1〕"六百一十岁"，据《秦本纪》和《秦始皇本纪》计算，秦襄公至秦二世共五百七十五年，据《十二诸侯年表》和《六国年表》计算共五百七十一年。张守节《正义》云："《秦本纪》自襄公至二世，五百七十六年矣。《年表》自襄公至二世，五百六十一年。"所言年数皆误。

**【译文】**右秦襄公至二世，六百一十年。

孝明皇帝十七年十月十五日乙丑，[1]曰：

**【注释】**〔1〕"孝明皇帝十七年十月十五日乙丑"，汉明帝永平十七年，班固、贾逵、傅毅等人被召诣云龙门，小黄门赵宣奉明帝之命拿着《史记·秦始皇本纪》问班固等人，司马迁所作赞语是否有不正确的地方。班固被明帝召入宫内，发表了自己的看法，同时，撰《典引》，颂扬汉代功德。此下的文字，是班固在《典引》之外撰写的另一篇文章，论述了秦朝灭亡的原因，后人把这篇文章附载于此。可参考梁玉绳《史记志疑》卷五。

**【译文】**孝明皇帝十七年十月十五日乙丑，班固说：

周历已移，[1]仁不代母。[2]秦直其位，[3]吕政残虐。[4]然以诸侯十三，[5]并兼天下，极情纵欲，养育宗亲。三十七年，兵无所不加，制作

中華藏書

本纪三篇（精选）

中国书店

政令，施于后王。盖得圣人之威，河神授图，[6]据狼、狐，[7]蹈参、伐，[8]佐政驱除，距之称始皇。[9]

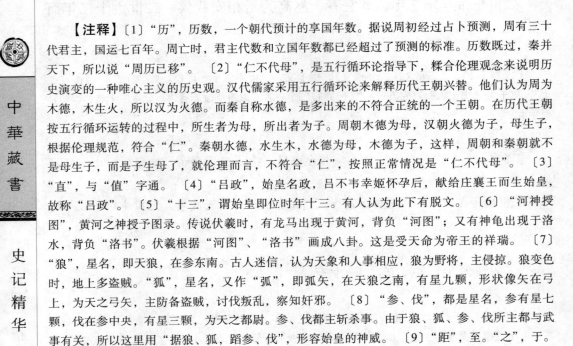

【注释】[1]"历"，历数，一个朝代预计的享国年数。据说周初经过占卜预测，周有三十代君主，国运七百年。周亡时，君主代数和立国年数都已经超过了预测的标准。历数既过，秦并天下，所以说"周历已移"。 [2]"仁不代母"，是五行循环论指导下，糅合伦理观念来说明历史演变的一种唯心主义的历史观。汉代儒家采用五行循环论来解释历代王朝兴替。他们认为周为木德，木生火，所以汉为火德。而秦自称水德，是多出来的不符合正统的一个王朝。在历代王朝按五行循环运转的过程中，所生者为母，所出者为子。周朝木德为母，汉朝火德为子，母生子，根据伦理规范，符合"仁"。秦朝水德，水生木，水德为母，木德为子，这样，周朝和秦朝就不是母生子，而是子生母了，就伦理而言，不符合"仁"，按照正常情况是"仁不代母"。 [3]"直"，与"值"字通。 [4]"吕政"，始皇名政，吕不韦幸姬怀孕后，献给庄襄王而生始皇，故称"吕政"。 [5]"十三"，谓始皇即位时年十三。有人认为此下有脱文。 [6]"河神授图"，黄河之神授予图录。传说伏羲时，有龙马出现于黄河，背负"河图"；又有神龟出现于洛水，背负"洛书"。伏羲根据"河图"、"洛书"画成八卦。这是受天命为帝王的祥瑞。 [7]"狼"，星名，即天狼，在参东南。古人迷信，认为天象和人事相应，狼为野将，主侵掠。狼变色时，地上多盗贼。"狐"，星名，又作"弧"，即弧矢，在天狼之南，有星九颗，形状像矢在弓上，为天之弓矢，主防备盗贼，讨伐叛乱，察知奸邪。 [8]"参、伐"，都是星名，参有星七颗，伐在参中央，有星三颗，为天之都尉。参、伐都主斩杀事。由于狼、狐、参、伐所主都与武事有关，所以这里用"据狼、狐，蹈参、伐"，形容始皇的神威。 [9]"距"，至。"之"，于。

【译文】周朝的历数已经过去了，按照仁德规范，处在子位的王朝不能代替母位的王朝的位置。（秦对周来说，应处在子位，）它却自居母位，（成为历史发展规律以外的一个多余的王朝，因此，）吕政为政残酷暴虐。然而却能以十三岁的一个诸侯，兼并了天下，放纵情欲，抚养宗族。三十七年之间，兵锋无所不至，制定政令，传给以后的帝王。他大概得到了圣人的神威，河神给了他图录，身据狼、狐，脚踏参、伐，上天帮助他驱除天下，最后终于（统一天下），号称始皇。

始皇既殁，胡亥极愚，郦山未毕，复作阿房，以遂前策。云"凡所为贵有天下者，肆意极欲，大臣至欲罢先君所为"。诛斯、去疾，任用赵高。痛哉言乎！人头畜鸣。[1]不威不伐恶，不笃不虚亡，[2]距之不得留，残虐以促期，虽居形便之国，犹不得存。

【注释】[1]"人头畜鸣"，这是斥骂二世的话，意谓二世长着人头，却不辨好坏，说的话像牲畜鸣叫。 [2]"不威不伐恶，不笃不虚亡"，张守节《正义》云"不威不伐恶"五字为一句，也有人以"不威不伐"四字为一句。根据前一种标点，这两句说的都是二世，意谓二世不凭借帝王威势就不能夸耀自己的邪恶，邪恶不积累很多就不会轻易灭亡。根据后一种标点，上句是说始皇，下句是说始皇和二世，意谓始皇没有威势就不能讨伐天下，始皇和二世邪恶不多就不会轻易灭亡。统观班固这篇文章的内容，上一段言始皇，此一段言二世，下一段言子婴，前一种标点与班固文章内容相符合。

【译文】始皇死后，胡亥极端愚蠢，郦山工程还没有结束，又去继续修建阿房宫，来完成以前始皇遗留下来的计划。说什么"凡是尊贵而掌握了天下的人，应随心所欲，为所欲为，大臣们竟然想废除先君所做的事情"。他杀死了李斯、冯去疾，任用赵高。二世说的话，真是令人痛心啊！长着人头，说的话却像畜牲叫唤。不凭借帝王威势就不能夸耀自己的邪恶，邪恶不积累很多就不会轻易灭亡，到了君位无法保持时，残酷暴虐使在位时间更加短促，虽然占据地形有利的国土，还是不能存身立国。

中華藏書

本纪三篇（精选）

中国书店

七三

　　子婴度次得嗣，冠玉冠，佩华绂，〔1〕车黄屋，〔2〕从百司，谒七庙。小人乘非位，莫不悦忽失守，〔3〕偷安日日，独能长念却虑，父子作权，〔4〕近取于户牖之间，竟诛猾臣，为君讨贼。高死之后，宾婚未得尽相劳，餐未及下咽，酒未及濡唇，楚兵已屠关中，真人翔霸上，〔5〕素车婴组，〔6〕奉其符玺，以归帝者。郑伯茅旌鸾刀，严王退舍。〔7〕河决不可复壅，鱼烂不可复全。贾谊、司马迁曰："向使婴有庸主之才，仅得中佐，山东虽乱，秦之地可全而有，宗庙之祀未当绝也。"秦之积衰，天下土崩瓦解，虽有周旦之材，〔8〕无所复陈其巧，而以责一日之孤，〔9〕误哉！俗传秦始皇起罪恶，胡亥极，得其理矣。复责小子，〔10〕云秦地可全，所谓不通时变者也。纪季以酅，〔11〕《春秋》不名。〔12〕吾读《秦纪》，〔13〕至于子婴车裂赵高，未尝不健其决，怜其志。婴死生之义备矣。

【注释】〔1〕"华绂"，华丽的系印丝带。"绂"，音fú。 〔2〕"黄屋"，用黄缯作车盖之里，是帝王的专用车。 〔3〕"悦"，与"恍"字同。 〔4〕"权"，权谋，权略。"父子作权"，指子婴和他的两个儿子用计杀死赵高。 〔5〕"真人"，本是仙人，这里指汉高祖刘邦，是颂扬之辞。 〔6〕"婴"，系于头上。 〔7〕"郑伯茅旌鸾刀，严王退舍"，据《公羊传》宣公十二年记载，楚庄王伐郑，在郑国都城打败了郑国军队，郑伯去衣露体，左手拿着茅旌，右手拿着鸾刀，去迎接楚王。楚庄王看到这种情景，把军队撤退七里。"郑伯"，即郑襄公。"茅旌"，祭祀宗庙所用，用来迎导神灵。"鸾刀"，宗庙里用以切割祭牲之刀。郑襄公手执茅旌、鸾刀，表示以国降服，宗庙不再血食。"严王"，即庄王，"庄"改"严"，避汉明帝刘庄讳改。"舍"，古时行军三十里为一舍。《左传》宣公十二年、本书《楚世家》和《郑世家》皆云楚庄王退兵三十里。〔8〕"周旦"，即周公，名旦，周武王之弟，周成王之叔。辅佐武王，消灭了商朝。武王死后，成王年幼，周公摄政，平定了他的兄弟管叔、蔡叔、霍叔联合武庚和东方夷族发动的叛乱，并大规模分封诸侯，营建洛邑作为东都，制礼作乐，建立典章制度。他的言行散见本书《周本纪》

和《尚书·大诰》、《康诰》、《多士》、《无逸》、《立政》等篇。　〔9〕"一日"，言时间之短。"孤"，国君自称。"一日之孤"，指子婴。　〔10〕"小子"，指子婴。　〔11〕"纪季以酅"，春秋时，齐国和纪国一度为仇，齐襄公打算灭掉纪国，纪季把握了存亡的时机，以酅地入齐为附庸，使纪国的宗庙祭祀延续下来。"纪季"，纪侯之弟。春秋时，诸侯之弟多以仲、叔、季相称。"酅"，音 xī，纪国城邑，在今山东益都县西北。　〔12〕"《春秋》不名"，《春秋》庄公三年云："秋，纪季以酅入于齐。"这里没有称纪季之名。解释《春秋经》的人认为，不称名，是《春秋》的一种特殊笔法，含有肯定和赞扬的意思。如《公羊传》云："纪季者何？纪侯之弟也。何以不名？贤也。"　〔13〕"《秦纪》"，指《秦始皇本纪》。但《秦始皇本纪》记载子婴刺杀赵高于斋宫，未言车裂赵高。《秦纪》也有可能是指秦国国史《秦记》。

　　**【译文】**子婴按照次序嗣立为王，头戴玉冠，身佩华丽的系印丝带，车子使用黄缯作盖里，身后随从百官，拜谒列祖的灵庙。如果小人登上不符合自己身份的位子，都会恍恍惚惚，若有所失，天天苟且偷安，而子婴却能作长远打算，排除忧虑，父子使用计谋，就近在门户之内，竟然杀死了狡猾的奸臣，替已死的皇帝诛戮了这个贼子。赵高死后，宾亲姻娅还没有全部慰劳，饭还没有来得及咽下去，酒还没有来得及沾着嘴唇，楚国士卒已经屠戮关中，仙人翔至霸上，子婴素车白马，用丝带系着脖子，捧着他的符节和印玺，来归降真正的皇帝。真有点像当年郑伯左持茅旌，右执鸾刀，楚庄王后撤七里。黄河决口不能再堵塞，鱼腐烂了不能再使它完整。贾谊、司马迁说："如果当时子婴具有一般君主的能力，只要得到中等才能的辅佐大臣，山东虽然叛乱，秦国故地还是可以保全的，宗庙祭祀不会断绝。"秦国的衰败局面是日久天长积聚而成，天下土崩瓦解，虽然有周旦这样的人才，也无法再施展他的聪明才智，去责备即位短暂的一个君主，那是错误的！民间流传一种说法，认为罪恶起源于秦始皇，胡亥时登峰造极，这一看法是有道理的。贾谊、司马迁又责备子婴，说是秦国故地可以保全，这就是所说的不懂得形势变化的人。（齐国将要吞灭纪国，）纪季把酅邑送给齐国，（成为齐国的附庸，使纪国的宗庙祭祀保存下来，）《春秋》赞美他，（记载这件事时，）不直呼其名。（纪季就是一个通权达变的人。）我读《秦纪》，读到子婴车裂赵高，未尝不认为他的决断果敢而雄武，对他的心意表示同情。子婴就死生大义而言，是很完备的。

# 项羽本纪

　　项籍者，下相人也，〔1〕字羽。初起时，年二十四。其季父项梁，〔2〕梁父即楚将项燕，为秦将王翦所戮者也。〔3〕项氏世世为楚将，封于项，〔4〕故姓项氏。〔5〕

**【注释】**〔1〕"下相"，秦县，在今江苏宿迁县西南。因地处相水下流，故名。 〔2〕"季父"，通谓叔父。古代以伯、仲、叔、季为兄弟行次，所以"季父"也用以指最小的叔父。刘熙《释名·释亲属》云："叔父之弟曰季父。" 〔3〕"王翦"，频阳（今陕西富平县）人，为秦始皇将军，数有战功。事详《史记》本传。据《秦始皇本纪》记载，秦始皇二十三年，王翦击楚，俘获楚王负刍。楚将项燕立昌平君为王，在淮南起兵反秦。二十四年，王翦、蒙武攻破楚军，昌平君死，项燕自杀。因为项燕是被王翦打败后被迫自杀，所以也可以说是为"王翦所戮"，功归王翦。项燕曾屡建战功，爱护士卒，受楚人拥戴。他死后，有人认为他死了，也有人认为他逃亡。陈胜起义即诈称公子扶苏、项燕以为号召，事见《陈涉世家》。 〔4〕"项"，西周时封国，陈彭年《广韵》卷三《讲》、郑樵《通志·氏族略》第二并云姬姓，康熙敕修《春秋传说汇纂》卷首《姓氏篇》云姞姓。春秋时为鲁所灭，后楚灭鲁，以项封项燕先人。故地在今河南沈丘县。〔5〕"姓项氏"，姓与氏原来是有区别的，姓为原始部落称号，表示血缘所出。氏是姓的支系，为宗族系统的称号。氏的来源，或氏于号，或氏于谥，或氏于爵，或氏于国，或氏于官，或氏于字，或氏于居，或氏于事，或氏于职。项氏是氏于国。秦、汉以后姓氏混而为一。

**【译文】**项籍是下相人，字羽。开始起兵时二十四岁。他的叔父是项梁，项梁的父亲就是楚将项燕，被秦将王翦所杀的那个人。项氏世代为楚将，封于项，所以姓项氏。

项籍少时，学书不成，〔1〕去学剑，又不成。项梁怒之。籍曰："书足以记名姓而已。剑一人敌，不足学，学万人敌。"于是项梁乃教籍兵法，〔2〕籍大喜，略知其意，又不肯竟学。项梁尝有栎阳逮，〔3〕乃请蕲狱掾曹咎书抵栎阳狱掾司马欣，〔4〕以故事得已。项梁杀人，与籍避仇于吴中。〔5〕吴中贤士大夫皆出项梁下。每吴中有大繇役及丧，项梁尝为主办，阴以兵法部勒宾客及子弟，〔6〕以是知其能。秦始皇帝游会稽，〔7〕渡浙江，〔8〕梁与籍俱观。籍曰："彼可取而代也。"梁掩其口，曰："毋妄言，族矣！"〔9〕梁以此奇籍。籍长八尺余，〔10〕力能扛鼎，〔11〕才气过人，虽吴中子弟皆已惮籍矣。〔12〕

**【注释】**〔1〕"学书"，学习认字和写字。 〔2〕"兵法"，用兵作战的方法和原则。《汉书·艺文志》兵书类著录有《项王》一篇，当是后来项羽用兵实践的总结。 〔3〕"栎阳"，秦县，在今陕西临潼县东北。"栎"，音 yuè。"逮"，连及。此指因罪案受牵连。 〔4〕"蕲"，音 qí，秦县，在今安徽宿县南。"掾"，音 yuàn，古代官府属员的通称。"狱掾"，负责刑狱的主吏。"曹咎"，后为项羽军大司马，封海春侯。汉王四年，守成皋时被汉军打败自杀。"抵"，到达。"司马欣"，秦二世时曾为长史，率军随章邯攻陈胜、项梁，后降项羽。汉王四年，与曹咎在成皋之战被汉军打败自杀。 〔5〕"吴中"，即吴，春秋时吴国都城，秦于此置吴县，为会稽郡郡治，故城在今江苏苏州市。 〔6〕"宾客",指从他处流寓本地的客民。"子弟",指本地的土著丁壮。〔7〕"秦始皇帝游会稽",事在始皇三十七年,见《秦始皇本纪》。始皇这次南游曾上会稽山,祭大禹。此所云"会稽",是指会稽郡,非指会稽山。秦时会稽郡辖有今江苏东南部、浙江中部以北和安徽东南部。 〔8〕"浙江",即今钱塘江。 〔9〕"族",族灭,全族被处死,为最惨重的刑罚。 〔10〕"尺",秦、汉时一尺约等于今天零点八四尺。 〔11〕"扛",音 gāng,双手对举。 〔12〕"虽",句首语气词,相当于"唯"字。

【译文】项籍小时候,学习认字写字,没有学成。放弃了学字,改学击剑,又没有学成。项梁很生他的气。项籍说:"字只不过用来记记姓名而已。剑也只能抵敌一人,不值得学,要学能抵抗万人的。"于是项梁就教项籍兵法,项籍非常高兴,粗略地知道了兵法大意,但又不肯认真学完。项梁曾因栎阳罪案受到牵连,就请蕲县狱掾曹咎写信给栎阳狱掾司马欣,因此事情得到了结。项梁杀了人,和项籍到吴中躲避仇家。吴中有才能的士大夫都比不上项梁。每当吴中有大规模的繇役和丧葬,项梁常常主持办理,暗中用兵法部署调度宾客和子弟,因此了解了每个人的能力。秦始皇帝巡游会稽,渡过浙江,项梁和项籍一同去观看。项籍说:"那个皇帝,我可以取而代之。"项梁捂住他的嘴,说:"不许胡说八道,当心全族要杀头啊!"项梁因此觉得项籍不同于一般人。项籍身高八尺有余,力能举鼎,才气过人,吴中子弟都已经敬畏他了。

秦二世元年七月,〔1〕陈涉等起大泽中。〔2〕其九月,会稽守通谓梁曰:〔3〕"江西皆反,〔4〕此亦天亡秦之时也。吾闻先即制人,后则为人所制。吾欲发兵,使公及桓楚将。"〔5〕是时桓楚亡在泽中。梁曰:"桓楚亡,人莫知其处,独籍知之耳。"梁乃出,诫籍持剑居外待。梁复入,与守坐,曰:"请召籍,使受命召桓楚。"守曰:"诺。"梁召籍入。须臾,梁眴籍曰:〔6〕"可行矣!"〔7〕于是籍遂拔剑斩守头。项梁持守头,佩其印绶。〔8〕门下大惊,扰乱,籍所击杀数十百人。〔9〕一府中皆慑伏,莫敢起。〔10〕梁乃召故所知豪吏,谕以所为起大事,遂举吴中兵。使人收下县,得精兵八千人。梁部署吴中豪杰为校尉、候、司马。〔11〕有一人不得用,自言于梁。梁曰:"前时某丧使公主某事,不能办,以此不任用公。"众乃皆伏。于是梁为会稽守,籍为裨将,〔12〕徇下县。〔13〕

【注释】〔1〕"秦二世元年",为公元前二〇九年。 〔2〕"大泽",蕲县所属的乡,故地在今安徽宿县东南刘村集。 〔3〕"守",《秦始皇本纪》载,始皇二十六年,"分天下以为三十六郡,郡置守、尉、监"。守为一郡的行政长官。汉景帝中元二年,郡守改名太守。"通",即殷通。据《汉书·项籍传》,殷通当时为假守,即代理郡守。 〔4〕"江西",长江在今安徽省境一段流向略偏南北，所以古时这一带地有江东、江西之称。江西大约指今安徽北部和淮河下游一带。〔5〕"桓楚"，为吴中奇士，项籍杀死卿子冠军宋义后，曾派桓楚报告楚怀王。〔6〕"眴"，音 shùn，以目示意。〔7〕"可行矣"，语带双关，表面上是说可以去找桓楚，实际上是叫项籍动手杀死殷通。〔8〕"印"，古时官员都有印，是权力的象征。"绶"，系印纽的丝带。〔9〕"数十百人"，不定数之辞，或八九十人，或一百人。〔10〕"慑伏，莫敢起"，一般解作吓得伏在地上，不敢站起来。不确。"慑"，音 shè，恐惧，害怕。"伏"，与"服"字通。"起"，动。意谓因恐惧而屈服，没有人敢动手反抗。〔11〕"校尉"，地位次于将军的军官。"候"，军候，地位次于校尉。"司马"，军司马，地位次于军候，主管军中司法。司马彪《续汉书·百官志》载东汉军制云："大将军营五部，部校尉一人，比二千石；军司马一人，比千石，部下有曲，曲有军候一人，比六百石。"项梁军制与此有相同之处。〔12〕"裨将"，副将，偏将。地位次于主将，为主将的副手。"裨"，音 pí。〔13〕"徇"，音 xùn，兼有略地、示威、安抚等意义。

**【译文】**秦二世元年七月，陈涉等人在大泽乡起义。这一年九月，会稽郡守殷通对项梁说："江西都造反了，这也是上天灭亡秦朝的时候。我听说先发则能制人，后发则为人所制。我想发兵，派你和桓楚带领。"当时桓楚逃亡在湖泽之中。项梁说："桓楚亡匿在外，人们不知道他的下落，只有项籍知道。"项梁走出来，吩咐项籍持剑在外面等候。项梁又走进去，与郡守一块儿坐着。项梁说："请允许我叫项籍进来，让他接受命令召回桓楚。"郡守说："好吧。"项梁招呼项籍进来。不一会儿，项梁使眼色给项籍说："可以行动了！"于是项籍拔出剑来砍掉了郡守的脑袋。项梁拿着郡守的脑袋，身上系着郡守的官印。郡守的侍从护卫大为惊慌，一片混乱，项籍杀死了百十来人。全府中的人都慌惧畏服，没有人敢动手反抗。项梁就召集昔日所熟悉的有胆识的府吏，把所要做的起兵反秦这件事情向大家讲清楚，于是征集吴中士卒起义。派人搜罗下属各县丁壮，得到精兵八千人。项梁安排吴中豪杰为校尉、候、司马。有一人没有得到任用，自己去向项梁申述。项梁说："前些时候有一丧事，让你主办一件事，你不能办，因此不任用你。"于是大家都很佩服项梁。项梁为会稽郡守，项籍为裨将。镇抚下属县邑。

广陵人召平于是为陈王徇广陵，〔1〕未能下。闻陈王败走，秦兵又且至，乃渡江矫陈王命，拜梁为楚王上柱国。〔2〕曰："江东已定，急引兵西击秦。"项梁乃以八千人渡江而西。闻陈婴已下东阳，〔3〕使使欲与连和俱西。陈婴者，故东阳令史，〔4〕居县中，素信谨，称为长者。东阳少年杀其令，〔5〕相聚数千人，欲置长，无适用，〔6〕乃请陈婴。婴谢不能，遂强立婴为长，县中从者得二万人。少年欲立婴便为王，〔7〕异军苍头特起。〔8〕陈婴母谓婴曰："自我为汝家妇，未尝闻汝先古之有贵者。今暴得大名，不祥。不如有所属，事成犹得封侯，事败易以亡，非世所指名也。"婴乃不敢为王。谓其军吏曰："项氏世世将家，有名于楚。今欲举大事，将非其人，不可。我倚名族，亡秦必矣。”于是众从其言，以兵属项梁。项梁渡淮，黥布、蒲将军亦以兵属焉。[9]凡六七万人，军下邳。[10]

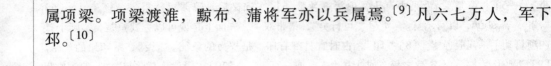

**【注释】**〔1〕“广陵”，秦县，在今江苏扬州市西北。“陈王”，即陈涉。 〔2〕“楚王”，陈涉起义后，立为王，政权号张楚，所以陈涉称楚王。“上柱国”，战国时期楚国官称，地位尊宠，相当于后世的相国。秦末起于楚地的义军沿袭楚制，仍设置此官。如陈涉曾以上蔡人蔡赐为上柱国。〔3〕“陈婴”，先属项梁，为楚柱国。项羽死后归汉，平定豫章、浙江，封堂邑侯，曾为楚元王刘交相。事见《高祖功臣侯者年表》。“东阳”，秦县，在今安徽天长县西北。 〔4〕“令史”，县令的属吏。 〔5〕“令”，秦、汉制度，县设令、长，主管一县政务。民户多的县设令，民户少的县设长。 〔6〕“适”，音 dí，专主之辞。《左传》僖公五年云：“一国三公，吾谁适从？”又昭公三十年云：“楚执政众而乖，莫适任患。”《史记》“适”字与《左传》用法相同。“无适用”，意谓没有可用的人。 〔7〕“便”，就便，就即。 〔8〕“苍头”，士卒用黑色头巾裹头，以与其他各路军队相区别。一说为当时对敢死部队的习称。本书《苏秦列传》云：“今窃闻大王之卒，武士二十万，苍头二十万，奋击二十万，厮徒十万。”“苍头”与“奋击”皆系勇敢部队。“特”，独。“特起”，单独突起。司马贞《索隐》引如淳云：“特起犹言新起也。”于义亦通。 〔9〕“黥布”，姓英名布，青年时受过脸上刺字的黥刑，故改姓黥。事详《史记》、《汉书》本传。“蒲将军”，史书只载其姓，未载其名。从《项羽本纪》记载来看，蒲将军与黥布关系较为密切，早期同为项羽心腹。汉王元年，项羽在新安坑杀秦降卒二十余万，事先即与黥布、蒲将军谋划。自新安坑杀秦降卒后，《史记》、《汉书》皆未再见蒲将军，可能不久死去。 〔10〕“下邳”，秦县，在今江苏睢宁县西北。“邳”，音 pī。

**【译文】**广陵人召平这时为陈王略地广陵，没有降服。听说陈王战败逃走，秦兵又将要到达，就渡江假托陈王的命令，拜项梁为楚王的上柱国。召平说：“江东已经平定，赶快引兵西进攻打秦军。”项梁就以八千人渡江向西进发。他听说陈婴已经攻下东阳，便派遣使者，想要与陈婴联合西进。陈婴这个人，原来是东阳令史，在县里一向诚实谨慎，人们称之为忠厚长者。东阳的青年杀死了他们的县令，聚合了几千人，想要选置一个首领，没有找到可用的人，就请陈婴来担任。陈婴推辞说不能胜任，大家就强行推立他做首领，县中随从的有二万人。青年们打算推举陈婴就便称王，士兵为了同其他各路军队相区别，头上裹以青巾，表示异军突起。陈婴的母亲对陈婴说：“自从我做了你家的媳妇，未曾听说你的前辈有过高官贵爵。现在突然得到很大的名声，不是好兆头。不如有所归属，事情成功了，犹能得到封侯，事情失败了，也容易逃脱，因为不是社会上指名道姓的人。”因此陈婴不敢为王。对他的军吏说：“项家世代为将，有名于楚。现在想要干成大事，将帅不得其人不行。我们依附名门大族，一定能使秦朝灭亡。”于是大家听从他的话，把军队归属项梁。项梁渡过淮水，黥布、蒲将军也率军归附。项梁共有六七万人，驻扎在下邳。

当是时，秦嘉已立景驹为楚王，[1]军彭城东，[2]欲距项梁。[3]项梁谓军吏曰："陈王先首事，战不利，未闻所在。今秦嘉倍陈王而立景驹，[4]逆无道。"乃进兵击秦嘉。秦嘉军败走，追之至胡陵。[5]嘉还战一日，嘉死，军降。景驹走死梁地。[6]项梁已并秦嘉军，军胡陵，将引军而西。章邯军至栗，[7]项梁使别将朱鸡石、余樊君与战。[8]余樊君死。朱鸡石军败，亡走胡陵。项梁乃引兵入薛，[9]诛鸡石。项梁前使项羽别攻襄城，[10]襄城坚守不下。已拔，皆阬之。还报项梁。项梁闻陈王定死，召诸别将会薛计事。此时沛公亦起沛，往焉。[11]

中華藏書

本纪三篇（精选）

中国书店

【注释】〔1〕"秦嘉"，据《汉书·陈胜传》，嘉为凌（今江苏泗阳县西北）人。"景驹"，景氏为战国时楚国大族之一，景驹即是景氏后裔，所以立为楚王。〔2〕"彭城"，秦县，在今江苏徐州市。〔3〕"距"，通"拒"。〔4〕"倍"，通"背"。〔5〕"胡陵"，秦县，在今山东鱼台县东南。〔6〕"梁地"，战国时魏国建都大梁（今河南开封市），所以魏也称梁。"梁地"即指魏国旧地，在今河南东部。〔7〕"章邯"，秦将，率军镇压陈涉，后为项梁所败，投降项羽，封雍王。楚、汉相争时，被刘邦打败自杀。"栗"，秦县，在今河南夏邑县。〔8〕"别将"，另外率领一支军队的将领。"朱鸡石"，符离（今安徽宿县东北）人，见《陈涉世家》。"余樊君"，《史记》中他篇未见，仅见于《项羽本纪》。姓名不详。〔9〕"薛"，秦县，在今山东滕县南。〔10〕"襄城"，秦县，在今河南襄城县。〔11〕"沛公"，即汉高祖刘邦，初起于沛，为沛令，人称沛公。楚制，县令称"公"。"沛"，秦县，汉时属沛郡，故城在今江苏沛县。

【译文】这时，秦嘉已立景驹为楚王，驻扎彭城东面，想要抵挡项梁。项梁对军吏说："陈王首先起事，作战不利，不知道下落。现在秦嘉背叛陈王而立景驹，大逆不道。"项梁就进兵攻打秦嘉。秦嘉的军队败逃，项梁追到胡陵。秦嘉回军打了一天，秦嘉阵亡，士卒投降。景驹逃走，死在梁地。项梁已经合并了秦嘉的军队，驻扎在胡陵，将要引军西进。章邯的军队到达栗县，项梁派别将朱鸡石、余樊君和他交战。余樊君战死，朱鸡石军败，逃跑到胡陵。项梁便带兵进入薛县，杀了朱鸡石。项梁在这之前派项羽另率一军攻打襄城，襄城坚守不降。攻克以后，全部坑杀了守城军民，回来报告项梁。项梁听说陈王确实死了，召集各路将领会合到薛县商讨大事。这时沛公也起兵于沛，前往薛县。

居鄭人范增，[1]年七十，素居家，好奇计，往说项梁曰："陈胜败固当。[2]夫秦灭六国，楚最无罪。自怀王入秦不反，[3]楚人怜之至今，故楚南公曰'楚虽三户，亡秦必楚'也。[4]今陈胜首事，不立楚后而自立，其势不长。今君起江东，楚蜂午之将皆争附君者，[5]以君世世楚将，为能复立楚之后也。”于是项梁然其言，乃求楚怀王孙心民间，为人牧羊，立以为楚怀王，〔6〕从民所望也。陈婴为楚上柱国，封五县，与怀王都盱台。〔7〕项梁自号为武信君。

**【注释】**〔1〕“居鄛”，也作“居巢”，秦县，在今安徽桐城南。“范增”，项梁、项羽的谋士，事迹主要见于本篇。〔2〕“说”，音 shuì，游说，劝说。〔3〕“怀王入秦不反”，楚怀王熊槐二十八年，秦与齐、韩、魏攻楚，杀将取地。二十九年，秦又攻楚，杀将军景缺，士卒死者二万。三十年，秦复伐楚，攻取八城。秦昭王致书楚怀王入秦结盟。楚怀王迫于形势赴秦，被秦昭王扣留，楚顷襄王熊横三年，死于秦。事见《楚世家》。“反”，通“返”。〔4〕“楚南公”，楚国的一位阴阳家。《汉书·艺文志》阴阳家类著录《南公》三十一篇，注云六国时人。“三户”，三户人家，极言其少。有人认为三户是漳水上的三户津，后来项羽渡三户津击破章邯率领的秦军，迫使章邯投降，秦遂亡。“楚虽三户，亡秦必楚”，预言秦亡于三户，义亦可通。〔5〕“午”，纵横相交。“蜂午”，交错如群蜂。〔6〕“楚怀王”，心与其祖同号，是利用民间对楚怀王熊槐的怀念，加强号召力，扩大影响。〔7〕“盱台”，音 xū yí，即盱眙，秦县，在今江苏盱眙县东北。

**【译文】**居鄛人范增，七十岁了，一向住在家里，喜欢奇策妙计。他去游说项梁说：“陈胜失败本来是应该的。秦灭六国，楚国最没有过错。自从楚怀王入秦不返，楚人至今还想念他。所以楚南公说‘楚虽三户，亡秦必楚’。如今陈胜首先起事，没有立楚国的后裔而自立为王，他的局面不会长久。现在你起兵江东，楚地将领有如群蜂纵横，都争先恐后地归附你的缘故，是因为项家世代为楚将，能够再立楚国的后裔。”项梁认为他说的对，就在民间寻访到了楚怀王的孙子心，他在给人放羊，项梁立他为楚怀王，顺从人民的愿望。陈婴为楚上柱国，封地有五个县，和楚怀王一起，建都盱台。项梁自称为武信君。

居数月，引兵攻亢父，〔1〕与齐田荣、司马龙且军救东阿，〔2〕大破秦军于东阿。田荣即引兵归，逐其王假。〔3〕假亡走楚。假相田角亡走赵。角弟田间故齐将，居赵不敢归。田荣立田儋子市为齐王。〔4〕项梁已破东阿下军，遂追秦军。数使使趣齐兵，〔5〕欲与俱西。田荣曰：“楚杀田假，赵杀田角、田间，乃发兵。”项梁曰：“田假为与国之王，〔6〕穷来从我，不忍杀之。”赵亦不杀田角、田间以市于齐。〔7〕齐遂不肯发兵助楚。项梁使沛公及项羽别攻城阳，〔8〕屠之。西破秦军濮阳东，〔9〕秦兵收入濮阳。沛公、项羽乃攻定陶。〔10〕定陶未下，去，西略地至雍丘，〔11〕大破秦军，斩李由。〔12〕还攻外黄，〔13〕外黄未下。

【注释】〔1〕"亢父"，音 gāng fǔ，秦县，在今山东济宁市南。 〔2〕"田荣"，田儋从弟，齐国贵族后裔。其事主要载于本书《田儋列传》，又散见《项羽本纪》、《高祖本纪》等篇。"龙且"，楚军骁将，后被韩信所杀。"且"，音 jū。"东阿"，秦县，在今山东阳谷县东北阿城镇，东与今东阿县接壤。"阿"，音 ē。"与齐田荣、司马龙且军救东阿"，实际上是田荣被围于东阿，楚军解救东阿。可参考下注。 〔3〕"假"，田假。陈胜起义后，故齐后裔田儋起兵，自立为齐王，略定齐地。不久被秦将章邯杀死。儋从弟田荣收集田儋残部逃到东阿，遭到章邯围攻。齐人听说田儋死了，便立故齐王建之弟田假为齐王，田解为相，田间为将。项梁听说田荣危急，便率兵攻打东阿章邯军，章邯败走，项梁乘胜追击。这时田荣怨恨齐人立假，便带兵赶跑了田假。事详见《田儋列传》。 〔4〕"市"，音 fú，与"市"字异。当时人们常用此字取名。 〔5〕"数"，音 shuò，屡屡，频频。"趣"，通"促"，催促。 〔6〕"与国"，相与交善、同祸共福之国。 〔7〕"市"，贸易，买卖。"市于齐"，与齐做交易。 〔8〕"城阳"，也作"成阳"，秦县，在今山东鄄城县东南。 〔9〕"濮阳"，秦县，在今河南濮阳县西南。 〔10〕"定陶"，秦县，在今山东定陶县西北。 〔11〕"雍丘"，秦县，在今河南杞县。 〔12〕"李由"，秦丞相李斯之子，当时为三川郡郡守。 〔13〕"外黄"，秦县，在今河南民权县西北。

【译文】过了几个月，项梁带兵攻打亢父，与齐田荣、司马龙且的军队一起援救东阿，在东阿大败秦军。田荣率军回到旧地，赶跑了齐王田假。田假逃到楚国。田假的相国田角逃到赵国。田角的弟弟田间原来是齐国的将领，留在赵国不敢回去。田荣立了田儋的儿子田市为齐王。项梁已经打垮了东阿方面的秦军，就（乘胜）追击。屡次派遣使者催促齐国军队，打算与它联兵西进。田荣说："楚国杀了田假，赵国杀了田角、田间，我就出兵。"项梁说："田假是楚国友好国家的国王，走投无路才来依附我，不忍心杀他。"赵国也不杀田角、田间作为与齐交换的条件。于是齐国不肯发兵帮助楚国。项梁派沛公和项羽另率一支军队攻打城阳，屠毁了县城。向西在濮阳东面击破了秦军，秦军收兵进入濮阳。沛公、项羽就攻打定陶。没有攻下定陶，率军离去，西进略地，到达雍丘，大破秦军，杀了李由。回军攻打外黄，没有攻下来。

项梁起东阿，西，比至定陶，〔1〕再破秦军，项羽等又斩李由，益轻秦，有骄色。宋义乃谏项梁曰：〔2〕"战胜而将骄卒惰者败。今卒少惰矣，〔3〕秦兵日益，臣为君畏之。"项梁弗听。乃使宋义使于齐。道遇齐使者高陵君显，〔4〕曰："公将见武信君乎？"曰："然。"曰："臣论武信君军必败。公徐行即免死，疾行则及祸。"秦果悉起兵益章邯，击楚军，大破之定陶，项梁死。沛公、项羽去外黄攻陈留，〔5〕陈留坚守不能下。沛公、项羽相与谋曰："今项梁军破，士卒恐。"乃与吕臣军俱引兵而东。〔6〕吕臣军彭城东，项羽军彭城西，沛公军砀。〔7〕

**【注释】**〔1〕"比至定陶"，"比"字原误作"北"。定陶在东阿西南，不应当说"北至定陶"。《汉书·项籍传》"北"作"比"是对的，今据改。"比"，比及，等到。〔2〕"宋义"，据荀悦《汉记》，为战国时楚令尹。事迹详本篇下文。〔3〕"今卒少惰矣"，实际上是楚军最高将领项梁骄傲轻敌，宋义委婉其词，说是士卒稍有懈惰。"少"，稍微。〔4〕"高陵君显"，名显，封高陵。据司马贞《索隐》引晋灼说，高陵属汉琅邪郡。《汉书·地理志》琅邪郡有高陵，曾为侯国，王莽时称蒲陆。今地已不能确考。〔5〕"陈留"，秦县，在今河南开封市东南陈留城。〔6〕"吕臣"，原为陈胜部将，统率苍头军。本书《高祖功臣侯者年表》有宁陵侯吕臣，《表》云："以舍人从陈留，以郎入汉，破曹咎成皋，为上解随马，〔以〕都尉击陈豨功侯，千户。"此吕臣与《表》所载吕臣不是一人。除本篇外，吕臣之名又见于本书《高祖本纪》、《陈涉世家》、《黥布列传》，据各篇所载，吕臣于陈涉时期即为将军，项梁死后，项羽、刘邦联合抗秦，当时吕臣的军事地位与项羽、刘邦相埒，项、刘、吕三家为反秦的三支主要军事力量，楚怀王心又以吕臣为司徒。《表》云"以舍人从陈留"，当在刘邦为汉王之前；《表》云"以郎入汉"，当在刘邦为汉王之后。以吕臣的地位，不可能归刘邦后，仅为"舍人"、为"郎"，《表》中封宁陵侯的吕臣，与《本纪》、《世家》、《列传》中的吕臣应是二人。〔7〕"砀"，音 dàng，秦县，在今河南永城县东北。

**【译文】**项梁自东阿出发，向西进军，等到到达定陶，又一次打败秦军，项羽等又杀了李由，因此，项梁越来越轻视秦军，面有骄色。宋义就劝告项梁说："打了胜仗而将领骄傲、士卒懈怠的就要失败。现在士卒稍有懈怠，秦兵日益增多，我替你担心。"项梁不听劝告。就派宋义出使齐国。路上遇到齐国使者高陵君显，问他："你将要去见武信君吗？"回答说："是的。"宋义说："我断定武信君的军队一定失败。你慢走就可以免死，快走就要遭殃。"秦果然发动全部兵力增援章邯，攻打楚军，大破楚军于定陶，项梁战死。沛公、项羽离开外黄攻打陈留，陈留坚兵固守，不能攻下。沛公、项羽互相商量说："如今项梁的军队垮了，士卒恐惧。"于是就领兵同吕臣的军队一起向东进发。吕臣驻扎在彭城东面，项羽驻扎在彭城西面，沛公驻扎在砀。

章邯已破项梁军，则以为楚地兵不足忧，乃渡河击赵，大破之。当此时，赵歇为王，〔1〕陈余为将，张耳为相，〔2〕皆走入巨鹿城。〔3〕章邯令王离、涉间围巨鹿，〔4〕章邯军其南，筑甬道而输之粟。〔5〕陈余为将，将卒数万人而军巨鹿之北，此所谓河北之军也。

**【注释】**〔1〕"赵歇"，战国时赵国贵族后裔。陈胜起义后，派武臣招抚赵国故地，武臣至邯郸，自立为赵王，不久被害，武臣的校尉陈余、张耳立赵歇为赵王。〔2〕"陈余"、"张耳"，二人皆大梁（今河南开封市西北）人，秦末参加陈胜起义军。事详《史记》、《汉书》本传。〔3〕"巨鹿"，秦县，为巨鹿郡郡治，在今河北平乡县西南。〔4〕"王离"，秦名将王翦之孙，封武城侯。"涉间"，秦将领，死于巨鹿之战。〔5〕"甬道"，两旁筑有墙垣的通道，以便运送粮食等物资，防止敌人劫击抄掠。

**【译文】**章邯已经打垮了项梁的军队，以为楚地的敌人不用担心了，就渡过黄河攻打赵地，大破赵军。这个时候，赵歇为赵王，陈余为将，张耳为相，都跑进了巨鹿城。章邯命令王离、涉间围攻巨鹿，章邯驻扎在巨鹿南面，修筑甬道输送粮食。陈余作为将领，统率士卒数万人驻扎在巨鹿的北面，这就是所说的河北之军。

　　楚兵已破于定陶，怀王恐，从盱台之彭城，并项羽、吕臣军自将之。以吕臣为司徒，[1] 以其父吕青为令尹。[2] 以沛公为砀郡长，[3] 封为武安侯，将砀郡兵。

**【注释】**〔1〕"司徒"，不是通常所说的六卿之一的司徒。当时楚怀王心所置官因袭战国时楚国旧制，此司徒当是楚官，主管后勤军需之类。　〔2〕"令尹"，楚官，为执政首相。　〔3〕"长"，相当于郡守。

**【译文】**楚军在定陶打了败仗，楚怀王很恐惧，从盱台前往彭城，合并了项羽、吕臣的军队亲自统率。以吕臣为司徒，用他的父亲叶青为令尹。以沛公为砀郡长，封为武安侯，统率砀郡的军队。

　　初，宋义所遇齐使者高陵君显在楚军，见楚王曰："宋义论武信君之军必败，居数日，军果败。兵未战而先见败征，此可谓知兵矣。"王召宋义与计事而大说之，[1] 因置以为上将军；[2] 项羽为鲁公，[3] 为次将，[4] 范增为末将，[5] 救赵。诸别将皆属宋义，号为卿子冠军。[6]

**【注释】**〔1〕"说"，音 yuè，通"悦"。　〔2〕"上将军"，地位最高的将领，相当于主帅。　〔3〕"鲁公"，据《高祖本纪》，楚怀王以刘邦为砀郡长，封为武安侯时，就封项羽为长安侯，号为鲁公。　〔4〕"次将"，地位仅次于上将军，相当于副帅。　〔5〕"末将"，地位低于次将，高于统领一个方面军的别将，与后世偏裨将校自我谦称的末将有所区别。　〔6〕"卿子冠军"，"卿子"犹言"公子"，时人尊敬之辞。宋义是上将军，地位为全军之冠，所以称为"卿子冠军"。

**【译文】**以前宋义所遇到的齐国使者高陵君显还在楚国的军队里，他见到楚怀王说："宋义断定武信君的军队一定失败，过了几天，他的军队果然失败了。军队没有开战而先看到了失败的征兆，这可说是懂得军事了。"楚怀王召见宋义，和他商量事情，大为高兴，因此委任为上将军，项羽为鲁公，担任次将，范增为末将，去援救赵国。各路别将都统属于宋义，宋义号为卿子冠军。

　　行至安阳，[1]留四十六日不进。项羽曰："吾闻秦军围赵王巨鹿，疾引兵渡河，楚击其外，赵应其内，破秦军必矣。"宋义曰："不然。夫搏牛之虻不可以破虮虱。[2]今秦攻赵，战胜则兵罢，[3]我承其敝；不胜，则我引兵鼓行而西，必举秦矣。故不如先斗秦赵。夫被坚执锐，[4]义不如公；坐而运策，公不如义。"因下令军中曰："猛如虎，很如羊，[5]贪如狼，强不可使者，[6]皆斩之。"乃遣其子宋襄相齐，[7]身送之至无盐，[8]饮酒高会。天寒大雨，士卒冻饥。项羽曰："将戮力而攻秦，久留不行。今岁饥民贫，士卒食芋菽，[9]军无见粮，[10]乃饮酒高会，不引兵渡河因赵食，与赵并力攻秦，乃曰'承其敝'。夫以秦之强，攻新造之赵，其势必举赵。赵举而秦强，何敝之承！且国兵新破，王坐不安席，埽境内而专属于将军，[11]国家安危，在此一举。今不恤士卒而徇其私，[12]非社稷之臣。"[13]项羽晨朝上将军宋义，即其帐中斩宋义头，出令军中曰："宋义与齐谋反楚，楚王阴令羽诛之。"当是时，诸将皆慑服，莫敢枝梧。[14]皆曰："首立楚者，将军家也。今将军诛乱。"乃相与共立羽为假上将军。[15]使人追宋义子，及之齐，杀之。使桓楚报命于怀王。怀王因使项羽为上将军，当阳君、蒲将军皆属项羽。[16]

**【注释】**〔1〕"安阳"，在今山东曹县东，并非地处今河南的安阳。〔2〕"搏"，搏击，打击。"虻"，音 méng，牛虻。"虮"，虱子卵。"搏牛之虻不可以破虮虱"，对此句历来解释不一，主要有两说：（一）牛虻能够咬牛，但不能够伤害虮子，借以譬喻巨鹿城小而坚，秦兵虽然强大，却不能攻破。（二）牛虻咬牛，不去伤害虮虱，以喻志在大不在小，也就是意在灭秦，不在于与章邯一战。两说均通，第一说于义较长。〔3〕"罢"，通"疲"。〔4〕"被"，通"披"。〔5〕"很"，通"狠"。羊生性好斗，所以说"很如羊"。〔6〕"强"，倔强。"强不可使者"，以上四句，句句皆暗指项羽。〔7〕"相齐"，意谓协助齐国，并非任齐国相。田荣驱逐田假，田假依附项梁，田荣遂不肯发兵助楚，这自然会导致项羽和田荣关系不睦。宋义派遣他的儿子宋襄相齐，是为了结好田荣，控制项羽。〔8〕"无盐"，战国齐邑，西汉置为县，在今山东东平县东南。〔9〕"芋菽"，有两种解释：（一）引徐广云："'芋'，一作'半'。"是古本《史记》有作"半"者。《汉书·项籍传》亦作"半"。"半"，量器名，容半升。"半菽"，即半升菽。士卒食半升菽，不足饱腹。（二）"芋"，即芋头，又称芋艿，属于蔬菜类。"菽"，豆类。"芋菽"，意谓蔬菜。注者取第一说。〔10〕"见"，通"现"。〔11〕"埽"，与"扫"字同，尽括，一扫而尽。〔12〕"恤"，体恤，抚念。"徇其私"，营谋个人私利。这里确指宋义遣其子宋襄相齐事。〔13〕"社"，古代帝王和诸侯祭祀的土神。"稷"，古代帝王和诸侯祭祀的谷神。"社"、"稷"连言，用以代指国家。〔14〕"枝梧"，架屋的小柱为枝，斜柱为梧。引申有抵触、抗拒的意思。〔15〕"假"，代理，摄代。〔16〕"当阳君"，楚怀王心在位时黥布得到的封号。

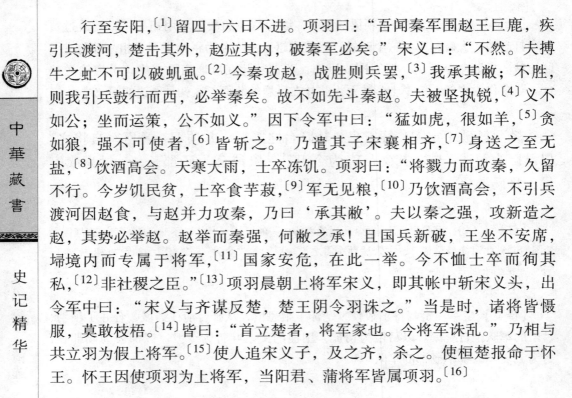

**【译文】**走到安阳，停留四十六天不前进。项羽说："我听说秦军把赵王围在巨鹿，赶快带兵渡河，楚军从外面攻打，赵军在内响应，一定能打垮秦军。"宋义说："不是的。咬牛的牛虻不能伤害虮子，现在秦军攻打赵军，打胜了则兵疲力尽，我们乘秦军疲惫（发动进攻）；打不胜，我们就率领军队鸣鼓西进，一定打垮秦军。所以不如先让秦、赵相斗。身披甲胄，手执利器，冲锋陷阵，宋义不如你；坐下来运筹划策，你不如宋义。"因此向军中下令说："凶猛如虎，狠戾如羊，贪婪如狼，倔强不听指挥的人，一律斩首。"宋义又派遣他的儿子宋襄去辅助齐国，亲自送他到无盐，摆酒设筵，大会宾客。（当时，）天寒大雨，士卒冻饿交加。项羽说："本来打算并力攻秦，却长期停留不进。现在年荒岁饥，人民贫困，士卒只吃半升豆子，（食不果腹，）军中没有存粮，宋义却还设酒宴，会宾客，不率领军队渡河就地取用赵国的粮食，而说什么'等待秦军疲惫'。以秦那样强大的兵力，进攻新建立的赵国，形势发展的结果必定是秦军打垮赵国的军队。赵国的军队被打垮了，而秦军更加强大，还有什么疲惫的机会可乘！而且楚军最近被打败，国王坐不安席，把国内的所有兵力都集中起来统属于上将军，国家安危，在此一举。如今不体恤士卒，而徇情营私，不是与国家同休共戚之臣。"项羽早晨参见上将军宋义，就在他的帐幕中割下了宋义的脑袋，出来发令军中说："宋义和齐国阴谋反楚，楚王秘密命令我杀死他。"这时，将领们都恐惧屈服，没有敢抗拒的。都说："创建楚国的，是将军一家。现在又是将军处死了叛乱的人。"将领们就共同推立项羽为假上将军。派人去追宋义的儿子，在齐国赶上了，杀死了他。项羽派桓楚向楚怀王报告。楚怀王就让项羽做上将军，当阳君、蒲将军都归项羽节制。

项羽已杀卿子冠军，威震楚国，名闻诸侯。乃遣当阳君、蒲将军将卒二万渡河，救巨鹿。战少利，陈余复请兵。项羽乃悉引兵渡河，皆沉船，破釜甑，[1]烧庐舍，持三日粮，以示士卒必死，无一还心。于是至则围王离，与秦军遇，九战，绝其甬道，大破之，杀苏角，[2]虏王离。涉间不降楚，自烧杀。当是时，楚兵冠诸侯。诸侯军救巨鹿下者十余壁，[3]莫敢纵兵。及楚击秦，诸将皆从壁上观。楚战士无不一以当十，楚兵呼声动天，诸侯军无不人人惴恐。[4]于是已破秦军，项羽召见诸侯将，入辕门，[5]无不膝行而前，莫敢仰视。项羽由是始为诸侯上将军，诸侯皆属焉。

**【注释】**〔1〕"釜"，音 fǔ，饭锅。"甑"，音 zèng，蒸食物的瓦制炊具。 〔2〕"苏角"，秦军将领。 〔3〕"下"，此字《汉书·项籍传》无。"壁"，壁垒，营垒。 〔4〕"惴"，音 zhuì，忧惧。 〔5〕"辕门"，古代军队扎营，出入处仰起两辆车子，使车辕相向为门，称作辕门。

**【译文】**项羽已经杀了卿子冠军，威震楚国，名闻诸侯，他便派遣当阳君、蒲将军带领两万士卒渡河，援救巨鹿。战事稍有胜利，陈余又向项羽请求救兵。项羽就率领全军渡河，凿沉船只，砸破炊具，烧毁营舍，携带三天口粮，用以表示士卒拼死决战，没有一个有活着回来的打算。军队一到就围困了王离，与秦军遭遇，打了九仗，截断了秦军的甬道，大破秦军。杀了苏角，俘虏了王离。涉间不向楚军投降，自焚而死。在这大战之间，楚兵勇气百倍，冠于诸侯。诸侯军前来救赵，兵到钜鹿的，筑有十多个大营垒，但都不敢出兵。等到项羽兵攻击秦军的时候，诸侯将领都在营垒上观战。楚军战士无不以一当十，楚兵喊声震天，诸侯军人人胆战心惊。已经打垮了秦军，项羽召见各诸侯将领，他们进入辕门，无不膝行而前，不敢抬头仰视。项羽从此成为诸侯军的上将军，各路诸侯隶属于他。

章邯军棘原，[1]项羽军漳南，[2]相持未战。秦军数却，二世使人让章邯。章邯恐，使长史欣请事。[3]至咸阳，[4]留司马门三日，赵高不见，[5]有不信之心。长史欣恐，还走其军，不敢出故道，赵高果使人追之，[6]不及。欣至军，报曰："赵高用事于中，下无可为者。今战能胜，高必疾妒吾功；战不能胜，不免于死。愿将军孰计之。"[7]陈余亦遗章邯书曰："白起为秦将，[8]南征鄢、郢，[9]北阬马服，[10]攻城略地，不可胜计，而竟赐死。蒙恬为秦将，[11]北逐戎人，[12]开榆中地数千里，[13]竟斩阳周。何者？功多，秦不能尽封，因以法诛之。今将军为秦将三岁矣，所亡失以十万数，而诸侯并起滋益多。彼赵高素谀日久，[14]今事急，亦恐二世诛之，故欲以法诛将军以塞责，使人更代将军以脱其祸。夫将军居外久，多内郤，[15]有功亦诛，无功亦诛。且天之亡秦，无愚智皆知之。今将军内不能直谏，外为亡国将，孤特独立而欲常存，岂不哀哉！将军何不还兵与诸侯为从，[16]约共攻秦，分王其地，[17]南面称孤；[18]此孰与身伏铁质，[19]妻子为僇乎？"[20]章邯狐疑，[21]阴使候始成使项羽，[22]欲约。约未成，项羽使蒲将军日夜引兵度三户，[23]军漳南，[24]与秦战，再破之。项羽悉引兵击秦军汙水上，[25]大破之。

**【注释】**〔1〕"棘原"，在巨鹿县南，即今河北平乡县南，确切地点不详。〔2〕"漳南"，漳水之南。漳水发源于秦上党郡西北，流经古巨鹿县南面、东面两侧，与棘原相去不远。〔3〕"长史欣"，即司马欣，当时是章邯部下长史。长史为诸史之长，协助长官总揽政务。〔4〕"咸阳"，秦都，在今陕西咸阳市东北。〔5〕"司马门"，宫廷四面驻兵防守，各有司马主领武事，所以把有兵守卫的宫廷外门称作司马门。〔6〕"赵高"，秦宦者，始皇时为车府令。始皇死于沙丘，赵高与丞相李斯谋立胡亥为皇帝。后又杀李斯，自任丞相，专擅朝政，迫二世皇帝胡亥自杀，立子婴为秦王，后被子婴杀死。〔7〕"孰"，通"熟"。"孰计"，深思熟虑。〔8〕"白起"，郿（今陕西眉县东北）人，善用兵，秦昭王封为武安君，率军攻战，凡取七十余城，声震天下，最后赐死自杀。〔9〕"南征鄢、郢"，此句一般人标点作"南征鄢郢"，认为鄢郢即指鄢。楚旧都郢，后徙鄢，所以鄢也称鄢郢，故地在今湖北宜城县东南。注者认为，鄢确实也称鄢郢。但此处却是指鄢、郢二地。《白起列传》云："白起攻楚，拔鄢、邓五城。其明年，攻楚，拔郢，烧夷陵，遂东至竟陵。楚王亡去郢，东走徙陈。"《六国年表》楚国下也记载，楚顷襄王二十年，"秦拔鄢、西陵"。二十一年，"秦拔我郢，烧夷陵，王亡走陈"。可见拔鄢是一事，拔郢又是一事。楚顷襄王本来都于鄢地，因为鄢被白起攻破，所以回到旧都郢地，结果又引起白起攻郢。这就是陈余所说的"南征鄢、郢"。"郢"，在今湖北江陵县北纪南城遗址处。〔10〕"马服"，指赵括。赵括父赵奢为赵惠文王将，因有功赐号为马服君。赵奢死后，也以马服或马服子称赵括。赵孝成王六年，白起所率秦军与赵括所率赵军战于长平（今山西高平县西北），秦军射杀赵括，坑杀赵降卒数十万。事详《廉颇蔺相如列传》。〔11〕"蒙恬"，世代为秦将，秦始皇帝统一六国后，使蒙恬率兵三十万北逐匈奴，修筑长城，西起临洮（今甘肃岷县），东至辽东，绵延万余里。始皇帝死，胡亥、赵高囚禁蒙恬于阳周（今陕西子长县西北）。胡亥即皇帝位，遣使至阳周迫蒙恬自杀，蒙恬饮药身死。事详《蒙恬列传》。〔12〕"戎人"，指匈奴。〔13〕"榆中"，地域名，位于秦上郡北部，即今陕西东北部。〔14〕"谀"，谄媚，奉承，这里兼有蒙蔽的意思。〔15〕"郤"，与"隙"字同。间隙，裂痕。〔16〕"从"，与"纵"字通，合纵。战国时苏秦倡合纵之说，使六国联合攻秦。张仪又倡连横之说，鼓动六国与秦联合。纵横之术便成为一种斗争策略，在政治和军事对峙中常被采用。"与诸侯为从"，是陈余劝章邯与反秦的各路诸侯相联合。〔17〕"王"，音 wàng，用作动词，称王。〔18〕"南面"，面向南而坐。古代天子、诸侯皆南面听政，所以用"南面"以喻君主或侯王。"孤"，天子或诸侯的自我谦称，意谓寡德。〔19〕"孰与"，表示比较抉择的虚辞。"铁"，通"斧"。"质"，斩人的砧板。"铁质"，泛指杀人的刑具。〔20〕"僇"，通"戮"，杀戮，诛杀。〔21〕"狐疑"，狐性多疑，所以"狐疑"用以形容遇事犹豫不决。〔22〕"候"，军候。"始成"，军候之名。〔23〕"度"，通"渡"。"三户"，漳水上津渡名，在今河北磁县西南。〔24〕"军漳南"，《汉书·项籍传》、《资治通鉴》皆同。上云"项羽军漳南"，渡三户津后，当已军漳北。此句"南"字似应作"北"。〔25〕"汙水"，源出今河北武安县西太行山，流向东南，在临漳县西折东注入漳水，今已湮塞。

【译文】章邯驻扎在棘原，项羽驻扎在漳水南岸，两军相持，没有交战。秦军多次退却，二世派人责让章邯。章邯恐惧，派长史司马欣去请示。到了咸阳，留在司马门三天，赵高不接见，有不信任之意。长史司马欣心里害怕，急忙逃回军中。（他怕有人来追杀，）没有敢走原路，赵高果然派人追赶他，没有追上。司马欣到了军中，向章邯报告说："赵高居中用事，下面的人不可能有所作为。如今仗能打赢，赵高必定嫉妒我们的功劳；仗打不赢，免不了被处死。希望将军深思熟虑。"陈余也送给章邯一封信说："白起为秦将，向南攻拔鄢、郢，向北坑杀马服，攻城略地，不可胜数，而最后竟然赐死。蒙恬为秦将，北逐匈奴，开辟榆中几千里的地域，最终竟然斩于阳周。为什么呢？功劳太多，秦不能按功行封，因此（罗织罪名），用法来杀死他们。现在将军为秦将三年了，所损失的士卒以十万计，而诸侯军同时并起，越来越多。那个赵高一向谄谀，为时已久，眼下形势危急，也怕二世杀他，所以打算用法杀死将军，借以推卸责任，另外派人替代将军，以此来摆脱祸患。将军在外时日已久，朝廷中很多人与你有隔阂，有功也是被杀，无功也是被杀。况且天要亡秦，无论是愚笨的人还是聪明的人全都知道。如今将军在内不能直言规谏，在外为即将灭亡的国家的将领，孑身孤立而想长期存在，岂不可哀！将军何不倒戈与各路诸侯联合，签订和约，共同攻秦，割地为王，南向而坐，称孤道寡；这同自己伏砧受戮，妻子被杀，哪个比较好一些呢？"章邯犹豫不决，暗中派军候始成到项羽营中，想要签署和约。和约没有商妥，项羽让蒲将军昼夜领兵渡过三户津，扎营漳水南岸，与秦军交战，又一次打败了秦军。项羽率领全军士卒在汙水上攻击秦军，把秦军打得大败。

章邯使人见项羽，欲约。项羽召军吏谋曰："粮少，欲听其约。"军吏皆曰："善。"项羽乃与期洹水南殷虚上。[1]已盟，章邯见项羽而流涕，为言赵高。项羽乃立章邯为雍王，[2]置楚军中。使长史欣为上将军，将秦军为前行。

**【注释】**〔1〕"洹水"，即安阳河，在今河南北境，源出林县隆虑山，东流经安阳市，到内黄县北注入卫河。"洹"，音 huán。"殷虚"，即殷墟，殷朝故都，在今河南安阳市西面的小屯村。〔2〕"雍王"，《高祖本纪》唐张守节《正义》认为是以雍县为名。雍县于春秋时是秦雍邑，秦德公都于此，至献公徙栎阳。雍邑故城在今陕西凤翔县南。

**【译文】**章邯派人去见项羽，打算订立和约。项羽召集军吏商量说："军中粮少，想允许他签订和约。"军吏都说："好。"项羽就与章邯订期在洹水南岸殷墟相见。已经缔结了盟约，章邯见到项羽，涕泪交下，向项羽诉说赵高的种种行径。项羽就立章邯为雍王，安置在楚军营中。使长史司马欣为上将军，率领秦军为先行部队。

到新安。[1]诸侯吏卒异时故繇使屯戍过秦中，[2]秦中吏卒遇之多无状，[3]及秦军降诸侯，诸侯吏卒乘胜多奴虏使之，轻折辱秦吏卒。秦吏卒多窃言曰："章将军等诈吾属降诸侯，今能入关破秦，[4]大善；即不能，诸侯虏吾属而东，秦必尽诛吾父母妻子。"诸将微闻其计，以告项羽。项羽乃召黥布、蒲将军计曰："秦吏卒尚众，其心不服，至关中不听，[5]事必危，不如击杀之，而独与章邯、长史欣、都尉翳入秦。"[6]于是楚军夜击阬秦卒二十余万人新安城南。

**【译文】**到达了新安。诸侯军的官兵以前曾因服徭役、屯戍边地路过秦中，秦中官兵对他们多有凌辱。等到秦军投降了诸侯军，诸侯军的官兵乘战争胜利的机会，像对待奴隶和俘虏一样地驱使他们，随便折磨侮辱秦军官兵。秦军官兵多在私下议论说："章将军等欺骗我们投降诸侯军。如今能够入关破秦，（当然）很好；如果不能，诸侯军俘虏我们东去；秦势必把我们的父母妻子全部处死。"诸侯军的将领们暗中听到了他们的打算，报告了项羽。项羽就找来黥布、蒲将军商量说："秦军官兵还很多，他们心里不服，到了关中不听从命令，事情必然岌岌可危，不如杀掉他们，而只与章邯、长史司马欣、都尉董翳一起入秦。"于是楚军夜间把秦军士卒二十多万人处死掩埋在新安城南。

行略定秦地。函谷关有兵守关，〔1〕不得入。又闻沛公已破咸阳，〔2〕项羽大怒，使当阳君等击关。项羽遂入，至于戏西。〔3〕沛公军霸上，〔4〕未得与项羽相见。沛公左司马曹无伤使人言于项羽曰：〔5〕"沛公欲王关中，使子婴为相，〔6〕珍宝尽有之。"项羽大怒，曰："旦日飨士卒，为击破沛公军！"当是时，项羽兵四十万，在新丰鸿门，〔7〕沛公兵十万，在霸上。范增说项羽曰："沛公居山东时，〔8〕贪于财货，好美姬。今入关，财物无所取，妇女无所幸，此其志不在小。吾令人望其气，〔9〕皆为龙虎，成五采，此天子气也。急击勿失。"

"子婴"，《李斯列传》说是秦始皇之弟，《秦始皇本纪》说是二世之兄子。据《秦始皇本纪》记载，子婴为秦王后，和他的两个儿子谋杀赵高，可见子婴的儿子已是成年人。按年辈推算，秦始皇死后三年不可能有已经成年的孙辈。《李斯列传》所说较为可信。子婴投降刘邦后，被监管起来。过了一个多月，即被项羽杀死。曹无伤说刘邦使子婴为相，是有意中伤。〔7〕"新丰"，秦骊邑，汉高祖十年，置以为县，改名新丰，故地在今陕西临潼县东北。"鸿门"，在今陕西临潼县东北，现今当地人称项王营。〔8〕"山东"，秦、汉时指崤山或华山以东，与关东所指地域略同。〔9〕"望其气"，秦、汉方士诡称观察云气的形状、色彩等可以测知人事上的吉凶，人们也多信以为真，所以范增令人觇望刘邦所在上空的云气。

【译文】项羽将要攻取秦关中地带。函谷关有兵把守，不能进去。又听说沛公已经攻破咸阳，项羽大怒，派当阳君等扣关。项羽便进入了函谷关，到达戏水西岸。沛公驻军霸上，没有能够和项羽相见。沛公左司马曹无伤派人对项羽说："沛公想称王关中，使子婴为相，占有了全部珍宝。"项羽怒气冲天地说："明天早晨饱餐士卒，将击溃沛公的军队！"这时，项羽有兵四十万，驻扎在新丰鸿门，沛公有兵十万，驻扎在霸上。范增劝告项羽说："沛公在山东时，贪财好货，喜爱美女。现在进了关，不收财物，不亲近妇女，由此看来，他的志向不小。我叫人观望他上空的云气，都呈龙虎形状，五颜六色，这是天子之气。赶快进击，不要失掉机会。"

楚左尹项伯者，〔1〕项羽季父也，素善留侯张良。〔2〕张良是时从沛公，项伯乃夜驰之沛公军，私见张良，具告以事，欲呼张良与俱去。曰："毋从俱死也。"张良曰："臣为韩王送沛公，〔3〕沛公今事有急，亡去不义，不可不语。"良乃入，具告沛公。沛公大惊，曰："为之奈何？"张良曰："谁为大王为此计者？"曰："鲰生说我曰'距关，〔4〕毋内诸侯，〔5〕秦地可尽王也'。故听之。"良曰："料大王士卒足以当项王乎？"沛公默然，曰："固不如也，且为之奈何？"张良曰："请往谓项伯，言沛公不敢背项王也。"沛公曰："君安与项伯有故？"张良曰："秦时与臣游，〔6〕项伯杀人，臣活之。今事有急，故幸来告良。"沛公曰："孰与君少长？"良曰："长于臣。"沛公曰："君为我呼入，吾得兄事之。"张良出，要项伯。〔7〕项伯即入见沛公。沛公奉卮酒为寿，〔8〕约为婚姻，曰："吾入关，〔9〕秋豪不敢有所近〔10〕，籍吏民，〔11〕封府库，而待将军。所以遣将守关者，备他盗之出入与非常也。日夜望将军至，〔12〕岂敢反乎！愿伯具言臣之不敢倍德也。"〔13〕项伯许诺。谓沛公曰："旦日不可不蚤自来谢项王。"〔14〕沛公曰："诺。"于是项伯复夜去，至军中，具以沛公言报项王。因言曰："沛公不先破关中，公岂敢入乎？今人有大功而击之，不义也，不如因善遇之。"项王许诺。

**【注释】**〔1〕"左尹",即左令尹。楚国官制有时令尹分置左、右。"项伯",名缠,字伯,入汉后封射阳侯,赐姓刘。〔2〕"张良",字子房,刘邦的谋臣,以功封留侯,事详本书《留侯世家》、《汉书·张良传》。留为秦县,故地在今江苏沛县东南。〔3〕"臣为韩王送沛公",张良曾劝项梁立韩公子成为韩王,自己为申徒(即司徒,地位等同国相)。刘邦引兵从洛阳南出,张良率兵相随。刘邦便让韩王成留守阳翟,与张良一起进入武关,攻打秦关中地,所以张良有"为韩王送沛公"语。〔4〕"鲰",音 zōu,是一种杂小鱼。"鲰生",短小愚陋的人,是骂人之词,犹今言"小子"。"距",与"拒"字通。〔5〕"内",通"纳"。〔6〕"秦时",指秦统一全国以前。〔7〕"要",音 yāo,邀请。〔8〕"卮",音 zhī,酒器。"为寿",上寿,即敬酒祝颂富贵长寿。〔9〕"关",指武关,在今陕西丹凤县东南,刘邦是从武关进入关中的。下"遣将守关"之"关",是指函谷关。〔10〕"秋豪",秋天兽类新长出的细毫毛,用来譬喻细微之物。此"豪"亦作"毫"。〔11〕"籍",登记户口的簿籍。这里用作动词,造籍登记的意思。〔12〕"将军",指项羽。〔13〕"倍",通"背"。"倍德",背叛恩德,忘恩负义。〔14〕"蚤",与"早"字通。"谢",道歉。

**【译文】**楚国左尹项伯这个人,是项羽的叔父,一向和留侯张良相友好。张良这时跟随着沛公,项伯就夜间骑马跑到沛公军营,私下见到张良,讲述了事情的经过,打算叫张良和他一起离去。他说:"不要跟他们一起死掉。"张良说:"我为韩王护送沛公,现在沛公的事情发生了危急,逃走是不道义的,不能不说一声。"张良就走了进去,把情况全部告诉了沛公。沛公大吃一惊,说:"怎么办呢?"张良说:"谁给大王出的这个主意?"沛公说:"一个小子劝我说'守住函谷关,不要让诸侯军进来,秦地可以全部占为己有,在这里称王'。我听信了他的话。"张良说:"估计大王的军力足以抵挡项王吗?"沛公默然不语,(过了一会)说:"军力当然不如项羽,又该怎么办呢?"张良说:"请让我去告诉项伯,说沛公不敢背叛项王。"沛公说:"你怎么与项伯有交情?"张良说:"秦未灭六国时,项伯和我交游,他杀了人,我救了他。现在事有危急,幸亏他来告诉我。"沛公说:"项伯与你相比,谁年纪大?谁年纪小?"张良说:"他比我大。"沛公说:"你替我叫他进来,我要对他兄长相待。"张良走出来,邀请项伯。项伯就进去见沛公。沛公向项伯举杯敬酒,约为儿女亲家。沛公说:"我入了关,丝毫利益不敢有所接近,造册登记吏民,封存府库,等待将军。所以遣将守关,是为了防备别的盗贼出入和意外事件。我日日夜夜盼望将军到来,哪里敢反叛!请伯兄向将军详细说明我是不敢忘恩负义的。"项伯答应了。对沛公说:"明天早晨不可不早来向项王道歉。"沛公说:"是的。"于是项伯又当夜离去,回到军中,把沛公的话原原本本报告了项王。随即向项羽说:"沛公不先攻破关中,你难道敢进来吗?如今人家立有大功而去攻打他,是不道义的,不如借他来请罪的机会好好对待他。"项王答应了。

沛公旦日从百余骑来见项王,至鸿门,谢曰:"臣与将军戮力而攻秦，将军战河北，臣战河南，[1]然不自意能先入关破秦，得复见将军于此。今者有小人之言，令将军与臣有郤。"项王曰："此沛公左司马曹无伤言之；不然，籍何以至此。"项王即日因留沛公与饮。项王、项伯东向坐，[2]亚父南向坐。[3]亚父者，范增也。沛公北向坐，张良西向侍。范增数目项王，举所佩玉玦以示之者三，[4]项王默然不应。范增起，出召项庄，[5]谓曰："君王为人不忍，若入前为寿，[6]寿毕，请以剑舞，因击沛公于坐，杀之。不者，若属皆且为所虏。"庄则入为寿。寿毕，曰："君王与沛公饮，军中无以为乐，请以剑舞。"项王曰："诺。"项庄拔剑起舞，项伯亦拔剑起舞，常以身翼蔽沛公，[7]庄不得击。于是张良至军门，见樊哙。[8]樊哙曰："今日之事何如？"良曰："甚急。今者项庄拔剑舞，其意常在沛公也。"哙曰："此迫矣，臣请入，与之同命。"哙即带剑拥盾入军门。交戟之卫士欲止不内，樊哙侧其盾以撞，卫士仆地，哙遂入，披帷西向立，瞋目视项王，[9]头发上指，目眦尽裂。[10]项王按剑而跽曰：[11]"客何为者？"张良曰："沛公之参乘樊哙者也。"[12]项王曰："壮士！赐之卮酒。"则与斗卮酒。哙拜谢，起，立而饮之。项王曰："赐之彘肩。"[13]则与一生彘肩。樊哙覆其盾于地，加彘肩上，拔剑切而啖之。[14]项王曰："壮士！能复饮乎？"樊哙曰："臣死且不避，卮酒安足辞！夫秦王有虎狼之心，杀人如不能举，[15]刑人如恐不胜，天下皆叛之。怀王与诸将约曰'先破秦入咸阳者王之'。今沛公先破秦入咸阳，豪毛不敢有所近，封闭宫室，还军霸上，以待大王来。故遣将守关者，备他盗出入与非常也。劳苦而功高如此，未有封侯之赏，而听细说，欲诛有功之人。此亡秦之续耳，窃为大王不取也。"项王未有以应，曰："坐。"樊哙从良坐。坐须臾，沛公起如厕，因招樊哙出。

**【注释】**〔1〕"河南"，与"河北"一样都是泛称。当时项羽与秦军在黄河以北交战，取道函谷关进入关中。刘邦与秦军在黄河以南的南阳郡内交战，从武关进入关中。〔2〕"东向坐"，面朝东坐。古人堂上面朝南坐为尊，无面朝南坐者，则以面朝东坐者为尊。〔3〕"亚父"，项羽对范增的尊称，意谓仅次于父亲，与齐桓公称管仲为仲父取意相同。〔4〕"玉玦"，半环形的玉器。"玦"，音 jué，与"决"同音。范增向项羽多次举玉玦，是借玦之音传意，暗示项羽赶快下决心杀掉刘邦。〔5〕"项庄"，项羽堂弟。〔6〕"若"，汝，你。下文"若属"，即汝辈，你们。〔7〕"翼蔽"，像鸟用翅膀一样的遮蔽着。〔8〕"樊哙"，沛人，屠狗出身，一直跟随刘邦转战各地，勇武善战，汉统一全国后，以功封舞阳侯，曾为左丞相，孝惠帝六年卒。《史记》、《汉书》并有传。"哙"，音 kuài。〔9〕"瞋目"，发怒时睁大眼睛。"瞋"，音 chēn。〔10〕"眦"，音 zì，眼眶。〔11〕"跽"，音 jì，长跪。古人席地而坐，坐时两膝着地，臀部贴在脚跟上。要起身，先长跪，伸直腰股。〔12〕"参乘"，即"骖乘"，在车右陪乘，负责警卫的人。古代乘车之法，尊者居左，御者居中，骖乘居右。〔13〕"彘"，音 zhì，猪。"彘肩"，猪蹄带肩胛，即整只猪腿。〔14〕"啖"，音 dàn，吃。〔15〕"秦"，指秦国故地，即关中。下句"秦"也应如此理解。

**【译文】** 次日早晨，沛公带着一百多名骑兵来见项王，到了鸿门，向项羽谢罪说："我和将军并力攻秦，将军在河北作战，我在河南作战，然而我自己也没有想到先入关攻破秦地，能在这里又见到将军。现在有小人之言，使将军和我有了隔阂。"项王说："这是你沛公左司马曹无伤说的，不然，我何至于如此。"项王当天就留沛公一同饮酒。项王、项伯面朝东坐，亚父面朝南坐。亚父就是范增。沛公面朝北坐，张良面朝西陪坐。范增向项王多次使眼色，再三举起佩带的玉玦向项王示意，项王默然不应。范增起身出去找来项庄，对他说："君王为人不狠，你进去上前祝酒，祝酒完了，请求舞剑，乘机在座上袭击沛公，杀死他。不然的话，你们这些人都将被他俘虏。"项庄便进去祝酒。祝酒完了说："君王和沛公饮酒，军中没有什么可供娱乐的，请允许我舞剑助乐。"项王说："好吧。"项庄拔剑起舞。项伯也拔剑起舞，常常用身体掩蔽沛公，项庄得不到刺杀机会。这时张良来到军门，看见了樊哙。樊哙说："今天的事情怎么样了？"张良说："极为危急。此刻项庄正在舞剑，他的用意时时在沛公身上。"樊哙说："这可紧急了，请让我进去，与沛公同生共死。"樊哙立即带着剑，手拥盾牌，进入军门。交戟守门的卫士打算阻拦，不让他进去，樊哙侧过他的盾牌撞击，卫士倒在地上，樊哙就进入了大帐，揭开帷帐，向西而立，圆睁怒目，看着项王，头发上指，眼眶破裂。项王按剑长跪说："来客是干什么的？"张良说："这是沛公的参乘樊哙。"项王说："壮士！赏赐他一杯酒。"左右就给他一大杯酒。樊哙拜谢后起来，站着一饮而尽。项王说："赏给他猪腿。"左右就给一只生猪腿。樊哙覆盾于地，把猪腿放在盾上，拔出剑来切肉吃。项王说："壮士！能再喝酒吗？"樊哙说："我死都不怕，一杯酒哪里值得推辞！秦王有虎狼之心，杀人唯恐杀不尽，用刑唯恐刑不重，天下人都反叛他。楚怀王和将领们约定说'先攻破秦地进入咸阳的做关中王'。现在沛公先攻破了秦地进入咸阳，丝毫利益不敢有所接近，封闭宫室，回军霸上，等待大王到来。所以遣将守关，是为了防备别的盗贼和意外事件。如此劳苦功高，没有得到封侯的赏赐，而听信闲言细语，要杀有功的人。这是继承了已经灭亡的秦朝的道路，以我私见，大王这样做是不可取的。"项王无辞以对，只说："坐。"樊哙在张良旁边坐下来。坐了不一会儿，沛公起来上厕所，乘机招呼樊哙出来。

沛公已出，项王使都尉陈平召沛公。[1]沛公曰："今者出，未辞也，为之奈何？"樊哙曰："大行不顾细谨，大礼不辞小让。如今人方为刀俎，[2]我为鱼肉，何辞为。"于是遂去。乃令张良留谢。良问曰："大王来何操？"曰："我持白璧一双，欲献项王，玉斗一双，[3]欲与亚父，会

中華藏書

本纪三篇（精选）

中国书店

其怒，不敢献。公为我献之。"张良曰："谨诺。"当是时，项王军在鸿门下，沛公军在霸上，相去四十里。沛公则置车骑，脱身独骑，与樊哙、夏侯婴、靳彊、纪信等四人持剑盾步走，[4]从郦山下，[5]道芷阳间行。[6]沛公谓张良曰："从此道至吾军，不过二十里耳。度我至军中，[7]公乃入。"沛公已去，间至军中，张良入谢，曰："沛公不胜桮杓，[8]不能辞。谨使臣良奉白璧一双，再拜献大王足下；[9]玉斗一双，再拜奉大将军足下。"项王曰："沛公安在？"良曰："闻大王有意督过之，脱身独去，已至军矣。"项王则受璧，置之坐上。亚父受玉斗，置之地，拔剑撞而破之，曰："唉！竖子不足与谋。[10]夺项王天下者，必沛公也，吾属今为之虏矣。"沛公至军，立诛杀曹无伤。

**【注释】**〔1〕"陈平"，阳武（今河南原阳县东南）人，最初在项羽部下，殷王司马卬反楚，陈平率兵击降，以功拜都尉。后逃归刘邦，成为刘邦的重要谋士，数出奇计，辅佐刘邦统一天下，封户牖侯、曲逆侯，惠帝时曾为左丞相，吕后时为右丞相，文帝时为左丞相，卒于文帝二年。事详本书《陈丞相世家》、《汉书·陈平传》。 〔2〕"俎"，音 zǔ，割肉用的砧板。 〔3〕"玉斗"，玉制的酒器。 〔4〕"夏侯婴"，姓夏侯，名婴，随从刘邦起沛，长期为太仆，刘邦为帝后，以功封汝阴侯，卒于文帝八年。因早年随刘邦击秦时，曾为滕（今山东滕县西南）令，给刘邦驾车，所以号滕公。事详《史记》、《汉书》本传。"靳彊"，刘邦的将领，曾为中尉，后封汾阳侯。"靳"，音 jìn。"纪信"，刘邦的将领，事见本篇下文。 〔5〕"郦山"，即骊山，在今陕西临潼县东南。其东北为鸿门，其南为霸上。"郦"，音 lì。 〔6〕"芷阳"，秦县，在今陕西西安市东北。"间"，音 jiàn，乘间。"间行"，抄小路行走。 〔7〕"度"，音 duó，揣度，估计。 〔8〕"桮"，与"杯"字同。"杓"，音 sháo。"桮杓"，饮酒的杯子和舀酒的勺子，这里代指酒。"不胜桮杓"，意谓禁受不住酒力，已经醉了。 〔9〕"足下"，对对方的敬辞。当时对上和同辈都可以称之，犹言"左右"。 〔10〕"竖子"，鄙贱之称，犹今言"小子"。范增表面上是骂项庄，实际在骂项羽寡断。

**【译文】**沛公出去后，项王派都尉陈平去叫沛公回来。沛公（对樊哙）说："我们现在出去，没有辞行，怎么办呢？"樊哙说："做大事不顾忌细枝节，行大礼不讲究小谦让。如今人家为刀俎，我们为鱼肉，还辞别什么！"于是就不辞而去。（临走时，）叫张良留下道谢。张良问："大王来时带了什么？"沛公说："我带来一只白璧，想献给项王，一只玉斗，想送给亚父，正碰上他们生气，不敢进献。你替我献给他们。"张良说："遵命。"当时，项王的军队在鸿门，沛公的军队在霸上，相去四十里。沛公丢下车骑，一人骑马脱身而去，樊哙、夏侯婴、靳彊、纪信等四人握剑持盾步行，从郦山下取道芷阳，抄行小路。沛公对张良说："从这条路到我们军营，不过二十里而已。估计我到了军中，你再进去。"沛公走后，张良估计抄小路已经到达军中，就进去道谢说："沛公经受不了杯盏，不能亲自来辞行。谨使张良奉上白璧一只，拜献大王；玉斗一只，拜送大将军。"项王说："沛公在哪里？"张良说："听说大王有意责备他，独自脱身而去，已经回到军中了。"项王接过玉璧，放在坐席上。亚父接过玉斗，放在地上，拔剑一击而碎，说："唉！这小子不足以共谋大事。夺取项王天下的，一定是沛公，我们这些人就要被他俘虏了。"沛公回到军中，立刻杀了曹无伤。

居数日，项羽引兵西屠咸阳，杀秦降王子婴，烧秦宫室，火三月不灭；收其货宝妇女而东。人或说项王曰：[1]"关中阻山河四塞，[2]地肥饶，可都以霸。"项王见秦宫室皆以烧残破，又心怀思欲东归，曰："富贵不归故乡，如衣绣夜行，谁知之者！"说者曰："人言楚人沐猴而冠耳，[3]果然。"项王闻之，烹说者。

【注释】〔1〕"人或说项王"，据《汉书·项籍传》，劝说项王的人是韩生。扬雄《法言·重黎篇》云："蔡生欲安项咸阳，不享之。"劝说项王的，此又记为蔡生。〔2〕"四塞"，指东面函谷关，南面武关，西面散关（在今陕西宝鸡市西南），北面萧关（在今宁夏固原县东南）。〔3〕"沐猴"。猕猴。"沐猴而冠"，猕猴性情好动多变，身着衣冠不能长久，这里用以譬喻楚人性格轻浮急躁，难成大事。

【译文】过了几天，项羽带兵西进，屠毁咸阳，杀死了秦朝已经投降的国王子婴，焚烧秦朝宫室，大火三个月不灭；搜罗了秦朝的财宝和妇女，率军东去。有人劝项王说："关中阻山带河，四面关塞，土地肥饶，可在这里建都，以定霸业。"项王看见秦朝宫室都已烧毁，残破不堪，又怀念故乡，心欲东归，就说："富贵了不回故乡，如同衣绣夜行，有谁能知道！"劝项王的人说："人们说楚国人是猕猴戴帽子，果然如此。"项王听到了这话，烹杀了劝说他的那个人。

项王使人致命怀王。怀王曰："如约。"乃尊怀王为义帝。[1]项王欲自王，先王诸将相。谓曰："天下初发难时，假立诸侯后以伐秦。[2]然身被坚执锐首事，暴露于野三年，[3]灭秦定天下者，皆将相诸君与籍之力也。义帝虽无功，[4]故当分其地而王之。"诸将皆曰："善。"乃分天下，立诸将为侯王。

【注释】〔1〕"义"，假。"义帝"，意谓假皇帝。〔2〕"假"，姑且，暂且。〔3〕"暴"，音pù，通"曝"。〔4〕"虽"，义与"唯"同。

【译文】项王派人向楚怀王报告请示。楚怀王说："按照约定办。"项羽就尊楚怀王为义帝。项王想自己称王，就先封诸侯将相为王。对他们说："天下最初发难的时候，暂时拥立诸侯后裔为王，以便讨伐秦朝。然而亲自身穿铠甲，手执兵器，率先起义，三年来风餐露宿，消灭秦朝，平定天下的，都是各位将相和我项籍的力量。只有义帝没有功劳，本来应该瓜分他的土地，封大家为王。"将领们都说："好。"项王就分割天下，封将领们为侯王。

项王、范增疑沛公之有天下，业已讲解，又恶负约，恐诸侯叛之，乃阴谋曰："巴、蜀道险，[1]秦之迁人皆居蜀。"乃曰："巴、蜀亦关中地也。"[2]故立沛公为汉王，王巴、蜀、汉中，[3]都南郑。而三分关中，王秦降将以距塞汉王。

**【注释】**〔1〕"巴、蜀"，都是秦郡。巴郡辖境在今四川东部，治所在江州（今四川重庆市北嘉陵江北岸）。蜀郡辖境在今四川中部，治所在成都（今四川成都市）。巴、蜀二郡僻远闭塞，地势险阻，秦常流放罪人于此。〔2〕"巴、蜀亦关中地"，巴、蜀地处函谷关以西，自战国时即为秦地，所以项羽等人有此强词之语。〔3〕"汉中"，秦郡，辖境在今陕西秦岭以南和湖北西北部，郡治在南郑（今陕西南郑县）。

**【译文】**项王、范增疑心沛公将来占有天下，（不想让他称王关中，）但既已和解，又怕违背原约，诸侯反叛，他们就暗中商量说："巴、蜀道路险恶，秦朝被迁徙的罪人都居住蜀地。"于是就（扬言）说："巴、蜀也是关中地区。"所以封沛公为汉王，称王于巴、蜀、汉中，建都南郑。而把关中分为三部分，封给秦朝降将为王，阻挡汉王（防止他将来向东方出兵）。

项王乃立章邯为雍王，王咸阳以西，都废丘。[1]长史欣者，故为栎阳狱掾，尝有德于项梁；都尉董翳者，本劝章邯降楚。故立司马欣为塞王，[2]王咸阳以东至河，都栎阳；立董翳为翟王，[3]王上郡，[4]都高奴。[5]徙魏王豹为西魏王，[6]王河东，[7]都平阳。[8]瑕丘申阳者，[9]张耳嬖臣也，[10]先下河南郡，[11]迎楚河上，故立申阳为河南王，都雒阳。[12]韩王成因故都，[13]都阳翟。赵将司马卬定河内，[14]数有功，故立卬为殷王，[15]王河内，都朝歌。[16]徙赵王歇为代王。[17]赵相张耳素贤，又从入关，故立耳为常山王，[18]王赵地，都襄国。[19]当阳君黥布为楚将，常冠军，故立布为九江王，[20]都六。[21]鄱君吴芮率百越佐诸侯，[22]又从入关，故立芮为衡山王，[23]都邾。[24]义帝柱国共敖将兵击南郡，[25]功多，因立敖为临江王，[26]都江陵。[27]徙燕王韩广为辽东王。[28]燕将臧荼从楚救赵，[29]因从入关，故立荼为燕王，都蓟。[30]徙齐王田市为胶东王。[31]齐将田都从共救赵，因从入关，故立都为齐王，都临菑。[32]故秦所灭齐王建孙田安，[33]项羽方渡河救赵，田安下济北数城，[34]引其兵降项羽，故立安为济北王，都博阳。[35]田荣者，数负项梁，又不肯将兵从楚击秦，以故不封。成安君陈余弃将印去，[36]不从入关，然素闻其贤，有功于赵，闻其在南皮，[37]故因环封三县。番君将梅鋗功多，[38]故封十万户侯。项王自立为西楚霸王，[39]王九郡，[40]都彭城。

**【注释】**〔1〕"废丘"，秦县，在今陕西兴平县东南。　〔2〕"塞王"，司马欣封地内有大河、华山为阨塞，故名。　〔3〕"翟王"，董翳封地春秋时是白翟之地，故取以为号。　〔4〕"上郡"，秦郡，辖境在今陕西北部和内蒙古自治区黄河河套以南一带。郡治肤施（在今陕西榆林县东南）。　〔5〕"高奴"，秦县，在今陕西延安市东北。　〔6〕"魏王豹"，魏公子宁陵君咎之弟。陈胜攻占魏地，立咎为魏王，后咎被秦章邯打败自杀。豹又再起，收复魏地，继立为魏王。项羽分封诸侯，自己想兼有楚、魏之地，于是徙封豹为西魏王，引起魏豹的不满，终于背楚降汉。事详《史记》、《汉书》本传。　〔7〕"河东"，秦郡，辖境在今山西西南部黄河以东。郡治安邑在今山西夏县西北。　〔8〕"平阳"，秦县，在今山西临汾市西南。　〔9〕"瑕丘"，秦县，在今山东兖州市东北。"申阳"，张耳宠臣，曾为项羽将领，汉二年投降刘邦。　〔10〕"嬖"，音 bì，宠爱，亲狎。"嬖臣"，宠幸之臣。　〔11〕"先下河南郡"，清梁玉绳《史记志疑》卷六认为"郡"字是衍文，《汉书·项籍传》无此字。河南郡秦时为三川郡，刘邦统一全国后改名河南郡，辖有今河南西北大部。　〔12〕"雒阳"，即洛阳，为三川郡治所，在今河南洛阳市东北。　〔13〕"故都"，指阳翟，战国时为韩国都城，秦置县，在今河南禹县。　〔14〕"司马卬"，姓司马，名卬。"卬"，同"昂"。"河内"，黄河以北地区的统称。古代帝王多定都在河东、河北，所以称河北为河内，河南为河外。此指今河南黄河以北，地域大体相当于楚、汉之际设置的河内郡。　〔15〕"殷王"，司马卬所封河内为殷商故地，故名。　〔16〕"朝歌"，曾为商代帝乙、帝辛别都，汉置为县，故地在今河南淇县。　〔17〕"代王"，秦有代郡，战国时为赵地，地域在今山西北部、河北西北部一带。项羽徙封赵王歇于代，而把赵的主要地区封给张耳。赵王歇徙代后，都代县，即今河北蔚县东北。　〔18〕"常山王"，辖境在河北中部、山西东部和中部，战国时为赵地。〔19〕"襄国"，即秦信都县，项羽改称襄国，故城在今河北邢台市。　〔20〕"九江王"，九江本为秦郡，辖境在今江西和江苏、安徽两省长江以北、淮水以南一带。郡治寿春，在今安徽寿县。黥布所封不包括今江苏地，这一地区已划归西楚。　〔21〕"六"，秦县，在今安徽六安县北。〔22〕"鄱君"，也作"番君"，吴芮曾为秦鄱阳（今江西波阳县）令，故号鄱君。秦末吴芮率越人举兵反秦，他的部将梅鋗曾随刘邦入武关，破秦有功。刘邦统一天下后，封吴芮长沙王。事详《汉书》本传。"鄱"，音 pó。"芮"，音 ruì。"百越"，春秋时越国的遗族，散处长江中下游以南广大地区。　〔23〕"衡山王"，辖境在今湖北东部、湖南全部和安徽西部。境内有衡山，因以为国名。　〔24〕"邾"，在今湖北黄冈县西北。〔25〕"柱国"，即上柱国。"共"，音 gōng。"南郡"，秦郡，辖有今襄樊市以南的湖北地区和四川巫山以东地区。　〔26〕"临江王"，所辖地域相当于南郡。〔27〕"江陵"，秦县，在今湖北江陵县。　〔28〕"韩广"，原为秦上谷郡卒史，陈胜部将武臣到邯郸自立为赵王，遣韩广带兵攻取燕地，韩广便自立为燕王，见《陈涉世家》。"辽东王"，辽东本秦郡，故地在今辽宁大凌河以东。辽东王封国包有今辽宁和河北东北一带。〔29〕"臧荼"，曾为燕王韩广部将，因从项羽入关，项羽把燕地分割为二，徙故燕王韩广称王辽东，而以燕、蓟（今河北北部）封臧荼。后来臧荼背楚归汉，汉高祖五年反叛被俘。"荼"，音tú。〔30〕"蓟"，音jì，秦县，故地在今北京市西南。〔31〕"胶东王"，项羽把原齐国地区分割为三，东部为胶东王田市封国，都即墨（今山东平度县东南），辖有今山东东部。中部是故齐的中心地带，为齐王田都封国，西部为济北王田安封国。〔32〕"临菑"，即临淄，战国时齐国都城，秦为临淄郡治所，故城在今山东淄博市东北旧临淄县。〔33〕"齐王建"，齐襄王之子，公元前二六四年继位为齐王，立四十四年被秦俘虏，齐国遂亡。〔34〕"济北"，济水北岸。济水为古代四渎之一，发源于今河南济源县西王屋山，过黄河后曲折东流，在山东境内入海。古济水今已不复存在。〔35〕"博阳"，在今山东泰安市东南的博县故城。一说在今山东茌平县西博平镇。〔36〕"成安君"，陈余封号。成安，秦县，张守节《正义》云："成安县在颍川郡，属豫州。"在今河南临汝县东南。"弃将印去"，陈余和张耳本为刎颈之交，秦章邯围张耳、赵王歇于巨鹿，陈余领兵驻扎巨鹿北。巨鹿解围后，张耳责怪陈余不肯救赵，又怀疑陈余杀了他的将领，两人关系破裂，陈余便把将印交给张耳，带领数百人渔猎泽中。事见《史记》、《汉书》张耳、陈余本传。〔37〕"南皮"，秦县，在今河北南皮县。〔38〕"鄡"，音juān。〔39〕"西楚"，据《货殖列传》所载，淮北沛、陈、汝南、南郡为西楚，彭城以东，东海、吴、广陵为东楚，衡山、九江、江南、豫章、长沙为南楚。是西楚包举今河南东部、安徽北部、江苏西北部一带。其实项羽自封的地域并不局限于此。项羽之都彭城在西楚界内，所以封国以西楚为号。又张守节《正义》引孟康云："旧名江陵为南楚，吴为东楚，彭城为西楚。"可备一说。"霸王"，诸侯王的盟主，与春秋时的霸主相同。〔40〕"九郡"，史书都没有具体列出九郡的名称，《汉书·项籍传》、《资治通鉴》皆云"王梁、楚地九郡"。清钱大昕《汉书考异》、梁玉绳《史记志疑》认为九郡是泗水、东阳、东海、砀、薛、郯、吴、会稽、东郡。但也有人不主此说。限于材料，今天已不能考定九郡的名称。

【译文】项王封章邯为雍王，称王于咸阳以西，建都废丘。长史司马欣，从前做栎阳狱掾，曾对项梁有过恩德；都尉董翳，最初劝说章邯降楚，所以封司马欣为塞王，称王于咸阳以东到黄河一带，建都栎阳；封董翳为翟王，称王于上郡，建都高奴。徙封魏王豹为西魏王，称王于河东，建都平阳。瑕丘申阳是张耳的宠臣，先攻下河南，在黄河岸边迎接楚军，所以立申阳为河南王，建都雒阳。韩王成仍以旧都城为都，建都阳翟。赵将司马卬平定河内，屡立战功，所以封司马卬为殷王，称王于河内，建都朝歌。徙封赵王歇为代王。赵相张耳一向贤能，又随从项王入关，所以封张耳为常山王，称王于赵地，建都襄国。当阳君黥布为楚军将领，常常勇冠全军，所以封黥布为九江王，建都于六。鄱君吴芮率领百越兵协助诸侯军，又随从入关，所以封吴芮为衡山王，建都于邾。义帝的柱国共敖率兵攻打南郡，功劳很多，于是封共敖为临江王，建都江陵。徙封燕王韩广为辽东王。燕将臧荼曾随楚军救赵，遂又跟从入关，所以封臧荼为燕王，建都于蓟。徙封齐王田市为胶东王。齐将田都曾随从项王共同救赵，遂又跟着入关，所以立田都为齐王，建都临淄。原来被秦朝灭亡的齐王建的孙子田安，正在项羽渡河救赵时，攻下济水北边几座城邑，率领他的军队投降了项羽，所以封田安为济北王，建都博阳。田荣多次有负项梁，又不愿率军随楚击秦，因此没有封王。成安君陈余丢弃将印离去，没有随从入关，然而一向听说他贤能，有功于赵，知道他在南皮，所以把环绕南皮的三个县封给他。番君的将领梅鋗战功很多，所以封为十万户侯。项王自立为西楚霸王，封有九郡，建都彭城。

汉之元年四月，[1] 诸侯罢戏下，[2] 各就国。项王出之国，使人徙义帝，曰：“古之帝者地方千里，[3] 必居上游。”乃使使徙义帝长沙郴县。[4] 趣义帝行，[5] 其群臣稍稍背叛之，乃阴令衡山、临江王击杀之江中。[6] 韩王成无军功，项王不使之国，与俱至彭城，废以为侯，已又杀之。臧荼之国，因逐韩广之辽东，广弗听，荼击杀广无终，[7] 并王其地。

**【注释】**〔1〕“汉元年”，即公元前二〇六年。此年项羽分封诸侯，刘邦为汉王。 〔2〕“戏”，音 huī，通“麾”，用来指挥军队的大旗。“戏下”，在主帅的旌麾之下。也有人认为“戏”指戏水，“戏下”即戏水旁，与“洛下”同例。 〔3〕“方千里”，千里见方，即东西千里，南北千里。 〔4〕“长沙”，秦郡，辖有今资水以东的湖南地区、广东西北和广西东北部分地区。“郴县”，长沙郡属县，在今湖南郴县。“郴”，音 chēn。 〔5〕“趣”，音 cù，催促。〔6〕“阴令衡山、临江王击杀之江中”，本书《高祖本纪》云：“阴令衡山王、临江王击之，杀义帝江南。”与此稍异。本书《黥布列传》记载，高祖元年四月，项羽迁义帝于长沙郡，暗中派九江王黥布等攻击义帝。八月，黥布派部将追杀义帝于郴县。是奉项羽命令杀害义帝的有衡山王、临江王、九江王三人，直接杀死义帝的是九江王的部将。与此亦略有出入。 〔7〕“无终”，秦县，韩广王辽东，建都于此，故城在今天津市蓟县。

**【译文】**汉元年四月，在项王旌麾之下诸侯罢兵散归，各自回到封国。项王也出关回到封国，派人迁徙义帝，说：“古代做帝王的拥有千里见方的土地，必须住在上游。”于是就派遣使者把义帝迁往长沙郴县。项王催促义帝快些动身，义帝群臣渐渐背叛了他，项王就暗中命令衡山王、临江王把义帝击杀在江中。韩王成没有军功，项王不让他就国，一起到了彭城，废去王号，改封为侯，不久又杀死了。臧荼到了封国，就驱逐韩广去辽东，韩广不服从，臧荼在无终击杀了韩广，兼并了他的封地。

田荣闻项羽徙齐王市胶东，而立齐将田都为齐王，乃大怒，不肯遣齐王之胶东，因以齐反，迎击田都。田都走楚。齐王市畏项王，乃亡之胶东就国。田荣怒，追击杀之即墨。荣因自立为齐王，而西击杀济北王田安，并王三齐。[1]荣与彭越将军印，[2]令反梁地。陈余阴使张同、夏说说齐王田荣曰：[3]"项羽为天下宰，不平。今尽王故王于丑地，而王其群臣诸将善地。逐其故主，赵王乃北居代，余以为不可。闻大王起兵，且不听不义，愿大王资余兵，请以击常山，以复赵王，请以国为扞蔽。"[4]齐王许之，因遣兵之赵。陈余悉发三县兵，与齐并力击常山，大破之。张耳走归汉。陈余迎故赵王歇于代，反之赵。[5]赵王因立陈余为代王。

【注释】〔1〕"三齐"，即田都所封齐，田市所封胶东，田安所封济北。〔2〕"彭越"，字仲，昌邑（今山东金乡县西北）人。项羽分封诸侯王时，彭越率众万余人活动于巨野泽（即大野泽，在今山东巨野县北），所以田荣联络彭越，授与将军印，在梁地反叛项羽。事见《史记》、《汉书》本传。〔3〕"张同"，全书仅此一见，事迹不详。"夏说"，陈余为代王时，夏说为代相。汉高祖二年后九月，被韩信擒杀。"说"，音 yuè。〔4〕"扞"，与"捍"字同，音hàn。"扞蔽"，捍卫，掩护。〔5〕"反"，通"返"。

【译文】田荣听说项羽把齐王市徙封胶东，而立齐将田都为齐王，十分气愤，不愿让齐王去胶东，就据齐反叛，迎击田都。田都逃往楚国。齐王市害怕项王，就潜往胶东就国。田荣大为生气，派兵追击，在即墨杀死了他。田荣便自立为齐王，向西进兵，击杀了济北王田安，兼并了三齐。田荣把将军印授予彭越，让他在梁地反楚。陈余秘密派遣张同、夏说劝告齐王田荣说："项羽为天下的主宰，（分封侯王）不公平。如今把原来的诸侯王都封在坏地方称王，而他的群臣诸将都封在好地方称王。（因为要）赶走原来的诸侯王，赵王就（只好）到北方居住代地，我以为这样是不能答应的。听说大王已经起兵，而且不接受不道义的命令，希望大王援助我一些兵马，允许我用以攻打常山，恢复赵王的地位，愿把赵国作为齐国的屏障。"齐王答应了，就遣兵赴赵。陈余调动了三县的全部士卒，与齐军并力攻打常山，打垮了常山的军队。张耳逃走归服了汉王。陈余去代地迎接原来的赵王歇返归赵地。赵王就立陈余为代王。

是时，汉还定三秦。[1]项羽闻汉王皆已并关中，且东，齐、赵叛之，大怒。乃以故吴令郑昌为韩王，[2]以距汉。令萧公角等击彭越。[3]彭越败萧公角等。汉使张良徇韩，乃遗项王书曰："汉王失职，[4]欲得关中，如约即止，不敢东。"又以齐、梁反书遗项王曰："齐欲与赵并灭楚。"楚以此故无西意，而北击齐。征兵九江王布。布称疾不往，使将将数千人行。项王由此怨布也。

【注释】〔1〕"三秦"，即章邯、司马欣、董翳所封雍、塞、翟三国。这些地区原为秦国故地。据本书《高祖本纪》记载，汉元年八月，汉王采纳韩信的计策，从汉中回军关中，击破雍王章邯。次年，汉王东进略地，塞王司马欣、翟王董翳等皆降，平定了三秦。〔2〕"郑昌"，项羽早年在吴县时，郑昌为县令，见本书《韩王信列传》。〔3〕"萧公角"，名角，曾为萧县（今安徽萧县西北）令。楚、汉相争时期，楚官沿袭旧制，令称作公。〔4〕"失职"，失去职分。此指刘邦未能如约称王关中，而被项羽封在巴、蜀、汉中。

【译文】这时，汉王回军平定了三秦。项羽听说汉王已经兼并了关中，将要东进，齐、赵又反叛了他，非常愤怒。就以从前的吴令郑昌为韩王，来阻挡汉军。命令萧公角等人攻击彭越。彭越打败了萧公角等人。汉王派张良巡行招抚韩地，张良就给项王写信说："汉王（没有如约称王关中），有失职守，打算取得关中，实现了原来的约定就停止进军，不敢继续东进。"张良又把齐、梁的反叛文告送给项王，说："齐想和赵并力灭楚。"楚军因此无意西进，而向北攻打齐国。项王向九江王黥布征调兵力。黥布称病不往，派将领率兵几千人前去。项王从此怨恨黥布。

汉之二年冬，项羽遂北至城阳，田荣亦将兵会战。田荣不胜，走至平原，〔1〕平原民杀之。遂北烧夷齐城郭室屋，〔2〕皆阬田荣降卒，系虏其老弱妇女。〔3〕徇齐至北海，〔4〕多所残灭。齐人相聚而叛之。于是田荣弟田横收齐亡卒得数万人，〔5〕反城阳。项王因留，连战未能下。

【注释】〔1〕"平原"，秦县，在今山东平原县西南。汉始置郡，以平原为郡治。〔2〕"烧夷"，焚烧平毁。〔3〕"系"，拘缚，捆绑。"系虏"，俘获，俘虏。〔4〕"北海"，指今山东寿光县以东、昌邑县以西、安丘县以北一带滨海地，汉景帝中二年于此置北海郡。〔5〕"田横"，秦末与从兄田儋起兵反秦，田儋死，田荣立儋子市为齐王，田横为将。田荣死，田横立荣子广为齐王，自为齐相。后来田广被汉军所虏，田横自立为齐王。刘邦称帝，召田横至洛阳，离洛阳三十里自杀。事详本书《田儋列传》、《汉书·田儋传》。

【译文】汉二年冬，项羽北上到达城阳，田荣也率军到此与项羽会战。田荣兵败，逃到平原，平原百姓杀死了他。楚军北进，烧毁齐国房屋，夷平齐国城郭，坑杀田荣降卒，掳掠老弱妇女。在齐攻城略地，直至北海，到处烧杀掠夺。齐国人联合起来反抗项羽。田荣的弟弟田横收集齐国逃散的士卒，得到几万人，反于城阳。项王因此留下来，连续攻打几次都没有攻下城阳。

春，〔1〕汉王部五诸侯兵，〔2〕凡五十六万人，东伐楚。项王闻之，即令诸将击齐，而自以精兵三万人南从鲁出胡陵。〔3〕四月，汉皆已入彭城，收其货宝美人，日置酒高会。项王乃西从萧，晨击汉军而东，至彭城，日中，大破汉军。汉军皆走，相随入谷、泗水，[4]杀汉卒十余万人。汉卒皆南走山，楚又追击至灵壁东睢水上。[5]汉军却，为楚所挤，多杀，汉卒十余万人皆入睢水，睢水为之不流。围汉王三币。[6]于是大风从西北而起，折木发屋，扬沙石，窈冥昼晦，[7]逢迎楚军。楚军大乱，坏散，而汉王乃得与数十骑遁去。欲过沛，收家室而西；楚亦使人追之沛，取汉王家。家皆亡，不与汉王相见。汉王道逢得孝惠、鲁元，[8]乃载行。楚骑追汉王，汉王急，推堕孝惠、鲁元车下，滕公常下收载之。[9]如是者三。曰："虽急，不可以驱！奈何弃之！"于是遂得脱。求太公、吕后不相遇。[10]审食其从太公、吕后间行，[11]求汉王，反遇楚军。楚军遂与归，报项王，项王常置军中。

**【注释】**〔1〕"春"，汉二年春。当时沿用秦历，以十月为岁首，所以上面先叙述"汉之二年冬"，然后按时序叙述汉二年春。 〔2〕"部"，部勒，统辖。本书《高祖本纪》、《汉书·高帝纪》和《项羽传》皆作"劫"。"五诸侯"，史书没有明确记载，《汉书·高帝纪》颜师古注认为是常山王张耳、河南王申阳、韩王郑昌、魏王豹、殷王司马卬。但前人和后人多持异说，今天已很难确指。 〔3〕"鲁"，秦县，在今山东曲阜县。 〔4〕"谷、泗水"，泗水流经彭城东北，谷水在彭城北注入泗水。项羽率军自萧而东，在彭城击破汉军，汉军向东北或北方撤退，便遇到谷水、泗水。 〔5〕"灵壁"，位于彭城西南，在今安徽淮北市西南，不是现在的灵璧县。"睢水"，即濉河，自河南杞县流经河南东部、淮北市西南部，到江苏宿迁县西，注入泗水，今多淤断。"睢"，音suī。 〔6〕"币"，音zā，与"匝"字同，环绕一周。"三币"，环绕三周，即包围三重。 〔7〕"窈冥"，形容深幽阴暗。"窈"，音yǎo。 〔8〕"孝惠"，即刘盈，吕后所生，继刘邦后嗣位为帝，死谥孝惠，事迹附见本书《吕太后本纪》，又见《汉书·惠帝纪》。"鲁元"，即鲁元公主，刘盈之姊，后嫁张耳之子张敖，生子张偃，为鲁王。 〔9〕"滕公"，即夏侯婴，曾为滕县令，故称"滕公"。当时为汉王御车。 〔10〕"求"，寻求，查访。"太公"，刘邦的父亲。"吕后"，刘邦的妻子，事见本书《吕太后本纪》、《汉书·高后纪》。 〔11〕"审食其"，沛人，楚汉相争时，一直随侍吕后，以此封为辟阳侯。吕后执政，官至左丞相。文帝即位后免相，被淮南王刘长击杀。"食其"，音yì jī。

**【译文】**春天，汉王统率五路诸侯的军队，共五十六万人，东进伐楚。项王听到这个消息，即令诸将攻打齐国，而自己带领精兵三万人南下，由鲁越过胡陵。四月，汉军都已进入彭城，搜掠财物珍宝和美女，天天设筵会饮。项王向西进发，到达萧县，早晨攻击汉军，向东进发，到达彭城，中午，把汉军打得大败。汉军溃退，相继逃入谷水、泗水，楚军杀死了十多万汉军士卒。汉军向南往山里逃跑，楚军又追击到灵壁东面的睢水上。汉军退却，为楚军所逼，拥挤在一起，多被杀伤，汉军十多万人落入睢水，睢水为之不流。楚军把汉王包围了三层。这时大风从西北刮起，吹断了树木，掀毁了房屋，飞沙走石，天色昏昏沉沉，（狂风夹杂着沙石）

向楚军迎面扑来。楚军大乱，阵形溃散，汉王才得以和几十个骑兵逃走。打算经过沛县，接取家眷西行；楚军也派人追往沛县，掠取汉王家眷。家眷都已逃亡，没有和汉王相见。汉王在路上遇到了孝惠、鲁元，就用车拉着一块儿走。楚军骑兵追赶汉王，汉王着急了，把孝惠、鲁元推下车去，滕公便下车把他们抱上来，这样推下抱上了好几次。滕公说："事虽危急，不是可以把车赶得快一些！怎么能丢弃他们！"汉王终于脱身而出。他寻找太公、吕后，没有找到。审食其跟随太公、吕后从小路潜行，寻找汉王，反而碰上了楚军。楚军就带他们回到军营，报告了项王，项王把他们拘留在军营里。

是时吕后兄周吕侯为汉将兵居下邑，[1]汉王间往从之，稍稍收其士卒。至荥阳，[2]诸败军皆会，萧何亦发关中老弱未傅悉诣荥阳，[3]复大振。楚起于彭城，常乘胜逐北，与汉战荥阳南京、索间，[4]汉败楚，楚以故不能过荥阳而西。

**【注释】**〔1〕"周吕侯"，即吕泽、汉高祖六年封周吕侯，立三年卒。当时吕泽尚未封周吕侯，这是作者追书之辞。"下邑"，秦县，在今安徽砀山县。 〔2〕"荥阳"，秦县，在今河南荥阳县。 〔3〕"萧何"，沛人，曾为沛县吏，刘邦起义后，一直追随刘邦，辅成帝业，为汉开国名相，以功封赞侯。当时刘邦率军东出伐楚，萧何留镇关中。事详本书《萧相国世家》、《汉书·萧何传》。"傅"，即男子在成丁之年著名籍，国家据此无偿地征发劳役。从云梦秦简看，秦朝规定十七岁傅籍。汉朝男子傅籍年龄初期为二十，后来放宽到二十三，五十六岁始免除徭役。"未傅"，即未著名籍，这种人都是男子中尚未成丁或已年迈者。"诣"，音 yì，到达。

**【译文】**这时吕后的哥哥周吕侯为汉率兵驻扎在下邑，汉王抄小路来到周吕侯那里，稍稍收集了一些逃散的士卒。到了荥阳，各路败军都会合在一起，萧何也征发关中没有著籍的老弱全部来到荥阳，声势又振作起来。楚军从彭城出发，常常乘胜追击败兵，与汉军在荥阳南面的京、索之间交战，汉军打败了楚军，楚军因此不能越过荥阳西进。

项王之救彭城，追汉王至荥阳，田横亦得收齐，立田荣子广为齐王。汉王之败彭城，诸侯皆复与楚而背汉。[1]汉军荥阳，筑甬道属之河，[2]以取敖仓粟。[3]

**【注释】**〔1〕"与"，音 yù，亲附。 〔2〕"属"，音 zhǔ，接，连缀。"属之河"，连接到黄河岸边。 〔3〕"敖仓"，秦在荥阳西北敖山上修建的粮仓，储有大量粟米，地当河水、济水分流处，故址在今河南郑州市西北邙山上。

【译文】项王解救彭城，追赶汉王到达荥阳，田横乘机收复了齐国，立田荣子田广为齐王。汉王在彭城战败，诸侯又都向楚背汉。汉军驻扎在荥阳，修筑了一条甬道，与黄河相连，以便运取敖仓的粮食。

汉之三年，项王数侵夺汉甬道，汉王食乏，恐，请和，割荥阳以西为汉。项王欲听之。历阳侯范增曰：[1]“汉易与耳，今释弗取，后必悔之。”项王乃与范增急围荥阳。汉王患之，乃用陈平计间项王。项王使者来，为太牢具，[2]举欲进之。见使者，详惊愕曰：[3]“吾以为亚父使者，乃反项王使者。”更持去，以恶食食项王使者。[4]使者归报项王，项王乃疑范增与汉有私，稍夺之权。范增大怒，曰：“天下事大定矣，君王自为之。愿赐骸骨归卒伍。”[5]项王许之。行未至彭城，疽发背而死。[6]

【注释】〔1〕“历阳侯”，范增封爵。历阳为秦所置县，在今安徽和县。〔2〕“太牢”，古代祭祀或宴飨，牛、羊、豕三牲全备为太牢，只具羊、豕而无牛为少牢。“太牢具”，是待客时礼数最高的丰盛筵席。〔3〕“详”，通“佯”，假装。〔4〕“恶食食”，上一“食”字是名词，食物。下一“食”字音 sì，与“饲”字通，动词，给人吃。〔5〕“愿赐骸骨”，犹言乞身。臣子事君，即以身许人，所以自己辞官等于要求人君赐予躯体。“卒伍”，古代军队编制，五人为伍，百人为卒。“归卒伍”，即退身为普通士卒。〔6〕“疽”，音 jū，疽痈，是一种恶疮。

【译文】汉三年，项王屡次侵夺汉军的甬道，汉王粮食缺乏，恐慌起来，请求讲和，划分荥阳以西归汉。项王想要答应他。历阳侯范增说：“汉军容易对付，现在放掉他们，不予以消灭，以后一定要懊悔。”项王就和范增加紧围攻荥阳。汉王深为忧虑，就采用陈平的计策离间项王和范增。项王的使者来了，给他准备了牛、羊、豕齐全的丰盛筵席，打算端上去。端饭菜的人一看使者，假装惊愕地说：“我以为是亚父的使者，没想到反而是项王的使者。”把饭菜又端了下去，拿粗菜恶饭给项王的使者吃。使者回来报告了项王，项王就怀疑范增私通汉军，渐渐剥夺他的权力。范增大怒，说：“天下的形势，大局已定，君王好自为之。请赐还我的躯体，让我成为一个普通的士卒。”项王答应了他。范增走了，还没有到彭城，因背上长毒疮死去了。

汉将纪信说汉王曰：“事已急矣，请为王诳楚为王，[1]王可以间出。”于是汉王夜出女子荥阳东门被甲二千人，[2]楚兵四面击之。纪信乘黄屋车，[3]傅左纛，[4]曰：“城中食尽，汉王降。”楚军皆呼万岁。汉王亦与数十骑从城西门出，走成皋。[5]项王见纪信，问：“汉王安在？”信曰：

"汉王已出矣。"项王烧杀纪信。

**【注释】**〔1〕"诳",与"诓"字同,欺骗。 〔2〕"被"通"披"。 〔3〕"黄屋车",天子所乘,这种车用黄缯做盖里。 〔4〕"傅",附着。这里可解释为插着,张着。"左纛",竖立在车衡左方的用犛牛尾或雉尾制成的装饰物。"纛",音 dào,又音 dú。 〔5〕"成皋",即春秋郑国虎牢,汉代置为县,其地形势险要,故城在今河南荥阳县汜水镇。

**【译文】**汉军将领纪信劝汉王说:"形势已经很危急了,请让我假装成大王替你去蒙骗楚军,大王可以乘机逃出城去。"于是汉王夜间从荥阳东门放出两千名身穿铠甲的妇女,楚军四面围击。纪信乘坐黄屋车,左边的车衡上竖立着大纛旗,(卫士大声地)说:"城中粮食吃光了,汉王投降。"楚军都高呼万岁。汉王和几十名骑兵从西门出城,奔向成皋。项王见到纪信,问他:"汉王在哪里?"纪信说:"汉王已经出城了。"项王烧死了纪信。

汉王使御史大夫周苛、枞公、魏豹守荥阳。[1]周苛、枞公谋曰:"反国之王,难与守城。"乃共杀魏豹。楚下荥阳城,生得周苛。项王谓周苛曰:"为我将,我以公为上将军,封三万户。"周苛骂曰:"若不趣降汉,[2]汉今虏若,若非汉敌也。"项王怒,烹周苛,并杀枞公。

**【注释】**〔1〕"御史大夫",本为秦官,地位仅次于丞相,主要负责监察、执法。当时周苛在汉任此职。"周苛",周昌从兄,秦时为泗水(秦郡,治所在沛县,汉初改为沛郡)卒史,后归属刘邦。事迹主要见本书《张丞相列传》所附《周昌列传》、《汉书·周昌传》。"枞公",枞为姓,音 cōng,史书没有记载他的名字。"魏豹",汉高祖元年二月,项羽封魏豹为西魏王,二年三月,魏豹降汉。五月背汉归楚。九月韩信俘虏魏豹,送至荥阳刘邦处。刘邦逃离荥阳,即令周苛、枞公与魏豹共守荥阳。 〔2〕"若",你。"趣",音 cù,赶快。

**【译文】**汉王派御史大夫周苛、枞公、魏豹守卫荥阳。周苛、枞公商量说:"魏豹这个叛国之王,很难和他共守城池。"就一起杀死了魏豹。楚军攻下荥阳城,活捉了周苛。项王对周苛说:"做我的将领,我以你为上将军,封三万户。"周苛骂着说:"你不赶快投降汉军,汉军就要俘虏你,你不是汉军的对手。"项王大怒,烹死了周苛,并杀了枞公。

汉王之出荥阳,南走宛、叶,[1]得九江王布,行收兵,复入保成皋。汉之四年,项王进兵围成皋。汉王逃,独与滕公出成皋北门,渡河走修武,[2]从张耳、韩信军。[3]诸将稍稍得出成皋,从汉王。楚遂拔成皋,

中華藏書

本纪三篇(精选)

中国书店

一〇五

欲西。汉使兵距之巩，[4]令其不得西。

**【注释】**〔1〕"宛"，音 yuān，秦县，为南阳郡治所，在今河南南阳市。"叶"，今读 yè，旧读 shè，秦县，在今河南叶县南。〔2〕"修武"，汉始置为县，在今河南获嘉县西南。县内有大、小修武，此为小修武。大修武在小修武西，位于今河南修武县界。〔3〕"从张耳、韩信军"，据本书《高祖本纪》记载，刘邦渡河后驰宿修武，自称汉王使者，早晨驰入张耳、韩信军营，夺了他们的军权，派张耳北收兵赵地，使韩信东击齐。〔4〕"巩"，秦县，在今河南巩县西南。

**【译文】**汉王逃出荥阳，南走宛、叶，收服了九江王黥布，一边走一边收集士卒，又进入成皋固守。汉四年，项王围攻成皋。汉王逃走了，单身一人与滕公出了成皋北门，渡河奔向修武，到了张耳、韩信军营。诸将陆续逃出成皋，追随汉王。楚军攻下成皋，想要向西进军。汉王派兵在巩县阻击，使楚军不能西进。

是时，彭越渡河击楚东阿，杀楚将军薛公。项王乃自东击彭越。汉王得淮阴侯兵，[1]欲渡河南。郑忠说汉王，[2]乃止壁河内。[3]使刘贾将兵佐彭越，[4]烧楚积聚。项王东击破之，走彭越。汉王则引兵渡河，复取成皋。军广武，[5]就敖仓食。项王已定东海来，[6]西，与汉俱临广武而军，相守数月。

**【注释】**〔1〕"淮阴侯"，即韩信。当时韩信尚未封淮阴侯，这是修史者追书之辞。〔2〕"郑忠"，当时为汉郎中，他劝刘邦深沟高垒，不与楚交战，见本书《高祖本纪》。〔3〕"壁"，营垒，壁垒。这里用为动词，扎营。〔4〕"刘贾"，刘邦堂兄，汉高祖元年为将军，六年封荆王，十一年击黥布被杀。当时刘邦派卢绾、刘贾率领两万士卒，几百骑兵，渡过白马津，进入楚地，与彭越配合攻打楚军。事详本书《荆燕世家》、《汉书·荆燕吴传》。〔5〕"广武"，山名，在今河南荥阳县东北。山上有东西广武二城，东城为楚军所筑，西城为汉军所筑。下文云楚、汉俱临广武而军，即指分别驻扎在东西广武二城。〔6〕"东海"，泛指东方。

**【译文】**这时，彭越渡河在东阿攻击楚军，杀死了楚将军薛公。项王就亲自东去攻打彭越。汉王得到淮阴侯的军队，打算渡河南下。郑忠劝阻汉王，汉王就停留在河内筑起营垒。派刘贾领兵协同彭越，烧掉楚军的粮食。项王东进打败了刘贾和彭越，彭越逃走了。汉王率军渡河，又夺取了成皋，驻扎在广武，取食敖仓。项王已经平定了东海，率军回来，向西进发，与汉军都在广武驻扎，相持了好几个月。

当此时，彭越数反梁地，绝楚粮食，项王患之。为高俎，[1]置太公其上，告汉王曰："今不急下，吾烹太公。"汉王曰："吾与项羽俱北面受命怀王，[2]曰'约为兄弟'，吾翁即若翁，必欲烹而翁，[3]则幸分我一桮羹。"项王怒，欲杀之。项伯曰："天下事未可知，且为天下者不顾家，虽杀之无益，只益祸耳。"[4]项王从之。

**【注释】**〔1〕"高俎"，割肉用的高大砧板，俎多木制，也有用青铜铸成，长方形，两端有足。又古代祭祀时用以载牲的高几亦名俎。此"高俎"当指前者。把太公置高俎上表示将要烹杀。〔2〕"北面"，古代君王坐时面朝南，臣下面朝北而拜。所以"北面"即臣下之意。〔3〕"而"，汝，尔，你。〔4〕"只"，只能，只是。

**【译文】**当时，彭越在梁地多次反击楚军，断绝楚军的粮食，项王很忧虑。他设置了一个高大的砧板，把太公放在上面，告诉汉王说："现在不快快投降，我就烹杀太公。"汉王说："我和你项羽都是北面称臣，受命于怀王，说是'结为兄弟'，我的老子就是你的老子，一定要烹杀你的老子，那么希望你分给我一杯肉羹。"项王十分气愤，打算杀死太公。项伯说："天下大事还不能预料，而且打天下的人不顾念家眷，虽然杀了太公也没有好处，只能增加祸患。"项王听从了项伯的话。

楚汉久相持未决，丁壮苦军旅，老弱罢转漕。[1]项王谓汉王曰："天下匈匈数岁者，[2]徒以吾两人耳，愿与汉王挑战决雌雄，毋徒苦天下之民父子为也。"汉王笑谢曰："吾宁斗智，不能斗力。"项王令壮士出挑战。汉有善骑射者楼烦，[3]楚挑战三合，楼烦辄射杀之。[4]项王大怒，乃自被甲持戟挑战。楼烦欲射之，项王瞋目叱之，[5]楼烦目不敢视，手不敢发，遂走还入壁，不敢复出。汉王使人间问之，[6]乃项王也。汉王大惊。于是项王乃即汉王相与临广武间而语。[7]汉王数之，[8]项王怒，欲一战。汉王不听，项王伏弩射中汉王。[9]汉王伤，走入成皋。

**【注释】**〔1〕"罢"，通"疲"。"转漕"，陆运为"转"，水运为"漕"。〔2〕"匈匈"，字通"恟恟"，扰攘不安。〔3〕"楼烦"，当时我国北方少数族，春秋末生活在今山西宁武、岢岚等地，后移至今陕北和内蒙古自治区南部，秦末被匈奴征服，擅长骑射，因此把汉军中善骑射者称为"楼烦"。〔4〕"辄"，音 zhé，即，就。〔5〕"瞋"，音 chēn。"瞋目"，发怒时睁大眼睛。"叱"，音 chì，大声呵斥。〔6〕"间问"，暗中探问，暗中打听。〔7〕"间"，"涧"的假借字。广武山上东广武城和西广武城相距二百步左右，中隔广武涧，涧中水后世谓之柳泉（见《水经注》卷七），北流入济水，项羽和刘邦即临涧而语。〔8〕"数之"，历数项羽罪状。刘邦出项羽十条罪状，详见本书《高祖本纪》。〔9〕"弩"，装有机关的弓。

**【译文】** 楚、汉长期相持，未决胜负，年轻力壮的苦于行军作战，年老体弱的疲于水陆运输。项王对汉王说："几年来天下扰攘不安，只是由于我们两个人的缘故，愿意与你挑战，一决雌雄，不要使天下百姓空受痛苦。"汉王笑着拒绝说："我宁愿斗智，不愿斗力。"项王叫壮士出去挑战。汉军有个擅长骑马射箭的人叫楼烦，楚军派壮士挑战三次，楼烦都把壮士射死了。项王大怒，就亲自披甲持戟出来挑战。楼烦想要射他，项王怒目呵叱，楼烦（被吓得）眼不敢正视，手不敢发箭，跑回营垒，不敢再出来。汉王派人暗中打听，才知道挑战的人原来是项王。汉王大为震惊。于是项王靠近汉王军营，和他隔着广武涧对话。汉王历数项王的罪状，项王非常气愤，要求决战。汉王没有答应，项王埋伏的弓弩射中了汉王。汉王受伤跑回成皋。

项王闻淮阴侯已举河北，破齐、赵，且欲击楚，乃使龙且往击之。淮阴侯与战，骑将灌婴击之，[1]大破楚军，杀龙且。韩信因自立为齐王。项王闻龙且军破，则恐，使盱台人武涉往说淮阴侯。[2]淮阴侯弗听。是时，彭越复反，下梁地，绝楚粮。项王乃谓海春侯大司马曹咎等曰："谨守成皋，则汉欲挑战，慎勿与战，毋令得东而已。我十五日必诛彭越，定梁地，复从将军。"乃东，行击陈留、外黄。

**【注释】**〔1〕"灌婴"，睢阳人，一直随从刘邦转战各地，以功封颍阴侯，文帝时尝为丞相，事详《史记》、《汉书》本传。 〔2〕"武涉往说淮阴侯"，武涉游说之辞见本书《淮阴侯列传》，大意是劝韩信叛汉联楚，与刘邦三分天下而王。

**【译文】** 项王听说淮阴侯已经攻下河北，打垮了齐、赵军队，而且将要进攻楚军，就派龙且前往迎击。淮阴侯与龙且交战，骑兵将领灌婴也出击龙且，大破楚军，杀死了龙且。韩信就自立为齐王。项王听说龙且的军队垮了，大为恐慌，派遣盱台人武涉去游说淮阴侯。淮阴侯不肯听从。这时，彭越又起来反楚，攻下梁地，断绝楚军的粮道。项王就对海春侯大司马曹咎等人说："小心守卫成皋，即使汉军挑战，千万不要和它交战，不要让它东进就行了。我十五天一定杀掉彭越，平定梁地，再与将军会合。"于是项王率军东去，进军过程中攻打陈留、外黄。

外黄不下。数日，已降，项王怒，悉令男子年十五已上诣城东，欲阬之。外黄令舍人儿年十三，[1]往说项王曰："彭越强劫外黄，外黄恐，故且降，待大王。大王至，又皆阬之，百姓岂有归心？从此以东，梁地十余城皆恐，莫肯下矣。"项王然其言，乃赦外黄当阬者。东至睢阳，[2]闻之皆争下项王。

**【注释】**〔1〕"舍人"，门客。　〔2〕"睢阳"，秦县，在今河南商丘县南。

**【译文】**外黄没有攻下。过了几天，外黄投降了，项王很生气，命令十五岁以上的男子全部到城东，准备坑杀他们。外黄令门客的儿子才十三岁，前去劝告项王说："彭越用武力逼迫外黄百姓，外黄百姓很害怕，所以暂时投降，等待大王到来。大王到了，又都坑杀他们，难道百姓还有归顺之心吗？从这儿往东，梁地十多个城邑都心怀恐惧，没有肯投降的了。"项王赞成他的话，就赦免了外黄应当坑杀的那些人。从外黄往东直至睢阳，听到这个消息，都争先恐后地向项王投降。

汉果数挑楚军战，楚军不出。使人辱之，五六日，大司马怒，渡兵汜水。〔1〕士卒半渡，汉击之，大破楚军，尽得楚国货赂。大司马咎、长史翳、塞王欣皆自刭汜水上。〔2〕大司马咎者，故蕲狱掾，长史欣亦故栎阳狱吏，两人尝有德于项梁，是以项王信任之。当是时，项王在睢阳，闻海春侯军败，则引兵还。汉军方围钟离眛于荥阳东，〔3〕项王至，汉军畏楚，尽走险阻。

**【注释】**〔1〕"汜水"，发源于今河南巩县东南，流经荥阳县界，北经成皋注入黄河。"汜"，音 sì。　〔2〕"翳、塞王"，此三字当是衍文。下文仅举"大司马咎"、"长史欣"，未言翳，又翳未曾为长史。本书《高祖本纪》、《汉书·高帝纪》和《项籍传》皆无此三字。说详梁玉绳《史记志疑》卷六。　〔3〕"钟离眛"，姓钟离，名眛，为项羽部将。项羽死后，逃归故友韩信，刘邦下令捕眛，被迫自杀，见本书《淮阴侯列传》。"眛"，音 mò。

**【译文】**汉军果然屡次向楚军挑战，楚军不出来应战。汉军派人在阵前辱骂楚军，骂了五六天，大司马十分气愤，让士卒渡过汜水，（迎击汉军。）士卒刚渡过一半，汉军出击，大败楚军，缴获了楚国全部物资。大司马曹咎、长史欣都自刭在汜水上。大司马曹咎原来是蕲县的狱掾，长史司马欣原来是栎阳的狱吏，两人曾对项梁有过恩德，因此项王信任他们。当时，项王在睢阳，听说海春侯的军队失败了，就率军返回。汉军正在荥阳东面围攻钟离眛，项王一到，汉军害怕楚军，全部撤走到险阻地带。

是时，汉兵盛食多，项王兵罢食绝。汉遣陆贾说项王，〔1〕请太公，项王弗听。汉王复使侯公往说项王，〔2〕项王乃与汉约，中分天下，割鸿沟以西者为汉，〔3〕鸿沟而东者为楚。项王许之，即归汉王父母妻子。军皆呼万岁。汉王乃封侯公为平国君。匿弗肯复见。曰："此天下辩士，所居倾国，故号为平国君。"项王已约，乃引兵解而东归。

**【注释】**〔1〕"陆贾"，楚人，刘邦的说客，常奉命出使，曾为太史大夫，著有《新语》十二篇。事详《史记》、《汉书》本传。 〔2〕"侯公"，姓侯，本书未载其名。 〔3〕"鸿沟"，战国魏惠王时开凿的运河，故道从现在的河南荥阳县北引黄河水，东经中牟县北，至开封市南流，经通许县东、太康县西，由淮阳县东南注入颍水。

**【译文】**这时，汉军兵多粮足，项王兵疲粮绝。汉王派遣陆贾劝说项王，请求释放太公，项王没有答应。汉王又派遣侯公前去劝说项王，项王就和汉约定，平分天下，划鸿沟以西归汉，鸿沟以东归楚。项王答应了侯公的要求，就把汉王的父母妻子送了回来。汉军都高呼万岁。汉王封侯公为平国君。侯公隐匿起来，不肯再见汉王。汉王说："这个人是天下善辩之士，所到之处，可以使人国家覆灭，所以封号为平国君。"项王已经订立和约，就解除了军事对峙，率军东归。

汉欲西归，张良、陈平说曰："汉有天下太半，〔1〕而诸侯皆附之。楚兵罢食尽，此天亡楚之时也，不如因其机而遂取之。今释弗击，此所谓'养虎自遗患'也。"汉王听之。

**【注释】**〔1〕"太半"，一大半。当时汉占领的地域已包括巴、蜀、关中、燕、赵、韩、魏、齐、梁，比楚占领的鸿沟以东的地域广阔，所以说"汉有天下太半"。

**【译文】**汉王准备西归，张良、陈平劝汉王说："汉占领了大半个天下，而诸侯都归服了我们。楚军兵疲粮尽，这是上天让楚灭亡的时候，不如乘这个机会消灭它。现在放走项王不去攻打他，这就是所谓'养虎自遗患'。"汉王同意了他们的建议。

汉五年，汉王乃追项王至阳夏南，〔1〕止军，与淮阴侯韩信、建成侯彭越期会而击楚军。至固陵，〔2〕而信、越之兵不会。楚击汉军，大破之。汉王复入壁，深堑而自守。谓张子房曰："诸侯不从约，为之奈何？"对曰："楚兵且破，信、越未有分地，其不至固宜。君王能与共分天下，今可立致也。即不能，事未可知也。君王能自陈以东傅海，〔3〕尽与韩信，睢阳以北至谷城，〔4〕以与彭越，使各自为战，则楚易败也。"汉王曰："善。"于是乃发使者告韩信、彭越曰："并力击楚。楚破，自陈以东傅海与齐王，睢阳以北至谷城与彭相国。"〔5〕使者至。韩信、彭越皆报曰：

"请今进兵。"韩信乃从齐往，刘贾军从寿春并行，屠城父，[6]至垓下。[7]大司马周殷叛楚，以舒屠六，[8]举九江兵，[9]随刘贾、彭越皆会垓下，诣项王。

【注释】〔1〕"阳夏"，秦县，在今河南太康县。"夏"，音 jiǎ。〔2〕"固陵"，聚落名，属阳夏县，故地在今河南太康县南。〔3〕"陈"，秦县，故地在今河南淮阳县。"傅"，贴近。"傅海"，即谓到达海边。"自陈以东傅海"，地域大体包括今河南东部、山东南部、安徽和江苏北部。〔4〕"谷城"，聚邑名，东汉始置县，故地在今山东平阴县西南。"睢阳以北至谷城"，地域大体包括今河南东北部和山东西部。〔5〕"彭相国"，即彭越。彭越曾为魏王豹相国。〔6〕"城父"，聚邑名，汉始置县，故地在今安徽亳县东南。"父"，音 fǔ。"屠城父"，据本书《高祖本纪》，汉王四年，周殷、黥布"行屠城父"。刘贾从寿春进军垓下，不经过城父。〔7〕"垓下"，聚邑名，故地在今安徽灵璧县东南沱河北岸。"垓"，音 gāi。〔8〕"舒"，春秋时为舒国地，秦为聚邑，汉始置县，在今安徽庐江县西南。〔9〕"九江兵"，即黥布的军队。

【译文】汉五年，汉王追击项王到了阳夏南面，军队驻扎下来，与淮阴侯韩信、建成侯彭越约期会合进攻楚军。到达固陵，而韩信、彭越的军队不来会合。楚军攻击汉军，把汉军打得大败。汉王又进入营垒，挖深沟堑，自为固守。汉王对张子房说："诸侯不遵守约定，怎么办呢？"张子房回答说："楚军即将崩溃，韩信、彭越没有分到一块封地，他们不来会合是很自然的。君王能和他们共分天下，眼下可以使他们立刻前来。如果不能这样，局势的发展很难预料。君王能从陈县以东到海边的地区，全部划给韩信，睢阳以北到谷城，分给彭越，使他们各自为战，那么楚军是容易打败的。"汉王说："好。"于是就派遣使者告诉韩信、彭越说："合力攻打楚军。楚军崩溃后，从陈县以东到海边给予齐王，睢阳以北到谷城给予彭相国。"使者一到，韩信、彭越都回话说："请让我们立刻进兵。"韩信就从齐地出发，刘贾的军队从寿春出发并行，屠毁了城父，到达垓下。大司马周殷背叛了楚国，利用舒地的兵力屠毁了六县，调动全部九江士卒，随同刘贾、彭越都会集在垓下，来到项王阵前。

项王军壁垓下，兵少食尽，汉军及诸侯兵围之数重。夜闻汉军四面皆楚歌，[1]项王乃大惊曰："汉皆已得楚乎？是何楚人之多也！"项王则夜起，饮帐中。有美人名虞，[2]常幸从。骏马名骓，[3]常骑之。于是项王乃悲歌忼慨，[4]自为诗曰："力拔山兮气盖世，时不利兮骓不逝。[5]骓不逝兮可奈何，虞兮虞兮奈若何！"歌数阕，[6]美人和之。[7]项王泣数行下，左右皆泣，莫能仰视。

**【注释】**〔1〕"楚歌"，楚人之歌，犹如吴讴、越吟之类。〔2〕"虞"，《汉书·项籍传》云："有美人姓虞氏。"　〔3〕"骓"，音 zhuī，毛色青白相杂的马。〔4〕"忼慨"，也作"慷慨"，愤激悲叹的样子。　〔5〕"逝"，往，去。这里义为奔驰，行进。　〔6〕"数阕"，几遍。"阕"，音 què，乐曲终了。　〔7〕"和"，音 hè，跟着唱。"美人和之"，《楚汉春秋》载美人和歌，歌词云："汉兵已略地，四方楚歌声。大王意气尽，贱妾何聊生。"此当出于假托。

**【译文】**项王的军队筑垒垓下，兵少粮尽，汉军和各路诸侯军队把它重重包围起来。夜晚听到四面的汉军都是唱的楚地歌曲，项王大为震惊地说："汉军已经全部占领了楚国吗？为什么楚国人如此众多啊？"项王就夜间起来，在帐幕里饮酒。有一个名字叫虞的美人，得到项王的宠爱，常常带在身边。有一匹叫骓的骏马，项王经常骑着它。于是项王慷慨悲歌，自己作诗唱道："力拔山兮气盖世，时不利兮骓不逝。骓不逝兮可奈何，虞兮虞兮奈若何！"唱了好几遍，美人跟着他一起唱。项王悲泣，泪下数行，左右侍从也都俯首哭泣，（悲痛得）不能抬头仰视。

于是项王乃上马骑，麾下壮士骑从者八百余人，直夜溃围南出，〔1〕驰走。平明，汉军乃觉之，令骑将灌婴以五千骑追之。项王渡淮，骑能属者百余人耳。〔2〕项王至阴陵，〔3〕迷失道，问一田父，田父绐曰"左"。〔4〕左，乃陷大泽中。〔5〕以故汉追及之。项王乃复引兵而东，至东城，〔6〕乃有二十八骑。汉骑追者数千人。项王自度不得脱，谓其骑曰："吾起兵至今八岁矣，身七十余战，所当者破，所击者服，未尝败北，遂霸有天下。然今卒困于此，此天之亡我，非战之罪也。今日固决死，愿为诸君快战，必三胜之，〔7〕为诸君溃围，斩将，刈旗，令诸君知天亡我，非战之罪也。"乃分其骑以为四队，四向。汉军围之数重。项王谓其骑曰："吾为公取彼一将。"令四面骑驰下，期山东为三处。〔8〕于是项王大呼驰下，汉军皆披靡，〔9〕遂斩汉一将。是时，赤泉侯为骑将，〔10〕追项王，项王瞋目而叱之，赤泉侯人马俱惊，辟易数里。〔11〕与其骑会为三处。汉军不知项王所在，乃分军为三，复围之。项王乃驰，复斩汉一都尉，杀数十百人，复聚其骑，亡其两骑耳。乃谓其骑曰："何如？"骑皆伏曰：〔12〕"如大王言。"

**【注释】**〔1〕"直夜"，当夜。一说半夜，中夜。《汉书·项籍传》作"夜直"，当释为中夜。　〔2〕"骑"，音 jì，骑兵，"属"，音 zhǔ，相从，跟随。　〔3〕"阴陵"，秦县，在今安徽定远县西北。　〔4〕"绐"，音 dài，欺骗。　〔5〕"大泽"，大面积的沼泽地。相传在今安徽定远县西南迷沟。　〔6〕"东城"，秦县，在今安徽定远县东南。　〔7〕"必三胜之"，即指下面所说的"溃围"、"斩将"、"刈旗"。"刈"，音 yì，割，砍。　〔8〕"山"，相传即今安徽和县北四溃山，亦称四马山，石上尚有马迹。〔9〕"披靡"，形容军队溃倒。〔10〕"赤泉侯"，即杨喜，汉高祖二年为郎中骑将，隶属淮阴侯韩信。随从灌婴斩项羽后，始封赤泉侯。〔11〕"辟易"，由于惊恐而后退。〔12〕"伏"，通"服"。

**【译文】** 于是项王上马（突围），部下壮士骑马随从的有八百多人，当夜冲破包围，向南飞驰而去。天亮，汉军才发觉，派骑兵将领灌婴率五千骑兵追赶项王。项王渡过淮水，能够跟从的骑兵只有一百多人。项王到阴陵，迷失了道路，询问一个种田的人，种田的人欺骗地说"往左"。项王往左去，结果陷入了一大片沼泽中。因此，汉军追上了项王。项王就又带兵向东，到了东城，只有二十八个骑兵了。追赶的汉军骑兵有几千人。项王自己估计不能脱身了，对他的骑兵说："我起兵到现在八年了，亲身打过七十多次仗，谁抵挡我，我就打垮谁，我攻击谁，谁就降服，未曾打过败仗，因而霸有天下。然而现在终于被围困在这里，这是上天要灭亡我，不是我打仗的过错。今天固然要决心战死，愿意为各位痛痛快快地打一仗，一定要三次取胜，为各位突破重围，斩杀敌将，砍倒敌人军旗，让各位知道是上天灭亡我，不是我打仗的过错。"项王就把他的骑兵分为四队，面向四方。汉军把项王包围了好几层。项王对他的骑兵说："我为你们斩他一个将领。"项王命令骑兵四面疾驰而下，约定在山的东面会合为三处。于是项王大声呼喊着，飞奔直下，汉军惊惶溃乱，项王就斩了一个汉军将领。当时，赤泉侯做骑兵将领，追赶项王，项王怒目大吼，赤泉侯人马俱惊，倒退了好几里。项王和他的骑兵会合为三处。汉军不知道项王在哪里，就把军队分为三部分，又把项王包围起来。项王骑马冲驰，又斩了汉军的一个都尉，杀死了百十来人，再把他的骑兵集合起来，只丧失了两个骑兵。项王就对他的骑兵说："怎么样？"骑兵都佩服地说："正像大王所说的那样。"

　于是项王乃欲东渡乌江。〔1〕乌江亭长舣船待，〔2〕谓项王曰："江东虽小，地方千里，众数十万人，亦足王也。愿大王急渡。今独臣有船，汉军至，无以渡。"项王笑曰："天之亡我，我何渡为！且籍与江东子弟八千人渡江而西，今无一人还，纵江东父兄怜而王我，我何面目见之？纵彼不言，籍独不愧于心乎？"乃谓亭长曰："吾知公长者。吾骑此马五岁，所当无敌，尝一日行千里，不忍杀之，以赐公。"乃令骑皆下马步行，持短兵接战。独籍所杀汉军数百人。项王身亦被十余创。顾见汉骑司马吕马童，〔3〕曰："若非吾故人乎？"马童面之，〔4〕指王翳曰：〔5〕"此项王也。"项王乃曰："吾闻汉购我头千金，邑万户，吾为若德。"乃自刎而死。王翳取其头，余骑相蹂践争项王，相杀者数十人。最其后，郎中骑杨喜，〔6〕骑司马吕马童、郎中吕胜、杨武各得其一体。〔7〕五人共会其体，皆是。故分其地为五：封吕马童为中水侯，〔8〕封王翳为杜衍

侯，〔9〕封杨喜为赤泉侯，〔10〕封杨武为吴防侯，〔11〕封吕胜为涅阳侯。〔12〕

**【注释】**〔1〕"乌江"，即今安徽和县东北长江北岸的乌江浦，其地有乌江亭。〔2〕"亭长"，秦、汉时，十里设一亭，筑有楼屋，内置兵器。亭有亭长一人，主管地方治安警卫，缉捕盗贼，调处民间争讼，止宿来往官吏，有时也宿留一般行人。"舣"，音yǐ，摆船靠岸。〔3〕"顾见"，回头看见。"骑司马"，骑兵将领之衔。"吕马童"，据本书《高祖功臣侯者年表》记载，汉高祖元年，以郎中骑将随从刘邦，又以骑司马击龙且。〔4〕"面"，有两说：（一）通"偭"，以背相向。（二）面对。注者取前一说。〔5〕"王翳"，据本书《高祖功臣侯者年表》记载，汉高祖三年，以郎中骑将随从刘邦，为淮阴侯韩信属下，后来跟从灌婴共斩项羽。〔6〕"郎中骑"，即郎中骑将，隶属郎中令，下统一定数量的郎中，当时为郎中骑者颇多。〔7〕"郎中"，为汉王守卫和扈从人员，无固定员额。"吕胜"，据本书《高祖功臣侯者年表》记载，汉高祖二年，以骑士随从刘邦出关。"杨武"，据本书《高祖功臣侯者年表》记载，汉高祖元年，以郎中骑将随从刘邦，曾击阳夏，斩项羽时为都尉。〔8〕"中水侯"，吕马童封于中水为侯，故地在今河北献县西北。〔9〕"杜衍侯"，王翳所侯杜衍，在今河南南阳市西南。〔10〕"赤泉侯"，唐司马贞《索隐》云："南阳有丹水县，疑赤泉后改。"丹水为秦所置县，在今河南淅川县西南，南有丹水流过。〔11〕"吴防侯"，杨武所侯吴防，在今河南遂平县。〔12〕"涅阳侯"，吕胜所侯涅阳，在今河南邓县东北，位于涅水（今赵河）北岸，故名。"涅"，音niè。

**【译文】**项王想要向东渡过乌江。乌江亭长把船靠在岸边等待着项王。他对项王说："江东虽小，地方也纵横上千里，民众数十万，也足以称王。希望大王赶快渡江。现在只有我有船只，汉军来到这，没有船只渡江。"项王笑着说："上天要灭亡我，我渡江干什么呢！况且我和江东子弟八千人渡江西进，现在没有一个人回来，即使江东父兄怜悯我，让我称王，我有什么脸面去见他们？即使他们不说什么，我项籍难道不于心有愧吗？"（最后）项王对亭长说："我知道你是个忠厚长者。我骑这匹马五年了，所向无敌，曾经一天奔驰一千里，不忍心杀了它，把它送给你吧。"就叫骑兵都下马步行，用短兵接战。单单项籍一人就杀死汉军几百人。项王身上也受了十多处伤。他回头看见汉军的骑司马吕马童，说："你不是我的老朋友吗？"吕马童背对项王，指给王翳说："这就是项王。"项王说："我听说汉军用一千斤黄金、一万户封邑来购买我的头，我给你做件好事吧。"就自刎而死。王翳割了项王的头，其他骑兵自相蹂躏践踏，争夺项王的尸体，互相残杀了几十人。最后，郎中骑杨喜，骑司马吕马童，郎中吕胜、杨武各自得到了项王的一段肢体。五个人把肢体合拢起来，都确实是项王的。所以把准备封赏的土地分为五部分：封吕马童为中水侯，封王翳为杜衍侯，封杨喜为赤泉侯，封杨武为吴防侯，封吕胜为涅阳侯。

项王已死，楚地皆降汉，独鲁不下。汉乃引天下兵欲屠之，为其守礼义，为主死节，乃持项王头视鲁，〔1〕鲁父兄乃降。始，楚怀王初封项籍为鲁公，及其死，鲁最后下，故以鲁公礼葬项王谷城。[2]汉王为发哀，泣之而去。

**【注释】**〔1〕"视"，通"示"。　〔2〕"谷城"，有两说，一谓东郡之谷城，在今山东平阴县西南。一谓鲁之小谷，即曲阜县西北小谷城。前一说较为通行。《水经注》卷八载，济水"北过谷城县西……城西北三里，有项王羽之冢，半许毁坏，石碣尚存，题云'项王之墓'"。《水经注》所说为东郡之谷城。

**【译文】**项王死后，楚国各地都投降了汉军，只有鲁城不肯投降。汉王就带领天下士卒打算屠毁鲁城，因为他们坚守礼义，为主人以死守节，就拿项王的头给鲁城人看，鲁城父兄才投降了。最初，楚怀王曾封项籍为鲁公，等到项籍死了，鲁城又最后投降，所以用鲁公的礼仪把项王理葬在谷城。汉王为项王举哀，哭了一场，然后离开了鲁城。

诸项氏枝属，[1]汉王皆不诛。乃封项伯为射阳侯。[2]桃侯、平皋侯、玄武侯皆项氏，[3]赐姓刘。

**【注释】**〔1〕"枝属"，宗族。　〔2〕"射阳侯"，项伯所封射阳，在今江苏宝应县东北，因位于射水之北，故名。　〔3〕"桃侯"，名襄。据本书《高祖功臣侯者年表》，汉高祖十二年始封襄为桃侯。所封桃即桃丘，在汉东郡东阿县境内。"平皋侯"，名佗，又作它、他。据本书《高祖功臣侯者年表》，汉高祖七年封佗为平皋侯。所封平皋在今河南温县东北。"玄武侯"，名字不详。

**【译文】**各支项氏宗族，汉王都不诛杀。封项伯为射阳侯。桃侯、平景侯、玄武侯都是项氏宗族，赐姓刘。

太史公曰：吾闻之周生曰"舜目盖重瞳子"，[1]又闻项羽亦重瞳子。羽岂其苗裔邪？何兴之暴也！夫秦失其政，陈涉首难，豪杰蜂起，相与并争，不可胜数。然羽非有尺寸，乘埶起陇亩之中，[2]三年，遂将五诸侯灭秦，[3]分裂天下，而封王侯，政由羽出，号为"霸王"，位虽不终，近古以来未尝有也。及羽背关怀楚，[4]放逐义帝而自立，怨王侯叛己，难矣。自矜功伐，奋其私智而不师古，谓霸王之业，欲以力征经营天下，五年卒亡其国，身死东城，尚不觉寤而不自责，[5]过矣。乃引"天亡我，非用兵之罪也"，岂不谬哉！

**【注释】**〔1〕"周生"，汉代的儒家人物。从"吾闻之"一语来看，周生与司马迁耳目相接，曾生活在同一时代。"盖"，或然之辞，是一种不能肯定的语气。"重瞳子"，两个眸子。〔2〕"埶"，与"势"字同。"陇亩"，草野，民间。〔3〕"五诸侯"，指齐、赵、韩、魏、燕五国诸侯军。〔4〕"背关怀楚"，谓放弃关中形胜之地，而怀念楚地，建都彭城。〔5〕"寤"，通"悟"。

**【译文】**太史公说：我听周生说"舜的眼睛大概是两个瞳孔"，又听说项羽也是两个瞳孔。项羽难道是舜的后裔吗？为什么兴起得这么迅速啊！秦朝政治腐败，陈涉首先发难，豪杰蜂起，相互争夺，不可胜数。然而项羽毫无凭借，乘势起于民间，三年时间，就率领五路诸侯军消灭了秦朝，分割天下，封王建侯，政自己出，号为"霸王"，虽然没有始终保持他的地位，但近古以来，还未曾有过这样的事情。等到项羽放弃关中，怀恋楚地，放逐义帝而自立为王，抱怨王侯背叛自己，这时已经难以控制局势了。自我夸耀功勋，逞一己私智，不效法古人，以为创立霸王的事业，需要用武力来经营天下，终于五年时间覆灭了他自己的国家，身死东城，还没有觉悟，不自我谴责，这就不对了。竟然用"上天灭亡我，不是我用兵打仗的过错"为借口，难道不是太荒谬了吗！

# 高祖本纪

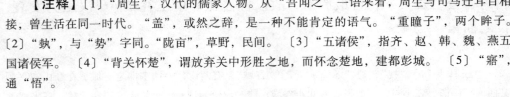

高祖，〔1〕沛丰邑中阳里人，〔2〕姓刘氏，字季。〔3〕父曰太公，〔4〕母曰刘媪。〔5〕其先刘媪尝息大泽之陂，〔6〕梦与神遇。是时雷电晦冥，太公往视，则见蛟龙于其上。已而有身，遂产高祖。

**【注释】**〔1〕"高祖"，封建社会皇帝死后在祖庙立室奉祀，并专立名号，称为"庙号"。高祖即为刘邦的庙号，取意于功劳最高，为汉代帝王之祖。 〔2〕"沛"，秦县名，故地在今江苏沛县。"丰邑"，沛县所属的乡，其下又辖中阳里。汉时丰邑改置为县，故地在今江苏丰县。〔3〕"字季"，唐司马贞《索隐》认为"汉高祖长兄名伯，次名仲，不见别名，则季亦是名"。梁玉绳《史记志疑》卷六云："季乃是行，高祖长兄伯，次兄仲，亦行也。《史》以季为字，与《索隐》以季为名，并非。"古人兄弟以伯、仲、叔、季排行，刘邦在兄弟中最小，排行为"季"。 〔4〕"太公"，对男性老年人的尊称。可能刘邦的父亲无名，或名失传。这说明刘邦的父亲地位低下。唐司马贞《索隐》引皇甫谧说认为太公名执嘉，又引王符说认为名煓，均不可信。〔5〕"媪"，音ǎo，老年妇人的通称，犹今言"老婆婆"。〔6〕"陂"，音bēi，岸边。

**【译文】**高祖，沛县丰邑中阳里人。姓刘，字季。父亲叫太公，母亲叫刘媪。

先前刘媪曾经休息于大湖岸边，睡梦中与神相交合。这时雷电交作，天昏地暗。太公去看刘媪，见到一条蛟龙在她身上。后来刘媪怀了孕，就生了高祖。

高祖为人，隆准而龙颜，美须髯，[1]左股有七十二黑子。仁而爱人，喜施，意豁如也。常有大度，不事家人生产作业。[2]及壮，[3]试为吏，[4]为泗水亭长，[5]廷中吏无所不狎侮。好酒及色。常从王媪、武负贳酒，[6]醉卧，武负、王媪见其上常有龙，怪之。高祖每酤留饮，酒雠数倍。[7]及见怪，岁竟，此两家常折券弃责。[8]

**【注释】**〔1〕"须髯"，胡须。嘴巴下的称"须"，长在两颊上的称"髯"。"髯"，音rán。〔2〕"家人"，《左传》哀公四年云："蔡昭公将如吴，诸大夫恐其又迁也，承公孙翩逐而射之，入于家人而卒。"是"家人"即民家。 〔3〕"壮"，古人三十岁称"壮"。这里并非确指。〔4〕"吏"，职位低下的官员。 〔5〕"泗水亭"，《汉书·高帝纪》作"泗上亭"，亭名，故地在今江苏沛县东。秦、汉时，十里设一亭，筑有楼屋，内置兵器。亭有亭长一人，主管地方治安警卫，缉捕盗贼，调处民间争讼，止宿来往官吏，有时也宿留一般行人。 〔6〕"负"，旧说认为假借为"妇"，谓老年妇女。刘向《列女传》云："魏曲沃负者，魏大夫如耳之母也。"此"负"则指老母。"贳"，音shì，赊欠。 〔7〕"雠"，售。 〔8〕"券"，双方作为凭证的契约，此指刘邦欠的酒账。秦时以竹简或木札作书写材料，刘邦欠的酒账，记在简札上。"折券"，即谓销毁记在简札上的酒账。"责"，通"债"。

**【译文】**高祖这个人，高鼻梁，像龙一样丰满的额角，漂亮的须髯，左腿上有七十二颗黑痣。仁厚爱人，喜欢施舍，胸襟开阔。常有远大的志向，不从事一般百姓的生产作业。到了壮年，试做官吏，当了泗水亭亭长，公廷中的官吏，没有一个不混得很熟，受他戏弄。爱好喝酒，喜欢女色。常常向王媪、武负赊酒，喝醉了卧睡，武负、王媪看见他上面常有一条龙，感到很奇怪。高祖每次来买酒，留在酒店中饮酒，酒店的酒比平常多卖几倍。等到发现了奇怪的现象，年终时，这两家酒店常折毁账目，放弃债权。

高祖常繇咸阳，[1]纵观，观秦皇帝，喟然太息曰：[2]"嗟乎，[3]大丈夫当如此也！"

**【注释】**〔1〕"常"，通"尝"。"繇"，通"徭"，用作动词，服徭役。"咸阳"，秦都，故地在今陕西咸阳市东北。 〔2〕"喟"，音kuì。"喟然"，叹气的样子。〔3〕"嗟"，音jiē。"嗟乎"，感叹声。犹如今日的"啊呀"。

**【译文】**高祖曾经到咸阳服徭役，（有一次秦始皇车驾出巡，）纵任人们观看，他看到了秦始皇，喟然长叹说："啊，大丈夫应当像这个样子！"

　　单父人吕公善沛令，〔1〕避仇从之客，因家沛焉。沛中豪桀吏闻令有重客，〔2〕皆往贺。萧何为主吏，〔3〕主进，〔4〕令诸大夫曰：〔5〕"进不满千钱，坐之堂下。"高祖为亭长，素易诸吏，乃绐为谒曰"贺钱万"，〔6〕实不持一钱。谒入，吕公大惊，起，迎之门。吕公者，好相人，见高祖状貌，因重敬之，引入坐。萧何曰："刘季固多大言，少成事。"高祖因狎侮诸客，遂坐上坐，无所诎。〔7〕酒阑，〔8〕吕公因目固留高祖。高祖竟酒，后。吕公曰："臣少好相人，〔9〕相人多矣，无如季相，愿季自爱。臣有息女，愿为季箕帚妾。"〔10〕酒罢，吕媪怒吕公曰："公始常欲奇此女，与贵人。沛令善公，求之不与，何自妄许与刘季？"吕公曰："此非儿女子所知也。"卒与刘季。吕公女乃吕后也，生孝惠帝、鲁元公主。〔11〕

　　**【注释】**〔1〕"单父"，音 shàn fǔ，县名，故地在今山东单县。"令"，县的最高行政长官。此官在万户以上的大县称"令"，少于万户的小县则称"长"。从云梦秦简来看，秦令、长又可称"县啬夫"、"大啬夫"。　〔2〕"桀"，通"杰"。　〔3〕"萧何"，沛县丰邑人，佐刘邦统一天下，位至丞相，封酂侯。事详本书《萧相国世家》、《汉书·萧何传》。"主吏"，县令下主管一个方面的官吏。《集解》引孟康说和《萧相国世家》唐司马贞《索隐》都认为主吏即功曹。功曹掌管人事，负责考核官吏的政绩，根据优劣进行升黜。　〔4〕"进"，字本作"賮"，会见之礼所用的财物。　〔5〕"大夫"，秦制爵二十级，由下而上，一公士，二上造，三簪袅，四不更，五大夫，六官大夫，七公大夫，八公乘，九五大夫，十左庶长，十一右庶长，十二左更，十三中更，十四右更，十五少上造，十六大上造，十七驷车庶长，十八大庶长，十九关内侯，二十彻侯。大夫为第五级。据《汉书·高帝纪》记载，公大夫与县令、丞抗礼，大夫爵级接近公大夫，其资格也可与县令、丞交接。这里"大夫"用以泛指尊贵的客人。　〔6〕"绐"，音 dài，欺骗。"谒"，音 yè，名帖，名刺。　〔7〕"诎"，音 qū，折屈。这里有谦让的意思。　〔8〕"酒阑"，喝酒殆尽，人渐稀少。"阑"，稀少。　〔9〕"臣"，当时习用的谦称。　〔10〕"箕帚妾"，管洒扫的女仆。此为把女儿嫁为人妻的谦虚之辞。　〔11〕"孝惠帝"，即刘盈，汉高祖死后，刘盈嗣立，公元前一九五年五月至前一八八年在位。在位期间，实权掌握在其母吕太后手中。"鲁元公主"，"鲁"为所食邑。"元"，长。汉代制度，皇帝女儿称"公主"，姊妹称"长公主"。鲁元公主是惠帝之姊，故以"元公主"称之。

　　**【译文】**单父人吕公与沛县县令相友好，为了躲避仇人到县令家做客，因而迁家到沛县。沛县中的豪杰官吏听说县令有贵客，都去送礼祝贺。萧何为县里的主吏，主管收礼物，对各位贵客说："礼物不满一千钱的，坐在堂下。"高祖做亭长，向来轻视那些官吏，于是欺骗地在名刺上说"贺万钱"，其实没有拿出一个钱。名刺递了进去，吕公大惊，站起来，到门口迎接高祖。吕公这个人，好给人相面，看到高祖的状貌，就特别敬重他，领他到堂上入座。萧何说："刘季本来大话很多，很少成事。"（由于受到吕公的敬重，）高祖便戏辱堂上的客人，自己坐在上座，毫不谦让。酒席就要散尽，吕公以目示意高祖不要走。高祖喝完了酒，留在后面。吕公说："我从年少时就好给人相面，相过的人多了，没有一个像你刘季这样的贵相，希望你刘季保重。我有一亲生女儿，愿意作为你刘季执箕帚洒扫的妻子。"酒席结束后，吕媪生吕公的气，说："你最初常想使这个女儿与众不同，把她嫁给贵人。沛令与你相友好，求娶女儿，你不答应，为什么自己妄作主张许配给了刘季？"吕公说："这不是妇孺之辈所能懂得的。"终于把女儿嫁给了刘季。吕公的女儿就是吕后，她生了孝惠帝、鲁元公主。

高祖为亭长时，常告归之田。[1]吕后与两子居田中耨，有一老父过请饮，吕后因铺之。[2]老父相吕后曰："夫人天下贵人。"令相两子，见孝惠，曰："夫人所以贵者，乃此男也。"相鲁元，亦皆贵。老父已去，高祖适从旁舍来，吕后具言客有过，相我子母皆大贵。高祖问，曰："未远。"乃追及，问老父。老父曰："乡者夫人婴儿皆似君，[3]君相贵不可言。"高祖乃谢曰："诚如父言，不敢忘德。"及高祖贵，遂不知老父处。[4]

【注释】〔1〕"常"，通"尝"，《汉书·高帝纪》作"尝"。"告"，古时官吏休假曰"告"。〔2〕"铺"，音bǔ，以食与人。〔3〕"乡"，通"向"。"乡者"，一般应解为"从前"。这里是"刚才"的意思。〔4〕"遂"，王先谦《汉书补注》云："遂犹竟也。《史》、《汉》如此用者皆训竟。"

【译文】高祖作亭长时，曾经请假回家。吕后与两个孩子在田间除草，有一老人路过，要些水喝，吕后就请他吃了饭。老人给吕后相面，说："夫人是天下的贵人。"吕后让他给两个孩子看相。老人看了孝惠，说："夫人所以显贵，就是这个孩子的缘故。"看了鲁元，也是贵相。老人已经走了，高祖正好从别人家来到田间，吕后告诉他一位客人从这里经过，给我们母子看相，说将来都是大贵人。高祖问老父在哪儿，吕后说："走出不远。"高祖追上了老人，向他询问。老人说："刚才相过夫人和孩子，他们都跟你相似，你的相貌，贵不可言。"高祖便道谢说："如果真像老父所说，决不忘记对我的恩德。"等到高祖显贵，竟然不知道老人的去处了。

高祖为亭长，乃以竹皮为冠，令求盗之薛治之，[1]时时冠之，及贵常冠，所谓"刘氏冠"乃是也。

**【注释】**〔1〕"求盗"，亭长下面有两卒，一名叫亭父，掌管门户开闭和清扫；一名叫求盗，负责追捕盗贼。"薛"，秦县，故地在今山东滕县南。

**【译文】**高祖做亭长，以竹皮为帽，这帽子是他派求盗到薛县制作的，经常戴着它。等到显贵时，仍然常常戴着，所谓"刘氏冠"，就是指这种帽子。

高祖以亭长为县送徒郦山，〔1〕徒多道亡，自度比至皆亡之。〔2〕到丰西泽中，止饮，夜乃解纵所送徒。曰："公等皆去，吾亦从此逝矣！"徒中壮士愿从者十余人。高祖被酒，夜径泽中，〔3〕令一人行前。行前者还报曰："前有大蛇当径，愿还。"高祖醉，曰："壮士行，何畏！"乃前，拔剑击斩蛇。蛇遂分为两，径开。行数里，醉，因卧。后人来至蛇所，有一老妪夜哭。〔4〕人问何哭，妪曰："人杀吾子，故哭之。"人曰："妪子何为见杀？"妪曰："吾子，白帝子也，〔5〕化为蛇，当道，今为赤帝子斩之，〔6〕故哭。"人乃以妪为不诚，欲告之。〔7〕妪因忽不见。后人至，高祖觉。后人告高祖，高祖乃心独喜，自负。诸从者日益畏之。

**【注释】**〔1〕"郦"，音丨丨，或作"骊"。"郦山"，在今陕西临潼县东南。秦始皇征发百姓为自己在这里修建陵墓，死后即葬此。　〔2〕"度"，音 duó，揣测，估计。　〔3〕"径"，小路。这里用作动词，意谓抄小路走。　〔4〕"妪"，音 yù，年老的女人。　〔5〕"白帝"，古代传说中的五天帝之一，位于西方，在五行中为金德。秦襄公认为是白帝子孙，祀白帝。　〔6〕"赤帝"，古代传说中的五天帝之一，位于南方，在五行中为火德。按照五德循环的理论，火克金，火德要代替金德，即赤帝的子孙要代替白帝的子孙，也就是汉要灭秦。　〔7〕"告"，告发。古本或作"苦"，《汉书·高帝纪》作"苦"，意谓困辱。"苦"字于义较长，可能原本作"苦"，译文即本此。

**【译文】**高祖因身任亭长，为县里送役徒去郦山，役徒多在途中逃亡。他估计，等走到郦山，大概都逃光了。到丰邑西面的沼泽地带，停下来喝酒，夜间高祖就释放了所押送的役徒。高祖说："各位都走吧，我也从此一去不返了！"役徒中有十多个年轻力壮的愿意跟随高祖。高祖带着酒意，当夜抄小路通过这片沼泽，派一人前行探路。前行探路的人回来报告说："前面有条大蛇横在路当中，请回去吧。"高祖醉醺醺的，说："好汉走路，何所畏惧！"于是，就走上前去，拔剑击蛇，斩为两段，道路打通了。走了几里地，酒性发作，便躺下睡觉。后面的人来到斩蛇的地方，见有一个老太太夜里哭泣。人们问为什么啼哭，老太太说："有人杀了我的儿子，所以我哭。"人们又说："老太太，你的儿子为什么被杀了？"老太太说："我儿子，是白帝的儿子，变为蛇，横在路当中，现在被赤帝的儿子杀了，所以我才哭。"人们以为老太太不诚实，想要给她点苦头吃，老太太忽然不见了。落在后面的人到了高祖休息的地方，高祖已经醒了。他们把刚才发生的事告诉了高祖，高祖听了暗自高兴，觉得自命不凡。那些跟随他的人对他日益敬畏。

秦始皇帝常曰"东南有天子气"，[1]于是因东游以厌之。[2]高祖即自疑，亡匿，隐于芒、砀山泽岩石之间。[3]吕后与人俱求，常得之。高祖怪问之。吕后曰："季所居上常有云气，故从往常得季。"高祖心喜。沛中子弟或闻之，多欲附者矣。

**【注释】**〔1〕"天子气"，古人迷信，认为得到天命的皇帝出现时，会有某种祥瑞伴随。"天子气"，即皇帝所在上空的特殊云气，即为祥瑞之一。《汉书·宣帝纪》载宣帝在襁褓时，遭巫蛊事，收系郡邸狱，武帝后元二年，望气者说长安狱中有天子气，所现祥瑞与刘邦相同。〔2〕"厌"，通"压"，镇压。　〔3〕"芒、砀"，两山名。砀山在今河南永城县东北，芒山在砀山北，两山相距八里。"砀"，音 dàng。

**【译文】**秦始皇帝常说"东南有天子气"，因而巡游东方，借以镇伏东南的天子气。高祖怀疑这件事与自己有关，就逃跑藏了起来，隐身在芒山、砀山一带的山泽岩石之间。吕后和别人一块儿寻找，常常一去就找到了高祖。高祖感到奇怪，就问吕后。吕后说："你所处的地方上面常有云气，向着有云气的地方去找，常常可以找到你。"高祖心里非常高兴。沛县子弟有的听到这件事，很多人都想归附他。

秦二世元年秋，陈胜等起蕲，[1]至陈而王，[2]号为"张楚"。[3]诸郡县皆多杀其长吏以应陈涉。沛令恐，欲以沛应涉。掾、主吏萧何、曹参乃曰：[4]"君为秦吏，今欲背之，率沛子弟，恐不听。愿君召诸亡在外者，可得数百人，因劫众，众不敢不听。"乃令樊哙召刘季。[5]刘季之众已数十百人矣。

**【注释】**〔1〕"蕲"，音 qí，秦县，故地在今安徽宿县南。　〔2〕"陈"，秦县，故地在今河南淮阳县。"王"，音 wàng，称王。　〔3〕"张楚"，陈胜政权称号，义为张大楚国。　〔4〕"掾"，音 yuàn，古代官府属员的通称。"掾、主吏萧何、曹参"，据《汉书·曹参传》载，曹参，秦时为沛县狱掾，是掌管刑狱的下级官吏。萧何为沛县主吏。　〔5〕"樊哙"，沛县人，以屠狗为业，终生追随刘邦，为将勇猛善战，曾任左丞相，以功封舞阳侯（舞阳在今河南舞阳县西北）。事详本书和《汉书》本传。

**【译文】**秦二世元年秋天，陈胜等在蕲县起义，到了陈县自立为王，号称"张楚"。各郡县都大多杀死长官，响应陈胜。沛县县令恐惧，想要以沛县响应陈胜。主吏萧何、狱掾曹参对他说："您身为秦朝的官吏，如今要叛秦起事，率领沛县子弟，恐怕他们不愿听命。希望您召集逃亡在外面的人，可以得到几百人。利用这股力量胁持群众，群众不敢不听您的命令。"县令就派樊哙去召唤刘季，刘季的队伍已经近百人了。

于是樊哙从刘季来。沛令后悔，恐其有变，乃闭城城守，欲诛萧、曹。萧、曹恐，踰城保刘季。刘季乃书帛射城上，谓沛父老曰："天下苦秦久矣。今父老虽为沛令守，诸侯并起，今屠沛。沛今共诛令，择子弟可立者立之，以应诸侯，则家室完。不然，父子俱屠，无为也。"[1]父老乃率子弟共杀沛令，开城门迎刘季，欲以为沛令。刘季曰："天下方扰，诸侯并起，今置将不善，壹败涂地。吾非敢自爱，恐能薄，不能完父兄子弟。此大事，愿更相推择可者。"萧、曹等皆文吏，自爱，恐事不就，后秦种族其家，[2]尽让刘季。诸父老皆曰："平生所闻刘季诸珍怪，当贵，且卜筮之，[3]莫如刘季最吉。"于是刘季数让。众莫敢为，乃立季为沛公。[4]祠黄帝，[5]祭蚩尤于沛庭，[6]而衅鼓旗。[7]帜皆赤，由所杀蛇白帝子，杀者赤帝子，故上赤。[8]于是少年豪吏如萧、曹、樊哙等皆为收沛子弟二三千人，攻胡陵、方与，[9]还守丰。

**【注释】**〔1〕"无为也"，没有意思，不值得。　〔2〕"种族"，灭族。秦有夷三族之法，一人犯罪，诛及三族。　〔3〕"卜筮"，占卜以定吉凶。用火灼龟甲，根据灼开的裂缝预测吉凶叫"卜"。用蓍草茎预测吉凶叫"筮"。　〔4〕"沛公"，楚国旧制，县令称公。众人推刘邦为沛令，所以称他为沛公。　〔5〕"黄帝"，传说时代姬姓部族神化了的始祖，被奉为我国古史传说时期最早的一位宗祖神。华夏族形成后，公认他为全族的始祖。五帝说出现后，被尊为五帝之一。"祠黄帝"，是为了求得始祖的福佑。　〔6〕"蚩尤"，神话传说中的东方九黎族首领，首先发明金属兵器，威震天下。《史记·五帝本纪》记载，黄帝时，蚩尤作乱，被黄帝擒杀。而张守节《正义》引《龙鱼河图》说，蚩尤好杀，被黄帝制服，派他主管兵事。蚩尤死后，天下扰乱，黄帝画蚩尤形像镇服天下。因为蚩尤在传说中的地位类似战神，所以刘邦祭以求福。"蚩"，音chī。　〔7〕"衅"，音xìn，杀牲血祭。"衅鼓旗"，杀牲把血涂在鼓的缝隙中和旗子上。　〔8〕"上"，通"尚"，崇尚。　〔9〕"胡陵"，秦县，故地在今山东鱼台县东南。"方与"，秦县，故地在今山东鱼台县西北。

**【译文】**于是樊哙跟着刘季来到沛县。沛县县令又后悔了，恐怕刘季发生变故，就关闭城门，派人防守，（不让刘季进城，）打算杀掉萧何、曹参。萧何、曹参恐惧，翻过城墙依附刘季。刘季用帛写了一封信，射到城上，告诉沛县父老说："天

中華藏書

史記精華

中国书店

一三二

下苦于秦朝的暴政已经很久了。现在父老为沛令守城，但各国诸侯都已起事，（一旦城破，）就要屠戮沛县。如果沛县父老共同起来杀死沛令，选择子弟中可以立为首领的做领导，以响应诸侯军，那就能保全身家性命。不然的话，父子全遭杀害，死得毫无意义。"父老们就率领子弟共同杀了沛令，打开城门，迎接刘季，想让他做沛县县令。刘季说："天下正在混乱当中，诸侯都已起事，如果推选的将领不胜任，就会一败涂地。我不是吝惜自己的生命，只怕才劣力薄，不能保全父兄子弟。这是件大事，希望另外共同推选一位能够胜任的人。"萧何、曹参等都是文官，看重身家性命，怕事情不成，秦朝会诛灭他们的全族，所以都推让刘季。父老们都说："我们平时听到刘季许多奇异的事情，看来刘季是该显贵的。而且又经过占卜，没有比刘季更吉利的。"这时刘季再三谦让，大家都不敢担任，最后还是立刘季为沛公。在沛县衙门的庭院里祭祀黄帝和蚩尤，又用牲血衅鼓旗。旗子一律红色，因为刘季所杀蛇是白帝的儿子，杀蛇的是赤帝的儿子，所以崇尚赤色。于是少年子弟和有势的官吏，如萧何、曹参、樊哙等人，都为沛公征集兵员，集合了两三千人，攻打胡陵、方与，回军固守丰邑。

秦二世二年，陈涉之将周章军西至戏而还。[1]燕、赵、齐、魏皆自立为王。[2]项氏起吴。[3]秦泗川监平将兵围丰，[4]二日，出与战，破之。命雍齿守丰，[5]引兵之薛。泗川守壮败于薛，走至戚，[6]沛公左司马得泗川守壮，[7]杀之。沛公还军亢父，[8]至方与，[9]未战。陈王使魏人周市略地。[10]周市使人谓雍齿曰："丰，故梁徙也。[11]今魏地已定者数十城。齿今下魏，魏以齿为侯守丰。不下，且屠丰。"雍齿雅不欲属沛公，及魏招之，即反为魏守丰。沛公引兵攻丰，不能取。沛公病，还之沛。沛公怨雍齿与丰子弟叛之，闻东阳宁君、秦嘉立景驹为假王，[12]在留，[13]乃往从之，欲请兵以攻丰。是时秦将章邯从陈，别将司马尼将兵北定楚地，[14]屠相，至砀。[15]东阳宁君、沛公引兵西，与战萧西，[16]不利。还收兵聚留，引兵攻砀，三日乃取砀。因收砀兵，得五六千人。攻下邑，[17]拔之。还军丰。闻项梁在薛，从骑百余往见之。项梁益沛公卒五千人，五大夫将十人。[18]沛公还，引兵攻丰。

【注释】〔1〕"周章"，即周文，陈人，战国末年曾在楚国项燕军队里看时辰，定吉凶。后为陈胜将领，率兵攻入关中，战败自杀。其事主要见于《陈涉世家》。"戏"，水名，源出骊山，流入渭水，在今陕西临潼县东。〔2〕"燕、赵、齐、魏"，指战国时燕、赵、齐、魏四国故地。"燕"，音yān，疆域在今河北北部和辽宁西部。"赵"，疆域在今山西中部、陕西东北角和河北西南部。"齐"，疆域在今山东泰山以北黄河流域和胶东半岛地区。"魏"，疆域在今河南北部和山西西南部。〔3〕"项氏"，项梁、项羽。"起吴"，起兵于吴。项氏世代为楚国将领。项梁杀人，与其侄项羽避仇于吴。陈胜起义后，二人在吴起兵。"吴"，又称"吴中"，春秋时吴国都城，秦置县，为会稽郡郡治，故地在今江苏苏州市。 〔4〕"泗川"，秦郡。据《汉书·地理志》，秦设泗水郡，"川"是"水"字之误。泗水郡治所在相县（在今安徽淮北市西北，因境内有相山得名），辖有今安徽北部和河南夏邑县、永城县，以及江苏西北部地区，汉改郡名为沛。"监"，秦朝一般于郡设守、尉、监，守是行政长官，尉掌兵事，辅佐郡守。监即监郡御史，负责监察官吏，直属中央的御史大夫。"平"，泗水监的名字，姓氏已佚。下文"壮"是泗水守的名字，姓氏也不可考。 〔5〕"雍齿"，与刘邦同乡，汉封什方侯。 〔6〕"戚"，秦县，故地在今山东滕县南。 〔7〕"左司马"，司马是掌军政之官。有时分置左右。 〔8〕"亢父"，音 gāng fǔ，秦县，故地在今山东济宁市南。 〔9〕"至方与"，此句下有"周市来攻方与"一句，与下文"陈王使魏人周市略地"文意扞格，当是衍文。《汉书·高帝纪》无此句。 〔10〕"陈王"，陈胜。"周市"，陈胜将领，曾奉命略取魏地，下魏后，迎魏咎为王，自任魏相。后被秦将章邯击杀。"市"，音 fú，音义与"市"异，时人常以此为名。 〔11〕"丰，故梁徙"，战国时，魏惠王带从安邑（今山西夏县西北）迁都大梁（今河南开封市），所以魏又称梁。至魏王假，大梁被秦占领，又迁到丰。 〔12〕"东阳"，秦县，故地在今安徽天长县西北。"宁君"，姓宁，名字已不可考。"秦嘉"，凌（今江苏泗阳县西北）人，陈胜起义后，也起兵反秦，自立为大司马。"景驹"，景氏原为楚国的王族，因为景驹为景氏之后，所以秦嘉立他为"假王"，以便号召群众。"假王"，暂时代理之王。 〔13〕"留"，秦县，故地在今江苏沛县东南。 〔14〕"别将"，主将部下另外率领一支军队的将领。"司马尼"，"尼"，"夷"的古体字。"尼"是司马之名，姓佚，为章邯司马。清王先谦《汉书补注》引周寿昌说，认为司马是姓，不是官称。 〔15〕"砀"，秦县，故地在今河南永城县东北。 〔16〕"萧"，秦县，故地在今安徽萧县西北。 〔17〕"下邑"，秦县，故地在今安徽砀山县。 〔18〕"五大夫将"，有五大夫爵位的将领。五大夫在秦爵二十级中为第九级。

**【译文】** 秦二世二年，陈胜将领周章的军队西至戏水而还。燕、赵、齐、魏都自立为王。项梁、项羽起兵于吴。秦泗水郡郡监平率兵围丰，两天后，沛公出兵应战，打败了秦军。沛公命令雍齿守卫丰邑，自己引兵赴薛。泗水郡郡守壮在薛战败，逃到戚。沛公左司马擒获泗水郡郡守壮，杀死了他。沛公回军亢父，到了方与，没有交战。陈王陈胜派魏人周市攻城略地。周市使人对雍齿说："丰，原来梁王曾迁徙到这里。如今魏地已经攻占的有数十城，你雍齿如果降魏，魏封你雍齿为侯，仍然驻守丰邑。不投降的话，就要血洗丰邑。"雍齿本来就很不愿意隶属沛公，等到魏国招降他，就背叛沛公，为魏防守丰邑。沛公引兵攻丰，没有攻下。沛公病了，回到沛县。沛公怨恨雍齿和丰邑子弟都背叛他，听说东阳宁君、秦嘉立景驹为假王，住在留县，就去依附他们，想借兵攻打丰邑。这时，秦将章邯在追击陈王的部队，别将司马夷率军北向，攻占楚地，在相屠城，到了砀县。东阳宁君、沛公引兵西进，与司马夷在萧县西面交战，没有占着便宜。退回来收集散兵，屯聚留县，引兵攻砀，三天就攻下了砀县。收编砀县降兵，得到五六千人，进攻下邑，打了下来。回军丰邑。听说项梁在薛县，带了随从骑兵一百多人去见项梁。项梁给沛公增拨士兵五千人，五大夫一级的将领十人。沛公回来，引兵攻丰。

从项梁月余，项羽已拔襄城还。[1]项梁尽召别将居薛。闻陈王定死，因立楚后怀王孙心为楚王，[2]治盱台。[3]项梁号武信君。居数月，[4]北攻亢父，救东阿，[5]破秦军。齐军归，楚独追北，[6]使沛公、项羽别攻城阳，[7]屠之。军濮阳之东，[8]与秦军战，破之。

　　**【注释】**〔1〕"襄城"，秦县，故地在今河南襄城县。　〔2〕"怀王"，楚怀王，楚威王之子，名槐，公元前三二八年继位，公元前二九九年，应秦昭王的邀请入秦被扣，死在秦国。楚人思念，项梁在民间找到了他的孙子心，立为楚王，仍旧称楚怀王，以顺从民望，号召反秦。〔3〕"盱台"，音 xū yí，即"盱眙"，故地在今江苏盱眙县东北。　〔4〕"居数月"，据本书《秦楚之际月表》和《资治通鉴》，秦二世二年六月立心为楚王，七月即救东阿。"月"或为"日"之误。　〔5〕"东阿"，秦县，故地在今山东阳谷县东北阿城镇，东与今东阿县接壤。"阿"，音 ē。当时齐将田荣被秦将章邯围困在东阿。　〔6〕"北"，军败，战败。　〔7〕"城阳"，即成阳，秦县，故地在今山东鄄城县东南。　〔8〕"军"，用为动词，驻扎。"濮阳"，秦县，故地在今河南濮阳县西南。

　　**【译文】**沛公跟随项梁一个多月，项羽已经攻克襄城回来。项梁把各路将领都召集到薛县，听说陈王确实死了，就立楚国后人、楚怀王的孙子心为楚王，建都盱台。项梁号为武信君。停了几个月，向北攻打亢父，救援东阿（被围的齐军），打败了秦军。齐军回齐，楚军单独追击败兵。派沛公、项羽另率军队攻打城阳，大肆杀戮城中军民。沛公、项羽驻军濮阳东面，与秦军接战，击破了秦军。

　　秦军复振，守濮阳，环水。楚军去而攻定陶，[1]定陶未下。沛公与项羽西略地至雍丘之下，[2]与秦军战，大破之，斩李由。[3]还攻外黄，[4]外黄未下。

　　**【注释】**〔1〕"定陶"，秦县，故地在今山东定陶县西北。　〔2〕"雍丘"，秦县，故地在今河南杞县。　〔3〕"李由"，秦三川郡郡守，丞相李斯之子。　〔4〕"外黄"，秦县，故地在今河南民权县西北。

　　**【译文】**秦军又振作起来，固守濮阳，决水自环。楚军离去，转攻定陶，定陶没有攻下。沛公和项羽向西攻城略地，到了雍丘城下，与秦军交战，大破秦军，杀了李由。回军攻打外黄，外黄没有攻克。

　　项梁再破秦军，有骄色。宋义谏，[1]不听。秦益章邯兵，夜衔枚击项梁，[2]大破之定陶，项梁死。沛公与项羽方攻陈留，[3]闻项梁死，引兵与吕将军俱东。[4]吕臣军彭城东，[5]项羽军彭城西，沛公军砀。

**【注释】**〔1〕"宋义"，原为楚国令尹，后来参加项梁军。项梁死后，楚怀王心拜为上将军，号卿子冠军，被项羽杀害。其事主要见于《项羽本纪》。　〔2〕"衔枚"，枚，状如筷子，横衔于口中，两头有绳，可系在脖子上。秘密行军时，衔枚防止喧哗，以便突然袭击敌人。〔3〕"陈留"，秦县，故地在今河南开封市东南陈留城。　〔4〕"吕将军"，即吕臣，陈胜部将。陈胜死后，归于项梁。与项羽、刘邦联合抗秦，曾为楚怀王心的司徒。　〔5〕"彭城"，秦县，故地在今江苏徐州市。

**【译文】**项梁又一次打败了秦军，有骄傲的神色。宋义劝诫他，他不听。秦派兵增援章邯，夜间衔枚偷袭项梁，大破项梁于定陶，项梁战死。沛公和项羽正在攻打陈留，听说项梁死了，带兵和吕将军一起向东进发。吕臣驻扎在彭城东面，项羽驻扎在彭城西面，沛公驻扎在砀。

章邯已破项梁军，则以为楚地兵不足忧，乃渡河，北击赵，大破之。当是之时，赵歇为王，[1]秦将王离围之巨鹿城，[2]此所谓河北之军也。

**【注释】**〔1〕"赵歇"，赵国后裔。陈胜起义以后，派武臣招抚赵国故地，武臣至邯郸（今河北邯郸市），自立为赵王，旋被杀害。武臣的校尉陈余、张耳立赵歇为赵王。　〔2〕"王离"，秦名将王翦之孙，封武城侯。"巨鹿"，秦县，故地在今河北平乡县西南。

**【译文】**章邯已经打垮了项梁的军队，以为楚地的敌人不用担心了，就渡过黄河，北进攻打赵地，大破赵军。这个时候，赵歇为赵王，秦将王离围困赵歇于巨鹿城。（被围在巨鹿的军队，）这就是所谓的"河北之军"。

秦二世三年，楚怀王见项梁军破，恐，徙盱台，都彭城，并吕臣、项羽军自将之。以沛公为砀郡长，[1]封为武安侯，将砀郡兵。封项羽为长安侯，号为鲁公。吕臣为司徒，[2]其父吕青为令尹。

**【注释】**〔1〕"长"，犹如秦郡守。　〔2〕"司徒"，不是指通常所说的六卿之一的司徒。楚怀王心为楚国后人，所置官因袭楚国旧制，如吕青为令尹，令尹就是楚官，为执政首相。此司徒与令尹同属楚官，负责后勤军需之类。

**【译文】**秦二世三年，楚怀王看到项梁的军队被打垮了，心里恐惧，迁离盱台，建都彭城，合并吕臣、项羽的军队，亲自统率。以沛公任砀郡长，封为武安侯，统领砀郡的军队。封项羽为长安侯，号为鲁公。吕臣任司徒，他的父亲吕青作令尹。

赵数请救，怀王乃以宋义为上将军，[1] 项羽为次将，[2] 范增为末将，[3] 北救赵。令沛公西略地入关。与诸将约，先入定关中者王之。[4]

中華藏書

本纪三篇（精选）

中国书店

**【注释】**〔1〕"上将军"，诸将之首。 〔2〕"次将"，地位次于上将军，犹如后世的副帅。〔3〕"范增"，居鄡（今安徽桐城南）人，善出奇计，为项梁、项羽谋士，事详《项羽本纪》。"末将"，地位低于次将，高于统领一个方面军的别将。与后世偏裨将校自我谦称的末将义有不同。 〔4〕"关中"，所指范围大小不一，一般指函谷关以西，散关以东。秦统一六国以前，长期占据关中一带，因此通称故秦地为关中。"王"，用作动词。"之"，代词，指关中。"王之"，为王于关中。

**【译文】**赵多次请求救援，楚怀王就以宋义为上将军，项羽为次将，范增为末将，北上救赵。命令沛公西出略地，打入关中。同将领们约定：先攻入关中的，就封在关中做王。

当是时，秦兵强，常乘胜逐北，[1] 诸将莫利先入关。独项羽怨秦破项梁军，奋，愿与沛公西入关。怀王诸老将皆曰："项羽为人僄悍猾贼。项羽尝攻襄城，襄城无遗类，皆阬之，诸所过无不残灭。且楚数进取，[2] 前陈王、项梁皆败。不如更遣长者扶义而西，告谕秦父兄。秦父兄苦其主久矣，今诚得长者往，毋侵暴，宜可下。今项羽僄悍，今不可遣。独沛公素宽大长者，可遣。"卒不许项羽，而遣沛公西略地，收陈王、项梁散卒。乃道砀至成阳，与杠里秦军夹壁，[3] 破秦二军。[4] 楚军出兵击王离，大破之。[5]

**【注释】**〔1〕"逐北"，追击败兵。 〔2〕"楚"，楚军，包括陈胜军和项梁军。 〔3〕"杠里"，在成阳西。 〔4〕"破秦二军"，原作"破魏二军"，"魏"是"秦"字之误。《汉书·高帝纪》云"攻秦军壁，破其二军"，可证。 〔5〕"楚军出兵击王离，大破之"，秦二世三年十一月，项羽杀死上将军宋义，自为上将军，破釜沉舟，与秦军展开巨鹿之战。经多次激战，大败秦军，杀死秦将苏角，生擒王离，涉间自杀。不久，章邯率秦军二十余万投降，秦军土崩瓦解。这里所说楚军击王离，大破之，即指巨鹿之战。事详本书《项羽本纪》和《汉书·高帝纪》、《项籍传》。

**【译文】**这时候，秦军强盛，常常乘胜追击，众将领没有认为先入关的是有利的。唯独项羽痛恨秦打垮了项梁的军队，心中愤激，愿和沛公西进入关。怀王的老将都说："项羽为人轻捷而凶猛，狡诈而残忍。项羽曾经攻打襄城，襄城没有留下一个活人，全都活埋了。所经过的地方，无不残杀毁灭。况且楚军多次进兵攻取，（没有获胜，）以前陈王、项梁都失败了。不如另派宽厚长者，以正义为号召，向西进发，把道理向秦父老兄弟讲清楚。秦父老兄弟苦于他们君主的统治很久了，现在如果真能得到宽厚长者去关中，不加欺凌暴虐，应该能够拿下关中。而今项羽剽悍，不可派遣。只有沛公向来是宽大长者，可以派遣。"终于没有答应项羽，而派遣沛公西进攻取秦地。收集陈王、项梁的散兵，路经砀，到达成阳，与杠里的秦军对垒，打败了秦军的两支部队。楚军出兵攻击王离，把他的军队打得大败。

　　沛公引兵西，遇彭越昌邑，[1]因与俱攻秦军，战不利。还至栗，[2]遇刚武侯，[3]夺其军，可四千余人，并之。与魏将皇欣、魏申徒武蒲之军并攻昌邑，[4]昌邑未拔。西过高阳。[5]郦食其为监门，[6]曰："诸将过此者多，吾视沛公大人长者。"乃求见说沛公。[7]沛公方踞床，[8]使两女子洗足。郦生不拜，长揖，曰："足下必欲诛无道秦，不宜踞见长者。"于是沛公起，摄衣谢之，延上坐。食其说沛公袭陈留，得秦积粟。乃以郦食其为广野君，郦商为将，[9]将陈留兵，与偕攻开封，[10]开封未拔。西与秦将杨熊战白马，[11]又战曲遇东，[12]大破之。杨熊走之荥阳，[13]二世使使者斩以徇。南攻颍阳，[14]屠之。因张良遂略韩地轘辕。[15]

【注释】[1]"彭越"，字仲，昌邑人，秦末在巨野泽（即大野泽，在今山东巨野县北）聚众千余人，响应陈胜、项梁起义，转战于梁地。因助刘邦消灭项羽，封梁王，后被族灭。事详本书《彭越列传》。"昌邑"，秦县，故地在今山东金乡县西北。　[2]"栗"，秦县，故地在今河南夏邑县。　[3]"刚武侯"，姓名不详。　[4]"皇欣"，本书《秦楚之际月表》作"皇䜣"。"申徒"，即司徒。　[5]"高阳"，聚邑名，故地在今河南杞县西南。　[6]"郦食其"，音lì yì jī，高阳人，家贫，好读书，六十余见刘邦，为刘邦说客，常奉命出使诸侯，事详本书《郦生列传》。"为"，原误作"谓"，《郦生列传》、《汉书·高帝纪》皆作"为"，今据改。"监门"，本书《郦生列传》云"为里监门吏"，《汉书·高帝纪》云"为里监门"，此乃主管开闭里门的小吏。　[7]"说"，音shuì，劝说。　[8]"踞"，古人席地而坐，两膝着地。踞则臀部着地，两脚向前岔开，是不礼貌的傲慢姿态。　[9]"郦商"，食其弟，陈胜起义时，商也聚众起事，归附刘邦为将，封信成君。入汉为右丞相，封涿侯，卒谥景侯。事详本书《郦商列传》。　[10]"开封"，故地在今河南开封县西南。　[11]"白马"，秦县，故地在今河南滑县东。　[12]"曲遇"，聚邑名，故地在今河南中牟县东。　[13]"荥阳"，故地在今河南荥阳县。　[14]"颍阳"，秦县，故地在今河南许昌市西南。　[15]"张良"，字子房，韩国贵族后裔。秦朝末年，聚众归刘邦，游说项羽立韩贵族成为韩王，张良任韩国司徒。韩王成被项羽杀害，又归刘邦，成为刘邦的重要谋士，以功封留侯，食邑于留。事详本书《留侯世家》。"轘辕"，山名，在今河南偃师县东南，与巩县、登封县接界。山路险阻，周回盘曲，是有名的险道。

【译文】沛公引兵西进，在昌邑遇见彭越，就和他一起攻打秦军，这一仗没有打赢。回到栗县，遇到刚武侯，夺了他的军队，大约四千多人，（与沛公原来的队伍）合并在一起。沛公与魏将皇欣、魏申徒武蒲的军队联合攻打昌邑，昌邑没有攻下。西进路过高阳。郦食其为里监门，说：“将领们路过这里的很多，我看沛公是一个大人物，有仁厚长者的风度。”就去求见游说沛公。沛公正坐在床上，伸着两腿，让两个女子给他洗脚。郦生不下拜，深深地作了个揖，说：“足下一定要消灭残暴无道的秦朝，就不应该伸着两脚接见长者。”于是沛公站了起来，整理好衣服，向他道歉，请入上座。郦食其劝沛公袭击陈留，获得陈留积聚的粮米。沛公就以郦食其为广野君，郦商为将领，统率陈留的军队，和沛公一起攻打开封，开封没有攻下。向西与秦将杨熊在白马打了一仗，又接战于曲遇的东面，大破杨熊军。杨熊逃往荥阳，秦二世派使者斩首示众。沛公向南攻打颍阳，屠了颍阳城。依靠张良攻占了韩国的辕辕。

当是时，赵别将司马卬方欲渡河入关，[1]沛公乃北攻平阴，[2]绝河津，南，战雒阳东，[3]军不利，还至阳城，[4]收军中马骑，与南阳守龁战犨东，[5]破之。略南阳郡，南阳守龁走，保城守宛。沛公引兵过而西。张良谏曰：“沛公虽欲急入关，秦兵尚众，距险。[6]今不下宛，宛从后击，强秦在前，此危道也。”于是沛公乃夜引兵从他道还，更旗帜，黎明，围宛城三匝。[7]南阳守欲自刭。其舍人陈恢曰：[8]“死未晚也。”乃踰城见沛公，曰：“臣闻足下约，先入咸阳者王之。今足下留守宛。宛，大郡之都也，连城数十，人民众，积蓄多，吏人自以为降必死，故皆坚守乘城。今足下尽日止攻，士死伤者必多，引兵去宛，宛必随足下后，足下前则失咸阳之约，后又有强宛之患。为足下计，莫若约降，封其守，因使止守，引其甲卒与之西。诸城未下者，闻声争开门而待，足下通行无所累。”沛公曰：“善。”乃以宛守为殷侯，封陈恢千户，引兵西，无不下者。至丹水，[9]高武侯鳃、襄侯王陵降西陵。[10]还攻胡阳，[11]遇番君别将梅鋗，[12]与皆，降析、郦。[13]遣魏人宁昌使秦，使者未来。是时章邯已以军降项羽于赵矣。

【注释】〔1〕“司马卬”，为赵将，后来项羽分封诸侯，卬为殷王，都朝歌（今河南淇县东北）。“卬”，“昂”的本字。　〔2〕“平阴”，秦县，故地在今河南孟津县东北。县境有平阴津，为黄河渡口。　〔3〕“雒阳”，即洛阳，故地在今河南洛阳市东北。　〔4〕“阳城”，故地在今河南登封县东南告成镇。　〔5〕“南阳”，秦郡，辖境在今河南西南部和湖北北部，在秦为大郡。治宛县，即今河南南阳市。"齮"，音 yǐ，《史记》未载姓，据荀悦《汉记》姓吕。"犨"，音 chōu，秦县，故地在今河南鲁山县东南。 〔6〕"距"，通"拒"。 〔7〕"帀"，同"匝"，环绕一周。 〔8〕"舍人"，战国、秦和汉初王公贵官都有舍人，为左右亲近的人，后来为私属官称。 〔9〕"丹水"，秦县，故地在今河南淅川县西南，南有丹水流过。 〔10〕"鰓"，音 sāi。姓氏不详。人们认为鰓姓戚。据本书《高祖功臣侯者年表》，戚鰓初期随从刘邦为郎，后为都尉守蕲城，以中尉封临辕侯，与刘邦至丹水投降的高武侯鰓不是一人。"王陵"，刘邦同乡，早期聚众数千人，起兵南阳，后归附刘邦。入汉封安国侯，曾为右丞相。事详《汉书》本传。"西陵"，汉有此县，属江夏郡，在今湖北新洲县西。南郡又有西陵，为楚要隘，在今湖北宜昌市西北。此西陵指前者。《汉书·高帝纪》、《资治通鉴》二世皇帝三年皆无此二字。 〔11〕"胡阳"，即湖阳，故地在今河南唐河县西南湖阳镇。 〔12〕"番君"，又作"鄱君"，即吴芮，曾为秦番阳（今江西波阳县）令，故称番君。后起义反秦，入汉封长沙王。事详《汉书》本传。"番"，音 pó。"梅鋗"，吴芮部将，曾跟刘邦入武关，因配合项羽作战有功，项羽分封诸侯王时，被封为十万户侯。"鋗"，音 juān。 〔13〕"析"，聚邑名，故地在今河南西峡县。"郦"，秦县，故地在今河南南阳市西北。

【译文】这时，赵将司马卬正要渡过黄河进入函谷关，沛公就北进攻打平阴，切断黄河渡口。向南进发，在雒阳东面交战，战斗不利，回到阳城，集中军中的骑兵，与南阳郡郡守齮战于犨东，打败了齮军。攻取南阳郡的城邑，南阳郡郡守齮逃走，退守宛县。沛公引兵绕过宛城西进。张良进谏说："沛公你虽然急于打入函谷关，但秦兵还很多，又据守险要。如今不拿下宛城，宛城守军从背后攻击，强大的秦军在前面阻挡，这是一种危险的战术。"于是沛公就在夜间率兵从另外一条道路返回，更换了旗帜，天亮时，把宛城包围了三层。南阳郡郡守想要自杀。他的舍人陈恢说："死的还早。"他就翻过城墙去见沛公，说："我听说足下接受楚怀王的约定，先攻入咸阳的称王关中。现在足下停留守在宛城。宛城是大郡的治所，连城数十，人多粮足，官吏和民众认为投降肯定被处死，所以都登城固守。如果足下整天的留在这里攻城，士卒死伤的一定很多，如果引兵离开宛城，宛城守军必然跟踪追击。足下向前则失去先入咸阳的约定，后退又有强大的宛城守军为患。为足下设想，不如明约招降，封南阳郡守官爵，让他留守，足下带领宛城士卒一道西进。许多没有攻下的城邑，听到这个消息，争先打开城门，等待足下，足下可以通行无阻。"沛公说："好。"就以南阳郡守为殷侯，封给陈恢一千户。引兵西进，没有不降服的。到达丹水，高武侯鰓、襄侯王陵在西陵投降。回军攻打胡阳，遇到番君的别将梅鋗，与他一起，迫使析县、郦县投降。派遣魏人宁昌出使秦关中，使者没有回来。这时章邯已经带领全军在赵地投降项羽了。

　　初，项羽与宋义北救赵，及项羽杀宋义，代为上将军，诸将黥布皆属，〔1〕破秦将王离军，降章邯，诸侯皆附。及赵高已杀二世，〔2〕使人来，欲约分王关中。沛公以为诈，乃用张良计，使郦生、陆贾往说秦将，〔3〕

唉以利，[4]因袭攻武关，[5]破之。又与秦军战于蓝田南，[6]益张疑兵旗帜，[7]诸所过毋得掠卤，[8]秦人憙，[9]秦军解，[10]因大破之。又战其北，大破之。乘胜，遂破之。

【注释】〔1〕"黥"，音 qíng。"黥布"，即英布，六县（今安徽六安县北）人，因受过黥刑，故又称黥布。秦末率刑徒起兵，曾依附项羽，封九江王，后来归汉，封淮南王。高祖十二年，举兵反汉，战败被杀。事详《史记》、《汉书》本传。〔2〕"赵高"，秦宦者，始皇时为车府令。始皇死于沙丘，赵高与丞相李斯谋立胡亥为二世皇帝。后又杀害李斯，自任丞相，专擅朝政，迫二世自杀，立子婴为秦王。子婴又杀死赵高。〔3〕"陆贾"，楚人，刘邦的说客，常衔命出使诸侯，著有《新语》十二篇。事详《史记》、《汉书》本传。〔4〕"唉"，音 dàn，引诱。〔5〕"武关"，在今陕西丹凤县东南。〔6〕"蓝田"，秦县，故地在今陕西蓝田县西。〔7〕"疑兵"，虚设的兵阵。"益张疑兵旗帜"，多设疑兵和旗帜，目的在于造成虚假的声势，用以迷惑敌人。〔8〕"卤"，通"掳"。〔9〕"憙"，通"喜"。〔10〕"解"，通"懈"。

【译文】起初，项羽和宋义北进援救赵，等到项羽杀死宋义，代替他为上将军，许多将领和黥布都从属项羽。打垮了秦将王离的军队，使章邯投降，诸侯都归附了他。等到赵高已经杀了秦二世，派人来见沛公，想要定约瓜分关中称王。沛公以为是诈骗，就采用张良的计策，派郦生、陆贾去游说秦军将领，用私利相诱，趁机袭击武关，攻破了关口。又和秦军在蓝田南面交战，增设疑兵，多树旗帜，所经过的地方不许掳掠。秦地的群众很高兴，秦军懈怠了，因此大破秦军。又在蓝田北面接战，再次打败秦军。乘胜追击，彻底打垮了秦军。

汉元年十月，[1]沛公兵遂先诸侯至霸上。[2]秦王子婴素车白马，[3]系颈以组，[4]封皇帝玺符节，[5]降轵道旁。[6]诸将或言诛秦王。沛公曰："始怀王遣我，固以能宽容；且人已服降，又杀之，不祥。"乃以秦王属吏，[7]遂西入咸阳。[8]欲止宫休舍，樊哙、张良谏，乃封秦重宝财物府库，还军霸上，召诸县父老豪桀曰："父老苦秦苛法久矣，诽谤者族，偶语者弃市。[9]吾与诸侯约，先入关者王之，吾当王关中。与父老约，法三章耳：杀人者死，伤人及盗抵罪。余悉除去秦法。诸吏人皆案堵如故。[10]凡吾所以来，为父老除害，非有所侵暴，无恐！且吾所以还军霸上，待诸侯至而定约束耳。"乃使人与秦吏行县乡邑，告谕之。秦人大喜，争持牛羊酒食献飨军士。[11]沛公又让不受，曰："仓粟多，非乏，不欲费人。"人又益喜，唯恐沛公不为秦王。

【注释】〔1〕"汉元年"，即公元前二〇六年。此年项羽分封诸侯，刘邦为汉王。"十月"，汉初沿用秦历,以十月为岁首。至汉武帝太初元年改革历法,始以正月为岁首。 〔2〕"霸上",亦作"灞上",因地处霸水西高原上而得名,在今陕西西安市东,接蓝田县界,为古代军事要地。 〔3〕"子婴",本书《李斯列传》说是秦始皇之弟,《秦始皇本纪》说是二世之兄子。据《秦始皇本纪》记载,子婴为秦王后,和他的两个儿子谋杀赵高,可见子婴之子已是成年人。按年辈推算,秦始皇死后三年不可能有已成年的孙辈。《李斯列传》所说较为可信。子婴投降刘邦后,过了一个多月即被项羽杀死。"素车白马",是一种丧人之服。 〔4〕"组",丝带。子婴素车白马,以组系颈,表示听命处死。 〔5〕"玺",音 xǐ,秦以前,为印的统称。自秦始,皇帝之印称"玺"。汉代皇帝、皇后、诸侯王之印皆称玺。"符",以竹、木、铜等制成,上刻有文字,分成两半,双方各执一半,上面传达命令或调兵遣将时,双方合符以检验真假。"节",古代使者所持,以作凭证。用竹木或金属制成,上有旄饰。 〔6〕"轵",音 zhǐ。"轵道",亭名,在今陕西西安市东北。 〔7〕"属",音 zhǔ,交给,托付。 〔8〕"咸阳",秦都,故地在今陕西咸阳市东北。 〔9〕"弃市",一种刑法。云梦秦简记载:"士五(伍)甲毋(无)子,其弟子以为后,与同居,而擅杀之,当弃市。"又载:"同母异父相与奸,可(何)论?弃市。"可见秦代律令对弃市之刑有明文规定。所谓"弃市",即在市场中当众处死,暴尸于市,表示被众人所弃。 〔10〕"案堵",即"安堵",安居,安定。 〔11〕"飨",音 xiǎng,用酒食款待人。

【译文】汉元年十月,沛公的军队先于各路诸侯到达霸上。秦王子婴素车白马,用丝带系着脖子,封了皇帝的印玺和符节,在轵道旁投降。将领们有的主张杀死秦王。沛公说:"当初楚怀王派遣我,本来是因为我能宽大容人。况且人家已经降服,又杀死人家,不吉利。"于是就把秦王交给了官吏,向西进入咸阳。沛公想要留在宫殿中休息,樊哙、张良劝说后,才封闭了秦宫的贵重珍宝、财物和库房,回军霸上。召集各县的父老、豪杰说:"父老们苦于秦朝的严刑峻法已经很久了,诽谤朝政的要灭族,相聚议论的要在街市上处斩。我和诸侯们约定,先入关的在关中称王,我应当称王关中。同父老们约定,法律只有三章:杀人的处死,伤人和抢劫的处以与所犯罪相当的刑罚。其余的秦朝法律全部废除。官吏和百姓都要安居如故。我所以到这里来,是为父老们除害,不会有欺凌暴虐的行为,不要害怕。我所以回军霸上,是等待诸侯们到来制定共同遵守的纪律。"沛公派人与秦朝官吏巡行县城乡间,告谕百姓。秦地的百姓大为高兴,争先恐后地拿出牛羊酒食款待士兵。沛公又谦让不肯接受,说:"仓库的谷子很多,不缺乏,不愿破费百姓。"百姓更加高兴,唯恐沛公不做秦王。

或说沛公曰:〔1〕"秦富十倍天下,地形强。今闻章邯降项羽,项羽乃号为雍王,王关中。今则来,沛公恐不得有此。可急使兵守函谷关,〔2〕无内诸侯军,〔3〕稍征关中兵以自益,距之。"沛公然其计,从之。十一月中,项羽果率诸侯兵西,欲入关,关门闭。闻沛公已定关中,大怒,使黥布等攻破函谷关。十二月中,遂至戏。沛公左司马曹无伤闻项王怒,欲攻沛公,使人言项羽曰:"沛公欲王关中,令子婴为相,珍宝尽有之。"欲以求封。亚父劝项羽击沛公。[4]方飨士，旦日合战。是时项羽兵四十万，号百万。沛公兵十万，号二十万，力不敌。会项伯欲活张良，[5]夜往见良，因以文谕项羽，[6]项羽乃止。沛公从百余骑，驱之鸿门，[7]见谢项羽。项羽曰："此沛公左司马曹无伤言之。不然，籍何以生此！"[8]沛公以樊哙、张良故，得解归。归，立诛曹无伤。

**【注释】**〔1〕"或说沛公曰"，据《楚汉春秋》，劝说沛公者为解先生。〔2〕"函谷关"，在今河南灵宝县东北，是通往关中的门户。汉武帝元鼎三年移至今新安县东，与故关相距三百里。关在谷中，深险如函，故名。〔3〕"内"，通"纳"。〔4〕"亚父"，即范增。项羽尊称范增为亚父，意谓对他的尊敬仅次于父，犹如管仲被齐桓公尊为仲父。〔5〕"项伯"，项羽的叔父，在项羽军中任左尹，入汉封为射阳侯，赐姓刘。"活张良"，使张良活下来。项伯与张良素有交谊，项伯秦时杀人，张良曾加营救，所以项伯要从刘邦宫中救出张良。〔6〕本书《项羽本纪》记载，项伯劝项羽说："沛公不先破关中，公岂敢入乎？今人有大功而击之，不义也，不如因善遇之。"这里所说"文谕项羽"即指此。〔7〕"鸿门"，在今陕西临潼县东北，现在当地人称项王营。〔8〕"生"，本书《项羽本纪》作"至"。

**【译文】**有人劝沛公说："秦地比天下富足十倍，地势好。如今听说章邯投降了项羽，项羽就给了雍王的封号，称王于关中。现在即将来到关中就国，你沛公恐怕不能占有这个地方了。应赶快派兵把守函谷关，不让诸侯军进来，逐渐征集关中兵，以加强实力，抵抗诸侯兵。"沛公赞成他的计策，照着做了。十一月间，项羽果然率领诸侯军西进，想要入关，而关门闭着。听说沛公已经平定关中，大怒，派黥布等攻破了函谷关。十二月间，就到了戏水。沛公左司马曹无伤听说项王发怒，要攻打沛公，派人告诉项羽说："沛公想要称王关中，令子婴为相，珍宝被他全部占有了。"打算以此求得封赏。亚父劝项羽进攻沛公。当时项羽饱餐士卒，准备明日会战。这时项羽兵四十万，号称百万。沛公兵十万，号称二十万，兵力敌不过项羽。恰巧项伯要救张良，夜间去见他。（回来后，）用道理劝说项羽，项羽取消了进攻沛公的计划。沛公带来了一百多骑兵，驰至鸿门，来见项羽，表示歉意。项羽说："这是你沛公左司马曹无伤向我说的。不然，我项羽何至于做这样的事。"沛公因为樊哙、张良的缘故，得以脱身返回。回来后，立刻杀了曹无伤。

项羽遂西，屠烧咸阳秦宫室，所过无不残破。秦人大失望，然恐，不敢不服耳。

项羽使人还报怀王。怀王曰："如约。"项羽怨怀王不肯令与沛公俱西入关，而北救赵，后天下约。乃曰："怀王者，吾家项梁所立耳，非有功伐，何以得主约！本定天下，诸将及籍也。"乃详尊怀王为义帝，[1]

实不用其命。

**【注释】**〔1〕"详"，通"佯"，假意，虚假。"义"，名义上的。"义帝"，意谓名义上的皇帝。

**【译文】**项羽向西进军，屠杀无辜，焚毁咸阳秦宫室，所过之处，无不遭到摧残破坏。秦地的百姓大失所望，然而心里恐惧，不敢不服从。

项羽派人回去报告楚怀王。楚怀王说："按照原来的约定办。"项羽怨恨楚怀王不肯让他与沛公一起西进入关，而派他北上救赵，在天下诸侯争夺称王关中的约定中落在后面。他就说："怀王这个人，我家项梁所立，没有什么功劳，凭什么主持约定。本来安定天下的，是诸位将领和我项籍。"就假意推尊楚怀王为义帝，实际上不听从他的命令。

正月，项羽自立为西楚霸王，〔1〕王梁、楚地九郡，〔2〕都彭城。负约，更立沛公为汉王，王巴、蜀、汉中，〔3〕都南郑。三分关中，立秦三将：章邯为雍王，〔4〕都废丘；〔5〕司马欣为塞王，〔6〕都栎阳；〔7〕董翳为翟王，〔8〕都高奴。〔9〕楚将瑕丘申阳为河南王，〔10〕都洛阳。赵将司马卬为殷王，〔11〕都朝歌。〔12〕赵王歇徙王代。〔13〕赵相张耳为常山王，〔14〕都襄国。〔15〕当阳君黥布为九江王，〔16〕都六。怀王柱国共敖为临江王，〔17〕都江陵。〔18〕番君吴芮为衡山王，〔19〕都邾。〔20〕燕将臧荼为燕王，〔21〕都蓟。〔22〕故燕王韩广徙王辽东。〔23〕广不听，臧荼攻杀之无终。〔24〕封成安君陈余河间三县，〔25〕居南皮。〔26〕封梅鋗十万户。

**【注释】**〔1〕"西楚"，本书《货殖列传》云："夫自淮北沛、陈、汝南、南郡，此西楚也。……彭城以东，东海、吴、广陵，此东楚也。……衡山、九江、江南、豫章、长沙，是南楚也。"西楚包举今河南东部、安徽北部、江苏西北部一带。实际上，当时项羽所占不限于这一地区。项羽建都彭城，属西楚，故以西楚为号。又《项羽本纪》张守节《正义》引孟康云："旧名江陵为南楚，吴为东楚，彭城为西楚。"可备一说。"霸王"，诸侯王的盟主，相当于春秋时期的霸王。〔2〕"九郡"，历来说法不一，清梁玉绳《史记志疑》卷六认为九郡是泗水、东阳、东海、砀、薛、郯、吴、会稽、东郡。　〔3〕"巴、蜀、汉中"，都是秦郡。巴在今四川东部，治所在江州（故地在今四川重庆市北嘉陵江北岸）。蜀在今四川中部，治所在成都（即今四川成都市）。汉中在今陕西秦岭以南和湖北西北部，治所在南郑（即今陕西南郑县）。　〔4〕"雍王"，唐张守节《正义》认为"以岐州雍县为名"。雍县故地在今陕西凤翔县南。　〔5〕"废丘"，秦县，故地在今陕西兴平县东南。　〔6〕"司马欣"，秦末任栎阳狱掾，帮助过项梁。曾为秦二世长史，率军从属章邯攻陈胜、项梁，后降项羽，为上将军。汉王四年，被汉军打败自杀。"塞王"，司马欣封地有大河、华山为阸塞，故名。　〔7〕"栎"，音 yuè。"栎阳"，秦县，故地在今陕西临潼县东北。 〔8〕"董翳"，章邯的部将，曾为都尉，投降项羽。在楚、汉之争中，兵败自杀。"翳"，音yì。"翟王"，董翳所封，春秋时为白翟之地，故取以为号。 〔9〕"高奴"，秦县，故地在今陕西延安市东北。 〔10〕"瑕丘"，秦县，故地在今山东兖州市东北。"申阳"，原为项羽将领，汉二年投降刘邦。瑕丘申阳的封地在黄河之南，故名"河南王"。 〔11〕"殷王"，司马卬封于殷商旧地，故名。 〔12〕"朝歌"，为殷旧都，故地在今河南淇县。 〔13〕"代"，秦郡，战国时为赵地，地域在今山西北部、河北西北部一带。项羽徙封赵王歇于代，而把赵的主要地区封给了张耳。赵王歇徙代后，都代县，即今河北蔚县东北。 〔14〕"张耳"，大梁（即今河南开封市）人，陈胜起兵至陈，与陈余请兵北略赵地，先后拥立武臣、赵歇为赵王，自任丞相。项羽封他为常山王，后归附刘邦，封为赵王，汉五年卒。事详《史记》、《汉书》本传。"常山"，辖境在今河北中部、山西东部和中部。 〔15〕"襄国"，即秦信都县，项羽改称襄国，故地在今河北邢台市。 〔16〕"当阳君"，项梁拥立楚怀王心后，项梁号武信君，黥布号当阳君。当阳在今湖北当阳县东北。"九江"，秦郡，辖境在今江西和江苏、安徽两省长江以北、淮水以南一带。封黥布为九江王时，江苏一带已划归西楚。 〔17〕"柱国"，即上柱国，战国楚国设置的官称，地位尊宠，相当于后世的相国。楚地义军沿袭楚制，仍设置此官。"共"，音gōng，姓。"临江"，地域相当于当时的南郡，即今襄樊市以南的湖北地区和四川巫山以东地区。 〔18〕"江陵"，故地在今湖北江陵县。 〔19〕"衡山"，吴芮封国衡山辖境在今湖北东部、湖南全部和安徽西部。境内有衡山，国名即由此而来。 〔20〕"邾"，故地在今湖北黄冈县西北。 〔21〕"臧荼"，初为燕王韩广部将，曾率军援赵，随项羽入关。项羽把燕地一分为二，徙故燕王韩广称王辽东，而以燕、蓟（今河北北部）封臧荼。后来臧荼背楚归汉，汉五年反叛被俘。"荼"，音tú。 〔22〕"蓟"，音jì，秦县，故地在今北京市西南。 〔23〕"韩广"，原为秦上谷郡卒史，陈胜部将武臣到邯郸自立为赵王，遣韩广带兵攻取燕地，韩广便自立为燕王，见本书《陈涉世家》。"辽东"，本秦郡，在今大凌河以东的辽宁地区。韩广所封包有今辽宁和河北东北一带。 〔24〕"无终"，韩广辽东国国都，故地在今天津市蓟县。 〔25〕"成安"，秦县，张守节《正义》云："成安县在颍川郡，属豫州。"故地在今河南临汝县东南。 〔26〕"南皮"，故地在今河北南皮县。"成安君"，陈余封号。"陈余"，大梁人，陈胜义军到陈，与张耳请兵北略赵地，立武臣为赵王，自为大将军。后又拥立赵王歇为赵王。项羽分封诸侯王，由于陈胜在南皮，未随项羽入关，便仅以南皮旁三县封陈余。汉三年，陈余被韩信、张耳攻杀。事详《史记》、《汉书》本传。"河间"，汉高祖时为郡，郡治在乐成，即今河北献县东南。

**【译文】** 正月，项羽自立为西楚霸王，在梁、楚地区的九个郡称王，建都彭城。背弃原来的约定，改立沛公为汉王，在巴、蜀、汉中称王，建都南郑。把关中瓜分为三，封立秦朝的三个将领：章邯为雍王，建都废丘；司马欣为塞王，建都栎阳；董翳为翟王，建都高奴。封楚将瑕丘申阳为河南王，建都洛阳。封赵将司马卬为殷王，建都朝歌。赵王歇迁徙代地称王。封赵将张耳为常山王，建都襄国。封当阳君黥布为九江王，建都六县。封楚怀王柱国共敖为临江王，建都江陵。封番郡吴芮为衡山王，建都邾县。封燕将臧荼为燕王，建都蓟县。原来的燕王韩广迁徙辽东称王。韩广不服从，臧荼攻杀韩广于无终。封成安君陈余河间三县，住在南皮。封给梅铕十万户。

四月，兵罢戏下，[1]诸侯各就国。汉王之国，项王使卒三万人从，楚与诸侯之慕从者数万人，从杜南入蚀中。[2]去辄烧绝栈道，[3]以备诸侯盗兵袭之，[4]亦示项羽无东意。至南郑，诸将及士卒多道亡归，士卒皆歌思东归。韩信说汉王曰：[5]"项羽王诸将之有功者，而王独居南郑，是迁也。[6]军吏士卒皆山东之人也，[7]日夜跂而望归，[8]及其锋而用之，可以有大功。天下已定，人皆自宁，不可复用。不如决策东乡，[9]争权天下。"

　　**【注释】**〔1〕"戏"，音 huī，通"麾"，用以指挥军队的大旗。"戏下"，在主帅的旌麾之下。也有人认为"戏"即戏水。"戏下"即戏水之下，与"洛下"同例。　〔2〕"杜"，秦县，故地在今陕西西安市东南。"蚀中"，杜县南通往汉中的谷道。有人认为就是子午谷，在今西安市南。　〔3〕"栈道"，在悬崖绝壁上，凿石架木修成的通道，也叫阁道。　〔4〕"盗兵"，盗贼之兵。　〔5〕"韩信"，淮阴（今江苏淮阴市西南）人，先从项羽，后归刘邦，拜为大将军。曾自立为齐王，刘邦徙封他为楚王，后降封淮阴侯。高祖十一年，反汉被杀。事详《史记》、《汉书》本传。　〔6〕"迁"，有罪被徙。秦时多把犯罪人迁处僻远的巴、蜀地，刘邦被封在巴、蜀，都南郑，所以韩信有"是迁也"之言。　〔7〕"山东"，秦、汉时指崤山或华山以东，与关东所指地域略同。　〔8〕"跂"，音 qǐ，通"企"，《汉书·高帝纪》作"企"。踮起脚跟，形容盼望殷切。　〔9〕"乡"，通"向"。

　　**【译文】**四月，在项羽旌麾之下罢兵散归，诸侯各自回到封国。汉王回国，项王派兵三万跟随，楚国和其他诸侯国的士卒仰慕汉王而追从的有几万人。他们从杜县南面进入蚀中，离开后就烧断栈道，以防备诸侯军和匪徒的袭击，也向项羽表示没有东进的意图。到达南郑，那些将领和士卒很多在中途逃亡回去，士卒都唱着歌，想要回到东方。韩信劝汉王说："项羽封诸将有功的为王，而大王独自被封在南郑，这实际上是贬徙。军中官吏和士卒都是崤山以东的人，日夜跂踵盼望回家乡。乘他们气势旺盛时加以利用，可以建立大的功业。等到天下已经平定，人人都自然安下心来，就不能再利用了。不如决策向东进军，争夺天下大权。"

　　项羽出关，使人徙义帝。曰："古之帝者地方千里，必居上游。"乃使使徙义帝长沙郴县，[1]趣义帝行，[2]群臣稍倍叛之，[3]乃阴令衡山王、临江王击之，杀义帝江南。[4]项羽怨田荣，[5]立齐将田都为齐王。[6]田荣怒，因自立为齐王，杀田都而反楚；[7]予彭越将军印，令反梁地。[8]楚令萧公角击彭越，[9]彭越大破之。陈余怨项羽之弗王己也，令夏说说田荣，[10]请兵击张耳。齐予陈余兵，击破常山王张耳，张耳亡归汉。迎赵王歇于代，复立为赵王。赵王因立陈余为代王。项羽大怒，北击齐。

【注释】〔1〕"长沙"，秦郡，辖境在今资水以东的湖南地区、广东西北和广西东北部分地区。"郴县"，长沙郡属县，故地在今湖南郴县。"郴"，音 chēn。〔2〕"趣"，音 cù，催促。〔3〕"倍"，通"背"。〔4〕"杀义帝江南"，本书《项羽本纪》云杀义帝江中。又本书《黥布列传》记载，高祖元年四月，项羽把义帝迁至长沙郡，暗中派九江王黥布等攻击义帝。八月，黥布派部将追杀义帝于郴县。可见接受项羽命令杀害义帝的有衡山王、临江王、九江王三人，直接杀死义帝的是九江王部将，与此皆略有不同。〔5〕"田荣"，齐国贵族后裔。陈胜起义后，田儋自立为齐王，被秦章邯所杀。田假继立，田荣逐假，另立儋子市。假逃归楚，荣怨项梁保护田假，不肯发兵助楚。因此，"项羽怨田荣"。《项羽本纪》也说，项羽分封诸侯王时，由于田荣"数负项梁，又不肯将兵从楚击秦，以故不封"。〔6〕"田都"，田假部将，因随从项羽救赵，入关，所以被封为齐王。事详本书《项羽本纪》、《田儋列传》。〔7〕"杀田都而反楚"，据本书《田儋列传》，项羽分封诸侯，以田市为胶东王，田安为济北王，田都为齐王，三分齐地。田荣未得为王，遂发兵击田都，田都逃归于楚。田荣所杀乃田市、田安。〔8〕"予彭越将军印，令反梁地"，据《汉书·彭越传》，汉派人赐彭越将军印。项羽入关时，彭越率众居巨野泽（即大野泽，在今山东巨野县北）中，未随项羽入关。项羽分封诸侯，彭越不得封。因此，赐予彭越将军印，在梁地反楚。〔9〕"萧公角"，"角"是名，曾为萧县（即今安徽萧县西北）令，当时令称公。〔10〕"夏说"，陈余为代王时，夏说为代相。汉高祖二年后九月，被韩信所擒杀。"说"，音 yuè。

【译文】项羽出了函谷关，派人迁徙义帝。说："古代做帝王的统辖千里见方的土地，必须居住上游。"就派使者把义帝迁徙到长沙郴县，催促义帝快走。群臣渐渐地背叛了义帝，项羽就暗地里让衡山王、临江王袭击他，把义帝杀死在江南。项羽怨恨田荣，封齐将田都为齐王。田荣恼怒，自立为齐王，杀死田都，反叛项楚，把将军印给予彭越，让他在梁地起兵反楚。楚派萧公角攻打彭越，彭越大败萧公角。陈余怨恨项羽不封自己为王，派夏说游说田荣，借兵攻打张耳。齐借兵给陈余，击败了常山王张耳，张耳逃跑归附了汉王。陈余从代接回赵王歇，又立为赵王，赵王就封陈余为代王。项羽大怒，出兵北向击齐。

八月，汉王用韩信之计，从故道还，〔1〕袭雍王章邯。邯迎击汉陈仓，雍兵败，还走；止战好畤，〔2〕又复败，走废丘。汉王遂定雍地。东至咸阳，引兵围雍王废丘，而遣诸将略定陇西、北地、上郡。〔3〕令将军薛欧、王吸出武关，〔4〕因王陵兵南阳，以迎太公、吕后于沛。楚闻之，发兵距之阳夏，〔5〕不得前。令故吴令郑昌为韩王，〔6〕距汉兵。

【注释】〔1〕"故道"，道路名，又称陈仓道。此道从陈仓（今陕西宝鸡市东）始，西南经散关，沿故道水（嘉陵江上游）谷道至凤县折向东南进入褒谷，出抵汉中。〔2〕"好畤"，故地在今陕西乾县东。"畤"，音 zhì。〔3〕"陇西"，秦郡，辖境在今甘肃东南部。"北地"，秦郡，辖有今甘肃东北部、宁夏回族自治区东南部和内蒙古自治区、陕西的部分地区。"上郡"，秦郡，辖境在今陕西北部和内蒙古自治区黄河河套以南一带。〔4〕"薛欧"，以舍人身份随从刘邦在丰邑起兵，后为郎中。升任将军，由于击项羽、钟离眜有功，封为广平侯。"王吸"，以中涓随从刘邦起兵丰邑，后为骑郎将、将军，因为击项羽有功，封清阳侯。均见本书《高祖功臣侯者年表》。〔5〕"阳夏"，秦县，故地在今河南太康县。"夏"，音 jiǎ。〔6〕"郑昌"，项羽早年在吴县时，郑昌为县令，见本书《韩王信列传》。

**【译文】** 八月，汉王用韩信的计策，从故道回军，袭击雍王章邯。章邯在陈仓迎击汉军，雍王兵败退走，在好畤停下来接战，又失败了，逃到废丘。汉王随即平定了雍地。向东到达咸阳，率军围困雍王于废丘，而派遣将领攻占了陇西、北地、上郡。派将军薛欧、王吸出武关，借助王陵驻扎在南阳的兵力，迎接太公、吕后于沛县。楚听到这一消息，出兵在阳夏阻挡，汉军不能前进。楚让原吴县县令郑昌为韩王，抵抗汉军。

二年，汉王东略地，塞王欣、翟王翳、河南王申阳皆降。韩王昌不听，使韩信击破之。〔1〕于是置陇西、北地、上郡、渭南、河上、中地郡；〔2〕关外置河南郡。〔3〕更立韩太尉信为韩王。〔4〕诸将以万人若以一郡降者，封万户。缮治河上塞。〔5〕诸故秦苑囿园池，〔6〕皆令人得田之。正月，虏雍王弟章平。大赦罪人。

**【注释】**〔1〕"韩信"，此为韩王信，与淮阴侯韩信不是一人。韩王信是战国韩襄王后裔，将兵随刘邦入武关。刘邦封汉王，又从入汉中。刘邦还定三秦，先拜信为韩太尉，击降韩王郑昌后，信被立为韩王。事详《史记》、《汉书》本传。〔2〕"渭南、河上、中地郡"，即后来的京兆、左冯翊、右扶风三郡，位处西汉京畿地区，辖境在今陕西中部。〔3〕"河南郡"，辖地在今河南西北部，治所在雒阳。〔4〕"太尉"，掌管王国中的军事。〔5〕"河上塞"，指河上郡北部与匈奴接壤处修筑的防御工事，用来防备匈奴。〔6〕"苑囿"，畜养鸟兽，种植林木的地方，多用来供上层统治者游猎。"囿"，音 yòu。

**【译文】** 二年，汉王东出略取城邑，塞王司马欣、翟王董翳、河南王申阳都投降了。韩王郑昌不愿归附，汉王派韩信打败了他。于是设置了陇西、北地、上郡、渭南、河上、中地各郡，关外设置了河南郡。改立韩太尉信为韩王。将领中以一万人或一郡投降的，封给一万户。整修河上郡内的长城。各处原来的秦朝苑囿园池，都让百姓开垦耕种。正月，俘虏了雍王的弟弟章平。大赦有罪的人。

汉王之出关至陕，〔1〕抚关外父老，还，张耳来见，〔2〕汉王厚遇之。

**【注释】**〔1〕"陕"，秦县，故地在今河南三门峡市西。 〔2〕"张耳来见"，据本书《张耳陈余列传》，张耳被陈余击败后，投奔刘邦，在废丘谒见刘邦。《资治通鉴》系此事于汉王二年十月。

**【译文】**汉王出函谷关到达陕县，抚慰关外父老，回来后，张耳来见，汉王给了他优厚的待遇。

二月，令除秦社稷，更立汉社稷。〔1〕

**【注释】**〔1〕"社稷"，帝王祭奉的土神和谷神，作为国家的象征。古代新政权代替异姓旧政权时，都要更易社稷。

**【译文】**二月，下令废掉秦社稷，改立汉社稷。

三月，汉王从临晋渡，〔1〕魏王豹将兵从。〔2〕下河内，〔3〕虏殷王，置河内郡。〔4〕南渡平阴津，至雒阳。新城三老董公遮说汉王以义帝死故。〔5〕汉王闻之，袒而大哭。〔6〕遂为义帝发丧，临三日。〔7〕发使者告诸侯曰："天下共立义帝，北面事之。〔8〕今项羽放杀义帝于江南，大逆无道。寡人亲为发丧，诸侯皆缟素。〔9〕悉发关内兵，收三河士，〔10〕南浮江汉以下，〔11〕愿从诸侯王击楚之杀义帝者。"

**【注释】**〔1〕"临晋"，关名，又名蒲关、蒲津关、河关，在今陕西大荔县黄河西岸，关下有黄河渡口，自古以来为秦晋间山河要隘。 〔2〕"魏王豹"，魏公子宁陵君咎之弟。陈胜攻占魏地，立咎为魏王，后咎被秦章邯打败自杀。豹又再起，收复魏地，继立为魏王。项羽分封诸侯，自己想占有魏地，便徙封豹为西魏王，建都平阳，引起魏豹的不满，终于背楚降汉，汉王从临晋渡黄河，魏豹带兵跟随。事详《史记》、《汉书》本传。 〔3〕"河内"，黄河以北地区的统称，这里指今河南黄河以北的地域。 〔4〕"河内郡"，辖有今河南北部，治怀县，即今河南武陟县西南。 〔5〕"新城"，汉初所置县，故地在今河南伊川县西南。"三老"，掌管一乡教化的地方官吏。"遮说"，拦住游说。董公的游说之辞见《汉书·高帝纪》。 〔6〕"袒"，音tǎn，裸露。这里指脱去衣袖，裸露左臂，为古代丧礼中的一种仪节。 〔7〕"临"，众人哭吊。 〔8〕"北面"，古代人君南向而坐，臣子朝见则面向北。 〔9〕"缟"，音gǎo，未经染色的绢。"缟素"，服丧时穿的白色衣服。 〔10〕"三河"，河南、河东、河内。 〔11〕"江汉"，长江、汉水。

**【译文】**三月，汉王从临晋关渡过黄河，魏王豹率兵随从，攻下河内，俘虏了殷王，设置河内郡。向南渡过平阴津，到达雒阳。新城三老董公拦住汉王，用义帝死这件事游说汉王。汉王听了，袒臂大哭。于是为义帝发丧，哭吊三天。派遣使者通告诸侯说："天下共同拥立义帝，对他北面称臣。现在项羽把义帝放逐、击杀于江南，大逆无道。我亲自为他发丧，诸侯都要穿白色丧服。调发全部关内的兵力，征集三河的士卒，浮江汉南下，愿意跟随各诸侯王讨伐楚国杀害义帝的人。"

　　是时项王北击齐，田荣与战城阳。田荣败，走平原，[1]平原民杀之。齐皆降楚。楚因焚烧其城郭，系虏其子女。[2]齐人叛之。田荣弟横立荣子广为齐王，齐王反楚城阳。项羽虽闻汉东，既已连齐兵，欲遂破之而击汉。汉王以故得劫五诸侯兵，[3]遂入彭城。项羽闻之，乃引兵去齐，从鲁出胡陵，[4]至萧，与汉大战彭城灵壁东睢水上，[5]大破汉军，多杀士卒，睢水为之不流。乃取汉王父母妻子于沛，置之军中以为质。当是时，诸侯见楚强汉败，还皆去汉复为楚。塞王欣亡入楚。

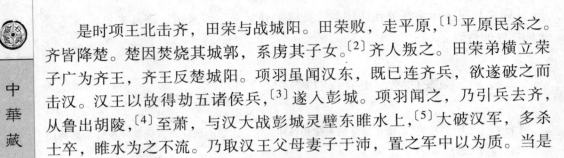

　　**【注释】**〔1〕"平原"，县名，故地在今山东平原县西南。〔2〕"系"，絷缚。"系虏"，执缚掳掠。〔3〕"五诸侯"，史书没有明确记载，历来说法纷纭，《汉书·高帝纪》颜师古注认为是常山王张耳、河南王申阳、韩王郑昌、魏王豹、殷王司马卬，后人多持有异议。〔4〕"鲁"，秦县，故地在今山东曲阜县。〔5〕"灵壁"，位于彭城西南，故地在今安徽淮北市西南，不是现在的灵璧县。"睢水"，即濉河，古代鸿沟支脉之一，故道自今河南开封县东从鸿沟分出，流经河南东部、安徽西北部，到江苏宿迁县西，注入泗水，今多淤断。"睢"，音 suī。

　　**【译文】**当时项王北进攻打齐国，田荣和他战于城阳。田荣兵败，逃到平原，平原的百姓杀了他，齐地都投降了楚国。楚兵焚烧齐人的城郭，掳掠他们的子女，齐人又反叛楚国。田荣的弟弟田横立田荣的儿子田广为齐王，齐王在城阳反楚。项羽虽然闻知汉军东进，但既然已经与齐军交战，就想打垮齐军之后迎击汉军。汉王利用这个机会劫取了五诸侯的兵力，进入彭城。项羽听到这一消息，就带兵离开齐，由鲁地出胡陵，抵达萧县，与汉军在彭城灵壁东面的睢水上激战，大败汉军，杀死了很多士卒，（由于尸体的堵塞，）睢水都不能流通了。楚军从沛县掳取了汉王的父母妻子，放在军中作为人质。这个时候，诸侯看到楚军强盛，汉军败退，又都离汉归楚。塞王司马欣也逃到楚国。

　　吕后兄周吕侯为汉将兵，[1]居下邑。汉王从之，稍收士卒，军砀。汉王乃西过梁地，至虞。[2]使谒者随何之九江王布所，[3]曰："公能令布举兵叛楚，项羽必留击之。得留数月，吾取天下必矣。"随何往说九江王布，布果背楚。楚使龙且往击之。[4]

　　**【注释】**〔1〕"周吕侯"，即吕泽，"周吕"是他的封号。汉高祖六年，吕泽始封周吕侯，立三年卒。当时吕泽尚未封周吕侯，这是修史者追书之辞。〔2〕"虞"，县名，故地在今河南虞城县北。〔3〕"谒者"，为国君掌管传达事务的官员，始设于春秋、战国时，秦、汉沿置。汉代郎中令下的属官谒者职掌宾赞礼仪。"随何"，刘邦手下的儒者，汉统一天下后，以游说黥布有功，任护军中尉。他游说黥布经过，本书《黥布列传》记述较详，可参阅。〔4〕"龙且"，项羽的骁将，被韩信所杀。"且"，音jū。

【译文】吕后的哥哥周吕侯为汉带领一支军队，驻扎在下邑。汉王到他那里，渐渐收集士卒，驻军在砀县。汉王西行经过梁地，到了虞县，派谒者随何到九江王黥布那里，汉王说："你能让黥布举兵叛楚，项羽必定留下来攻打他。如果能够滞留几个月，我一定可以取得天下。"随何去说服九江王黥布，黥布果然背叛了楚国，楚国派龙且去攻打他。

汉王之败彭城而西，行使人求家室，家室亦亡，不相得。败后乃独得孝惠，六月，立为太子，大赦罪人。令太子守栎阳，诸侯子在关中者皆集栎阳为卫。〔1〕引水灌废丘，废丘降，章邯自杀。更名废丘为槐里。于是令祠官祀天地四方上帝山川，以时祀之。兴关内卒乘塞。

【注释】〔1〕"诸侯子"，谓诸侯国人。下文云，汉高祖五年，"诸侯子在关中者复之十二岁"，所说"诸侯子"与此同义。

【译文】汉王兵败彭城后向西撤退，行军中派人寻找家属，家属也逃走了，没有互相碰见。战败后就只找到了孝惠帝，六月，立他为太子，大赦罪人。命令太子驻守栎阳，诸侯国人在关中的都集中在栎阳守卫。引水灌废丘，废丘投降，章邯自杀。把废丘改名为槐里。于是命令祠官祭祀天、地、四方、上帝、山川，以后按时致祭。征发关内士卒登城守卫边塞。

是时九江王布与龙且战，不胜，与随何间行归汉。〔1〕汉王稍收士卒，与诸将及关中卒益出，〔2〕是以兵大振荥阳，破楚京、索间。〔3〕

【注释】〔1〕"间"，音jiàn，小路。"间行"，从小路走，秘密前往。〔2〕"关中卒"，《汉书·高帝纪》记载，五月，汉王屯荥阳，萧何把关中不符合服兵役年龄的老弱全部加以征调，去到荥阳作战。"关中卒"即指萧何这次征调的服役人员。〔3〕"京"，秦县，故地在今河南荥阳县东南。"索"，即索亭，在京县境内，故地在今河南荥阳县。

【译文】这时九江王黥布与龙且作战，没有取胜，和随何潜行归汉。汉王渐渐地征集了一些士卒，加上各路将领和关中兵的增援，因此军势大振于荥阳，在京、索之间击破了楚军。

　　三年，魏王豹谒归视亲疾，至即绝河津，反为楚。汉王使郦生说豹，豹不听。汉王遣将军韩信击，大破之，虏豹。遂定魏地，置三郡，曰河东、太原、上党。[1]汉王乃令张耳与韩信遂东下井陉击赵，[2]斩陈余、赵王歇。其明年，立张耳为赵王。

　　**【注释】**〔1〕"河东"，辖境在今山西沁水以西，霍山以南。"太原"，辖境在今山西霍山以北，句注山以南。"上党"，辖境在今山西和顺县、榆社县以南，沁水流域以东。〔2〕"井陉"，秦县，故地在今河北井陉县西北，境内井陉山上有井陉关，为军事要地。

　　**【译文】**三年，魏王豹请假回去省视父母的疾病，到了魏地就断绝了黄河渡口，叛汉归楚。汉王使郦生劝说魏豹，魏豹不听。汉王派遣将军韩信进攻魏豹，大破魏军，俘虏了魏豹，于是平定了魏地，设置了三个郡，名叫河东、太原、上党。汉王命令张耳和韩信向东攻下井陉，进击赵地，杀了陈余、赵王歇。第二年，封张耳为赵王。

　　汉王军荥阳南，筑甬道属之河，[1]以取敖仓。[2]与项羽相距岁余。项羽数侵夺汉甬道，汉军乏食，遂围汉王。汉王请和，割荥阳以西者为汉。项王不听。汉王患之，乃用陈平之计，[3]予陈平金四万斤，[4]以间疏楚君臣。于是项羽乃疑亚父。亚父是时劝项羽遂下荥阳，及其见疑，乃怒，辞老，愿赐骸骨归卒伍，[5]未至彭城而死。

　　**【注释】**〔1〕"甬道"，两边筑有墙壁的通道，以防敌人劫夺。"属"，音zhǔ，连接，连缀。〔2〕"敖仓"，秦在荥阳西北敖山上修建的粮仓，储积数量庞大的粟米，地当河水、济水分流处，故址在今河南郑州市西北邙山上。〔3〕"陈平"，阳武（今河南原阳县东南）人，先从项羽，后归附刘邦，佐汉灭楚，以功封户牖侯、曲逆侯，惠帝、吕后、文帝时为丞相。其事详见本书《陈丞相世家》、《汉书·陈平传》。〔4〕"斤"，汉代一斤约等于今天的二百五十八克。〔5〕"愿赐骸骨"，犹言乞身。臣子事君，即以身许人，所以自己辞官等于要求人君赐予躯体。

　　**【译文】**汉王驻军在荥阳南面，修筑甬道与黄河相连，以便取用敖仓的粮食。与项羽对峙了一年多。项羽多次夺取了汉军的甬道，汉军缺少粮食，项羽于是围攻汉王。汉王请求讲和，划分荥阳以西的土地归汉。项王没有同意。汉王忧虑，就采取陈平的计策，给陈平黄金四万斤，用来离间楚国君臣。于是项羽对亚父产生了怀疑。亚父这时劝项羽乘势攻下荥阳，等到他知道已被怀疑，就很生气，推托自己年

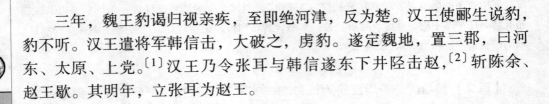

老，要求乞身引退，回家乡当老百姓。（项羽答应了，）亚父没有到达彭城就死了。

汉军绝食，乃夜出女子东门二千余人，被甲，[1]楚因四面击之。将军纪信乃乘王驾，诈为汉王，诳楚，楚皆呼万岁[2]，之城东观，以故汉王得与数十骑出西门遁。令御史大夫周苛、魏豹、枞公守荥阳。[3]诸将卒不能从者，尽在城中。周苛、枞公相谓曰："反国之王，难与守城。"因杀魏豹。

【注释】〔1〕"被"，"披"的假借字。 〔2〕"万岁"，永远存在之意。君王有嘉庆之事，臣下或民众呼"万岁"以示庆贺。 〔3〕"御史大夫"，本为秦官，地位仅次于丞相，主要负责监察、执法。当时周苛在汉任此职。"周苛"，周昌从兄，秦时为泗水（秦郡，治所在沛县，汉初改为沛郡）卒史，后归随刘邦。事迹主要见本书《张丞相列传》所附《周昌列传》、《汉书·周昌传》。"枞公"，枞为姓，音 cōng，史书未载他的名字。

【译文】汉军断绝了粮食，就在夜间从东门放出女子二千多人，披戴铠甲，楚军便四面围击。将军纪信乘坐汉王的车驾，伪装成汉王，欺骗楚军。楚军都高呼万岁，争赴城东观看，因此汉王能够与几十骑兵出西门潜逃。汉王命令御史大夫周苛、魏豹、枞公留守荥阳，将领和士卒不能随从的，都留在城中。周苛、枞公商量说："魏豹这个叛国之王，很难和他共守城池。"因此就杀死了魏豹。

汉王之出荥阳入关，收兵欲复东。袁生说汉王曰：[1]"汉与楚相距荥阳数岁，汉常困。愿君王出武关，项羽必引兵南走，王深壁，[2]令荥阳成皋间且得休。[3]使韩信等辑河北赵地，连燕齐，君王乃复走荥阳，未晚也。如此，则楚所备者多，力分，汉得休，复与之战，破楚必矣。"汉王从其计，出军宛叶间，[4]与黥布行收兵。

【注释】〔1〕"袁生"，"袁"姓，《汉书·高帝纪》作"辕"，名字不见史书。 〔2〕"壁"，营垒，"王深壁"，这是袁生劝汉王深沟高垒，不与楚战，争取时间休整部队。 〔3〕"成皋"，即春秋郑国的虎牢，汉代置为县，其地形势险要，故地在今河南荥阳县汜水镇。 〔4〕"叶"，秦县，今读 yè，旧读 shè，故地在今河南叶县南。

【译文】汉王逃出荥阳进入函谷关，收集士卒，想再次东进。袁生劝汉王说："汉与楚在荥阳相持了几年，汉军常处于困难。希望君王从武关出去，项羽肯定引兵向南行进，君王深沟高垒，让荥阳、成皋之间得到休息。派韩信等安辑黄河以北的赵地，联合燕、齐，君王再赴荥阳，也为时不晚。这样，楚军多方设防，军力分散，汉军得到休整，再与楚军作战，肯定可以打破楚军了。"汉王采纳了他的计策，出兵宛县、叶县之间，与黥布在进军中收集兵马。

项羽闻汉王在宛，果引兵南。汉王坚壁不与战。是时彭越渡睢水，与项声、薛公战下邳，[1]彭越大破楚军。项羽乃引兵东击彭越。汉王亦引兵北军成皋。项羽已破走彭越，闻汉王复军成皋，乃复引兵西，拔荥阳，诛周苛、枞公，而虏韩王信，遂围成皋。

**【注释】**〔1〕"项声"，项羽部将。"薛公"，楚汉相争时有两薛公。这里所说的薛公为项羽将领，被灌婴杀死。另一薛公曾为楚令尹，入汉后为夏侯婴门客。黥布反汉时，曾向汉高祖献策，封食千户，事见本书《黥布列传》、《汉书·黥布传》。"下邳"，秦县，故地在今江苏睢宁县西北。"邳"，音 pī。

**【译文】**项羽听说汉王在宛县，果然带兵南下。汉王坚壁固守，不和他交战。这时彭越渡过睢水，与项声、薛公战于下邳，彭越大败楚军。于是项羽率军向东攻打彭越，汉王也引兵向北驻军成皋。项羽已经取胜，赶走了彭越，得知汉军又驻扎在成皋，就又领兵西进，攻克荥阳，杀了周苛、枞公，俘虏了韩王信，于是进围成皋。

汉王跳，[1]独与滕公共车出成皋玉门，[2]北渡河，驰宿修武。[3]自称使者，晨驰入张耳、韩信壁，而夺之军。乃使张耳北益收兵赵地，使韩信东击齐。汉王得韩信军，则复振。引兵临河，南飨军小修武南，欲复战。郎中郑忠乃说止汉王，[4]使高垒深堑，勿与战。汉王听其计，使卢绾、刘贾将卒二万人，[5]骑数百，渡白马津，[6]入楚地，与彭越复击破楚军燕郭西，[7]遂复下梁地十余城。

**【注释】**〔1〕"跳"，通"逃"。本书《项羽本纪》作"逃"。也有人认为"跳"是"跳跃"之"跳"，义为快走。〔2〕"滕公"，即夏侯婴。沛县人，与刘邦一起起兵，以功封汝阴侯，高祖至文帝时，长期任太仆。早年曾为滕令，故称"滕公"。《史记》、《汉书》有传。"玉门"，成皋北门。〔3〕"修武"，县名，故地在今河南获嘉县西南。县内有大、小修武，此为小修武，《汉书·高帝纪》云："北渡河，宿小修武。"可为确证。大修武在小修武西，位于今河南修武县界。〔4〕"郎中"，侍卫官。〔5〕"卢绾"，沛县人，随从刘邦起兵，汉高祖五年封燕王，后投降匈奴，为东胡卢王，死在匈奴。《史记》、《汉书》有传。"绾"，音 wǎn。"刘贾"，刘邦堂兄，汉高祖元年为将军，六年封荆王，十一年击黥布被杀。事详本书《荆燕世家》、《汉书·荆燕吴传》。〔6〕"白马津"，渡口名，为黄河分流处，在今河南滑县北，由于水道的变迁，现已淤塞。〔7〕"燕"，秦时南燕国故地，秦于此设置燕县，西汉改称南燕，故地在今河南延津县东北。"郭"，外城。

【译文】汉王逃走了，单身一人与滕公同乘一辆车出了成皋的玉门，向北渡过黄河，驰至修武住了一夜。他自称为使者，早晨驰入张耳、韩信的营中，夺取了他们的军队，然后就派张耳去北边赵地更多地收集兵力，派韩信东进攻齐。汉王得到韩信的军队，军威又振作起来。率军来到黄河岸边，向南进发，在小修武南面让士卒吃饱喝足，打算与项羽再次交战。郎中郑忠劝阻汉王，让他深沟高垒，不要和项羽交锋。汉王采用了郑忠的计策，派卢绾、刘贾率兵两万人、几百个骑士，渡过白马津，进入楚地，与彭越在燕县城西又打败了楚军，随后又攻下梁地十多座城邑。

淮阴已受命东，未渡平原。[1]汉王使郦生往说齐王田广，广叛楚，与汉和，共击项羽。韩信用蒯通计，[2]遂袭破齐。齐王烹郦生，东走高密。[3]项羽闻韩信已举河北兵破齐、赵，且欲击楚，则使龙且、周兰往击之。韩信与战，骑将灌婴击，[4]大破楚军，杀龙且。齐王广犇彭越。[5]当此时，彭越将兵居梁地，往来苦楚兵，绝其粮食。

【注释】[1]"平原"，黄河津渡名，通常称平原津，在今山东平原县境内。 [2]"蒯通"（即蒯彻，《史记》作者为避汉武帝刘彻讳，改"彻"作"通"），范阳（今河北定兴县南）人，是当时有名的谋士，曾为武信君武臣策划降服赵地三十余城，事见《张耳列传》。"蒯通计"，即劝韩信不要对齐停止进兵，应乘齐与汉讲和无备，进兵袭击，意见被韩信采纳，详见《淮阴侯列传》。 [3]"高密"，县名，故地在今山东高密县西南。 [4]"灌婴"，睢阳（今河南商丘县南）人，一直追随刘邦转战各地，以功封颍阴侯，文帝时曾为丞相，《史记》、《汉书》有传。[5]"犇"，与"奔"字同。

【译文】淮阴侯已经接受命令向东进军，在平原没有渡过黄河。汉王派郦生去说服齐王田广，田广背叛了楚，与汉讲和，一起攻打项羽。韩信采用蒯通的计策，突然袭击，打败了齐国。齐王烹杀了郦生，向东逃到高密。项羽听到韩信已经利用黄河以北的全部兵力打垮了齐、赵，而且要攻打楚军，就派龙且、周兰前去阻击。韩信与楚交战，骑兵将领灌婴配合出击，大败楚军，杀了龙且。齐王田广投奔彭越。在这个时候，彭越领兵驻扎梁地，往来骚扰楚军，断绝它的粮食。

四年，项羽乃谓海春侯大司马曹咎曰：[1]"谨守成皋。若汉挑战，慎勿与战，无令得东而已。我十五日必定梁地，复从将军。"乃行击陈留、外黄、睢阳，下之。汉果数挑楚军，楚军不出，使人辱之五六日，大司马怒，度兵汜水。[2]士卒半渡，汉击之，大破楚军，尽得楚国金玉货赂。大司马咎、长史欣皆自刭汜水上。项羽至睢阳，闻海春侯破，乃引兵还。汉军方围钟离眜于荥阳东，[3]项羽至，尽走险阻。

**【注释】**〔1〕"曹咎"，早年为蕲县狱掾，项梁因事受到栎阳县的逮捕，曹咎写信给栎阳狱掾司马欣，狱事得免，见《项羽本纪》。这时他在项羽部下为大司马，封海春侯，与司马欣驻军成皋。〔2〕"度"，通"渡"。"汜水"，发源于今河南巩县东南，流经荥阳县界，北经成皋注入黄河。"汜"，音 sì。〔3〕"钟离眜"，姓钟离，名眜，为项羽部将，项羽败死后，逃归故友韩信，刘邦下令捕眜，被迫自杀，见《淮阴侯列传》。"眜"，音 mò。

**【译文】**四年，项羽对海春侯大司马曹咎说："谨慎防守成皋。如果汉军挑战，千万小心，不要应战，不让汉军东进就行了。我十五天一定平定梁地，再与将军会合。"于是就进军攻打陈留、外黄、睢阳，都攻了下来。汉军果然屡次向楚军挑战，楚军不肯出战。汉军派人辱骂了楚军五六天，大司马十分气愤，让士卒渡过汜水。士卒渡过一半，汉军出击，大败楚军，全部缴获了楚国的金玉财宝。大司马曹咎、长史司马欣都自刎在汜水上。项羽到达睢阳，听到海春侯兵败，就带兵返回。汉军正在荥阳东面围攻钟离眜，项羽一到，全部撤走到险阻地带。

韩信已破齐，使人言曰："齐边楚，权轻，不为假王，恐不能安齐。"汉王欲攻之。留侯曰："不如因而立之，使自为守。"乃遣张良操印绶立韩信为齐王。

项羽闻龙且军破，则恐，使盱台人武涉往说韩信。[1]韩信不听。

**【注释】**〔1〕"武涉往说韩信"，武涉游说之辞见《淮阴侯列传》，大意是劝韩信叛汉联楚，与刘邦三分天下而王。

**【译文】**韩信已经打垮了齐国，派人对汉王说："齐国靠近楚国，如果权力太小，不立为暂时代理的国王，恐怕不能安定齐地。"汉王想要攻打韩信。留侯说："不如就此封他为王，让他自己防守齐地。"汉王便派遣张良带着印绶立韩信为齐王。

项羽听到龙且的军队战败了，心里很恐惧，派盱台人武涉前去游说韩信。韩信不肯听从。

楚汉久相持未决，丁壮苦军旅，老弱罢转饷。[1]汉王项羽相与临广武之间而语。[2]项羽欲与汉王独身挑战。汉王数项羽曰："始与项羽俱受命怀王，曰先入定关中者王之，项羽负约，王我于蜀汉，罪一。项羽矫杀卿子冠军而自尊，[3]罪二。项羽已救赵，当还报，而擅劫诸侯兵入关，罪三。怀王约入秦无暴掠,项羽烧秦宫室,掘始皇帝冢,〔4〕私收其财物,罪四。又强杀秦降王子婴,罪五。诈阬秦子弟新安二十万,〔5〕王其将,罪六。项羽皆王诸将善地,而徙逐故主,〔6〕令臣下争叛逆,罪七。项羽出逐义帝彭城,自都之,夺韩王地,并王梁楚,多自予,罪八。项羽使人阴弑义帝江南,罪九。夫为人臣而弑其主,杀已降,为政不平,主约不信,天下所不容,大逆无道,罪十也。吾以义兵从诸侯诛残贼,使刑余罪人击杀项羽,何苦乃与公挑战!"项羽大怒,伏弩射中汉王。〔7〕汉王伤匈,〔8〕乃扪足曰:〔9〕"虏中吾指!"汉王病创卧,张良强请汉王起行劳军,以安士卒,毋令楚乘胜于汉。汉王出行军,病甚,因驰入成皋。

**【注释】**〔1〕"罢",通"疲"。 〔2〕"广武",城名,故址在今河南荥阳县东北广武山上。山上有东西广武二城,相去二百步左右,中隔广武涧。"间","涧"的假借字。 〔3〕"卿子冠军",即宋义。"卿子"是当时人互相尊敬之辞。楚怀王派宋义率兵救赵,为上将军,是全军中最高的将领,号为"卿子冠军"。项羽矫杀卿子冠军事见《项羽本纪》。 〔4〕"掘始皇帝冢",经秦始皇陵考古队调查钻探,在始皇陵只发现两个盗洞,位于陵西铜车马坑道部位,直径九十厘米至一米,深不到九米,未能接近地宫,整个封土的土层为秦时原状。与此处记载情况不相符合。详见1985年3月29日《光明日报》。 〔5〕"新安",秦县,故地在今河南渑池县东。章邯率军投降项羽后,在新安城南坑杀秦兵二十多万。分封诸侯王时,降将章邯、司马欣、董翳都被裂土封王。详见《项羽本纪》。 〔6〕"王诸将善地,而徙逐故主",指迁徙燕王韩广为辽东王,而封燕将臧荼为燕王;迁徙齐王田市为胶东王,而封齐将田都为齐王;迁徙赵王歇为代王,而封张耳为常山王,称王赵地。 〔7〕"弩",装有机关的弓。 〔8〕"匈",通"胸"。 〔9〕"扪",音 mén,抚摸,按着。汉王伤胸而扪足,意在稳定军心。

**【译文】**楚、汉长期相持,胜负未决,年轻力壮的苦于当兵打仗,年老体弱的疲于转运粮食。汉王、项羽一同站在广武涧两边对话。项羽想跟汉王单身挑战。汉王历数项羽的罪过说:"最初我和你项羽都受命于怀王,说是先入关平定关中的,就在关中做王。你项羽违背约定,让我在蜀、汉做王,这是第一罪。你项羽假借怀王的命令,杀了卿子冠军,而自尊为上将军,这是第二罪。你项羽已经援救了赵地,应当返回复命,而你擅自胁迫诸侯的军队进入函谷关,这是第三罪。怀王约定到秦地不要残暴掠夺,你项羽火烧秦朝宫室,挖了始皇帝的坟墓,私自聚敛秦朝财物,这是第四罪。又硬是杀掉了秦朝投降的国王子婴,这是第五罪。在新安,用欺骗的手段坑杀了秦朝子弟二十万,而封他们的将领做王,这是第六罪。你项羽让自己的将领都在好地方做王,而迁走原来的诸侯王,使臣下争为叛逆,这是第七罪。你项羽把义帝驱逐出彭城,自己建都彭城,夺取韩王的土地,合并梁、楚称王,多划给自己土地,这是第八罪。你项羽派人在江南暗杀义帝,这是第九罪。为人臣下而杀害了他的君主,屠杀已经投降的人,执政不公允,主持约定不守信用,为天下人所不容，大逆无道，这是第十罪。我带领正义之师随从诸侯来诛除残暴的贼人，派受过刑的罪人杀死你项羽，我何苦与你挑战！"项羽大怒，埋伏的弓弩射中了汉王。汉王伤了胸部，却摸着脚说："这个贼人射中了我的脚趾！"汉王身受创伤，卧床不起，张良请汉王勉强起来巡行慰劳士卒，以安定军心，不让楚军乘机取胜于汉。汉王出来巡视军队，伤势加重，就驱车进入成皋休养。

病愈，西入关，至栎阳，存问父老，置酒，枭故塞王欣头栎阳市。[1]留四日，复如军，军广武。关中兵益出。

**【注释】**〔1〕"枭"，音 xiāo，砍头悬挂示众。"枭故塞王欣头栎阳市"，塞王欣和大司马咎被汉军击败后，皆自刭汜水上。因为欣封塞王时，都城在栎阳，所以刘邦在栎阳市将塞王欣枭首示众。

**【译文】**汉王病好了，向西进入函谷关，来到栎阳，慰问父老，设酒招待。砍了塞王司马欣的脑袋，挂在栎阳街市上示众。停了四天，又回到军中，驻扎在广武。关中的兵力大举出动。

当此时，彭越将兵居梁地，往来苦楚兵，绝其粮食。田横往从之。项羽数击彭越等，齐王信又进击楚。项羽恐，乃与汉王约，中分天下，割鸿沟而西者为汉，[1]鸿沟而东者为楚。项王归汉王父母妻子，军中皆呼万岁，乃归而别去。

**【注释】**〔1〕"鸿沟"，战国魏惠王时开凿的运河，故道从现在的河南荥阳县北引黄河水，东经中牟县北，至开封市南流，经通许县东、太康县西，由淮阳县东南注入颍水。

**【译文】**当时，彭越带兵驻扎梁地，来来往往地骚扰楚军，断绝它的粮食。田横前往依附彭越。项羽多次攻打彭越等人，齐王韩信又进攻楚军。项羽恐惧，就与汉王约定，平分天下，割鸿沟以西归汉，鸿沟以东归楚。项王送回了汉王的父母妻子，汉军全部高呼万岁，楚军告别汉军回到了驻地。

项羽解而东归。汉王欲引而西归，用留侯、陈平计，[1]乃进兵追项羽，至阳夏南止军，与齐王信、建成侯彭越期会而击楚军。至固陵，[2]不会。楚击汉军，大破之。汉王复入壁，深堑而守之。用张良计，[3]于是韩信、彭越皆往。及刘贾入楚地，[4]围寿春。[5]汉王败固陵，乃使使者召大司马周殷举九江兵而迎武王，[6]行屠城父，[7]随刘贾、齐梁诸侯皆大会垓下。[8]立武王布为淮南王。

**【注释】**〔1〕"留侯、陈平计"，即劝汉王乘楚兵疲粮尽，消灭楚军，不要养虎遗患。详见本书《项羽本纪》、《汉书·高帝纪》。〔2〕"固陵"，聚落名，属阳夏县，故地在今河南太康县南。〔3〕"张良计"，即张良劝汉王答应破楚后，从陈县以东至海边分给韩信，睢阳以北至谷城分给彭越，使他们为自己的利益而作战。详见本书《项羽本纪》、《汉书·高帝纪》。〔4〕"及"，又。见吴昌莹《经词衍释》。〔5〕"寿春"，县名，故地在今安徽寿县。〔6〕"周殷"，原为楚大司马。汉高祖五年十一月，刘贾南渡淮水，围寿春，汉派人诱降周殷。见本书《项羽本纪》、《汉书·高帝纪》和《资治通鉴》。"武王"，即黥布。"武王"上原有"之"字，《汉书·高帝纪》无，从文义看，当是衍文。〔7〕"城父"，聚落名，汉置县，故地在今安徽亳县东南。"父"，音 fǔ。〔8〕"随"字下原有"何"字，《汉书·高帝纪》无，根据文义，当是衍文，故删。"垓下"，聚落名，故地在今安徽灵璧县东南沱河北岸。"垓"，音 gāi。

**【译文】**项羽解兵东归。汉王想要领兵西还，后来采用留侯、陈平的计策，进兵追击项羽，到达阳夏南面收兵驻扎，与齐王韩信、建成侯彭越约定时间会合攻打楚军。到了固陵，韩信、彭越不来会合。楚军出击汉军，大败汉军。汉王又进入营垒，挖深了壕沟进行防守。汉王使用了张良的计策，于是韩信、彭越都前来会合。又有刘贾进入楚地，围攻寿春。汉王在固陵战败，就派使者去召大司马周殷，用全部的九江士卒迎接武王黥布，黥布、周殷在进军中攻下城父，大肆屠杀。他们随从刘贾和齐、梁的诸侯大会垓下。汉王封武王黥布为淮南王。

五年，高祖与诸侯兵共击楚军，与项羽决胜垓下。淮阴侯将三十万自当之，孔将军居左，[1]费将军居右，[2]皇帝在后，绛侯、柴将军在皇帝后。[3]项羽之卒可十万。淮阴先合，不利，却。孔将军、费将军纵，楚兵不利，淮阴侯复乘之，大败垓下。项羽卒闻汉军之楚歌，以为汉尽得楚地，项羽乃败而走，是以兵大败。使骑将灌婴追杀项羽东城，[4]斩首八万，遂略定楚地，鲁为楚坚守，不下。汉王引诸侯兵北，示鲁父老项羽头，鲁乃降。遂以鲁公号葬项羽谷城。[5]还至定陶，驰入齐王壁，夺其军。

**【注释】**〔1〕"孔将军"，即孔藂，韩信部将，以功封蓼侯。见本书《高祖功臣侯者年表》。《汉书·高惠高后文功臣表》作"孔聚"。张守节《正义》云："孔将军，蓼侯孔熙。"不知所据。〔2〕"费将军"，即陈贺，韩信部将，以功封费侯。见本书《高祖功臣侯者年表》、《汉书·高惠高后文功臣表》。〔3〕"绛侯"，即周勃，沛县人，早年随从刘邦起兵，转战四方，屡立军功，封为绛侯，食封绛县（今山西侯马市东北）八千余户。汉高祖、惠帝时曾为太尉，文帝时为丞相。其事详见本书《绛侯周勃世家》、《汉书·周勃传》。"柴将军"，即柴武，以功封棘蒲侯。〔4〕"东城"，秦县，故地在今安徽定远县东南。〔5〕"谷城"，聚邑名，故地在今山东平阴县西南。

**【译文】** 五年，高祖和诸侯军一起攻打楚军，与项羽在垓下决一胜负。淮阴侯率兵三十万独当正面，孔将军布兵在左面，费将军布兵在右面，皇帝居后，绛侯、柴将军跟随在皇帝后面。项羽的士卒大约十万。淮阴侯首先会战，没有取胜，向后退却。孔将军、费将军纵兵出击，楚军不利，淮阴侯又乘势反攻，大败项羽于垓下。项羽的士兵听到汉军中的楚国歌声，以为汉军全部占领了楚地，项羽就败退逃跑，因此楚兵全军溃败。汉王派骑兵将领灌婴追击项羽，在东城杀了他，斩首八万，于是平定了楚地。鲁县为楚国坚守城池，汉军没有攻下，汉王带领诸侯军北上，把项羽的头给鲁县父老们看，鲁县才投降了。于是就用鲁公的封号在谷城埋葬了项羽。汉王回到定陶，驰入齐王营垒，夺了他的军队。

正月，诸侯及将相相与共请尊汉王为皇帝。汉王曰："吾闻帝贤者有也，空言虚语，非所守也，吾不敢当帝位。"群臣皆曰："大王起微细，诛暴逆，平定四海，有功者辄裂地而封为王侯。大王不尊号，皆疑不信。臣等以死守之。"汉王三让，不得已，曰："诸君必以为便，便国家。"甲午，〔1〕乃即皇帝位氾水之阳。〔2〕

**【注释】** 〔1〕"甲午"，二月甲午，即二月初三日。〔2〕"氾水"，故道在今山东曹县北，从古济水分流，东北经定陶县注入古菏泽，现已淤塞。"氾"，音fàn。"阳"，水北和山南皆称"阳"。日本泷川资言《史记会注考证》云："今定陶西北有汉祖坛，高帝即位处。"这只是一种传说。

**【译文】** 正月，诸侯和将相互相约好一起请求尊崇汉王为皇帝。汉王说："我听说皇帝这一尊号属于有贤德的人，虚言浮语、空有其名的这种人是不能占有的，我不敢承受皇帝之位。"群臣都说："大王起于贫寒，诛暴讨逆，平定四海，有功的就割地封为王侯。大王不尊崇名号，大家对自己的封号都要疑虑，不敢信以为真。臣等誓死坚持大王尊称皇帝。"汉王再三谦让，迫不得已，说："大家一定以为这样有利于国家。为了对国家有利（我只好做皇帝了）。"甲午，在氾水北面即皇帝位。

皇帝曰义帝无后，齐王韩信习楚风俗，徙为楚王，都下邳。立建成侯彭越为梁王，都定陶。故韩王信为韩王，都阳翟。〔1〕徙衡山王吴芮为长沙王，都临湘。〔2〕番君之将梅鋗有功，从入武关，故德番君。淮南王布、燕王臧荼、赵王敖皆如故。

【注释】〔1〕"阳翟"，战国时曾为韩国都城，秦置县，故地在今河南禹县。 〔2〕"临湘"，秦县，因临湘水得名，故地在今湖南长沙市。

【译文】皇帝说义帝没有后代，齐王韩信熟悉楚地风俗，迁徙为楚王，建都下邳。封建成侯彭越为梁王，建都定陶。原来的韩王信仍为韩王，建都阳翟。迁徙衡山王吴芮为长沙王，建都临湘。番君的将领梅鋗立有战功，跟随进入武关，所以皇帝感谢番君的恩德。淮南王黥布、燕王臧荼、赵王张敖都保持过去的封号。

天下大定。高祖都雒阳，诸侯皆臣属。故临江王驩为项羽叛汉，〔1〕令卢绾、刘贾围之，不下。数月而降，杀之雒阳。

【注释】〔1〕"驩"，本书或作"尉"，《汉书》皆作"尉"。临江王共敖之子。据本书《秦楚之际月表》和《汉书·高帝纪》记载，共尉于汉高祖五年十二月叛汉被俘。这里记为二月，不可信。"驩"字同"欢"。

【译文】天下基本平定。高祖建都雒阳，诸侯都成为高祖的属臣。原来的临江王共驩为了项羽起兵叛汉，命令卢绾、刘贾围攻共驩，没有攻克。几个月后投降了，在雒阳杀了共驩。

五月，兵皆罢归家。诸侯子在关中者复之十二岁，〔1〕其归者复之六岁，食之一岁。〔2〕

【注释】〔1〕"复"，免除徭役赋税。 〔2〕"食"，音 sì，供给饮食。

【译文】五月，士卒都解甲回家。诸侯国的士卒留在关中的免除徭役十二年，那些回家乡的免除徭役六年，发给粮食供养一年。

高祖置酒雒阳南宫。高祖曰："列侯诸将无敢隐朕，〔1〕皆言其情。吾所以有天下者何？项氏之所以失天下者何？"高起、王陵对曰：〔2〕"陛下慢而侮人，项羽仁而爱人。然陛下使人攻城略地，所降下者因以予之，与天下同利也。项羽妒贤嫉能，有功者害之，贤者疑之，战胜而不予人功，得地而不予人利，此所以失天下也。"高祖曰："公知其一，未知其二。夫运筹策帷帐之中，决胜于千里之外，吾不如子房。〔3〕镇国家，抚百姓，给馈饷，不绝粮道，吾不如萧何。连百万之军，战必胜，攻必取，吾不如韩信。此三者，皆人杰也，吾能用之，此吾所以取天下也。项羽有一范增而不能用，此其所以为我擒也。"

**【注释】**〔1〕"朕"，音 zhèn，我。秦以前上下都可以自称"朕"，从秦始皇始规定专用作天子自称。〔2〕"高起"，本书只此一见，《汉书》也仅见于《高帝纪》，事迹已不可考。有人怀疑"高起"二字是衍文。〔3〕"子房"，张良的字。

**【译文】**高祖在雒阳南宫摆设酒席。高祖说："各位诸侯和将领不要隐瞒我，都要说心里话。我所以能够得到天下是什么原因？项氏所以失去天下是什么原因？"高起、王陵回答说："陛下傲慢而侮辱人，项羽仁慈而爱护人。然而陛下派人攻城略地，所招降攻占的地方就封给他，与天下人利益相共。项羽嫉贤妒能，有功的人加以陷害，贤能的人受到怀疑，打了胜仗而不论功行赏，取得了土地而不与分利，这就是他所以失去天下的原因。"高祖说："你们知其一，不知其二。说到在帷帐中运筹划策，决胜于千里之外，我不如子房。镇守国家，安抚百姓，供给军粮，畅通粮道，我不如萧何。连兵百万，战必胜，攻必克，我不如韩信。这三个人，都是人中俊杰，我能任用他们，这是我所以取得天下的原因。项羽有一个范增而不能任用，这是他所以被我擒杀的原因。"

高祖欲长都雒阳，齐人刘敬说，〔1〕及留侯劝上入都关中，高祖是日驾，入都关中。六月，大赦天下。

**【注释】**〔1〕"刘敬"，本姓娄，汉高祖五年，以戍卒身份求见高祖，建议西都关中，意见被高祖采纳，赐姓刘，拜为郎中，封奉春君，后又以谋议之功封为建信侯。曾主张与匈奴和亲，出使匈奴。又劝高祖徙山东六国强宗大族以充实关中。下文记载，九年徙楚昭氏、屈氏、景氏、怀氏和齐田氏于关中，即根据刘敬的建议。《史记》、《汉书》皆有传。

**【译文】**高祖想长期建都雒阳，齐人刘敬劝阻高祖，等到留侯说服高祖入都关中，当天高祖命驾起身，进入关中建都。六月，大赦天下。

十月，〔1〕燕王臧荼反，攻下代地。高祖自将击之，得燕王臧荼。即立太尉卢绾为燕王。使丞相哙将兵攻代。

**【注释】**〔1〕"十月"，当作"七月"。《汉书·高帝纪》云："秋七月，燕王臧荼反。上自将征之。九月，虏荼。"本书《秦楚之际月表》也记载：八月，"帝自将诛燕"。九月"虏荼"。《资治通鉴》与《汉书》相合。

**【译文】**十月，燕王臧荼反叛，攻下代地。高祖亲自统率军队攻打他，擒获了燕王臧荼，随即立太尉卢绾为燕王。派丞相樊哙领兵攻代。

其秋，利几反，[1]高祖自将兵击之，利几走。利几者，项氏之将。项氏败，利几为陈公，不随项羽，亡降高祖，高祖侯之颍川。[2]高祖至雒阳，举通侯籍召之，[3]而利几恐，故反。

**【注释】**〔1〕"利几"，姓利，名几。为陈县（在今河南淮阳县）令。楚国县令称"公"，所以下文云"利几为陈公"。〔2〕"颍川"，郡名，治阳翟。辖地在今河南中部。〔3〕"举"，所有，全部。"通侯"，秦、汉封爵中最高的一级。本名彻侯，避汉武帝刘彻讳改称"通侯"，又称"列侯"。

**【译文】**这年秋天，利几反叛，高祖亲自带兵攻打他，利几逃走了。利几这个人，是项氏的将领。项氏失败时，利几为陈县县令，没有跟随项羽，逃走投降了高祖，高祖封他在颍川为侯。高祖到达雒阳，根据全部通侯名籍遍召通侯，利几也被召。利几很慌惧，因此起兵反叛。

六年，高祖五日一朝太公，如家人父子礼。太公家令说太公曰：[1]"天无二日，土无二王。[2]今高祖虽子，人主也；太公虽父，人臣也。奈何令人主拜人臣！如此，则威重不行。"后高祖朝，太公拥篲，[3]迎门却行。高祖大惊，下扶太公。太公曰："帝，人主也，奈何以我乱天下法！"于是高祖乃尊太公为太上皇。心善家令言，赐金五百斤。

**【注释】**〔1〕"太公家令"，负责服侍太公并为其掌管家事的官员。〔2〕"天无二日，土无二王"，孔子语，《礼记·曾子问》、《坊记》都有记载。《孟子·万章上》引孔子语作"天无二日，民无二王"，意思相同。〔3〕"篲"，音 huì，扫帚。"太公拥篲"，太公手里拿着扫帚，表示亲自为高祖清扫执役，这是一种恭敬卑下的姿态。

**【译文】**六年，高祖五天朝见一次太公，（跪拜）如同一般百姓的父子礼节。太公家令劝诫太公说："天无二日，地无二主。如今高祖虽然是你的儿子，但他是万民的君主；太公虽然是高祖的父亲，但属于臣下。怎么能让君主拜见臣下！这样，就使君主失去了威严和尊贵。"后来高祖朝拜太公，太公抱着扫帚，在门口迎接，倒退着行走。高祖大惊，下车搀扶太公。太公说："皇帝是万民的君主，怎么能因为我的缘故破坏了天下的法纪！"于是高祖就尊奉太公为太上皇。高祖内心赞美家令的话，赏赐给他黄金五百斤。

十二月，人有上变事告楚王信谋反，上问左右，左右争欲击之。用陈平计，乃伪游云梦，[1]会诸侯于陈，楚王信迎，即因执之。是日，大赦天下。田肯贺，[2]因说高祖曰："陛下得韩信，又治秦中。[3]秦，形胜之国，[4]带河山之险，县隔千里，[5]持戟百万，秦得百二焉。[6]地埶便利，[7]其以下兵于诸侯，譬犹居高屋之上建瓴水也。[8]夫齐，东有琅邪、即墨之饶，[9]南有泰山之固，西有浊河之限，[10]北有勃海之利。[11]地方二千里，持戟百万，县隔千里之外，齐得十二焉。故此东西秦也。非亲子弟，莫可使王齐矣。"高祖曰："善。"赐黄金五百斤。

【注释】[1]"云梦"，泽薮名，在南郡华容县（今湖北潜江县西南）南。 [2]"田肯"，本书只此一见，《汉书》也仅见于《高帝纪》，事迹不详。 [3]"秦中"，秦朝故地，即关中。 [4]"形胜"，地理形势优越。 [5]"县"，通"悬"。"县隔千里"，是说秦地与诸侯国隔越千里。 [6]"百二"，百倍。古人谓"倍"为"二"，《墨子·经上》云："倍为二也。"意谓秦地比其他地方好一百倍。下文"十二"，义与此同，只不过为了避免行文重复，使用了不同的说法。前人对"百二"还有各种不同的解释，如有人解为"百中之二"，谓秦兵二万足当诸侯百万；又有人解为百分之二十，谓天下兵百万，秦有二十万；还有人解为一百的二倍，谓秦一百万可抵二百万，等等。 [7]"埶"，与"势"字同。 [8]"建"，音jiàn，通"瀽"，倾倒。"瓴"，音líng，盛水用的瓶子。"高屋之上建瓴水"，从高大的屋顶上用瓶子往下倒水。另有一说，"瓴水"，瓦沟。"高屋之上建瓴水"，高大的屋顶上建有流水的瓦沟，水极易往下流。不论怎样解释，高屋建瓴都是用以形容居高临下的有利形势。 [9]"琅邪"，音láng yá，县名，故地在今山东胶南县琅邪台西北，秦时为琅邪郡郡治，汉把郡治移至东武，即今山东诸城县。"即墨"，县名，故地在今山东平度县东南。琅邪、即墨近海，物产丰富。 [10]"浊河"，即黄河。黄河水流浑浊，故称"浊河"。 [11]"勃"，通"渤"。"勃海之利"，指鱼盐之利。

【译文】十二月，有人上书告发楚王韩信谋反。高祖询问左右大臣，大臣们争着要去攻打韩信。高祖采用陈平的计策，假装巡游云梦泽，在陈县会见诸侯，楚王韩信去迎接，就乘机逮捕了他。这一天，大赦天下。田肯来祝贺，就劝高祖说："陛下抓到韩信，又建都秦中。秦地是地理形势优越的地方，有山河之险，与诸侯国悬隔千里，持戟武士一百万，秦比其他地方好上一百倍。地势便利，从这里出兵诸侯，犹如高屋建瓴。要说那齐地，东有琅邪、即墨的富饶，南有泰山的险固，西有浊河这一天然界限，北有渤海鱼盐之利，地方二千里，持戟武士一百万，与各诸侯国悬隔千里之外，齐比其他地方好上十倍。所以这两个地方是东秦和西秦。不是陛下的亲子弟，不要派他在齐地做王。"高祖说："好。"赏赐黄金五百斤。

后十余日，封韩信为淮阴侯，分其地为二国。高祖曰将军刘贾数有功，以为荆王，[1]王淮东。弟交为楚王，[2]王淮西。子肥为齐王，[3]王七十余城，民能齐言者皆属齐。乃论功，与诸列侯剖符行封。[4]徙韩王信太原。[5]

**【注释】**〔1〕"荆王"，据《汉书·高帝纪》，汉高祖六年正月，把楚汉之际设置的东阳郡、鄣郡、吴郡五十三县封给刘贾，地域包括今安徽东部、浙江西北部、江苏大部。吴郡即秦会稽郡的一部分，属县阳羡（今江苏宜兴县南）境内有荆山，刘贾被封在吴地而称荆王，即取义于此。〔2〕"交"，高祖同母弟，字游。事见本书《楚元王世家》、《汉书·荆王刘贾传》。据《汉书·高帝纪》，高祖把原来的砀郡、薛县、郯郡三十六县封给刘交，地域包括今山东西南和南部、江苏东北部、安徽北部、河南东部，建都彭城。〔3〕"肥"，高祖的长子，庶出，母为曹氏。事见本书《齐悼惠王世家》、《汉书·齐悼惠王肥传》。据《汉书·高帝纪》，高祖把原来的胶东郡、胶西郡、临淄郡、济北郡、博阳郡、城阳郡七十三县封给刘肥，地域包括今山东大部。〔4〕"列侯"，彻侯。〔5〕"太原"，郡名，辖境在今山西中部。汉高祖五年，封韩王信于颍川为王，建都阳翟。因为他年壮雄武，又封在拥有劲兵的地方，高祖不放心。六年以太原郡三十一县为韩国，把韩王信迁徙于此，建都晋阳，即今山西太原市西南，由于韩王信的请求，改都马邑，即今山西朔县。见《史记》、《汉书》韩王信本传。

**【译文】**后来十多天，封韩信为淮阴侯，把他的封地分作两个国。高祖说将军刘贾屡建战功，封为荆王，称王淮东。弟弟刘交为楚王，称王淮西。儿子刘肥为齐王，封给七十余城，百姓中能讲齐地语言的都归属齐国。高祖论定功劳大小，与列侯剖符为信，封侯食邑。把韩王信迁徙到太原。

七年，匈奴攻韩王信马邑，[1]信因与谋反太原。白土曼丘臣、王黄立故赵将赵利为王以反，[2]高祖自往击之。会天寒，士卒堕指者什二三，遂至平城。[3]匈奴围我平城，七日而后罢去。令樊哙止定代地。立兄刘仲为代王。[4]

**【注释】**〔1〕"马邑"，县名，为韩王信封国的都城，故地在今山西朔县。〔2〕"白土"，汉县，属上郡，故地在今陕西神木县西。"曼丘臣"，姓曼丘，名臣，与王黄都是韩王信将领。韩王信以马邑降匈奴，起兵反汉，高祖率军击破韩王信，信逃入匈奴。曼丘臣、王黄立赵利为王，收集韩王信散兵，与汉为敌。事详本书《韩王信列传》。"曼"，音 wàn。"赵将赵利"，本书《韩王信列传》云"赵苗裔赵利"，《汉书·高帝纪》云"赵后赵利"，都没有说赵利为赵将。〔3〕"平城"，汉县，故地在今山西大同市东北。县东北有白登山，是高祖破围之处。〔4〕"刘仲"，高祖兄弟四人，长兄伯，早卒，次兄仲，弟交。刘仲，《汉书·高帝纪》称代王喜，《史记·楚元王世家》、《吴王濞列传》、《集解》并引徐广说，云名喜，字仲。此以刘仲为代王系于七年，本书《高祖功臣侯者年表》云"六年正月立仲为代王"。

**【译文】**七年，匈奴在马邑攻打韩王信，韩王信就与匈奴在太原谋反。白土曼丘臣、王黄立原来的赵国将领赵利为王，反叛汉朝，高祖亲自前往讨伐。正遇上天气寒冷，士卒十人中有两三个都冻掉了手指头，终于到达了平城。匈奴在平城围困高祖，七天之后才撤兵离去。命令樊哙留下来平定代地。立哥哥刘仲为代王。

二月，高祖自平城过赵、雒阳，至长安。[1]长乐宫成，[2]丞相已下徙治长安。[3]

【注释】〔1〕"长安"，汉高祖五年所置县，七年迁都于此，故地在今陕西西安市西北郊渭河南岸。〔2〕"长乐宫"，在汉长安城内东南隅，为高祖经常视朝之处，惠帝后朝会移至未央宫，长乐宫改为太后居地。据近年考古测定，宫垣东西长约二千九百米，南北宽约二千三百米，是当时规模最宏伟的宫殿建筑。〔3〕"已"，与"以"字通。

【译文】二月，高祖从平城经过赵地、雒阳，到了长安。长乐宫已经建成，丞相以下迁到新都长安。

八年，高祖东击韩王信余反寇于东垣。[1]

【注释】〔1〕"东垣"，秦县，汉高祖十一年改名真定，故地在今河北石家庄市东。

【译文】八月，高祖率军东去，在东垣攻打韩王信的残余叛贼。

萧丞相营作未央宫，[1]立东阙、北阙、前殿、武库、太仓。[2]高祖还，见宫阙壮甚，怒，谓萧何曰："天下匈匈，[3]苦战数岁，成败未可知，是何治宫室过度也？"[4]萧何曰："天下方未定，故可因遂就宫室。[5]且夫天子以四海为家，非壮丽无以重威，且无令后世有以加也。"高祖乃说。[6]

【注释】〔1〕"未央宫"，在汉长安城内西南隅。《三辅黄图》卷二云："未央宫周回二十八里。"〔2〕"阙"，又称"象魏"。宫殿、祠庙、陵墓前的建筑物，通常左右各一，筑成高台，台上建造楼观。因两阙之间有空缺作为通道，故名"阙"。"前殿"，据《三辅黄图》卷二记载，东西五十丈，深十五丈，高三十五丈，召见诸侯和群臣之处。"武库"，主要用于储藏兵器的仓库。"太仓"，储积粟谷的粮仓。〔3〕"匈匈"，字通"恂恂"，扰攘不安。〔4〕"度"，法制，规定。〔5〕"因遂"，犹今言"就乘此机会"。《汉书·高帝纪》作"因以"，辞义相同。"就"，成。〔6〕"说"，通"悦"。

**【译文】**萧丞相修筑未央宫，建立东阙、北阙、前殿、武库、太仓。高祖回来，看见宫阙极为壮丽，非常生气，对萧何说："天下喧扰不安，苦战数年，成败尚未可知，现在为什么要修建宫室豪华过度呢？"萧何说："正是因为天下没有安定，所以才乘这个时机建成宫室。况且天子以四海为家，宫室不壮观华丽，就不足以显示天子的尊贵和威严，并且也是为了不让后世的宫室有所超过。"于是高祖高兴了。

高祖之东垣，过柏人，〔1〕赵相贯高等谋弑高祖，〔2〕高祖心动，因不留。〔3〕代王刘仲弃国亡，〔4〕自归雒阳，废以为合阳侯。〔5〕

**【注释】**〔1〕"柏人"，汉县，属赵国，故地在今河北隆尧县西。 〔2〕"贯高"，张耳门客，后为赵王张敖丞相。汉高祖七年，高祖从平城过赵，无礼于张敖，贯高怒，密谋杀害高祖。八年，高祖率军出击韩王信余部于东垣，回军时路过赵国，贯高策划在柏人刺杀高祖未遂。事详本书《张耳列传》、《汉书·张耳传》。 〔3〕"高祖心动，因不留"，据《张耳列传》记载，高祖想在柏人留宿，心脏跳动异常，问县名是什么，有人回答说是柏人。高祖说："柏人者，迫于人也。"没有留宿就离开了柏人。这纯属附会。 〔4〕"代王刘仲弃国亡"，当时匈奴攻代，刘仲不能坚守，弃国逃亡。见本书《吴王濞列传》。 〔5〕"合阳"，本书《吴王濞列传》作"郃阳"，县名，故地在今陕西合阳县东南。

**【译文】**高祖去东垣，经过柏人，赵相贯高等谋杀高祖，高祖心动异常，因而没有在柏人停留。代王刘仲弃国逃跑，自己回到雒阳，被废为合阳侯。

九年，赵相贯高等事发觉，夷三族。〔1〕废赵王敖为宣平侯。是岁，徙贵族楚昭、屈、景、怀、齐田氏关中。

**【注释】**〔1〕"三族"，历来解释不一，或以父族、母族、妻族为三族，或以父、子、孙为三族，或以父母、兄弟、妻子为三族。前一说较为通行。

**【译文】**九年，赵相贯高等策划谋杀高祖的事被发觉了，处死了他们的三族。废赵王张敖为宣平侯。这一年，把楚国贵族昭氏、屈氏、景氏、怀氏和齐国贵族田氏迁徙到关中。

未央宫成。高祖大朝诸侯群臣，置酒未央前殿。高祖奉玉卮，〔1〕起为太上皇寿，曰："始大人常以臣无赖，〔2〕不能治产业，不如仲力。今某之业所就孰与仲多？"殿上群臣皆呼万岁，大笑为乐。

【译文】未央宫建成了。高祖大朝诸侯和群臣，在未央宫前殿摆设酒宴。高祖手捧玉制酒杯，起身给太上皇祝寿，说："当初大人常常认为我是无以谋生的二流子，不能料理产业，不如仲勤劳。如今我成就的事业与仲相比，谁的多呢？"殿上群臣都高呼万岁，大笑作乐。

十年十月，淮南王黥布、梁王彭越、燕王卢绾、荆王刘贾、楚王刘交、齐王刘肥、长沙王吴芮皆来朝长乐宫。春夏无事。

七月，太上皇崩栎阳宫。[1]楚王、梁王皆来送葬。赦栎阳囚。更命郦邑曰新丰。[2]

【注释】〔1〕"崩"，按照封建等级制，皇帝死称"崩"，诸侯死称"薨"，大夫死称"卒"。"栎阳宫"，高祖为汉王时，建都栎阳，此地有秦献公修建的宫室。 〔2〕"新丰"，汉高祖入都关中后，太上皇思念故乡，高祖就在故秦郦邑仿照丰邑营筑街巷，并迁故旧于此，求得太上皇的欢心。至此又改换了县名。故地在今陕西临潼县东北。

【译文】十年十月，淮南王黥布、梁王彭越、燕王卢绾、荆王刘贾、楚王刘交、齐王刘肥、长沙王吴芮都来长乐宫朝见。春夏无事。

七月，太上皇崩于栎阳宫，楚王、梁王都来送葬。赦免栎阳的囚犯。郦邑改名新丰。

八月，赵相国陈豨反代地。[1]上曰："豨尝为吾使，甚有信。代地吾所急也，故封豨为列侯，以相国守代，今乃与王黄等劫掠代地！代地吏民非有罪也，其赦代吏民。"九月，上自东往击之。至邯郸，上喜曰："豨不南据邯郸而阻漳水，[2]吾知其无能为也。"闻豨将皆故贾人也，[3]上曰："吾知所以与之。"乃多以金啖豨将，[4]豨将多降者。

【注释】〔1〕"陈豨"，宛朐（今山东菏泽县西南）人，汉高祖七年，韩王信叛入匈奴，高祖封陈豨为列侯，以赵相国身份监领赵、代边兵。赵相周昌向高祖告发陈豨招致宾客，多年拥兵在外，恐有不测。高祖召见陈豨，陈豨称病不至，自立为代王，起兵反汉。事详本书《卢绾列传》所附《陈豨列传》，又见《汉书·卢绾传》所附《陈豨传》。"豨"，音 xī。 〔2〕"邯郸"，战国时为赵都城，汉初又为赵封国都城，故地在今河北邯郸市。"漳水"，今名漳河，源出今山西东南，流经今河北与河南交界处。 〔3〕"贾"，音 gǔ，商人。"商"与"贾"古代略有区别，居肆售货的叫"贾"，流动售货的叫"商"。〔4〕"啖"，音 dàn，以利诱人。

【译文】八月，赵相国陈豨在代地反叛。高祖说："陈豨曾经做过我的使者，很遵守信用。代地是我所看重的地方，因此封陈豨为列侯，以相国名义守卫代地，如今竟和王黄等劫掠代地。代地的官吏和百姓并非有罪，赦免代地的吏民。"九月，高祖亲自东去攻打陈豨。到达邯郸，高祖高兴地说："陈豨不南去据守邯郸，而凭借漳水为阵，我知道他是没有本事的。"听说陈豨的将领都是过去的商人，高祖说："我知道该怎样对付他们了。"于是就多用黄金引诱陈豨的将领，陈豨的将领有很多投降的。

十一年，高祖在邯郸诛豨等未毕，豨将侯敞将万余人游行，王黄军曲逆，〔1〕张春渡河击聊城。〔2〕汉使将军郭蒙与齐将击，〔3〕大破之。太尉周勃道太原入，定代地。至马邑，马邑不下，即攻残之。

【注释】〔1〕"曲逆"，汉县，故地在今河北完县东南。〔2〕"张春"，陈豨部将。"聊城"，汉县，故地在今山东聊城市西北。〔3〕"郭蒙"，初为吕泽部下，入汉为将军，以功封东武侯。见本书《高祖功臣侯者年表》、《汉书·高惠高后文功臣表》。

【译文】十一年，高祖在邯郸讨伐陈豨等人还没有结束，陈豨的将领侯敞带领一万多人流动作战，王黄驻军曲逆，张春渡过黄河进攻聊城。汉派将军郭蒙与齐国的将领出击，把他们打得大败。太尉周勃从太原进军，平定代地。到了马邑，一时没有攻克，后来就把它攻打得城破人亡。

豨将赵利守东垣，高祖攻之，不下。月余，卒骂高祖，高祖怒。城降，令出骂者斩之，不骂者原之。于是乃分赵山北，〔1〕立子恒以为代王，都晋阳。〔2〕

【注释】〔1〕"分赵山北"，高祖废代王刘仲为合阳侯后，封子刘如意为代王。赵王张敖因为贯高谋杀高祖事受到牵连，被废为宣平侯，徙刘如意为赵王，兼有代地。陈豨叛汉，根据当时的形势，下诏说："代地在常山北面，与夷狄接境，赵却从山南兼有代地，相隔很远，屡遭匈奴侵犯，难以兼顾。现在划割山南太原郡的一部分土地归代国，代国云中县以西的地方为云中郡，那么代国受到匈奴的侵扰就减少了。"于是，又把赵、代分为二国，以刘恒，即后来的文帝为代王。事详《汉书·高帝纪》。〔2〕"晋阳"，故地在今山西太原市西南的晋源镇。

【译文】陈豨的将领赵利防守东垣，高祖攻打东垣，没有攻下。一个多月后，赵利的士卒辱骂高祖，高祖十分气愤。东垣投降了，命令交出辱骂高祖的人斩首处死，没有辱骂高祖的就宽恕了他们。于是划出赵国常山以北的地方，封儿子刘恒为代王，建都晋阳。

　　春，淮阴侯韩信谋反关中，夷三族。
　　夏，梁王彭越谋反，废迁蜀；复欲反，遂夷三族。立子恢为梁王，[1]子友为淮阳王。[2]

　　【注释】〔1〕"恢"，高祖第五子，初封梁王，吕后时徙封赵王，自杀。事见《汉书·高五王传》。〔2〕"友"，高祖第六子，初封淮阳王，吕后时，赵王刘恢自杀后，徙为赵王，被吕后幽禁而死。事见《汉书·高五王传》。刘友所封淮阳国界域主要在今河南东部茨河上游南北一带。

　　【译文】春天，淮阴侯韩信谋反关中，处死了他的三族。
　　夏天，梁王彭越谋反，废除他的封号，迁徙蜀地。他又要反叛，于是就处死了他的三族。封儿子刘恢为梁王，儿子刘友为淮阳王。

　　秋七月，淮南王黥布反，东并荆王刘贾地，北渡淮，楚王交走入薛。高祖自往击之。立子长为淮南王。[1]

　　【注释】〔1〕"长"，高祖第七字，汉文帝六年谋反，被废为庶人，迁徙蜀地，途中绝食身死。《史记》、《汉书》皆有传。

　　【译文】秋天七月，淮南王黥布反叛，向东兼并了荆王刘贾的土地，北进渡过淮水。楚王刘交跑到薛县。高祖亲自前往讨伐他，封儿子刘长为淮南王。

　　十二年，十月，高祖已击布军会甀，[1]布走，令别将追之。

　　【注释】〔1〕"会甀"，音 kuài zhuì，乡名，在当时蕲县西。

　　【译文】十二年十月，高祖在会甀已经击败黥布的军队，黥布逃走。高祖命令别将追击他。

　　高祖还归，过沛，留。置酒沛宫，悉召故人父老子弟纵酒，发沛中儿得百二十人，教之歌。酒酣，高祖击筑，[1]自为歌诗曰："大风起兮云飞扬，威加海内兮归故乡，安得猛士兮守四方！"令儿皆和习之。高祖乃起舞，慷慨伤怀，泣数行下。谓沛父兄曰："游子悲故乡。吾虽都关中，万岁后吾魂魄犹乐思沛。且朕自沛公以诛暴逆，遂有天下，其以沛为朕汤沐邑，[2]复其民，世世无有所与。"[3]沛父兄诸母故人日乐饮极欢，道旧故为笑乐。十余日，高祖欲去，沛父兄固请留高祖。高祖曰："吾人众多，父兄不能给。"乃去。沛中空县皆之邑西献。高祖复留止，张饮三日，[4]沛父兄皆顿首曰："沛幸得复，丰未复，唯陛下哀怜之。"高祖曰："丰吾所生长，极不忘耳，吾特为其以雍齿故反我为魏。"沛父兄固请，乃并复丰，比沛。于是拜沛侯刘濞为吴王。[5]

【注释】〔1〕"筑"，乐器。形似筝，颈细肩圆，十三弦，用竹尺击打演奏。今已失传。〔2〕"汤沐邑"，据《礼记·王制》，周诸侯朝见天子，天子在王畿内赐给供住宿和斋戒沐浴的封邑叫汤沐邑。后来皇帝、皇后、公主等收取赋税的私邑也都叫汤沐邑，意谓所收赋税用汤沐之资的封邑。汉朝常赐皇后、公主汤沐邑。〔3〕"与"，通"预"，参预。这里指参加服徭役。〔4〕"张"，通"帐"。〔5〕"刘濞"，刘仲之子，二十岁为骑将，随从高祖击破黥布，封为吴王。景帝时，他反对汉中央政府的削藩政策，发动吴、楚七国之乱，失败后逃入东越，被东越人所杀。事详《史记》、《汉书》本传。"濞"，音 bì。

【译文】高祖率军归还，路过沛县，停留下来。在沛宫摆设酒宴，把过去的朋友和父老子弟全部召集来纵情畅饮。挑选沛中儿童，得到了一百二十人，教他们唱歌。酒喝到酣畅，高祖击着筑，自己作了一首诗，唱起来："大风起兮云飞扬，威加海内兮归故乡，安得猛士兮守四方！"让儿童都跟着学唱。高祖又跳起舞，感慨伤怀，泪下数行，对沛县父兄们说："远游的人思念故乡。我虽然建都关中，千秋万岁后，我的魂魄还是愿意怀思沛县。我从做沛公开始，诛暴讨逆，终于取得了天下。用沛县作为我的汤沐邑，免除沛县百姓的徭役，世世代代不用服徭役。"沛县父老兄弟、长辈妇女、旧日朋友，天天开怀畅饮，极为欢欣，说旧道故，取笑作乐。过了十多天，高祖想要离去，沛县父老兄弟执意挽留高祖。高祖说："我的随从人员众多，父兄们供养不起。"于是高祖就动身了。沛县百姓倾城而出，都到城西贡献牛酒。高祖又停留下来，搭起帐篷，饮宴三天。沛县父兄们都叩头请求说："沛县幸运地得到免除徭役，丰邑还没有获准免除，请陛下哀怜丰邑。"高祖说："丰邑是我生长的地方，绝不会忘记，我只是因为丰邑以雍齿的缘故反叛我而去帮助魏国（所以才不免除它的徭役）。"沛县父兄们坚持请求，这才一并免除了丰邑的徭役，和沛县相同。封沛侯刘濞为吴王。

汉将别击布军洮水南北，[1]皆大破之，追得斩布鄱阳。[2]

【注释】〔1〕"洮水"，《水经注》卷三八载，洮水源出洮阳县西南大山，东北流经县南，又东流注入湘水。洮阳在今广西全州西北。"洮"，音*táo*。 〔2〕"追得斩布鄱阳"，据本书《黥布列传》，黥布与汉军交战，失败后，渡过淮水，与百余人逃至江南。黥布原与番君吴芮联姻。吴芮之子长沙哀王（哀王为吴芮之孙，哀王误，当是成王臣，成王臣系吴芮之子。《资治通鉴》卷一二尚不误）使人骗布，诱走越地。布信以为真，来到鄱阳，鄱阳人杀布。"鄱阳"，或作"番阳"。

【译文】汉军将领在洮水南北两路追击黥布的军队，都大破黥布军，在鄱阳追获杀死了黥布。

樊哙别将兵定代，〔1〕斩陈豨当城。〔2〕

【注释】〔1〕"樊哙别将兵定代"，此记事有误。《汉书·高帝纪》云："周勃定代。"本书《绛侯周勃世家》云："以将军从高帝击反韩王信于代。"《韩信卢绾列传》后附《陈豨列传》云："太尉勃入定太原、代地。"《资治通鉴》卷一二云："周勃悉定代郡、雁门、云中地。"是将兵定代者为周勃，而非樊哙。 〔2〕"斩陈豨当城"，斩陈豨者为周勃。《资治通鉴》卷一二司马光《考异》云："《卢绾传》云：'汉使樊哙击斩豨。'按斩豨者周勃，非樊哙也。""当城"，汉县，故地在今河北蔚县东北。

【译文】樊哙另带一支部队平定代地，在当城杀死了陈豨。

十一月，高祖自布军至长安。十二月，高祖曰："秦始皇帝、楚隐王陈涉、魏安釐王、齐缗王、赵悼襄王皆绝无后，〔1〕予守冢各十家，秦皇帝二十家，魏公子无忌五家。"〔2〕赦代地吏民为陈豨、赵利所劫掠者，皆赦之。陈豨降将言豨反时，燕王卢绾使人之豨所，与阴谋。上使辟阳侯迎绾，〔3〕绾称病。辟阳侯归，具言绾反有端矣。〔4〕二月，使樊哙、周勃将兵击燕王绾。赦燕吏民与反者。立皇子建为燕王。〔5〕

【注释】〔1〕"楚隐王陈涉"，"隐"是陈涉的谥号。在高祖这一诏令中，诸王皆不称名，"陈涉"二字疑是后人注文窜入正文。《汉书·高帝纪》无此二字。"魏安釐王"，名圉，魏昭王之子，事详本书《魏世家》。"釐"，音*xī*。"齐缗王"，名地，齐宣王之子，事详本书《田敬仲完世家》。"缗"，本书或作"缗"。"赵悼襄王"，名偃，赵孝成王之子，事详本书《赵世家》。〔2〕"魏公子无忌"，魏昭王之子，魏安釐王异母弟，封信陵君，礼贤下士，门下食客三千人，是战国著名的四公子之一。事详本书《魏公子列传》。 〔3〕"辟阳侯"，即审食其，沛县人，楚汉相争时，一直随侍吕后，由此封为辟阳侯。吕后执政，官至左丞相。文帝即位后免相，被淮南王刘长击杀。〔4〕"端"，端兆，征兆。〔5〕"建"，高祖第八子，事见《汉书·高五王传》。

【译文】十一月，高祖从征讨黥布的军队中回到长安。十二月，高祖说："秦始皇帝、楚隐王陈涉、魏安釐王、齐缗王、赵悼襄王都绝嗣无后，分别给予十户人家看守坟墓，秦始皇帝二十家，魏公子无忌五家。"代地官吏和百姓被陈豨、赵利所胁迫的，全部赦免。陈豨的降将说陈豨反叛时，燕王卢绾派人去陈豨那里参预了阴谋策划。高祖派辟阳侯去接卢绾，卢绾称病不来。辟阳侯回来，详细说明了卢绾反叛已有征兆。二月，派樊哙、周勃率军出击燕王卢绾。赦免燕地官吏和百姓参加反叛的人。封皇子刘建为燕王。

高祖击布时，为流矢所中，行道病。病甚，吕后迎良医。医入见，高祖问医。医曰："病可治。"于是高祖嫚骂之曰：[1]"吾以布衣提三尺剑取天下，此非天命乎？命乃在天，虽扁鹊何益！"[2]遂不使治病，赐金五十斤罢之。已而吕后问："陛下百岁后，[3]萧相国即死，令谁代之？"上曰："曹参可。"问其次，上曰："王陵可。然陵少戆，[4]陈平可以助之。陈平智有余，然难以独任。周勃重厚少文，然安刘氏者必勃也，可令为太尉。"吕后复问其次，上曰："此后亦非而所知也。"[5]

【注释】〔1〕"嫚"，通"谩"。 〔2〕"扁鹊"，姓秦，名越人，战国齐勃海郑（今河北任丘县）人，学医于长桑君，为一代名医。张守节《正义》云："《黄帝八十一难序》云：秦越人与轩辕时扁鹊相类，仍号之为扁鹊。"本书有传。 〔3〕"百岁"，古人认为人寿命长不过百岁，因此用"百岁"做为死的讳称。 〔4〕"戆"，音 zhuàng，憨厚而刚直。 〔5〕"而"，你。

【译文】高祖攻打黥布时，被流矢射中，行进途中得了病。病情严重，吕后请来好医生。医生进去见高祖，高祖询问医生，医生说："病可以治好。"于是高祖谩骂医生说："我以一个布衣平民，手提三尺剑取得天下，这不是天命吗？命运在天，虽有扁鹊，又有什么用处！"高祖不让医生治病，赏赐黄金五十斤，叫他离去。不久吕后问高祖："陛下百年以后，萧相国如果死了，让谁接替他？"高祖说："曹参可以。"又问其次，高祖说："王陵可以。然而王陵稍为憨直，陈平可以帮助他。陈平智慧有余，然而难以独任。周勃稳重厚道，缺少文才，但能安定刘氏天下的一定是周勃，可以让他做太尉。"吕后又问其次，高祖说："这以后也不是你所能知道的。"

卢绾与数千骑居塞下候伺，幸上病愈自入谢。

四月甲辰，[1]高祖崩长乐宫。四日不发丧。吕后与审食其谋曰："诸将与帝为编户民，[2]今北面为臣，此常快快，今乃事少主，非尽族是，天下不安。"人或闻之，语郦将军。[3]郦将军往见审食其，曰："吾闻帝已崩，四日不发丧，欲诛诸将。诚如此，天下危矣。陈平、灌婴将十万守荥阳，樊哙、周勃将二十万定燕、代，此闻帝崩，诸将皆诛，必连兵还乡以攻关中。大臣内叛，诸侯外反，亡可翘足而待也。"[4]审食其入言之，乃以丁未发丧，[5]大赦天下。

【注释】〔1〕"四月甲辰"，四月二十五日。此年为公元前一九五年。 〔2〕"编户民"，编入户口簿籍的平民百姓。 〔3〕"郦将军"，即郦商，郦食其之弟。 〔4〕"翘足"，举足，抬起脚来，用以形容时间短暂。 〔5〕"丁未"，四月二十八日。

【译文】卢绾和数千名骑兵停留在边塞等待着，希望高祖病好了，自己去向高祖请罪。

四月甲辰，高祖崩于长乐宫。过了四天不发丧。吕后和审食其商量说："将领们和皇帝同为编户平民，如今北面称臣，为此常常怏怏不乐。现在事奉年轻的皇帝，（心里会更不高兴，）不全部族灭这些人，天下不会安定。"有人听到了这个消息，告诉了郦将军。郦将军去见审食其，说："我听说皇帝已经驾崩，四天不发丧，想要诛杀将领们。如果真是这样，天下就危险了。陈平、灌婴统率十万士卒驻守荥阳，樊哙、周勃统率二十万士卒平定燕、代，这时他们听到皇帝驾崩，将领们全都被杀，必定连兵回来向关中进攻。大臣叛乱于内，诸侯造反于外，天下覆灭可以翘足而待了。"审食其进宫把这些话告诉了吕后，于是在丁未发丧，大赦天下。

卢绾闻高祖崩，遂亡入匈奴。

丙寅，[1]葬。己巳，[2]立太子，[3]至太上皇庙。群臣皆曰："高祖起微细，[4]拨乱世反之正，[5]平定天下，为汉太祖，功最高。"上尊号为高皇帝。太子袭号为皇帝，孝惠帝也。令郡国诸侯各立高祖庙，以岁时祠。

【注释】〔1〕"丙寅"，五月十七日。《汉书·高帝纪》云"五月丙寅"。 〔2〕"己巳"，五月二十日。 〔3〕"立太子"，汉王二年六月已立刘盈为太子，此文有误。疑"立"字当作"皇"。"皇"字残去上半部，下半部"王"字与"立"形近易误。《汉书·高帝纪》云："五月丙寅，葬长陵。已下（谓已下棺），皇太子群臣皆反至太上皇庙。"可为佐证。 〔4〕"高祖"，《汉书·高帝纪》作"帝"。梁玉绳《史记志疑》卷六云："此时群臣方议尊号，何得先称'高祖'，《汉书》作'帝'是也。" 〔5〕"反"，通"返"。

【译文】卢绾听说高祖驾崩，就逃入匈奴。

丙寅，安葬了高祖。己巳，立太子为皇帝，来到太上皇庙。群臣都说："高祖起于细微平民，拨乱反正，平定天下，是汉朝的开国始祖，功劳最高。"上尊号为高皇帝。太子袭号为皇帝，这就是孝惠帝。命令各郡和各国诸侯建立高祖庙，按照每年的时节祭祀。

　　及孝惠五年，思高祖之悲乐沛，以沛宫为高祖原庙。[1]高祖所教歌儿百二十人，皆令为吹乐，后有缺，辄补之。

**【注释】**〔1〕"原庙"，再立的宗庙。已在长安立庙，现又在沛立庙，故称为"原庙"。

**【译文】**到了孝惠帝五年，孝惠帝思念高祖回沛时的悲乐情景，就把沛宫作为高祖原庙。高祖所教唱歌的儿童一百二十人，都让他们做高祖原庙中演奏音乐的人员，以后有缺额，就立刻补上。

　　高帝八男：长庶齐悼惠王肥；[1]次孝惠，吕后子；次戚夫人子赵隐王如意；[2]次代王恒，已立为孝文帝，薄太后子；[3]次梁王恢，吕太后时徙为赵共王；次淮阳王友，吕太后时徙为赵幽王；次淮南厉王长；次燕王建。

**【注释】**〔1〕"庶"，庶孽，即姬妾之子。刘邦微贱时与外妇曹氏相通生刘肥，为庶出长子。〔2〕"戚夫人"，即戚姬，为高祖所宠幸。高祖死后，被吕后摧残，置于厕中，叫做"人彘"。事详本书《吕太后本纪》。〔3〕"薄太后"，即薄姬，文帝即位后，改称薄皇太后。《史记》、《汉书》皆有传。

**【译文】**高皇帝八个儿子：长子是庶出的齐悼惠王肥；其次是孝惠帝，吕后所生；再次是戚夫人生的赵隐王如意；再次是代王恒，已立为孝文帝，薄太后所生；再次是梁王恢，吕太后时徙为赵共王；再次是淮阳王友，吕太后时徙为赵幽王；再次是淮南厉王长；再次是燕王建。

　　太史公曰：夏之政忠。[1]忠之敝，小人以野，[2]故殷人承之以敬。敬之敝，小人以鬼，[3]故周人承之以文。[4]文之敝，小人以僿，[5]故救僿莫若以忠。三王之道若循环，终而复始。周秦之间，可谓文敝矣。秦政不改，反酷刑法，岂不缪乎？[6]故汉兴，承敝易变，[7]使人不倦，得天统矣。朝以十月。车服黄屋左纛。[8]葬长陵。[9]

**【注释】**〔1〕"忠"，质朴厚道。夏处于国家制度的草创时期，所以为政质朴。〔2〕

"野"，缺少礼节。〔3〕"鬼"，多威仪，像服事鬼神一样。〔4〕"文"，文明，讲究尊卑等级。〔5〕"僿"，音 sài，不诚恳。〔6〕"缪"，通"谬"。〔7〕"承敝易变"，承受弊端而加以改变。此指汉初废除秦朝苛刻的法律，与民约法三章，注重恢复农业生产等措施。〔8〕"黄屋"，皇帝乘坐的用黄缯作车盖里子的车。"左纛"，竖在车衡左方的用牦牛尾或雉尾成的装饰物。"纛"，音 dào，又音 dú。〔9〕"葬长陵"，梁玉绳《史记志疑》卷六云："此是错简，当在'丙寅'句下。""长陵"为高祖的陵墓，在今陕西咸阳市秦都区窑店乡三义村。当时就陵墓所在设置新县，也以长陵为名。

【译文】太史公说：夏朝的政治质朴厚道，质朴厚道的弊病在于使细民百姓粗野少礼，所以殷朝的人用恭敬而讲究威仪来承替它。恭敬而讲究威仪的弊病在于使细民百姓像奉事鬼神一样的威仪繁多，所以周朝人用讲究尊卑等级来承替它。讲究尊卑等级的弊病在于使细民百姓不能以诚相见，所以补救不能以诚相见的办法没有比以质朴厚道为政更好的了。夏、商、周三王的治国法则循环往复，终而复始。周朝和秦朝之间，可以说是讲究尊卑等级的弊病都暴露出来了。秦始皇嬴政不加以改变，反而使刑法残酷，难道不是荒谬的吗？所以汉朝兴起，面对过去的弊病，改变了治国法则，使百姓不疲倦，得到天道的规律了。规定每年十月诸侯王到京城朝见皇帝。车服有定制，皇帝的车子用黄缯做盖的里子，车衡左边竖立毛羽制成的幢。安葬高祖于长陵。

# 三　书三篇（精选）

## 礼　书[1]

　　太史公曰：洋洋美德乎![2]宰制万物，役使群众，岂人力也哉?[3]余至大行礼官,[4]观三代损益，乃知缘人情而制礼，依人性而作仪，其所由来尚矣。[5]

　　**【注释】**〔1〕"礼"，规范人们行为的种种规则、仪式的总称。帝王时代的礼，具有明显的等级性、阶级性。"书"，《史记》所创的专门论述某种重大事项的体裁。《汉书》以下史书沿用其体，改称为"志"。"《礼书》"，是《史记》八书之一，全篇略论礼的沿革、阐述礼的作用。据《汉书·司马迁传》颜师古注引张晏说，汉元帝、成帝时代《礼书》已经残缺。现传的这篇《礼书》乃当时人褚少孙兼取《荀子》中《礼论》、《议兵》两篇的一些段落，修补而成的。〔2〕"洋洋美德乎"，这是对礼的赞美。"洋洋"，盛大的样子。　〔3〕"岂人力也哉"，意思是说主宰万物，役使群众，主要靠礼的教育感化，不能单凭强制力量。〔4〕"大行"，官名。汉武帝时有大行令掌管礼仪。"官"，官府。　〔5〕"尚"，久远。

　　**【译文】**太史公说：多么盛大恢宏的美德啊！主宰万物，役使群众，难道就靠人们的强制力量吗？我到过主管礼仪的大行官府，观看夏商周三代对礼仪的删减增益，才知道顺从人情来制定礼规，依照人性来作出仪节，由来已久了。

　　人道经纬万端,[1]规矩无所不贯，诱进以仁义，束缚以刑罚，故德厚者位尊，禄重者宠荣，所以总一海内而整齐万民也。[2]人体安驾乘，为之金舆错衡以繁其饰;[3]目好五色，为之黼黻文章以表其能;[4]耳乐钟磬，为之调谐八音以荡其心;[5]口甘五味,[6]为之庶羞酸咸以致其美;[7]情好珍善,[8]为之琢磨圭璧以通其意。[9]故大路越席,[10]皮弁布裳,[11]朱弦洞越,[12]大羹玄酒,[13]所以防其淫侈，救其凋敝。是以君臣朝廷尊卑贵贱之序，下及黎庶车舆衣服宫室饮食嫁娶丧祭之分,[14]事有宜适，物有节文。[15]仲尼曰："禘自既灌而往者，吾不欲观之矣。"[16]

**【注释】**〔1〕"人道"，人间事理。"经纬"，布帛的纵线为经，横线为纬。"端"，头绪。此句意谓人间事理纵横交错，千头万绪。〔2〕"海内"，古人认为我国疆土四面环海，故称国境以内为海内。〔3〕"舆"，车箱，泛指车。"衡"，古车单辕，辕前端的横木叫衡。衡两边各施一轭，分别架在两马颈上，便于引车。〔4〕"黼黻"，音 fǔ fú，古礼服上绣的图案花纹。黑白相间如斧形的花纹叫黼，黑青相间如揩形的花纹叫黻。"文章"，错杂的色彩。古时以青赤两色相配合的花纹为文，以赤白两色相配合的花纹为章。〔5〕"八音"，古代乐器的总称。指用金、石、土、革、丝、木、匏、竹八种材料做的乐器。〔6〕"五味"，酸、辣、苦、咸、甜。此泛指各种滋味。〔7〕"庶羞"，各种佳肴。〔8〕"珍善"，指各种珍贵的玩赏器物。〔9〕"圭璧"，都是贵重玉器。圭为长方形，上端呈等腰三角状。璧为扁圆形，中有孔。〔10〕"大路"，即大辂，天子乘用的礼车。"越席"，越音 huó，蒲草编的席。〔11〕"皮弁"，古冠名，用白鹿皮制作的礼冠，帝王临朝时所戴。"布裳"，白麻布做的下裳。上为衣，下为裳。裳不是裤子，形制略如长裙，但分为前后两片。先系后片遮后，再系前片蔽前。男女都穿用。〔12〕"朱弦"，瑟上所张的红色丝弦。据说丝弦经红色煮染，发音较浑厚。"洞越"，越是瑟底小孔，洞越是将底孔贯通瑟面，为了使瑟声低沉。〔13〕"大羹"，大音 tài，不加调料的肉汤。"玄酒"，其实就是清水。礼中将清水放进空酒樽里，与酒樽并设，且尊称之为玄酒，而设位又在酒樽之上。用大羹、玄酒，都为了表示不忘古。〔14〕"黎庶"，平民百姓。"分"，音 fèn，名分。〔15〕"节文"，节制性的文饰。〔16〕"禘"，祭名。"灌"，本作"祼"。祭祀开始，作为主人的君王，酌以郁金香草汁加入黍米酿制的香酒，献给代表祖先神灵的尸，尸受献将酒灌于地，这项祭祀中的第一次献酒就叫作灌。天子诸侯在太祖庙里平均五年之中举行两次盛大祭礼，一名祫，旨在祖先合食；一名禘，旨在审谛昭穆。这里指鲁国的禘祭。鲁文公二年，鲁国举行禘祭时，竟将鲁僖公的神主放在鲁闵公的前面。鲁僖公虽是鲁闵公的庶兄，但他是在闵公死后才即位的，他既曾做过闵公之臣，按理他的神主应该排在闵公神主之后才是。孔子认为把僖公神主硬置于闵公神主之前，破坏了君臣的体统、名分，违反了禘祭的本意。所以他说观看鲁国的禘祭，及至第一次向尸献酒之后，就不愿意再往下看了。这里所引孔子的话，见《论语·八佾》。

**【译文】**人间事理虽然纵横交错，千头万绪，而规矩却能无所不贯，用仁义诱导人们上进，用刑罚来束缚人们行为，所以道德高就地位尊崇，俸禄重就宠幸光荣，这是统一国内、规范万民的原则。人们的身体安于乘坐车马，就为之车箱嵌金、车衡上彩来增添装饰；人们的眼睛喜好五颜六色，就为之在衣服上加上各色图案花纹来表现他的仪态；人们的耳朵喜欢聆听钟磬音乐，就为之调和八音来涤荡他的心灵；人们的口舌喜爱品尝各种滋味，就为之烹制各种佳肴或酸或咸而极尽其美；人情爱好珍贵优美的物品，就为之琢磨圭璧等玉器来通其情意。古时帝王乘坐的大辂，上铺蒲席；帝王视朝头戴白鹿皮弁，而下穿白麻布裳；帝王用的瑟，朱红的丝弦而瑟底之孔上通；大礼中为了不忘古，设置不加盐菜的肉羹，还以清水与醴酒并设且为上尊：这些都是用以防止过度奢侈、拯救衰败的。因此，君臣在朝廷上尊卑贵贱的次序，下至黎民百姓的乘车、衣服、房屋、饮食、嫁娶、丧葬、祭祀的名分，每桩事都有适合身份的限度，每件物都有节制性的文饰。所以孔子说："鲁国举行的宗庙的禘祭，在第一次酌香酒献尸主之后，我就不想再看了。"

周衰，〔1〕礼废乐坏，大小相逾，管仲之家，〔2〕兼备三归。〔3〕循法守正者见侮于世，〔4〕奢溢僭差者谓之显荣。〔5〕自子夏，〔6〕门人之高弟也，犹云"出见纷华盛丽而说，〔7〕入闻夫子之道而乐，二者心战，未能自决"，而况中庸以下，〔8〕渐渍于失教，〔9〕被服于成俗乎?〔10〕孔子曰："必也正名。"〔11〕于卫所居不合。仲尼没后，〔12〕受业之徒沉湮而不举，〔13〕或适齐、楚，〔14〕或入河海，〔15〕岂不痛哉!

**【注释】**〔1〕"周衰"，指周王朝迁都雒邑（今河南洛阳）后，国力衰微。　〔2〕"管仲"，名夷吾，字仲，春秋时代齐国人。他辅佐齐桓公，通货积财，富国强兵，使齐桓公成为春秋五霸之首。生年不明，死于公元前六四五年。详见《管晏列传》。　〔3〕"三归"，储存粮食、布帛、钱币的三座库台。《管子·山至数》篇中说："请散栈台之钱散诸城阳；鹿台之布散诸济阴。"储存财物用台，因为台既高爽，利于防腐朽锈蚀，又便于守护。此种粮食、布帛、钱币本是市租收入归国君所有者。桓公既霸，遂将这项收入赏给了管仲，管仲就仿效国君筑三台存储。管仲功劳虽大，然而毕竟是臣，家中兼备三归，实属僭越。　〔4〕"见"，被。　〔5〕"奢溢"，奢侈过度。"僭差"，音 jiàn cī，越分。　〔6〕"自"，即使，虽。"子夏"，姓卜名商字子夏。孔子弟子，长于文学。曾为魏文侯的老师。生于公元前五〇七年，死于公元前四〇〇年。详见《仲尼弟子列传》。　〔7〕"说"，音 yuè，通"悦"。　〔8〕"中庸"，材质平庸的人。　〔9〕"渐渍"，音 jiān zì，浸润，沾染。　〔10〕"被服"，被音 pī，喻指亲身感受。　〔11〕"必也正名"，语见《论语·子路》。子路问孔子：卫国国君将请您去理政，您打算先办何事? 孔子说"必也正名"。意谓首先要端正名分。　〔12〕"没"，音 mò，通"殁"，死去。　〔13〕"举"，举用。　〔14〕"齐"，国名，在今山东省北部。"楚"，国名，在今长江中游一带。《论语·微子》说，太师挚到齐国去了，亚饭干到楚国去了。　〔15〕"河海"，河专指黄河，海谓海滨。《论语·微子》说，鼓方叔到黄河边上去了，少师阳和击磬襄到海滨去了。

**【译文】**周朝衰微，礼废乐坏，大小人物不顾名分，互相逾越。管仲的家中，兼备来自市租的钱、粮、布三种库台。遵守法度和正道的人被世俗欺侮，奢侈僭越的人被称作显贵尊荣。虽然卜子夏身为孔子门下高徒，尚且说"出门看见纷繁华丽的事物就欢悦，回来聆听夫子讲的道理就快乐，两种情感在心中争斗，自己不能决断"，又何况中材以下的人，被错误的教育所熏染，被习俗所包围呢! 孔子说："一定要端正名分。"他在卫国与所居的政治环境不合拍。孔子死后，他的受业门徒，人材埋没而不被举用，有的前往齐国、楚国，有的到了黄河、海滨一带，岂不令人痛惜呀!

至秦有天下，〔1〕悉内六国礼仪，〔2〕采择其善，虽不合圣制，其尊君抑臣，朝廷济济，〔3〕依古以来。至于高祖，〔4〕光有四海，〔5〕叔孙通颇有所增益减损，〔6〕大抵皆袭秦故。〔7〕自天子称号下至佐僚及宫室官名，少所变改。孝文即位，〔8〕有司议欲定仪礼，〔9〕孝文好道家之学，〔10〕以为繁礼饰貌，无益于治，躬化谓何耳，〔11〕故罢去之。孝景时，〔12〕御史大夫晁错明于世务刑名，〔13〕数干谏孝景曰：〔14〕"诸侯藩辅，〔15〕臣子一例，古今之制也。今大国专治异政，〔16〕不禀京师，恐不可传后。"孝景用其计，而六国畔逆，〔17〕以错首名，天子诛错以解难。事在《袁盎》语中。是后官者养交安禄而已，莫敢复议。

**【注释】**〔1〕"至秦有天下"，公元前二二一年，秦王嬴政统一六国，自称始皇帝，建都咸阳。 〔2〕"内"，通"纳"，收纳。"六国"，指韩、赵、魏、齐、楚、燕。 〔3〕"济济"，音jǐ jǐ，仪节隆盛的样子。〔4〕"高祖"，指汉高祖刘邦。 〔5〕"光"，广。"四海"，古人认为中国四面环海，所以用四海喻指天下。 〔6〕"叔孙通"，薛（今山东薛城）人。曾为秦朝博士。后归附刘邦，也任博士。刘邦称帝，叔孙通为之制定礼仪。官至太子太傅。详见《叔孙通列传》。〔7〕"大抵"，大都。"袭"，因袭，继承。"故"，旧例。 〔8〕"孝文"，指汉文帝刘恒。汉朝皇帝死后，例在谥号上加"孝"字，表示国家以孝治天下。 〔9〕"有司"，古代设官分职，各有专司，因称官吏为"有司"。 〔10〕"道家"，古代的一个学派，遵奉老聃的清静无为的学说。〔11〕"躬化"，以身作则，进行感化。 〔12〕"孝景"，指汉景帝刘启。 〔13〕"御史大夫"，官名，主管弹劾纠察，掌管图书秘书，官位仅次于丞相。"晁错"，颍川（今河南禹县）人。西汉政治家。文帝时为太子家令，有"智囊"之称。屡上书言事。景帝即位，迁官御史大夫。他坚决主张逐步削夺诸侯王国的封地，以巩固中央集权，得到景帝采纳。不久，吴、楚等七国以诛错为名，起兵造反。景帝惊恐，听信袁盎谗言，为了讨好反王们，斩晁错于东市。晁错生于公元前二〇〇年，死于公元前一五四年。详《晁错列传》。"刑名"，战国时代法家的一派。以申不害为代表。强调循名责实，借以强化上下关系，巩固贵族统治。 〔14〕"数"，音 shuò，屡次，多次。"干"，冒犯。 〔15〕"藩辅"，藩是房舍外的篱笆，辅是车子两旁的木板。藩辅合为一词，意谓分封在外的诸侯国，乃是保卫朝廷的屏障，并非独立王国。 〔16〕"异政"，与朝廷相异的政令。 〔17〕"六国畔逆"，畔通"叛"。指吴、楚、赵、胶西、胶东、齐、淄川七国之乱。《史记正义》说："齐孝王狐疑城守，三国兵围齐，齐使路中大夫告天子，故不言七国也。"

**【译文】**及至秦朝据有天下，详尽地收纳六国的礼仪，采用了其中较好的部分。虽然不完全合乎圣王的制度，不过，尊崇君主，抑制臣下，使朝廷威仪隆重，还是依循古昔以来的传统。及至汉高祖据有天下，叔孙通对前代礼制稍微有所增减，大都沿用秦朝旧制。上自天子称号，下至臣僚、宫室、官名，很少有所改变。文帝即位，有关官员建议制定礼仪，文帝喜好道家的学说，认为繁文缛节装饰外貌，无益于国家的治理，治国要看以身作则躬行教化如何，所以弃置不加采用。景帝时，御史大夫晁错通晓当代政务及刑名学说，屡次干犯劝谏景帝说："诸侯藩国，属于臣子之类，这是古今的定制。现今诸侯大国擅自颁行异政，不禀告京都，这种做法恐怕不可传留后世。"景帝采用他的计谋，从而招致六国叛乱，以斩除晁错为名。景帝诛杀了晁错，用以解除危难。此事记载在《袁盎晁错列传》之中。此后，做官的只想致力交际、保位安禄而已，没有敢再议论这事的了。

今上即位，[1]招致儒术之士，[2]令共定仪，十余年不就。或言古者太平，万民和喜，瑞应辨至，[3]乃采风俗，定制作。上闻之，制诏御史曰：[4]"盖受命而王，[5]各有所由兴，殊路而同归，谓因民而作，追俗为制也。[6]议者咸称太古，百姓何望？汉亦一家之事，典法不传，[7]谓子孙何？化隆者闳博，治浅者褊狭，可不勉与！"[8]乃以太初之元改正朔，[9]易服色，[10]封太山，[11]定宗庙百官之仪，以为典常，[12]垂之于后云。[13]

【注释】[1]"今上"，当今皇上。指汉武帝刘彻。[2]"儒术"，儒家的理论、学术。[3]"瑞应"，古人认为，天降的祥瑞是人君德行的感应，故名祥瑞为瑞应。"辨"，通"遍"。[4]"制诏"，命令。《秦始皇本纪》有"命为制，令为诏"之语。原是文告名称，此作动词用。[5]"盖"，发语虚词，表示下面有所解释、阐明。"受命"，古代帝王假托神权来进行"名正言顺"的统治，所以自称受命于天。[6]"追"，追随。[7]"典法"，常行不变之法。[8]"与"，通"欤"，感叹词。[9]"太初"，汉武帝刘彻的年号之一，共用了四年，公元前一〇四年到前一〇一年。"正朔"，一年的第一天。正是每年的第一个月，朔是每月的第一天。历代正朔多不相袭，如夏代以孟春即阴历正月为正，商代以季冬即阴历十二月为正，周代以仲冬即阴历十一月为正，秦朝与汉朝太初元年以前以孟冬即阴历十月为正。可知所谓改正朔，就是根据阴历确定本王朝的元旦日，实际上并未对历法进行根本性的改变。[10]"易服色"，各王朝崇尚的车马、旗帜、服装的颜色也例不相袭，随朝代的改变而改变。[11]"封太山"，帝王在泰山上筑坛祭天。[12]"典常"，常法。[13]"云"，语尾助词，无义。

【译文】当今皇上即位，招致通晓儒家学术的士人，命令他们制定礼仪，十几年也没完成。有人说，古代天下太平，万民和洽欣喜，祥瑞相应地普遍降临，国家就采集风俗，定立典章制度。皇上听到这个意见，就命令御史说："承受天命而为帝王，各有缘由兴起，途径相异而有共同的目标，意思是说因顺民情而有所兴作，追随风俗而拟定礼制。议事者都称道上古，那百姓还有什么指望？汉朝亦如一家之事，没有常法传留，如何跟子孙交代？教化兴隆的，礼制一定宽弘博大；治道浅薄的，礼制必然片面狭隘。能不奋勉吗？"于是在太初元年更改历法，变换服装崇尚的颜色，在泰山上筑坛祭天，制定宗庙、百官的礼仪，以为典范性的常法，垂留后世。

礼由人起。[1]人生有欲，欲而不得则不能无忿，忿而无度量则争，争则乱。先王恶其乱，[2]故制礼义以养人之欲，给人之求，[3]使欲不穷于物，物不屈于欲，二者相待而长，是礼之所起也。故礼者养也。稻粱五味，所以养口也；椒兰芬苾，[4]所以养鼻也；钟鼓管弦，所以养耳也；刻镂文章，[5]所以养目也；疏房床笫几席，[6]所以养体也：故礼者养也。

**【注释】**〔1〕"礼由人起"，自此至"儒墨之分"，凡三小段，均采自《荀子·礼论》。〔2〕"恶"，音 wù，厌恶。〔3〕"给"，音 jǐ，供给。〔4〕"苾"，音 chǎi，一种香草的名称。〔5〕"文章"，色彩杂配的花纹。〔6〕"疏房"，带窗的房间。"床笫"，床铺。笫音 zǐ，竹制床板。

**【译文】**礼是由人兴作的。人生都有欲望，欲望不能实现就不能不忿恨，忿恨没有节度就要争斗，争斗就要造成纷乱。古代帝王厌恶这种纷乱，所以就制定礼义来调理人们的欲望，供给人们的需求，使欲望对于物质不会穷求，使物质对于欲望不至枯竭，让欲和物二者相应地协调增长，这是礼的兴作缘由。所以礼是调养的意思。稻粱五味，是用来养口的；椒兰香草，是用来养鼻的；钟鼓管弦，是用来养耳的；雕刻花纹绘画色彩，是用来养目的；窗房床笫几席，是用来养身体的。所以说礼是调养的意思。

君子既得其养，又好其辨也。[1]所谓辨者，贵贱有等，长少有差，贫富轻重皆有称也。[2]故天子大路越席，所以养体也；侧载臭苾，[3]所以养鼻也；前有错衡，所以养目也；和鸾之声，[4]步中《武》《象》，[5]骤中《韶》《濩》，[6]所以养耳也；龙旗九斿，[7]所以养信也；寝兕持虎，[8]鲛韅弥龙，[9]所以养威也。故大路之马，必信至教顺，然后乘之，所以养安也。孰知夫出死要节之所以养生也，孰知夫轻费用之所以养财也，孰知夫恭敬辞让之所以养安也，孰知夫礼义文理之所以养情也。

**【注释】**〔1〕"辨"，差别。〔2〕"称"，音 chèn，这是"名实相称"的称，有符合、适合的意思。〔3〕"臭"，音 xiù，气味。此指香气。〔4〕"和鸾"，马车上的铃铛。和铃在轼即车箱前端横木上，鸾铃在衡即辕前端横木上。〔5〕"步"，缓行。"中"，音 zhòng，应和。"《武》"，舞乐名。此乐旨在歌颂周武王伐纣克殷的武功。"《象》"，周代的一种舞乐名。〔6〕"骤"，马奔驰。《韶》，虞舜时的乐曲名。《濩》，音 huò，商汤时的乐曲名。〔7〕"旗"，上画龙形、竿头系铃的旗子。"斿"，音 liú，旗帜下边悬垂的饰物。〔8〕"寝兕"，伏卧的雌性犀牛。兕音 sì。"持虎"，蹲坐的虎。持为跱的借字，音 zhì。寝兕跱虎都是车上的图画。〔9〕"鲛韅"，鲨鱼皮做的马腹带。韅音 xiǎn。"弥龙"，在车辕前端横木上镶着的金龙装饰。

【译文】君子既得到欲望的调养，又喜好调养的分别。所谓分别，就是说贵贱有等级，长幼有差异，贫富轻重都各称其身份。所以天子乘坐的大辂，铺着蒲席，是用来养身体的；边侧载着芳香的茝草，是用来养鼻的；前面辕端有涂饰彩色名叫衡的横木，是用来养目的；轼前悬挂和铃，衡下悬挂鸾铃，缓步而行，铃声与《武》曲、《象》曲合拍，驰骤而行，铃声合乎《韶》乐、《濩》乐的节奏，是用来养耳的；龙旗上九条飘带，是用来培养威信的；车箱上画着伏卧的犀牛和蹲踞的猛虎，鲨鱼皮制的马腹带，压在马颈上的车軛装饰着金龙，是用来培养威严的。所以大辂的驾马，一定训练得极为驯顺，然后驾车乘用，是用来养体安身的。谁懂得推诚效死邀立名节正是用以养生的道理呢？谁懂得节约消费正是用以养财的道理呢？谁懂得恭敬谦让正是用以养体安身的道理呢？谁懂得礼义文理正是用以涵养性情的道理呢？

人苟生之为见，[1]若者必死；[2]苟利之为见，若者必害；怠惰之为安，若者必危；情胜之为安，若者必灭。故圣人一之于礼义，[3]则两得之矣；一之于情性，则两失之矣。故儒者将使人两得之者也，[4]墨者将使人两失之者也。[5]是儒墨之分。[6]

【注释】[1]"苟"，假若，如果。[2]"若"，如此，这样。[3]"一之于礼义"，以礼义统一之。"一"作动词用。[4]"儒者"，信奉儒家学说的人。[5]"墨者"，信奉墨家学说的人。[6]"分"，分野。

【译文】人如果只看到生而苟且求生，这样他必然走向死路；人如果只看到利而见利忘义，那他必然身受其害；人如果只把懈怠懒惰当作安适，那他必然陷入危难；人只把纵情任性逞强好胜当作安乐，那他必然自取灭亡。所以圣人把情欲统一到礼义的规范下，那么情欲和礼义就能两得了；如果把礼义统一在情欲的圈子里，那么情欲和礼义势必两失了。所以儒家就是使人们二者兼得的人，墨家就是使人们二者俱失的人。这是儒家、墨家的分野。

治辨之极也，[1]强固之本也，威行之道也，功名之总也。[2]王公由之，[3]所以一天下，臣诸侯也；[4]弗由之，所以捐社稷也。[5]故坚革利兵不足以为胜，[6]高城深池不足以为固，严令繁刑不足以为威。由其道则行，不由其道则废。楚人鲛革犀兕，[7]所以为甲，坚如金石；宛之钜铁施，[8]钻如蜂虿，[9]轻利剽邀，[10]卒如飘风。[11]然而兵殆于垂涉，[12]唐昧死焉；[13]庄蹻起，[14]楚分而为四参。[15]是岂无坚革利兵哉？其所以统之者非其道故也。汝颍以为险，[16]江汉以为池，[17]阻之以邓林，[18]

缘之以方城。[19]然而秦师至鄢郢，[20]举若振槁。[21]是岂无固塞险阻哉？其所以统之者非其道故也。纣剖比干，[22]囚箕子，[23]为炮格，[24]刑杀无辜，时臣下憛然，[25]莫必其命。[26]然而周师至，而令不行乎下，不能用其民。是岂令不严、刑不陵哉？[27]其所以统之者非其道故也。

**【注释】**〔1〕"治辨之极也"，自此至"刑措而不用"，共两段，皆采自《荀子·议兵》。《议兵》此句上有"礼者"二字，是。"治辨"，治国家，辨名分。"极"，最高准则。 〔2〕"总"，纲要。 〔3〕"由"，遵循。 〔4〕"臣"，动词，使之臣服。 〔5〕"捐"，舍弃，丧失。"社稷"，土神和谷神。建国必先建立社坛稷坛，因以社稷指代国家。 〔6〕"坚革"，坚韧的铠甲。"利兵"，锋利的兵器。 〔7〕"楚"，国名。芈姓。芈音 mǐ。始祖鬻熊，西周时建国于荆山一带。熊渠在位时，疆土扩大到长江中游，建都郢（今湖北江陵西北纪王城）。春秋时，不断与晋国争霸，楚庄王曾为霸主。战国时，疆域又有扩大，是春秋、战国时代最大的国家。从楚怀王起，屡被秦国打败，公元前二二三年为秦国所灭。 〔8〕"宛"，音 yuān，楚邑名，地在今河南南阳。"钜铁施"，刚铁矛。施，《议兵》作"䚡"。 〔9〕"钻"，刺。"虿"，音 chài，蝎子。 〔10〕"剽遫"，轻捷快速。"遫"通"速"。 〔11〕"卒"，音 cù，同"猝"，突然。"慓"，音 piāo，疾速。 〔12〕"殆"，受杀害。"垂涉"，楚国地名，不详所在。《议兵》作"垂沙"。 〔13〕"唐眛"，楚将。《楚世家》载，怀王"二十八年，秦乃与齐、韩、魏共攻楚，杀楚将唐眛"。 〔14〕"庄跻"，楚将。楚威王时，命庄跻领兵西征，又进占滇池（今云南昆明西南）一带。旋被秦军截断归路，他就在滇称王。〔15〕"楚分而为四参"，楚国屡次被敌国打败，被迫迁都。楚昭王时，吴军入郢，楚迁都于鄀（今湖北宜城）；楚襄王时，秦军侵犯，徙都于陈（今河南淮阳）；考烈王时，又为秦军所逼，徙都寿春（今安徽寿县）。"四参"，犹言"三四"，参同"三"。 〔16〕"汝颍"，汝水和颍水，均在河南南部，汝水在南，颍水在北，都是从西北向东南流，注入淮河。 〔17〕"江汉"，岷江和汉江。岷江从四川入楚境，汉江从汉中东南流入长江。"池"，护城河。 〔18〕"邓林"，地名，地在今湖北襄阳之南。 〔19〕"方城"，春秋时楚国北部的长城。其城由今之河南方城北至邓县。而杨伯峻先生认为是山名，他在《春秋左传注》中说："凡今之桐柏、大别诸山，楚统名之曰方城。" 〔20〕"鄢郢"，鄢，楚邑，在今湖北宜城西南。郢，楚都，在今湖北江陵西北。《秦本纪》云，秦昭襄王"二十八年，大良造白起攻楚，取鄢、邓，赦罪人迁之。二十九年，大良造白起攻楚，取郢为南郡，楚王走"。或云鄢郢即都，楚之别都，在今湖北宜城西南。译文从后说。 〔21〕"举"，攻占。"振槁"，振摇枯叶。 〔22〕"纣"，商代最后一代君主。残暴无道。周武王伐纣，纣战败自烧杀。"比干"，纣的叔父。因直言进谏，被纣剖心。 〔23〕"箕子"，纣的叔父。因进谏而被囚禁，装疯免祸。 〔24〕"炮格"，酷刑名。用铜做格，下烧炭，令人光脚行格上，跌下烧死。 〔25〕"憛然"，恐惧的样子。憛音 lín。 〔26〕"必"，必保。 〔27〕"陵"，同"峻"，严厉。

**【译文】**礼是治理国家、辨正名分的最高准则，是国家强盛巩固的根本，是推行权威的方式，是建立功名的总纲。帝王遵循礼义，所以能够统一天下，臣服诸侯；不遵循礼义，所以就丢掉了国家。因此，坚韧的铠甲，锋利的兵器，称不上是优胜；高城深沟，称不上是坚固；严厉的命令，繁多的刑罚，称不上是威严。遵循礼义之道，这些手段就能行之有效；不遵循礼义之道，这些手段就废而无功。楚国人用鲨鱼皮、犀牛皮来做铠甲，坚固得如同金属、石头，宛城的刚矛，尖利得像蜂尾蝎钩，轻捷快速，猝然如同疾风。然而兵败于垂涉，唐昧战死在那里；自从楚将庄蹻起兵征讨，此后楚国弄得四分五裂。这难道是没有坚甲利兵吗？这是他们用以统理的手段不得其道的缘故。楚国将汝水、颍水作为天险，有江水、汉水作为天堑，以邓林为险阻，将方城作边防。然而秦军一到，楚国首都鄢郢即被攻占，就像摇动树上枯叶一般。这难道是没有坚固的要塞险阻吗？是他们用以统理的手段不得其道的缘故。商王纣挖比干的心，囚禁箕子，创制炮格酷刑，虐杀无罪的人，当时臣下战战兢兢，没有人能自保性命。然而周军到来，纣王的命令属下不执行，不能役使他的民众。这难道是军令不严、刑罚不重吗？是他统理的手段不得其道的缘故。

　　古者之兵，戈矛弓矢而已，[1]然而敌国不待试而诎。[2]城郭不集，[3]沟池不掘，固塞不树，机变不张，[4]然而国晏然不畏外而固者，[5]无他故焉，明道而均分之，时使而诚爱之，则下应之如景响。[6]有不由命者，然后俟之以刑，[7]则民知罪矣。故刑一人而天下服。罪人不尤其上，[8]知罪之在己也。是故刑罚省而威行如流，无他故焉，由其道故也。故由其道则行，不由其道则废。古者帝尧之治天下也，盖杀一人刑二人而天下治。《传》曰："威厉而不试，刑措而不用。"[9]

　　**【注释】**〔1〕"戈矛"，都是古代的长柄兵器。戈前端略如镰刀，而上下皆刃，用以横击、钩杀。矛即长枪，用以刺杀。〔2〕"试"，用。"诎"，通"屈"，屈服。〔3〕"城郭"，内城外城。"集"，积累，这里引申有增高的意思。〔4〕"机变"，机巧多变的器械。〔5〕"晏然"，安然。〔6〕"景"，通"影"。"响"，回声。〔7〕"俟"，待。〔8〕"尤"，怨恨。〔9〕"措"，设置。

　　**【译文】**古代的兵器，只有戈矛弓箭而已，然而没等动用，敌国就屈服了。城墙不用增筑，壕沟不用深挖，要塞不用修建，器械不用张开，然而国家安然不怕外敌并且十分稳固，这不是其他原因，显明礼义而使各守本分，因时役使而真诚爱护，那么人民顺从命令就如同影子随形、回响应声。再有不遵守命令的，然后依法处刑，那民众就知罪了。所以处罚一人就能使天下心服，罪人不怨恨上级，知道咎由自取。因此刑罚减省而威权推行如同流水那样顺畅。这没有其他原因，是由于遵循礼义的缘故。所以说，遵循礼义之道就能行之有效，不遵循礼义之道就废而无功。古代帝尧治理天下，只杀一人刑罚二人，就天下大治了。古书中说："威令虽然严厉但不试用，刑罚虽然设置但不动用。"

天地者，生之本也；[1]先祖者，类之本也；[2]君师者，治之本也。无天地恶生？[3]无先祖恶出？无君师恶治？三者偏亡，[4]则无安人。故礼，上事天，下事地，尊先祖而隆君师，[5]是礼之三本也。

【注释】〔1〕"天地者生之本也"，自此至"明者礼之尽也"，凡七段，均采自《荀子·礼论》。"生之本"，天地产生人类、生物，所以说天地是生命的本源。 〔2〕"类之本"，族类的本源。 〔3〕"恶"，音 wū，疑问代词，怎么，如何。 〔4〕"三者偏亡"，三者缺一。 〔5〕"隆"，尊崇。

【译文】天地是生命的根本，祖先是族类的根本，君主和师傅是治理的根本。没有天地，怎能有生命？没有祖先，怎么能出生？没有君主和师傅，如何得到治理？这三项缺少一项，就没有安宁生活的人了。所以礼，上敬事天，下敬事地，尊崇祖先、君主和师傅，这是礼的三大根本。

故王者天太祖，[1]诸侯不敢怀，[2]士大夫有常宗，[3]所以辨贵贱。贵贱治，得之本也。[4]郊畴乎天子，[5]社至乎诸侯，[6]函及士大夫，[7]所以辨尊者事尊，卑者事卑，宜巨者巨，宜小者小。故有天下者事七世，有一国者事五世，有五乘之地者事三世，[8]有三乘之地者事二世，有特牲而食者不得立宗庙，[9]所以辨积厚者流泽广，[10]积薄者流泽狭也。

【注释】〔1〕"王者"，指天子帝王而言。"天太祖"，祭天时以太祖配享。天是动词。太祖指开国天子。 〔2〕"诸侯不敢怀"，诸侯不能祭天，更不能以太祖配天，所以说不敢有这种想法。"怀"，《荀子·礼论》作"坏"，意谓诸侯永远保留太祖庙，虽百世亦不迁毁。当以《荀子》为正。 〔3〕"常宗"，大宗。士大夫们都各有本族所尊奉的大宗。大宗系统永不迁变，故曰常宗。 〔4〕"得"，通"德"。 〔5〕"郊"，周代天子于冬至在南郊祭天，称作郊。"畴"，本义是田的界限，此作动词用，限于。 〔6〕"社"，祭土神的场所。 〔7〕"函"，包含，包括。〔8〕"有五乘之地者"，有能出兵车五乘之领地的卿大夫。乘音 shèng，量词，辆，指古代四匹马拉的兵车。古制，纵横一里为田九百亩，是为一井。纵横十里为百井，其中六十四井出兵车一乘（一车四马），是为一乘之地。有五乘之地即谓有五百井的领地。 〔9〕"有特牲而食者不得立宗庙"，只有一头牲口，凭之耕种而食的平民，不得建立宗庙，岁时祭于寝。"特牲"，《荀子·礼论》作"持手"，谓依恃双手劳动而食者，亦指平民而言。 〔10〕"积"，通"绩"，功绩。"流泽"，流传给后世的恩泽。

【译文】因此帝王祭天以太祖配享，诸侯不敢有以太祖配天的想法，大夫和士各有百世不迁的大宗，这是为了用以辨别贵贱。贵贱辨清，这是道德的根本。祭天属于天子祭祀的范畴，而祭社可以下及诸侯，包含士大夫，这是用来辨明祭祀等级，位尊的帝王才可以事奉尊贵的天神，位卑的诸侯、大夫、士，只能事奉较卑的社神，应该大的就大，应该小的就小。所以据有天下的帝王能建立七庙，祭祀七代祖先；据有一国的诸侯能建立五庙，祭祀五代祖先；拥有五乘封地的大夫能建立三庙，祭祀三代祖先；拥有三乘封地的命士能建立两庙，祭祀两代祖先；家有一牛用之耕地谋生的平民，不得建立宗庙：这是用以区别祭祀的等级，功业大的流布的恩泽就广大，功业小的流布的恩泽就狭小。

大飨上玄尊，[1] 俎上腥鱼，[2] 先大羹，贵食饮之本也。[3] 大飨上玄尊而用薄酒，[4] 食先黍稷而饭稻粱，[5] 祭哜先大羹而饱庶羞，[6] 贵本而亲用也。贵本之谓文，[7] 亲用之谓理，[8] 两者合而成文，[9] 以归太一，[10] 是谓大隆。[11] 故尊之上玄尊也，俎之上腥鱼也，豆之先大羹，[12] 一也。[13] 利爵弗啐也，[14] 成事俎弗尝也，[15] 三侑之弗食也，[16] 大昏之未废齐也，[17] 大庙之未内尸也，[18] 始绝之未小敛，[19] 一也。大路之素帱也，[20] 郊之麻絻，[21] 丧服之先散麻，[22] 一也。三年哭之不反也，[23]《清庙》之歌一倡而三叹，[24] 县一钟尚拊膈，[25] 朱弦而通越，一也。

【注释】[1] "大飨"，指祫祭而言，谓在太祖庙中合祭先王们。"上玄尊"，玄尊是盛玄酒即清水的酒尊。为了不忘古始，祭礼中将玄尊与酒尊并设，且玄尊设位在酒尊之上。礼中唯用酒，不用玄酒。[2] "俎"，盛鱼肉的木制有足的器皿。"腥鱼"，生鱼。 [3] "贵食饮之本也"，设玄酒、生鱼、肉羹，都是为了尊重原始的饮食，表示不忘本。 [4] "薄酒"，《荀子·礼论》作"酒醴"，义长。 [5] "饭"，动词，吃用。 [6] "哜"，音 jì，尝仅至齿为哜。[7] "文"，美，善。谓美善品格。 [8] "理"，谓生活情理。 [9] "成文"，结合成为礼仪。[10] "太一"，指太古时的情境。 [11] "大隆"，大盛，谓礼的最高境界。 [12] "豆"，食器。此豆为陶制。 [13] "一"，意义一致。 [14] "利爵"，祭祀将告成时，佐食者酌酒献尸，谓之利爵。尸是从本族与被祭祖先昭穆相当的晚辈中挑选的，用以充当祖先神灵并代之享祭的人。"啐"，音 cuì，尝至口中为啐。[15] "成事"，完成祭事。[16] "三侑之弗食也"，第三次劝食，尸就不再吃了。《荀子·礼论》此句下有"一也"二字，此脱，译文据补。[17] "大昏"，指天子、诸侯的大婚礼。"昏"通"婚"。"废"通"发"。"齐"通"斋"。大婚前必斋戒告庙。 [18] "大"，通"太"。"内"，通"纳"。 [19] "绝"，断气。"小敛"，用衣衾布带包裹扎束死者，谓之小敛。 [20] "素帱"，素色车帷。帱音 chóu。 [21] "郊"，南郊祭天。"麻絻"，麻布制作的冠冕。絻同"冕"。 [22] "散麻"，父母之丧小敛后，孝子先束麻带，带端散垂。死后三日，孝子穿上正式丧服，麻带下垂部分才分两股纠结。[23] "三年哭"，谓儿女哭始死之父母。父母死，孝子将为之服三年之丧。"不反"，谓恸哭失声，其声若去而不返。反通"返"。 [24] "《清庙》"，为《诗经·周颂》中的首篇，是祭祀周文王的祭歌。"一倡而三叹"，一人领唱，三人咏叹应和，表明唱和人数少。 [25] "县"，音 xuán，"悬"的本字。"拊"，音 fǔ，拍打。"膈"，通"隔"，悬钟的木架。

【译文】举行合祭先王的大飨礼，以盛放清水的樽为上，以盛放生鱼的木俎为上，以不放盐菜调料的肉羹为先，这是为了不忘本而尊崇最初的饮食。大飨礼中，盛着清水的樽与酒樽并设，设在上位，设而不用，盛着淡酒的酒樽设在下位，礼中唯饮酒不饮水；进食先进黍米饭、穄子米饭，而吃用白米饭、黄粱米饭；祭食时，先尝一小口没调味的肉汤，而馈食时饱享各种佳肴：这是尊重原始的饮食而亲用当今的美味。尊重本始说的是善良纯真，亲用时味说的是生活情理，两者结合而成为礼仪，用以回归太古的情境，这就叫做大隆——礼的最高境界。所以酒樽之崇尚盛放清水的玄樽，祭俎之崇尚供设腥鱼，瓦豆之先供设未加调料的肉汤，意思是一致的，都是为了追怀太始、不忘本初。庙中祭祀将告成时，佐食者酌酒献尸，尸就奠杯不饮了；祭事将完成时，俎中牲肉，尸就不再尝用了；到第三次劝食，尸就不再吃了：意思是一致的，都表明祭礼将要告终。大婚礼迎亲前尚未斋戒告庙之际，太庙祭祀尚未迎尸入庙之际，人刚咽气尚未进行小敛之际：意思是一致的，都表明礼仪的开始。天子乘用的大辂，用素色车帷；天子南郊祭天时，戴着麻布冠冕；父母之丧小敛后，孝子先腰束麻带，带端散垂：意思是一致的，体现了至敬无文、至哀无饰的精神。遭遇父母之丧，孝子纵情恸哭，哭声好像往而不回；天子宗庙祭祀，乐工升歌《清庙》，一人领唱，唯三人应和；悬挂一钟，而崇尚打击钟架；瑟上张着朱红丝弦，瑟底孔却上通瑟面：意思是一致的，都是在声音方面朴素无华，以质为贵。

凡礼始乎脱，[1]成乎文，[2]终乎税。[3]故至备，情文俱尽；其次，情文代胜；其下，[4]复情以归太一。天地以合，日月以明，四时以序，星辰以行，江河以流，万物以昌，好恶以节，喜怒以当。以为下则顺，[5]以为上则明。[6]

【注释】〔1〕"脱"，简略。〔2〕"文"，文饰，指由仪节器物所体现的形式。〔3〕"税"，音 yuè，通"悦"。〔4〕"其下"，此"下"字谓最后。〔5〕"下"，在下者，指臣民。〔6〕"上"，在上者，指君主。

【译文】大凡典礼，开始简略，完成当中就有文雅仪式，礼终时人情和悦。所以最完备的礼，感情和表达形式都尽美尽善；其次是感情胜过仪式，或者仪式胜过感情；最后将感情回到太古质朴无华的境界。达到这种境界，天地因之而融合，日月因之而明朗，四时因之而更迭有序，星辰因之而正常运行，江河因之而畅流，万物因之而昌盛，好恶因之而调节，喜怒因之而得当。礼达到这种境界，作为臣民就和顺，作为君上就英明。

太史公曰：至矣哉！[1]立隆以为极，[2]而天下莫之能益损也。本末相顺，终始相应，至文有以辨，[3]至察有以说。天下从之者治，不从者乱；从之者安，不从者危。小人不能则也。[4]

**【注释】**〔1〕"太史公曰至矣哉"，《荀子·礼论》作"礼岂不至矣哉"。自此至最后，共三段，均出自《荀子·礼论》。今传《礼书》改首句前三字为"太史公曰"，恐非司马迁《礼书》原貌。 〔2〕"立隆"，立隆盛之礼。"极"，最高准则。 〔3〕"至文有以辨"，"有以"《荀子·礼论》作"以有"。下同。 〔4〕"则"，取法。《荀子·礼论》作"测"。

**【译文】**太史公说：到了顶点啦！订立隆盛礼仪作为生活准则，天下没有人能加以增删。礼仪根本和末节互相顺应，开始与终结互相照应，极为周详的仪式可以辨别尊卑贵贱，极为明察的内容可以怡悦人心。天下遵从礼制的就能达到大治，不遵从礼制的就要造成大乱。遵从礼制的就安定，不遵从礼制的就危险。卑鄙小人是不能遵守礼规的。

礼之貌诚深矣，[1]坚白同异之察，[2]入焉而弱。[3]其貌诚大矣，擅作典制褊陋之说，入焉而望。[4]其貌诚高矣，暴慢恣睢，[5]轻俗以为高之属，入焉而队。[6]故绳诚陈，则不可欺以曲直；衡诚县，[7]则不可欺以轻重；规矩诚错，[8]则不可欺以方员；[9]君子审礼，则不可欺以诈伪。故绳者，直之至也；衡者，平之至也；规矩者，方员之至也；礼者，人道之极也。然而不法礼者不足礼，谓之无方之民；[10]法礼足礼，谓之有方之士。礼之中，能思索，谓之能虑；能虑勿易，谓之能固。能虑能固，加好之焉，圣矣。天者，高之极也；[11]地者，下之极也；日月者，明之极也；无穷者，广大之极也；圣人者，道之极也。

**【注释】**〔1〕"礼之貌"，《荀子·礼论》"貌"作"理"。下同。 〔2〕"坚白同异"，战国时，公孙龙创"离坚白"之说，认为石头的坚和白的属性是脱离石头而独立存在的实体。惠施创"合同异"之说，强调各种事物的同一性，否定差异的客观存在。两家的学说有明显的诡辩色彩。 〔3〕"弱"，《荀子·礼论》作"溺"。 〔4〕"望"，怨恨。《荀子·礼论》作"丧"。 〔5〕"恣睢"，狂纵凶暴。睢音suī。 〔6〕"队"，通"坠"，堕落。 〔7〕"衡"，秤。 〔8〕"错"，通"措"，措置。 〔9〕"员"，通"圆"。 〔10〕"方"，道义。 〔11〕"极"，标准，准则。

**【译文】**礼的义理实在精深哪！那种"离坚白"、"合同异"的论辩，相当明察了，一纳入礼中衡量，就软弱不堪了。礼的义理实在博大呀！那些擅自制作典章制度、褊狭浅陋的学说，一纳入礼中比较，就自恨自责了。礼的义理实在高明啊！那些粗暴狂妄、轻视世俗自以为高的人们，一纳入礼中检验，就自惭堕落了。所以，只要把线绳陈设出来，就不能用曲直来欺人；只要把秤悬挂出来，就不能用轻重来欺人；只要把圆规、矩尺拿来一放，就不能用方圆来欺人；君子明察礼义，就不能用谎言、虚伪来相欺。所以，线绳是最直的标准，秤是最平的标准，规矩是最圆最方的标准，礼是人类道德的最高标准。那么，不遵守礼、不重视礼的人，叫作没有道义的人；遵守礼、重视礼的人，叫做有道义之士。在礼的范围之中能够思索礼仪的用意，这叫做能够思虑；能够思虑又能遵从不变，这叫做能够固守。能够思虑，能够固守，再加上由衷的喜好，那就是圣人了。天是高的准则，地是低的准则，日月是光明的准则，无穷的天宇是广大的准则，圣人是道德礼义的准则。

　　以财物为用，[1]以贵贱为文，[2]以多少为异，以隆杀为要。[3]文貌繁，情欲省，礼之隆也；文貌省，情欲繁，礼之杀也；文貌情欲相为内外表里，并行而杂，[4]礼之中流也。[5]君子上致其隆，下尽其杀，而中处其中。步骤驰骋广骛不外，[6]是以君子之性守宫庭也。[7]人域是域，[8]士君子也。外是，民也。于是中焉，[9]房皇周浃，[10]曲得其次序，[11]圣人也。故厚者，礼之积也；大者，礼之广也；高者，礼之隆也；明者，礼之尽也。

　　**【注释】**〔1〕"以财物为用"，用财物表达情意。《荀子·礼论》此句上尚有"礼者"二字，此缺。 〔2〕"以贵贱为文"，根据贵贱尊卑做出相宜的礼的形式。 〔3〕"隆"，隆盛。"杀"，音 sài，降减。"要"，要领。 〔4〕"杂"，会合。 〔5〕"中流"，适中。 〔6〕"广骛"，纵马急奔。 〔7〕"君子之性守宫庭"，意谓君子守礼之心性如同常守宫廷一样。 〔8〕"人域是域"，人能置身于礼的这个领域。前"域"是动词。 〔9〕"于是"，在此。 〔10〕"房皇"，即"彷徨"，徘徊。房音 páng。"周浃"，犹周旋。 〔11〕"曲"，周遍。此曲与"曲尽其妙"的曲，用法相同。

　　**【译文】**礼以财物作为手段，以贵贱等级作为制度，以事物多少表示差异，以隆盛省约作为要领。仪节繁重，用情较省，仪节超过了情感，这是礼的隆盛形式。仪节省约，用情较多，情感超过了仪节，这是礼的省约形式。仪节与情感内外表里并行融合，这就是礼的适中的体现。君子对于礼，该隆重的就努力隆重，该减省的就尽量减省，该适中的就力求适中。无论平时的徐行漫步，还是战时的纵马奔驰，都不把礼排除身外，所以君子守礼的心性就如同常守宫廷一样。人能够置身于这个礼的领域之中，就是有志操的君子；置身于礼的范围之外，就是一般的庸人。在这个礼的领域中，从容徘徊，周旋自在，全面周详地掌握了礼的规矩顺序，那就是圣人了。因此，圣人之所以德厚，这是由于学礼的长期积累；圣人之所以伟大，这是由于学礼的范围宽广；圣人之所以高尚，这是由于他的礼的修养丰厚；圣人之所以英明，这是由于他对礼的尽心尽力。

# 乐 书

太史公曰：余每读《虞书》，[1]至于君臣相敕，维是几安，[2]而股肱不良，[3]万事堕坏，未尝不流涕也。成王作颂，[4]推己惩艾，[5]悲彼家难，可不谓战战恐惧，善守善终哉？君子不为约则修德，满则弃礼，佚能思初，安能惟始，沐浴膏泽而歌咏勤苦，非大德谁能如斯！《传》曰"治定功成，礼乐乃兴"。海内人道益深，其德益至，所乐者益异。满而不损则溢，盈而不持则倾。凡作乐者，所以节乐。君子以谦退为礼，以损减为乐，乐其如此也。以为州异国殊，情习不同，故博采风俗，协比声律，以补短移化，助流政教。天子躬于明堂临观，[6]而万民咸荡涤邪秽，斟酌饱满，以饰厥性。故云《雅》、《颂》之音理而民正，[7]嘄噭之声兴而士奋，[8]郑卫之曲动而心淫。[9]及其调和谐合，鸟兽尽感，而况怀五常，[10]含好恶，自然之势也？

**【注释】**〔1〕"《虞书》"，指《尚书·虞书》中的《皋陶谟》、《益稷》等篇。　〔2〕"几"，万几。国家的各种机要事务。　〔3〕"股"，大腿。"肱"，手臂。"股肱"，这里指辅佐帝王的大臣。　〔4〕"颂"，指《诗经·周颂·小毖篇》，古注认为是周成王鉴于管叔、蔡叔的叛乱而作。周武王灭商后，封其弟鲜于管，称管叔；度于蔡，称蔡叔。武王死后，成王年幼，周公旦摄政。管叔、蔡叔乘机与商纣王之子武庚等联合发动叛乱。后被周公平定。　〔5〕"推"，度量，责备。"惩艾"，因受惩创而知所戒惧。"艾"，音 yì。　〔6〕"明堂"，古代朝廷用以宣示政教之堂，并在此举行祀典。　〔7〕"《雅》、《颂》之音理"，典出《论语·子罕篇》。"子曰：'吾自卫返鲁，然后乐正，《雅》、《颂》各得其所。'"孔子曾整理过《诗经》，使《雅》和《颂》都恢复了各自的面貌。　〔8〕"嘄噭"，呼叫的声音。音 jiào jī。　〔9〕"郑卫之曲"，古代儒家认为郑国和卫国的乐曲放荡。　〔10〕"五常"，即五常之道。古代指仁、义、礼、智、信五德。

**【译文】**太史公说：我每次读《虞书》，看到关于君臣互相勖勉，一心期望国家大事都能得到妥善处理，而掌权大臣如果懈怠失职，则诸事废弛败坏的记载，我没有不感动得流泪的。周成王作《颂》，反躬自省，警戒于未来，哀叹家族中发生的患难，能不说他是个兢兢业业，善于守成，而又善于保持完美结局的帝王吗？君子不会在遇到困难时才修养德行，而到显达之后就抛弃了礼义。那种在逸乐时能想到帝业的创始，安居时能想到帝业的艰辛，处于富贵豪华的生活中而时时歌颂创业的勤苦，假如不具备特殊的品德，谁能做到这一步呢！古书上说："政治安定，大功告成之日，制礼作乐的事业于是兴起。"这时四海之内，人们需要理解立身处世之道日益迫切，德性的修养日益完善，各人所引以为欢乐的兴趣也日益不同。水满而不损减就会泛溢，器满而不扶持就会倾覆。因此，作乐的目的乃是为了调节人们的欢乐。君子把谦退作为制礼的准则，把损抑作为作乐的准则，音乐就这样产生了。君子认为各州各国的环境不同，人们的感情习惯也不同，所以广泛地采集各地的乐歌，协调整理声律，用以弥补政治的不足，移风易俗，协助推行政治和教化。天子亲临明堂观赏，而万民通过音乐清除了心中的污秽，并从中斟酌吸取教益，使自己的精神饱满，提高德性的涵养。所以说，《雅》、《颂》能各得其所，民风就趋于纯正；呐喊的声音兴起，士卒就感到振奋；郑国、卫国的歌曲演唱起来，人们的心情就流于放荡。一旦音乐能达到调和谐合的地步，连鸟兽都会受到感化，更何况心怀五常之德，含有喜好或嫌恶感情的人，这不是自然的趋势吗？

治道亏缺而郑音兴起，封君世辟，[1]名显邻州，争以相高。自仲尼不能与齐优遂容于鲁，[2]虽退正乐以诱世，作五章以刺时，[3]犹莫之化。陵迟以至六国，流沔沉佚，遂往不返，卒于丧身灭宗，并国于秦。

【注释】〔1〕"封君世辟"，指诸侯国君。"辟"，也是国君的意思。音 bì。诸侯都是周天子封的，国君世袭。 〔2〕"自仲尼不能与齐优遂容于鲁"，事见《论语·微子篇》。《微子篇》云："齐人归（馈赠）女乐，季桓子受之，三日不朝，孔子行。"季桓子是当时鲁国的执政上卿。〔3〕"五章"，《索隐》认为"五章"是指《孔子家语》所云"孔子嘲季桓子作歌引《诗》曰：'彼妇人之口，可以出走。彼妇人之谒，可以死败。优哉游哉，聊以卒岁。'"梁玉绳认为，此歌只是五章之一，不能包括五章。

【译文】治国之道被破坏废弃之后，郑国的音乐就泛滥起来了。那些诸侯国君，在邻国都是赫赫有名的，却都以郑声争相夸耀。孔子自从不能忍受和齐国优伶在鲁国共处的屈辱，便隐退下来，整理诗乐，以劝诫世人，作五章诗以讽刺当时的风气，但没有使那些人受到感化。世风从此衰落下去，至于战国时代，诸侯国君都沉溺于安逸颓废的生活之中，再也不能归于正道，结果是身败名裂，宗庙毁灭，国家都被秦国吞并了。

秦二世尤以为娱。丞相李斯进谏曰："放弃《诗》、《书》，极意声色，祖伊所以惧也；[1]轻积细过，恣心长夜，[2]纣所以亡也。"赵高曰："五帝、三王乐各殊名，[3]示不相袭。上自朝廷，下至人民，得以接欢喜，合殷勤，非此和说不通，解泽不流，亦各一世之化，度时之乐，何必华山之骤耳而后行远乎？"[4]二世然之。

**【注释】**[1]"祖伊"，殷纣王时贤臣。曾规谏殷纣，纣不听。 [2]"长夜"，通宵达旦。《史记·滑稽列传》云："齐威王之时，好为淫乐长夜之饮。" [3]"五帝"，指黄帝、颛顼、帝喾、唐尧、虞舜。"三王"，指夏禹、商汤、周文王和周武王。 [4]"骤耳"，良马名。也写作"绿耳"。相传为周穆王八骏之一，以毛色为名号。

**【译文】**秦二世更是一个沉溺于安逸颓废生活中的人。丞相李斯进言规谏说："放弃了《诗》、《书》的教导，一心沉溺于声色的逸乐，这是祖伊所担心的事情；不注意细小的过失，就会积成大恶，而纵情享乐，通宵达旦，这就是殷纣亡国的原因。"赵高说："五帝、三王的音乐各有不同的名称，是为了表示不相沿袭的意思。上至朝廷，下至人民，因此都能在相处时欢乐喜悦，交往时情意殷勤；如果没有音乐，那么，和悦的感情就不能相通，推行的恩泽就不能传布，这也是一个时代有一个时代的教化，各有适应时代需要的音乐，何必一定是华山的骏马'骤耳'才能走得远呢？"秦二世赞许他的见解。

高祖过沛诗《三侯之章》，[1]令小儿歌之。高祖崩，令沛得以四时歌儛宗庙。孝惠、孝文、孝景无所增更，于乐府习常肆旧而已。

**【注释】**[1]"《三侯之章》"，《索隐》认为即《大风歌》："大风起兮云飞扬，威加海内兮归故乡，安得猛士兮守四方！"又认为"侯"是语词，即指"兮"字。此诗有三"兮"字，因而称"三侯之章"。《汉书·礼乐志》作"《风起之诗》"。

**【译文】**高祖经过沛邑时曾作诗《三侯之章》，使当地儿童歌唱。高祖驾崩之后，令沛邑按四季在他的宗庙里歌唱舞蹈。经过惠帝、文帝、景帝三朝，都没有增加什么，只是在乐府里经常练习旧乐章而已。

至今上即位，作十九章，[1]令侍中李延年次序其声，拜为协律都尉。[2]通一经之士不能独知其辞，皆集坐《五经》家，相与共讲习读之，乃能通知其意，多尔雅之文。

**【注释】**[1]"十九章"，《汉书·礼乐志》著录《郊祀歌》十九章。 [2]"协律都尉"，宫廷音乐机构乐府中主持工作的长官。

**【译文】** 到当今皇帝（指汉武帝）即位以后，作《郊祀歌》十九章，令侍中李延年作成乐曲，从此，李延年升任为协律都尉。只通晓一种经书的人，还不能单独了解这些歌辞的含义，必须把通晓五经的专家集中到一起，共同研究阅读，才能通晓歌辞的含义，因为其中使用了很多古雅的词语。

汉家常以正月上辛祠太一甘泉，[1]以昏时夜祠，到明而终。常有流星经于祠坛上。使僮男僮女七十人俱歌。春歌《青阳》，夏歌《朱明》，秋歌《西暤》，冬歌《玄冥》。世多有，故不论。

**【注释】** [1]"正月上辛"，正月上旬的辛日。古代用天干甲乙丙丁戊己庚辛壬癸纪日。"太一"，古代神名，或称"天帝"。《史记·封禅书》："天神贵者太一。""甘泉"，秦汉宫名。在今陕西淳化县甘泉山。

**【译文】** 汉朝常常在正月上旬的辛日，在甘泉宫祭祀太一神，从黄昏时开始夜祭，到黎明时礼成。祭祀时常有流星经过祭坛的上方。令童男童女七十人一齐唱歌。春季唱《青阳歌》，夏季唱《朱明歌》，秋季唱《西暤歌》，冬季唱《玄冥歌》。这些歌诗，社会上多有流传，所以在这里就不再细说了。

又尝得神马渥洼水中，[1]复次以为《太一之歌》。歌曲曰："太一贡兮天马下，沾赤汗兮沫流赭。骋容与兮跇万里，今安匹兮龙为友。"后伐大宛得千里马，[2]马名蒲梢，次作以为歌。歌诗曰："天马来兮从西极，经万里兮归有德。承灵威兮降外国，涉流沙兮四夷服。"中尉汲黯进曰："凡王者作乐，上以承祖宗，下以化兆民。今陛下得马，诗以为歌，协于宗庙，先帝百姓岂能知其音邪？"上默然不说。丞相公孙弘曰："黯诽谤圣制，当族。"

**【注释】** [1]"渥洼水"，水名。在今甘肃安西县。古史相传，汉武帝时有个名叫暴利长的人在渥洼池畔得天马，献给朝廷，并跪称马从水中跑出，他用勒绊擒获云云。 [2]"大宛"，古西域国名。在前苏联中亚费尔干纳盆地。产良马。

**【译文】** 此外，还从渥洼水中得到一匹神马，于是又作了《太一之歌》。歌辞说："太一的恩赐啊，天马降临；身上冒出赤色的汗珠啊，口中流着赭色的唾津。从容驰骋啊，万里扬尘；有谁能相比啊，只有神龙和它并进齐奔。"后来讨伐大宛，得到千里马，马的名称叫"蒲梢"，为此又作了一首歌。歌诗说："天马到来啊，来自极西之地；途经万里啊，投向有德的皇帝；依赖上天的神威啊，镇慑异域，远及流沙大漠啊，四夷向归。"中尉汲黯进谏说："大凡帝王作乐，是为了对上继承祖宗的道德帝业，对下教化亿万人民。现在，陛下得到了天马，竟然为它作诗歌唱，而且在宗庙举行祀典，祖先和百姓难道能了解这种音乐吗？"皇上默然，表示很不高兴，丞相公孙弘说："汲黯诽谤皇上的意旨，应当全族诛戮。"

凡音之起，由人心生也。人心之动，物使之然也。感于物而动，故形于声；声相应，故生变；变成方，谓之音；比音而乐之，及干戚羽旄，[1]谓之乐也。乐者，音之所由生也，其本在人心感于物也。是故其哀心感者，其声噍以杀；其乐心感者，其声啴以缓；其喜心感者，其声发以散；其怒心感者，其声粗以厉；其敬心感者，其声直以廉；其爱心感者，其声和以柔。六者非性也，感于物而后动，是故先王慎所以感之。[2]故礼以导其志，乐以和其声，政以壹其行，刑以防其奸。礼乐刑政，其极一也，所以同民心而出治道也。

**【注释】**〔1〕"干"，盾牌。"戚"，大斧。"羽"，雉尾。"旄"，旄牛尾。干、戚，武舞所用。羽、旄，文舞所用。 〔2〕"先王"，古代指夏、商、周三代开国帝王禹、汤、文王及武王等。

**【译文】**大凡"音"的出现，是由人心产生的。人心的变动，是由外界事物所引起的。人心感受到外界事物的影响而发生变动，因而形成"声"；"声"互相应和，因而发生变化；变化具有一定的规则，就称为"音"；把不同的"音"组织起来，并演奏出来，再配合上用干戚羽旄等表演的舞蹈，这就称为"乐"。"乐"是由"音"组合而成的，但其根源则是由于人感受到外界事物的影响而发生的变动。因此感受外物而产生的悲哀心情，它发出的"声"必定是急迫而短促的；感受外物而产生的快乐心情，它发出的"声"必定是舒畅而和缓的；感受外物而产生的喜悦心情，它发出的"声"必定是悠扬而清爽的；感受外物而产生的愤怒心情，它发出的"声"必定是正直而庄严的；感受外物而产生尊敬之心，它发出的声音必定是高亢而柔婉；感受外物而产生的喜爱心情，它发出的"声"必定是亲切而柔和的。这六种心情并不是人的本性，而是由于感受外界不同事物的影响而产生的变动，所以先王十分注意能对人心产生影响的一切外界事物。用礼来引导人们的意志，用乐来调和人们的声音，用政来统一人们的行动，用刑来防止人们的奸私。礼、乐、刑、政的终极目标是一致的，就是使人同心同德，以建立太平盛世的秩序。

凡音者，生人心者也。情动于中，故形于声，声成文谓之音。是故治世之音安以乐，其正和；乱世之音怨以怒，其正乖；亡国之音哀以思，其民困。声音之道，与正通矣。宫为君，商为臣，角为民，徵为事，羽为物。五者不乱，则无怗懘之音矣。宫乱则荒，其君骄；商乱则搥，其臣坏；角乱则忧，其民怨；徵乱则哀，其事勤；羽乱则危，其财匮。五者皆乱，迭相陵，谓之慢。如此则国之灭亡无日矣。郑卫之音，乱世之音也，比于慢矣。桑间濮上之音，[1]亡国之音也，其政散，其民流，诬上行私而不可止。

【注释】〔1〕"桑间濮上"，古史相传，濮水之上，地有桑间，晋国乐师师涓曾在此闻殷纣时的靡靡之音。

【译文】凡是"音"，都是从人心产生的。情感在内心激动，从而形成"声"；把不同的"声"组织起来，就称为"音"。因此，太平盛世的"音"安宁而欢乐，表示政治的和平；动乱时代的"音"怨恨而愤怒，表示政治的混乱；灭亡国家的"音"悲哀而忧虑，表示人民的困苦。可见声音的道理是和政治息息相通的。五声中，宫相当于君，商相当于臣，角相当于民，徵相当于事，羽相当于物。这五项不混乱，就不会产生不和谐的"音"了。如果宫声混乱，则表示悖谬，国君骄纵；商声混乱，则表示邪僻，臣属堕落；角声混乱，则表示忧郁，人民怨恨；徵声混乱，则表示悲哀，徭役烦苦；羽声混乱，则表示危急，财物匮乏。这五项都陷于混乱，互相侵凌，则是轻慢的表现。这样，国家的灭亡就为期不远了。郑声、卫声，是动乱时代的音乐，是属于轻慢一类的。桑间、濮上的音乐，是亡国的音乐，表示政治混乱，人民流离失所，臣属欺诬君主，已经到了无法挽救的地步了。

凡音者，生于人心者也；乐者，通于伦理者也。是故知声而不知音者，禽兽是也；知音而不知乐者，众庶是也。唯君子为能知乐。是故审声以知音，审音以知乐，审乐以知政，而治道备矣。是故不知声者不可与言音，不知音者不可与言乐。知乐则几于礼矣。礼乐皆得，谓之有德。德者，得也。是故乐之隆，非极音也；食飨之礼，非极味也。清庙之瑟，[1]朱弦而疏越，一倡而三叹，有遗音者矣。大飨之礼，尚玄酒而俎腥鱼，大羹不和，有遗味者矣。是故先王之制礼乐也，非以极口腹耳目之欲也，将以教民平好恶而反人道之正也。

【注释】〔1〕"清庙"，清静的宗庙。古代天子诸侯祭祀祖先的处所。

【译文】大凡"音"，都是从人心产生的，而"乐"则是和各类事物的道理息息相通的。所以只了解"声"而不了解"音"的，是禽兽；只了解"音"而不了解"乐"的，是普通人。唯有君子才能真正懂乐。所以，审察"声"，进而了解"音"，审察"音"，进而了解"乐"，审察"乐"，进而了解政治，这样就可以完全了解治民之道了。所以对不了解"声"的人，不要和他谈论"音"；对不了解"音"的人，不要和他谈论"乐"。了解了"乐"，就差不多了解"礼"了。对礼乐的了解都有所得，这就可称为有道德的人了。道德的"德"，就是得到的意思。因此，"乐"的隆盛，并不在于音响极其悦耳，祭享之"礼"，也不在于调味极其美好。清庙中所鼓的瑟，朱红色的丝弦，瑟的底部有疏朗的孔眼，一段乐曲领起，紧跟着奏起反复的应和曲调，这样就能保留着古代的遗音。祭享大礼中，献玄酒（清水），用托盘摆出生鱼，羹汤里不加作料，这样才能保持着古代的遗味。所以先王制礼作乐，不是为了充分满足口腹耳目的欲望，而是为了教导人民正确地区别所爱好或所厌恶的事物，而回到纯正的人生道路上来。

人生而静，天之性也；感于物而动，性之颂也。[1]物至知知，然后好恶形焉。好恶无节于内，知诱于外，不能反己，天理灭矣。夫物之感人无穷，而人之好恶无节，则是物至而人化物也。人化物也者，灭天理而穷人欲者也。于是有悖逆诈伪之心，有淫佚作乱之事。是故强者胁弱，众者暴寡，知者诈愚，勇者苦怯，疾病不养，老幼孤寡不得其所，此大乱之道也。是故先王制礼乐，人为之节：衰麻哭泣，所以节丧纪也；钟鼓干戚，所以和安乐也；婚姻冠笄，所以别男女也；射乡食飨，所以正交接也。礼节民心，乐和民声，政以行之，刑以防之。礼乐刑政四达而不悖，则王道备矣。

【注释】〔1〕"颂"，同"容"。

【译文】人在初生的时候，原是安静的，这本来是自然形成的本性；但由于感受到外界事物的影响而发生变动，这是本性的变形。一接触到外界事物，人们就用智慧了解它，然后就对它形成了喜好或厌恶的感觉。假如自己在内心里对喜好或厌恶的感觉不能节制，而在智慧上又继续感受到外界事物的影响，不能回到安静的本性上去，这样，作为本性的天理就灭绝了。外界事物对人的影响无穷，而人对自己的爱好或厌恶的感觉又不能节制，这样，一接触外界事物，人就被它所左右了。所谓人被外界事物所左右者，即灭绝作为本性的天理而尽量满足人的欲望的意思。因此，有悖谬、忤逆、欺诈作伪的念头，有淫荡放纵犯上作乱的行为。强者威胁弱者，众人压迫少数人，聪明人欺负老实人，勇敢的人折磨懦怯的人，患病的人得不到疗养，老人、幼童、孤儿、寡妇都没有安身之地，这就是天下大乱的形势啊。因此，先王制礼作乐，使人们有所节制。披麻戴孝，为死者哭泣，是为了节制人们的丧礼；鸣钟击鼓，执盾牌、大斧而舞，是为了调和人们的欢乐；举行婚姻、加冠和及笄的礼仪，是为了使男女有别；乡里射箭宴会，是为了使人们的交往纳入正轨。用礼节制人们的情绪，用乐调和人们的声音，用政推行治民之道，用刑防范犯法的行为。礼、乐、刑、政，行之四方而相辅相成，那么，先王治民之道就可以完满实现了。

乐者为同，礼者为异。同则相亲，异则相敬。乐胜则流，礼胜则离。合情饰貌者，礼乐之事也。礼义立，则贵贱等矣；乐文同，则上下和矣；好恶著，则贤不肖别矣；刑禁暴，爵举贤，则政均矣。仁以爱之，义以正之，如此则民治行矣。

**【译文】**"乐"是为了沟通感情，"礼"是为了区分差等。沟通感情就互相亲爱，区分差等就互相敬重。过分侧重"乐"，就会失于散漫；过分侧重"礼"，就会发生隔阂。感情既和谐，而行动又严肃，这就是"礼"、"乐"的效用。"礼"的内容确立了，贵贱就显出了差等；"乐"的形式能沟通感情，上下的关系就趋于和谐；所喜好和所厌恶的有了不同的标志，贤人和坏人就有了区别；用"刑"禁止暴行，用"爵"引进贤才，政治就会公正和平。然后用"仁"来爱护百姓，用"义"来指导百姓。这样，美好的社会秩序就可以实现了。

乐由中出，礼自外作。乐由中出，故静；礼自外作，故文。大乐必易，大礼必简。乐至则无怨，礼至则不争。揖让而治天下者，礼乐之谓也。暴民不作，诸侯宾服，兵革不试，五刑不用，百姓无患，天子不怒，如此则乐达矣。合父子之亲，明长幼之序，以敬四海之内。天子如此，则礼行矣。

大乐与天地同和，大礼与天地同节。和，故百物不失；节，故祀天祭地。明则有礼乐，幽则有鬼神，如此则四海之内合敬同爱矣。礼者，殊事合敬者也；乐者，异文合爱者也。礼乐之情同，故明王以相沿也。故事与时并，名与功偕。故钟鼓管磬羽籥干戚，[1] 乐之器也；诎信俯仰缀兆舒疾，[2] 乐之文也。簠簋俎豆制度文章，[3] 礼之器也；升降上下周旋裼袭，[4] 礼之文也。故知礼乐之情者能作，识礼乐之文者能术。[5] 作者之谓圣，术者之谓明。明圣者，术作之谓也。

**【注释】**〔1〕"籥"，排箫。 〔2〕"缀兆"，"缀"原作"级"，据《礼记·乐记》改。

《礼记·乐记》郑玄注："缀，表也，所以表行列也；兆，域也，舞者进退所至也。"〔3〕"簠簋俎豆"，都是盛供品的器皿。"簠"，长方形，"簋"，圆形，用以盛稻粱黍稷。"俎"，用以盛全牲。"豆"，高座圆盘。〔4〕"裼"，两袖微卷。音 xī。"袭"，放下所卷之袖。〔5〕"术"，通"述"，是传授的意思。下同。

【译文】"乐"发自内心，"礼"表现于外貌。"乐"发自内心，所以是静止的；"礼"表现于外貌，所以是活动的。雅正的"乐"必定平易，庄严的"礼"必定质朴。"乐"发挥了充分效用，人们就没有愤恨；"礼"发挥了充分的效用，人们就没有纷争。互相谦让而使天下成为太平盛世，这是指"礼"和"乐"的功用说的。残暴的人无所行动，诸侯都服从王室，战争停息，刑罚不用，百姓没有忧患，天子不再施展权威，这样，"乐"的效用就达到了。促进父子之亲，明定长幼之序，使四海之内互相尊敬。天子能做到这一步，"礼"的效用就推行开了。

雅正的"乐"和天地万物一样地和谐，庄严的"礼"和天地万物一样地有节制。和谐，万物就不失其本性；有所节制，人们就能按尊卑等级祭祀天地。人间有"礼"、"乐"指引，幽冥中又有鬼神佑助，这样，四海之内就能互相尊敬、互相亲爱了。"礼"，区分事物的差等而取得互相尊敬的效用，"乐"，表现不同的形式而取得互相亲爱的效用。"礼"、"乐"的效用相同，所以明王制礼作乐，总是先后沿袭。因此，他们的事业与时代相适应，名声与功绩相符合。钟、鼓、管、磬、羽、籥、干、戚，是表演"乐"的器物；屈伸、俯仰、缀兆、舒疾，是表演"乐"的形式。簠簋俎豆、制度文章，是行礼用的器物和规范；升降、上下、周旋、裼袭，是行礼的形式。所以能了解"礼"、"乐"意义的人，就能制作礼乐；能识别"礼"、"乐"形式的人，就能传授礼乐。制作者称为"圣"，传授者称为"明"。"明"和"圣"是传授和制作的意思。

乐者，天地之和也；礼者，天地之序也。和，故百物皆化；序，故群物皆别。乐由天作，礼以地制。过制则乱，过作则暴。明于天地，然后能兴礼乐也。论伦无患，〔1〕乐之情也；欣喜欢爱，乐之官也。中正无邪，礼之质也；庄敬恭顺，〔2〕礼之制也。若夫礼乐之施于金石，越于声音，用于宗庙社稷，事于山川鬼神，则此所以与民同也。

【注释】〔1〕"患"，郭沫若《公孙尼子与其音乐理论》解为"溾漫"，今译为"泛滥"。〔2〕"顺"，《正义》解为"慎"。

【译文】"乐"，表示天地万物间的和谐；"礼"，表示天地万物间的秩序。"和谐"，所以一切事物都能互相融合而无冲突；"有序"，所以一切事物又都有区别而不混淆。"乐"是根据天生万物一视同仁的道理而作成的，"礼"是根据地有山川高卑的道理而制定的。制礼失序，会引起混乱；作乐失和，会引起动荡。通晓天地的道理，才能制礼作乐。和谐而不泛滥，是"乐"的内容；使人欣喜欢乐，是"乐"的效用。中正而不偏颇，是"礼"的本质；使人仪态庄重、肃敬、谦恭、谨慎，是"礼"的规范。至于"礼"、"乐"由金石等乐器表现出来，由歌曲演唱出来，用于宗庙社稷及山川鬼神的祭祀，这是从天子到人民都相同的。

王者功成作乐，治定制礼。其功大者其乐备，其治辨者其礼具。干戚之舞，非备乐也；亨孰而祀，非达礼也。五帝殊时，[1] 不相沿乐；三王异世，[2] 不相袭礼。乐极则忧，礼粗则偏矣。及夫敦乐而无忧，礼备而不偏者，其唯大圣乎？天高地下，万物散殊，而礼制行也；流而不息，合同而化，而乐兴也。春作夏长，仁也；秋敛冬藏，义也。仁近于乐，义近于礼。乐者敦和，率神而从天；礼者辨宜，居鬼而从地。[3] 故圣人作乐以应天，作礼以配地。礼乐明备，天地官矣。

**【注释】**〔1〕"五帝"，传说中的上古帝王。一般认为是指黄帝、颛顼、帝喾、帝尧、帝舜而言。 〔2〕"三王"，传说中的远古帝王。一般认为是指燧人、伏羲、神农而言。 〔3〕"鬼"，古人认为人死为鬼。这里指先王。

**【译文】**帝王在功业有了成就之后才作"乐"，在国家安定之后才制"礼"。功业成就大的，所作的"乐"就完备；政教广被四方的，所制的"礼"就齐全。手执盾牌、大斧而舞，还不算完备的"乐"；用经过烹调的祭品举行祭祀，也不算明达的"礼"。五帝的时代不同，先后不沿袭"乐"；三王所处的社会不同，先后不沿袭"礼"。"乐"流于泛滥，即使人忧怨；"礼"流于粗疏，即失之偏颇。到了使"乐"达到促进和谐的地步而不使人忧虑，使"礼"达到完备的地步而不偏颇，那是只有大圣才能做到的吧？天在上，地在下，一切事物分散而各不相同，因此，"礼"的节制效用便推行开了；一切事物流动而不停息，融合而化为一体，因此，"乐"的和谐效用就发挥出来了。春天生芽，夏天成长，这就是天地间"仁"的表现；秋天收获，冬天储藏，这就是天地间"义"的表现。"仁"和"乐"的性质相近，"义"和"礼"的性质相近。"乐"促进和谐，遵从天神意志而顺应天时自然的变化；"礼"区分适宜，遵循先王遗法，而顺应地上山川高卑的形势。所以圣人作乐以顺应天时，制礼以顺应地理。"礼"、"乐"彰明完备，天地万物都各得其所。

天尊地卑，君臣定矣。高卑已陈，贵贱位矣。动静有常，大小殊矣。方以类聚，物以群分，则性命不同矣。在天成象，在地成形，如此则礼者天地之别也。地气上阶，天气下降，阴阳相摩，天地相荡，鼓之以雷霆，奋之以风雨，动之以四时，煖之以日月，而百化兴焉，如此则乐者天地之和也。

化不时则不生，男女无别则乱登，此天地之情也。及夫礼乐之极乎天而蟠乎地，行乎阴阳而通乎鬼神，穷高极远而测深厚，乐著太始而礼居成物。著不息者天也，著不动者地也。一动一静者，天地之间也。故圣人曰"礼云乐云"。[1]

【注释】〔1〕"礼云乐云"，《论语·阳货》云："子曰：'礼云礼云，玉帛云乎哉？乐云乐云，钟鼓云乎哉？'"孔子的原意在强调指出礼乐的内容是重要的，而形式是次要的。

【译文】天尊贵而地卑下，这就确定了君和臣的关系。高卑既然显示出来，贵贱的名位也就确定了。天地万物，或静或动，各有常态，而形体大小不同。万物中，同类的相聚合，不同类的相分离，它们的性质是不同的。在天上出现迹象，在地面出现形体，这样，"礼"就表示出天地万物的差别。地气上升，天气下降，阴阳二气互相切摩，天地互相激荡。由于雷霆的震动，风雨的浸润，四季寒暑的推移，日月光辉的照耀，具有生机的万物都滋长起来，这样，"乐"就表示出天地万物的和谐。

天时的变化失去常规，万物就不能生长蕃育；男女没有区别，在社会上就必然造成混乱的后果，这是天地间自然的情理。到了"礼"、"乐"的功效能完全表示天象的和谐及地面万物的区别，符合阴阳的变化，而又和先王及天神的意志息息相通，可以达到极高极远的上天和深厚莫测的山川，那么，"乐"显明地取法乎天，而"礼"则取法乎地上的万物。能显明地表现变化不息的是"天"，能显明地表现不变化的是"地"。而有动有静、循环变化的则是天地间的万物。所以圣人说："多么深奥的礼啊，多么深奥的乐啊！"

昔者舜作五弦之琴，以歌《南风》；夔始作乐，[1]以赏诸侯。故天子之为乐也，以赏诸侯之有德者也。德盛而教尊，五谷时孰，然后赏之以乐。故其治民劳者，其舞行缀远；其治民佚者，其舞行缀短。故观其舞而知其德，闻其谥而知其行。《大章》，章之也；[2]《咸池》，备也；[3]《韶》，继也；[4]《夏》，大也；[5]殷周之乐尽也。

【注释】〔1〕"夔"，人名，舜臣。 〔2〕"《大章》，章之也"，《集解》引郑玄曰："尧乐名。言尧德章明。" 〔3〕"《咸池》，备也"，郑玄曰："黄帝所作乐名，尧增修而用之。咸，皆也；池之言施也。言德之无不施也。" 〔4〕"《韶》，继也"，郑玄曰："舜乐名。言能继尧之德。"〔5〕"《夏》,大也",郑玄曰:"禹乐名,言禹能大尧、舜之德。"

**【译文】** 从前,舜做了五弦琴,弹着琴吟唱《南风》诗;夔开始作乐,用来赏赐诸侯。所以天子作乐,是为了赏赐诸侯中有德行的人。德行盛美而教化严明,五谷年年丰收,然后天子赏赐给他"乐"。因此,凡是治理不善而人民生活劳苦的,他的舞蹈行列就远而长;凡是治理良好而人民生活安乐的,他的舞蹈行列就近而短。看到他的舞蹈,就了解他的德行;听到他的谥号,就知道他的作为。《大章》用以表彰德政,《咸池》用以表示德政广被,《韶》表示能继承德政,《夏》表示对德政能发扬光大。至于殷周两代的"乐",也都是为了表示帝王的德政的。

天地之道,寒暑不时则疾,风雨不节则饥。教者,民之寒暑也,教不时则伤世。事者,民之风雨也,事不节则无功。然则先王之为乐也,以法治也,善则行象德矣。夫豢豕为酒,非以为祸也;而狱讼益烦,则酒之流生祸也。是故先王因为酒礼,一献之礼,宾主百拜,终日饮酒而不得醉焉,此先王之所以备酒祸也。故酒食者,所以合欢也。

乐者,所以象德也;礼者,所以闭淫也。是故先王有大事,必有礼以哀之;有大福,必有礼以乐之:哀乐之分,皆以礼终。

乐也者,施也;礼也者,报也。乐,乐其所自生;而礼反其所自始。〔1〕乐章德,礼报情反始也。所谓大路者,天子之舆也;龙旗九旒,天子之旌也;青黑缘者,天子之葆龟也;从之以牛羊之群,则所以赠诸侯也。

**【注释】** 〔1〕"而礼反其所自始",今据本书"大乐必易,大礼必简"的语意加以推论解释,意谓"而礼则要求反映事物的本性"。

**【译文】** 按天地间的自然之道,寒暑变化违反季节,人们就要生病;风雨不合时令,就要发生饥荒。乐教对人民来说和气候的寒暑一样,如果不合时令,就会对社会有害。礼制对人民来说,和风雨一样,如果没有节度,就不会有功效。所以先王作"乐",是为了推行治民之道,如果效果良好,人们的行为就符合德行的准则了。如以养猪酿酒为例,原来并不是为了惹祸,但争讼事件日益增多,却是由于饮酒所引起的。因此先王制定酒礼,每饮一杯酒,宾主要多次行礼,即使整天喝酒,也不会喝醉的。这就是先王所以防范饮酒惹祸的方法。饮酒宴会,只是为表示交接欢乐而已。

"乐"表现的是德行,"礼"防止的是邪恶。因此,先王有丧亡等大事,必定根据"礼"来表示悲哀;有喜庆等大福,必定根据"礼"来表示欢乐。表示悲哀欢乐的分寸，都以"礼"为准则。

"乐"是施予，"礼"是回报。"乐"发于自己内心的喜悦，而"礼"则要求反映事物的本性。"乐"表彰盛德，"礼"报答施予之情。所谓"大路"者，是天子的车；车上的龙旂，有下垂的旒穗九条，这是天子的旗帜；天子带着占卜用的宝龟，龟甲的边缘呈现出青绿色；还带着大群的牛羊，是为赏赐诸侯用的。

乐也者，情之不可变者也；礼也者，理之不可易者也。乐统同，礼别异，礼乐之说贯乎人情矣。穷本知变，乐之情也；著诚去伪，礼之经也。礼乐顺天地之诚，达神明之德，降兴上下之神，而凝是精粗之体，领父子君臣之节。

是故大人举礼乐，则天地将为昭焉。天地欣合，阴阳相得，煦妪覆育万物，然后草木茂，区萌达，羽翮奋，角觡生，蛰虫昭稣，羽者妪伏，毛者孕鬻，胎生者不殰而卵生者不殈，则乐之道归焉耳。

乐者，非谓黄钟大吕弦歌干扬也，乐之末节也，故童者舞之；布筵席，陈樽俎，列笾豆，以升降为礼者，礼之末节也，故有司掌之。乐师辩乎声诗，故北面而弦；宗祝辩乎宗庙之礼，故后尸；[1] 商祝辩乎丧礼，故后主人。是故德成而上，艺成而下；行成而先，事成而后。是故先王有上有下，有先有后，然后可以有制于天下也。

【注释】〔1〕"尸"，祭礼中由亲属代表受祭者，称为"尸"。

【译文】"乐"表现的是不可改变的共同感情，"礼"表现的是不可更动的不同事理。"乐"沟通相同之处，"礼"区分不同之处，"礼"、"乐"的道理中贯穿着人们的感情。探索人们的本性，并了解它的变化，这是"乐"的内容；显示人们的诚心而排除虚伪的表现，这是"礼"的常规。"礼"和"乐"都表现了天地的本性，显示了神灵的德行，因此能感动天地上下的神灵，而表现出礼乐外部形式和内在意蕴，反映出父子君臣的关系。

由于先王制礼作乐，人们可以从此认识到，天地万物将表明了各自的本性。天和地自然结合起来，阴阳融会调和，照耀孕育万物。因而草木茂盛，幼芽破土萌生，飞禽翱翔，走兽生角，冬蛰的昆虫苏醒，鸟类孵卵育雏，兽类怀胎产仔，胎生者不致成为死胎，卵生者不致卵壳过早破裂，这样，作乐的道理就显示出来了。

"乐"并非单指黄钟、大吕等音律，弹琴歌咏等声音，以及使用盾牌、大斧等表演而言，这是"乐"的末节，所以可以由儿童舞蹈演奏；铺设筵席，摆列酒樽案盘，讲求升堂降阶的仪式，这是"礼"的末节，所以由小吏掌管。乐师通晓声音和歌诗，所以朝北坐着奏乐；礼官宗祝通晓宗庙礼仪，所以跟随神主之后；商礼的礼官熟悉丧礼，所以跟随主祭人之后。由此看来，有道德成就的居上位，有技艺成就的居下位；品行高尚的居前，而只通晓事务的居后。所以先王能区别上下先后，然后才能为天下制"礼"作"乐"。

乐者，圣人之所乐也，而可以善民心。其感人深，其风移俗易，故先王著其教焉。

夫人有血气心知之性，而无哀乐喜怒之常，应感起物而动，然后心术形焉。是故志微焦衰之音作，而民思忧；啴缓慢易繁文简节之音作，而民康乐；粗厉猛起奋末广贲之音作，而民刚毅；廉直经正庄诚之音作，而民肃敬；宽裕肉好顺成和动之音作，而民慈爱；流辟邪散狄成涤滥之音作，而民淫乱。

是故先王本之情性，稽之度数，[1]制之礼义，合生气之和，道五常之行，[2]使之阳而不散，阴而不密，刚气不怒，柔气不慑，四畅交于中而发作于外，皆安其位而不相夺也。然后立之学等，广其节奏，省其文采，以绳德厚也。类小大之称，[3]比终始之序，以象事行，使亲疏贵贱长幼男女之理皆形见于乐，故曰"乐观其深矣"。

**【注释】**〔1〕"度数"，中国古代审定乐律，以竹管或丝弦的长短来计算并定出不同的音高。〔2〕"五常"，五行。中国古代思想家用五种物质金、木、水、火、土来说明万物的起源和变化。古代以十二律配十二月，以五声宫、商、角、徵、羽配合五行金、木、水、火、土。五声"旋相为宫"。〔3〕"类"，《礼记·乐记》作"律"。今采取此词义。

**【译文】**"乐"是圣人所推崇的，它可以促使人心向善。它能深刻地感化人们的心灵，能自然地移风易俗，因此，先王特别重视"乐"的教育功用。

凡是人都有情感和理智的本性，而哀乐喜怒却不是固定不变的，因受外界事物的影响而引起变动，然后就产生了不同的心情。所以琐细急促的声音兴起，人们就感到忧郁；舒缓自然、悠长而节奏从容的声音兴起，人们就感到平静快乐；粗犷、暴躁、勇猛、奋发、愤激的声音兴起，人们就有刚强果敢的表现；凌厉、正直、庄严、诚挚的声音兴起，人们就有严肃、恭敬的表现；舒展、温润、流畅、和谐的声音兴起，人们就有慈爱之心；邪恶、混乱、放荡、轻佻的声音兴起，人们就有淫乱之行。

所以先王要根据人们的感情，考察乐律的度数，依照礼仪的规定，来适应阴阳二气的融和状态，导引五行的运转，使具有阳刚气质者不放任，具有阴柔气质者不拘泥，具有阳刚气质者不粗暴，具有阴柔气质者不懦怯。阴阳刚柔四种气质通畅地交触于内心，而后表现于外形，这样就能使人们各安其位而不互相凌越。然后按每人的资质定出学习音乐的程序，熟习乐曲节奏，领会乐曲的组织结构，以便表达仁厚的道义。据以制造大小不同的乐器，安排声音高低循环的次序，来表现人间的伦理，使亲密、疏远、高贵、卑贱、长辈、幼年、男性、女性的区别，都从音乐表现出来；所以古语说："从音乐可以观察到深刻的意义。"

土敝则草木不长，水烦则鱼鳖不大，气衰则生物不育，世乱则礼废而乐淫。是故其声哀而不庄，乐而不安，慢易以犯节，流湎以忘本。广则容奸，狭则思欲，感涤荡之气而灭平和之德，是以君子贱之也。

凡奸声感人而逆气应之，逆气成象而淫乐兴焉。正声感人而顺气应之，顺气成象而和乐兴焉。倡和有应，回邪曲直各归其分，而万物之理以类相动也。

是故君子反情以和其志，比类以成其行。奸声乱色不留聪明，淫乐废礼不接于心术，惰慢邪辟之气不设于身体，使耳目鼻口心知百体皆由顺正，以行其义。然后发以声音，文以琴瑟，动以干戚，饰以羽旄，从以箫管，[1]奋至德之光，动四气之和，以著万物之理。是故清明象天，广大象地，终始象四时，周旋象风雨；五色成文而不乱，八风从律而不奸，百度得数而有常；小大相成，终始相生，倡和清浊，代相为经。故乐行而伦清，耳目聪明，血气和平，移风易俗，天下皆宁。故曰"乐者，乐也"。君子乐得其道，小人乐得其欲。以道制欲，则乐而不乱；以欲忘道，则惑而不乐。是故君子反情以和其志，广乐以成其教，乐行而民乡方，可以观德矣。

**【注释】**〔1〕"从以箫管"，当指舞蹈者所执乐器而言。

**【译文】**地力尽竭，草木就不能生长；水流湍急，鱼鳖就不能长大；气候反常，一切生物就不能繁殖；世道荒乱，礼义就废弃而音乐就放荡。因此，声音悲哀而不庄重，逸乐而不安宁，涣散轻浮而节奏混乱，迂曲拖沓而无所归宿。缓慢的声音包含邪恶，急促的声音引动人们的利欲，煽惑逆乱的心情而消除平和的仁德，所以君子对这种音乐是深恶痛绝的。

凡是用邪恶声音感动人的时候，逆乱气质就相应而生，逆乱气质形成常法，淫荡音乐就兴起了。凡是用严正声音感动人的时候，和顺气质就相应而生，和顺气质成为常法，和平音乐就兴起了。有唱必有和，前后呼应，不端正的、曲折的和平直的，各呈现其原貌，一切事物的关系都是由于同类而互相引起变动的。

所以君子根据情感来调和意志，按照事物以类相引动的道理来促使行为完善。

邪恶的声音和颜色不留在耳朵和眼睛里，淫荡的音乐和应废弃的礼仪不扰乱心境；怠慢乖戾的气质不沾染身体，使耳、目、鼻、口、心境以及全部器官，都在和顺严正的状态中发挥应有的作用。然后才以声音表达出来，操琴鼓瑟，挥动干戚，以羽旄为装饰，手执箫管吹奏，来发扬天道的光辉，促进四时的调和，显示万物以类相引动的道理。所以歌声清明象苍天，钟鼓宏亮象大地，乐调周而复始，象四时循环，舞容回旋，象风飘雨落。服饰具五色文彩而不杂乱，乐曲声调协八方之律而不互相干犯，一切度数都有规定，乐器大小，互相配合，乐曲首尾接连，循环相生，有唱有和，或清或浊，互相更迭而成常法。所以严正音乐推行之后，伦常就归于端正，耳目聪明，情感和平，改变风俗，天下都得到安宁。所以说"音乐是使人欢乐的"。君子感到欢乐的是得到了道义，小人感到欢乐的是得到了利欲。用道义克制利欲，人们都会感到欢乐而不迷乱，为了利欲而忘却道义，人们就会迷惑而不觉得欢乐了。所以君子根据情感来调和意志，推广音乐来达到教化的目的。音乐得到推广，人们都向往道义，这时就可以看出人们的德行了。

德者，性之端也；乐者，德之华也；金石丝竹，乐之器也。诗，言其志也；歌，咏其声也；舞，动其容也：三者本乎心，然后乐气从之。[1]是故情深而文明，气盛而化神，和顺积中而英华发外，唯乐不可以为伪。

【注释】[1]"乐气"，清人孙希旦《礼记集解》引作"乐器"，作"器"字较妥。

【译文】道德是情感的根本，音乐是道德的英华，用金、石、丝、竹制成的乐器是演奏音乐的工具。诗，表述音乐的意志；歌，咏唱音乐的声调；舞，表现音乐的形容。意志、声调、形容三者都发自内心，然后用乐器表现出来。所以性情深刻，音乐的文彩就清明，顺气充沛，音乐的作用就显著，和顺气质积蕴于内心，反映道德英华的乐章就从而出现了，只有音乐是不可作伪的。

乐者，心之动也；声者，乐之象也；文采节奏，声之饰也。君子动其本，乐其象，[1]然后治其饰。是故先鼓以警戒，[2]三步以见方，再始以著往，复乱以饬归，[3]奋疾而不拔，极幽而不隐。独乐其志，不厌其道，备举其道，不私其欲。是以情见而义立，乐终而德尊；君子以好善，小人以息过，故曰"生民之道，乐为大焉"。

【注释】[1]"乐其象"，吉联抗《乐记》译注认为"乐"是动词。 [2]"先鼓以警戒"，指西周歌颂武王伐纣故事的《大武》舞而言。 [3]"乱"，乐舞的最后一段，即高潮部分。《大

《武》舞有"乱"，见下文。

**【译文】**音乐是内心活动的表现，声音是音乐的现象，文彩节奏是声音的修饰。君子先有了性情的活动，才能形成音乐的现象，然后加以修饰。所以表演时，开始时先鸣鼓，以表示警戒众人，举足三顿，表示即将行动。第二次开始，则表示等待诸侯会师后，再次出征。最终的"乱"段表示振旅西归。动作迅速而整齐，歌曲深刻而清明。人要以坚持意志为欢乐，而不厌弃道义；完全遵守道义，而不图谋利欲。这样，音乐才能表现情感而树立道义，乐舞终了而道德从而尊显；君子从而更崇尚善行，小人从而改过自新。所以说"治理人民的事业中，音乐教育是最重要的"。

君子曰：礼乐不可以斯须去身。致乐以治心，则易直子谅之心油然生矣。易直子谅之心生则乐，乐则安，安则久，久则天，天则神。天则不言而信，神则不怒而威。致乐，以治心者也；致礼，以治躬者也。治躬则庄敬，庄敬则严威。心中斯须不和不乐，而鄙诈之心入之矣；外貌斯须不庄不敬，而慢易之心入之矣。故乐也者，动于内者也；礼也者，动于外者也。乐极和，礼极顺。内和而外顺，则民瞻其颜色而弗与争也，望其容貌而民不生易慢焉。德辉动乎内而民莫不承听，理发乎外而民莫不承顺，故曰"知礼乐之道，举而错之天下无难矣"。

**【译文】**君子说："礼"和"乐"是不能片刻离开自己的。学习"乐"，用以陶冶内心，那么，平易、正直、慈爱、体谅的心情，就蓬蓬勃勃地产生了。平易、正直、慈爱、体谅的心情一产生，就会觉得欢乐，欢乐就平静，平静就能保持长久，保持长久就符合天理，符合天理就会受到像神一样的尊重。天不说话而有信守，神不发怒而有威严。学习"乐"，是为了陶冶内心；学习"礼"，是为了端正仪态。仪态端正就能表现庄重恭敬，庄重恭敬就能表现严肃而有威风。内心只要有片刻的不和顺、不欢乐的情绪，那么，卑鄙欺诈的念头就会乘机而入；仪态有片刻的不庄重、不恭敬的迹象，那么，傲慢轻浮的念头就乘机而入了。所以"乐"属于内心的活动，"礼"属于外表的活动。"乐"的目标是平和，"礼"的目标是恭顺。内心平和而外表恭顺，那么，人们看到他的颜色就不会和他相争，望见他的容貌就不会有轻浮怠慢的表示了。道德光辉发自内心，人们没有对他不听从的，言谈举止表现于外貌，人们没有对他不服从的，所以说"了解'礼'、'乐'的意义，用以治理天下，那就没有困难了"。

乐也者，动于内者也；礼也者，动于外者也。故礼主其谦，[1]乐主其盈。礼谦而进，以进为文；乐盈而反，[2]以反为文。礼谦而不进，则销；乐盈而不反，则放。故礼有报而乐有反。礼得其报则乐，乐得其反则安。礼之报，乐之反，其义一也。

**【注释】**〔1〕"谦"，《礼记·乐记》作"减"。今取此词义。下文同。 〔2〕"反"，同"返"。在此多次出现。旧注的说法不同。今采取王肃的解释："乐充气志而返本也。"返本，返始，即不离人的本性，也就是下文所说的"使其声足以乐而不流"。

**【译文】**"乐"是内心活动的表现，"礼"是外形活动的表现。"礼"以简约为主，"乐"以丰满为主。"礼"主简约，但人应奋勉，在奋勉行动中达到完美的境地；"乐"主丰满，但人应返本，在返本行动中达到完美的境地。"礼"主简约，如人不知奋勉，"礼"就会消亡；"乐"主丰满，如人不能返本，"乐"就会放纵。所以"礼"有回报，而"乐"有归宿。"礼"有回报，人们就欢乐；"乐"有归宿，人们就心安。"礼"的回报，"乐"的归宿，它们的意义是相同的。

夫乐者乐也，人情之所不能免也。乐必发诸声音，形于动静，人道也。声音动静，性术之变，尽于此矣。故人不能无乐，乐不能无形。形而不为道，不能无乱。先王恶其乱，故制《雅》、《颂》之声以道之，使其声足以乐而不流，使其文足以纶而不息，使其曲直繁省廉肉节奏，足以感动人之善心而已矣，不使放心邪气得接焉，是先王立乐之方也。是故乐在宗庙之中，君臣上下同听之，则莫不和敬；在族长乡里之中，长幼同听之，则莫不和顺；在闺门之内，父子兄弟同听之，则莫不和亲。故乐者，审一以定和，比物以饰节，节奏合以成文，所以合和父子君臣，附亲万民也，是先王立乐之方也。故听其《雅》、《颂》之声，志意得广焉；执其干戚，习其俯仰诎信，容貌得庄焉；行其缀兆，要其节奏，行列得正焉，进退得齐焉。故乐者天地之齐，中和之纪，[1]人情之所不能免也。

**【注释】**〔1〕"中和"，《礼记·中庸》云："喜怒哀乐之未发谓之中，发而皆中谓之和。"

**【译文】**"乐"是使人欢乐的，欢乐是人之恒情所不能避免的。欢乐必然由声音表现出来，由舞蹈形象表现出来，这就是人们所制作的"乐"。声音、形象以及所反映的性情的变化，都在这里表现出来了。所以人不能没有欢乐，欢乐就不能没有声音形象。有声音形象而不合礼义，就不能不发生混乱。先王担心这种混乱状况，所以制定了《雅》、《颂》之声作为引导，使声音足以使人欢乐而不放任，使文辞足以使人感到清晰而不至散失，使歌曲的曲折与平直、复杂与简练、质朴与完善，以及节奏的变化，足以感动人们的善心就是了，不使放纵的念头、邪恶的气质沾染自己的志意，这就是先王作乐的道理。因此，在宗庙里奏乐，君臣上下一起听，没有不融和恭敬的；在家族或乡里奏乐，长辈幼年一起听，没有不融和恭顺的；在家庭里奏乐，父子兄弟一起听，没有不融和亲爱的。所以作乐先要审察律数，定出谐和的声音，然后以乐器来表示节奏，节奏和合以组成乐曲，这是为了促进父子君臣的关系而使万民亲附的缘故。这就是先王作乐的道理。所以听到《雅》、《颂》的声音，人们就感到心胸宽广了；手持干戈，学习了俯仰屈伸的动作，人们就觉得容貌庄严了；了解了舞蹈的行列位置，熟悉了音乐的节奏，行列就整齐，进退就一致。所以音乐的道理和天地间的道理相同，是抒发情感的准则，人情所不能避免的。

夫乐者，先王之所以饰喜也；军旅铁钺者，先王之所以饰怒也。故先王之喜怒皆得其齐矣。喜则天下和之，怒则暴乱者畏之。先王之道礼乐可谓盛矣。

魏文侯问于子夏曰：[1]"吾端冕而听古乐则唯恐卧，[2]听郑卫之音则不知倦。敢问古乐之如彼，何也？新乐之如此，何也？"

**【注释】**〔1〕"魏文侯"，战国时魏国国君。公元前四四五年至前三九六年在位。"子夏"，孔子弟子。姓卜，名商。〔2〕"端"，古代礼服名。"冕"，古代礼冠名。

**【译文】**"乐"是先王表示欢乐的标志，军容斧钺是先王表示愤怒的标志。所以先王的欢乐和愤怒，都有相应的表示。先王欢乐时，天下的人都随着欢乐；先王愤怒时，那些暴虐作乱的人都恐惧。先王治民的方法中，"礼"、"乐"发挥了重要的作用。

魏文侯问子夏："我穿上祭服，戴上礼帽，庄重严肃地听古乐，直怕睡着了，听郑国和卫国的乐曲，却一点不感到疲倦。请问古乐竟然会是那样，是什么原因？而新乐却是这样，又是什么原因呢？"

子夏答曰："今夫古乐，进旅而退旅，和正以广，弦匏笙簧合守拊鼓，[1]始奏以文，止乱以武，治乱以相，[2]讯疾以雅。[3]君子于是语，于是道古，修身及家，平均天下：此古乐之发也。今夫新乐，进俯退俯，奸声以淫，溺而不止，及优侏儒，獶杂子女，不知父子。乐终不可以语，不可以道古：此新乐之发也。今君之所问者乐也，所好者音也。夫乐之与音，相近而不同。"

【注释】〔1〕"拊"，古代打击乐器，也称"搏拊"。《周礼·春官·大师》郑玄注："拊形如鼓，以韦为之，著之以糠。" 〔2〕"相"，古代打击乐器。春地以节乐。 〔3〕"雅"，也是一种打击乐器。《周礼·春官·笙师》郑玄注："雅，状如漆筒而弇口（口小中宽），以羊皮鞔（蒙覆）之。"

【译文】 子夏回答说："现在看古乐，就舞蹈说，齐进齐退，平和端正，气象广大；就乐器说，弦匏笙簧等乐器都要依照'拊'和鼓的声音，一起演奏起来。开始表演文舞，至结束舞蹈的'乱'段则表演武舞。用乐器'相'节制'乱'段的节奏，用乐器'雅'指挥迅速的动作。因此，君子于是讲论音乐的意义，于是追溯古代的道德，希望音乐达到涵养德行，治理家邑，平定天下的目的，这是古乐所发挥的作用。现在看新乐，就舞蹈说，前进弯腰，后退也弯腰；就音乐说，邪恶而放荡，使人陷溺而不能自拔，加上俳优侏儒，男女混杂，父子无别。因此，乐舞结束后，无从讲论音乐的意义，无从追溯古代的道德，这是新乐所发挥的作用。现在你问的是'乐'，而你所爱好的却只是'音'。'乐'和'音'有关系，但实际上不同。"

文侯曰："敢问如何？"
子夏答曰："夫古者天地顺而四时当，民有德而五谷昌，疾疢不作而无祅祥，此之谓大当。然后圣人作为父子君臣以为之纪纲，纪纲既正，天下大定，天下大定，然后正六律，和五声，[1]弦歌《诗·颂》，此之谓德音，德音之谓乐。《诗》曰：'莫其德音，[2]其德克明，克明克类，克长克君。王此大邦，克顺克俾。俾于文王，其德靡悔。既受帝祉，施于孙子。'此之谓也。今君之所好者，其溺音与？"

【注释】〔1〕"六律"、"五声"，见《律书》注。 〔2〕"莫其德音"，此诗节录自《诗经·大雅·皇矣》。"莫"，通"漠"，清静。今据陈子展《诗经直解》译文而加以改动。

【译文】 文侯说："请问这究竟应当如何对待？"
子夏回答说："古代天地间万物正常，四时风调雨顺，人民有道德修养而五谷茂盛，人民不生病疫，也没有妖孽，这就是大顺时代。然后圣人规定了父子君臣的关系，作为纲常伦理，纲常伦理一经确定，天下于是安宁，然后制定六律，调和五声，弹琴唱诵诗歌赞辞，这就是有德之音，有德之音才称为'乐'。《诗经》说：'人们默默铭记着他的德行，他的德行在于是非能明。是非能明，善恶就判然分清。

能做长者，能为人君，统辖这个大国，慈爱为怀，上下相亲。到文王继位，更显出王季的德行无缺而永存。既受到上帝的福祉，遗泽还要加于他的子孙。'就是讲的这个道理。现在你所爱好的，恐怕只是使人沉溺之音吧？"

文侯曰："敢问溺音者何从出也？"

子夏答曰："郑音好滥淫志，宋音燕女溺志，卫音趣数烦志，齐音骜辟骄志，四者皆淫于色而害于德，是以祭祀不用也。《诗》曰：'肃雍和鸣，先祖是听。'[1]夫肃肃，敬也；雍雍，和也。夫敬以和，何事不行？为人君者，谨其所好恶而已矣。君好之则臣为之，上行之则民从之。《诗》曰'诱民孔易'，[2]此之谓也。然后圣人作为鞉鼓椌楬埙篪，[3]此六者，德音之音也。然后钟磬竽瑟以和之，干戚旄狄以舞之。此所以祭先王之庙也，所以献酬酳酢也，所以官序贵贱各得其宜也，此所以示后世有尊卑长幼序也。钟声铿，铿以立号，号以立横，横以立武。君子听钟声则思武臣。石声硁，硁以立别，别以致死。君子听磬声则思死封疆之臣。丝声哀，哀以立廉，廉以立志。君子听琴瑟之声则思志义之臣。竹声滥，滥以立会，会以聚众。君子听竽笙箫管之声则思畜聚之臣。鼓鼙之声谨，谨以立动，动以进众。君子听鼓鼙之声则思将帅之臣。君子之听音，非听其铿鎗而已也，彼亦有所合之也。"

【注释】〔1〕"肃雍和鸣，先祖是听"，诗出《诗经·周颂·有瞽》。〔2〕"诱民孔易"，诗出《诗经·大雅·板》。"诱"，原作"牖"，是启发的意思。〔3〕"鞉"，小摇鼓。"椌"，也称"柷"，"楬"，也称"敔"，都是敲击乐器。"埙"，吹奏乐器。陶制。"篪"，管乐器。按《诗经·大雅·板》"天之牖民，如埙如篪"，大意是上天引导人民，好像埙和篪的声音互相应和。《乐书》当沿用此意。

【译文】文侯说："请问沉溺之音出于什么地方？"

子夏回答说："郑国之音浮滥，使人志意放荡。宋国之音轻靡，使人志意颓唐。卫国之音急促琐细，使人志意烦乱。齐国之音乖僻，使人志意傲慢。这四种音都放纵淫荡，损害德性，所以祭祀时不使用。《诗经》上说：'发出肃穆深沉的应和之声，祈求先祖的神灵来听。'肃，是肃敬的意思；雍，是雍和的意思。能保持肃敬平和，还有什么事情做不成呢？为人君者，对于所爱好和所厌恶的事情，要谨慎处理就是了。人君爱好的事情，臣下就会去做；在上者做什么，人们就会跟着做什么。所以《诗经》上说：'引导人民为善，是非常容易的。'就是这个道理。然后圣人制作鞉、鼓、椌、楬、埙、篪等，这六种乐器发出的就是质朴而促进道德的声音。然后再用钟、磬、竽、瑟加以配合，用干、戚、旄、翟等表演舞蹈。这种乐舞是为祭祀先王宗庙时用的，为宾客宴饮时敬酒酬酢用的，也是为了区别官秩贵贱，以适应不同的身份。总而言之，这种乐舞的作用在于对后世表示尊贵、卑贱、长辈、幼年的秩序。钟声铿然洪亮，洪亮才能发号施令，能发号施令才能树立气势，有气势才能显示威武；因此，君子听到钟声，就会想到武功显赫之臣。磬声砫然清越，清越才能显示节义分明，节义分明才能杀身成仁；因此，君子听到磬声，就想到效死疆场之臣。丝弦的声音哀怨，哀怨使人廉洁正直，廉洁正直才能树立坚强的意志；因此，君子听到琴瑟之声，就想到大义凛然之臣。竹管的声音丰富，丰富表示会合，会合才能使万众归心；因此，君子听到竽、笙、箫、管之声，就想到善于慰劝人民之臣。大鼓小鼓的声音欢乐，欢乐能使人激动，激动才能使人踊跃前进；因此，君子听到大鼓小鼓之声，就想到带领千军万马的将帅之臣。君子听声音，不只是为了它铿锵悦耳而已，而是要从声音中引起自己不同的心情。”

宾牟贾侍坐于孔子，孔子与之言，及乐，曰：“夫《武》之备戒之已久，何也？”

答曰：“病不得其众也。”

“永叹之，淫液之，何也？”

答曰：“恐不逮事也。”

“发扬蹈厉之已蚤，何也？”

答曰：“及时事也。”

“《武》坐致右宪左，何也？”

答曰：“非武坐也。”

“声淫及《商》，何也？”

答曰：“非《武》音也。”

子曰：“若非《武》音，则何音也？”

答曰：“有司失其传也。如非有司失其传，则武王之志荒矣。”

子曰：“唯丘之闻诸苌弘，[1] 亦若吾子之言是也。”

**【注释】** 〔1〕“苌弘”，周大夫。传说孔子曾向他学乐。

**【译文】** 宾牟贾坐在孔子身旁，孔子和他谈到音乐。孔子问：“《大武》舞开始前，击鼓警戒群众的时间很长，这是为什么？”

宾牟贾回答说：“是担心战争不得人心的缘故。”

“歌声舒缓而悠扬，这是为什么？”

回答说：“是担心准备还没有完成吧。”

"忽然又过早地开始举袖顿足，气势严厉，这是为什么？"

回答说："到了行动的时候了。"

"《大武》舞进行中，跪下时右膝着地，左腿弯曲以支撑着身体，这是为什么？"

回答说："这不是《大武》舞中跪的动作。"

"声音悠扬而又多商音，这是为什么？"

回答说："这不是《大武》舞的声音。"

孔子说："既然不是《大武》舞的声音，那又是什么声音呢？"

回答说："这是因为典乐者没有传授下来；假如不是这种情况，那就是周武王因年老而处理失当。"

孔子说："是啊！我听到苌弘谈论过，和你所说的差不多。"

宾牟贾起，免席而请曰："夫《武》之备戒之已久，则既闻命矣。敢问迟之迟而又久，何也？"

子曰："居，吾语汝。夫乐者，象成者也。总干而山立，武王之事也；发扬蹈厉，太公之志也；武乱皆坐，周召之治也。且夫《武》，始而北出，再成而灭商，三成而南，四成而南国是疆，五成而分陕，周公左，召公右，六成复缀，以崇天子，夹振之而四伐，盛威于中国也。分夹而进，事蚤济也。久立于缀，以待诸侯之至也。且夫女独未闻牧野之语乎？[1]武王克殷反商，未及下车，而封黄帝之后于蓟，封帝尧之后于祝，封帝舜之后于陈；下车而封夏后氏之后于杞，封殷之后于宋，封王子比干之墓，[2]释箕子之囚，[3]使之行商容而复其位。[4]庶民弛政，庶士倍禄。济河而西，马散华山之阳而弗复乘；牛散桃林之野而不复服；车甲衅而藏之府库而弗复用；倒载干戈，苞之以虎皮；将率之士，使为诸侯，名之曰'建橐'：[5]然后天下知武王之不复用兵也。散军而郊射，左射《貍首》，右射《驺虞》，[6]而贯革之射息也；裨冕搢笏，而虎贲之士税剑也；祀乎明堂，而民知孝；朝觐，然后诸侯知所以臣；耕藉，然后诸侯知所以敬：五者天下之大教也。食三老五更于太学，天子袒而割牲，执酱而馈，执爵而酳，冕而总干，所以教诸侯之悌也。若此，则周道四达，礼乐交通，则夫《武》之迟久，不亦宜乎？"

【注释】〔1〕"牧野"，在今河南淇县西南。周武王大败殷军于此。 〔2〕"比干"，商纣的庶父。相传被商纣残害。 〔3〕"箕子"，商纣的庶父。相传被商纣囚禁。 〔4〕"商容"，商朝贵族。相传被商纣废黜。〔5〕"建橐"，经学者考证，应作"鞬橐"。鞬橐原是盛弓箭的器具。〔6〕"《貍首》"，逸《诗》。这里表示刀枪入库，偃武修文的意思。"《驺虞》"，《诗经·召南》篇名。

【译文】宾牟贾站起来，走下坐席，请教说："关于《大武》舞开始前戒备的时间很长一事，我已经有所理解。请问舞蹈者站在原处迟迟不动，等待了很久，这是为什么呢？"

孔子说："坐下，我告诉你。所谓'乐'，原来是事业成功的象征。舞队都手持干盾，像山岳一样，挺立不动，这表示周武王正在等待诸侯集合；举袖顿足，气势严厉，这表示姜太公的奋勇志意；到《大武》的'乱'段，大家都跪下，这表示周公、召公的文治。《大武》这个舞蹈，一开始表示向北进军；第二段表示灭掉商朝；第三段表示向南挺进；第四段表示南方各国列入疆域；第五段表示以陕为界，把疆域划为左右两区，周公主持左方，召公主持右方；第六段，舞蹈者回归原位，表示对天子的崇敬。在舞蹈进行中，由两人摇铎，其他人则表演以四刺四击为一组的动作，这表示在中国耀武扬威。分队前进，表示大功迅速告成的希望。久久站在固定位置上，表示等待诸侯的到来。再进一步说，你难道没有听过关于牧野之战的传说吗？周武王攻灭殷朝，到达商都，还没有下车，就封黄帝后裔于蓟，封帝尧的后裔于祝国，封帝舜的后裔于陈国；下车之后，又封夏后氏的后裔于杞，封殷朝的后裔于宋，为王子比干的墓培土，把箕子从监狱里放出来，并让他寻访商容，而恢复商容的官职。对庶人减免苛政，对庶士增加俸禄一倍。周武王渡过黄河，西归镐京，把战马散放到华山之南，不要它再驾战车，把牛散放到桃林的野外，不要它再为战事运输；把战车铠甲封套起来，收藏在府库里，不再使用；把干、戈倒置装车载运回来，用虎皮包好；封带兵作战的将帅为诸侯，把这种制度称为'建橐'：从此，天下都知道周武王不再用兵了。解散军队，在郊外学宫练习射箭，左方射箭时用《貍首》伴唱，右方射箭时用《驺虞》伴唱，废除了足以穿透铠甲的射箭方式；使军士穿起官服，戴上官冕，腰带间插上笏板，勇猛善战的将帅都解下佩剑。天子在太庙明堂祭祀祖先，然后人民就理解孝道；建立朝觐天子之礼，然后诸侯就理解怎样为人臣的道理；天子亲耕藉田，然后诸侯就理解怎样以严肃态度对待自己的职分：这五者是天下最重大的教育事项。在太学里举行宴请年高德劭的长者的礼仪，天子挽袖亲自割切生肉，端着酱请他们吃肉，拿着酒杯请他们喝酒，然后戴上礼帽，手持干盾，这些举动是为了教导诸侯怎样敬老尊贤。能做到这一步，周朝的教化就能普及四方，礼乐传播到各地，那么，《大武》舞如此迟缓而历时长久，不是很自然的吗？"

子贡见师乙而问焉，〔1〕曰："赐闻声歌各有宜也，如赐者宜何歌也？"

【注释】〔1〕"子贡"，孔子弟子。姓端木，名赐。"师乙"，乐师名。

【译文】子贡见到师乙便问道："我听说，唱歌因人而不同，各有所宜。像我宜于唱什么歌？"

师乙曰："乙，贱工也，何足以问所宜。请诵其所闻，而吾子自执焉。宽而静，柔而正者宜歌《颂》；广大而静，疏达而信者宜歌《大雅》；恭俭而好礼者宜歌《小雅》；正直清廉而谦者宜歌《风》；肆直而慈爱者宜歌《商》；温良而能断者宜歌《齐》。夫歌者，直己而陈德；动己而天地应焉，四时和焉，星辰理焉，万物育焉。故《商》者，五帝之遗声也，商人志之，故谓之《商》；《齐》者，三代之遗声也，齐人志之，故谓之《齐》。明乎《商》之诗者，临事而屡断；明乎《齐》之诗者，见利而让也。临事而屡断，勇也；见利而让，义也。有勇有义，非歌孰能保此？故歌者，上如抗，下如队，曲如折，止如槁木，居中矩，〔1〕句中钩，累累乎殷如贯珠。故歌之为言也，长言之也。说之，故言之；言之不足，故长言之；长言之不足，故嗟叹之；嗟叹之不足，故不知手之舞之足之蹈之。"《子贡问乐》。

【注释】〔1〕"居"，《礼记·乐记》作"倨"。"倨"，微曲。

【译文】师乙说："我不过是个低贱的乐工，承询问你适宜唱什么歌，我怎么敢当。现在让我说说过去所听到的见解，由你自己决定吧。性情宽厚而平静、柔和而正直的人，宜于唱《颂》；性情开阔而平静、爽朗而诚实的人，宜于唱《大雅》；性情恭敬谨慎而注重礼节的人，宜于唱《小雅》；性情正直廉洁而谦逊的人，宜于唱《风》；性情直率而慈爱的人，宜于唱《商》；性情温良而果断的人，宜于唱《齐》。唱歌，本来就是按照自己的德性而选定歌曲的；只要内心有所激动，就会引起天地感应，四时调和，星辰运行如常，万物化育。所以《商》原是五帝遗留下来的乐歌，商朝人世世代代传授下来，所以称为《商》；至于《齐》，则是三代遗留下来的乐歌，齐国人世世代代传授下来，所以称为《齐》。了解《商》诗的，遇到什么事，往往能作出果断决定；了解《齐》诗的，遇到什么利益，就让给别人。遇到什么事，往往能作出判断，这是勇敢的表现；遇到什么利益，就让给别人，这是义气的表现。有勇气、有义气，如果不是乐歌，怎么能保存下来呢？关于唱歌，声调昂扬时有如抗升，声调低沉时有如坠落，声调曲折时有如断绝，声调停止时有如枯木。声调的微小转折合乎曲尺，较大的转折合乎半环状的钩形。声音接连，简直像一串珍珠。所以唱歌就是把言语的声音拖长了。有意思要表达，所以讲话；讲话不能充分表达，所以拖长了声音讲；拖长了声音讲不能充分表达，所以要加上感叹的声音；加上感叹的声音还不能充分表达，所以人们就不知不觉地挥动手臂、顿足跳跃。"以上为《子贡问乐》章。

凡音由于人心，天之与人有以相通，如景之象形，响之应声。故为善者天报之以福，为恶者天与之以殃，其自然者也。

故舜弹五弦之琴，歌《南风》之诗而天下治；纣为朝歌北鄙之音，身死国亡。舜之道何弘也？纣之道何隘也？夫《南风》之诗者生长之音也，舜乐好之，乐与天地同意，得万国之欢心，故天下治也。夫朝歌者不时也，北者败也，鄙者陋也，纣乐好之，与万国殊心，诸侯不附，百姓不亲，天下畔之，故身死国亡。

而卫灵公之时，[1]将之晋，至于濮水之上舍。夜半时闻鼓琴声，问左右，皆对曰"不闻"。乃召师涓曰：[2]"吾闻鼓琴音，问左右，皆不闻。其状似鬼神，为我听而写之。"师涓曰："诺。"因端坐援琴，听而写之。明日，曰："臣得之矣，然未习也，请宿习之。"灵公曰："可。"因复宿。明日，报曰："习矣。"即去之晋，见晋平公。[3]平公置酒于施惠之台。酒酣，灵公曰："今者来，闻新声，请奏之。"平公曰："可。"即令师涓坐师旷旁，[4]援琴鼓之。未终，师旷抚而止之曰："此亡国之声也，不可遂。"平公曰："何道出？"师旷曰："师延所作也。[5]与纣为靡靡之乐，武王伐纣，师延东走，自投濮水之中，故闻此声必于濮水之上，先闻此声者国削。"平公曰："寡人所好者音也，愿遂闻之。"师涓鼓而终之。

【注释】〔1〕"卫灵公"，卫国国君。公元前五三四年至前四九三年在位。〔2〕"师涓"，卫国乐官。〔3〕"晋平公"，晋国国君。公元前五五七年至前五三二年在位。〔4〕"师旷"，晋国乐官。〔5〕"师延"，古代传说中的乐师。

【译文】凡是声音都是由于人心的激动而产生的，而天和人是可以通过声音沟通的，就如同影子像原物的形状，回响随原声而相应。所以行善的人，上天会赐给他福气，作恶的人，上天会加给他祸殃，这是自然的报应。

所以舜弹五弦琴，歌《南风》诗而天下成为治世；商纣听朝歌北面野外的音乐而身死国亡。舜的治民之道是何等宽广？而商纣的治民之道是何等狭隘？《南风》诗是生长的声音，舜爱好它，他的爱好和天地的意志相同，得到万国的欢心，所以天下成为治世。但"朝歌"意即早晨唱歌，时间不会很久，而"北"又是败北的意思，"鄙"是鄙陋的意思，商纣却爱好那里的音乐，和万国人民的心情不同，诸侯不服，百姓离心离德，天下皆叛，所以他身死国亡。

卫灵公时，他去晋国，在濮水河畔驿舍留宿。半夜里他听到弹琴的声音，问左右侍从臣僚，都说"没有听到"。于是召师涓来，对他说："我听到弹琴的声音，问左右侍从臣僚，他们都没有听到。看情况像有鬼神，你为我听着，把乐曲记下来。"师涓说："是。"于是端正地坐下来，手按在琴上，听到鬼神弹琴声，就把乐曲记下来，次日，师涓说："我已经得到了，还没有练习，让我练习一晚上。"卫灵公说："可以。"师涓又留宿一夜。次日，上报称"已经练好了"。于是前往晋国，见到晋平公。晋平公在施惠之台设宴。饮酒酣畅时，卫灵公说："这次来晋国途中，听到新乐曲，请让乐师弹奏。"晋平公说："可以。"于是令师涓坐在师旷旁边，取琴弹奏。乐曲还没有结束，师旷就按琴制止弹奏，说："这是亡国之音，不要再听下去了。"晋平公问："乐曲出自什么地方。"师旷说："这是师延作的乐曲，曾献给商纣，作为靡靡之乐。周武王伐纣，师延往东方逃走，投濮水自尽。所以，能听到这支乐曲的地方，必定是在濮水河畔。先听到这支乐曲的，国家必定灭亡。"晋平公说："我所爱好的是声音，希望能听完。"师涓一直演奏到乐曲结束。

平公曰："音无此最悲乎？"师旷曰："有。"平公曰："可得闻乎？"师旷曰："君德义薄，不可以听之。"平公曰："寡人所好者音也，愿闻之。"师旷不得已，援琴而鼓之。一奏之，有玄鹤二八集乎廊门；[1]再奏之，延颈而鸣，舒翼而舞。

【注释】〔1〕"玄鹤"，黑鹤。"二八"，谓十六。

【译文】晋平公问道："还有比这支乐曲更悲伤的吗？"师旷说："有。"晋平公说："我可以听听吗？"师旷说："国君德义微薄，不要听这种乐曲。"晋平公说："我所爱好的是音乐，希望听听。"师旷不得已，于是取琴弹奏。弹奏一段，有十六支黑鹤聚集在廊庙门前；再弹奏一段，黑鹤都伸长了颈项鸣叫，展开翅膀起舞。

平公大喜，起而为师旷寿。反坐，问曰："音无此最悲乎？"师旷曰："有。昔者黄帝以大合鬼神，今君德义薄，不足以听之，听之将败。"平公曰："寡人老矣，所好者音也，愿遂闻之。"师旷不得已，援琴而鼓之。一奏之，有白云从西北起；再奏之，大风至而雨随之，飞廊瓦，左右皆奔走。平公恐惧，伏于廊屋之间。晋国大旱，赤地三年。

听者或吉或凶。夫乐不可妄兴也。

太史公曰：夫上古明王举乐者，非以娱心自乐，快意恣欲，将欲为治也。正教者皆始于音，音正而行正。故音乐者，所以动荡血脉，通流精神而和正心也。故宫动脾而和正圣，商动肺而和正义，角动肝而和正仁，徵动心而和正礼，羽动肾而和正智。故乐所以内辅正心而外异贵贱也；上以事宗庙，下以变化黎庶也。琴长八尺一寸，正度也。弦大者为宫，而居中央，君也。商张右傍，其余大小相次，不失其次序，则君臣之位正矣。故闻宫音，使人温舒而广大；闻商音，使人方正而好义；闻角音，使人恻隐而爱人；闻徵音，使人乐善而好施；闻羽音，使人整齐而好礼。夫礼由外入，乐自内出。故君子不可须臾离礼，须臾离礼则暴慢之行穷外；不可须臾离乐，须臾离乐则奸邪之行穷内。故乐音者，君子之所养义也。夫古者，天子诸侯听钟磬未尝离于庭，卿大夫听琴瑟之音未尝离于前，所以养行义而防淫佚也。夫淫佚生于无礼，故圣王使人耳闻《雅》、《颂》之音，目视威仪之礼，足行恭敬之容，口言仁义之道。故君子终日言而邪辟无由入也。[1]

**【注释】**〔1〕《史记·乐书》和《礼记·乐记》内容基本相同，文字也大同小异。1958年，吉联抗同志即发表《乐记》译注本，提供了最早的《乐记》译文，开拓之功深受学术界赞扬。事隔三十年，现在有些同志又把《史记》的今注今译工作提上日程，让我译注其中《乐书》和《律书》两篇。我翻译《乐书》时，就由于联抗同志的《乐记》译文已导夫先路，我受到很大的启发教益，也采用了他的很多见解和译法；同时又参考了台湾出版的周何先生《乐书》译文，采用了他的一些译法。我深深地感到，自己对《乐书》的理解仅仅是初步的探索而已。谨在此向联抗同志致谢，并请联抗同志及读者指教。

**【译文】**晋平公非常高兴，站起来向师旷赐酒。他回到座位后，问道："还有比这只乐曲更悲伤的吗？"师旷说："有。从前黄帝举行合祭众鬼神的盛典时曾用这种乐曲，而今您德义微薄，不足以听这种乐曲，如果听了就会遭遇灾难。"晋平公说："我已经老了，我所爱好的是音乐，希望能够听到。"师旷不得已，只好取琴弹奏。弹奏一段，有白云从西北方升起；再弹奏一段，大风忽然袭来，而暴雨随之降落，掀掉了廊庙顶上的瓦，左右侍从臣僚都奔逃躲避。晋平公极为恐惧，趴在廊庙的室内。从此，晋国大旱，三年间赤地千里。

听音乐的后果，或者吉利，或者凶恶。音乐是不能妄自演奏的。

太史公说：上古时代，明君圣上演奏音乐，并不是为了自己娱乐，使自己的情意畅快，欲念放纵，而是为了推行教化的目的。正常的教化都由正常的声音开始，声音正常而后行为才能正常。所以音乐可以振动血脉，焕发精神，还可以使心情平和端正。所以宫音振动脾脏，使"圣"（当指"信"）德平和端正；商音振动肺脏，使"义"德平和端正；角音振动肝脏，使"仁"德平和端正；徵音振动心脏，使

"礼"德平和端正；羽音振动肾脏，使"智"德平和端正。所以音乐在内可以辅助端正的心情，在外可以区分高贵和卑贱的差等，对上可以供奉宗庙，对下可以使庶民移风易俗。琴长八尺一寸，这是正规的度数。粗弦发宫音，张在琴的中央，它象征君。商弦张在宫弦右旁，其余按粗细排列，次序井然。这样，君臣的位置就摆正了。所以听到宫音，使人性情温和舒畅而胸怀开朗；听到商音，使人性情方正耿直而崇尚义气；听到角音，使人性情慈善而爱人；听到徵音，使人乐于行善，不吝施舍；听到羽音，使人性情严肃而注重礼节。"礼"由外部规定人们的举止，"乐"自内心抒发人们的意志。所以君子不可片刻离开"礼"，只要片刻离开"礼"，那粗暴傲慢的行为就充分表现于外部；不可片刻脱离"乐"，只要片刻脱离"乐"，那奸诈邪恶的欲念就充分纠结于内心。所以君子爱好音乐，为的是涵养道义。在古代，天子诸侯一定要听钟磬，这种乐器从来不撤离宫廷；卿、大夫一定要听琴瑟，这种乐器从来不撤离他们的席前。其目的在涵养道义，防止荒淫颓废的行为。荒淫的行为是由于不遵守"礼"而发生的，所以圣王总使人耳听《雅》、《颂》的乐歌，目视容仪威严的姿态，履行恭敬的礼仪，口称仁义的道理。因此，君子整天谈论仁义，则邪恶乖僻之欲念即不能渗入他们的内心。

# 律　书

王者制事立法，物度轨则，壹禀于六律，[1]六律为万事根本焉。

【注释】〔1〕"六律"，古代十二律分为"六律"和"六吕"。六律指黄钟、太簇、姑洗、蕤宾、夷则、无射；六吕指大吕、夹钟、中吕、林钟、南吕、应钟。合为十二律。从黄钟律起，按照"三分损益法"连续产生其他十一律。十二律中按音高排列，相邻两律都构成半音关系。这里所说的"六律"也包括"六吕"。无射的"射"，音yì。

【译文】圣王衡量事物，建立法度，对事物的计算和定规程的法则，都依据六律为标准，六律实在是一切事物计数的基础。

其于兵械尤所重，[1]故云"望敌知吉凶，闻声效胜负"，百王不易之道也。

【注释】〔1〕"兵械"，"械"当是误字。此处非指军械言。今暂译为"军事"。

【译文】而六律用在军事上，尤其受到重视，所以说："望见敌人阵地上的云气，就能知道战争是吉利还是凶咎；听到敌人的声音，就能判断战争是胜利还是失败了。"这是多少帝王一直坚信不变的道理。

武王伐纣，吹律听声，[1]推孟春以至于季冬，杀气相并，而音尚宫。[2]同声相从，物之自然，何足怪哉？

【注释】〔1〕"吹律听声"，古代阴阳学家将十二律、五声和四季、十二月相配合，用以附会说明一些社会现象。可参阅本卷注文末所附图。〔2〕"音尚宫"，《周礼·春官·太师》郑玄注引兵书云："太师吹律合音：商则战胜，军士强，角则军扰多变，失士心；宫则军和，士卒同心；徵则将急数怒，军士劳；羽则兵弱少威。"

【译文】周武王讨伐商纣的时候，太师吹着律管，听不同的声音。从孟春之律一直吹到季冬之律，都有杀气，但合于宫声。相同的声音互相应和，这是一切事物间自然存在的道理，有什么值得惊怪的呢？

兵者，圣人所以讨强暴，平乱世，夷险阻，救危殆。自含齿戴角之兽见犯则校，而况于人怀好恶喜怒之气？喜则爱心生，怒则毒螫加，[1]情性之理也。

【注释】〔1〕"螫"，蜇。音 shì。

【译文】军队，圣人用来讨伐强暴势力，平定混乱局势，铲除艰险阻碍，挽救危急倾覆的事态。就连口内有牙、头上生角的野兽，受到侵犯时都会反扑；更何况是人，具有好尚、憎恶、喜爱、愤怒的气质？喜欢时就产生爱惜之情，愤怒时就以恶毒手段相加，这是人们性情变化的道理。

昔黄帝有涿鹿之战，[1]以定火灾；[2]颛顼有共工之陈，[3]以平水害；[4]成汤有南巢之伐，[5]以殄夏乱。递兴递废，胜者用事，所受于天也。

【注释】〔1〕"黄帝"，传说中中原各族的共同祖先。曾在阪泉击败炎帝。阪泉在今河北省涿鹿县西。〔2〕"火灾"，古代阴阳五行学说认为炎帝属火德。〔3〕"颛顼"，传说中古代部族首领。曾击败主水官共工。〔4〕"水害"，古代阴阳五行学说认为共工属水德。〔5〕"成汤"，商朝的建立者。击败夏桀，夏桀逃至南巢而死。南巢在今安徽巢县西南。

**【译文】**当初，黄帝曾在涿鹿作战，从而平息了火德的灾害；颛顼曾和共工对垒，从而平息了水德的灾害；成汤曾攻打南巢，从而制止了夏朝的暴乱。交替兴起，而又交替灭亡，取得胜利者当政，这是由天命决定的。

自是之后，名士迭兴，晋用咎犯，[1]而齐用王子，[2]吴用孙武，[3]申明军约，赏罚必信，卒伯诸侯，兼列邦土，虽不及三代之诰誓，然身宠君尊，当世显扬，可不谓荣焉？岂与世儒暗于大较，不权轻重，猥云德化，不当用兵，大至君辱失守，小乃侵犯削弱，遂执不移等哉！故教笞不可废于家，刑罚不可捐于国，诛伐不可偃于天下，用之有巧拙，行之有逆顺耳。

**【注释】**〔1〕"咎犯"，也称狐偃、舅犯。晋文公的舅父，辅佐晋文公的功臣。 〔2〕"王子"，即王子城父。晋惠公时大夫。 〔3〕"孙武"，吴王阖闾时被任为将，攻破楚国。

**【译文】**从那时以后，著名的志士相继兴起，晋国重用舅犯，而齐国重用王子，吴国重用孙武，他们明确地规定了军旅约法，或奖赏或惩罚，必定依法执行，因此，君主终于成为诸侯中的霸主，而自己也得到封赐的很多土地，虽然不能和三代的诰命盟誓相比，但自身受宠，君主尊严，因而显赫扬名于当世，难道不算光荣吗？怎么能和社会上那些不明了国家大事，不能衡量轻重缓急，随意谈论道德教化，反对用兵，其结果大至君主受辱，社稷失守，小至遭受侵犯，土地日削，国势衰败，而一直顽固不化的儒生同日而语呢！所以就家说，不可废除教训人的竹杖；就国说，不可废除刑罚；就天下说，不可停息讨伐的战争。只是运用起来有巧妙和笨拙的不同，实行起来有合理和不合理的区别而已。

夏桀、殷纣手搏豺狼，足追四马，勇非微也；百战克胜，诸侯慑服，权非轻也。秦二世宿军无用之地，[1]连兵于边陲，力非弱也；结怨匈奴，[2]绲祸於越，[3]势非寡也。及其威尽势极，间巷之人为敌国。[4]咎生穷武之不知足，甘得之心不息也。

**【注释】**〔1〕"宿军"，驻扎重兵。"无用之地"，指边陲地区。虽驻扎重兵，但防远而不能防近。 〔2〕"结怨匈奴"，指秦始皇三十二年（公元前二一五年）派蒙恬击匈奴，并连接北方长城事。 〔3〕"於越"，这里指岭南地区的南越而言。秦始皇统一岭南后，设置桂林、南海、象三郡。按上举历史事件都不在秦二世时期。 〔4〕"间巷之人"，指陈胜、吴广等起义人民。

**【译文】** 夏桀和商纣能徒手同豺狼搏斗，徒步追赶四匹马拉的车，勇气是不小的；在历次战争中都取得胜利，使诸侯惶恐顺服，权势是不轻的。秦二世拥重兵，置之于无所作为之地，遍布边境，力量是不弱的；对抗匈奴，不顾结下怨仇，征服於越，不顾招致祸患，权势是不单薄的。但到威力衰竭，权势降落时，里巷居民却构成了敌国。其过失就在于完全凭借武力而不知满足，以贪得为乐而不知停息的缘故。

高祖有天下，三边外畔；[1]大国之王虽称蕃辅，臣节未尽。[2]会高祖厌苦军事，亦有萧、张之谋，[3]故偃武一休息，羁縻不备。[4]

**【注释】**〔1〕"三边外畔"，指北方的匈奴，岭南的南越和东南沿海的东越。"畔"通"叛"。〔2〕"臣节未尽"，指汉初分封的楚王韩信、淮南王英布、梁王彭越等，因先后叛变被杀。〔3〕"萧、张"，指萧何、张良。都是刘邦的重要谋士。〔4〕"羁"，马络头。"縻"，牛驾具。这里组成的复音词，是笼络的意思。

**【译文】** 汉高祖统一天下，边境上三面都有从外部反叛的势力，而大国的诸侯王虽然号称护卫辅佐之臣，却没有尽到臣属的节义。这时高祖正对战争感到厌倦，并且引以为苦，而又有萧何、张良出谋献策，于是停止军事行动，和人民共同休息，对边境反叛势力只采取笼络策略，并没有部署防备力量。

历至孝文即位，将军陈武等议曰："南越、朝鲜自全秦时内属为臣子，[1]后且拥兵阻阨，选蠕观望。[2]高祖时天下新定，人民小安，未可复兴兵。今陛下仁惠抚百姓，恩泽加海内，宜及士民乐用，征讨逆党，以一封疆。"孝文曰："朕能任衣冠，念不到此。会吕氏之乱，功臣宗室共不羞耻，误居正位，常战战栗栗，恐事之不终。且兵凶器，虽克所愿，动亦耗病，谓百姓远方何？又先帝知劳民不可烦，故不以为意。朕岂自谓能？今匈奴内侵，军吏无功，边民父子荷兵日久，朕常为动心伤痛，无日忘之。今未能销距，愿且坚边设候，结和通使，休宁北陲，为功多矣。且无议军。"故百姓无内外之繇，得息肩于田亩，天下殷富，粟至十余钱，鸣鸡吠狗，烟火万里，可谓和乐者乎！

**【注释】**〔1〕"南越"，秦时已在此地区置郡县。秦末农民起义后，继而发生楚汉战争，原南海郡龙川县令赵佗乘机自立为南越王。汉朝建立后，南越政权时服时叛，至武帝元鼎元年（公元前一一六年），此地区归汉朝直接统治。"朝鲜"，秦末，燕人卫满率领一批人进入辽河流域部分地区及古朝鲜地区，建立政权。至汉武帝元封三年（公元前一〇八年），汉朝在卫氏政权辖区内设置真番、临屯、乐浪、玄菟四郡。　〔2〕"选蠕"，蠕动，虫行貌。《集解》："谓动身欲有前进之状也。""选"同"巽"，柔弱。

**【译文】** 历经两朝，至孝文帝即位后，将军陈武等上奏议说："南越、朝鲜，自从秦朝全盛时就内附为臣子，后来陈兵边境，阻塞道路，迟疑观望，伺机而动。高祖时，天下刚刚平定，人民才过上稍微安定的生活，不宜于再进行战争。现在陛下以仁爱恩惠抚养百姓，德泽广被于四海之内，应当趁着官民都乐意听命效力的时候，征讨叛逆势力，统一天下。"孝文帝说："我只能任用文臣治理天下，没有考虑过用兵的事情。从前遇到吕氏作乱，朝廷的功臣宗室都不以拥立为羞耻，使我居于本不应属于我的帝位，我经常战战兢兢，惟恐王业中途发生变故。况且战争是凶恶的事件，虽然能实现宿愿，但战事一起，就必然劳民伤财，何况还要使百姓远征，这怎么说呢？而且过世的皇帝都知道役使人民不宜过于频繁，所以不曾考虑过用兵的事。我怎么敢自己逞能？现在匈奴入侵，军队和官吏抗击无功，边疆人民中父子长期手执兵器作战，因此，我常常感到不安，悲伤哀痛，没有一天会忘怀的。目下既然不能抗拒匈奴，解除边患，但愿严阵以待，部署侦察的斥候，朝廷与匈奴结好议和，互通使节，能使北部边境人民安居休养，这就是很大的功绩了。暂时先不要议论战争的事情。"从此，百姓在境内外都免除了徭役，得在自己的村落中休养生息，天下富足，谷米只十几个钱一斛，鸡犬之声相闻，炊烟连绵万里，可以说已经达到和平快乐的境地了！

太史公曰：文帝时，会天下新去汤火，人民乐业，因其欲然，能不扰乱，故百姓遂安。自年六七十翁亦未尝至市井，游敖嬉戏如小儿状。孔子所称有德君子者邪！

《书》曰"七正"，〔1〕二十八舍。〔2〕律历，天所以通五行八正之气，〔3〕天所以成孰万物也。舍者，日月所舍。舍者，舒气也。

**【注释】**〔1〕"七正"，《尚书·舜典》原作"七政"。孔安国注："七政，日月五星各异政。舜察天文，齐七政，以审己当天心与否。"观察日月及金木水火土诸星现象的变化，以辨别各项政治措施的得失。　〔2〕"二十八舍"，本志太史公论赞引作"二十八宿"。《索隐》认为"二十八舍是二十八宿之所舍也"。舍是停留的意思。古人把天空中可见的星分成二十八组，东南西北四方各七宿。《淮南子·天文训》："五星八风二十八宿。"高诱注："二十八宿，东方（苍龙七宿）角、亢、氐、房、心、尾、箕，北方（玄武七宿）斗、牛、女、虚、危、室、壁，西方（白虎七宿）奎、娄、胃、昴、毕、觜、参，南方（朱鸟七宿）井、鬼、柳、星、张、翼、轸也。"名称与本志稍异。　〔3〕"五行"，指金、木、水、火、土五种物质。古人常用这五种物质附会说明万物的起源和变化。

【译文】太史公说：文帝时，正当天下刚刚摆脱了战争的灾难，人人安居乐业，官府听任他们按照自己的愿望行动，尽量不扰乱他们，所以百姓都感到顺心安宁。从六七十岁的老翁就没有到过集市，而游玩戏乐，就像小儿一样。他们就是孔子所称赞的道德高尚的君子吧！

《尚书》上说到"七正"、"二十八宿"。乐律历法是上天所以运行"五行"、"八正"之气，使万物滋生成熟的根源。舍就是日月留住的地方。舍是舒缓气力的意思。

不周风居西北，主杀生。东壁居不周风东，主辟生气而东之。[1]至于营室。营室者，主营胎阳气而产之。东至于危。危，埼也。言阳气之埼，故曰危。十月也，律中应钟。[2]应钟者，阳气之应，不用事也。其于十二子为亥。[3]亥者，该也。言阳气藏于下，故该也。[4]

【注释】〔1〕"主辟生气而东之"，按本篇文例，应在"气"字下断句，"而"、"之"疑都是衍文，"东"下连"至于营室"。译文即按此义理解。〔2〕"律中应钟"，古代相传，以十二律配合十二月，而以葭灰填充律管一端。不同的节气至，则葭灰自相应的律管中飞出。译文即按此义理解。下同。"应钟"，《淮南子·天文训》高诱注（以下简称《天文训》高注）："阴应于阳，转成其功，应时聚藏，故曰应钟。"按《天文训》及高注对十二律及二十八宿名称的解释与本志大同小异，今摘引以备参考。〔3〕"十二子"，即"十二支"。地支：子、丑、寅、卯、辰、巳、午、未、申、酉、戌、亥。〔4〕"该"，通"阂"。《正义》引孟康曰："阂，藏塞也。"

【译文】"不周风"起于西北方，掌管毁灭生息。"东壁"宿处于不周风的东面，掌管辅助生息。往东到达"营室"宿。营室掌管孕育并生产阳气。往东到达"危"宿。危是埼坏的意思，表明阳气的毁坏，所以称之为危。它合于十月，在十二律中与应钟相感应。应钟和阳气相应，这时阳气还不能发挥效用。它在十二支中属于亥。亥同该，是隔碍的意思。表明阳气仍然潜藏在地下，所以称之为该。

广莫风居北方。[1]广莫者，言阳气在下，阴莫阳广大也，[2]故曰广莫。东至于虚。虚者，能实能虚。言阳气冬则宛藏于虚，[3]日冬至则一阴下藏，[4]一阳上舒，故曰虚。东至于须女。言万物变动其所，阴阳气未相离，尚相胥如也，[5]故曰须女。十一月也，律中黄钟。[6]黄钟者，阳气踵黄泉而出也。其于十二子为子。子者，滋也；滋者，言万物滋于下也。其于十母为壬癸。[7]壬之为言任也，[8]言阳气任养万物于下也。癸之为言揆也，言万物可揆度，故曰癸。东至牵牛。牵牛者，言阳气牵引万物出之也。牛者，冒也，言地虽冻，能冒而生也。牛者，耕植种万物也。东至于建星。建星者，建诸生也。十二月也，律中大吕。[9]大吕者，其于十二子为丑。

【注释】〔1〕"广莫"，广大。 〔2〕"阴莫阳广大"，句中可能有讹误。译文按上下文义理解。 〔3〕"宛"，《正义》："音蕴。" 〔4〕"冬至"，每年二十四节气之一。 〔5〕"胥"，须要；如，随从。附会"须女"读音。 〔6〕"黄钟"，《天文训》高注："钟者，聚也。阳气聚于黄泉之下也。" 〔7〕"十母"，即"十干"。天干：甲、乙、丙、丁、戊、己、庚、辛、壬、癸。 〔8〕"任"，通"妊"，孕育。 〔9〕"大吕"，《天文训》高注："吕，侣也。万物萌动于下，未能达见，故曰大吕。"

【译文】"广莫风"起于北方。广莫表明阳气潜藏于地下，阴气仍然比阳气盛大，所以称之为广莫。往东到达"虚"宿。虚就是能实能虚的意思，表明阳气蕴藏在虚宿，等到冬至节，一半阴气往下潜藏，一半阳气往上舒展，所以称之为虚。往东到达"须女"宿。须女，表明万物各自于所生之处变化，阴阳二气还没有分离，还互相需要，所以称之为须女。它合于十一月，在十二律中与黄钟相感应。黄钟是阳气先聚于黄泉之下而又冒出地面的意思。它在十二支中属于子。子，是滋生的意思；滋生，表明万物正滋生于地下。它在十干中属壬癸。壬的意思即任，表明阳气孕育万物于地下。癸的意思即揆，表明万物的滋生已可揆度预期，所以称之为癸。往东到达"牵牛"宿。牵牛，表明阳气牵引万物生出地面。牛，是冒出的意思，表明土地虽然冰冻，但万物却能冒出地面而生长。牛能耕田，万物得以种植。往东到达"建星"宿。建星是培养各种生物的意思。它合于十二月，在十二律中与大吕相感应。大吕在十二支中属于丑。

条风居东北，主出万物。条之言条治万物而出之，故曰条风。南至于箕。箕者，言万物根棋，[1]故曰箕。正月也，律中泰蔟。[2]泰蔟者，言万物蔟生也，故曰泰蔟。其于十二子为寅。寅言万物始生蟥然也，[3]故曰寅。南至于尾，言万物始生如尾也。南至于心，言万物始生有华心也。[4]南至于房。房者，言万物门户也，至于门则出矣。

【注释】〔1〕"棋"，日本学者猪饲彦博认为"棋"通"基"（见《史记会注考证》）。 〔2〕"泰蔟"，《天文训》高注："蔟，蔟也。阴衰阳发，万物蔟地而生，故曰泰蔟。" 〔3〕"蟥然"，《天文训》："指寅则万物蟥蟥也。"高注："动生貌。" 〔4〕"华心"，疑指种子。"华"同"花"。译文据此义理解。

**【译文】**"条风"起于东北，掌管生育万物。条的意思即调理万物，使之顺利出生，所以称之为条风。往南到达"箕"宿。箕，表明是万物的根基，所以称之为箕。它合于正月，在十二律中和泰蔟相感应。泰蔟，表明万物丛聚而生，所以称之为泰蔟。它在十二支中属于寅。寅，表明万物刚出生时生机勃勃的样子，所以称之为寅。往南到达"尾"宿。尾，表明万物刚出生时像个尾巴一样。往南到达"心"宿。心，表明万物刚出生时嫩芽上顶着种子的皮壳。往南到达"房"宿。房，表明是万物的门户，出了门口就冒出地面了。

明庶风居东方。明庶者，明众物尽出也。二月也，律中夹钟。[1]夹钟者，言阴阳相夹厕也。其于十二子为卯。卯之为言茂也，言万物茂也。其于十母为甲乙。甲者，言万物剖符甲而出也；[2]乙者，言万物生轧轧也。[3]南至于氐。氐者，言万物皆至也。南至于亢。亢者，言万物亢见也。南至于角。角者，言万物皆有枝格如角也。三月也，律中姑洗。[4]姑洗者，言万物洗生。其于十二子为辰。辰者，言万物之蜄也。

**【注释】**〔1〕"夹钟"，《天文训》高注："夹，夹也。万物去阴，夹阳地而生，故曰夹钟。"〔2〕"符甲"，即孚甲。《礼记·月令》："其日甲乙。"郑玄注："万物皆解孚甲，自抽轧而出。"孚通稃，谷皮。这里当泛指一切种子的皮壳。〔3〕"生轧轧"，应解作"自抽轧而出"为妥。轧，车辕。抽轧比喻万物抽芽时如由孚甲裂缝中挤出。〔4〕"姑洗"，《天文训》高注："姑，故也；洗，新也。阳气养生，去故就新，故曰姑洗也。"

**【译文】**"明庶风"起于东方。明庶，表明万物都冒出地面了。它合于二月，在十二律中和夹钟相感应。夹钟，表明阴气和阳气互相夹杂糅合。它在十二支中属于卯。卯的意思和茂相同，表明万物长势茂盛。它在十干中属甲乙。甲，表明万物初生时冲破种子的皮壳而长出幼芽；乙，表明万物初生时须经冲挤的曲折历程。往南到达"氐"宿。氐，表明万物都已来到。往南到达"亢"宿。亢，表明万物都已茂盛地出现了。往南到达"角"宿。角，表明万物都长出枝条，好像走兽长出的角。它合于三月，在十二律中和姑洗相感应。姑洗，表明万物生长旺盛，焕然一新。它在十二支中属于辰。辰，表明万物的振兴。

清明风居东南维，[1]主风吹万物而西之。[2]至于轸。轸者，言万物益大而轸轸然。西至于翼。翼者，言万物皆有羽翼也。四月也，律中中吕。[3]中吕者，言万物尽旅而西行也。其于十二子为巳。巳者，言阳气之已尽也。[4]西至于七星。七星者，阳数成于七，故曰七星。西至于张。张者，言万物皆张也。西至于注。注者，言万物之始衰，阳气下注，故曰注。五月也，律中蕤宾。[5]蕤宾者，言阴气幼少，故曰蕤；痿阳不用事，故曰宾。

**【注释】**〔1〕"维"，《天文训》高注："四角为维。"按四角指东南、西南、东北、西北。〔2〕"主风吹万物而西之"，按文例，应在"物"字下断句，"而"、"之"疑都是衍文，"西"下连"至于轸"。译文即按此义理解。〔3〕"中吕"，《天文训》高注："阳在外，阴在中，所以吕中于阳，助成功也，故曰中吕也。"〔4〕"言阳气之已尽也"，《天文训》作"已则生已（巳）定也"。〔5〕"蕤宾"，《天文训》高注："阴气萎蕤在下，似主人；阳气在上，似宾客，故曰蕤宾也。"

**【译文】**"清明风"起于东南角，掌管以风吹动万物。往西到达"轸"宿。轸，表明万物日益壮大兴旺。往西到达"翼"宿。翼，表明万物都有羽毛翅膀。它合于四月，在十二律中和中吕相感应。中吕，表明万物都向西移动。它在十二支中属于巳。巳，表明阳气已经竭尽。往西到达"七星"宿。七星的意思是说阳气的数已经达到七，所以称之为七星。往西到达"张"宿。张，表明万物都已张开。往西到达"注"宿。注，表明万物开始衰败，阳气向下倾注，所以称之为注。它合于五月，在十二律中和蕤宾相感应。蕤宾，表明阴气弱小，所以称之为蕤；阳气痿缩不能发挥效用，所以称之为宾。

景风居南方。景者，言阳气道竟，故曰景风。其于十二子为午。午者，阴阳交。故曰午。[1]其于十母为丙丁。丙者，言阳道著明，故曰丙；丁者，言万物之丁壮也，故曰丁。西至于弧。弧者，言万物之吴落且就死也。[2]西至于狼。狼者，言万物可度量，断万物，故曰狼。

**【注释】**〔1〕"午"，《天文训》："午者，忤也。"〔2〕"吴落"，《史记会注考证》引杨慎云："'吴'音弧。'弧落'，彫落也。"

**【译文】**"景风"起于南方。景，表明阳气运行已经到了尽头，所以称之为景风。它在十二支中属于午。午是阴气阳气交错的意思，所以称之为午。它在十干中属丙丁。丙，表明阳气彰明较著，所以称之为丙；丁，表明万物正在茁壮之时，所以称之为丁。往西到达"弧"宿。弧，表明万物凋落，即将枯死。往西到达"狼"宿。狼，表明万物是可以度量的，能衡量万物，所以称之为狼。

凉风居西南维，主地。地者，沉夺万物气也。六月也，律中林钟。[1]林钟者，言万物就死气林林然。其于十二子为未。未者，言万物皆成，有滋味也。北至于罚。罚者，言万物气夺可伐也。北至于参。参言万物可参也，故曰参。七月也，律中夷则。[2]夷则，言阴气之贼万物也。其于十二子为申。申者，言阴用事，申贼万物，故曰申。北至于浊。浊者，触也，言万物皆触死也，故曰浊。北至于留。留者，言阳气之稽留也，故曰留。八月也，律中南吕。[3]南吕者，言阳气之旅入藏也。其于十二子为酉。酉者，万物之老也，故曰酉。

**【注释】**〔1〕"林钟"，《天文训》高注："林，众；钟，聚也。阳极阴生，万物众聚而盛，故曰林钟。" 〔2〕"夷则"，《天文训》高注："夷，伤；则，法也。阳衰阴发，万物凋伤，应法成性，故曰夷则也。" 〔3〕"南吕"，《天文训》高注："南，任也，言阳气内藏，阴侣于阳，任成其功，故曰南吕也。"

**【译文】**"凉风"起于西南角，掌管土地。土地可以清除断绝万物赖以生存之气。它合于六月，在十二律中和林钟相感应。林钟，表明万物将趋向死气，但已达到丰富成熟的地步。它在十二支中属于未。未，表明万物都已成熟，有滋味。往北到达"罚"宿。罚，表明万物生气断绝，可以砍伐了。往北到达"参"宿。参，表明万物可以掺杂混合，所以称之为参。它合于七月，在十二律中和夷则相感应。夷则，表明阴气残害万物。它在十二支中属于申。申，表明阴气伸展，正发挥效用，侵害万物，所以称之为申。往北到达"浊"宿。浊，是触犯的意思，表明万物都受到触犯而死亡，所以称之为浊。往北到达"留"宿。留，表明阳气仍然存留，所以称之为留。它合于八月，在十二律中和南吕相感应。南吕，表明阳气移入而深藏。它在十二支中属于酉。酉，表明万物衰老，所以称之为酉。

阊阖风居西方。阊者，倡也；阖者，藏也。言阳气道万物，阖黄泉也。其于十母为庚辛。[1]庚者，言阴气庚万物，故曰庚；辛者，言万物之辛生，故曰辛。北至于胃。[2]胃者，言阳气就藏，皆胃胃也。北至于娄。[3]娄者，呼万物且内之也。北至于奎。[4]奎者，主毒螫杀万物也，奎而藏之。九月也，律中无射。[5]无射者，阴气盛用事，阳气无余也，故曰无射。其于十二子为戌。戌者，言万物尽灭，故曰戌。[6]

**【注释】**〔1〕"庚"，《礼记·月令》郑玄注："庚之言更也，万物皆肃然更改。""辛"，新。 〔2〕"胃"，《史记·天官书》："胃为天仓。"《说文解字》肉部："胃，谷府也。" 〔3〕"娄"，《史记·天官书》："娄为聚众。"《说文》女部："娄，空也。" 〔4〕"奎"，《后汉书·苏竟传》："奎为毒螫，主库兵。"《史记·天官书》《正义》："奎，天之府库。" 〔5〕"无射"，《天文训》高注："阴气上升，阳气下降，万物随阳而藏，无有射出见也，故曰无射。" 〔6〕

"戌"，《说文解字》戌部："戌。灭也。九月阳气微，万物毕成，阳下入地也。"

**【译文】**"阊阖风"起于西方。阊是倡导的意思，阖是闭藏的意思。它表明阳气引导万物出生，而阳气本身却隐藏在黄泉之下。它在十干中属庚辛。庚，表明阴气使万物变更；辛，表明万物得到新生，所以称之为辛。往北到达"胃"宿。胃，表明阳气隐藏，就像进入仓府中一样。往北到达"娄"宿。娄，招致万物并加以容纳。往北到达"奎"宿。奎，掌管残害万物，并像府库一样加以收藏。它合于九月，在十二律中和无射相感应。无射，表明阴气旺盛地发挥效用，阳气在地上已经不存在了，所以称之为无射。它在十二支中属于戌。戌，表明万物完全毁灭，所以称之为戌。

律数：[1]九九八十一以为宫。[2]三分去一，五十四以为徵。三分益一，七十二以为商。三分去一，四十八以为羽。三分益一，六十四以为角。

黄钟长八寸十分一，宫。[3]大吕长七寸五分三分二。[4]太蔟长七寸十分二，角。[5]夹钟长六寸七分三分一。[6]姑洗长六寸十分四，羽。[7]仲吕长五寸九分三分二，徵。[8]蕤宾长五寸六分三分二。[9]林钟长五寸十分四，角。[10]夷则长五寸三分二，商。[11]南吕长四寸十分八，徵。[12]无射长四寸四分三分二。[13]应钟长四寸二分三分二，羽。[14]

**【注释】**[1]"律数"，沈括《梦溪笔谈》卷八：律数"有实积之数，有长短之数，有周径之数"。此处可能指实积之数。 [2]"九九八十一，以为宫"，沈括认为"其八十一、五十四、七十二、四十八、六十四，止是实积数耳"。所谓"实积"即指律管容积而言。《汉书·律历志》颜师古注引孟康曰："黄钟律长九寸，围九分，以围乘长，得积八十一寸也。"当时还不知道容积的算法，所以认为"以围乘长"，即可求得容积之数。吴承洛于《中国度量衡史》第二章中，已指出"八十一寸"即"八百一十立方分"。今按历代度量不同，但大都认为黄钟长九寸。以此律管容积为基础，按"三分损益法"，求得其他各律容积。这几项数字下都没有计量单位，但现在理解为立方寸。又按一般情况，黄钟为宫，林钟为徵，太蔟为商，姑洗为角，南吕为羽。"十二律"为绝对音高，"五声"或"七声"为比较音高。

黄钟　81　　　　　　宫

林钟　$81 \times \dfrac{2}{3} = 54$　　徵

太蔟　$54 \times \dfrac{4}{3} = 72$　　商

南吕　$72 \times \dfrac{2}{3} = 48$　　羽

姑洗　$48 \times \dfrac{4}{3} = 64$　　角

〔3〕"黄钟长八寸十分一，宫"，沈括认为此处以及以下的数字尤误。"此亦实积耳，非律之长也。盖其间文字又有误者，疑后人传写之失也。"罗宗涛、李时铭认为，此处以及下文的"宫"、"角"、"羽"等字都是衍文。据此，"黄钟长八寸十分一，宫"，疑应作"黄钟长八十一寸"。此处的"长"字也应理解为容积的长度。〔4〕"大吕长七寸五分三分二"，疑应作"七十五寸三分二"。〔5〕"太蔟长七寸十分二，角"，疑应作"七十二寸"。〔6〕"夹钟长六寸七分三分一"，疑应作"夹钟长六十七寸三分一"。〔7〕"姑洗长六寸十分四，羽"，疑应作"姑洗长六十四寸"。〔8〕"仲吕长五寸九分三分二，徵"，疑应作"仲吕长五十九寸三分二"。〔9〕"蕤宾长五寸六分三分二"，疑应作"蕤宾长五十六寸三分二"。〔10〕"林钟长五寸十分四，角"，疑应作"林钟长五十四寸"。〔11〕"夷则长五寸三分二，商"，疑应作"夷则长五十寸三分二"。〔12〕"南吕长四寸十分八，徵"，疑应作"南吕长四十八寸"。〔13〕"无射长四寸四分三分二"，疑应作"无射长四十四寸三分二"。〔14〕"应钟长四寸二分三分二，羽"，疑应作"应钟长四十二寸三分二"。

**【译文】**律数：

九乘以九，是八十一，为宫声律数。宫声律数减去三分之一，是五十四，为徵声律数。徵声律数加上三分之一，是七十二，为商声律数。商声律数减去三分之一，是四十八，为羽声律数。羽声律数加上三分之一，是六十四，为角声律数。

黄钟长八十一寸，大吕长七十五寸又三分之二，太蔟长七十二寸，夹钟长六十七寸又三分之一，姑洗长六十四寸，仲吕长五十九寸又三分之二，蕤宾长五十六寸又三分之二，林钟长五十四寸，夷则长五十寸又三分之二，南吕长四十八寸，无射长四十四寸又三分之二，应钟长四十二寸又三分之二。


生钟分：〔1〕

**【注释】**〔1〕《索隐》："此算术生钟律之法也。"

**【译文】**钟律产生的方法：

子一分。〔1〕丑三分二。寅九分八。卯二十七分十六。辰八十一分六十四。巳二百四十三分一百二十八。午七百二十九分五百一十二。未二千一百八十七分一千二十四。申六千五百六十一分四千九十六。酉一万九千六百八十三分八千一百九十二。戌五万九千四十九分三万二千七百六十八。亥十七万七千一百四十七分六万五千五百三十六。

**【注释】**〔1〕"子一分"，这一段说明各律产生的次序及律管长度的比例。"子"代表黄钟，"丑"代表太蔟，余类推。王光祈在《中国音乐史》中指出"子一分"是假设之数，此说甚是。

以此数为起点，按"三分损益法"求其他各律长度相比之数。

（子）黄钟＝1

（下生）（丑）林钟 $= 1 \times \dfrac{2}{3} = \dfrac{2}{3}$

（上生）（寅）太蔟 $= \dfrac{2}{3} \times \dfrac{4}{3} = \dfrac{8}{9}$

（下生）（卯）南吕 $= \dfrac{8}{9} \times \dfrac{2}{3} = \dfrac{16}{27}$

（上生）（辰）姑洗 $= \dfrac{16}{27} \times \dfrac{4}{3} = \dfrac{64}{81}$

（下生）（巳）应钟 $= \dfrac{64}{81} \times \dfrac{2}{3} = \dfrac{128}{243}$

（上生）（午）蕤宾 $= \dfrac{128}{243} \times \dfrac{4}{3} = \dfrac{512}{729}$

（下生）（未）大吕 $= \dfrac{512}{729} \times \dfrac{2}{3} = \dfrac{1024}{2187}$

（上生）（申）夷则 $= \dfrac{1024}{2187} \times \dfrac{4}{3} = \dfrac{4096}{6561}$

（下生）（酉）夹钟 $= \dfrac{4096}{6561} \times \dfrac{2}{3} = \dfrac{8192}{19683}$

（上生）（戌）无射 $= \dfrac{8192}{19683} \times \dfrac{4}{3} = \dfrac{32768}{59049}$

（下生）（亥）中吕 $= \dfrac{32768}{59049} \times \dfrac{2}{3} = \dfrac{65536}{177147}$

另一种算法即大吕长度也是由蕤宾上生而求得的，这样，大吕及以下各律的"实"数即和此表不同。见王光祈《中国音乐史》上册。

【译文】子律长定为一分，丑律长就是三分之二，寅律长是九分之八，卯律长是二十七分之十六，辰律长是八十一分之六十四，巳律长是二百四十三分之一百二十八，午律长是七百二十九分之五百一十六，未律长是二千一百八十七分之一千零二十四，申律长六千五百六十一分之四千九十六，酉律长一万九千六百八十三分之八千一百九十二，戌律长五万九千四十九分之三万二千七百六十八，亥律长十七万七千一百四十七分之六万五千五百三十六。

生黄钟术曰：[1] 以下生者，[2] 倍其实，[3] 三其法。[4] 以上生者，[5] 四其实，[6] 三其法。上九，商八，羽七，角六，宫五，徵九。[7] 置一而九三之以为法。[8] 实如法，得长一寸。[9] 凡得九寸，[10] 命曰"黄钟之宫"。故曰音始于宫，穷于角；[11] 数始于一，终于十，成于三；气始于冬至，周而复生。

**【注释】**〔1〕"生黄钟术曰"，研究者多认为"黄"字衍。 〔2〕"下生"，即"三分损一"，减去原律长度的三分之一，保留三分之二。 〔3〕"倍其实"，"实"指原律长度，加大二倍。 〔4〕"三其法"，取其三分之一，以为法。 〔5〕"上生"，即"三分益一"，增加原律长度的三分之一。 〔6〕"四其实"，加大原律长度四倍。 〔7〕"上九"至"徵九"，不详。〔8〕"置一而九三之以为法"，据《汉书·律历志》此句下应补"十一三之以为实"七字。"九三之"，即以"三"乘"一"九次，得 19683。这是夹钟的法数。"十一三之"，即以"三"乘"一"十一次，得 177147。这是中吕的法数。如以 177147 定为黄钟律数，则其他各律数皆成为整数（见王光祈《中国音乐史》及泷川资言《史记会注考证》）。 〔9〕"实如法，得长一寸"，不详。《考证》解释为 $\frac{19683}{19683}=1$。 〔10〕"凡得九寸"，不详。《考证》解释为 $\frac{177147}{19683}=9$。 〔11〕"始于宫，穷于角"，见上文律数注。

**【译文】**钟律产生的方法如下：向下生的，实数加二倍，法数加三倍；向上生的，实数加四倍，法数加三倍。上九，商八，羽七，角六，宫五，徵九。以"一"为基数，以"三"乘"一"九次，求得法数。实如法，得长一寸。凡得九寸，命曰"黄钟之宫"。所以说五音以宫声为开端，以角声为终结；数以一为开端，以十为终结，而以三为关键；阳气的升起开始于冬至，经历一年后而重新升起。

神生于无，〔1〕形成于有，形然后数，形而成声，故曰神使气，气就形。形理如类有可类。或未形而未类，或同形而同类，类而可班，〔2〕类而可识。圣人知天地识之别，故从有以至未有，以得细若气，微若声。然圣人因神而存之，虽妙必效情，核其华道者明矣。非有圣心以乘聪明，孰能存天地之神而成形之情哉？神者，物受之而不能知其去来，故圣人畏而欲存之。唯欲存之，神之亦存。其欲存之者，故莫贵焉。

**【注释】**〔1〕"神生于无"，"神"相当于老子所说的"道"，"无"指"虚无"的境界。《老子》："天下万物生于有，有生于无。" 〔2〕"班"，《考证》引惠栋曰："班，别也，义与辨同。"

**【译文】**"神"本来生存于虚无之中，而"形"则出现于有了天地万物之后。有形体然后有律数，有形体然后有五声。所以说神产生气，气化而成形体。形体的质理各有类别，可以分类。有的没有定形，不能归类，有的同形而归于同类，类属是可以分辨的，可以识别的。圣人知道天地万物的分别，能从各种形体以至虚无之时，了解到其隐约如气、其深微如声等事物。但圣人是借助神来了解万物的，人虽然巧妙，自己却应发挥情理，研核万物的神奇道理，自然就聪明起来。假如没有圣人的心灵和聪明，还有谁能了解天地间由神而产生形体的情况呢？神存在于万物之中，但万物不知其行踪，所以圣人怕它离去，总想把它保存下来。正是由于想保存它，神就留下来。凡是想保存它的人，能重视它就是最好的办法了。

太史公曰：在旋玑玉衡以齐七政，[1]即天地二十八宿。十母，十二子，钟律调自上古。建律运历造日度，可据而度也。合符节，通道德，即从斯之谓也。[2]

【注释】〔1〕"旋玑"，古代观测天文的仪器。"玉衡"，古代天文仪器浑天仪的一个部件。"旋"或作"璇"。《尚书·舜典》："在璇玑玉衡，以齐七政。"孔安国传："在，察也。" 〔2〕《史记·律书》一篇，前人多疑其非司马迁所著。本篇可以分为两部分，前一部分摭拾兵家言而成，后一部分摭拾阴阳五行家言而成。沈括《梦溪笔谈》卷八说："《史记·律书》所论二十八舍、十二律，多皆臆配，殊无义理；至于言数，亦多差舛。""其间字又有误者，疑后人传写之失耳。"这后一部分虽然不能说完全"殊无义理"，但立说多牵强附会，而文字脱误也很多。今试加译注，供读者参考。译注时，我参考了台湾出版的罗宗涛、李时铭的《史记·律书》译文，采用了他们的一些见解和译法。

【译文】太史公说：观察旋玑、玉衡，以了解日月五星所表现的七种政事的变化，这就是指二十八宿说的。十干、十二支和钟律从上古就定下来。建立乐律之后，推算历法，制定各种法度，就都有据可依了。以符节相合表示信任，共同遵守道德，就是从这里开始的。

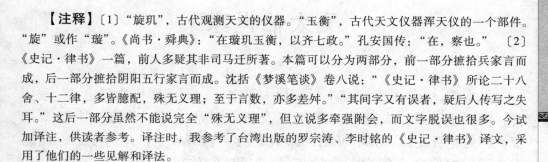

# 四　世家十五篇（精选）

## 吴太伯世家

　　吴太伯，[1] 太伯弟仲雍，[2] 皆周太王之子，而王季历之兄也。[3] 季历贤，而有圣子昌，太王欲立季历以及昌，于是太伯、仲雍二人乃奔荆蛮，[4] 文身断发，[5] 示不可用，以避季历。季历果立，是为王季，而昌为文王。太伯之奔荆蛮，自号句吴。[6] 荆蛮义之，[7] 从而归之千余家，立为吴太伯。

　　**【注释】**〔1〕"吴太伯"，又作"吴泰伯"，武王所封吴国周章之先祖，姬姓。古时兄弟以伯、仲、叔、季相次，吴太伯为周太王之长子，故称"太伯"。　〔2〕"仲雍"，雍为周太王之次子，故称"仲雍"。　〔3〕"王季历"，历为周太王之末子，故称"季历"。又因其孙武王发灭殷称王，故追称"王季历"。　〔4〕"奔"，同"奔"。"荆蛮"，我国古代中原地区对南方人民的称呼。"荆"，楚之别称。"蛮"，一说指闽越。太伯所奔之处在荆蛮之间，故称"荆蛮"。　〔5〕"文身断发"，古代吴越地区的风俗，截短头发，身绘花纹，以避水中蛟龙之害。"文"，通"纹"。　〔6〕"句吴"，又作"勾吴"。一九六四年九月在山西原平峙峪出土的吴王光剑，自铭"攻繻（敔）"（见《文物》一九七二年第二期图版二）。著录于《两周金文辞大系》的吴王夫差鉴，自铭"攻吴"；者减钟，自铭"工敔"。古"句"、"勾"、"攻"、"工"音通，"吴"、"敔"、"敔"音通，故常相互借用。"句"，音 gōu，发声词头，无义。太伯奔居之处为梅里，即今江苏无锡东南三十里之梅李乡，旧称泰伯城。　〔7〕"义"，道德、行为合宜。"之"，他，此指太伯。此句言荆蛮之民认为太伯的行为、道德均甚合宜。

　　**【译文】**吴太伯、太伯的弟弟仲雍，都是周太王的儿子，王季历的哥哥。季历贤达，且有一个有圣人之相的儿子姬昌，太王意欲立季历，并传位给姬昌，于是太伯、仲雍二人便逃奔到南方部族荆蛮人居住的地方，遵随当地习俗，在身上刺画花纹，剪短头发，表示不可再当国君，以此来让避季历。季历果然登位，这就是王季，而姬昌就是文王。太伯逃奔到荆蛮，自称句吴。荆蛮人钦佩他的品德高尚，追随并且归附他的有上千家，被拥立为吴太伯。

太伯卒，[1] 无子，弟仲雍立，是为吴仲雍。仲雍卒，[2] 子季简立。季简卒，子叔达立。叔达卒，子周章立。是时周武王克殷，求太伯、仲雍之后，得周章。周章已君吴，因而封之。乃封周章弟虞仲于周之北故夏虚，[3] 是为虞仲，[4] 列为诸侯。

【注释】[1]"太伯卒"，相传太伯冢（墓）在吴县北之梅里聚。[2]"仲雍卒"，相传仲雍冢在吴郡常熟（今江苏常熟）西之海虞山上。[3]"周"，此指"成周"，西周之东都，为周公所营建，在今河南洛阳。"夏虚"，夏旧居之地。夏曾都安邑（今山西夏县），虞仲所封在今山西平陆，正在夏的王畿之内、成周之北。"虚"，又作"墟"，旧居之地。[4]"虞仲"，武王所封仲雍之后、虞国之始封君，姬姓。因是周章之弟，故称"仲"，因封于虞（今山西平陆境），故称"虞仲"。

【译文】太伯去世，没有儿子，弟弟仲雍继位，这就是吴王仲雍。仲雍去世，儿子季简继位。季简去世，儿子叔达继位。叔达去世，儿子周章继位。此时周武王灭亡了殷王朝，寻求太伯、仲雍的后代，找到了周章。周章已经做了吴地君主，便把吴地封给了他。并封周章的弟弟虞仲在成周之北的旧时夏都之地，这就是虞仲，列为诸侯之一。

周章卒，子熊遂立。熊遂卒，子柯相立。[1] 柯相卒，子彊鸠夷立。彊鸠夷卒，子余桥疑吾立。[2] 余桥疑吾卒，子柯卢立。柯卢卒，子周繇立。[3] 周繇卒，子屈羽立。[4] 屈羽卒，子夷吾立。夷吾卒，子禽处立。禽处卒，子转立。[5] 转卒，子颇高立。[6] 颇高卒，子句卑立。[7] 是时晋献公灭周北虞公，[8] 以开晋伐虢也。[9] 句卑卒，子去齐立。去齐卒，子寿梦立。[10] 寿梦立而吴始益大，称王。[11]

【注释】[1]"柯相"，音 gē xiàng。[2]"桥"，音 jiāo。[3]"繇"，音 yáo。[4]"屈"，音 jué。[5]"转"，《古史考》作"柯转"。[6]"颇高"，《古史考》作"颇梦"。[7]"句卑"，《古史考》作"毕轸"。[8]"是时晋献公灭周北虞公"，公元前六五八年（鲁僖公二年）晋献公向虞国借道伐虢（虞在晋南、虢北，为伐虢必经之地）。前六五五年，晋再次向虞国借道伐虢，并在灭虢之后，乘回师之便灭了虞国。"虞公"，即周章弟封于夏虚之虞国之君。[9]"虢"，音 guó，周文王弟虢仲所封国，原在今陕西宝鸡，周平王东迁时，亦随迁至今河南陕县。一九五六年、一九五七年，在陕县东不到五公里的上村岭发现了大批虢国墓葬群，由其所出青铜器铭文知东迁之虢国即在这一带（参见李学勤《东周与秦代文明》第五章《晋附近列国》，文物出版社一九八四年出版）。[10]"寿梦"，《春秋》襄公十二年称其为"吴子乘"，本篇《索隐》引《世本》又称其为"孰姑"，又谓世称其为"祝梦乘诸"。或谓"乘"名，"寿梦"字。或谓"寿梦"急读即为"乘"。[11]"寿梦立而吴始益大，称王"，公元前六〇一年

（鲁宣公八年），楚灭舒蓼（偃姓，在今安徽舒城一带）后，开始和吴、越直接交往。十余年后，楚灭申公巫臣之族，巫臣入晋，力促晋联吴制楚，并亲自赴吴联络，教吴人使用兵车作战。吴在寿梦即位前后曾伐楚、伐巢（古巢国在今安徽巢县）、伐徐（古徐国在今江苏泗洪），"蛮夷属于楚者，吴尽取之，是以始大"。"称王"，春秋之世，边远诸国每自称王，吴、楚皆然。

**【译文】**周章去世，儿子熊遂继位。熊遂去世，儿子柯相继位。柯相去世，儿子彊鸠夷继位。彊鸠夷去世，儿子余桥疑吾继位。余桥疑吾去世，儿子柯卢继位。柯卢去世，儿子周繇继位。周繇去世，儿子屈羽继位。屈羽去世，儿子夷吾继位。夷吾去世，儿子禽处继位。禽处去世，儿子转继位。转去世，儿子颇高继位。颇高去世，儿子句卑继位。此时晋献公灭亡了成周北面的虞公，以打开征伐虢国的路途。句卑去世，儿子去齐继位。去齐去世，儿子寿梦继位。寿梦继位后吴国开始强盛起来，自称为王。

自太伯作吴，五世而武王克殷，封其后为二：其一虞，在中国；[1]其一吴，在夷蛮。[2]十二世而晋灭中国之虞。中国之虞灭二世，而夷蛮之吴兴。大凡从太伯至寿梦十九世。

**【注释】**〔1〕"中国"，古时黄河中游一带部族，以己为天下之中，故自称"中国"，把周围其他地区称为"四方"。 〔2〕"夷蛮"，古中原地区称南方部族为"夷蛮"。

**【译文】**自从太伯建立吴国以来，经过五代吴君便到武王战败殷王朝，封太伯吴国之后代于两处：其中之一的虞国，在中原地区，其中之一的吴国，在南方夷蛮地区。经过十二代，晋国灭亡了中原的虞国，中原的虞国被灭亡之后，又经过两代，在夷蛮地区的吴国兴盛起来。从太伯传至寿梦大致为十九代君主。

王寿梦二年，[1]楚之亡大夫申公巫臣怨楚将子反而奔晋，[2]自晋使吴，[3]教吴用兵乘车，令其子为吴行人，[4]吴于是始通于中国。吴伐楚。十六年，楚共王伐吴，至衡山。[5]

**【注释】**〔1〕"寿梦二年"，吴国至寿梦始有记年传世，寿梦元年为公元前五八五年（鲁成公六年）。〔2〕"亡"，出亡，逃亡。"申公巫臣"，楚臣，大夫屈荡子，字子灵，因为申县之尹，故称"申公"。氏屈，又称"屈申"、"屈巫"。巫臣曾谏止楚庄王和子反娶夏姬，而自己却盗娶夏姬，遭子反灭其族，故怨恨子反而奔晋。巫臣在晋被封为邢大夫。〔3〕"自晋使吴"，巫臣为报楚灭族之仇，由晋出使吴国，为的是使吴、晋联合起来抗楚。〔4〕"令其子为吴行人"，巫臣子狐庸被任命为吴行人之官。"行人"，掌管出使的官。〔5〕"十六年，楚共王伐吴，至衡山"，《春秋》襄公三年（公元前五七〇年），"楚公子婴齐（子重）帅师伐吴"，《左传》称

"克鸠兹（今安徽芜湖东南二十五里），至于衡山"。"衡山"，清高士奇《春秋地名考略》谓即当涂（安徽）东北之"横山"。

**【译文】**吴王寿梦二年，逃亡在外的楚国大夫申公巫臣因怨恨楚将子反而投奔晋国，从晋国出使吴国，教授吴国的士兵使用战车作战，让他的儿子担任吴国掌管外交的官员。吴国从此开始同中原国家进行交往，吴国攻打楚国。十六年，楚共王出兵攻打吴国，楚国的军队进到衡山。

二十五年，王寿梦卒。[1]寿梦有子四人，长曰诸樊，[2]次曰余祭，[3]次曰余眛，[4]次曰季札。[5]季札贤，而寿梦欲立之，季札让不可，于是乃立长子诸樊，摄行事当国。

**【注释】**〔1〕"二十五年，王寿梦卒"，《春秋》襄公十二年记"吴子乘卒"，这是《春秋》首次记载吴君卒，盖吴国自寿梦始与中原诸国相交往、通报。《世本》称"吴孰姑徙句吴"，宋忠曰"孰姑，寿梦也"。〔2〕"诸樊"，《春秋》作"吴子遏"，《公羊传》作"谒"，"遏"、"谒"古音同，互借。《左传》称"诸樊"。遏是其名，诸樊是其号。〔3〕"余祭"，又曰"句余"、"戴吴"。"祭"，音 zhài。〔4〕"余眛"，又作"夷末"、"夷昧"，音通互借。〔5〕"季札"，又曰"吴季子"、"吴公子札"。封于延陵，故曰"延陵季子"。又封州来，故曰"延州来季子"。

**【译文】**在位二十五年，吴王寿梦去世。寿梦有四个儿子，老大叫诸樊，老二叫余祭，老三叫余眛，老四叫季札。季札贤达，寿梦打算让他继位，季札谦让认为不合宜，于是就扶立老大诸樊，让他代理政务掌管国家大事。

王诸樊元年，诸樊已除丧，[1]让位季札。季札谢曰："曹宣公之卒也，[2]诸侯与曹人不义曹君，[3]将立子臧，[4]子臧去之，以成曹君，君子曰'能守节矣'。[5]君义嗣，[6]谁敢干君![7]有国，非吾节也。札虽不材，愿附于子臧之义。"吴人固立季札，[8]季札弃其室而耕，乃舍之。[9]秋，吴伐楚，楚败我师。[10]四年，晋平公初立。[11]

**【注释】**〔1〕"除丧"，除去丧礼之服。〔2〕"曹宣公"，曹伯卢，于鲁成公十三年（公元前五七八年）会晋侯伐秦，卒于军中。〔3〕"曹君"，公子负刍，曹宣公庶子。负刍在国中听说宣公卒，遂杀太子而自立，故曹人以之为"不义"。负刍于鲁成公十四年即位，曰"曹伯负刍"，卒谥"成公"。〔4〕"子臧"，公子欣时，《公羊传》作"喜时"，曹宣公庶子、负刍庶兄。曹人以负刍杀太子而自立为不义，欲立子臧为曹君，子臧曰："圣达节，次守节，下失节，为君，非吾节也。虽不能圣，敢失守乎?"遂逃奔宋。〔5〕"君子"，西周时对统治者和贵族男子的尊称，春秋时常指有德有识的人。〔6〕"义"，宜。"嗣"，继承。"君义嗣"，指季札认为诸樊是嫡子，理应承继君位。〔7〕"干"，干犯。〔8〕"固"，坚持。〔9〕"舍"，音shě。〔10〕"秋，吴伐楚，楚败我师"，诸樊元年（公元前五六〇年），吴乘楚共王之丧伐楚，战于庸浦（楚地，今安徽无为南长江北岸），吴师大败，公子党被擒。〔11〕"四年，晋平公初立"，公元前五五七年（鲁襄公十六年）晋平公彪即位。

**【译文】**吴王诸樊元年，在办完丧事以后，诸樊把君位要让给季札。季札辞谢说："曹公死的时候，诸侯与曹国人认为准备继位的曹君不合礼法，打算拥立子臧为君，子臧离开国都，以成全曹君。君子称颂说：'确能保持节操啊！'您应该继承王位，谁敢冒犯您呢？享有国家，不是我的志向。我虽无能，愿效法子臧的操行。"吴国人坚持要立季札为君，季札抛弃了家室去种田，只好舍弃这一主张。秋天，吴国出兵攻打楚国，楚国击败了吴国的军队。四年，晋平公新继位。

十三年，王诸樊卒。〔1〕有命授弟余祭，欲传以次，必致国于季札而止，以称先王寿梦之意，且嘉季札之义，兄弟皆欲致国，令以渐至焉。季札封于延陵，〔2〕故号曰延陵季子。

**【注释】**〔1〕"十三年，王诸樊卒"，据《左传》襄公二十年，吴子诸樊伐楚，在攻打巢城门时，遭暗箭而身亡。〔2〕"延陵"，今江苏常州。

**【译文】**在位十三年，吴王诸樊去世。诸樊曾有遗言传位给弟弟余祭，计划按兄弟的次序传位，一定要把君位传给季札才停止，以偿还先王寿梦的遗愿，并且褒扬季札的崇高品德，兄弟们都想传位给季札，按照诸樊的遗令要依次实现。季札受封在延陵，故号称延陵季子。

王余祭三年，〔1〕齐相庆封有罪，〔2〕自齐来奔吴。吴予庆封朱方之县，〔3〕以为奉邑，以女妻之，富于在齐。

**【注释】**〔1〕"王余祭三年"，余祭于公元前五四七年即位。〔2〕"庆封"，齐大夫，字子家，又字季。崔杼杀齐庄公，拥立景公，杼和他分任右相、左相。景公二年（公元前五四六年）灭崔氏当国。次年，鲍氏、高氏、栾氏合谋攻庆氏，他由齐逃奔吴。〔3〕"朱方"，今江苏丹徒东南。

**【译文】**吴王余祭三年，齐国国相庆封获罪，从齐国来投奔吴国。吴王把朱方县封赐给庆封，作为俸地，又把女儿嫁给他，使他比在齐国时还富裕。

四年，吴使季札聘于鲁，[1]请观周乐。[2]为歌《周南》、《召南》。[3]曰："美哉，始基之矣，[4]犹未也。[5]然勤而不怨。"[6]歌《邶》、《鄘》、《卫》。[7]曰："美哉，渊乎，[8]忧而不困者也。[9]吾闻卫康叔、武公之德如是，[10]是其《卫风》乎？"[11]歌《王》。[12]曰："美哉，思而不惧，[13]其周之东乎？"[14]歌《郑》。[15]曰："其细已甚，[16]民不堪也，是其先亡乎？"[17]歌《齐》。[18]曰："美哉，泱泱乎大风也哉。[19]表东海者，其太公乎？[20]国未可量也。"歌《豳》。[21]曰："美哉，荡荡乎，[22]乐而不淫，[23]其周公之东乎？"[24]歌《秦》。[25]曰："此之谓夏声。[26]夫能夏则大，[27]大之至也，其周之旧乎？"[28]歌《魏》。[29]曰："美哉，沨沨乎，[30]大而宽，[31]俭而易，行以德辅，此则盟主也。"[32]歌《唐》。[33]曰："思深哉，其有陶唐氏之遗风乎？[34]不然，何忧之远也？非令德之后，[35]谁能若是！"歌《陈》。[36]曰："国无主，其能久乎？"[37]自《郐》以下，[38]无讥焉。歌《小雅》。[39]曰："美哉，思而不贰，[40]怨而不言，其周德之衰乎？[41]犹有先王之遗民也。"歌《大雅》。[42]曰："广哉，熙熙乎，[43]曲而有直体，[44]其文王之德乎？"歌《颂》。[45]曰："至矣哉，直而不倨，[46]曲而不屈，[47]近而不偪，[48]远而不携，[49]迁而不淫，[50]复而不厌，哀而不愁，乐而不荒，用而不匮，广而不宣，施而不费，取而不贪，处而不底，[51]行而不流。[52]五声和，[53]八风平，[54]节有度，守有序，[55]盛德之所同也。"[56]见舞《象箾》、《南籥》者，[57]曰："美哉，犹有感。"[58]见舞《大武》，[59]曰："美哉，周之盛也其若此乎？"见舞《韶濩》者，[60]曰："圣人之弘也，犹有惭德，[61]圣人之难也！"见舞《大夏》，[62]曰："美哉，勤而不德！[63]非禹其谁能及之？"见舞《招箾》，[64]曰："德至矣哉，大矣，如天之无不焘也，[65]如地之无不载也，虽甚盛德，无以加矣。观止矣，若有他乐，吾不敢观。"[66]

**【注释】**〔1〕"吴使季札聘于鲁"，吴王余祭初即位，为抗衡楚国，广泛与中原诸国建立友好关系，派遣季札先后出使鲁、齐、郑、卫、晋等国。"聘"，访问，古代诸侯之间或诸侯与天子之间派使节问候。〔2〕"周乐"，周王室的乐舞。鲁是周公之后，周公世代为王室重臣，故保留有周天子之礼乐。〔3〕"《周南》、《召南》"，《诗经·国风》的篇章，是周公、召公的采邑周、召地区的乐歌。相传周公、召公分陕（今陕西岐山南）而治，周公主东，召公主西。周公因食邑于周，故号"周公"；召公因食邑于召，故号"召公"。武王灭殷后，周公封国于鲁，召公封国于燕，周公、召公均留王室辅佐朝政，而分别遣其长子就国，周、召两地仍为周公、召公在王畿内的采邑。"召"，音 shào。〔4〕"始基之矣"，周人自古公亶父由豳（今陕西彬县）迁周原（今陕西岐山南）后，始强盛起来，并由此东进推翻了殷王朝。周人的王业实奠基于周原，而周、召两地正在周原，故言"始基之矣"。〔5〕"犹未也"，指殷纣尚未灭亡。〔6〕"勤"，劳。〔7〕"《邶》、《鄘》、《卫》"，《诗经·国风》的篇章，是邶、鄘、卫三国的乐歌。周时，各国诸侯经常派人到民间采集百姓歌谣，并呈献给周天子，天子则将各国的民谣交付乐官，编列成篇，以此考察各地的风俗、民情、政绩。《诗经》共十五国风，一百六十篇。邶，音 bèi，在今河南汤阴东南。鄘，在今河南新乡西南。卫，都今河南淇县，即故朝歌。此三地本是殷纣王畿，武王灭殷后，在此设三监以监殷遗民，后三监叛周，被周公平定后，皆并入卫，故季札论三国之诗，只言卫。〔8〕"渊"，深。〔9〕"忧"，卫康叔时，管叔、蔡叔挟殷遗民叛周；卫武公（康叔九世孙）时，遭幽王褒姒之难，皆国之忧患。"不困"，据《卫康叔世家》，周公平定三监之乱后，以殷遗民封康叔为卫君，居河、淇间，故商墟，并告康叔曰"必求殷之贤人君子长者，问其先殷所以兴，所以亡，而务爱民"，康叔就国后能善抚其民，稳固了周的统治；褒姒之难，武公曾率兵助周平戎，因此，季札在听到《卫》歌时，赞美说"忧而不困者也"，即不为灾难所困。〔10〕"卫康叔"，周公弟，封卫之前，食邑于康，故称"康叔"。康，在河南禹县西北。封卫以后，又称"卫康叔"。〔11〕"《卫风》"，《卫》是《诗经·国风》的一章，故称"《卫风》"。〔12〕"《王》"，《诗经·国风》的一章，是东周雒邑王城的乐歌。〔13〕"思而不惧"，西周遭犬戎之乱而东迁，故忧思。犹有重建王业之雄风，故不惧。〔14〕"其周之东乎"，指周王室东迁，《王风》皆东迁以后之乐歌。〔15〕"《郑》"，《诗经·国风》的一章，郑国的乐歌。郑国，周宣王弟郑桓公友所封国（今陕西华县东），郑武公时徙都新郑（今河南新郑），公元前三七五年被韩国所灭。〔16〕"其细已甚"，这是季札对《郑》诗的评论，认为其诗内容太琐细纤弱，有关政治的太少，说明国风不强。〔17〕"民不堪也，是其先亡乎"，郑国地处中原晋、楚诸强之间，屡遭侵伐，政局又不稳定，民不堪其苦，季札因此而预测其将先亡。〔18〕"《齐》"，《诗经·国风》的一章，齐国的乐歌。齐国，姜姓吕尚所封国，都营丘（今山东淄博）。〔19〕"泱泱"，宏大的样子。〔20〕"太公"，姜太公吕尚，齐国始封君，曾协助武王灭殷。〔21〕"《豳》"，《诗经·国风》的一章。豳是周先祖公刘立国之地，周公摄政时曾以周先祖后稷、公刘艰苦创业的事迹教导成王，《豳》即陈述周先祖艰苦创业的诗，后人又将赞美周公东征的诗共附其中，成为"《豳风》"章。豳，音 bīn，今陕西彬县东北。〔22〕"荡荡"，博大的样子。〔23〕"淫"，无节制。〔24〕"周公之东"，《豳》诗《东山》、《破斧》等篇述及周公东征之事，故有此言。武王死后，成王尚幼，周公曾率师东征，平定管叔、蔡叔、武庚之叛乱及征服沿海东夷之人。〔25〕"《秦》"，《诗经·国风》的一章，秦地的乐歌。秦，古部族名，嬴姓，相传是伯益后代，周孝王时封其首领非子于秦（今甘肃张家川东），秦襄公时因助平王东迁有功，受封为诸侯，春秋时都于雍（今陕西凤翔东南），居今陕西中部及甘肃东南部。〔26〕"夏"，古指西方为"夏"。〔27〕"夏"，《方言》："夏，大也。自关而西，凡物之壮大者而爱伟之，谓之夏。"〔28〕"其周之旧乎"，秦居周之旧地，故谓"其周之旧乎！"周王朝在关中时正当鼎盛时期。此语双关。〔29〕"《魏》"，《诗经·国风》的一章，魏国的乐歌。魏，姬姓，在今山西芮城北，公元前六六一年（鲁闵公元年）被晋献公所灭。〔30〕"讽讽"，音 féng féng，形容乐声抑扬宛转。〔31〕"大而宽"，《左传》襄公二十九年作"大而婉"。《魏风》多刺诗，《葛屦》明言"是以为刺"，但其言辞则较婉和。〔32〕"盟主"，《左传》襄公二十九年作"明主"，古"盟"、"明"音通相借。〔33〕"《唐》"，《诗经·国风》的一章，唐地的乐歌。唐，成王弟晋始祖叔虞所封地，在今山西翼城西。〔34〕"陶唐氏"，古部族名，所谓帝尧即其首领，原居陶，后适唐，故名。〔35〕“令德”，美德。〔36〕“《陈》”，《诗经·国风》的一章，陈国的乐歌。陈，武王灭殷后封舜的后代胡公满于陈，都宛丘（今河南淮阳）。〔37〕“其能久乎”，公元前四七九年（鲁哀公十七年）楚公孙朝帅师灭陈，距此年不过六十五年。〔38〕“《郐》”，又作“《桧》”，《诗经·国风》的一章，郐国的乐歌。郐，周初封祝融的后代于郐，在今河南密县东北。《诗经·国风》在《郐风》之后尚有《曹风》，不曾为季札所论及。〔39〕“《小雅》”，《诗经》的组成部分之一，共七十四篇，大部分是西周后期及东周初期贵族宴会的乐歌，小部分是批评当时朝政过失或抒发怨愤的民间歌谣。〔40〕“不贰”，没有贰心，即没有反叛之心。此句言，虽然考虑到朝政过失，却丝毫没有反叛之心。〔41〕“其周德之衰乎”，西周末年，王室腐败，朝政废弛，季札认为这是由于周先王（文王、武王、成王、康王等）建功立业的德风衰微所致。〔42〕“《大雅》”，《诗经》的组成部分之一，共三十一篇，多是西周王室贵族的作品，主要歌颂了从后稷以至武王、宣王等的功绩，有些篇则反映了厉王、幽王时的政治混乱和统治危机。〔43〕“熙熙乎”，和乐的样子。〔44〕“曲而有直体”，言外柔顺而内刚直。〔45〕“《颂》”，《诗经》的组成部分之一，包括《周颂》三十一篇、《鲁颂》四篇、《商颂》五篇，为周王室宗庙（平王东迁以前）、鲁国宗庙（春秋中期）、宋国宗庙（宋本商人后裔）祭祀乐舞之歌。〔46〕“直”，正直。“倨”，音 jù，倨傲，傲慢不恭。〔47〕“曲”，委曲。“诎”，通“屈”，屈折。〔48〕“近”，亲近。“偪”，同“逼”，逼迫。此谓虽与君亲近而不相侵犯。〔49〕“携”，离。〔50〕“淫”，乱，邪。〔51〕“处”，静止。“底”，停滞。〔52〕“流”，流荡，无所依托。〔53〕“五声”，古乐五声音阶的五个阶名：宫、商、角、徵、羽。〔54〕“八风”，见于《吕氏春秋·有始篇》、《淮南子·墬形训》及《说文解字》，名虽有不同，但都是指东、西、南、北、东北、东南、西北、西南八方之风。《左传》隐公五年云“舞所以节八音而行八风”，则“八风”与乐舞相关。〔55〕“节有度，守有序”，指乐曲的节拍合乎法度，音调调和得体。〔56〕“盛德之所同也”，《颂》有《周颂》、《鲁颂》、《商颂》。《周颂》为周初作品，赞颂文、武、成诸王；《鲁颂》颂僖公；《商颂》颂宋襄公，皆宗庙之乐歌颂盛德之词。〔57〕“《象箾》”，《周颂·维清》序云“奏象舞也”，是舞有象舞。“箾”，同“箫”。盖吹箫而为象舞。“《南籥》”，奏南乐以配籥舞。《诗经·邶风·简兮》云“左手执籥，右手秉翟”，是“籥”为舞时所执物，翟（野鸡毛）亦舞时所执物。“籥”，音 yuè，形似笛之乐器，《孟子·梁惠王下》“管籥之音”可证。〔58〕“感”，通“憾”，恨也。此句言文王恨不及已致太平。〔59〕“《大武》”，武王乐舞。〔60〕“《韶护》”，《周礼·春官·大司乐》谓之“《大濩》”，汤乐舞。〔61〕“惭”，惭愧。此句谓季札以商汤伐纣为下犯上，故云“犹有惭德”。〔62〕“《大夏》”，禹乐舞。〔63〕“勤而不德”，《淮南子·缪称训》云“禹无废功，无废财，自视犹觖（不满）如也”与此意同。“不德”，不自以为德。〔64〕“《招箾》”，《左传》襄公二十九年作“《韶箾》”，《尚书·益稷》作“《箫韶》”，相传为虞舜乐舞。〔65〕“焘”，音 dào，同“帱”，覆盖。〔66〕“若有他乐，吾不敢观”，周用六代之乐，除上述《大武》（周代）、《韶护》（商代）、《大夏》（夏代）、《招箾》（虞舜）外，“他乐”指尧之《咸池》、黄帝之《云门》。鲁受四代，下周二等，故不舞其二。季札知礼，故曰“若有他乐，吾不敢观”。

**【译文】**四年，吴王派遣季札出使鲁国访问，请求观赏周王室的乐舞。鲁国乐师为季札演唱《周南》、《召南》。季札称赞说：“真美啊！开始建立基业，尚不完美，然而却唱出了人们勤恳而无怨恨的心声。"演唱了《邶风》、《鄘风》、《卫风》。又称赞说："真美啊！音调深沉，情感忧戚而不困惑。我听说卫康叔、武公的操行就是这样，这就是《卫风》蕴含所在吧！"又歌唱了《王风》。又称赞说："真美啊！忧思而无恐惧，这大概是抒发王室东迁的心境吧！"又歌唱了《郑风》。又评论说："歌曲软绵绵得太过分了，它表明民众已无法承受了，郑国恐怕要最先亡国吧！"又歌唱了《齐风》。又称赞说："真美啊！浩渺深远，不愧大国风采。雄踞东海之滨，这就是太公的封国吧！它的发展是不可限量的啊！"又歌唱《豳风》。又称赞说："真美啊！气势宏伟，尽情欢乐，毫不过分。这大概是显示周公东征的气概吧！"又歌唱《秦风》。又评说道："这就是夏民的遗音。若能保持夏代的遗风便能强大，强大到一定程度，就能达到周王朝鼎盛时的气派了吧！"又歌唱《魏风》。又称赞说："真美啊！它的曲调抑扬宛转，粗犷中有柔美，淳朴而流畅，以德辅行，显露出开明君主的风度。"又歌唱《唐风》。又评说道："情思深长，这大概就是陶唐氏的遗风吧！不然，为什么忧思如此深远呢？不是情操高尚人的后代，谁能像这样呢？"又歌唱《陈风》。又评论说："国家没有像样的君主，难道能长久吗？"从《郐风》往下，就不再评论了。又歌唱《小雅》。又赞美说："真美啊！深思而不惑乱，有怨恨而又不胡说，虽然处于周王朝衰败的时候，仍能看到先王臣民的影子。"又歌唱《大雅》。赞美说："宽广啊！和谐而优美，柔韧而刚强，大概这就是文王的美德吧！"又歌唱《颂》。赞美说："美妙到了极点！正直而不倨傲，不卑又不亢，亲近而不强迫，疏远而不相离，遭到贬谪也不胡作非为，官复原职也不贪得无厌，心有哀伤也不愁怨，高兴的时候也不忘乎所以，有财富时绝不挥霍殆尽，富足时绝不炫耀，施舍时绝不浪费，能够获取时一定要有节制，宁静而不呆滞，奋发而不失分寸，五音和谐，八风协调，节奏适度，曲律恰到好处，圣贤们大体上都是相同的。"观看了《象箾》、《南籥》的舞蹈，赞美说："真美啊！还有些遗憾。"观看了《大武》的舞蹈，赞美说："真美啊！周代鼎盛时期大概就像这样的吧！"观看了《韶护》的舞蹈，评说道："圣人已经很伟大了，仍然感到德行有不够完美的地方，做圣人也很不容易啊！"观看《大夏》的舞蹈，赞美说："真美啊！做了那么多好事而不自以为有恩惠，不是大禹谁能做到这一点？"观看《招箾》的舞蹈，赞美说："品德高尚达到了顶点，真伟大啊！像昊天那样无所不覆，像大地那样无所不载，德行达到了顶点，再也无法增高了。所有美妙的歌舞尽在这里了，其他的歌舞，用不着再看了。"

去鲁，遂使齐。[1]说晏平仲曰：[2]"子速纳邑与政。[3]无邑无政，乃免于难。[4]齐国之政将有所归；[5]未得所归，难未息也。"故晏子因陈桓子以纳政与邑，[6]是以免于栾、高之难。[7]

**【注释】**〔1〕"使"，出使。〔2〕"说"，音 shuì，劝说。"晏平仲"，即晏子，名婴，字平仲，春秋时齐国大夫，夷维（今山东高密）人。齐灵公二十六年（公元前五五六年），其父晏弱死后，继任齐卿，历仕灵公、庄公、景公三世，为春秋名相。传世《晏子春秋》，是战国时人搜集有关他的言行编辑而成。〔3〕"纳"，交纳。此言将"邑与政"纳还给齐国国君。"邑"，封邑、采邑。"政"，政务、政职。〔4〕"难"，音 nàn，灾难。〔5〕"归"，归属。〔6〕"陈桓子"，名无宇，敬仲玄孙、文子子，事齐庄公，甚有宠。〔7〕"栾、高之难"，公元前五三四年（鲁昭公八年），栾施、高彊二氏作难；前五□二年，陈桓子、鲍文子二氏合力伐败栾、高二氏。

**【译文】**季札离开了鲁国，又出使到齐国。他规劝晏平仲说："您赶快把自己的封地和官职交出去，只有没有封地和官职的人，才能幸免于难。齐国的政权将另有所归，在没有适当归属前，灾难是不会平息的呀！"所以晏子通过陈桓子交出了官职和封地，因此得以避免了栾氏、高氏制造的灾难。

去齐，使于郑。见子产，〔1〕如旧交。谓子产曰："郑之执政侈，〔2〕难将至矣，政必及子。子为政，慎以礼。〔3〕不然，郑国将败。"去郑，适卫。〔4〕说蘧瑗、史狗、史鰌、公子荆、公叔发、公子朝曰：〔5〕"卫多君子，〔6〕未有患也。"

**【注释】**〔1〕"子产"，即公孙侨、公孙成子，名侨，字子产，郑贵族子国之子。郑简公十二年（公元前五五四年）为卿，二十三年（公元前五四三年）执政，因实行改革，使郑国出现了新气象，为春秋著名政治家。〔2〕"执政"，指伯有。伯有执政时，与贵族驷带发生争执，被杀。〔3〕"礼"，奴隶社会贵族等级制的社会规范和道德规范。〔4〕"适"，往，去到。〔5〕"蘧瑗"，音 qú yuàn，字伯玉，谥曰成子，蘧庄子无咎之子，卫臣。"史狗"，字文子，史朝之子，卫臣。"史鰌"，即史鱼，卫大夫，以正直敢谏著名。"鰌"，音 qiū。"公子荆"，字南楚，卫献公子，孔子谓其"善居室"（见《论语·子路》）。"公叔发"，又作"公叔拔"（古音发、拔通互借），卫献公之孙，谥"文"，故又称公叔文子。《论语·宪问》称其"时然后言，人不厌其言；乐然后笑，人不厌其笑；义然后取，人不厌其取"。"公子朝"，卫公子。〔6〕"君子"，西周、春秋时对贵族的通称，后来又用作对品德高尚有卓越识人的称谓。

**【译文】**季札离开了齐国，又出使到郑国。看见子产，如同见到多年的老朋友一样。他对子产说："郑国的当权者腐败，灾难就要到来，政权必将落到您的身上。您当政以后，一定要谨慎地按照礼法行事，否则，郑国仍将败亡。"离开郑国，季札又来到卫国。劝慰蘧瑗、史狗、史鰌、公子荆、公叔发、公子朝说："卫国贤能的人很多，不会有祸患的。"

自卫如晋，将舍于宿，〔1〕闻钟声，曰："异哉！吾闻之，辩而不德，〔2〕必加于戮。〔3〕夫子获罪于君以在此，〔4〕惧犹不足，而又可以畔乎？〔5〕夫子之在此，犹燕之巢于幕也。〔6〕君在殡而可以乐乎？"〔7〕遂去之。文子闻之，〔8〕终身不听琴瑟。

**【注释】**〔1〕"将舍于宿"，《左传》襄公二十九年作"将宿于戚"，清钱大昕曰"古音'戚'如'蹙'，'蹙'与'缩'通，'宿'本有'蹙'音"，此"宿"即"戚"。"戚"，卫国邑，孙文子旧所食地，在今河南省濮阳县北稍东。季札盖由吴（今江苏苏州）先至鲁（今山东曲阜），再至齐（今山东临淄）。由齐至郑（今河南新郑），北行至卫都帝丘（今河南濮阳西南），然后北行经戚，再西行适晋。〔2〕"辩"，思辩，才辩。〔3〕"戮"，音lù，杀戮。〔4〕"夫子"，此指孙文子。〔5〕"畔"，清洪颐煊曰："古'畔'、'般'通，《尔雅·释诂》'般，乐也'。"本句"而又可以畔乎"，《左传》襄公二十九年作"而又何乐"。〔6〕"幕"，帐幕。帐幕随时可撤，燕筑巢其上，至为危险。〔7〕"君在殡"，此时献公卒而未葬。"殡"，音bìn，殓而未葬。〔8〕"文子"，即孙林父，卫国执政大臣孙良夫之子，因为卫定公所恶而奔晋。

**【译文】**从卫国前往晋国，准备在宿地住宿，听到钟声，说："真怪啊！我听说，空有才辩而无道德的，必定遭受杀身之祸。先生得了国君仍然停留在此，恐惧都来不及，还能寻欢作乐吗？先生在此停留，犹如燕子在帷幕做巢。国君尚未安葬，可以作乐吗？"说完便离开了。孙文子听说了这些话，到死不再听奏乐。

适晋，说赵文子、〔1〕韩宣子、〔2〕魏献子曰：〔3〕"晋国其萃于三家乎！"〔4〕将去，谓叔向曰〔5〕："吾子勉之！〔6〕君侈而多良，大夫皆富，政将在三家。吾子直，必思自免于难。"

**【注释】**〔1〕"赵文子"，名武，亦称赵孟，赵朔子，曾任晋新军、上军之将，后为正卿执晋国政。〔2〕"韩宣子"，名起，献子子，无忌弟，居州（今河南沁阳东南五十里），晋六卿之一。〔3〕"魏献子"，名舒，亦作荼（古荼、舒音通假借），本书《魏世家》谓"魏绛卒，谥为昭子，生魏嬴，嬴生魏献子"，司马贞引《世本》"献子名荼，庄子之子"，谓"无魏嬴"。杜预注《左传》、韦昭注《国语》皆谓献子为魏绛子。魏献子亦晋六卿之一。〔4〕"晋国其萃于三家乎"，春秋中叶以后，晋公室逐渐衰微，卿大夫渐强且相互倾轧吞并，周景王六年（公元前五三九年），叔向曾感叹说"栾、郤、胥、原、狐、续、庆、伯，降在皂隶，政在家门"，许多旧贵族被降为奴隶，国政被少数几个卿大夫所把持。至春秋末，晋国军政大权为知氏、范氏、中行氏和韩、赵、魏六家所把持。本句言晋国之政最终将为三家所取代，三家即指韩、赵、魏。"萃"，聚集。〔5〕"叔向"，羊舌氏，名肸（音xī），食邑在杨（今山西洪洞），又称杨肸，晋大夫。〔6〕"吾子"，对谈话对方的尊称，犹如今言"您"。

**【译文】** 季札来到晋国，对赵文子、韩宣子、魏献子说："晋国的大权将集中在您们三家了！"在临别时，他对叔向说："您努力吧！国君腐败而良臣又多，大夫都很富有，国家大权将落入三家手中，您非常正直，一定要考虑怎样使自己躲避灾难。"

季札之初使，北过徐君。[1]徐君好季札剑，口弗敢言。季札心知之，为使上国，[2]未献。还至徐，徐君已死，于是乃解其宝剑，系之徐君冢树而去。[3]从者曰："徐君已死，尚谁予乎？"季子曰："不然。始吾心已许之，岂以死倍吾心哉！"[4]

**【注释】**〔1〕"徐君"，徐国之君。徐国在今安徽泗县西北五十里。 〔2〕"上国"，春秋时吴、楚诸南方国家称中原诸国为上国。 〔3〕"冢"，音zhǒng，坟墓。《括地志》云："徐君庙在泗州徐城县西南一里，即延陵季子挂剑之徐君也。" 〔4〕"倍"，通"悖"，违背。

**【译文】** 当初季札刚开始出使时，北上途中拜见徐国国君。徐君非常喜爱季札的宝剑，嘴上却不好意思说出来。季札心里明白他的意思，因为还要出使中原诸国，没能将宝剑赠送给他。在他回国时又来到徐国，徐君已经去世，他便解下宝剑，挂在徐君墓旁的树上才离开。随从的人说："徐君已经死了，您还送给他干什么呢？"季子说："不能这样说，当初我心里已经决定送给他，怎能因为他死了而违背我的初衷呢？"

七年，楚公子围弑其王夹敖而代立，[1]是为灵王。十年，楚灵王会诸侯而以伐吴之朱方，[2]以诛齐庆封。[3]吴亦攻楚，取三邑而去。[4]十一年，楚伐吴，至雩娄。[5]十二年，楚复来伐，次于乾溪，[6]楚师败走。

**【注释】**〔1〕"公子围"，楚共王子、康王弟，在楚自称王子围，公元前五四〇年即王位，易名虔，称熊虔，即楚灵王。楚本芈（音mǐ）姓，据《楚世家》，楚君之名多用"熊"字，如其先有鬻熊、熊丽、熊狂、熊绎、熊艾、熊扬、熊芴、熊渠、熊延、熊勇、熊严、熊霜、熊绚、熊仪、熊坎。入春秋后，武王名熊通，文王名熊赀，成王名熊恽。出土春秋青铜器曾侯钟铭称楚王熊章，即《左传》哀公六年"逆越女之子章而立之"之"章"，足见楚大子或公子为王后多改名而冠以"熊"字。"夹敖"，《左传》作"郏敖"，康王子熊麇。公元前五四五年康王死，翌年，夹敖即王位，在位四年，为令尹围（公子围时任令尹）所杀。因葬于夹（楚地，今河南郏县旧治），故谓夹敖。楚君王之无谥者，多以葬地冠敖字，如《楚世家》有杜敖，《左传》僖公二十八年有若敖，昭公二年有郏敖。 〔2〕"楚灵王会诸侯而以伐吴"，《春秋》昭公四年载"秋七月，楚子率蔡侯、陈侯、许男、顿子、胡子、沈子、淮夷伐吴"。"朱方"，吴邑，今江苏镇江市丹徒镇南。 〔3〕"庆封"，齐大夫，字子家，又字季，庆克子。曾为齐相国，因专权被田、鲍、高、栾四族所逐，先奔鲁，后奔吴。吴以朱方赐之，富于在齐。〔4〕"吴亦攻楚，取三邑而去"，《左传》昭公四年冬，"吴伐楚，入棘、栎、麻，以报朱方之役"。棘，今河南永城县南。栎，今河南新蔡县北二十里。麻，今安徽砀山县东北二十五里，旧有麻城集。三邑皆楚东鄙邑。〔5〕"楚伐吴，至雩娄"，《左传》昭公五年冬十月，"楚子以诸侯及东夷伐吴，以报棘、栎、麻之役"，因"吴早设备，楚无功而还"，楚蒍启彊师曾"待命于雩娄"。"雩娄"，今河南商城县东北。雩，音yú。〔6〕"楚复来伐，次于乾溪，楚师败走"，《左传》昭公六年，楚"使蒍泄伐徐（今安徽泗县），吴人救之"，楚"令尹子荡帅师伐吴，师于豫章（今河南光山固始一带），而次于乾溪"。"乾溪"，今安徽亳县东南七十里，与城父村相近。"吴人败其师于房钟（今安徽蒙城县西南，西淝水北岸之阚町集），获宫厩尹弃疾"。

【译文】七年，楚国的公子围杀了他的君王夹敖取代了王位，这就是灵王。十年，楚灵王会合了诸侯来攻打吴国的朱方，诛杀了从齐国来的庆封。吴国也攻打楚国，夺取了三个城邑便离去了。十一年，楚国进军攻打吴国，到达雩娄。十二年，楚国再次来伐，军队驻扎在乾溪，楚国战败后逃走了。

十七年，王余祭卒，〔1〕弟余眜立。〔2〕王余眜二年，楚公子弃疾弑其君灵王代立焉。〔3〕

【注释】〔1〕"十七年，王余祭卒"，《左传》襄公二十九年（公元前五四四年）载"吴人伐越，获俘焉，以为阍（守门人），使守舟。吴子余祭观舟，阍以刀弑之"。一九七三年十二月，在湖南长沙马王堆三号墓出土的汉初帛书《春秋事语》载"吴伐越，复（俘）其民"，"使守其周（舟）"，"吴子余蔡（余祭）观周（舟），闉（阍）人杀之"。〔2〕"余眜立"，公元前五三〇年余眜即位。〔3〕"公子弃疾"，楚共王五子，康王为长，灵王次之，再次子比、子皙，弃疾为幼。封蔡公。《春秋》昭公十三年（公元前五二九年）载"夏四月，楚子比自晋归于楚，弑其君虔于乾溪，楚公子弃疾杀公子比"。弃疾即位后易名熊居，即平王。

【译文】在位十七年，吴王余祭去世，弟弟余眜继位。吴王余眜二年，楚国的公子弃疾杀了他的君王灵王取代了他的王位。

四年，王余眜卒，欲授弟季札。季札让，逃去。于是吴人曰："先王有命，兄卒弟代立，必致季子。季子今逃位，则王余眜后立。今卒，其子当代。"乃立王余眜之子僚为王。〔1〕

【注释】〔1〕"僚"，《左传》昭公二十年称僚为州于，当是其号。《公羊传》以僚为寿梦庶子、余眜庶兄，与此异。

**【译文】** 在位四年，吴王余眛去世，他的遗愿是将王位传给弟弟季札。季札避让受位，逃离而去。于是吴国人说："先王曾有遗嘱，哥哥去世由弟弟继位，一定要传位给季子。季子现在逃离不肯继位，就应由吴王余眛的后代继位。现在他去世了，他的儿子应该接位了。"于是便拥立吴王余眛的儿子僚作吴王。

　　王僚二年，〔1〕公子光伐楚，〔2〕败而亡王舟。光惧，袭楚，复得王舟而还。

**【注释】** 〔1〕"王僚二年"，当鲁昭公十七年，公元前五二五年。 〔2〕"公子光"，即吴王阖庐，又作阖闾。《世本》以光为余眛子，与此异。

**【译文】** 吴王僚二年，公子光领兵攻打楚国，战败且丢失了吴王的龙船。公子光很害怕，他通过偷袭的办法，重新夺回了吴王的龙船才带兵回国。

　　五年，楚之亡臣伍子胥来奔，〔1〕公子光客之。公子光者，王诸樊之子也。常以为"吾父兄弟四人，当传至季子。季子即不受国，光父先立。即不传季子，光当立"。阴纳贤士，〔2〕欲以袭王僚。

**【注释】** 〔1〕"楚之亡臣伍子胥"，名员，父奢兄尚皆被楚平王杀害，子胥亡出而奔吴，吴封以申地，故称申胥。与孙武共佐吴王阖庐伐楚，五战入楚都郢，掘平王墓，鞭尸三百。吴王夫差败越，越请和，子胥谏不从。夫差信伯嚭谗言，迫子胥自杀。"奔"，同"奔"。 〔2〕"阴"，秘密。

**【译文】** 五年，楚国在逃的大臣伍子胥前来投奔，公子光像对待客人一样接待了他。公子光本是吴王诸樊的儿子，平常就认为在自己父亲兄弟四人中，王位应该传给季子。季子不肯接受王位，自己的父亲应该首先继位。若果不能传位给季子，公子光应接受王位。他暗地招纳贤能之士，准备一旦有机会便袭击吴王僚。

　　八年，吴使公子光伐楚，败楚师。〔1〕迎楚故太子建母于居巢以归。〔2〕因北伐，败陈、蔡之师。九年，公子光伐楚，拔居巢、钟离。〔3〕初，楚边邑卑梁氏之处女与吴边邑之女争桑，〔4〕二女家怒相灭，两国边邑长闻之，怒而相攻，灭吴之边邑。吴王怒，故遂伐楚，取两都而去。〔5〕

**【注释】** 〔1〕"八年，吴使公子光伐楚，败楚师"，据《左传》昭公二十三年，吴人伐州来，楚令尹阳丐帅诸侯（顿、胡、沈、蔡、陈、许）之师奔命救州来。因主帅阳丐病死军中，吴军乘机大败楚及诸侯军。据《左传》此役战于鸡父，今河南固始东。〔2〕"楚故太子建母"，蔡女。楚平王因娶秦女而疏远太子建母，废太子建后，其母归其家。《左传》昭公二十三年及《楚世家》皆谓太子建母召吴攻楚。"居巢"，今安徽巢县东北，《左传》作"鄝"，今河南新蔡。〔3〕"钟离"，今安徽凤阳东而稍北。〔4〕"楚边邑卑梁氏之处女与吴边邑之女争桑"，《楚世家》作"吴之边邑卑梁与楚边邑钟离小童争桑"，是卑梁为近钟离之地。〔5〕"两都"，指居巢、钟离。

**【译文】** 八年，吴王僚派公子光出兵攻打楚国，打败了楚国的军队，从居巢把楚国从前的太子建的母亲接来带回国。并趁势向北进军，打败了陈国、蔡国的军队。九年，公子光攻打楚国，攻陷了居巢、钟离两地。在此之前，楚国边境卑梁家的少女与吴国边境的女子争采桑叶，两家怒而互相残杀，两国边境长官知道后，也大为恼怒进而互相攻打，楚国人扫荡了吴国的边境村庄。吴王对此十分恼怒，因此才出兵攻打楚国，攻占了两个城镇才善罢甘休。

伍子胥之初奔吴，说吴王僚以伐楚之利。公子光曰："胥之父兄为僇于楚，〔1〕欲自报其仇耳。未见其利。"于是伍员知光有他志，〔2〕乃求勇士专诸，〔3〕见之光。〔4〕光喜，乃客伍子胥。子胥退而耕于野，以待专诸之事。〔5〕

**【注释】**〔1〕"胥之父兄为僇于楚"，胥父伍奢为太子建太傅，因谏废太子建，被楚平王所杀。平王为除后患召伍奢子伍尚、伍胥，胥出逃，而尚至，遂与其父同遭杀害。"僇"，音 lù，通"戮"，斩杀。〔2〕"光有他志"，指公子光有取国谋君位的意图。〔3〕"勇士专诸"，《吴越春秋》云："专诸，丰邑人。伍子胥初亡楚如吴时，遇之于途，专诸方与人斗，甚不可当，其妻呼，还。子胥怪而问其状。专诸曰：'夫屈一人之下，必申万人之上。'胥因而相之，雄貌，深目，侈口，熊背，知其勇士。"〔4〕"见"，音 xiàn，同"现"，呈现。〔5〕"以待专诸之事"，指待专诸为公子光谋取君位之事成功。

**【译文】** 伍子胥刚刚投奔吴国时，用攻打楚国的好处劝说吴王僚。公子光说："伍子胥的父亲和哥哥被楚国杀害了，他只是为了报自己的私仇，对吴国来说哪里有什么好处！"由此伍子胥知道公子光另有打算，便寻求到一位叫专诸的勇士，把他献给公子光。公子光正中下怀，于是便对伍子胥以礼相待。伍子胥隐居到乡间从事耕种，等待着专诸的行动。

十二年冬，楚平王卒。〔1〕十三年春，〔2〕吴欲因楚丧而伐之，〔3〕使公子盖余、烛庸〔4〕以兵围楚之六、灊。〔5〕使季札于晋，以观诸侯之变。楚发兵绝吴兵后，吴兵不得还。于是吴公子光曰："此时不可失也。"[6]告专诸曰："不索何获！我真王嗣，当立，[7]吾欲求之。季子虽至，不吾废也。"专诸曰："王僚可杀也。母老子弱，[8]而两公子将兵攻楚，楚绝其路。方今吴外困于楚，而内空无骨鲠之臣，[9]是无奈我何。"光曰："我身，子之身也。"[10]四月丙子，光伏甲士于窟室，[11]而谒王僚饮。[12]王僚使兵陈于道，自王宫至光之家，门阶户席，皆王僚之亲也，人夹持铍。[13]公子光详为足疾，[14]入于窟室，[15]使专诸置匕首于炙鱼之中以进食。[16]手匕首刺王僚，铍交于匈，[17]遂弑王僚。公子光竟代立为王，是为吴王阖庐。阖庐乃以专诸子为卿。

【注释】[1]"十二年冬，楚平王卒"，据《春秋》、《左传》昭公二十六年及本书《十二诸侯年表》，楚平王死在吴王僚十一年，公元前五一六年。[2]"十三年春"，据《十二诸侯年表》及《春秋》、《左传》吴王僚止有十二年，此"十三年春"据《左传》昭公二十七年应是"十二年夏"。[3]"楚丧"，指楚平王之丧事。[4]"公子盖余、烛庸"，贾逵、杜预皆谓二公子为王僚母弟。杜氏《世族谱》又谓二公子为寿梦子。[5]"六、灊"，《左传》无"六"字，"灊"作"潜"。"六"，古国名，后为楚地，在今安徽六安县北。"灊"，音qián，今安徽霍山县东北三十里，近六，楚邑。[6]"时"，此言刺杀王僚的时机。[7]"我真王嗣，当立"，本篇前言"公子光者，王诸樊之子也。常以为'吾父兄弟四人，当传至季子。季子即不受国，光父先立。即不传季子，光当立'"。故公子光自称是真正应继承王位者。[8]"母老子弱"，此为专诸准备冒死刺杀王僚前，向公子光诉说自己母老子幼，期望日后得到照顾。[9]"骨鲠之臣"，正直的臣属。"鲠"，音gěng，鱼刺。[10]"我身，子之身也"，此为公子光向专诸表示万一专诸遭到不幸，将代其侍养母子。[11]"窟室"，暗室。[12]"谒"，音yè，请。[13]"铍"，音pī，两刃剑。[14]"详"，通"佯"，假装。[15]"入于窟室"，公子光在专诸动手之前预先借故脚疾躲入暗室，以免动武以后王僚卫士杀伤自己。[16]"匕首"，短剑。[17]"交"，交接。指卫士用铍刺杀专诸及于胸。"匈"，同"胸"。

【译文】十二年冬天，楚平王去世。十三年春天，吴国打算趁楚国治丧期间进兵攻打它，指派公子盖余、烛庸带兵包围了楚国的六邑和灊邑。派遣季札出使晋国，观察诸侯的态度和举动。楚国调兵断绝了吴军的退路，吴国军队无法撤退。看到这种情景，吴国的公子光说："这个时机可不能丧失啊！"他对专诸说："此时不去索求更待何时！我才是真该继承王位的人，应该接位了，我打算现在就得到它。季子就是来了，也不会废除我的！"专诸说："到了可以杀王僚的时候了。他母亲年老孩子幼弱，两个公子带兵在楚国打仗，楚国又断绝了他们的归路。如今吴王在外受到楚国的围困，在内没有刚正不阿的大臣，没有可以对付我们的。"公子光说："我的身子，就是你的身子！"四月丙子日，公子光在暗室里埋伏下武士，邀请吴王僚来饮酒。吴王僚把军士排列在大道两旁，从王宫到公子光的家，大门、台阶、屋门、坐席两侧，都安排下吴王僚的亲兵，人人手执短剑。公子光假称脚有毛病，进入暗室，指使专诸把匕首藏在烤鱼腹中端给吴王僚吃。专诸手执匕首直刺吴王僚，自己的胸膛也被吴王亲兵的短剑刺中，结果仍然杀死了王僚。公子光终于取得了王位，这就是吴王阖庐。阖庐便任命专诸的儿子担任上卿。

季子至，曰："苟先君无废祀，民人无废主，社稷有奉，[1]乃吾君也。吾敢谁怨乎？哀死事生，[2]以待天命。非我生乱，立者从之，[3]先人之道也。"复命，[4]哭僚墓，复位而待。[5]吴公子烛庸、盖余二人将兵遇围于楚者，闻公子光弑王僚自立，乃以其兵降楚，楚封之于舒。[6]

【注释】〔1〕"社"，土神。"稷"，谷神。〔2〕"哀死"，指王僚。"事生"，指阖庐。〔3〕"立者"，立为君者。〔4〕"复命"，季子本受王僚命使于晋，僚死后归来仍向王僚回复使命。〔5〕"复位而待"，回到原来的职位等待新君的命令。〔6〕"舒"，国名，治所在今安徽庐江县西南。《左传》昭公二十七年曰"吴公子掩余（即盖余）奔徐，公子烛庸奔钟吾（今江苏宿迁县东北）"，《春秋》昭公三十年"吴灭徐，徐子章羽奔楚"，《左传》曰"吴子使徐人执掩余，使钟吾人执烛庸，二公子奔楚。楚子大封而定其徙"，"使居养（今河南沈丘县之东，临安徽界首县界）"，"将以害吴也"。无封舒事。

【译文】季子回来后，说："假如先君的祭祀不被废绝，百官不再废除他们的君主，社稷仍然受到供奉，这也就是我的国君了。我还敢怨恨谁呢？痛悼死去的，侍奉活着的，顺待天意的安排。不是我发起的动乱，谁当君主就服从谁，这是先人们遵循的道理呀！"他来到王僚的墓前，哭着向旧日的君主汇报了出使的经过，然后回到自己的官府等待新君主下达命令。此时，吴国公子烛庸、盖余二人正带兵受到楚国军队的包围，听到公子光杀了王僚自立为王，便带领他们统领的军队投降楚国，楚王把他们封在舒邑。

王阖庐元年，举伍子胥为行人而与谋国事。[1]楚诛伯州犁，[2]其孙伯嚭亡奔吴，[3]吴以为大夫。

【注释】〔1〕"行人"，官名，《周礼秋官》有大行人，掌大宾之礼及大客之仪，小行人掌使适四方，协九仪宾客之事。诸侯之行人则通掌之。〔2〕"伯州犁"，本晋伯宗之子，后奔楚，任楚太宰。〔3〕"伯嚭"，奔吴后曾任太宰，故又称太宰嚭。"嚭"，音 pǐ。

【译文】吴王阖庐元年，提拔伍子胥担任行人并参与谋划国家大事。楚国诛杀了伯州犁，他的孙子伯嚭逃亡投奔到吴国，吴王用他作大夫。

三年，吴王阖庐与子胥、伯嚭将兵伐楚，拔舒，杀吴亡将二公子。光谋欲入郢，[1]将军孙武曰：[2]“民劳，未可，待之。”四年，伐楚，取六与灊。五年，伐越，败之。六年，[3]楚使子常囊瓦伐吴。[4]迎而击之，大败楚军于豫章，[5]取楚之居巢而还。[6]

　　**【注释】**〔1〕“郢”，音 yǐng，楚都，今湖北江陵县北纪南城。　〔2〕“孙武”，本齐人，字长卿，以兵法求见吴王阖庐，用为将，西破强楚，北威齐、晋。曾著《孙子兵法》十三篇，为中国最早最杰出的军事理论著作。一九七二年，山东临沂银雀山西汉墓发现《孙子兵法》残简，并有《吴问》等佚文。因仕于吴，又称吴孙子。《左传》昭公三十年有伍子胥答吴王伐楚之问，无孙武事。　〔3〕“六年”，《左传》定公二年载楚囊瓦伐吴事，鲁定公二年合吴阖庐七年。〔4〕“子常囊瓦”，名囊瓦，字子常，楚令尹，令尹子囊之孙。　〔5〕“豫章”，淮水南、长江北一带。　〔6〕“居巢”，今安徽省巢县。

　　**【译文】**三年，吴王阖庐携同伍子胥、伯嚭带兵攻打楚国，攻陷了舒邑，把出逃在外的吴国两个公子杀死。阖庐谋划攻入郢都，将军孙武说：“百姓太劳累，尚不可进军，姑且等待一些日子。”四年，再进军攻打楚国，夺取了六邑和灊邑。五年，攻打越国，战胜了它。六年，楚国派子常囊瓦攻打吴国。吴军迎击楚军，在豫章大败楚军，夺得了楚国的居巢才收兵。

　　九年，吴王阖庐请伍子胥、孙武曰：“始子之言郢未可入，今果如何？”二子对曰：“楚将子常贪，而唐、蔡皆怨之。[1]王必欲大伐，必得唐、蔡乃可。”阖庐从之，悉兴师，与唐、蔡西伐楚，至于汉水。楚亦发兵拒吴，夹水陈。[2]吴王阖庐弟夫槩欲战，[3]阖庐弗许。夫槩曰：“王已属臣兵，[4]兵以利为上，尚何待焉？”遂以其部五千人袭冒楚，楚兵大败，走。于是吴王遂纵兵追之。比至郢，[5]五战，楚五败。楚昭王亡出郢，奔郧。[6]郧公弟欲弑昭王，昭王与郧公奔随。[7]而吴兵遂入郢。子胥、伯嚭鞭平王之尸以报父仇。

　　**【注释】**〔1〕“唐”，楚附庸小国，在今湖北随县西北之唐河镇。“唐、蔡皆怨之”，据《左传》定公三年，子常欲贪蔡、唐宝物，蔡昭侯、唐成公因拒绝而遭子常拘留三年，以是结怨。〔2〕“陈”，通“阵”，列军阵。　〔3〕“夫槩”，又作“夫概”，阖庐十年，自立为吴王，称夫槩王。后与阖庐战败，奔楚，为棠溪氏。　〔4〕“属”，音 zhǔ，嘱托，交付。　〔5〕“比”，及，等到。“至郢”，《春秋》定公四年（公元前五〇六年）“冬十有一月庚午（十八日），蔡侯以吴子及楚人战于柏举（今湖北麻城东北），楚师败绩。楚囊瓦出奔郑。庚辰（二十八日），吴入郢。”　〔6〕“郧”，今湖北京山县安陆县一带。　〔7〕“郧公弟欲弑昭王，昭王与郧公奔随”，《左传》定公四年载“郧公辛之弟怀将弑王，曰：‘平王杀吾父，我杀其子，不亦可乎？’”郧公辛则以为"君讨臣，谁敢雠（仇）之？"遂携其弟巢与楚昭王奔随。"随"，国名，姬姓，在今湖北随县南。

**【译文】** 九年，吴王阖庐向伍子胥、孙武请问说："早先您说郢都尚不可打入，那么现在怎么样了呢？"两位回答说："楚国将领子常很贪婪，唐国、蔡国都很怨恨他。君王决意大举进攻的话，一定要得到唐国、蔡国的协助才可以发兵。"阖庐听从了他们的意见，出动全国军队，与唐国、蔡国一道向西进军攻打楚国，军队进到汉水之滨。楚国也调兵抵御吴国军队，双方在汉江两岸布下了阵形。吴王阖庐的弟弟夫槩打算出战，阖庐不许可。夫槩说："君王既然已经把军队交给了我，战争总是以有利于我为上策，还等待什么呢？"便率领他的部下五千军兵冒险袭击楚国军队，楚国的军队大败而逃。于是吴王便挥兵追击败逃的楚军。待到追至郢都，交战五次，楚军失败五次。楚昭王逃出郢都，投奔郧城。郧公的弟弟要想杀死昭王，昭王与郧公一道又投奔随国。吴国军队就此进入郢都。伍子胥、伯嚭鞭打了楚平王的尸体，以报父仇。

十年春，越闻吴王之在郢，国空，乃伐吴。吴使别兵击越。楚告急秦，秦遣兵救楚击吴，吴师败。阖庐弟夫槩见秦越交败吴，吴王留不去，夫槩亡归吴而自立为吴王。阖庐闻之，乃引兵归，攻夫槩。夫槩败奔楚。楚昭王乃得以九月复入郢，而封夫槩于堂溪，[1]为堂溪氏。十一年，吴王使太子夫差伐楚，[2]取番。[3]楚恐而去郢徙都。[4]

**【注释】**〔1〕"堂溪"，今河南遂平县西北。〔2〕"吴王使太子夫差伐楚"，《左传》定公六年作"吴大子终累败楚舟师"。〔3〕"番"，音 pān，《左传》作"潘"。〔4〕"都"，音 ruò，今湖北宜城县东南九十里，公元前五〇四年，楚都由郢迁此。

**【译文】** 十年春天，越国探听到吴王远在郢都，国内武装空虚，就出兵攻打吴国。吴国另外派遣一支军队迎击越军。楚国向秦国告急，秦国派遣军队营救楚国攻打吴国，吴国军队战败。阖庐的弟弟夫槩看见秦国、越国接连打败吴军，吴王滞留楚国不走，便逃回吴国自立为吴王。阖庐听到这个消息，便带领军队回国，攻打夫槩。夫槩战败逃奔楚国。楚昭王趁此机会在九月重新回到郢都，而封夫槩在堂溪，称为堂溪氏。十一年，吴王派太子夫差出兵攻打楚国，夺取了番邑。楚王害怕侵扰便离开郢都迁徙到都城。

十五年，孔子相鲁。[1]

【注释】〔1〕"十五年，孔子相鲁"，鲁定公十年（公元前五〇〇年），孔子相鲁。

【译文】十五年，孔子在鲁国担任国相。

　　十九年夏，吴伐越，[1]越王勾践迎击之檇李。[2]越使死士挑战，[3]三行造吴师，[4]呼，自刭。[5]吴师观之，[6]越因伐吴，败之姑苏，[7]伤吴王阖庐指，军却七里。吴王病伤而死。[8]阖庐使立太子夫差，谓曰："尔而忘勾践杀汝父乎？"对曰：[9]"不敢！"三年，乃报越。

【注释】〔1〕"十九年夏，吴伐越"，鲁定公五年，越王允常乘吴伐楚，师在外，而伐吴。吴阖庐十八年允常卒，故于十九年兴师伐越，以报允常之伐吴。〔2〕"越王勾践"，又作"句践"，越王允常之子，公元前四九七年至前四六五年在位。曾被吴大败，屈辱求和。他卧薪尝胆，励精图治，终于使越转弱为强，灭亡了吴国。并在徐州（今山东滕县南）大会诸侯，成为霸主。"檇李"，又作"醉李"，今浙江嘉兴西南。"檇"，音 zuì。〔3〕"死士"，不怕死的勇士。〔4〕"三行造吴师"，《左传》定公十四年作"使罪人三行，属剑于颈"，盖谓使罪人排成三行来到吴国军队面前。〔5〕"自刭"，自己用刀割自己的脖子而死。"刭"，音 jǐng。〔6〕"吴师观之"，吴师观看越军自颈的场面，有所惊恐时，越军乘机掩杀。〔7〕"姑苏"，阖庐所筑姑苏台，在今江苏苏州西南，夫差在台上立春宵宫，为长夜之饮。〔8〕"吴王病伤而死"，《越绝书》曰："阖庐冢在吴县昌门外，名曰虎丘。"〔9〕"对"，通"答"，古音声母相同互为通假。

【译文】十九年夏天，吴国攻打越国，越王勾践在檇李迎击吴军。越国派遣敢死队出面挑战，他们排成三行来到吴军阵前，大声呼喊，并当着吴军的面自杀。就在吴国士兵全神贯注地观看时，越军趁机冲杀过去，在姑苏打败了吴军。作战中击伤了吴王的指头，吴军败退了七里地。吴王不久因伤病死。阖庐下令传位给太子夫差，对他说："您能忘记勾践杀父之仇吗？"回答说："不敢忘！"三年后，他就向越国报仇。

　　王夫差元年，[1]以大夫伯嚭为太宰。[2]习战射，常以报越为志。二年，吴王悉精兵以伐越，败之夫椒，[3]报姑苏也。越王勾践乃以甲兵五千人栖于会稽，[4]使大夫种因吴太宰嚭而行成，[5]请委国为臣妾。吴王将许之，伍子胥谏曰："昔有过氏杀斟灌以伐斟寻，[6]灭夏后帝相。[7]帝相之妃后缗方娠，[8]逃于有仍而生少康。[9]少康为有仍牧正。[10]有过又欲杀少康，少康奔有虞。[11]有虞思夏德，于是妻之以二女而邑之于纶，[12]有田一成，有众一旅。后遂收夏众，抚其官职。使人诱之，[13]遂灭有过氏，复禹之绩，祀夏配天，[14]不失旧物。今吴不如有过之强，而勾践大于少康。今不因此而灭之，又将宽之，不亦难乎！且勾践为人能辛苦，今不灭，后必悔之。"吴王不听，听太宰嚭，卒许越平，〔15〕与盟而罢兵去。

中華藏書

史记精华

中国书店

二四四

**【注释】**〔1〕"王夫差元年"，当鲁定公十五年，公元前四九五年。〔2〕"太宰"，西周时"宰"为掌管王室内外事务的官，春秋时诸侯国此官多称太宰，或专职，或兼职，实际上常执掌冢宰、卿相之职，为国之执政。〔3〕"夫椒"，越地，离今浙江省绍兴县十五里。〔4〕"会稽"，音 guì jī，越都，今浙江省绍兴县会稽山。〔5〕"大夫种"，大夫为官名，其氏文，名种，字少禽，楚之南郢人，楚平王时曾为楚之宛令。与范蠡同事越王勾践，出计灭吴，功成，范蠡劝其引退，不听，后为勾践赐剑自杀。"行成"，休战求和。〔6〕"有过氏"，夏代部族名，《左传》哀公元年作"有过浇"，襄公四年曰"寒浞杀羿，因其室而生浇，处浇于过"，又曰"使浇用师，灭斟灌及斟寻氏"。"过"，据杜预注，在今山东省掖县西北近海，或疑在今河南省太康县东南。"斟灌"，夏帝仲康所封同姓诸侯国名，其地或曰在今山东省寿光县东，或曰在今山东省范县北观城镇。"斟寻"，夏同姓诸侯国名，其地或曰在山东省潍县西南，或曰在河南省偃师县东北。本句"杀斟灌以伐斟寻"，谓攻伐其国杀伐其君。〔7〕"夏后帝相"，夏后帝启之孙，帝仲康之子，后相失国，依于二斟，复为浇所灭。〔8〕"后缗"，相妻，有仍氏女。"娠"，音shēn，怀胎。"缗"，音 mín。〔9〕"有仍"，夏代部族名，在今山东济宁、金乡间。"少康"，相遗腹子，寒浞攻灭相后，少康生在母家有仍氏，后为有仍氏牧正，又逃奔有虞氏为庖正，有田一成（方十里），有众一旅（五百人）。后得同姓部族帮助，攻灭寒浞，恢复夏代统治，史家称"少康中兴"。〔10〕"牧正"，掌管畜牧之官。〔11〕"有虞"，舜之后裔，在今河南商丘地区虞城县。〔12〕"纶"，虞邑，在今河南虞城县东南三十里。〔13〕"使人诱之"，《左传》哀公元年曰"使女艾（少康臣）谍浇（言使女艾打入浇处为间谍），使季杼（禹后七世孙，少康之子）诱豷（浇弟）"。〔14〕"祀夏配天"，依古礼，祀天以先祖配之，此则祀夏祖而同时祀天帝也。此为受命君主必行之礼。〔15〕"平"，春秋国与国之间缔造和平、媾和，谓之"平"。

**【译文】**吴王夫差元年，任命大夫伯嚭为太宰。训练军队作战射箭，时时刻刻不忘向越国报仇。二年，吴王调动全部精锐部队去攻打越国，在夫椒打败了越国的军队，报了姑苏之仇。越王勾践把五千甲兵隐蔽在会稽，派大夫文种通过吴国的太宰嚭向吴王求和，请求允许全越国的男女作为吴国的奴隶。吴王准备答应越国的请求，伍子胥进谏说："从前有过氏灭了斟灌去攻打斟寻，灭亡了夏后帝相。帝相的妃子后缗正在怀孕，逃在了有仍国，生下了少康。少康当上了有仍国的牧正。有过氏又要杀死少康，少康又逃奔到有虞国。有虞氏感念夏朝的恩德，便把两个女儿嫁给他并把纶邑封给他，使他拥有地方十里，人口五百。后来他便招集夏人的旧部，重整夏人的体制。派人引诱对方上当，从而灭亡了有过氏，恢复了大禹的功业，让夏人的祖先重新在祭祀中配享上帝，恢复了原有的统治。今天吴国不如有过氏强大，而勾践却远远超过少康。现在不趁此消灭他，还要饶恕他，日后就很难制服他了。况且勾践的为人很能忍耐，现在不消灭他，以后一定会懊悔的。"吴王不肯听从，只听太宰嚭的话，最后答应与越国媾和，签订了协定后撤兵离去。

七年，吴王夫差闻齐景公死而大臣争宠，〔1〕新君弱，乃兴师北伐齐。子胥谏曰：“越王勾践食不重味，衣不重采，吊死问疾，且欲有所用其众。此人不死，必为吴患。今越在腹心疾而王不先，而务齐，不亦谬乎！”吴王不听，遂北伐齐，败齐师于艾陵。〔2〕至缯，〔3〕召鲁哀公而征百牢。〔4〕季康子使子贡以周礼说太宰嚭，〔5〕乃得止。因留略地于齐鲁之南。九年，为驺伐鲁，〔6〕至，与鲁盟乃去。〔7〕十年，因伐齐而归。十一年，复北伐齐。〔8〕

**【注释】**〔1〕“齐景公”，名杵臼，庄公异母弟。公元前五四七年继位，前四九〇年死。〔2〕“艾陵”，今山东莱芜东。艾陵之战，《左传》在鲁哀公十年，当夫差十一年，不在夫差七年。〔3〕“缯”，今山东峄县东。〔4〕“征”，求。“牢”，牲品，用作馈食或祭祀，用牛、羊、猪各一为一牢。《周礼·秋官·大行人》曰：“上公九牢，侯伯七牢，子男五牢，是常数也。”今吴向鲁征求百牢之礼，显然超越周之礼法。〔5〕“季康子”，名肥，桓子之子，亦曰季孙，鲁哀公四年至二十七年执鲁政。“子贡”，姓端木，名赐，卫人，亦曰卫赐，孔丘弟子。“说”，音shuì，劝说。〔6〕“为驺伐鲁”，《左传》哀公八年作“吴为邾故，将伐鲁”，驺、邾古音相通互借。邾，国名，曹姓，《礼记·檀弓》、《公羊》皆作“邾娄”，《国语·郑语》、《晏子春秋·内篇》、《孟子》并作“邹”。传世彝器有邾公牼钟、邾公华钟，“邾”并作“鼄”。初都今山东曲阜东稍南，后都今邹县东南。〔7〕“盟”，在“神”前立誓缔约。〔8〕“十一年”，据《左传》哀公十一年，“吴复北伐齐”，应为夫差十二年。

**【译文】**七年，吴王夫差得知齐景公去世而大臣们争权夺利，新继位的国君年纪尚轻，便发兵北上攻打齐国。伍子胥进谏说：“越王勾践粗茶淡饭，衣不穿绸缎，慰问死者家属，探看患病的人，这是想驱使他的百姓实现某个目标。这个人活着必然要成为吴国的患害。现在越国才是吴国的心腹之患，君王若不尽早除掉他，去忙于攻打齐国，不是很荒唐吗？”吴王根本听不进去，一心向北进军攻打齐国，在艾陵打败了齐国的军队。到达缯地后，传呼鲁哀公，向他索要一百套牛羊猪等祭品。季康子派子贡用周王室的礼法去劝说太宰嚭，才得以阻止。因而滞留在齐国、鲁国南部占领地。九年，替驺国去攻打鲁国，到达战地后，与鲁国互签盟约后才离去。十年，攻打了齐国后回国。十一年，再次向北攻打齐国。

越王勾践率其众以朝吴，厚献遗之，〔1〕吴王喜。唯子胥惧，曰：“是弃吴也。”〔2〕谏曰：“越在腹心，今得志于齐，犹石田，〔3〕无所用。且《盘庚之诰》有颠越勿遗，〔4〕商之以兴。”吴王不听，使子胥于齐，子胥属其子于齐鲍氏，[5]还报吴王。吴王闻之，大怒，赐子胥属镂之剑以死。[6]将死，曰："树吾墓上以梓，令可为器。[7]抉吾眼置之吴东门，[8]以观越之灭吴也。"

**【注释】**〔1〕"遗"，音 wèi，给予赠送。"厚献遗之"，《左传》哀公十一年作"王及列士皆馈赂，吴人皆喜"。 〔2〕"是弃吴也"，日本国流传的三条西实隆公《史记》古本作"是天弃吴也"。〔3〕"石田"，石田无法耕种，比喻无用之物。 〔4〕"《盘庚之诰》"，即《尚书·盘庚》中篇，引文略有节简。"颠"，狂。"越"，逾越。"颠越勿遗"，《尚书·盘庚》作"颠越不恭，暂遇奸宄，我乃劓殄灭之，无遗育，无俾易种于兹新邑"，意谓：若有不良顺、贻误国事、奸诈作乱者，则全部杀尽，不留后患，不让坏种迁移到新的城邑中来。〔5〕"属"，音 zhǔ，通"嘱"，嘱托。"鲍氏"，齐国望族。〔6〕"属镂"，利剑名。《淮南子·氾论训》"大夫种身伏属镂而死。"〔7〕"树吾墓上以梓，令可为器"，《左传》哀公十一年作"树吾墓槚，槚可材也。吴其亡乎？"梓、槚同类，皆制棺之木。《左传》襄公二年载穆姜使择美槚以自为棺椟，襄公四年载季孙为己树六槚，俱足为证。此句言伍子胥临死说，在自己墓上植树，以此木为棺以待吴王之死。〔8〕"抉"，音 jué，挖。"置之吴东门"，越攻打吴必由东方进入吴都城，故伍子胥说把自己的眼睛悬在吴都东门，以观越军之攻入。

**【译文】**越王勾践带领他的部下来朝见吴王，献上了非常丰厚的礼物，吴王很高兴。只有伍子胥感到很害怕，说："这是要葬送吴国啊！"进谏说："越国处于吴国的生死之地，今天在齐国取得了很大的胜利，犹如得到的是石田，没有任何用处。况且《盘庚之诰》有劣种不可遗患的训导，商王朝正是遵守这一训导才得以兴盛的。"吴王不予采纳，派伍子胥出使齐国，伍子胥把他的儿子嘱托给齐国的鲍氏后，方回国向吴王复命。吴王听说这事后，勃然大怒，把属镂之剑赐给伍子胥要他自杀。临死时，伍子胥说："在我的墓上种上梓树，让它长成可以做棺木的大树。把我的眼睛挖出来挂在吴国都城的东门之上，用来亲眼看着越国把吴国灭亡。"

　　齐鲍氏弑齐悼公。[1]吴王闻之，哭于军门外三日，[2]乃从海上攻齐。齐人败吴，吴王乃引兵归。

**【注释】**〔1〕"齐悼公"，名阳生，景公庶子，公元前四八八年即位，前四八五年被杀。公元前四八七年，齐悼公杀鲍牧，本句"鲍氏"为其同宗族人。〔2〕"吴王闻之，哭于军门外三日"，诸侯有丧相临之礼。

**【译文】**齐国的鲍氏杀死了齐悼公。吴王听说后，在军门外哭了三天，就从海上出兵攻打齐国。齐国人打败了吴军，吴王才带领军队回国。

十三年，吴召鲁、卫之君会于橐皋。[1]

**【注释】**〔1〕"吴召鲁、卫之君会于橐皋"，《左传》鲁哀公十二年夏"（鲁）公会吴于橐皋"，"秋，卫侯会吴于郧"，是所会不同时不同地。"橐皋"，音 tuó gāo，今安徽巢县西北柘皋镇。郧，今山东莒县南。

**【译文】**十三年，吴王召唤鲁国、卫国的君主在橐皋会盟。

十四年春，[1]吴王北会诸侯于黄池，[2]欲霸中国以全周室。[3]六月丙子，越王勾践伐吴。乙酉，越五千人与吴战。丙戌，虏吴太子友。[4]丁亥，[5]入吴。[6]吴人告败于王夫差，夫差恶其闻也。[7]或泄其语，吴王怒，斩七人于幕下。[8]七月辛丑，吴王与晋定公争长。[9]吴王曰："于周室我为长。"[10]晋定公曰："于姬姓我为伯。"[11]赵鞅怒，[12]将伐吴，乃长晋定公。[13]吴王已盟，与晋别，欲伐宋。太宰嚭曰："可胜而不能居也。"乃引兵归国。国亡太子，内空，王居外久，士皆罢敝，[14]于是乃使厚币以与越平。

**【注释】**〔1〕"十四年春"，《春秋》、《左传》哀公十三年皆曰"夏"，盖吴用夏正。〔2〕"吴王北会诸侯于黄池"，据《左传》哀公十三年，吴王夫差与鲁哀公、晋定公、单平公相会于黄池。《国语·吴语》曰："阙为深沟，通于商、鲁之间，北属之沂，西属之济，以会晋公午（定公）于黄池。"是夫差曾掘邗沟以达沂（沂水，源出今山东沂源县，流入古黄河废道）、济（济水，源出今河南济源县王屋山，其故道本过黄河而南，东流至山东，与黄河并行入海，后下游为黄河所夺），以与北方诸侯相会。传世春秋青铜器赵孟庎壶铭曰"禺（遇）邗王于黄池，为赵孟庎（介），邗王之眛（赐）金，以为祠器"，所谓"遇邗王于黄池"即指"吴王北会诸侯于黄池"之事。"黄池"，今河南封丘南、济水故道南岸。〔3〕"中国"，中原地区。"全"，日本枫山文库藏《史记》古本作"令"。"周室"，周王室。〔4〕"虏吴太子友"，《国语·吴语》云"越王勾践乃命范蠡、舌庸率师沿海溯淮以绝吴路，败王子友于姑熊夷。越王勾践乃率中军溯江（即今松江）以袭吴"。〔5〕"丁亥"，前文"丙子"为十一日，"乙酉"为二十日，"丙戌"为二十一日，此"丁亥"为二十二日。〔6〕"入吴"，入吴都。〔7〕"恶"，音 wù，不喜欢。此句言夫差不愿让诸侯闻知此事。〔8〕"七人"，指知越已攻入吴者。"幕"，会盟在野外，诸侯居于帐幕之中，"幕"即帐幕。〔9〕"晋定公"，名午，公元前五一一年至前四七五年在位。"长"，音 zhǎng，首领，此指盟主。《左传》哀公十三年曰"秋七月辛丑，盟，吴、晋争先（争歃血先后，先歃者为长）"。〔10〕"于周室我为长"，吴是太伯之后，太伯为古公亶父之长子，季历之长兄，文王之大伯父，故为长。〔11〕"伯"，音 bà，通"霸"。晋自文公之后，历襄公以至悼公、平公皆称霸。〔12〕"赵鞅"，即赵简子，又名志父，亦称赵孟，自晋定公十五年（公元前四九七年）为卿执晋政。〔13〕"乃长晋定公"，《国语·吴语》云"吴公先歃"，《公羊传》哀公十三年云"吴主会"，《左传》哀公十三年云"乃先晋人"。本书《秦本纪》、《晋世家》、《赵世家》均云"长吴",是司马迁存异说也。〔14〕"罢",音pí,通"疲",疲劳,疲乏。"敝",疲惫。

**【译文】** 十四年春天,吴王北上在黄池与诸侯会盟,想要称霸诸侯保全周王室。六月丙子日,越王勾践出兵攻打吴国。乙酉日,越军五千人与吴军交战。丙戌日,俘虏了吴国太子友。丁亥日,攻入吴国都城。吴国人向吴王夫差报告了战败的消息,夫差很怕被诸侯知道这一消息。有人走漏了风声,吴王大为恼怒,在军营中把有关连的七人斩首示众。七月辛丑日,吴王与晋定公争当盟主。吴王说:"在周室中我的辈分最高。"晋定公说:"在姬姓诸侯中我是老大。"赵鞅气极,要动用军队攻打吴王,于是只好推举晋定公当盟主。吴王在会盟结束后,与晋定公告别,又准备攻打宋国。太宰嚭说:"仅仅打败就可以了,不能长久居住此地。"于是吴王便带兵回国。吴国国中没有了太子,国内无人主事,吴王滞留国外长久不归,军兵都极为疲惫,不得已只好用丰厚的礼物同越国媾和。

十五年,齐田常杀简公。〔1〕

**【注释】** 〔1〕"田常",即田恒、田成子,《左传》《论语》等书作"陈恒"、"陈成子"。其父田乞已专齐政,乞死,常继,以大斗出贷,以小斗收进,以收人心。简公四年(公元前四八一年),田常杀简公,拥立平公,自任齐相,齐国之政尽归田氏。

**【译文】** 十五年,齐国的田常杀死了简公。

十八年,越益强。越王勾践率兵复伐败吴师于笠泽。〔1〕楚灭陈。〔2〕

**【注释】** 〔1〕"笠泽",唐陆广微《吴地记》谓松江一名笠泽,春秋时吴王御越于此,松江即今江苏吴淞江。〔2〕"楚灭陈",《左传》哀公十七年载"秋七月己卯(八日),楚公孙朝帅师灭陈"。

**【译文】** 十八年,越国更加强大。越王勾践再次带兵在笠泽打败吴国的军队。楚国灭亡了陈国。

二十年,越王勾践复伐吴。〔1〕二十一年,遂围吴。二十三年十一月丁卯,越败吴。〔2〕越王勾践欲迁吴王夫差于甬东,〔3〕予百家居之。吴王曰:"孤老矣,不能事君王也。吾悔不用子胥之言,自令陷此。"〔4〕遂自刭死。〔5〕越王灭吴,〔6〕诛太宰嚭,以为不忠,〔7〕而归。

【注释】〔1〕"二十年，越王勾践复伐吴"，《左传》哀公十九年曰"越人侵楚，以误吴也"，无伐吴事。〔2〕"越败吴"，二十年越围吴，二十三年灭吴，盖首尾三年也。《国语·越语下》曰"居军三年，吴师自溃"，《赵王勾践世家》亦曰"留围之三年"。〔3〕"甬东"，今浙江定海东之翁山。〔4〕"吾悔不用子胥之言，自令陷此"，指夫差二年吴败越时，伍子胥劝夫差"去疾莫如尽"，拒绝越之求和。〔5〕"刭"，音 jīng，用刀剑割脖子。〔6〕"越王灭吴"，越灭吴后，吴地尽为越有，《左传》哀公二十七年越使后庸赴鲁正邾、鲁之界，《孟子·离娄下》"曾子居武城，有越寇"，则越境与鲁境相邻矣。〔7〕"诛太宰嚭，以为不忠"，太宰嚭受越贿，劝夫差许越和，是不忠于己君。

【译文】二十年，越王勾践再次出兵攻打吴国。二十一年，越军包围了吴国的都城。二十三年十一月丁卯日，越国军队打败了吴国军队。越王勾践要把吴王夫差迁到甬东，给他百户民家住在那里。吴王夫差说："我老了，不能再事奉君王了。我真后悔没有采用伍子胥的话，使自己落到这步田地。"就自刭而死。越王灭亡了吴国，诛杀了太宰嚭，认为他作为臣下不忠于自己的君主，然后班师回国。

太史公曰：孔子言〔1〕"太伯可谓至德矣，三以天下让，〔2〕民无得而称焉"。余读《春秋》古文，〔3〕乃知中国之虞与荆蛮句吴兄弟也。延陵季子之仁心，慕义无穷，见微而知清浊。呜呼，又何其闳览博物君子也！〔4〕

【注释】〔1〕"孔子言"，见《论语·泰伯》。〔2〕"三以天下让"，太伯以弟季历贤，子昌有圣象，以天下三让于王季。〔3〕"《春秋》古文"，指《春秋左氏传》。〔4〕"闳"，宏大宽广。

【译文】太史公说：孔子曾经说过"太伯可说是道德最为高尚的了。三次以君位相让，老百姓真不知道怎样称颂他才好"。我读《春秋》古文，才知道中原的虞国与荆蛮的吴国是亲兄弟。延陵季子的仁德之心，仰慕道义无止境，看到一点微细的迹象就能知道本质的清浊。唉，真是一个阅历丰富见多识广的君子啊！

# 齐太公世家〔1〕

太公望吕尚者，〔2〕东海上人。〔3〕其先祖尝为四岳，〔4〕佐禹平水土甚有功。〔5〕虞夏之际封于吕，〔6〕或封于申，〔7〕姓姜氏。夏商之时，申、吕或封枝庶子孙，[8]或为庶人，尚其后苗裔也。[9]本姓姜氏，从其封姓，故曰吕尚。

**【注释】**〔1〕"齐"，古国名。公元前十一世纪周朝分封的诸侯国，姜姓。其地在今山东省北部。开国君主为吕尚，建都营丘（后称临淄，今山东淄博东北）。春秋初期，齐桓公称霸，疆土扩大，东至海，西至黄河，南至泰山，北至无棣（今河北省盐山南）。春秋末年，齐政权为田氏所夺。至齐威王时，国力强盛，成为战国七雄之一。公元前二二一年，被秦国所灭。〔2〕"太公望"，周代齐国的始祖，姜姓，名牙。因其祖先曾封于吕，以地为氏，又因其在周初官太师，称师尚父，故又称吕尚。文王时号太公望。因其辅佐周武王灭商有功，封于齐，故称齐太公。俗又称之为姜子牙。〔3〕"东海上人"，东部海边上的人。东海指山东之近海地区。〔4〕"四岳"，传说为尧舜时的四方部落首领。尧为部落联盟领袖时，四岳推举舜为继承人。舜继位后，四岳又推举禹辅佐舜。〔5〕"佐"，辅佐。"平"，治理。〔6〕"虞"，即有虞氏，传说中远古部落名，居于蒲坂（今山西永济西蒲州镇），舜为其领袖。"夏"，即夏后氏，我国历史上第一个朝代。相传为夏后氏部落领袖禹子启所建立。传十三代十六王，约当公元前二十一世纪到前十六世纪左右。"吕"，古国名。一作甫，亦称有吕。姜姓。传为四岳之后，封于吕。其地在今河南南阳西。春秋初年被楚所灭。〔7〕"申"，古国名，姜姓。传为伯夷之后，其地在今陕西、山西之间。后来周宣王时，一部分东迁，分封于谢（今河南南阳），建立申国。春秋时被楚文王所灭。〔8〕"枝庶"，按我国古代的宗法制度，宗族的嫡长子派系称为正宗，非嫡系则称为枝庶。〔9〕"苗裔"，后世子孙。

**【译文】**太公望吕尚，是东海边上的人。他的先祖曾经做过四方部落的首领，辅佐夏禹治理水土很有功劳。虞舜、夏禹时期后裔被封在吕，有的被封在申，姓姜。夏、商两代，申、吕或者被封给旁支子孙，或者沦为平民，吕尚是他们的后代。本来姓姜，用他的封邑作姓氏，所以叫吕尚。

吕尚盖尝穷困，年老矣，[1]以渔钓奸周西伯。[2]西伯将出猎，卜之，[3]曰"所获非龙非彨，[4]非虎非罴，[5]所获霸王之辅"。于是周西伯猎，果遇太公于渭之阳，[6]与语大说，[7]曰："自吾先君太公曰'当有圣人适周，[8]周以兴'。子真是邪？[9]吾太公望子久矣。"故号之曰"太公望"，载与俱归，立为师。[10]

**【注释】**〔1〕"年老矣"，据传当时吕尚已七十二岁。〔2〕"奸"，通"干"，干谒、进见。"周西伯"，即姬昌，时为商末周部落领袖。〔3〕"卜"，古人以火灼龟甲，取龟甲裂纹以测吉凶祸福。后世除龟卜之外，又有其他方法，如骨卜、玉卜等。〔4〕"彨"，音 chī，通"螭"，传说中无角的龙。〔5〕"罴"，音 pí，兽名，俗称人熊。似熊而长头高脚，猛憨多力，能拔树木。〔6〕"渭"，水名，即今渭水，源自甘肃渭源县，东南流入陕西，横贯渭河平原，东流至潼关，入黄河。"阳"，山之南或水之北为阳。渭阳即渭水北岸。〔7〕"说"，音 yuè，通"悦"。〔8〕"吾先君太公"，古人称自己的父或祖父为太公。这里姬昌称其祖父古公亶父为太公。"适"，至，往。〔9〕"真"，正。"子真是邪"，犹言您正是其人吧？〔10〕"师"，师辅之官，辅佐西伯的最高军政长官。

**【译文】** 吕尚曾经很贫穷困苦，年老了，利用钓鱼的机会进见周西伯。西伯准备出去打猎，占了一卦，卦辞说："得到的不是龙不是螭，不是虎不是熊，得到的是成就霸王之业的辅佐人才。"于是周西伯去打猎，果然在渭水北岸遇到太公，和他交谈，大为高兴，说："听我的祖父说'一定有圣人到周国来，周国将因之而兴盛'。您正是这个人吧？我祖父想望您很久啦。"所以称他为"太公望"，周西伯和他坐车一同回去，立他为师辅之臣。

或曰，太公博闻，尝事纣。〔1〕纣无道，〔2〕去之。游说诸侯，〔3〕无所遇，而卒西归周西伯。〔4〕或曰，吕尚处士，〔5〕隐海滨。周西伯拘羑里，〔6〕散宜生、闳夭素知而招吕尚。〔7〕吕尚亦曰："吾闻西伯贤，又善养老，盍往焉。"〔8〕三人者为西伯求美女奇物，献之于纣，以赎西伯。〔9〕西伯得以出，反国。〔10〕言吕尚所以事周虽异，〔11〕然要之为文武师。〔12〕

**【注释】**〔1〕"事"，侍奉。"纣"，商代的亡国之君。〔2〕"无道"，暴虐不施仁政。〔3〕"游说"，以福祸利害来往劝说诸侯。"说"，音 shuì。〔4〕"卒"，终于。〔5〕"处士"，隐居不仕而有才德的人。〔6〕"拘"，囚禁。"羑里"，地名。故址在今河南汤阴县北。"羑"，音 yǒu。〔7〕"散宜生"，西周初年大臣。与闳夭、太颠等同辅周文王。文王被纣囚禁，他向商纣献有莘氏之女以及骊戎的文马，文王因而获释。后助武王灭商。"闳夭"，周初大臣。与散宜生、太颠同辅周文王。〔8〕"盍"，音 hé，何不。〔9〕"赎"，用财物换回人身自由或抵押品。〔10〕"反"，同"返"。〔11〕"言吕尚所以事周虽异"，对于吕尚事周的经过虽然传闻异词。〔12〕"文武师"，周文王和周武王的师辅之臣。

**【译文】** 有人说，太公博学多闻，曾经服事过商纣王。纣王暴虐无道，太公就离他而去。周游列国劝说诸侯，没有遇到赏识他的人，最终才西去归附周西伯。有人说，吕尚原是平民百姓，隐居在海滨。周西伯被纣王拘禁在羑里，散宜生和闳夭一向了解吕尚而请他出山。吕尚也说："我听说西伯贤明，又能很好地赡养老人，何不到他那儿去呢。"他们三人替西伯物色美女和宝物，献给纣王，用来赎回西伯，西伯因此被释放，回到周国。传说吕尚臣事周国的经过虽然人各异词，但都说他作了周文王、武王的师辅之臣。

周西伯昌之脱羑里归，与吕尚阴谋修德以倾商政，〔1〕其事多兵权与奇计，〔2〕故后世之言兵及周之阴权皆宗太公为本谋。〔3〕周西伯政平，〔4〕及断虞芮之讼，[5]而诗人称西伯受命曰文王。[6]伐崇、密须、犬夷，[7]大作丰邑。[8]天下三分，其二归周者，太公之谋计居多。

**【注释】**〔1〕"阴谋修德"，暗中议定计谋，施行德政。 〔2〕"兵权"，用兵的谋略。〔3〕"阴权"，阴谋权术。"宗"，推崇。"本谋"，权谋的主要策划者。此句犹言，后世研究军事以及周代权谋的人，都推崇太公为主要策划者。 〔4〕"政平"，为政公平持正。 〔5〕"虞"，古国名。周文王时建立的诸侯国，姬姓，开国君主是古公亶父之子虞仲的后代。其地在今山西平陆县北。公元前六五五年晋国假道攻虢时，被晋国所灭。"芮"，音 ruì，古国名。周文王时建立的诸侯国，姬姓。其地在今陕西大荔朝邑城南。公元前六四〇年被秦所灭。"虞芮之讼"，二国为疆界产生纠纷，周文王从中调解，并使二国归附于周。 〔6〕"诗人称西伯受命曰文王"，《诗经·大明》有"有命自天，命此文王"之句。 〔7〕"崇"，古国名。其地在今陕西户县东。"密须"，古国名。其地在今甘肃灵台县西南。"犬夷"，亦称犬戎，部族名。周初活动于陕西彬县、岐山一带。 〔8〕"丰邑"，西周都城。其地在今陕西长安西北沣河以西。

**【译文】**周西伯姬昌从羑里脱身回来，跟吕尚默默谋划施行德政去推翻商朝的政权，这些谋划大都是用兵的权谋和奇妙的计策，所以后世研究用兵之道以及周王朝使用的权术都推崇太公是主要策划者。周西伯为政公正持平，所以裁决了虞芮两国的争端之后，诗人称道西伯承受上天之命称为文王。他征讨崇国、密须、犬夷，大规模建设丰邑。当时天下之所以有三分之二归附王周，大多是出于太公的谋划。

文王崩，[1]武王即位。[2]九年，欲修文王业，[3]东伐以观诸侯集否。[4]师行，师尚父左杖黄钺，[5]右把白旄以誓，[6]曰："苍兕苍兕，[7]总尔众庶，[8]与尔舟楫，后至者斩！"遂至盟津。[9]诸侯不期而会者八百诸侯。[10]诸侯皆曰："纣可伐也。"武王曰："未可。"还师，与太公作此《太誓》。[11]

**【注释】**〔1〕"崩"，古代天子皇帝之死称为崩。 〔2〕"武王"，即周武王姬发，西周王朝的建立者。继承其父文王的遗志，联合诸国，率军东下攻商，在牧野（今河南淇县西南）取得大胜，遂灭商，建立西周王朝。 〔3〕"欲修文王业"，指武王打算实行文王的统一大业。〔4〕"东伐以观诸侯集否"，武王率军东征，以试探诸侯的态度。"集否"，是否率军聚集到他的麾下。 〔5〕"杖"，手持。"黄钺"，以黄金为饰的铜钺，只有天子才能使用。后世成为帝王的仪仗。有时派大臣出征，亦假以黄钺，以示威重。 〔6〕"白旄"，旗帜的一种，旗竿顶以旄牛尾为饰。"誓"，誓师时的誓词。 〔7〕"苍兕"，水兽名，善奔突，能覆舟。以之名官，职掌舟楫。为使居官者尽其职守，常呼苍兕以为警。"兕"，音 sì。 〔8〕"总"，统领。"众庶"，众人。〔9〕"盟津"，即孟津，古津渡名。其地在今河南省孟津县东北黄河南岸。相传周武王伐纣，在此会盟诸侯渡河，故称盟津。 〔10〕"不期而会"，事前没有约定，到时自动前来会师。句末"诸侯"二字为衍文。 〔11〕"《太誓》"，《尚书》篇名，也作"泰誓"，是周武王伐纣在孟津的誓词。

**【译文】** 文王去世，武王继位。九年，武王想完成文王的大业，进行东征，试探诸侯是不是前来会合。军队出发时，师尚父左手拿着黄金为饰的大斧，右手握着白牦牛尾为饰的军旗誓师，说："苍兕哪苍兕，统领你们的部队，和你们的船只，迟到的就要斩首！"于是到了盟津。诸侯事先没有约定而来会合的就有八百。诸侯都说："纣王可以征伐了。"武王说："还不到时机。"带领军队回来，与太公一道写了这篇《泰誓》。

居二年，纣杀王子比干，[1]囚箕子。[2]武王将伐纣，卜龟兆，不吉，风雨暴至。群公尽惧，唯太公强之劝武王，[3]武王于是遂行。十一年正月甲子，[4]誓于牧野，[5]伐商纣。纣师败绩。纣反走，[6]登鹿台，[7]遂追斩纣。明日，武王立于社，[8]群公奉明水，[9]卫康叔封布采席，[10]师尚父牵牲，[11]史佚策祝，[12]以告神讨纣之罪。[13]散鹿台之钱，发巨桥之粟，[14]以振贫民。[15]封比干墓，[16]释箕子囚。迁九鼎，[17]修周政，与天下更始。[18]师尚父谋居多。

**【注释】**〔1〕"王子比干"，商代贵族，纣王的叔父，官少师。因屡次劝谏纣王，被挖心而死。 〔2〕"箕子"，商代贵族，纣王的诸父，官太师。封于箕（今山西太谷东北）。因劝谏纣王，遭囚禁。周武王灭商后被释放。 〔3〕"强之"，坚持出征之议。 〔4〕"甲子"，此为甲子日。上古以干支纪日。干支是天干地支的合称。甲乙丙丁戊己庚辛壬癸为十干，也称天干；子丑寅卯辰巳午未申酉戌亥为十二支，也称地支。天干地支一一相配，六十数为一周，俗称六十花甲子。后世又用干支纪年纪月。 〔5〕"牧野"，古地名，其地在今河南淇县西南。"誓于牧野"，在牧野誓师。《尚书·牧誓》即是在牧野的誓词。 〔6〕"反走"，即返走，回头逃跑。 〔7〕"鹿台"，台名。商纣所筑，用以贮藏财物。其地在今河南汤阴朝歌镇南。据传"纣为鹿台七年而成，其大三里，高千尺，临望云雨"。 〔8〕"社"，祭祀土神的场所。 〔9〕"奉"，读为"捧"。"明水"，古代祭祀时以铜鉴收取的露水。 〔10〕"卫康叔"，周代晋国的始祖，名封，周武王之弟。初封于康（今河南禹县西北），故称康叔。周公灭武庚后，把殷民士族和商故都周围地区封给他，国号卫。"布"，铺设。"采席"，即彩席。 〔11〕"牲"，牺牲，做祭物的纯色全体牲畜，如牛、羊之类。 〔12〕"史佚"，西周初期的史官，名佚，一作逸。史为官名。史佚又称作册逸、尹佚。"策祝"，读简策上的祝文，向天祷告。 〔13〕"讨纣之罪"，讨伐纣王的罪名。 〔14〕"巨桥"，古仓名。商代的大粮仓。其地在今河北省曲周县东北古衡漳水东岸。 〔15〕"振"，通"赈"，救济。 〔16〕"封"，封土增高坟头。 〔17〕"九鼎"，古代象征国家政权的传国之宝。相传禹收九牧之金，铸九鼎，象九州。成汤迁九鼎于商邑，周武王迁之于洛邑。 〔18〕"更始"，除旧布新，开始新的生活。

**【译文】** 过了两年，纣王杀死王子比干，囚禁箕子。武王将要征伐纣王，用龟甲占卜，卜兆不吉利，暴风雨降临。大臣们都很恐惧，只有太公坚决劝说武王出兵，武王于是率兵出征。十一年正月甲子日，在牧野誓师，讨伐商纣。纣王的军队大败。纣王往回逃，登上鹿台，于是武王追来杀了纣王。第二天，武王站在土地神坛前，大臣们捧着净水，卫康叔姬封铺设彩席，师尚父牵着致祭的牲畜，史佚诵读告天文，报告天神声讨纣王的罪行。又散发鹿台的金钱，打开巨桥的粮仓，用来救济贫穷百姓。封高比干的坟墓，释放被囚禁的箕子。迁移九只宝鼎至周，修明周王朝的政治，与天下人民一起除旧布新。这些举措，师尚父的谋略居多。

于是武王已平商而王天下，[1]封师尚父于齐营丘。[2]东就国，[3]道宿行迟。逆旅之人曰：[4]"吾闻时难得而易失。客寝甚安，殆非就国者也。"[5]太公闻之，夜衣而行，犁明至国。[6]莱侯来伐，[7]与之争营丘。营丘边莱。[8]莱人，夷也，[9]会纣之乱而周初定，未能集远方，[10]是以与太公争国。

**【注释】** [1]"王天下"，统一天下。"王"，音 wàng，做动词用。 [2]"营丘"，古邑名。其地在今山东淄博市临淄北，以营丘山而得名。 [3]"就国"，赴封国就位。 [4]"逆旅"，旅舍、宾馆。 [5]"殆"，大概、恐怕。 [6]"犁明"，即黎明。 [7]"莱侯"，莱为商代诸侯国，姜姓。春秋时为齐灵公所灭。其地在今山东黄县东南。 [8]"边"，作动词用，靠近。 [9]"夷"，远古时称东部落后部族为夷。有北狄、南蛮、西戎、东夷之说。 [10]"集"，通"辑"，和睦。

**【译文】** 这时武王已经平定商纣，称王天下，封师尚父于齐地营丘。师尚父向东赴自己的封国，在路上住宿，动身很迟。旅舍的主人说："我听说时机难以得到而容易丧失。客人睡得很安稳，大概不是去封国就位的人吧。"太公听到这话，连夜就穿上衣服赶路，天亮到了自己的封国。莱侯来攻，与太公争夺营丘。营丘靠近莱国边界，莱人是夷族，遇到纣王的乱政而周王朝刚刚建立，还没有来得及安抚远方各国，因此和太公争夺国土。

太公至国，修政，因其俗，简其礼，通商工之业，便鱼盐之利，而人民多归齐，齐为大国。及周成王少时，管蔡作乱，[1]淮夷畔周，[2]乃使召康公命太公曰：[3]"东至海，西至河，[4]南至穆陵，[5]北至无棣。[6]五侯九伯，[7]实得征之。"齐由此得征伐，[8]为大国。都营丘。

**【注释】** [1]"管"，即管叔，名鲜，周武王之弟。武王灭商后，封于管（今河南郑州）。

"蔡",即蔡叔,周武王之弟,武王灭商后,封于蔡(今河南上蔡西南)。武王去世,成王年幼,周公旦摄政,管、蔡不服,与商纣王之子武庚一起叛乱,被周公平定。管叔被杀,蔡叔被放逐。〔2〕"淮夷",部族名。商周时活动于淮河流域一带。"畔",通"叛"。 〔3〕"召康公",姬奭,周代燕国的始祖。因其采邑在召(今陕西岐山县西南),故称召公或召伯。武王灭商后,封召公于燕。成王时任少保,与周公旦分陕而治,陕以西由他治理。 〔4〕"河",指黄河。 〔5〕"穆陵",古邑名。其地在今山东临朐县南。 〔6〕"无棣",古邑名。其地在今山东无棣县北。〔7〕"五侯",即公侯伯子男五等诸侯。"九伯",九州之长。 〔8〕"得征伐",有权征伐其他诸侯之罪。

【译文】太公到了封国,修明政治,适应当地的风俗习惯,简化礼仪,沟通商工之业,发展鱼盐生产,因而人民多来归附于齐,齐国发展成大国。后来周成王幼年登位,管叔蔡叔作乱,淮夷反叛周朝,于是朝廷派召康公授命太公道:"东边到海滨,西边到黄河,南边到穆陵,北面到无棣。五等诸侯,九州长官,你都有权征讨他们。"齐国从此得到征伐大权,成为大国,建都营丘。

盖太公之卒百有余年,子丁公吕伋立。丁公卒,子乙公得立。乙公卒,子癸公慈母立。癸公卒,子哀公不辰立。

哀公时,纪侯谮之周,〔1〕周烹哀公而立其弟静,〔2〕是为胡公。胡公徙都薄姑,〔3〕而当周夷王之时。〔4〕

【注释】〔1〕"谮",音 zèn,诬陷。 〔2〕"烹",古代煮死人的一种酷刑。 〔3〕"薄姑",古国名。又作蒲姑或亳姑。其地在今山东博兴县东北。薄姑原为商的盟国。周成王即位时,随武庚和东方夷族反抗周朝,被周公所灭,作为齐的封地。 〔4〕"周夷王",公元前八八七年至前八五八年在位。

【译文】太公死时大约一百多岁,儿子丁公吕伋继位。丁公去世,儿子乙公得继位。乙公去世,儿子癸公慈母继位。癸公去世,儿子哀公不辰继位。

哀公在位的时候,纪侯在周王面前诋毁他,周王烹死了哀公,立哀公的弟弟静为侯,这就是胡公。后来胡公迁都薄姑,正当周夷王的时候。

哀公之同母少弟山怨胡公,乃与其党率营丘人袭攻杀胡公而自立,是为献公。献公元年,尽逐胡公子,因徙薄姑都,治临菑。〔1〕

【注释】〔1〕"临菑",古邑名。亦作临淄,以城临水而得名。故址在今山东淄博市东北。

【译文】哀公的同母小弟弟姜山怨恨胡公,就和他的私党率领营丘人袭杀胡公而自己登位，这就是献公。献公元年，尽行驱逐胡公的儿子们，便从薄姑迁都，定都临淄。

九年，献公卒，子武公寿立。武公九年，周厉王出奔，[1]居彘。[2]十年，王室乱，大臣行政，号曰"共和"。[3]二十四年，周宣王初立。[4]

**【注释】**〔1〕"出奔"，出逃。〔2〕"彘"，音 zhì，地名。其地在今山西霍县东北。〔3〕"共和"，公元前八四一年，国人起义，周厉王出逃，由共和伯摄行政事，号共和元年。一说由召公、周公共同辅政，号为共和行政。共十四年。周厉王死后，始归政于周宣王。这是中国历史上有正确纪年的开始。〔4〕"周宣王"，公元前八二七年至前七八二年在位。

**【译文】**九年，献公去世，儿子武公寿继位。武公九年，周厉王出逃，住在彘地。十年，周室发生动乱，大臣行使政权，号称"共和"。二十四年，周宣王继位。

二十六年，武公卒，子厉公无忌立。[1]厉公暴虐，故胡公子复入齐，齐人欲立之，乃与攻杀厉公。胡公子亦战死。齐人乃立厉公子赤为君，是为文公，[2]而诛杀厉公者七十人。[3]

**【注释】**〔1〕"厉公"，公元前八二四年至前八一六年在位。〔2〕"文公"，公元前八一五年至前八〇四年在位。〔3〕"诛杀厉公者七十人"，处死杀害厉公的七十人。

**【译文】**二十六年，武公去世，儿子厉公无忌继位。厉公残酷暴虐，已去世的胡公的儿子又进入齐都，齐国人想拥立他，于是和他一起杀死厉公。胡公的儿子也战死了。齐国人就拥立厉公的儿子赤为国君，这就是文公，他处死了攻杀厉公的七十个人。

文公十二年卒，子成公脱立。[1]成公九年卒，子庄公购立。[2]

**【注释】**〔1〕"成公"，公元前八〇三年至前七九五年在位。〔2〕"庄公"，公元前七九四年至前七三一年在位。

**【译文】**文公在位十二年去世，儿子成公脱继位。成公在位九年去世，儿子庄公购继位。

庄公二十四年，犬戎杀幽王，[1]周东徙雒。[2]秦始列为诸侯。五十六年，晋弑其君昭侯。[3]

**【注释】**〔1〕"犬戎"，戎人的一支。"幽王"，即周幽王，周宣王子，名宫湦（音 shēng）。公元前七八一年至前七七一年在位。他任用虢石父为政，横征暴敛，加之地震和旱灾，百姓流离失所。又进攻六济之戎，大败。因宠爱褒姒，废申后和太子宜臼。申后联合曾、犬戎等攻周，幽王被杀于骊山下，西周灭亡。 〔2〕"雒"，音 luò，通"洛"，都邑名。其地在今河南洛阳市西。 〔3〕"晋弑其君昭侯"，晋昭侯封其叔父成师于曲沃，号桓叔。桓叔好德，国人归附。公元前七三九年，晋大臣潘父杀其君昭侯而迎曲沃桓叔。桓叔欲入晋，晋人发兵拒之，桓叔败还。晋人立昭侯子平为君，是为孝侯。

**【译文】**庄公二十四年，犬戎杀死周幽王，周王室向东迁都到洛邑。秦国开始列为诸侯。五十六年，晋国人杀害了他们的国君昭侯。

六十四年，庄公卒，子釐公禄甫立。[1]

**【注释】**〔1〕"釐公"，公元前七三〇年至前六九八年在位。"釐"，音 xǐ。

**【译文】**六十四年，庄公去世，儿子釐公禄甫继位。

釐公九年，鲁隐公初立。[1]十九年，鲁桓公弑其兄隐公而自立为君。[2]

**【注释】**〔1〕"鲁隐公"，公元前七二二年至前七一二年在位。 〔2〕"鲁桓公弑其兄隐公而自立为君"，鲁惠公立少子公子允（即鲁桓公）为太子，因公子允年少，公子息（即鲁隐公）摄政。公子挥为公子允袭杀隐公，立公子允，是为桓公。

**【译文】**釐公九年，鲁隐公初即位。十九年，鲁桓公杀害了他的哥哥隐公自立为国君。

二十五年，北戎伐齐。[1]郑使太子忽来救齐，[2]齐欲妻之。[3]忽曰："郑小齐大，非我敌。"[4]遂辞之。

**【注释】**〔1〕"北戎"，部族名，又称山戎，居于今河北省东部。春秋时与齐、郑、燕等国接壤。 〔2〕"太子忽"，郑庄公之子。 〔3〕"妻之"，以女嫁给他。"妻"作动词用。 〔4〕"敌"，相当、匹配。

【译文】二十五年，北戎攻打齐国。郑侯派遣太子忽来救援齐国，齐侯想把女儿嫁给他。太子忽说："郑国小齐国大，不是我能匹配上的。"就辞谢了。

三十二年，釐公同母弟夷仲年死。其子曰公孙无知，釐公爱之，令其秩服奉养比太子。[1]

【注释】[1]"秩服"，俸禄和服饰宫室等级。"奉养"，供应。"比"，等于。

【译文】三十二年，僖公的同母弟弟夷仲年去世。夷仲年的儿子叫公孙无知，僖公喜欢他，让他享用的俸禄、器物服饰、饮食跟太子同一规格。

三十三年，釐公卒，太子诸儿立，是为襄公。[1]

【注释】[1]"襄公"，公元前六九七年至前六八六年在位。

【译文】三十三年，僖公去世，太子诸儿继位，这就是襄公。

襄公元年，始为太子时，尝与无知斗，及立，绌无知秩服，[1]无知怨。

【注释】[1]"绌"，通"黜"，废除、贬退。

【译文】襄公元年，他当初做太子时，曾经和无知斗殴，这时即位，降低了无知的待遇规格，无知由此产生怨恨。

四年，鲁桓公与夫人如齐，[1]齐襄公故尝私通鲁夫人。鲁夫人者，[2]襄公女弟也，自釐公时嫁为鲁桓公妇，及桓公来而襄公复通焉。鲁桓公知之，怒夫人，夫人以告齐襄公。齐襄公与鲁君饮，醉之，使力士彭生抱上鲁君车，因拉杀鲁桓公，[3]桓公下车则死矣。鲁人以为让，[4]而齐襄公杀彭生以谢鲁。[5]

【注释】[1]"如"，至、到。[2]"鲁夫人"，名文姜，齐襄公同父异母妹妹。[3]"拉杀"，折断肋骨致死。[4]"让"，责备、责难。[5]"谢"，谢罪、道歉。

【译文】四年，鲁桓公和夫人来到齐国。齐襄公过去曾经与鲁夫人通奸。鲁夫人是襄公的妹妹，在僖公时出嫁做了鲁桓公夫人，这时鲁桓公来齐国，襄公又与鲁夫人通奸。鲁桓公知道了这件事，就怒责夫人，夫人把这事告诉了齐襄公。齐襄公跟鲁桓公喝酒，灌醉了桓公，派大力士彭生抱着鲁桓公上车，趁机折断了鲁桓公的肋骨，桓公下车就死了。鲁国人以此责备齐国，于是齐襄公杀了彭生向鲁国谢罪。

八年，伐纪，[1]纪迁去其邑。

【注释】[1]"纪"，古国名。其地在今山东寿光县南。

【译文】八年，征讨纪国，纪国从它的都城迁移而去。

十二年，初，襄公使连称、管至父戍葵丘，[1]瓜时而往，[2]及瓜而代。[3]往戍一岁，卒瓜时而公弗为发代。[4]或为请代，公弗许。故此二人怒，因公孙无知谋作乱，连称有从妹在公宫，[5]无宠，使之间襄公，[6]曰："事成以女为无知夫人。"[7]冬十二月，襄公游姑棼，[8]遂猎沛丘，[9]见彘，[10]从者曰"彭生"。公怒，射之，彘人立而啼。[11]公惧，坠车伤足，失屦。[12]反而鞭主屦者茀三百。茀出宫。而无知、连称、管至父等闻公伤，乃遂率其众袭宫。逢主屦茀，茀曰："且无入惊宫，惊宫未易入也。"无知弗信，茀示之创，[13]乃信之。待宫外，令茀先入。茀先入，即匿襄公户间。[14]良久，无知等恐，遂入宫。茀反与宫中及公之幸臣攻无知等，[15]不胜，皆死。无知入宫，求公不得。或见人足于户间，发视，乃襄公，遂弑之，[16]而无知自立为齐君。

【注释】[1]"连称、管至父"，齐国大夫。"戍"，守卫。"葵丘"，古邑名。春秋时齐地。其地在今山东淄博市境。[2]"瓜时"，瓜熟的时节。按当时的时令，瓜时在农历七月。[3]"及瓜"，指第二年瓜熟的时节。[4]"卒瓜时"，瓜节终结时。"发代"，派遣代替者。[5]"从妹"，堂妹。[6]"间"，音jiàn，窥伺机会。[7]"女"，音rǔ，通"汝"，你。"夫人"，诸侯之妻称夫人。[8]"姑棼"，地名，又名薄姑。其地在今山东博兴县东南。"棼"，音fén。[9]"沛丘"，地名，又称谨丘、贝丘。其地在山东博兴县薄姑东南。[10]"彘"，野猪。[11]"人立"，像人一样站立。[12]"屦"，音jù，以麻葛为质的鞋子。[13]"创"，音chuāng，伤口。[14]"匿"，隐藏。[15]"幸臣"，受宠幸的臣子。[16]"弑"，臣杀君、子杀父母曰弑。

【译文】十二年，当初，齐襄公派遣连称、管至父驻守葵丘，约好瓜熟的时候去，到第二年瓜熟的时候派人代替。他们前去驻守了一年，到第二年收瓜完毕，襄公却不派遣代替者。有人替他们请求派人接替，襄公不允许。因此这两个人怒火中烧，就利用公孙无知阴谋发动叛乱。连称有个堂妹在襄公宫中做姬妾，不受宠爱，让她暗中窥探襄公的行动，说道："事情成功了，把你嫁给无知做国君夫人。"冬季十二月，襄公游览姑棼，于是在沛丘射猎。他看见一只野猪，随从的人说是"彭生"。襄公恼怒，用箭射它，那只野猪像人一样站起来嚎叫。襄公十分恐惧，从车上摔下，跌伤了脚，丢失了鞋子。回来后他打了侍候穿鞋的人茀三百鞭，茀走出公宫。而无知、连称、管至父等听到襄公受了伤，于是率领他们的党徒袭击公宫。遇到侍候穿鞋的茀，茀说："先不要进去惊动了宫里人，惊动了宫里人就不容易进去了。"无知不相信，茀给他看被打的创伤，才相信了。他们等候在宫外，让茀先进去。茀先进去，就把襄公隐藏在门后面。隔了很久，无知等人恐慌起来，就进入宫中。茀回身与宫中卫士和襄公的宠幸内臣攻打无知等，没能取胜，都被杀死。无知进入宫中，找不到襄公。有人发现门下面露出人脚，拉开门一看，果然是襄公，就把他杀害了，无知便自立为齐君。

桓公元年春，[1]齐君无知游于雍林。[2]雍林人尝有怨无知，及其往游，雍林人袭杀无知，告齐大夫曰："无知弑襄公自立，臣谨行诛。[3]唯大夫更立公子之当立者，唯命是听。"

**【注释】**〔1〕"桓公"，名小白，齐襄公弟。公元前六八五年至前六四三年在位。任用管仲，富国强兵。以尊王攘夷为号召，多次大会诸侯，成为春秋时第一个霸主。〔2〕"雍林"，地名。其地当在临淄附近。〔3〕"谨行诛"，很谨慎地将他杀死。是一种辞令。

**【译文】**桓公元年春天，齐君无知到雍林游览。雍林人曾经对无知有所怨恨，这时他来游览，雍林人乘机袭杀了无知，并且告诉齐国的大夫们说："无知杀害襄公自立，我等把他处死了。希望大夫们另行拥立公子中应当继位的人，我们一定听从他的命令。"

初，襄公之醉杀鲁桓公，通其夫人，杀诛数不当，[1]淫于妇人，数欺大臣，群弟恐祸及，故次弟纠奔鲁。其母鲁女也。管仲、召忽傅之。[2]次弟小白奔莒，[3]鲍叔傅之。[4]小白母，卫女也，[5]有宠于釐公。小白自少好善大夫高傒。[6]及雍林人杀无知，议立君，高、国先阴召小白于莒。[7]鲁闻无知死，亦发兵送公子纠，而使管仲别将兵遮莒道，射中小白带钩。[8]小白详死，[9]管仲使人驰报鲁。鲁送纠者行益迟，六日至齐，则小白已入，高傒立之，是为桓公。

**【注释】**〔1〕"数"，音 shuò，屡屡、多次。"不当"，罪不当死。〔2〕"管仲"，名夷吾，字仲，颍上人。辅佐齐桓公进行改革，富国强兵，使之成为春秋霸主之首。"召忽"，齐大夫，为辅公子纠而自杀。〔3〕"莒"，音 jǔ，古国名。西周分封的诸侯国，已姓，一说曹姓。开国君主是兹舆期，建都计斤（一作介根，在今山东胶县西南），春秋初年迁于莒（今山东莒县）。公元前四三一年被楚所灭。〔4〕"鲍叔"，即鲍叔牙，春秋时齐国大夫，以知人著称。齐桓公任其为宰，他辞谢，保举管仲，齐用管仲，国力日强。〔5〕"卫女也"，卫国女子嫁于鲁釐公，生齐桓公。〔6〕"高傒"，齐国正卿。高氏为齐国权势之族，管仲曾服事于高傒家，经鲍叔牙推荐，管仲任齐桓公之相。〔7〕"国"，国懿仲。国氏亦为春秋时齐国贵族，世代为上卿。〔8〕"带钩"，束腰皮带上的金属钩。〔9〕"详"，通"佯"，伪装。

**【译文】**当初，齐襄公灌醉杀死了鲁桓公，与鲁桓公的夫人通奸，多次误杀罪不当死的人，奸淫妇女，屡次欺辱大臣，他的几个弟弟唯恐祸及本身，因此次弟纠逃到鲁国，他的母亲是鲁君的女儿，管仲、召忽辅佐他。次弟小白逃到莒国，鲍叔辅佐他。小白的母亲是卫君的女儿，受到齐釐公的宠爱。小白从小跟大夫高傒要好。在雍林人杀死公孙无知之后，商议拥立新君，高、国两家先秘密到莒国召请小白。鲁国听到无知死了，也派兵送公子纠回国，而派遣管仲另外率领士兵在莒国通往齐国的大路上拦截，射中了小白腰上的带钩。小白趁机装死，管仲派人飞快报告鲁国小白已死。鲁国护送公子纠的行动更加缓慢，走了六天才到达齐国，这时公子小白已经进入齐都，高傒拥立了他，这就是桓公。

桓公之中钩，详死以误管仲，[1]已而载温车中驰行，[2]亦有高、国内应，故得先入立，发兵距鲁。[3]秋，与鲁战于乾时，[4]鲁兵败走，齐兵掩绝鲁归道。[5]齐遗鲁书曰：[6]"子纠兄弟，弗忍诛，请鲁自杀之。召忽、管仲仇也，请得而甘心醢之。[7]不然，将围鲁。"鲁人患之，遂杀子纠于笙渎。[8]召忽自杀，管仲请囚。[9]桓公之立，发兵攻鲁，心欲杀管仲。[10]鲍叔牙曰："臣幸得从君，君竟以立。君之尊，臣无以增君。君将治齐，即高傒与叔牙足也。君且欲霸王，[11]非管夷吾不可。夷吾所居国国重，不可失也。"于是桓公从之。乃详为召管仲欲甘心，实欲用之。管仲知之，故请往。鲍叔牙迎受管仲，及堂阜而脱桎梏，[12]斋袚而见桓公。[13]桓公厚礼以为大夫，任政。

**【注释】**〔1〕"详死以误管仲"，齐桓公装死以延误管仲的行动。〔2〕"温车"，本是古代一种卧车，有篷有窗，可以调节冷热。后世专用以载尸，成为丧车的专名。这里即指丧车。〔3〕"距"，通"拒"，抵抗。〔4〕"乾时"，齐地名。其地在今山东益都县境。〔5〕"掩绝"，阻绝、切断。〔6〕"遗"，音 wèi，交送。〔7〕"甘心"，因解恨而感称心、快意。

"醢"，音 hǎi，把人剁成肉酱。 〔8〕 "笙渎"，又名句渎，鲁地。其地在今山东菏泽市北。"渎"，音 dòu。 〔9〕 "管仲请囚"，管仲请求把自己囚禁起来。 〔10〕 "心欲杀管仲"，"心" 当为 "必" 之俣。上文已言 "召忽、管仲仇也，请得而甘心醢之"，不待此时 "心欲杀之"。管仲辅佐公子纠，又射中桓公带钩，桓公必欲杀之而后快。因鲍叔牙之劝，桓公才转心欲用之。 〔11〕 "霸王"，成就霸王之业。古代称有天下者为王，诸侯之长为霸。 〔12〕 "堂阜"，地名，其地在今山东蒙阳县西北。"桎梏"，音 zhì gù，脚镣手铐。 〔13〕 "斋祓"，斋为沐浴更衣素食，祓为除灾祈福的仪式。"祓"，音 fú。

**【译文】** 桓公被射中带钩，装死欺骗管仲，随即乘丧车飞快前进，又有高氏、国氏做内应，所以能够先进入齐都登位，发兵抵御鲁军。秋天，与鲁军在乾时交战，鲁军败走，齐军切断了鲁军的归路。齐侯写信给鲁侯说："子纠是我的兄弟，我不忍心杀他，请鲁国自己杀掉他。召忽和管仲是我的仇人，我要抓到他们剁成肉酱才解我心头之恨。不然，就要围攻鲁国。"鲁国为此而忧虑，就杀公子纠于笙渎。召忽自杀，管仲请求囚禁。桓公登位，派军队攻打鲁国，定要杀死管仲，鲍叔牙说："我有幸能够随从您，您终于登上君主之位。您已尊贵，我无法再提高您的地位。您若只是治理齐国，那么高俣和我就足够了。您如果想称霸天下，非得管夷吾不可。夷吾在哪个国家哪个国家就地位重要，不可失去他啊。"于是桓公听从了他的意见。便声称速回管仲杀掉他才甘心，实际是要任用他。管仲知道这事，所以请求前去。鲍叔牙迎接管仲，到达堂阜就为他卸下镣铐，让他沐浴更衣后去见桓公。桓公厚礼相待并叫他做大夫，委任他处理政事。

桓公既得管仲，与鲍叔、隰朋、高俣修齐国政，〔1〕连五家之兵，〔2〕设轻重鱼盐之利，〔3〕以赡贫穷，〔4〕禄贤能，〔5〕齐人皆说。

**【注释】** 〔1〕 "隰朋"，齐国大夫，帮助管仲辅佐桓公，成就霸业。管仲临终时向齐桓公推荐隰朋可任齐相。后隰朋与管仲同年去世。"隰"，音 xí。 〔2〕 "五家之兵"，古代一种军政合一的户籍制度。据《管子·小匡》，规定五家为轨，设轨长：战时每家出一人，五人为伍，轨长率领。这是最基层的军政组织。 〔3〕 "轻重"，指货币，取以轻驭重之义。这里指铸造货币，控制物价。"渔盐"，指渔业盐业的税收。 〔4〕 "赡"，音 shàn，赡养、救济。 〔5〕 "禄"，俸禄。这里作动词用，使贤能之人得到俸禄。

**【译文】** 桓公既得到了管仲，与鲍叔牙、隰朋、高俣一起整顿齐国的政治。实行以五家为基层单位的军制，确立铸造货币、捕鱼煮盐等税收制度，收入用来救济贫穷，起用、优待贤能之士，齐国人都很高兴。

二年，伐灭郯，〔1〕郯子奔莒。初，桓公亡时，过郯，郯无礼，〔2〕故伐之。

【注释】〔1〕"郯"，音 tán，古国名。相传为少皞的后裔所封之地。其地在今山东郯城县西南。　〔2〕"无礼"，不以礼接待。

【译文】二年，征讨灭亡了郯国，郯君逃到莒国。当初，桓公逃亡的时候，经过郯国，郯君对他无礼，所以讨伐它。

五年，伐鲁，鲁将师败。鲁庄公请献遂邑以平，〔1〕桓公许，与鲁会柯而盟。〔2〕鲁将盟，曹沫以匕首劫桓公于坛上，〔3〕曰："反鲁之侵地！"〔4〕桓公许之。已而曹沫去匕首，北面就臣位。桓公后悔，欲无与鲁地而杀曹沫。管仲曰："夫劫许之而倍信杀之，〔5〕愈一小快耳，〔6〕而弃信于诸侯，失天下之援，不可。"于是遂与曹沫三败所亡地于鲁。〔7〕诸侯闻之，皆信齐而欲附焉。七年，诸侯会桓公于甄，〔8〕而桓公于是始霸焉。

【注释】〔1〕"遂邑"，鲁城名。其地在今山东宁阳县北。"平"，讲和。　〔2〕"柯"，齐邑名。其地在今山东东阿县西南。　〔3〕"劫"，以暴力胁迫。"坛"，土筑之高台。古代以坛为祭天神及远祖之所。遇大事，如朝会、盟誓、封拜等，都立坛以示郑重。　〔4〕"反"，通"返"，归还。　〔5〕"倍"，通"背"，背弃。　〔6〕"愈"，满足，快意。　〔7〕"三败所亡地"，指鲁国因三次战败被齐所掠取的土地。　〔8〕"甄"，卫地。其地在今山东鄄城县西北。

【译文】五年，征讨鲁国，鲁国的主力部队吃了败仗。鲁庄公请求献出遂邑求和，桓公答应了，与鲁侯在柯地会盟。鲁侯将要向上天宣誓，曹沫手持匕首劫持桓公于坛上说："归还侵占的鲁国土地！"齐桓公答应了。然后曹沫放下匕首，面朝北站在臣子的位置上。桓公后悔，想不归还鲁国的土地并杀死曹沫。管仲说："被迫答应了他又失信杀掉他，满足一时小小的快意，而在诸侯面前背弃信用，会失去天下的支持，不能这么干。"于是就把曹沫三次吃败仗所丢掉的土地还给了鲁国。诸侯听到这件事，都信服齐国而想归附它。七年，桓公在甄地会见诸侯，桓公这时开始称霸。

十四年，陈厉公子完，〔1〕号敬仲，来奔齐。齐桓公欲以为卿，〔2〕让；于是以为工正。〔3〕田成子常之祖也。〔4〕

【注释】〔1〕"陈完"，即田敬仲，春秋时齐国大夫，陈厉公之子。公元前六七二年，陈国内乱，他出奔齐国，改姓田氏。被齐桓公任为工政。其后代逐渐强大，传至田和，终于夺取齐国政权。〔2〕"卿"，古代高级长官或爵位的称谓。春秋时，天子、诸侯的高级长官都称卿。〔3〕"工正"，官名，百工之长。〔4〕"田成子"，即陈成子，名恒。春秋时期齐国大臣。继其父陈釐子之后，继续以小斗进大斗出，争取民心。公元前四八一年，杀死齐简公，拥立齐平公，任相国，尽杀公族中的强者，专齐国之政。

【译文】十四年，陈厉公的儿子陈完，号敬仲，来投奔齐国。齐桓公要任他为卿，他推辞了；于是用他作工正。他就是田成子——田常——的祖先。

二十三年，山戎伐燕，〔1〕燕告急于齐。〔2〕齐桓公救燕，遂伐山戎，至于孤竹而还。〔3〕燕庄公遂送桓公入齐境。〔4〕桓公曰："非天子，诸侯相送不出境，吾不可以无礼于燕。"于是分沟割燕君所至与燕，命燕君复修召公之政，〔5〕纳贡于周，如成康之时。诸侯闻之，皆从齐。

【注释】〔1〕"燕"，音 yān，古国名。本作匽、郾。公元前十一世纪周分封的诸侯国，姬姓，开国君主是召公奭。其地在今河北北部及辽宁西端，建都蓟（今北京西南）。燕昭王时，疆城扩大。公元前二二二年被秦所灭。〔2〕"告急"，报告危难请求援助。〔3〕"孤竹"，古国名。存在于商、西周、春秋时期。伯夷、叔齐即商末西周初年孤竹君的儿子。其地在今河北省卢龙县南。〔4〕"燕庄公"，公元前六九〇年至前六五七年在位。〔5〕"复修召公之政"，恢复召公时的德政。

【译文】二十三年，山戎征讨燕国，燕国向齐国告急。齐桓公为了救燕国，就征讨山戎，一直打到孤竹才回师。燕庄公送桓公一直到齐国境内。桓公说："除非天子，诸侯之间相送不出国境，我不能对燕国没有礼节。"于是挖沟为界把燕君所到的地方割让给燕国，要求燕君再行召公的德政，向周王室交纳贡品，如同周成王、康王的时候一样。诸侯听到这事，都服从齐国。

二十七年，鲁湣公母曰哀姜，〔1〕桓公女弟也。哀姜淫于鲁公子庆父，〔2〕庆父弑湣公，哀姜欲立庆父，鲁人更立釐公。桓公召哀姜，杀之。

【注释】〔1〕"鲁湣公"，"湣"通"闵"。公元前六六一年至前六五九年在位。〔2〕"庆父"，即仲庆父、共仲，亦称孟氏。鲁庄公的庶兄。他杀死继位的子般和闵公，逃亡到莒。鲁国贿赂求莒送归，庆父在归途中自杀。后人常把制造内乱的人比之为庆父，"庆父不死，鲁难未已"这句成语即由此而来。

【译文】二十七年，鲁湣公的母亲叫哀姜，是齐桓公的妹妹。哀姜与鲁公子庆父淫乱；庆父杀害了湣公，哀姜想让庆父登位，鲁国人却另拥立僖公。桓公召回哀姜，把她杀了。

二十八年，卫文公有狄乱，[1]告急于齐。齐率诸侯城楚丘而立卫君。[2]

【注释】[1]"卫文公"，名辟疆，后改名毁。初因内乱，出奔于齐。卫懿公九年（公元前六六〇年），卫被狄攻灭，齐桓公来救，筑楚丘，立以为君。本文即叙述这段史实。"狄"，部族名，亦作"翟"。春秋前，活动于太行山两侧（河北省中南部、河南省北部、山西等地区），经常骚扰齐、鲁、晋、卫、宋、邢等国。[2]"城"，筑城，作动词用。"楚丘"，卫国都城，其地在今河南滑县东。卫都城原在朝歌（今河南淇县），因被狄攻灭，迁楚丘。

【译文】二十八年，卫文公遭到狄人侵扰，向齐国告急。齐国率领诸侯在楚丘筑城，在此拥立卫君。

二十九年，桓公与夫人蔡姬戏船中。蔡姬习水，[1]荡公，[2]公惧，止之，不止，出船，怒，归蔡姬，[3]弗绝。蔡亦怒，[4]嫁其女。桓公闻而怒，兴师往伐。

【注释】[1]"习水"，熟习水性。[2]"荡"，晃动。[3]"归蔡姬"，蔡姬为蔡国之女，齐桓公将其遣归蔡国。[4]"蔡"，古国名。公元前十一世纪周分封的诸侯国。开国君主是周武王之弟叔度，因随同武庚反叛，被周公放逐。后改封其子蔡仲于此，建都上蔡（今河南上蔡西南）。春秋时常受楚国的逼迫，多次迁移。平侯迁新蔡（今属河南），昭侯迁州来（今安徽凤台），称为下蔡。公元前四四七年被楚国所灭。其时蔡君为蔡穆侯。

【译文】二十九年，桓公与夫人蔡姬在船中戏耍，蔡姬熟悉水性，摇晃游船，桓公很害怕，制止她，她仍不停地摇晃，桓公下了船，很恼火，把蔡姬送回娘家，但不断绝婚姻关系。蔡侯一气之下，改嫁了蔡姬。桓公听了大怒，发兵去征讨蔡国。

三十年春，齐桓公率诸侯伐蔡，蔡溃。[1]遂伐楚。楚成王兴师问曰："何故涉吾地？"[2]管仲对曰："昔召康公命我先君太公曰：'五侯九伯，若实征之，[3]以夹辅周室。'[4]赐我先君履，[5]东至海，西至河，南至穆陵，北至无棣。楚贡包茅不入，[6]王祭不具，[7]是以来责。昭王南征不复，[8]是以来问。"楚王曰："贡之不入，有之，寡人罪也，[9]敢不共乎！[10]昭王之出不复，君其问之水滨。"齐师进次于陉。[11]夏，楚王使屈完将兵扞齐，[12]齐师退次召陵。[13]桓公矜屈完以其众。[14]屈完曰："君以道则可；[15]若不，则楚方城以为城，[16]江、汉以为沟，[17]君安能进乎？"乃与屈完盟而去。过陈，陈袁涛涂诈齐，[18]令出东方，觉。[19]秋，齐伐陈。是岁，晋杀太子申生。[20]

**【注释】**〔1〕"溃"，战败逃散。〔2〕"涉"，到。对于齐国的入侵，仅用"涉"字，显然是一种外交辞令。〔3〕"若"，你。"实"，得以。〔4〕"夹辅"，左右扶持。"周室"，周天子、周家王朝。〔5〕"履"，履历，这里指齐国初封时的疆域。〔6〕"包茅"，古代祭祀时，用以滤酒的青茅草束。也作"苞茅"。是楚地特产植物。"不入"，没有进贡。〔7〕"王祭不具"，周王的祭祀用品不具备。〔8〕"昭王南征不复"，周昭王名瑕，康王之子。南攻楚国，溺死于汉水之滨。齐桓公借包茅不入、昭王之死，兴师问罪。〔9〕"寡人"，犹言寡德之人，古代王侯士大夫自谦之词。〔10〕"共"，通"供"，供给。〔11〕"次"，驻扎。"陉"，楚地名。其地在今河南郾城县。〔12〕"屈完"，楚国大夫。以此次以理屈齐桓公，使之退兵而著名。"将兵"，率兵。"扞"，抵御。〔13〕"召陵"，楚邑名。故城在今河南郾城县东。"召"，音 shào。〔14〕"矜屈完"，向屈完夸耀。"矜"，音 jīn。〔15〕"道"，道理、正义。〔16〕"方城"，方城为春秋楚国所筑的长城，北起今之河南方城县北，南至泌阳县北。〔17〕"江、汉"，长江和汉江。"沟"，城外的护城河。〔18〕"陈"，古国名。妫姓。开国君主为胡公满，相传是舜的后代，周武王灭商后所封。建都宛丘（今河南淮阳），有今河南东南部和安徽一部分。公元前四七九年被楚国所灭。"袁涛涂"，陈国大夫，他讨厌齐兵回师途中路过陈地，骗齐桓公，令其从东道回师。东道路恶难行，齐桓公发觉，抓走袁涛涂。〔19〕"觉"，发觉。〔20〕"太子申生"，晋献公之太子。献公宠爱骊姬，欲立骊姬所生子奚齐，使申生居曲沃。骊姬进谗言，申生被迫自杀。

**【译文】**三十年春天，齐桓公率领诸侯征讨蔡国，蔡国被击溃。于是征讨楚国。楚成王出兵问道："为什么到我的国土上来？"管仲回答说："从前召康公授命我先君太公说：'五侯九伯，你有权征讨他们，来辅佐周王室。'赐给我先君势力范围，东到海滨，西到黄河，南到穆陵，北到无棣。楚国的贡品包茅没有交纳，使天子的祭祀不完备，因此特来责问。还有从前周昭王南征没有回去，因此特来查究。"楚王说："没有进贡包茅，有这件事，这是我的罪过，哪敢不供应！周昭王出来巡狩没有回去，您应当到汉江边上去查问。"齐军进驻陉地。夏天，楚王派遣屈完领兵抵抗齐军，齐军退驻召陵。桓公向屈完夸耀齐军的众多，屈完说："您以道义服人才行；假若不是这样，那么楚国以方城作为城防，以长江、汉江作为壕沟，您怎么能够前进呢？"桓公就与屈完订立盟约而离去。经过陈国，陈国大夫袁涛涂欺骗齐军，使齐军绕道向东，被察觉了。秋天，齐国征讨陈国。这年，晋国杀了太子申生。

三十五年夏，会诸侯于葵丘。[1]周襄王使宰孔赐桓公文武胙、彤弓矢、大路，[2]命无拜。桓公欲许之，管仲曰："不可。"乃下拜受赐。秋，复会诸侯于葵丘，益有骄色。周使宰孔会。诸侯颇有叛者。晋侯病，[3]后，遇宰孔。宰孔曰："齐侯骄矣弟无行。"[4]从之。是岁，晋献公卒，[5]里克杀奚齐、卓子，[6]秦穆公以夫人入公子夷吾为晋君。[7]桓公于是讨晋乱，至高梁，[8]使隰朋立晋君，还。

**【注释】**[1]"葵丘"，宋邑名。故城在今河南兰考县境。 [2]"周襄王"，周惠王子，名郑。公元前六五一年至前六一九年在位。"宰孔"，周朝太宰周公姬孔。"胙"，音zuò，祭祀用的肉。"文武胙"，祭祀周文王、周武王用的祭肉。以此来赏赐齐桓公，以示尊重。"彤弓矢"，朱红色的弓箭。古代帝王以此赏赐有功的诸侯大臣，可以专征伐之权。"大路"，亦作大辂，一种美玉装饰的大车。 [3]"晋侯"，指晋献公。 [4]"弟"，通"第"。"弟无行"，即且不要去。 [5]"晋献公"，公元前六七六年至前六五〇年在位。名诡诸，晋武公之子。淫父姜齐姜，生秦穆夫人及太子申生。又娶二戎女，生重耳、夷吾。又伐骊戎，获骊姬，生奚齐；骊姬之妹又生卓子。骊姬得宠，欲立其子奚齐，杀太子申生，逐重耳、夷吾，引起内乱。 [6]"里克"，晋献公时大夫。晋献公曾派太子申生去伐东山皋落氏，里克劝谏，晋献公不听。申生被迫自杀。后里克杀奚齐、卓子，而迎立夷吾，是为惠公。夷吾虑里克为变，将其赐死。 [7]"夫人"，即秦穆公夫人，夷吾的异母姐姐。 [8]"高梁"，晋地名。其地在今山西临汾市东北。

**【译文】**三十五年夏天，在葵丘会盟诸侯。周襄王派宰孔将祭过文王武王的祭肉、朱红色的弓箭、大车赏赐给桓公，还命令不必行跪拜大礼。桓公想照办，管仲说："不可。"齐桓公就下堂跪拜接受天子的赏赐。秋天，又在葵丘会合诸侯，桓公更加有骄傲的神色。周王室派宰孔参加了盟会。这时诸侯中已经有人叛离。晋侯因病晚到，路遇宰孔，宰孔说："齐侯骄傲了，可不要去了。"晋侯听从了他的话。这年，晋献公去世，里克杀死了奚齐、卓子，秦穆公因为夫人的关系把公子夷吾送回晋国做了国君。桓公于是讨伐晋国发生的变乱，到达高梁，派隰朋立了晋君夷吾，才回国。

是时周室微，唯齐、楚、秦、晋为强。晋初与会，[1]献公死，国内乱。秦穆公辟远，[2]不与中国会盟。[3]楚成王初收荆蛮有之，[4]夷狄自置。[5]唯独齐为中国会盟，[6]而桓公能宣其德，故诸侯宾会。[7]于是桓公称曰：[8]"寡人南伐至召陵，望熊山；[9]北伐山戎、离枝、孤竹；[10]西伐大夏，[11]涉流沙；[12]束马悬车登太行，[13]至卑耳山而还。[14]诸侯莫违寡人。[15]寡人兵车之会三，[16]乘车之会六，[17]九合诸侯，[18]一匡天下。[19]昔三代受命，[20]有何以异于此乎？吾欲封泰山，[21]禅梁父。"[22]管仲固谏，不听；乃说桓公以远方珍怪物至乃得封，桓公乃止。

【注释】〔1〕"晋初与会"，晋国刚刚参与诸侯的会盟。〔2〕"辟"，通"僻"，偏僻。〔3〕"中国"，指中原地区。〔4〕"楚成王初收荆蛮有之"，指楚成王平定楚地的各部族、侯国。〔5〕"自置"，自己置身诸侯会盟之外。〔6〕"唯独齐为中国会盟"，只有齐国主持中原地区诸侯的会盟。〔7〕"宾会"，顺从地来赴会。〔8〕"称"，声称、表白。〔9〕"望"，古代祭祀山川曰望。遥望而祭，故称。"熊山"，又称熊耳山，在今河南省西部卢氏县、洛宁县南。〔10〕"离枝"，古国名，又名令支。其地在今河北省迁安县西。〔11〕"大夏"，地名。其地在今山西太原市南。〔12〕"流沙"，沙漠。在今山西平陆县东。〔13〕"束马悬车"，山路险隘难行，包裹马脚，挂牢车子，以防滑入山洞。"太行"，山名。南北绵延河南、河北、山西三省。〔14〕"卑耳山"，即辟耳山，在今山西平陆县西北。〔15〕"莫违寡人"，没有人违背我的命令。〔16〕"兵车之会三"，因战争而会盟三次。据旧注，指公元前六八一年平宋乱，前六五六年侵蔡、伐楚，前六五四年伐郑、围新城。〔17〕"乘车之会六"，非战事的会盟六次。据旧注，鲁庄公十四年会于鄄（卫地，故城在今山东鄄城县）；十五年又会于鄄；十六年盟于幽（宋地）；僖公五年会于首止（卫地，故城在今河南睢县东南）；八年会于洮（曹地，故城在今山东鄄城县）；九年会于葵丘。按，兵车之会三，乘车之会六，与下文的九合诸侯，都不必拘泥于三、六、九之数。实际上齐桓公主持的会盟不止此数，有人指出兵车之会四次，乘车之会十一次等等。古代形容多次，往往用三、六、九等数字来表达，这类例子很多。〔18〕"合"，会合。〔19〕"一匡天下"，匡即匡正。此指鲁僖公八年洮之会确定了周襄王继天子位一事。〔20〕"三代"，指夏、商、周三代。〔21〕"封泰山"，封即封禅。古代儒者以为泰山最高，故而祭泰山成为帝王祭天地的盛大典礼。在泰山筑土为坛祭天，报天之功，称封；在泰山下梁父山上辟场祭地，报地之功，称禅。这实际上是帝王向世人炫耀文治武功的活动。后来秦始皇、汉武帝都曾到泰山封禅，刻石纪功。〔22〕"梁父"，山名。为泰山南坡一座小山，在今山东新泰县西。

【译文】这时周王室衰弱，只有齐国、楚国、秦国、晋国是强大的。晋国刚参加盟会，献公死后，国内混乱。秦穆公处在偏僻边远地区，不参加中原各国的会盟。楚成王刚刚收服占有荆蛮地区，自以为夷狄置身会盟之外。只有齐国主持中原各国的会盟，而桓公能够宣扬周王室的威德，所以诸侯服从。当时齐桓公声称说："我向南征讨到了召陵，瞭望熊山；向北征讨山戎、离枝、孤竹；向西征讨大夏，经过流沙；裹了马脚，钩挂牢车子，登上太行山，到达卑耳山才回来。诸侯没人敢违抗我。我先后召集军事盟会三次，和平盟会六次，九次会合诸侯，一次安定周王室。从前夏、商、周三朝承受天命，和我有什么不同呢？我想到泰山祭天，到梁父山祭地。"管仲坚决劝阻，不听；就劝说桓公要等得到远方的奇珍异宝才能去泰山祭天地，桓公才作罢。

三十八年，周襄王弟带与戎、翟合谋伐周，齐使管仲平戎于周。〔1〕周欲以上卿礼管仲，〔2〕管仲顿首曰："臣陪臣，〔3〕安敢！"三让，乃受下卿礼以见。三十九年，周襄王弟带来奔齐。齐使仲孙请王，〔4〕为带谢。襄王怒，弗听。

【译文】三十八年，周襄王的弟弟姬带与戎人、狄人合谋攻打周王，齐国派遣管仲去调解周王室和戎人的争端。周王要用接待上卿的礼仪接待管仲，管仲叩头说："我只是诸侯的臣子，怎么敢呢！"多次谦让，才接受了下卿的礼仪去朝见。三十九年，周襄王的弟弟姬带来投奔齐国。齐侯派仲孙去请求周王，替姬带请罪。襄王发怒，没有允许。

四十一年，秦穆公虏晋惠公，[1]复归之。是岁，管仲、隰朋皆卒。管仲病，桓公问曰："群臣谁可相者？"管仲曰："知臣莫如君。"公曰："易牙如何？"[2]对曰："杀子以适君，非人情，不可。"公曰："开方如何？"[3]对曰："倍亲以适君，非人情，难近。"公曰："竖刀如何？"[4]对曰："自宫以适君，[5]非人情，难亲。"管仲死，而桓公不用管仲言，卒近用三子，三子专权。

【译文】四十一年，秦穆公俘虏了晋惠公，又放回了他。这年，管仲、隰朋都去世。管仲病时，桓公问道："众臣中谁可以辅佐我？"管仲说："了解臣下的没有人比得上君主。"桓公说："易牙怎么样？"回答说："他杀了自己的儿子来迎合君主，不近人情，不可任用。"桓公说："开方怎么样？"回答说："他丢弃自己的父母来迎合君主，不近人情，难以亲近。"桓公说："竖刀怎么样？"回答说："他自行阉割来迎合君主，不近人情，难以亲信。"管仲死后，桓公不采纳管仲的意见，终于亲近、任用三人，于是三人便专擅齐国大权。

四十二年，戎伐周，周告急于齐，齐令诸侯各发卒戍周。[1]是岁，晋公子重耳来，[2]桓公妻之。[3]

　　**【注释】**〔1〕"戍周"，保卫周朝。　〔2〕"重耳"，即晋文公，公元前六三六年至前六二八年在位。初因献公立幼子为嗣，流亡在外十九年，后由秦送回即位。整顿内政，国力强盛，城濮之战后，成为霸主。此时重耳在流亡中投奔齐国。　〔3〕"桓公妻之"，据本书《晋世家》："至齐，齐桓公厚礼，而以宗女妻之。"桓公把本族女子嫁给重耳。

　　**【译文】**四十二年，戎人攻打周王室，周王向齐国告急。齐国命令诸侯各自派兵驻守在周王室的京畿。这年，晋国公子重耳流亡来齐，齐桓公把本族之女嫁给他。

　　四十三年。初，齐桓公之夫人三：曰王姬、徐姬、蔡姬，皆无子。桓公好内，[1]多内宠，[2]如夫人者六人，[3]长卫姬，[4]生无诡；少卫姬，生惠公元；郑姬，生孝公昭；葛嬴，生昭公潘；密姬，生懿公商人；宋华子，[5]生公子雍。桓公与管仲属孝公于宋襄公，[6]以为太子。雍巫有宠于卫共姬，因宦者竖刀以厚献于桓公，亦有宠，桓公许之立无诡。管仲卒，五公子皆求立。冬十月乙亥，齐桓公卒。易牙入，与竖刀因内宠杀群吏，[7]而立公子无诡为君。太子昭奔宋。

　　**【注释】**〔1〕"好内"，贪好女色。　〔2〕"内宠"，得宠的姬妾。　〔3〕"如夫人"，指小妾。诸侯之正妻称夫人，小妾称如夫人，因得宠，礼数如夫人，故称。　〔4〕"卫姬"，卫国之女。下郑姬、葛嬴、密姬等均该国之女。　〔5〕"宋华子"，宋国华氏之女。　〔6〕"属"，通"嘱"，托付。"宋襄公"，宋国君主，名兹父。公元前六五〇年至前六三七年在位。　〔7〕"内宠"，这里内宠指宫内有权势的内官。与上文之内宠义别。

　　**【译文】**四十三年，当初，齐桓公的夫人有三位：即王姬、徐姬、蔡姬，都没有儿子。桓公好女色，有许多宠爱的姬妾，位同夫人的有六个：长卫姬，生了无诡；少卫姬，生了惠公元；郑姬，生了孝公昭；葛嬴，生了昭公潘；密姬，生了懿公商人；宋华子，生了公子雍。桓公和管仲把孝公托付给宋襄公，立为太子。雍巫受到卫共姬的宠幸，又通过宦官竖刀献厚礼给桓公，又受到桓公的宠幸，桓公就答应他们立无诡为太子。管仲去世，五位公子都要求继位。冬季十月乙亥日，齐桓公去世。易牙进入宫中，与竖刀一起借助宫中有权势的近臣杀死了许多大夫，拥立公子无诡为国君。太子昭逃奔宋国。

桓公病，五公子各树党争立。及桓公卒，遂相攻，以故宫中空，莫敢棺。[1]桓公尸在床上六十七日，尸虫出于户。十二月乙亥，无诡立，乃棺赴，[2]辛巳夜，敛殡。[3]

【注释】〔1〕"莫敢棺"，没人敢以棺木殓尸。〔2〕"棺赴"，将死者棺殓，发出讣告。"赴"通"讣"。〔3〕"敛殡"，"敛"通"殓"。将死者装入棺木，置于堂上，供人吊祭。

【译文】齐桓公生病时，五位公子各自拉帮结党争夺君位。等到桓公去世，就相互攻打，因此宫中无人，没有人敢装殓。桓公的尸体在床上放了六十七天，尸体上的蛆虫爬出了门外。十二月乙亥日，无诡继位，才运棺入宫，发出报丧的讣告。辛巳日夜间，才装殓入棺。

桓公十有余子，要其后立者五人：[1]无诡立三月死，无谥；次孝公；次昭公；次懿公；次惠公。孝公元年三月，[2]宋襄公率诸侯兵送齐太子昭而伐齐。齐人恐，杀其君无诡。齐人将立太子昭，四公子之徒攻太子，太子走宋，宋遂与齐人四公子战。五月，宋败齐四公子师而立太子昭，是为齐孝公。宋以桓公与管仲属之太子，故来征之。以乱故，八月乃葬齐桓公。

【注释】〔1〕"要"，总计。〔2〕"孝公元年"，为公元前六四二年。齐孝公，公元前六四二年至前六三三年在位。

【译文】桓公有十多个儿子，总计后来登位的有五人：公子无诡在位三个月死去，没有谥号；其次是孝公；其次是昭公；其次是懿公；其次是惠公。孝公元年三月，宋襄公率领诸侯军队送齐国太子昭回国并攻打齐国。齐国人惊恐，杀死了他们的国君无诡，准备拥立太子昭。四位公子的党徒攻打太子，太子逃往宋国，宋军就跟齐国四公子的军队交战。五月，宋军打败齐四公子的军队，立太子昭为君，这就是齐孝公。宋君因为桓公和管仲把太子托付给他，所以来讨伐四公子。由于政局混乱的缘故，八月才安葬了齐桓公。

六年春，齐伐宋，以其不同盟于齐也。[1]夏，宋襄公卒。七年，晋文公立。

【注释】〔1〕齐孝公二年，齐主持诸侯会盟。因有齐桓公的余威，诸侯来与会。宋襄公欲继齐桓公称霸，不参加齐国主持的会盟。

【译文】六年春天，齐国攻打宋国，因为他拒不参加在齐国举行的盟会。夏季，宋襄公去世。七年，晋文公登位。

十年，孝公卒，孝公弟潘因卫公子开方杀孝公子而立潘，是为昭公。[1]昭公，桓公子也，其母曰葛嬴。

【注释】[1]"昭公"，公元前六三二年至前六一三年在位。

【译文】十年，齐孝公去世，孝公的弟弟潘假手卫公子开方杀死孝公的儿子而自立，这就是昭公。昭公是桓公的儿子，他的母亲叫葛嬴。

昭公元年，晋文公败楚于城濮，[1]而会诸侯践土，[2]朝周，[3]天子使晋称伯。[4]六年，翟侵齐。晋文公卒。秦兵败于殽。[5]十二年，秦穆公卒。

【注释】[1]"城濮"，卫地名。其地在今山东鄄城县西南临濮集。城濮之战，晋胜楚，奠定了霸主地位。 [2]"践土"，郑地名。其地在今河南原阳西南。 [3]"朝周"，朝见周天子。 [4]"伯"，通"霸"，诸侯之长。 [5]"殽"，即殽山，其地在今河南洛宁县西北。公元前六二七年，晋击秦军，战于殽，秦败，获其三帅孟明视、西乞术、白乙丙以归。

【译文】昭公元年，晋文公在城濮打败楚军，又在践土会合诸侯，朝见周天子，周天子让晋文公做霸主。六年，狄人侵犯齐国。晋文公去世。秦军在崤山被晋军击败。十二年，秦穆公去世。

十九年五月，昭公卒，子舍立为齐君。舍之母无宠于昭公，国人莫畏。昭公之弟商人以桓公死争立而不得，阴交贤士，[1]附爱百姓，[2]百姓说。及昭公卒，子舍立，孤弱，即与众十月即墓上弑齐君舍，而商人自立，是为懿公。[3]懿公，桓公子也，其母曰密姬。

【注释】[1]"阴"，暗中。 [2]"附爱"，"附"通"抚"，即抚爱。 [3]"懿公"，公元前六一二年至前六〇九年在位。

【译文】十九年五月，昭公去世，儿子舍继位作了齐君。舍的母亲不受昭公宠爱，齐国没人怕他。昭公的弟弟商人因为桓公去世争夺君位未成，暗中结交贤能之士，抚爱老百姓，百姓们很高兴。等到昭公去世，儿子舍继位，势孤力单，商人就跟众人一起在十月间在昭公的墓地杀害了齐君舍，自己登位，这就是懿公。懿公是桓公的儿子，他的母亲叫密姬。

懿公四年春，初，懿公为公子时，与丙戎之父猎，争获不胜，[1] 及即位，断丙戎父足，[2] 因使丙戎仆。[3] 庸职之妻好，公内之宫，[4] 使庸职骖乘。[5] 五月，懿公游于申池，[6] 二人浴，戏。职曰："断足子！"戎曰："夺妻者！"二人俱病此言，[7] 乃怨。谋与公游竹中，二人弑懿公车上，弃竹中而亡去。

【注释】〔1〕"获"，获得的猎物。 〔2〕"断丙戎父足"，其时丙戎已死，此乃掘墓断其尸足。 〔3〕"仆"，驾车。 〔4〕"内"，通"纳"。 〔5〕"骖乘"，陪乘之人，居于车右。〔6〕"申池"，一说为齐地海滨之湖泽；一说为齐都临淄申门外之池。前说当是。 〔7〕"二人俱病此言"，二人都以此言为耻辱。

【译文】懿公四年春，当初，懿公做公子的时候，和丙戎的父亲一起打猎，争猎物不胜，等到登上君位，砍断了丙戎父尸的脚，却让丙戎为他驾车。庸职的妻子很漂亮，懿公把他纳入宫中，让庸职陪同乘车。五月间，懿公到申池游览，丙戎和庸职一同边洗澡，边开玩笑。庸职说："断脚人的儿子！"丙戎说："被夺妻的人！"两人都对这话感到耻辱，都怨恨懿公。便策划和懿公到竹林中游玩，两人在车上杀害了懿公，把尸体丢在竹林里逃走了。

懿公之立，骄，民不附。齐人废其子而迎公子元于卫，立之，是为惠公。[1] 惠公，桓公子也。其母卫女，曰少卫姬，避齐乱，故在卫。

【注释】〔1〕"惠公"，公元前六〇八年至前五九九年在位。

【译文】懿公登位后，骄气十足，百姓不归附。齐国人废黜了他的儿子，到卫国迎接公子元回来，拥立为君，这就是惠公。惠公是桓公的儿子，他的母亲是卫国女子，称作少卫姬，因为她躲避齐国的内乱，所以住在卫国。

惠公二年，长翟来，[1] 王子城父攻杀之，[2] 埋之于北门。晋赵穿弑其君灵公。[3]

**【注释】**〔1〕"长翟"，"翟"通"狄"。长翟为狄族的一支，其人身材高大。　〔2〕"王子城父"，齐国大夫。长翟来犯，王子城父获其将领荣如。　〔3〕"晋赵穿弑其君灵公"，晋襄公卒，大臣赵盾等立太子夷皋，是为灵公。灵公荒淫无道，赵盾数谏，不听，且使人刺杀赵盾，赵盾出亡，其弟赵穿袭杀灵公。

**【译文】**惠公二年，长狄人来侵，大夫王子城父杀了其头领荣如，把他埋在北门附近。晋国赵穿杀害了他的国君灵公。

十年，惠公卒，子顷公无野立。〔1〕初，崔杼有宠于惠公，惠公卒，高、国畏其逼也，逐之，崔杼奔卫。

**【注释】**〔1〕"顷公"，公元前五九八年至前五八二年在位。

**【译文】**十年，惠公去世，儿子顷公无野继位。当初，崔杼受到惠公的宠爱，惠公去世，高氏、国氏怕受到他的胁逼，就赶走了他，崔杼逃奔卫国。

顷公元年，楚庄王强，〔1〕伐陈；二年，围郑，郑伯降，〔2〕已复国郑伯。

**【注释】**〔1〕"楚庄王"，春秋时楚国君主，芈姓，名旅（一作吕、侣）。公元前六一三年至前五九一年在位。他整顿内政，兴修水利，攻灭庸国，国势大盛。继又进攻陆浑之戎，陈兵周郊，派人询问象征政权的九鼎的轻重。后又大败晋军，陆续使鲁、宋、郑、陈等国归附，成为霸主。　〔2〕"郑伯"，指郑襄公。公元前五九六年，因郑与晋结盟，楚庄王伐郑，围郑三月，郑以都城降。郑襄公肉袒牵羊迎降。楚庄王念其已服，舍之而去。

**【译文】**顷公元年，楚庄王强大，征讨陈国；二年，楚又围攻郑国，郑伯投降，不久又让郑伯复国。

六年春，晋使郤克于齐，〔1〕齐使夫人帷中而观之。〔2〕郤克上，夫人笑之。郤克曰："不是报，〔3〕不复涉河！"〔4〕归，请伐齐，晋侯弗许。齐使至晋，郤克执齐使者四人河内，〔5〕杀之。八年，晋伐齐，齐以公子强质晋，〔6〕晋兵去。十年春，齐伐鲁、卫。鲁、卫大夫如晋请师，〔7〕皆因郤克。〔8〕晋使郤克以车八百乘为中军将，〔9〕士燮将上军，栾书将下军，以救鲁、卫，伐齐。六月壬申，与齐侯兵合靡笄下。〔10〕癸酉，陈于鞍，〔11〕逢丑父为齐顷公右。〔12〕顷公曰："驰之，破晋军会食。"射伤郤克，流血至履。克欲还入壁，[13]其御曰：[14]"我始入，再伤，不敢言疾，恐惧士卒，[15]愿子忍之。"遂复战。战，齐急，[16]丑父恐齐侯得，[17]乃易处，顷公为右，车轵于木而止。[18]晋小将韩厥伏齐侯车前，曰"寡君使臣救鲁、卫"，戏之。丑父使顷公下取饮，因得亡，脱去，入其军。晋郤克欲杀丑父。丑父曰："代君死而见僇，[19]后人臣无忠其君者矣。"克舍之，丑父遂得亡归齐。于是晋军追齐至马陵。[20]齐侯请以宝器谢，不听；必得笑克者萧桐叔子，[21]令齐东亩。[22]对曰："叔子，齐君母。齐君母亦犹晋君母，子安置之？且子以义伐而以暴为后，其可乎？"于是乃许，令反鲁、卫之侵地。

**【注释】**〔1〕"郤克"，晋国大夫，亦称驹伯。其人身体有缺陷，驼背。"郤"，音 xì。〔2〕"帷中"，帐帷之中。　〔3〕"不是报"，犹言不报此辱。　〔4〕"涉河"，渡过黄河。　〔5〕"河内"，地区名。春秋战国时，以黄河以北为河内，黄河以南为河外。　〔6〕"公子强"，齐灵公之子。"质晋"，作为人质留在晋国。　〔7〕"如"，至、往。　〔8〕"皆因郤克"，都以郤克为绍介。　〔9〕"中军将"，古代行军作战，分上中下（或左中右）三军，由主将所在的中军发号施令。　〔10〕"靡笄"，山名，即今山东济南市东北的华不注山。一说为济南市南的历山。也有的说在今长清县境，即《金史·地理志》所载的靡笄山。"笄"，音 jī。　〔11〕"陈"，通"阵"，摆列军阵。"鞍"，齐地名。其地在今山东济南市境内。　〔12〕"逢丑父"，齐国大夫。"右"，车右。古时乘车位于御者右边的武士，以保卫主帅。"逢"，音 páng。　〔13〕"壁"，营垒。〔14〕"御"，即御者，驾车的人。　〔15〕"恐惧士卒"，担心士卒们被吓坏。　〔16〕"齐急"，齐军危急。　〔17〕"恐齐侯得"，恐怕齐侯被俘获。　〔18〕"轵"，同"挂"。　〔19〕"见僇"，"僇"同"戮"，见僇即被杀。　〔20〕"马陵"，即马陉，齐地名。其地在今山东益都县西南。〔21〕"萧桐叔子"，萧国国君桐叔的女儿，即齐顷公之母。"萧"，古国名，春秋时宋国的附庸。始封之君萧叔大心。其地在今安徽萧县西北。"桐叔"，萧君的字。"子"，古代兼指女儿。这里郤克称之为萧桐叔子，以示轻蔑。　〔22〕"东亩"，指田陇和田间道路改为东西向，以利西边晋军的进攻。

**【译文】**六年春天，晋国派遣郤克出使齐国，齐侯让母夫人在帐幕中偷看，郤克上殿，母夫人一见他是个驼子，就哈哈大笑。郤克说："不洗雪这耻辱，我誓不再过黄河！"回国后，请求攻打齐国，晋君没有答应。齐国使者来到晋国，郤克在河内捉住齐国使者四人，杀了他们。八年晋国攻打齐国，齐君送公子强到晋国作人质，晋军撤去。十年春天，齐国征讨鲁国、卫国。鲁国、卫国的大夫到晋国请求援兵，都是通过郤克。晋国派遣郤克率领战车八百辆担任中军主将，士燮率领上军，栾书率领下军，去援救鲁国、卫国，攻打齐国。六月壬申日，晋军与齐军在靡笄山下交战。癸酉日，两军在鞍地摆开阵势。逢丑父站在车右边担任齐顷公的警卫。顷公说："快马加鞭前进，打败晋军会餐。"齐军射伤郤克，血淌到鞋上。郤克想回身退入营垒，驾车的人说："我刚进入阵地，两次受伤，也不敢说自己受了伤，恐怕惊吓了士兵。希望您忍耐些。"于是又投入战斗。战斗继续进行，齐军危急，逢丑父担心齐侯被晋军俘虏，两人交换了位置，顷公站在右边，战车被树木绊住而停下。晋国小将韩厥伏在齐侯车子的前面，说："敝国国君派遣我援救鲁国、卫国。"以戏弄齐侯。逢丑父让顷公下车取水喝，顷公才得以逃走，脱身离去，回到齐军中。晋国郤克要杀掉逢丑父，逢丑父说："我代替国君去死却被杀，以后做臣子的就没有忠于国君的人了。"郤克放了他，逢丑父于是得以逃回齐国。当时晋军追赶齐军到了马陵。齐侯请求献上宝器来谢罪，晋军不答应，一定要得到讪笑郤克的萧桐叔子，要求齐国把田垄和干道都改成东西向。齐人回答说："叔子是齐国国君的母亲。齐君的母亲犹如晋君的母亲，您怎么样处置她？况且您是打着正义的旗号前来征伐，最后却施以暴行，难道可以这样做吗？"于是就答应了，让齐国退还鲁国、卫国被侵占的土地。

　　十一年，晋初置六卿，[1]赏鞌之功。齐顷公朝晋，欲尊王晋景公，[2]晋景公不敢受，乃归。归而顷公弛苑囿，[3]薄赋敛，[4]振孤问疾，[5]虚积聚以救民，[6]民亦大说。厚礼诸侯。竟顷公卒，百姓附，诸侯不犯。

　　**【注释】**〔1〕"六卿"，按周代制度，把执政大臣分为六官，称之为六卿。 〔2〕"尊王"，尊之为王。是时只有周天子才可以称王，晋、齐等国虽曾为霸主，其身份仍是诸侯，不得称王。〔3〕"弛苑囿"，开放皇家园林。苑囿为皇家园林，苑中畜养禽兽，种植花木，以供君主游猎。吏民不得私人渔猎、种植。"囿"，音yòu。 〔4〕"薄赋敛"，减轻赋税。 〔5〕"振"，通"赈"，救济。 〔6〕"虚积聚"，把聚积的财物发放一空。

　　**【译文】**十一年，晋国开始设置六卿，奖赏鞌地战役有功人员。齐顷公访问晋国，要用王者之礼晋见晋景公，晋景公不敢接受，就回来了。回国后，顷公就开放园林，减轻赋税，救济孤寡，慰问伤病者，把所有的积蓄都拿出来救济百姓，百姓也就大为高兴。他又厚礼对待诸侯。直到顷公去世，百姓亲附，诸侯不敢侵犯。

　　十七年，顷公卒，子灵公环立。[1]

　　**【注释】**〔1〕"灵公"，公元前五八一年至前五五四年在位。

　　**【译文】**十七年，顷公去世，儿子灵公环继位。

灵公九年，晋栾书弑其君厉公。十年，晋悼公伐齐，齐令公子光质晋。[1]十九年，立子光为太子，高厚傅之，令会诸侯盟于钟离。[2]二十七年，晋使中行献子伐齐。[3]齐师败，灵公走入临淄。晏婴止灵公，[4]灵公弗从。曰："君亦无勇矣！"晋兵遂围临淄，临淄城守不敢出，晋焚郭中而去。[5]

【注释】[1]"公子光"，齐灵公之子。 [2]"钟离"，古邑名。故城在今山东枣庄市南。[3]"中行献子"，名偃，晋国大夫。 [4]"晏婴"，字平仲，齐国大臣。夷维（今山东高密）人。齐灵公二十六年（公元前五五六年），其父晏弱死后，继任齐卿，历仕灵公、庄公、景公三世。 [5]"郭"，外城。

【译文】灵公九年，晋国栾书杀害了他的国君厉公。十年，晋悼公征讨齐国，齐侯派公子光到晋国作人质。十九年，立公子光做太子，高厚辅佐他，让他到钟离跟诸侯会盟。二十七年，晋国派中行献子征讨齐国。齐军被打败，灵公逃进临淄。晏婴阻止灵公逃跑，灵公不听。晏婴说："您也太没有勇气了！"于是晋军围攻临淄，临淄军民据城防守不敢出战，晋军烧毁外城后离去。

二十八年，初，灵公取鲁女，[1]生子光，以为太子。仲姬，戎姬。戎姬嬖，[2]仲姬生子牙，属之戎姬。[3]戎姬请以为太子，公许之。仲姬曰："不可。光之立，列于诸侯矣，[4]今无故废之，君必悔之。"公曰："在我耳。"遂东太子光，[5]使高厚傅牙为太子。灵公疾，崔杼迎故太子光而立之，是为庄公。[6]庄公杀戎姬。五月壬辰，灵公卒，庄公即位，执太子牙于句窦之丘，[7]杀之。八月，崔杼杀高厚。晋闻齐乱，伐齐，至高唐。[8]

【注释】[1]"取"，通"娶"。 [2]"嬖"，音bì，得宠。 [3]"属之戎姬"，把他托付给戎姬。 [4]"列于诸侯"，已属诸侯之列。指其多次参与诸侯会盟征伐。 [5]"东太子光"，把太子光发放到齐国东部。 [6]"庄公"，公元前五五三年至前五四八年在位。 [7]"句窦"，即句渎，其地在今山东菏泽市北。 [8]"高唐"，齐邑名。故城在今山东高唐县东北。

【译文】二十八年，当初，灵公娶了鲁国的女子，生了公子光，把他立为太子。又有仲姬、戎姬。戎姬得宠，仲姬生了公子牙，把他托付给戎姬。戎姬请求把公子牙做太子，灵公答应了。仲姬说："不行。公子光立为太子，已厕身诸侯之列了，现在无缘无故废黜他，您一定会后悔的。"灵公说："有我来决定。"就把太子光迁到齐国东部，让高厚辅佐公子牙做太子。灵公病重，崔杼接回原太子光，拥立他为君，这就是庄公。庄公杀了戎姬。五月壬辰日，灵公去世，庄公继位，在句窦丘上抓获太子牙，把他杀了。八月，崔杼杀高厚。晋国听到齐国发生内乱，征讨齐国，到达高唐。

庄公三年，晋大夫栾盈奔齐，庄公厚客待之。晏婴、田文子谏，公弗听。四年，齐庄公使栾盈间入晋曲沃为内应，[1]以兵随之，上太行，入孟门。[2]栾盈败，齐兵还，取朝歌。[3]

【注释】〔1〕"间入"，秘密潜入。"间"，音jiàn。"曲沃"，晋邑名，故城在今山西闻喜县东北。〔2〕"孟门"，山名。在今河南辉县西，为晋国要隘。〔3〕"朝歌"，原为卫邑，后归晋。故城在今河南淇县。

【译文】庄公三年，晋国大夫栾盈逃到齐国，庄公用隆重的客礼接待他。晏婴和田文子劝阻，庄公不听。四年，齐庄公让栾盈秘密地进入晋邑曲沃做内应，派军队尾随其后，上太行山，进入孟门关。栾盈败露，齐军回师，夺取了晋邑朝歌。

六年，初，棠公妻好，[1]棠公死，崔杼取之。庄公通之，数如崔氏，以崔杼之冠赐人。侍者曰："不可。"崔杼怒，因其伐晋，欲与晋合谋袭齐而不得间。庄公尝笞宦者贾举，贾举复侍，为崔杼间公以报怨。五月，莒子朝齐，齐以甲戌飨之。[2]崔杼称病不视事。[3]乙亥，公问崔杼病，遂从崔杼妻。[4]崔杼妻入室，与崔杼自闭户不出，公拥柱而歌。宦者贾举遮公从官而入，[5]闭门，崔杼之徒持兵从中起。公登台而请解，[6]不许；请盟，不许；请自杀于庙，[7]不许。皆曰："君之臣杼疾病，[8]不能听命。近于公宫。[9]陪臣争趣有淫者，[10]不知二命。"[11]公逾墙，[12]射中公股，公反坠，遂弑之。晏婴立崔杼门外，曰："君为社稷死则死之，为社稷亡则亡之。若为己死己亡，非其私暱，[13]谁敢任之！"门开而入，枕公尸而哭，三踊而出。[14]人谓崔杼："必杀之。"崔杼曰："民之望也，[15]舍之得民。"[16]

【注释】〔1〕"棠公妻好"，棠公的妻子很美丽。"棠公"，齐国棠邑大夫，其妻棠姜，是崔杼家臣东郭偃之姊。棠公死，大臣崔杼往吊，见棠姜美，谋于东郭偃而娶之。庄公私通棠姜，崔杼杀死庄公。后庆封灭崔氏，棠姜自杀。〔2〕"以甲戌飨之"，在甲戌日宴请莒子。"飨"，以酒食招待人。〔3〕"视事"，办公。〔4〕"从"，追逐。〔5〕"宦者"，阉人。"遮"，阻拦。〔6〕"台"，古时诸侯或权势大夫在自己的住处修筑土台，以瞭望守卫。"请解"，请求和解。〔7〕"庙"，王宫的前殿，朝堂。〔8〕"疾病"，病重。〔9〕"近于公宫"，言崔杼之家与王宫相近，或许有人冒称齐君而行淫。〔10〕"争趣"，争相追赶。〔11〕"不知二命"，只受命于崔杼捉拿行淫者，不接受他人的指令。〔12〕"窬"，通"逾"。"窬墙"，爬墙欲逃。〔13〕"私暱"，亦作"私昵"，指亲近爱幸的人。〔14〕"三踊"，古代遭丧，有擗踊之仪。擗为以手捶胸，踊为顿足而哭。男踊女擗，表示哀痛之至。〔15〕"民之望也"，百姓仰望的人。〔16〕"舍之"，放掉他。

【译文】六年，当初，棠公的妻子漂亮，棠公死去，崔杼娶了她。庄公跟她通奸，多次到崔家，拿崔杼的帽子送给别人。侍者说："不能这么干。"崔杼发怒，趁着庄公攻打晋国之机，想与晋国合谋袭击齐国而没有机会。庄公曾经鞭打过宦官贾举，贾举仍然侍候他，替崔杼暗中窥伺庄公的行动找机来报复怨恨。五月，莒君朝见齐侯，齐侯在甲戌日设宴款待他。崔杼声言有病不理政事。乙亥日，庄公来探望崔杼的病情，乘机追求崔杼的妻子。崔杼的妻子进入内室，和崔杼竟自闭门不出，庄公倚着屋柱唱起歌来。宦官贾举拦住庄公随从官员自己进来，关上大门，崔杼的党徒拿着武器从里面冲出来。庄公登上高台请求和解，他们不允许；请求盟誓订约，他们不允许；请求在祖庙里自杀，他们不允许。都说："您的臣子崔杼病重，不能亲来听候你的命令。这里靠近公宫，（可能有人诈称主上以行淫。）我们这些陪臣只知奋勇捉拿淫乱者，不听从其他命令。"庄公爬上墙头，他们射中庄公的大腿，庄公翻身掉下来，就杀害了他。晏婴站在崔杼的大门外，说道："君主为国家而死，臣子应当随他死，为国家逃亡，臣子也应跟随他逃亡。假若君主为私事而死或为私事而逃亡，除非是他的亲信，谁肯承担这种责任呢！"大门开了，他走进去，头枕在庄公的尸体上痛哭，连连顿足以示悲痛，后走了出来。有人对崔杼说："一定要杀掉他。"崔杼说："他是众望所归的人，放了他可以赢得民心。"

丁丑，崔杼立庄公异母弟杵臼，是为景公。〔1〕景公母，鲁叔孙宣伯女也。景公立，以崔杼为右相，庆封为左相。〔2〕二相恐乱起，乃与国人盟曰："不与崔庆者死！"晏子仰天曰："婴所不获唯忠于君利社稷者是从！"〔3〕不肯盟。庆封欲杀晏子，崔杼曰："忠臣也，舍之。"齐太史书曰〔4〕"崔杼弑庄公"，崔杼杀之。其弟复书，崔杼复杀之。少弟复书，崔杼乃舍之。

【注释】〔1〕"齐景公"，公元前五四七年至前四九〇年在位。〔2〕"庆封"，齐国大夫。字子家，又字季。崔杼杀齐庄公，拥立景公，崔杼任右相，庆封任左相。景公二年（公元前五四六年），庆封灭崔氏，专齐国之政。次年，鲍、高、栾三氏合谋攻庆氏，庆封奔吴。后楚灵王伐吴，庆封被擒灭族。〔3〕"婴所不获唯忠于君利社稷者是从"，《左传》无"获"字。这句话是说，我晏婴之所以不肯盟誓，是因为我只追随忠于君、利于国家的人。言外之意，我不与弑君的贼臣合作。〔4〕"太史"，史官。西周、春秋时，太史掌管起草文书，策命诸侯卿大夫，记载史事，编写史书，兼管国家典籍、天文历法等，为大臣。

【译文】丁丑日，崔杼拥立庄公的异母弟弟杵臼，这就是景公。景公的母亲是鲁国叔孙宣伯的女儿。景公登位，用崔杼为右相，庆封为左相。两位相国恐怕引起内乱，就跟京都人士盟誓，说："不和崔杼、庆封合作的处死！"晏子抬头向天说："我所以对此持否定态度，就在于只有忠于君主利于国家的人我才肯服从！"他不肯盟誓。庆封要杀死晏子，崔杼说："是忠臣啊，放了他吧。"齐国太史写道："崔杼杀害了庄公。"崔杼杀了他。他的弟弟也如此写，崔杼又杀了他。他的小弟弟又如此写，崔杼才放过他。

景公元年，初，崔杼生子成及强，其母死，取东郭女，[1]生明。东郭女使其前夫子无咎与其弟偃相崔氏。[2]成有罪，二相急治之，立明为太子。成请老于崔，[3]崔杼许之，二相弗听，曰："崔，宗邑，[4]不可。"成、强怒，告庆封。庆封与崔杼有郤，[5]欲其败也。成、强杀无咎、偃于崔杼家，家皆奔亡。[6]崔杼怒，无人，使一宦者御，见庆封。庆封曰："请为子诛之。"使崔杼仇卢蒲嫳攻崔氏，[7]杀成、强，尽灭崔氏，崔杼妇自杀。崔杼毋归，[8]亦自杀。庆封为相国，专权。

【注释】〔1〕"东郭女"，即上文之棠公妻。 〔2〕"相崔氏"，相，辅佐。即崔氏的家臣。〔3〕"崔"，齐地名，崔杼的封邑。其地在今山东济阳县东北。 〔4〕"宗邑"，崔氏宗庙所在之地。 〔5〕"郤"，音 xì，嫌隙、矛盾。 〔6〕"奔亡"，逃亡。 〔7〕"卢蒲嫳"，庆封的属官。"嫳"，音 piè。 〔8〕"毋归"，没有归身之处。

【译文】景公元年，当初，崔杼生了儿子崔成和崔强，他们的母亲死后，崔杼娶了东郭家的女儿，生了崔明。东郭女让她前夫的儿子棠无咎和她的弟弟东郭偃作崔杼的相。崔成犯了罪，无咎与东郭偃二相严加惩治，立崔明做太子。崔成请求终老于崔邑，崔杼答应了他，二位家相不听从，说："崔邑，是宗庙所在之地，不行。"崔成、崔强大为恼怒，告诉庆封。庆封与崔杼有矛盾，正希望崔家毁败。崔成、崔强在崔杼家杀死棠无咎和东郭偃，家中人都逃跑了。崔杼发怒，没人在身边，就派一个宦官驾车，自己去见庆封。庆封说："请允许我替你杀掉他们。"派崔杼的仇人卢蒲嫳攻打崔家，杀死了崔成、崔强，杀尽了崔家满门，崔杼的妻子自杀。崔杼无家可归，也自杀了。庆封做了相国，专揽大权。

三年十月，庆封出猎。初，庆封已杀崔杼，益骄，嗜酒好猎，不听政令。庆舍用政，[1]已有内郤。[2]田文子谓桓子曰：[3]"乱将作。"田、鲍、高、栾氏相与谋庆氏。庆舍发甲围庆封宫，[4]四家徒共击破之。庆封还，不得入，奔鲁。齐人让鲁，[5]封奔吴。吴与之朱方，[6]聚其族而居之，富于在齐。其秋，齐人徙葬庄公，僇崔杼尸于市以说众。[7]

**【注释】**〔1〕"庆舍"，庆封之子。"用政"，执掌国政。 〔2〕"内郤"，内部矛盾。指庆封、庆舍父子之间的矛盾。 〔3〕"田文子"，即陈文子，名须无，齐臣。"桓子"，即陈桓子，名无宇，陈文子之子。 〔4〕"发甲"，发兵。"围庆封宫"，环绕守卫庆封的宫室。 〔5〕"让鲁"，责备鲁国。 〔6〕"朱方"，吴邑名。故城在今江苏丹徒县境。 〔7〕"说众"，取悦于众人。"说"，音 yuè。

**【译文】**三年十月，庆封出外打猎。当初，庆封已经杀了崔杼，更加骄傲，爱喝酒好打猎，不处理政事，由他儿子庆舍当政，不久父子间发生矛盾。田文子告诉田桓子说："乱子将要发生。"田氏、鲍氏、高氏、栾氏共同商讨对付庆氏。庆舍派甲兵环卫庆封官邸，四家部众合力攻破庆封家。庆封回来，进不了家，逃奔鲁国。齐国人谴责鲁国，庆封又逃奔吴国。吴国把朱方之地给了庆封，他聚集他的族人居住在那里，比在齐国的时候还富裕。那年秋天，齐国人迁葬庄公，把崔杼戮尸街头，以博取百姓的欢心。

九年，景公使晏婴之晋，[1]与叔向私语曰：[2]"齐政卒归田氏。田氏虽无大德，以公权私，[3]有德于民，民爱之。"十二年，景公如晋，见平公。[4]欲与伐燕。十八年，公复如晋，见昭公。[5]二十六年，猎鲁郊，因入鲁，与晏婴俱问鲁礼。三十一年，鲁昭公辟季氏难，[6]奔齐。齐欲以千社封之，[7]子家止昭公，[8]昭公乃请齐伐鲁，取郓以居昭公。[9]

**【注释】**〔1〕"使"，派遣。"之"，往。 〔2〕"叔向"，春秋时晋国大夫，羊舌氏，名肸。因其食邑在杨（今山西洪洞东南），又称杨肸。晋悼公时，为太子彪的师傅。晋平公六年（公元前五五二年），因其弟羊舌虎和栾盈同党，一度为范宣子所囚。后被晋平公任为太傅。 〔3〕"以公权私"，以公济私。田氏为争取人心，以小斗收租税，以大斗借贷给百姓，以此树私恩。 〔4〕"平公"，晋悼公子，名彪。公元前五五七年至前五三二年在位。 〔5〕"昭公"，晋平公子，名夷。公元前五三一年至前五二六年在位。 〔6〕"鲁昭公辟季氏难"，季氏即季孙氏，春秋后期鲁国掌权的贵族。至鲁昭公时，季氏权势最盛。鲁昭公二十五年（公元前五一七年），季平子与孟孙氏、叔孙氏三家一起攻伐昭公，昭公逃奔齐国。"辟"，通"避"。 〔7〕"社"，古代基层的行政单位，相当于"里"。二十五家为社。 〔8〕"子家"，公孙归父，字子家，鲁庄公曾孙。随鲁昭公出亡。 〔9〕"郓"，音 yùn，鲁邑名。故城在今山东郓城县东。

**【译文】**九年，景公派晏婴前往晋国，晏婴与叔向私下说："齐国政权最后将归田氏。田氏虽然没有盛德可言，但是假公权行私惠，对百姓有恩，百姓喜欢他。"十二年，景公前往晋国，会见平公，想跟晋国一起征讨燕国。十八年，景公再次往晋国，会见昭公。二十六年，景公到鲁国都城的郊外打猎，就便进入鲁都，和晏婴一起询问鲁国的礼制。三十一年，鲁昭公躲避季氏的迫害，逃到齐国。齐侯想把二万五千民户封给他，子家劝止昭公，昭公就请齐国征讨鲁国，夺取了郓邑给昭公居住。

三十二年，彗星见。[1]景公坐柏寝，[2]叹曰："堂堂！谁有此乎？"群臣皆泣，晏子笑，公怒。晏子曰："臣笑群臣谀甚。"景公曰："彗星出东北，当齐分野，[3]寡人以为忧。"晏子曰："君高台深池，赋敛如弗得，刑罚恐弗胜，茀星将出，[4]彗星何惧乎？"公曰："可禳否？"[5]晏子曰："使神可祝而来，[6]亦可禳而去也。百姓苦怨以万数，而君令一人禳之，安能胜众口乎？"是时景公好治宫室，聚狗马，奢侈，厚赋重刑，故晏子以此谏之。

**【注释】**〔1〕"彗星"，亦称孛星，俗名扫帚星。以其曳长尾如彗，故名。古人以为，彗星出现是一种不祥的征兆。"见"，音 xiàn，即"现"字。〔2〕"柏寝"，齐国台名。在今山东广饶县东北。〔3〕"分野"，古代天文学把十二星辰、二十八宿的位置与地上州郡国的位置相对应。就天上说称为分星，就地上说称为分野。〔4〕"茀星"，即孛星，彗星的一种。迷信的说法，认为它比彗星更不祥。"茀"，音 bó。〔5〕"禳"，音 ráng，祈祷消灾。〔6〕"祝"，祈祷。

**【译文】**三十二年，彗星出现。景公坐在柏寝台上，叹着气说："多么富丽堂皇！会被谁占有它呢？"大臣们都流泪，晏婴却发笑，景公发怒。晏婴说："我笑大臣们太阿谀奉承了。"景公说："彗星在东北出现，正当齐国的分野，我为此而忧虑。"晏婴说："您修筑高台深池，赋税唯恐不能到手，刑罚唯恐不重，这样下去，妖星将要出现，彗星有什么可怕的呢？"景公说："可以祈祷消除灾害吗？"晏婴说："如果神灵可以祈祷而来，当然也可以祈祷而去。可是百姓愁苦怨恨的数以万计，而您让一个人去祈祷消灾，怎么能胜过众人的诅咒呢？"这时景公喜欢修建宫室，聚集狗马，生活奢侈，多收赋税，重施刑罚，所以晏婴拿这些话来劝谏他。

四十二年，吴王阖闾伐楚，[1]入郢。[2]

**【注释】**〔1〕"吴王阖闾伐楚"，公元前五〇六年，吴王夫差与伍子胥、伯嚭伐楚。唐国、蔡国相从。楚军大败，楚昭王奔郧，又奔随。吴军入楚都郢，伍子胥鞭楚平王之尸，以报父仇。

〔2〕"郢"，音 yǐng，楚都。楚平王以前之郢，在今湖北江陵西北纪南城。楚平王迁至今江陵县东北。

【译文】四十二年，吴王阖闾攻打楚国，进入郢都。

四十七年，鲁阳虎攻其君，〔1〕不胜，奔齐，请齐伐鲁。鲍子谏景公，〔2〕乃囚阳虎。阳虎得亡，奔晋。

【注释】〔1〕"鲁阳虎攻其君"，阳虎一作阳货，或说字货，春秋后期季孙氏的家臣。挟持季桓子，据有阳关（今山东泰安南），掌握国政，权势很大。鲁定公八年（公元前五〇二年），他要废除三桓的势力，被击败，出奔阳关。次年出奔齐，后又经宋奔晋，为赵鞅家臣。〔2〕"鲍子"，鲍国，鲍叔牙的曾孙。

【译文】四十七年，鲁国阳虎攻打他的国君，没有获胜，逃到齐国，请求齐国攻打鲁国。鲍子劝谏景公，于是囚禁了阳虎。阳虎得机会逃出，投奔晋国。

四十八年，与鲁定公好会夹谷。〔1〕犁弥曰："孔丘知礼而怯，〔2〕请令莱人为乐。〔3〕因执鲁君，可得志。"景公害孔丘相鲁，〔4〕惧其霸，故从犁弥之计。方会，进莱乐，孔子历阶上，〔5〕使有司执莱人斩之，〔6〕以礼让景公。景公惭，乃归鲁侵地以谢，而罢去。是岁，晏婴卒。

【注释】〔1〕"好会"，友好相会。"夹谷"，春秋时齐地。故址有三说：一说在今江苏赣榆西，一说在今山东莱芜南，一说在今山东淄博市旧淄川西南。莱芜之说近之。〔2〕"犁弥"，即犁弥，齐国大夫。"弥"，音 jǐ。"孔丘"，即孔子。"怯"，怯弱。〔3〕"莱人"，即莱夷。莱为古国名。今山东黄县有莱子城，即古莱国之地。公元前五七六年被齐所灭。〔4〕"害"，担心。"相鲁"，任鲁国之相。〔5〕"历阶"，一脚一个台阶登上。按当时的礼仪，双脚并立后再登上一个台阶。孔子出于仓促，故一脚一个台阶急上。〔6〕"有司"，古代设官分职，各有专司，故称有司。

【译文】四十八年，跟鲁定公在夹谷举行和平友好的会晤。齐臣犁弥说："孔丘懂得礼仪，但是胆子小，让莱人奏乐，趁机逮住鲁君，可以达到我们的目的。"景公深忌孔丘辅佐鲁国，害怕它称霸，所以听从了犁弥的计谋。正在会晤时，进献莱夷音乐，孔子就一脚一个台阶奔上坛台，派有关官吏捉住莱人杀了，并根据礼仪责备景公。景公感到惭愧，就归还侵占的鲁国土地表示道歉，就离开了。这年，晏婴去世。

五十五年，范、中行反其君于晋，[1]晋攻之急，来请粟。田乞欲为乱，[2]树党于逆臣，说景公曰：[3]"范、中行数有德于齐，不可不救。"乃使乞救而输之粟。

　　【注释】〔1〕"范、中行反其君于晋"，范为范吉射，即范献子，中行为中行寅。范氏、中行氏世为晋卿。是时晋国六卿强大，赵简子用事，范、中行氏攻赵简子，遂反，兵败逃入朝歌。其后，智伯与赵韩魏四家瓜分范氏、中行氏的封邑。〔2〕"田乞"，齐大臣，田无宇之子。齐景公时为大夫。以小斗进大斗出，收买人心。景公卒，高张、国夏立孺子荼。田乞逐高国，杀孺子荼而立公子阳生，是为悼公。田乞为相，专齐国之政四年。〔3〕"说"，音shuì，劝说。

　　【译文】五十五年，范氏、中行氏在晋国反叛他们的国君，晋国急攻他们，他们派人到齐国请求借贷粮食。田乞想作乱，结交叛臣以树立私党，他就劝说景公道："范氏、中行氏几次对齐国有恩德，不可以不援救。"于是派田乞去援救并运送粮食给他们。

　　五十八年夏，景公夫人燕姬適子死。[1]景公宠妾芮姬生子荼，荼少，其母贱，无行，诸大夫恐其为嗣，乃言愿择诸子长贤者为太子。[2]景公老，恶言嗣事，[3]又爱荼母，欲立之，惮发之口，[4]乃谓诸大夫曰："为乐耳，国何患无君乎？"秋，景公病，命国惠子、高昭子立少子荼为太子，[5]逐群公子，迁之莱。景公卒，太子荼立，是为晏孺子。冬，未葬，而群公子畏诛，皆出亡。荼诸异母兄公子寿、驹、黔奔卫，公子鉏、阳生奔鲁。莱人歌之曰："景公死乎弗与埋，三军事乎弗与谋，[6]师乎师乎，[7]胡党之乎？"[8]

　　【注释】〔1〕"適子"，"適"通"嫡"。正妻所生之子称適子。"適"，音dí。〔2〕"长贤者"，年长而有贤德的人。〔3〕"恶"，音wù，讨厌。〔4〕"惮"，害怕。〔5〕"国惠子"，即国夏，谥惠子。"高昭子"，即高张，谥昭子。〔6〕"三军"，按周制，天子拥有六军，诸侯三军，每军一万二千五百人。〔7〕"师"，众人。指群公子的部下。〔8〕"胡"，何。"党"，处所。

　　【译文】五十八年夏，景公夫人燕姬生的嫡子死了。景公的爱妾芮姬生了儿子荼，荼年幼，他的母亲出身卑贱，又品行不好，大夫们恐怕他当继承人，就上言希望选择众子中年长而又贤能的做太子。景公年老，讨厌谈论继承人的事，又喜欢荼的母亲，想立荼，但难于启齿，就对大夫们说："作乐吧，国家还怕没有君主吗？"秋天，景公生病，命令国惠子、高昭子立小儿荼做太子，赶走众公子，把他们迁到莱邑。景公去世，太子荼继位，这就是晏孺子。冬天，景公还没有安葬，众公子怕被杀，都外出逃亡。荼的异母哥哥公子寿、公子驹、公子黔逃奔卫国，公子驵、公子阳生逃奔鲁国。莱邑人歌唱道："景公死了不得参与埋葬，三军大事不得参与商量，公子们的追随者啊，到哪里去安身呢？"

晏孺子元年春，田乞伪事高、国者，每朝，乞骖乘，言曰："子得君，[1]大夫皆自危，欲谋作乱。"又谓诸大夫曰："高昭子可畏，及未发，先之。"大夫从之。六月，田乞、鲍牧乃与大夫以兵入公宫，[2]攻高昭子。昭子闻之，与国惠子救公。公师败，田乞之徒追之，国惠子奔莒，遂反杀高昭子。晏圉奔鲁。[3]八月，齐秉意兹。[4]田乞败二相，乃使人之鲁召公子阳生。阳生至齐，私匿田乞家。十月戊子，田乞请诸大夫曰："常之母有鱼菽之祭，[5]幸来会饮。"会饮，田乞盛阳生橐中，[6]置坐中央，[7]发橐出阳生，[8]曰："此乃齐君矣！"大夫皆伏谒。[9]将与大夫盟而立之，鲍牧醉，乞诬大夫曰：[10]"吾与鲍牧谋共立阳生。"鲍牧怒曰："子忘景公之命乎？"诸大夫相视欲悔，阳生前，顿首曰："可则立之，否则已。"鲍牧恐祸起，乃复曰："皆景公子也，何为不可！"乃与盟，立阳生，是为悼公。[11]悼公入宫，使人迁晏孺子于骀，[12]杀之幕下，[13]而逐孺子母芮子。芮子故贱而孺子少，故无权，国人轻之。

**【注释】**〔1〕"得君"，为君主所宠信。 〔2〕"鲍牧"，齐大夫，殆鲍叔牙之后人。 〔3〕"晏圉"，晏婴之子。"圉"，音 yǔ。 〔4〕"秉意兹"，《左传》作邴意兹，为齐国大夫。"秉"字前衍"齐"字，"兹"字后脱"奔鲁"二字。 〔5〕"常之母"，田乞称自己的妻子，田常是田乞的儿子。"鱼菽之祭"，鱼菽为鱼和豆类的菜肴，用来祭祀。祭祀之后，自然为人食用。这句话是说，我的妻子准备了简单的菜肴，请诸位来饮酒。 〔6〕"橐"，音 tuó，袋子。 〔7〕"坐"，通"座"，座位。 〔8〕"发"，打开。 〔9〕"伏谒"，伏地拜谒。 〔10〕"诬"，欺骗。〔11〕"齐悼公"，公元前四八八年至前四八五年在位。 〔12〕"骀"，音 tái，齐邑名。故城在今山东临朐县。 〔13〕"幕"，帐篷，指途中临时搭的栖身之所。

**【译文】**晏孺子元年春，田乞假装服从高氏、国氏，每次朝会，田乞请求为高氏或国氏陪乘，说道："您得到国君的宠信，群臣人人自危，要谋反作乱。"又对群臣说："高昭子是一个可怕的家伙，趁他还没有发难，我们先下手为强吧。"群臣听从了他。六月，田乞、鲍牧就和群臣带着士兵进入公宫，攻打高昭子。高昭子听到这事，和国惠子去救晏孺子。晏孺子的军队被打败了，田乞的党徒追赶他们，国惠子逃往莒国，他们就返回来杀死了高昭子。晏圉逃奔鲁国。八月间，秉意兹也投奔鲁国。田乞搞掉了两个国相，就派人到鲁国召回公子阳生。阳生到了齐国，秘密藏在田乞家里。十月戊子日，田乞邀请群臣说："我家常儿的母亲要举行祭礼，备下简单菜肴，欢迎各位来共同喝一杯。"开宴时，田乞把公子阳生装在一个袋子里，摆在座位的中央，把袋子打开，露出了公子阳生，说道："这就是齐国的君主！"群臣都伏地参拜。田乞准备跟大夫们订盟拥立他，鲍牧喝醉了，田乞向群臣撒谎说："我和鲍牧商量共同拥立阳生。"鲍牧发怒说："您忘记了景公的命令吗？"众大夫面面相觑要反悔，阳生上前，叩头说："可以的话就立我，不可以就算了。"鲍牧担心招来祸患，就又说："都是景公的儿子，有什么不可以的！"就跟他订了盟，拥立阳生，这就是悼公。悼公进入宫中，派人把晏孺子迁到骀邑，杀死在帐幕下，并且赶走了晏孺子的母亲芮子。芮子原来出身卑贱而晏孺子年幼，所以没有权力，国中的人都轻视他们。

悼公元年，齐伐鲁，取谨，谨、阐。[1]初，阳生亡在鲁，季康子以其妹妻之。[2]及归即位，使迎之。季姬与季鲂侯通，[3]言其情，鲁弗敢与，故齐伐鲁，竟迎季姬。季姬嬖，齐复归鲁侵地。

**【注释】**〔1〕"谨，音 huān，鲁邑名。故城在今山东泰安县南。"阐"，鲁邑名。故城在今山东东平县东南。 〔2〕"季康子"，名肥，季桓子之子。 〔3〕"季鲂侯"，季康子的叔父。

**【译文】** 悼公元年，齐国征讨鲁国，夺取了谨邑、阐邑。当初，阳生流亡在鲁国，季康子把自己的妹妹嫁了给他。回国登位后，派人去迎接她。季姬与季鲂侯通奸，道出了其中隐情，鲁国不敢把她送回齐国，所以齐侯攻打鲁国，竟接回了季姬。季姬受到宠幸，齐国又归还所侵占鲁国的地方。

鲍子与悼公有郤，[1]不善。四年，吴、鲁伐齐南方。鲍子弑悼公，赴于吴。吴王夫差哭于军门外三日，[2]将从海入讨齐。齐人败之，吴师乃去。晋赵鞅伐齐，[3]至赖而去。[4]齐人共立悼公子壬，是为简公。[5]

**【注释】**〔1〕"鲍子"，即上文之鲍牧。按，据《左传》和本书《秦本纪》，弑悼公者为陈恒。 〔2〕"军门"，军营之门。古时行军驻扎，树两旗为门，故称军门。 〔3〕"赵鞅"，即赵简子。是时智伯与赵、韩、魏四家专晋国之政，因齐弑悼公，借机伐齐。 〔4〕"赖"，齐邑名。故城在今山东章丘县西北。〔5〕"简公"，公元前四八四年至前四八一年在位。

**【译文】** 鲍子跟悼公有嫌隙，关系不好。四年，吴国、鲁国征讨齐国的南方。鲍子杀害了悼公，向吴国报丧。吴王夫差在军门外哭祭了三天，率兵从海上讨伐齐国。齐国人打败了吴军，吴军就撤回去了。晋国赵鞅征讨齐国，到达赖邑便回师而去。齐国人共同拥立悼公的儿子壬，这就是简公。

简公四年春，初，简公与父阳生俱在鲁也，监止有宠焉。[1]及即位，使为政。田成子惮之，骤顾于朝。[2]御鞅言简公曰：[3]"田、监不可并也，君其择焉。"弗听。子我夕，[4]田逆杀人，[5]逢之，遂捕以入。田氏方睦，[6]使囚病而遗守囚者酒，[7]醉而杀守者，得亡。子我盟诸田于陈宗。[8]初，田豹欲为子我臣；[9]使公孙言豹，[10]豹有丧而止。后卒以为臣，幸于子我。[11]子我谓曰："吾尽逐田氏而立女，可乎？"对曰："我远田氏矣。[12]且其违者不过数人，[13]何尽逐焉！"遂告田氏。子行曰："彼得君，[14]弗先，必祸子。"[15]子行舍于公宫。[16]

【注释】〔1〕"监止"，即子我，鲁叔孙成子之子，名申。鲁人而仕于齐。一说子我即孔子弟子宰予。〔2〕"田成子"，即田常，田乞之子。"骤"，数、屡。"骤顾于朝"，屡屡上朝察探。〔3〕"御鞅"，御为主管驾车的官员。鞅即田鞅，田氏之族人，田常之堂侄。〔4〕"夕"，臣子傍晚上朝问君晚安曰夕，即夕省之义。〔5〕"田逆"，字子行，田氏族人。〔6〕"田氏方睦"，田氏正在和睦宗族。〔7〕"使囚病"，让囚犯（田逆）装病。"遗"，音 wèi，赠送。〔8〕"陈宗"，陈氏宗庙。〔9〕"田豹"，田氏族人。〔10〕"公孙"，齐国大夫。"言"，介绍、推荐。〔11〕"幸"，宠信。〔12〕"远田氏"，田氏族中的疏远旁支。〔13〕"违者"，指不服从子我的田氏族人。〔14〕"彼"，指监止，即子我。〔15〕"必祸子"，一定加害于你。子指田常。〔16〕"舍"，居住。

【译文】简公四年春天，当初，简公和父亲阳生一起在鲁国，监止受到宠信。简公登位之后，让他管理国政。田成子害怕他，屡屡上朝打探情况。御者田鞅对简公说："田、监不可同时任用，您应该作出抉择。"简公没有听从。子我（监止）晚上上朝，田逆杀了人，正好碰到，就逮住田逆进宫。当时田氏家族正和睦团结，他们让囚犯田逆假装有病，又给看守送去酒食，灌醉并杀死看守，田逆便逃走了。子我邀集田氏族人到田氏宗庙订盟。当初，田豹想作子我的家臣，派公孙去推荐自己，因为田豹有亲丧而中止。后来终于用他做了家臣，受到子我的宠信。子我对他说："我把田氏全赶走而立你作田氏宗长，可以吗？"田豹回答说："我是田氏的远支，况且他们中间违抗你的不过几个人，何必全部赶走呢！"田豹将此事告诉了田氏。子行（田逆）说："他得到君主的宠信，我们不先下手，一定会害您。"于是子行住进了公宫（准备作田氏的内应）。

夏五月壬申，成子兄弟四乘如公。[1]子我在幄，[2]出迎之，遂入，闭门。宦者御之，[3]子行杀宦者。公与妇人饮酒于檀台，[4]成子迁诸寝。<sup>[5]</sup>公执戈将击之，太史子余曰：<sup>[6]</sup>"非不利也，将除害也。"成子出舍于库，<sup>[7]</sup>闻公犹怒，将出，<sup>[8]</sup>曰："何所无君！"子行拔剑曰："需，事之贼也。<sup>[9]</sup>谁非田宗？所不杀子者有如田宗。"<sup>[10]</sup>乃止。子我归，属徒攻闱与大门，<sup>[11]</sup>皆弗胜，乃出。田氏追之。丰丘人执子我以告，<sup>[12]</sup>杀之郭关。<sup>[13]</sup>成子将杀大陆子方，<sup>[14]</sup>田逆请而免之。以公命取车于道，出雍门。<sup>[15]</sup>田豹与之车，弗受，曰："逆为余请，豹与余车，余有私焉。<sup>[16]</sup>事子我而有私于其仇，何以见鲁、卫之士？"<sup>[17]</sup>

**【注释】**〔1〕"四乘"，四辆车。四马一车为一乘。"乘"，音 shèng。 〔2〕"幄"，帐幕，以布临时搭成的住所。因子我暂居公宫，故处帐幕之中以听政。 〔3〕"宦者"，宫中的宦官。〔4〕"檀台"，宫中修筑的高台，以登高瞭望。旧址在今山东淄博市东北。 〔5〕"寝"，寝宫，古代帝王宗庙的后殿，是放置祖先衣冠的地方。 〔6〕"子余"，齐大夫，田氏之党而为太史者。〔7〕"库"，储存兵器战车之所。 〔8〕"出"，出奔、逃亡。 〔9〕"需"，迟疑不决。"事之贼也"，败事的祸根。 〔10〕"所不杀子者有如田宗"，起誓之词，犹言若不杀死你，就不是田氏族人。 〔11〕"属徒"，集合部下。"闱"，古代宫室，前曰庙，后曰寝，寝侧两边的小门曰闱。"大门"，王宫正门。 〔12〕"丰丘"，田氏封邑，今地不详。 〔13〕"郭关"，齐关名，今地不详。 〔14〕"大陆子方"，齐大夫，即东郭贾，子我的党羽。 〔15〕"雍门"，齐都临淄北门曰雍门。 〔16〕"余有私焉"，指田逆和田豹于我有私恩。 〔17〕"何以见鲁、卫之士"，因大陆子方将逃往鲁、卫，故有此言。

**【译文】**夏五月壬申日，田成子（田常）兄弟共乘四车到简公处，子我在帐幕中，出外迎接，于是他们一拥而入，关上大门。宦官抵抗他们，子行杀死了宦官。简公跟女人正在檀台上饮酒，田成子逼他移到后殿去。简公拿起戈要刺他，太史子余说："不是对您不利，是要替您除害啊。"田成子出宫住在武器库，听到简公仍怒气未息，准备逃走，说："哪里没有国君！"子行抽出剑来说："迟疑，是坏事的祸根。我们这些人谁不是田氏的宗人？我如果不杀死您，就不是田氏族人！"田成子决定不走。子我回去，集合他的党徒攻打王宫的侧门和正门，都没能取胜，就退出来。田氏追赶他们。丰丘人捉住了子我来报告，把他杀死在郭关。田成子将要杀大陆子方，田逆请求赦免他。子方用简公的命令在路上要了一辆车，出了雍门。田豹给他一辆车，他不接受，说："田逆替我求情，田豹又给我车子，那就是我跟你有勾结，我服事子我，竟跟他的仇人有私交，那还有什么脸面去见鲁国、卫国的人士？"

庚辰，田常执简公于婼州。<sup>[1]</sup>公曰："余蚤从御鞅言，<sup>[2]</sup>不及此。"甲午，田常弑简公于婼州。田常乃立简公弟骜，是为平公。<sup>[3]</sup>平公即位，田常相之，专齐之政，割齐安平以东为田氏封邑。<sup>[4]</sup>

**【注释】**〔1〕"婪州"，田氏封邑，其地在今山东滕县南。"婪"，音 shū。 〔2〕"蚤"，通"早"。 〔3〕"平公"，公元前四八〇年至前四五六年在位。 〔4〕"安平"，齐邑名。故城在今山东益都西北。

**【译文】**庚辰日，田常在婪州捉住简公，简公说："我若早听从御者田鞅的话，不致有今天。"甲午日，田常在婪州把简公杀害了。田常就拥立简公的弟弟骜，这就是平公。平公登位，田常辅佐他，专揽齐国的政权，划齐国安平以东的地方作为田氏的封邑。

平公八年，越灭吴。二十五年卒，子宣公积立。〔1〕

**【注释】**〔1〕"宣公"，公元前四五五年至前四〇五年在位。

**【译文】**平公八年，越国灭了吴国。二十五年平公去世，儿子宣公积继位。

宣公五十一年卒，子康公贷立。〔1〕田会反廪丘。〔2〕

**【注释】**〔1〕"康公"，公元前四〇四年至前三七九年在位。 〔2〕"田会"，齐国大夫。"廪丘"，齐邑名。其地在今山东郓城西。

**【译文】**宣公五十一年去世，儿子康公贷继位。田会在廪丘反叛。

康公二年，韩、魏、赵始列为诸侯。〔1〕十九年，田常曾孙田和始为诸侯，迁康公海滨。

**【注释】**〔1〕"韩、魏、赵始列为诸侯"，春秋晚期，晋国由赵、韩、魏、知、范、中行氏六卿专权。周敬王三十年（公元前四九〇年），赵氏击败范氏、中行氏。周贞定王十一年（公元前四五八年），知、赵、韩、魏四家尽分范氏、中行氏的封地。十六年（公元前四五三年），赵、韩、魏三家又灭知氏，三分其地。从此晋国被赵、韩、魏三家所瓜分，晋君成为附庸。周威烈王二十三年（公元前四〇三年），周天子正式承认三家为诸侯。

**【译文】**康公二年，韩、魏、赵开始列为诸侯。十九年，田常的曾孙田和开始列为诸侯，把康公迁到海滨。

二十六年，康公卒，吕氏遂绝其祀。田氏卒有齐国，为齐威王，〔1〕

强于天下。

【注释】〔1〕"齐威王"，田因齐，公元前三五六年至前三二〇年在位。他任用邹忌为相，田忌、孙膑为将和军师，改革政治，国力渐强。齐威王十六年（公元前三四一年），大败魏军于马陵，迫使魏惠王朝齐，互尊为王。他还继其父桓公在国都临淄稷门外广置学宫，招揽学者，任其讲学议论。

【译文】二十六年，康公去世，吕氏就断绝了祭祀。田氏终于统治了齐国，至齐威王，齐国称雄于天下。

太史公曰：吾适齐，自泰山属之琅邪，〔1〕北被于海，〔2〕膏壤二千里，〔3〕其民阔达多匿知，〔4〕其天性也。以太公之圣，建国本，桓公之盛，修善政，以为诸侯会盟，称伯，不亦宜乎？洋洋哉，〔5〕固大国之风也！〔6〕

【注释】〔1〕"琅邪"，山名。为泰山的枝属余脉，在今山东胶县南。〔2〕"被"，及、到。〔3〕"膏壤"，肥沃的土地。〔4〕"阔达"，胸怀豁达。"匿知"，"知"通"智"。智慧而深沉不外露。〔5〕"洋洋"，广远无涯的赞词。〔6〕"风"，风度、风采。

【译文】太史公说：我到齐国，从泰山山麓直到琅邪山，北面到了海滨，肥沃的土地有二千里，这里的百姓胸怀豁达、深沉而多智，这是他们的天性。靠太公的圣明，奠定了国家的基础，桓公时达到极盛，推行善政，主持诸侯会盟，号称霸主，不也是理所当然吗？广阔远大啊，的确有大国的风度！

# 鲁周公世家

周公旦者，〔1〕周武王弟也。〔2〕自文王在时，〔3〕旦为子孝，笃仁，异于群子。及武王即位，旦常辅翼武王，用事居多。武王九年，东伐至盟津，〔4〕周公辅行。十一年，伐纣，〔5〕至牧野，〔6〕周公佐武王，作《牧誓》。〔7〕破殷，入商宫。已杀纣，周公把大钺，〔8〕召公把小钺，〔9〕以夹武王，衅社，〔10〕告纣之罪于天及殷民。释箕子之囚。〔11〕封纣子武庚禄父，使管叔、蔡叔傅之，〔12〕以续殷祀。〔13〕遍封功臣同姓戚者。封周公旦于少昊之虚曲阜，[14]是为鲁公。周公不就封，留佐武王。

【注释】〔1〕"周"，地名。在今陕西岐山县北。其地本为太王所居，后为周公采邑。"旦"，名。辅佐周文、武、成王，嫡子封于鲁，次子食采周邑，世为王室卿士。　〔2〕"周武王"，姬姓。名发。继承其父文王遗志，灭商，建立西周王朝。详本书《周本纪》。〔3〕"文王"，名昌。周武王之父。商末周族领袖。为西伯，又称伯昌。详见本书《周本纪》。〔4〕"盟津"，又名孟津。古黄河津渡。在今河南孟县西南。相传周武王伐纣，在此盟会诸侯并渡河，故名盟津。　〔5〕"纣"，商朝最后一位君主。名受，号帝辛，史称纣王。帝乙之子。详本书《殷本纪》。　〔6〕"牧野"，一作坶野，在今河南淇县西南。　〔7〕《牧誓》，《尚书》篇名，记载周武王在牧野率军同商纣作战的誓辞。有学者认为，此篇记录王言，说它由周公佐之而作，没有证据。　〔8〕"钺"，音 yuè，古代兵器。青铜制，圆刃，木柄，持以砍斫，类似斧。盛行于商及西周。　〔9〕"召"，音 shào。"召公"，又作邵公、召康公。周朝燕国始祖。与周同姓，名奭（音 shì）。因采邑在召（今陕西岐山县西南），称为召公或召伯。详本书《燕召公世家》。　〔10〕"衅"，音 xìn。以牲血祭祀曰衅。"社"，土神。"衅社"，以牲血祭社之礼。　〔11〕"箕"，音 jī。"箕子"，纣王的诸父。官太师。封于箕（今山西太谷东北）。详本书《殷本纪》及《宋微子世家》。　〔12〕"管叔、蔡叔"，管叔，名鲜；蔡叔，名度。二人皆为周武王之弟。武王克殷后，封叔鲜于管（今河南郑县），叔度于蔡（今河南东北部），成为周初三监之二。详本书《管蔡世家》。　〔13〕"殷祀"，殷商的祭祀。　〔14〕"昊"，音 hào。"少昊"，传说古代东夷族首领。名挚（一作质）。西汉末《世经》始称其为金天氏。东夷族以鸟为图腾，相传少昊以鸟名官。其后代甚多，有己、嬴、偃诸姓，己姓之后有莒、嬴姓之后有郯等二十余国。"曲阜"，今山东曲阜县。

【译文】周公旦是周武王的弟弟。当文王在世时，旦为子恭敬孝顺，笃厚仁慈，不同于别的儿子。到武王即位，旦经常辅佐武王，多担当重大国政。武王九年，向东征伐到了盟津，周公辅佐前行。十一年，讨伐商纣王，来到牧野，周公辅助武王，写了《牧誓》。攻破殷军，进入商宫。杀死商纣王以后，周公手持大钺，召公手持小钺，左右侍卫武王，以牲血举行祭社礼，向天帝及殷民宣告纣的罪状。把箕子从监禁中释放出来。封立纣子武庚禄父，派管叔、蔡叔辅佐他，以延续殷商的祭祀。遍封功臣及同姓亲戚。封周公旦于少昊之虚曲阜一带，称为鲁公。周公没有去封地，留下佐助武王。

武王克殷二年，天下未集，[1]武王有疾，不豫，[2]群臣惧，太公、召公乃缪卜。[3]周公曰："未可以戚我先王。"[4]周公于是乃自以为质，[5]设三坛，[6]周公北面立，[7]戴璧秉圭，[8]告于太王、王季、文王。[9]史策祝曰：[10]"惟尔元孙王发，勤劳阻疾。若尔三王是有负子之责于天，[11]以旦代王发之身。旦巧能，多材多艺，能事鬼神。乃王发不如旦多材多艺，不能事鬼神。乃命于帝庭，敷佑四方，用能定汝子孙于下地，四方之民罔不敬畏。无坠天之降葆命，〔12〕我先王亦永有所依归。今我其即命于元龟，〔13〕尔之许我，我以其璧与圭归，以俟尔命。尔不许我，我乃屏璧与圭。"周公已令史策告太王、王季、文王，欲代武王发，于是乃即三王而卜。卜人皆曰吉，发书视之，〔14〕信吉。周公喜，开籥，〔15〕乃见书遇吉。周公入贺武王曰："王其无害。旦新受命三王，维长终是图。兹道能念予一人。"〔16〕周公藏其策金縢匮中，〔17〕诫守者勿敢言。明日，武王有瘳。〔18〕

【注释】〔1〕"集"，通"辑"。辑睦、安定之义。 〔2〕"豫"，音 yù，悦乐、安适。〔3〕"太公"，即吕尚。姜姓。名望，又称师尚父。周朝齐国始祖。详本书《齐太公世家》。"缪"，音 mù。《尚书》作"穆"。"缪卜"，诚敬地占卜。 〔4〕"戚"，悲伤，此处可释为感动。 〔5〕"质"，《尚书》作"功"。段玉裁谓读作"周郑交质"之质（《古文尚书撰异》）。即以自身作人质。 〔6〕"坛"，音 tán，土筑的高台。古时用于祭祀及朝会、盟誓等大事。 〔7〕"北面立"，朝北方站着。《尚书》于"三坛"下有"为坛于南方，北面，周公立焉"一段文字，知周公又于南面起了一座坛，他面朝北站于其上。 〔8〕"璧"、"圭"，皆古玉器。璧平圆、正中有孔（边宽于孔）；圭长条形，上端作三角状。皆为古代用于朝聘、祭祀、丧葬等活动的礼器。〔9〕"太王"，古公亶父。周文王的祖父，周族的领袖。"王季"，名季历，古公亶父之少子，文王之父。详本书《周本纪》、《吴太伯世家》等。 〔10〕"史"，史官，或称作册。掌管祭祀和记事、册命等事。"策"，通"册"，即简书，周公所作。"祝"，即宣读简书，以告三王。 〔11〕"负子之责"，《尚书》作"丕子之责"。俞樾谓"负子"为诸侯疾病之名，子即民，意为忧民不能再子之，因此负子本意为不子，"不"与"丕"通用（《群经平议》）。这里说三王在天上有了病需要人扶持，周公愿替武王担当这个责任。 〔12〕"葆"，通"宝"。"葆命"即宝命。〔13〕"元龟"，大龟。古人占卜的工具。 〔14〕"书"，卜兆的记录，即占兆之辞。 〔15〕"籥"，音 yuè，锁钥。 〔16〕"予一人"，古代帝王的自称。本作"余一人"。"予"为"余"的假借。此处当为周公自称。 〔17〕"縢"，音 téng，封缄之义。"金縢"，金质封缄。 〔18〕"瘳"，音 chōu，病愈。

【译文】武王灭殷的第二年，天下尚未安定，武王有病，很不舒服，群臣恐惧，太公、召公就恭恭敬敬地进行占卜。周公说："这还不能感动我们的先王。"于是他就以自己的身子作抵押，筑起了三个祭坛，周公面朝北站立，顶着璧，捧了圭，祝告于太王、王季、文王。史官取了册子，宣读道："你们的长孙武王发，辛劳成疾。倘若你们三王在天，因为有了疾病要人扶持，那么旦愿意代替王发之身担当这个责任。旦为人有心计，多才多艺，能奉事鬼神。你们的王发却不像我这么多才多艺，不会奉事鬼神。你们在上帝的宫里受了命，保护了天下四方，因此在下面的大地上能够安定你们的子孙，四方的人民无不敬畏。只要不失掉上天降下的大命，我们先王的神灵就永远有了归依的地方。现在我要在大龟上接受你们的命令，你们如果答应我的要求，我将把璧与圭献给你们，然后回去等候你们的命令。如果你们不答应我，我就要把璧和圭藏起来不再献给你们。”周公既已命令史官册告太王、王季、文王，想代替武王发死，随后到三王神主前占卜。卜人都说得了吉兆，开启兆书一看，果然都吉利。周公非常高兴，打开藏占兆书的柜子，所见兆书也都是吉利。周公马上入宫向武王道贺说：“（从占卜的结果看，）大王将不会有什么灾害。且刚刚接受了三王的命令，您可以作长远的规划，（三王）定能眷顾我的诚心而长保天子安康。”周公将册书收藏在金属封固的柜子里，并告诫保管的人不要乱说。第二天，武王的病就好了。

其后武王既崩，成王少，在强葆之中。[1]周公恐天下闻武王崩而畔，[2]周公乃践阼代成王摄行政当国。[3]管叔及其群弟流言于国曰：“周公将不利于成王。”周公乃告太公望、召公奭曰：“我之所以弗辟而摄行政者，[4]恐天下畔周，无以告我先王太王、王季、文王。三王之忧劳天下久矣，于今而后成。武王蚤终，[5]成王少，将以成周，我所以为之若此。”于是卒相成王，而使其子伯禽代就封于鲁。[6]周公戒伯禽曰：“我文王之子，武王之弟，成王之叔父，我于天下亦不贱矣。然我一沐三捉发，一饭三吐哺，[7]起以待士，犹恐失天下之贤人。子之鲁，慎无以国骄人。”

【注释】〔1〕“强葆”，通“襁褓”。包裹小孩、系于背上的用具。成王即位时的年龄，古来多歧说。《荀子》谓成王行冠礼（成年之礼）后周公反籍。可见成王即位时已是十几岁的少年。“在强葆之中”应是司马迁受当时夸张的传说和《尚书》学家的师说的蒙蔽所致。又据《路史·发挥》引《古本竹书纪年》，武王卒年五十四岁。成王既为长子，且母弟尚有数人，故应在二三十岁。顾颉刚认为，成王年不甚长，周公在严重的局势下称王而治，乃是战国以下人由古代传下来的历史中逐渐演变出的传说；而成王在襁褓之中，周公背负其上朝，则是秦汉间人把这个故事极度夸张的结果（见《周公执政称王》）。〔2〕“畔”，通“叛”。〔3〕“阼”，音zuò。古代庙、寝堂前两阶，主阶在东（即阼），天子诸侯进行各种活动，皆由东阶升降。“践阼”，引申为天子登位。又作“践祚”。“摄”，代理。按，此言成王年幼（一说为服丧三年）不能主天子事，由叔父周公暂为代行天子职务。但学术界大多认为周公非代理，而在武王死后即称王，这可从《尚书》的几篇周初诰辞、先秦典籍以及铜器铭文中得到证明。〔4〕“辟”，通“避”。〔5〕“蚤”，通“早”。“蚤终”，早逝。引申为没过多久便死去。〔6〕“伯禽”，周公的长子，亦称禽父。“鲁”，伯禽封国。在今山东西南部，都曲阜。〔7〕“哺”，音bǔ，即口中所含食物。“一沐三捉发，一饭三吐哺”，洗头时三次抓起头发，吃饭时三次吐出嘴里的食物，起身接待来朝见的人。比喻政务繁忙，治事勤勉，待人恭敬。

【译文】后来武王驾崩，成王年少，正在襁褓中。周公唯恐天下的人听说武王驾崩而背叛，于是登临天子之位，代替成王处理国政。管叔和他的弟弟在国内散布谣言说："周公将对成王不利。"周公便向太公望、召公奭表白心意说："我之所以不回避而代成王摄行国政，是恐怕天下反叛周室，那将无法向先王太王、王季、文王交代。三王为天下忧劳已经很久了，到了今天才成功。武王早逝，成王年少，为将来完成周的大业，所以我才这样做。"于是始终辅佐成王，而让他的儿子伯禽代替他到鲁国就封。周公告诫伯禽说："我是文王的儿子，武王的弟弟，成王的叔父，对于整个天下来说，我的地位也不算低了。但是我常常洗一次头三次提起头发，吃一顿饭三次吐出口中的食物，频频起身接待贤士，还怕失掉了天下的人才。你到鲁国之后，要谨慎处事，不要因为有封国而傲慢待人。"

管、蔡、武庚等果率淮夷而反。[1]周公乃奉成王命，兴师东伐，作《大诰》。[2]遂诛管叔，杀武庚，放蔡叔。收殷余民，以封康叔于卫，[3]封微子于宋，[4]以奉殷祀。宁淮夷东土，二年而毕定。[5]诸侯咸服宗周。[6]

**【注释】**〔1〕"淮夷"，古民族名。居于淮河下游一带。西周时曾与徐戎（也是居于淮河中下游的少数民族）多次联合抗周。春秋后附于楚。 〔2〕"诰"，音 gào，为古代一种训诫勉励的文告，用于上对下。"《大诰》"，《尚书》篇名。为周公东征前对诸侯和王朝官吏发表的讲话，经史官笔录而成。它借占卜吉兆振作士气。等于誓师文告。 〔3〕"康叔"，名封，周武王之弟。初封于康（今河南禹县西北），故称康叔。"卫"，康叔封国。在今河南北部地区，以商故都朝歌（今河南淇县）为都。并封给殷民七族。详本书《卫康叔世家》及《左传》定公四年。〔4〕"微子"，名启（汉避景帝讳作开），商纣的庶兄。初封于微（今山东梁山西北）。因见商朝将亡，数谏纣王，王不听，遂出走。"宋"，微子封国，亦或称商。子姓。在卫国东南，有今河南东部和山东、江苏、安徽间地。都商丘（今河南商丘）。详本书《宋微子世家》及《尚书·微子》。〔5〕"二年"，《尚书·金縢》言"周公居东二年"，《诗经·豳风》言周公东征三年。梁玉绳谓司马迁以居东为东征，"二年"当作"三年"（《史记志疑》，下简称《志疑》）。泷川资言谓一以月计，一以岁言（《史记会注考证》，下简称《考证》）。 〔6〕"宗周"，周为诸侯所宗仰，故王都所在称宗周。一般把文王所建之丰与武王所建之镐（今陕西西安市西、长安县西北）合称宗周。

**【译文】**管叔、蔡叔与武庚等果然率领淮夷造反。周公于是奉成王的命令，举兵东征，写了《大诰》。终于诛杀了管叔及武庚，放逐了蔡叔。收集殷朝遗民，（并连同这一带土地）分封康叔于卫地，封微子于宋地，用以供奉殷商的宗庙祭祀。平定东方淮夷，花费了两年时间全部完成。诸侯全都归服周室。

天降祉福，[1]唐叔得禾，[2]异母同颖，[3]献之成王，成王命唐叔以馈周公于东土，[4]作《馈禾》。[5]周公既受命禾，嘉天子命，[6]作《嘉禾》。[7]东土以集，周公归报成王，乃为诗贻王，命之曰《鸱鸮》。[8]王亦未敢训周公。[9]

**【注释】**〔1〕"祉"，音 zhǐ，福。〔2〕"唐叔"，名虞，字子于，周成王之弟。周朝晋国始祖。成王灭唐后，把怀姓九宗和原夏朝建都地区封给他，国号晋（今山西西南部）。详本书《晋世家》及《左传》定公四年。〔3〕"异母"，《尚书序》作"异亩"。"母"与"亩"通。"颖"，音 yǐng，带芒的谷穗。〔4〕"馈"，音 kuì，馈赠。〔5〕"《馈禾》"，《尚书》篇名。今亡。〔6〕"嘉"，《尚书序》作"旅"；本书《周本纪》作"鲁"。"旅"古作"鲁"。陈述之义。〔7〕"《嘉禾》"，《尚书》篇名。今亡。〔8〕"《鸱鸮》"，音 chī xiāo。诗存《诗经·豳风》。〔9〕"训"，《尚书》作"诮（音 qiào）"，一说"训"为"诮"之讹。"诮"，责问。因周公作诗有讽谏之意，成王心中不满，又不好责怪他。

**【译文】**上天降福，唐叔的田里得到一株异亩同穗的稻子，献给成王，成王命令唐叔赠给在东土远征的周公，写了《馈禾》。周公既已接受了成王命赠的稻禾，赞扬天子之命，写了《嘉禾》。东土平定之后，周公回来报告成王，并作诗赠送成王，题为《鸱鸮》。成王（心中不服），又不好责怪周公。

成王七年二月乙未，[1]王朝步自周，至丰，[2]使太保召公先之雒相土。[3]其三月，周公往营成周雒邑，[4]卜居焉，曰吉，遂国之。

**【注释】**〔1〕"成王七年"，泷川资言谓司马迁以意补。《尚书大传》云周公摄政五年营成周，与此不同。盖五年开工而七年完工（《考证》）。"二月乙未"，二月乙未日。〔2〕"丰"，丰京。周文王伐崇侯虎后自岐（今陕西岐山县东北）迁此。在今陕西长安县西北沣河以西。与武王所建之镐同为西周国都。〔3〕"太保"，官名。西周设。为辅弼国君的官。"雒"，一作洛。洛水北岸，今河南洛阳市一带都称雒。〔4〕"成周雒邑"，传统说法，西周的东都包括两部分：一成周，周公所筑，迁殷民于此，传说故址在今河南洛阳市东郊白马寺之东，汉魏雒阳城故址一带；一王城，故址在今洛阳市西王城公园一带。实际上，成周者乃表周业之成，是与丰镐所在之宗周相对而言之周王朝的东都。王城在成周之中，是东都的宗庙宫寝所在。殷民所居，在王城之东郊。雒邑，在雒所营之邑，即成周。犹今人言"首都北京"。参看童书业《春秋左传研究》。

**【译文】**成王七年二月乙未日，成王从镐京走到丰京朝告（迁都之事于文王庙），然后派太保召公先到雒地勘视地形。这年三月，周公前往指挥营建成周雒邑，占卜择地，结果很吉利，于是就在那里建造国都。

成王长，能听政。于是周公乃还政于成王，成王临朝。周公之代成王治，南面倍依以朝诸侯。[1]及七年后，还政成王，北面就臣位，[2]答笿如畏然。[3]

**【注释】**〔1〕"南面倍依以朝诸侯",古代以北位最尊,为天子所居。此时周公在王位,故位北面南而朝诸侯。"倍"即负。"依",斧依,又作扆(音yǐ)。古代帝王置于门窗之间类似屏风的器具,因上面有斧形文,故名。〔2〕"北面",古代臣子朝见君主时居南位,面向北,故"北面"即称臣于人之义。〔3〕"笿笿",音qióng qióng,恭敬谨慎貌。

**【译文】**成王长大,能临朝听政了。于是周公就将国政交还给成王,由成王亲自处理朝中大事。周公代理成王治理天下时,朝见诸侯,背着屏风,面向南方而立。到七年还政成王后,面朝北,处在臣子的位置,态度恭敬谨慎,像是有所畏惧的样子。

初,成王少时,病,周公乃自揃其蚤沉之河,[1]以祝于神曰:"王少未有识,奸神命者乃旦也。"亦藏其策于府。[2]成王病有瘳。及成王用事,人或谮周公,[3]周公奔楚。[4]成王发府,见周公祷书,乃泣,反周公。[5]

**【注释】**〔1〕"揃",音jiǎn,又作"剪",修剪。"蚤",通"爪"。"自揃其蚤",剪掉自己的指甲。〔2〕"府",古代帝王藏书之所。"藏其策于府",将祝告的册文藏于府中。〔3〕"谮",音zèn,进谗言、说人坏话。〔4〕"楚",楚地。一说终南山(今陕西户县、周至以南)又名楚山,武王墓在其附近,周公因流言出居,依于王季、武王之墓地。〔5〕"成王发府,见周公祷书,乃泣,反周公",事又见本书《蒙恬传》。《尚书·金縢》记周公因武王病藏册而祝之事,后缘《金縢》之文而演出祷成王病事。盖一事分化成为两事耳。

**【译文】**当初成王年少患病,周公就自剪其指甲丢到河里,祝告河神说:"帝王年少不懂事,干犯神命的是我。"事毕将册文藏在府中。成王病愈。后来成王当政,有人诬告周公,周公逃往楚地。成王打开府库,见到周公当年祷告的册文,便哭了起来,请周公回朝。

周公归,恐成王壮,治有所淫佚,乃作《多士》,[1]作《毋逸》。[2]《毋逸》称:"为人父母,为业至长久,子孙骄奢忘之,以亡其家,为人子可不慎乎!故昔在殷王中宗,[3]严恭敬畏天命,自度治民,[4]震惧不敢荒宁,故中宗飨国七十五年。[5]其在高宗,[6]久劳于外,为与小人。[7]作其即位,乃有亮闇,[8]三年不言,[9]言乃欢,不敢荒宁,密靖殷国,[10]至于小大无怨,故高宗飨国五十五年。[11]其在祖甲,[12]不义惟王，久为小人于外，知小人之依，能保施小民，不侮鳏寡，[13]故祖甲飨国三十三年。"《多士》称曰："自汤至于帝乙，[14]无不率祀明德，帝无不配天者。[15]在今后嗣王纣，诞淫厥佚，不顾天及民之从也。[16]其民皆可诛。""文王日中昃不暇食，[17]飨国五十年。"作此以诫成王。

**【注释】**〔1〕"《多士》"，《尚书》篇名。按其文，乃周公诫殷商贵族，非告诫成王。〔2〕"《毋逸》"，《尚书》篇名。又作《无逸》、《无佚》。 〔3〕"殷王中宗"，据甲骨卜辞，即商王祖乙（太戊之孙、河亶甲之子）。本书《殷本纪》指为太戊，误。辨见王国维《殷卜辞中所见先公先王续考》。 〔4〕"度"，法度。〔5〕"飨"，音 xiǎng，通"享"。"飨国"，当政，在位。 〔6〕"高宗"，商王武丁。商朝第二十三个王，盘庚弟小乙之子。详本书《殷本纪》。〔7〕"小人"，王朝贵族对从事农业生产的劳动人民的蔑称。 〔8〕"闇"，音 ān。"亮闇"，又作"亮阴"、"谅闇"、"梁闇"等。一说为帝王居丧，沉默不语。一说为凶庐，梁即楣，闇即庐，守丧之处。 〔9〕"三年不言"，自来有两种解释。一说据《论语·宪问》，谓君薨，百官总己以听于冢宰三年。即新王守丧三年，其间不问政事。一说据《国语·楚语》，谓武丁三年之中默以思道，以图殷之复兴，旁求四方贤士，终得傅说。本书《殷本纪》从后说。 〔10〕"密"，安定。"靖"，音 jìng，亦安定。 〔11〕"五十五年"，《尚书·无逸》作"五十九年"。 〔12〕"祖甲"，商朝第二十五个王。武丁之子。详本书《殷本纪》。 〔13〕"鳏寡"，音 guān guǎ。老而无妻为鳏、无夫为寡。引申指年老而穷苦无告者。 〔14〕"汤"，成汤。子姓。名履，又称天乙。商代开国之君。传十七代，三十一王，至纣为周所灭。"帝乙"，商代第三十个王，商纣之父。详本书《殷本纪》。 〔15〕"天"，天帝。"配天"，古代帝王以为自己是天的儿子，行为受天帝意旨支配，不与天意悖违为配天。 〔16〕"之从"，《集解》徐广说，一作"敬之"。"不顾天及民之从"，不顾及天命和百姓的依从。 〔17〕"昃"，音 zè，日西斜。"日中昃"，过了中午之后。

**【译文】**周公回朝后，恐怕成王年轻气盛，治国有所纵欲放荡，于是撰写了《多士》、《毋逸》谏诫成王。《毋逸》篇说："为人父母的，创业极其长久艰难，子孙却骄奢忘本，以致丧失家业，作为人子的，能不谨慎吗！从前殷王中宗，严谨恭敬地对待天命，用法度自律，以此治理人民，诚惶诚恐而不敢荒废自安。因此中宗当政长达七十五年。到了高宗，长久居住民间，与人民共事稼穑。当他即位后，便有丧服，三年不言语。（丧毕）发言，天下皆喜。治国不敢荒废耽安，一心安定殷国，以致不论贵贱大小皆无怨言，所以高宗享国五十五年。到了祖甲的时候，因认为父亲武丁打算废兄长祖庚而立自己为王是不义之事，便久居在外当平民百姓，深知人民所依赖的，所以当政后能安抚民众，不欺侮鳏寡孤独，因此祖甲在位三十三年。"《多士》说："从商汤到帝乙，无不恭顺祭祀昭明德政，因此他们没有不德配上帝的。到现在继承王位的纣，荒诞淫佚，完全不顾及天命和百姓的依从，以致他的臣民都有罪当诛。""文王（勤劳国政，）过了中午还来不及吃饭，因此享国五十年。"周公就用这些话来告诫成王。

成王在丰，天下已安，周之官政未次序，于是周公作《周官》，[1]官别其宜。作《立政》，[2]以便百姓。[3]百姓说。[4]

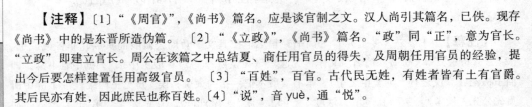

**【注释】**〔1〕"《周官》"，《尚书》篇名。应是谈官制之文。汉人尚引其篇名，已佚。现存《尚书》中的是东晋所造伪篇。〔2〕"《立政》"，《尚书》篇名。"政"同"正"，意为官长。"立政"即建立官长。周公在该篇之中总结夏、商任用官员的得失，及周朝任用官员的经验，提出今后要怎样建置任用高级官员。〔3〕"百姓"，百官。古代民无姓，有姓者皆有土有官爵。其后民亦有姓，因此庶民也称百姓。〔4〕"说"，音yuè，通"悦"。

**【译文】**成王居住在丰京，天下太平，但周室的政府机构尚未完备有序，于是周公写了《周官》，分别官府的各级职掌。又写了《立政》，以利百姓。百姓都很高兴。

周公在丰，病，将没，曰："必葬我成周，以明吾不敢离成王。"周公既卒，成王亦让，葬周公于毕，[1]从文王，以明予小子不敢臣周公也。[2]

**【注释】**〔1〕"毕"，毕原。在今陕西咸阳、西安渭水两岸。传说文、武、周公皆葬于渭水南岸毕原之上。周初王季建都、毕公高所封皆于渭水北岸，又称咸阳原。〔2〕"予小子"，古代帝王自谦之称，对先王或长辈而言。

**【译文】**周公在丰京生了病，临死时说："死后一定要把我葬在成周，用来表明我不敢离开成王。"周公死后，成王表示谦让，把周公葬在毕邑，随文王安葬，以此表示成王不敢以周公为他的臣子。

周公卒后，秋未获，暴风雷，[1]禾尽偃，[2]大木尽拔。周国大恐。成王与大夫朝服以开金縢书，[3]王乃得周公所自以为功代武王之说。[4]二公及王乃问史百执事，[5]史百执事曰："信有，昔周公命我勿敢言。"成王执书以泣，曰："自今后其无缪卜乎！昔周公勤劳王家，惟予幼人弗及知。[6]今天动威以彰周公之德，惟朕小子其迎，[7]我国家礼亦宜之。"王出郊，[8]天乃雨，反风，禾尽起。二公命国人，凡大木所偃，尽起而筑之。[9]岁则大孰。[10]于是成王乃命鲁得郊祭文王。[11]鲁有天子礼乐者，以褒周公之德也。

**【注释】**〔1〕"暴风雷"，《尚书·金縢》作"雷电以风"，故下文云"天乃雨"。 〔2〕"偃"，音 yǎn，倒下、卧倒。 〔3〕"成王与大夫朝服"，《尚书》作"王与大夫尽弁"。"朝服"，一种玄冠服，指玄冠、缁衣、素裳之服。用途不限于朝会。 〔4〕"功"，即"质"，见前注。 〔5〕"二公"，太公、召公。"史"，史官。"执事"，祭祀时担任专职的官员。"史百执事"，当初跟从周公占卜请命的众官员。所以成王要向他们询问实情。 〔6〕"予幼人"，予小子。 〔7〕"朕"，音 zhèn，古人自称之词，自秦始皇起专用为帝王自称。"朕小子"，予小子。 〔8〕"王出郊"，王出城到郊外行祭天大礼。 〔9〕"筑"，《集解》引徐广说，拾也。 〔10〕"孰"，音 shú，通"熟"。"大孰"，大丰收。 〔11〕"郊祭文王"，于郊外行祭天之礼，并立文王之庙祭祀。按此皆天子之礼，鲁为诸侯，本不得享有之。

**【译文】**周公死后，秋天尚未收获，忽然起了暴风，电闪雷鸣，庄稼都倒伏了，大树也都连根拔起。朝中上下大为恐慌。成王和大夫们穿起礼服以打开金縢之书，成王于是看到当时周公愿以身作人质代替武王而死的简书。太公、召公和成王便询问史官和百执事，他们答道："确实有，过去周公下过命令，所以我们不敢说。"成王手持简书，哭着说道："从今以后恐怕再也没有这样虔诚的占卜了。以前周公为王室辛勤劳苦，我这个幼年小子来不及知道。现在上天显示了威严，来表彰周公的德行，我要亲自去迎神，按我国家的礼仪，也应该这样做。"成王于是出城举行郊天之礼，天就下起雨来，风向也倒转了，倒下的稻禾又都挺起来。太公、召公吩咐都城内的人民，凡是被刮倒的大树所压着的稻禾，全都把树扶起，再拾起稻穗。于是这一年得到大丰收。从此成王命鲁国国君可以举行郊祭并祭祀文王。鲁国之所以有天子的礼乐，是用来褒扬周公恩德的。

　　周公卒，子伯禽固已前受封，〔1〕是为鲁公。鲁公伯禽之初受封之鲁，三年而后报政周公。周公曰："何迟也？"伯禽曰："变其俗，革其礼，丧三年然后除之，〔2〕故迟。"太公亦封于齐，五月而报政周公。周公曰："何疾也？"曰："吾简其君臣礼，从其俗为也。"及后闻伯禽报政迟，乃叹曰："呜呼，鲁后世其北面事齐矣！夫政不简不易，民不有近；平易近民，民必归之。"

**【注释】**〔1〕"子伯禽固已前受封"，伯禽为周公嫡长子，就封于鲁。次子留相王室，世代为周公。 〔2〕"丧三年然后除之"，古礼，居丧三年，要穿专门的丧服，到期才能脱去。

**【译文】**周公去世，他的儿子伯禽先前本已受到策封，这就是鲁公。当初鲁公伯禽受封到鲁国，三年之后才向周公报告鲁国的政务。周公说："为什么这样迟缓呢？"伯禽说："（我到鲁国后，）即着手改变那里的风俗，变革那里的礼制，丧事要过三年才能除服，因此迟缓。"当时太公也受封于齐国，五个月后就向周公报告政务。周公说："为什么这样迅速呢？"回答说："我简化了君臣之间的礼节，顺从当地风俗处理政事（所以很快就有了结果）。"等到后来听到伯禽报告政事迟缓，就感叹说："唉！鲁国将来必定要北面臣服于齐国了！为政如不简便易行，人民就不肯亲近；为政简便易行而亲近人民，人民就一定会归附。"

伯禽即位之后，有管、蔡等反也，淮夷、徐戎亦并兴反。[1]于是伯禽率师伐之于肸，[2]作《肸誓》，[3]曰："陈尔甲胄，无敢不善。无敢伤牯。[4]马牛其风，[5]臣妾逋逃，[6]勿敢越逐，敬复之。[7]无敢寇攘，[8]逾墙垣。鲁人三郊三隧，[9]峙尔刍茭、糗粮、桢干，[10]无敢不逮。[11]我甲戌筑而征徐戎，无敢不及，有大刑。"作此《肸誓》，遂平徐戎，定鲁。

【注释】〔1〕"徐戎"，见前"淮夷"注。〔2〕"肸"，音 bì，古邑名。亦作棐、费、鄪、肸。在曲阜东，今山东费县西北。后来成为鲁大夫季氏采邑。〔3〕"《肸誓》"，《尚书》篇名。记录在费地誓师之辞。今传本作"《费誓》"。〔4〕"牯"，音 gù，施以桔楗的牛、马。载重驾车的牛马休息时将其脚拴住，使不能远走。〔5〕"风"，古注云"放"，言牲畜发情时狂跑追奔。〔6〕"臣妾"，使役之奴隶，男称臣、女称妾。"逋"，音 bū，逃亡。"逋逃"，逃亡的罪人。〔7〕"敬"，《尚书》作"祗"。〔8〕"寇"，劫取。"攘"，音 rǎng，窃夺。〔9〕"三郊三隧"，"隧"又作"遂"。郊、隧皆为古代的行政区划：邑外为郊，郊外为隧。为出征时兵源所出。天子六军，出于六乡（即六郊），以六隧补充之；诸侯三军，出于三乡，以三隧补充之。一说为鲁东、西、南三方的近郊和远郊。〔10〕"峙"，音 zhì，又作"峙"，储备之义。"刍茭"，音 chú jiāo，喂牲口的草料。"糗粮"，人吃的干粮。"桢"，音 zhēn。"桢干"，筑墙所用木柱，两端的为桢，两旁的为干。〔11〕"逮"，音 dài，及、到。引申为充足。

【译文】伯禽即位之后，有管叔、蔡叔等人作乱，淮夷、徐戎也乘机起来造反。于是伯禽率师在肸邑讨伐他们，写了《肸誓》说："准备好你们的铠甲和头盔，不准破损不全，不许伤害拴着的牛马。如果遇到狂奔乱跑的马牛或逃亡的男女奴隶，不许擅自去追赶。（如果得到了，）要恭敬地送还原主。不许抢劫偷盗，翻越墙垣。三郊三隧的鲁国人准备好牛马的刍草和人吃的干粮，以及筑墙用的木柱木版，不许不足。我要在甲戌日构筑工事去征讨徐戎，不许届时不到，否则将受到严厉的刑罚。"写完《肸誓》后，不久便平定了徐戎，安定了鲁国。

鲁公伯禽卒，子考公酋立。考公四年卒，立弟熙，是谓炀公。[1]炀公筑茅阙门。[2]六年卒，子幽公宰立。幽公十四年，幽公弟曦杀幽公而自立，[3]是为魏公。魏公五十年卒，子厉公擢立。[4]厉公三十七年卒，鲁人立其弟具，是为献公。献公三十二年卒，子真公濞立。[5]

**【注释】**〔1〕"炀"，音 yáng。 〔2〕"茅"，一作"第"，又作"夷"。古文"雉"、"茅"、"夷"三字通用。"茅门"，即《春秋》所谓"雉门"。"阙"，音 què。亦谓之"观"。"茅阙门"，即《春秋》定公二年之"雉门两观"。诸侯宫门有三：库门、雉门、路门。外朝在雉门外（详见《考证》）。 〔3〕"曜"，音 fèi。 〔4〕"擢"，音 zhuó。 〔5〕"濞"，音 bì。

**【译文】**鲁公伯禽死后，其子考公酋继位。考公在位四年去世，立其弟熙为君，这就是炀公。炀公曾建筑茅阙门。在位六年去世，其子幽公宰继位。幽公十四年，其弟曜杀幽公而自己即位，这就是魏公。魏公在位五十年去世，其子厉公擢继位。厉公在位三十七年去世，鲁人拥立他的弟弟具，这就是献公。献公在位三十二年去世，其子真公濞继位。

真公十四年，周厉王无道，〔1〕出奔彘，〔2〕共和行政。〔3〕二十九年，周宣王即位。〔4〕三十年，真公卒，弟敖立，是为武公。

**【注释】**〔1〕"周厉王"，西周第十位君王。名胡（又作猒）。周穆王四世孙。详本书《周本纪》。 〔2〕"彘"，音 zhì，古地名。在今山西霍县。公元前八四一年国人起义，周厉王逃至此，后死于此地。 〔3〕"共和行政"，自周厉王被逐至周宣王执政，中间十四年号"共和"。"共和"名称由来有两说：一说由周、召二公共同执政，故号"共和"，见本书《周本纪》。一说厉王出奔后，由共伯和代理政事，故号"共和"，见《竹书纪年》。共和元年（公元前八四一年）为中国历史上有确切纪年的开始。《志疑》谓此上当有"十五年"三字。 〔4〕"周宣王"，西周第十一位君王。名靖（又作静）。周厉王之子。在位四十六年。详本书《周本纪》。

**【译文】**真公十四年，周厉王荒淫无道（引起国人暴动，）逃亡到彘邑，（第二年，）共和行政。真公二十九年，周宣王即天子位。三十年，真公去世，其弟敖继位，这就是武公。

武公九年春，武公与长子括，少子戏，西朝周宣王。宣王爱戏，欲立戏为鲁太子。周之樊仲山父谏宣王曰：〔1〕"废长立少，不顺；不顺，必犯王命；犯王命，必诛之：故出令不可不顺也。令之不行，政之不立；行而不顺，民将弃上。夫下事上，少事长，所以为顺。今天子建诸侯，立其少，是教民逆也。若鲁从之，诸侯效之，王命将有所壅；若弗从而诛之，是自诛王命也。诛之亦失，不诛亦失，王其图之。"宣王弗听，卒立戏为鲁太子。夏，武公归而卒，〔2〕戏立，是为懿公。〔3〕

**【注释】**〔1〕"樊"，音 fán，地名。在今河南济源县东南。"樊仲山父"，又称樊穆仲，即周樊侯。周宣王所封，为宣王卿士。《诗经·大雅·烝民》颂扬了他的功德。 〔2〕"夏，武公归而卒"，前云"武公九年春"，此处"夏"云云非九年事，当按本书《十二诸侯年表》为"十年"之事。 〔3〕"懿"，音yì。

**【译文】** 武公九年春天，武公和长子括、幼子戏往西朝见周宣王。宣王喜爱戏，想立戏为鲁国的太子。周大夫樊仲山父劝谏宣王说："废除长子而立少子，是不顺情理；不顺情理，必定违犯王命；违犯王命，一定要诛杀他。因此天子出令不可不顺情理。命令行不通，则王政无法建立；推行政令而不顺于情理，人民将背弃主上。下级事奉上级，年少的事奉年长的，这就是顺情理。现在天子封建诸侯，立他的少子为嗣，这是在教百姓违背君命。如果鲁国听命，诸侯纷起效法，则王命无法实行；如果不服从而诛杀他，这是自己在否定王命。诛杀他是失误，不诛杀也是失误，君王应该仔细考虑。"宣王不听，结果立戏为鲁国的太子。夏天，武公回国后去世，戏立为国君，这就是懿公。

懿公九年，懿公兄括之子伯御与鲁人攻弑懿公，〔1〕而立伯御为君。伯御即位十一年，周宣王伐鲁，杀其君伯御，而问鲁公子能道顺诸侯者，〔2〕以为鲁后。樊穆仲曰："鲁懿公弟称，〔3〕肃恭明神，敬事耆老；〔4〕赋事行刑，必问于遗训而咨于固实；〔5〕不干所问，〔6〕不犯所咨。"宣王曰："然，能训治其民矣。"乃立称于夷宫，〔7〕是为孝公。自是后，诸侯多畔王命。

**【注释】**〔1〕"伯御"，"御"，音yà。同"迓"。 〔2〕"道"，导。"顺"又作"训"。"道顺"，训导。 〔3〕"称"，音chèng。 〔4〕"耆"，音qí，即老。"耆老"，特指受尊敬的老人。 〔5〕"固"，又作"故"。"固实"，历史故事，即往事中的经验教训。 〔6〕"干"，冒犯、违背。 〔7〕"夷宫"，周宣王祖父夷王庙。古代受爵册命仪式都在宗庙中举行。

**【译文】** 懿公九年，懿公的哥哥括的儿子伯御与鲁人联合攻杀懿公，而立伯御为鲁君。伯御即位十一年，周宣王攻打鲁国，杀死了鲁国君主伯御，而询问鲁国公子中能训导诸侯的人，作为鲁君的继承人。樊穆仲说："鲁懿公的弟弟称，恭敬鬼神，尊奉长老，办事执法，必问求遗训，咨询过去的经验；不违反所问求的，不违背所咨询的。"宣王说："好，这样就能训导治理他的百姓了。"于是在夷宫册立称为鲁君，这就是孝公。从此以后，诸侯大多违抗王命。

孝公二十五年，诸侯畔周，犬戎杀幽王。〔1〕秦始列为诸侯。〔2〕二十七年，孝公卒，子弗湟立，〔3〕是为惠公。

中华藏书

史记精华

中国书店

三○二

**【注释】**〔1〕"犬戎"，即畎戎，又称畎夷、昆夷等。古戎族的一支。殷周时居于我国西部（今陕西西北、甘肃东南一带），是商周两朝的劲敌。"幽王"，名宫涅。周宣王之子。西周第十二位君王。详本书《周本纪》。〔2〕"秦"，国名。开国君主是秦庄公之子秦襄公，因护送周平王东迁有功，被周分封为诸侯。襄公子文公击退犬戎，占有岐山以西地。春秋时建都于雍（今陕西凤翔县），占有今陕西中部和甘肃东南端。秦穆公曾攻灭十二国，称霸西戎。详本书《秦本纪》。〔3〕"弗湟"，本书《十二诸侯年表》作"弗湦"。

**【译文】**孝公二十五年，诸侯反叛周室，（不久，）犬戎杀死周幽王。秦始列为诸侯。二十七年，孝公去世，其子弗湟继位，这就是惠公。

惠公三十年，晋人弑其君昭侯。〔1〕四十五年，晋人又弑其君孝侯。〔2〕四十六年，惠公卒，长庶子息摄当国，〔3〕行君事，是为隐公。初，惠公適夫人无子，〔4〕公贱妾声子生子息。〔5〕息长，为娶于宋。〔6〕宋女至而好，〔7〕惠公夺而自妻之。生子允。登宋女为夫人，以允为太子。及惠公卒，为允少故，鲁人共令息摄政，不言即位。

**【注释】**〔1〕"晋"，春秋诸侯国。姬姓。建都于翼（今山西翼城县）。详前"唐叔"注。"昭侯"，春秋晋国君。名伯。周平王功臣晋文侯之子。分封叔父成师于曲沃（今山西闻喜县东北），造成晋国分裂局面。后被曲沃武公所杀。〔2〕"孝侯"，名平。昭侯之子。〔3〕"庶子"，妾所生之子。"长庶子"，庶子中的长子。"息"，《诗疏》、《左传释文》、《谷梁传疏证》引《鲁世家》俱作"息姑"，本书《十二诸侯年表》亦作"息姑"，《年表》及《世家索隐》均引《世本》谓隐公名息姑。则今本《世家》无"姑"字，盖唐以后所脱。〔4〕"適"，音dí，通"嫡"。"適夫人"，正妻。〔5〕"声子"，"声"为谥，"子"，母家姓。则声子为宋国女。《左传》隐公元年称"继室以声子"，是为续娶，与"贱妾"不同。〔6〕"宋"，古国名。春秋时宋襄公曾企图称霸未成，此后国势衰弱。详前"封微子于宋"注。〔7〕"好"，善、美。这里指宋女貌美。

**【译文】**惠公三十年，晋人杀了他们的国君昭侯。四十五年，晋人又杀了他们的国君孝侯。四十六年，惠公去世，长庶子息摄政当国，代行君事，这就是隐公。当初，惠公的嫡夫人没有儿子，他的贱妾声子生了儿子息。息年长后，为他娶妇于宋。宋女到了鲁国，惠公因她容貌美丽，夺过来做自己的妻子。生了儿子允。便将宋女升为夫人，以允为太子。等到惠公去世后，因为允年纪小的缘故，鲁人共同让息代理国政，不称即位。

隐公五年，观渔于棠。〔1〕八年，与郑易天子之太山之邑祊及许田，〔2〕君子讥之。〔3〕

**【注释】**〔1〕"棠",春秋鲁邑。又称唐。在今山东鱼台县东。 〔2〕"郑",古国名。姬姓。开国君主是周宣王之弟郑桓公。后郑武公即位,都新郑(今河南新郑县)。详本书《郑世家》。"太山",即泰山。"祊",音 bēng。周王赐郑桓公,作为在天子祭泰山时助祭的汤沐邑。在今山东费县东。"许田",周成王营东都,赐周公,以为鲁君朝见天子时朝宿之邑。在今河南许昌市东南。"与郑易天子之太山之邑祊及许田",郑庄公见周王泰山之祀久已废弃,祊无所用之,且远离郑国,而许田近,因欲以祊易许田。本书《郑世家》谓"庄公怒周弗礼,与鲁易祊许田",可备一说。按是年郑归鲁祊,易许田在四年后。 〔3〕"君子讥之",《谷梁传》谓祊者,郑伯之所受命于天子;许田,乃鲁之朝宿之邑。天子在上,诸侯不得以地相与,故君子讥之。

**【译文】**隐公五年,到棠地观看捕鱼。八年,拿许田与郑国交换天子赏赐的祭泰山的汤沐邑祊,君子认为不合乎礼而加以讥刺。

十一年冬,公子挥谄谓隐公曰:〔1〕"百姓便君,君其遂立。吾请为君杀子允,君以我为相。"〔2〕隐公曰:"有先君命。吾为允少,故摄代。今允长矣,吾方营菟裘之地而老焉,〔3〕以授子允政。"挥惧子允闻而反诛之,乃反谮隐公于子允曰:"隐公欲遂立,去子,子其图之。请为子杀隐公。"子允许诺。十一月,隐公祭钟巫,〔4〕齐于社圃,〔5〕馆于郑氏。〔6〕挥使人弑隐公于郑氏,而立子允为君,是为桓公。

**【注释】**〔1〕"公子挥",又作"公子翚"。字羽父。鲁公子。 〔2〕"相",《左传》作"太宰"。官名。即宰相。协助诸侯管理政事。 〔3〕"菟裘",音 tú qiú。地名。春秋鲁邑。在今山东泗水县北。 〔4〕"钟巫",神名。据《左传》,郑大夫尹氏立以为祭主。 〔5〕"齐",即"斋"。古人祭祀前先斋戒。"社圃",园名。 〔6〕"馆",住宿。"郑",音 wěi。又作"鮯"。"郑氏",鲁大夫。

**【译文】**十一年冬,公子挥向隐公进谄言说:"百姓都认为您的当政适宜,请您就正式继位为君吧。让我替您去杀掉子允,您封我为国相。"隐公说:"有先君的遗命,我因为允年少而暂时代理国政。现在允已经长大了,我正想经营菟裘之地而养老,把国政交还给子允。"公子挥怕子允将来听到这件事反过来杀他,于是又回过头向子允说隐公的坏话,他说:"隐公打算正式继位,将你除掉,请你早作打算。让我为你去杀了隐公。"子允答应了他。十一月,隐公祭祀钟巫之神,在社圃园里斋戒,住在郑氏家。公子挥派人到郑氏家中杀死了隐公,而立子允为君,这就是桓公。

桓公元年,郑以璧易天子之许田。〔1〕二年,以宋之赂鼎入于太庙，[2]君子讥之。[3]

**【注释】**〔1〕"以璧易天子之许田"，郑因祊不足以易许田，故复加璧。〔2〕"以宋之赂鼎入于太庙"，宋灭郜国（姬姓国。在今山东成武县东南），又以郜国所铸之鼎贿赂鲁国。事详《左传》桓公二年。"太庙"，周公庙。〔3〕"君子讥之"，以他人贿赂之物入于太庙，是非礼的行为，故君子讥之。

**【译文】**桓公元年，郑国以璧玉交换天子赏赐给鲁君的许田。二年，把宋国贿赂的鼎送入太庙，君子认为不合乎礼而加以讥刺。

三年，使挥迎妇于齐为夫人。六年，夫人生子，与桓公同日，故名曰同。同长，为太子。十六年，会于曹，[1]伐郑，入厉公。[2]

**【注释】**〔1〕"曹"，周初分封的诸侯国。姬姓。开国君主是周武王之弟叔振铎。建都陶丘（今山东定陶县西南），有今山东西部。后为宋所灭。〔2〕"入厉公"，《左传》谓"会于曹，谋伐郑"，故此"入"上缺"谋"字，盖厉公未入也。"厉公"，春秋郑国君。名突。郑庄公之子，郑昭公之弟。

**【译文】**三年，桓公派公子挥到齐国去迎娶齐女为夫人。六年，夫人生了儿子，与桓公生日同在一天，所以取名为同。同长大后，被立为太子。十六年，桓公与诸侯在曹盟会，讨伐郑国，送郑厉公回国。

十八年春，公将有行，遂与夫人如齐。[1]申繻谏止，[2]公不听，遂如齐。齐襄公通桓公夫人。[3]公怒夫人，夫人以告齐侯。夏四月丙子，齐襄公飨公，公醉，使公子彭生抱鲁桓公，[4]因命彭生摺其胁，[5]公死于车。鲁人告于齐曰："寡君畏君之威，不敢宁居，来修好礼。礼成而不反，无所归咎，请得彭生以除丑于诸侯。"齐人杀彭生以说鲁。立太子同，是为庄公。庄公母夫人因留齐，不敢归鲁。

**【注释】**〔1〕"公将有行，遂与夫人如齐"，此未行时之计议也。〔2〕"申繻"，鲁大夫。〔3〕"齐襄公"，春秋齐国君。名诸儿。齐僖公之子。"桓公夫人"，齐襄公妹文姜。"通"，通奸。有说文姜未嫁时，已与齐襄公通奸。〔4〕"公子彭生"，齐公子，力士。〔5〕"摺"，音lā，折断。"胁"，音xié。腋下肋骨处。"摺其胁"，折断肋骨。

**【译文】**十八年春天，桓公打算出行，与夫人到齐国去。大夫申繻竭力劝止，桓公不听，便前往齐国。齐襄公私通桓公夫人。桓公对夫人非常生气，夫人把这件事告诉了齐襄公。夏季四月丙子日，齐襄公设宴款待桓公，桓公饮酒醉了，齐襄公派公子彭生抱鲁桓公（上车），乘机命令彭生折断他的肋骨，桓公死在车上。鲁人告诉齐君说："我们的君主畏惧您的威严，不敢安居，亲自到贵国去修盟好之礼。礼成而人没有回来，又没有地方追究罪责，请求得到彭生，以便在诸侯面前消除丑闻。"齐人杀掉彭生来取悦鲁人。鲁人拥立太子同为君，这就是庄公。庄公母亲鲁桓夫人便留住在齐国不敢回鲁国。

庄公五年冬，伐卫，内卫惠公。[1]

**【注释】**〔1〕"内"，纳。"卫惠公"，春秋卫国君。名朔。卫宣公之子。"内卫惠公"，送卫惠公返国。

**【译文】**庄公五年冬天，讨伐卫国，护送卫惠公回国。

八年，齐公子纠来奔。[1]九年，鲁欲内子纠于齐，后桓公，[2]桓公发兵击鲁，鲁急，杀子纠。召忽死。[3]齐告鲁生致管仲。[4]鲁人施伯曰：[5]"齐欲得管仲，非杀之也，将用之，用之则为鲁患。不如杀，以其尸与之。"庄公不听，遂囚管仲与齐。齐人相管仲。

**【注释】**〔1〕"公子纠"，齐僖公之子，齐襄公之弟。母为鲁女。〔2〕"桓公"，齐桓公。名小白。子纠之弟。春秋五霸之一。详本书《齐太公世家》。〔3〕"召忽"，齐人。与管仲共同辅佐公子纠。子纠被杀，召忽殉死。〔4〕"管仲"，名夷吾。齐人。初事子纠。详本书《管晏列传》。现存《管子》一书，记有管子的政治措施和齐国的政治故事。〔5〕"施伯"，鲁惠公孙。

**【译文】**八年，齐国公子纠前来投奔鲁国。九年，鲁人想护送公子纠回齐国即位，但比桓公小白慢了一步，桓公派兵攻打鲁国，鲁国形势危急，杀死了公子纠。召忽殉死。齐君告诉鲁国，把管仲活着送到齐国。鲁人施伯说："齐国希望获得管仲，并非要杀他，将要重用他，若重用他，将来必定成为鲁国的祸患。不如杀死他，把他的尸体送给齐国。"庄公不听，就囚禁管仲送往齐国。齐人任管仲为相。

十三年，鲁庄公与曹沫会齐桓公于柯，[1]曹沫劫齐桓公，[2]求鲁侵地，已盟而释桓公。桓公欲背约，管仲谏，卒归鲁侵地。十五年，齐桓公始霸。二十三年，庄公如齐观社。[3]

**【注释】**〔1〕"曹沫"，又作曹刿（音 guì）、曹翙。鲁人。《左传》庄公十年有"曹刿论战"文。"柯"，齐邑。在今山东阳谷县东北。　〔2〕"曹沫劫齐桓公"，事亦见本书《齐太公世家》、《刺客列传》等。《左传》无此记载。不少学者认为这是战国时的传说。　〔3〕"社"，土神。此指祭社神。

**【译文】**十三年，鲁庄公与曹沫在柯邑和齐桓公盟会，曹沫劫持齐桓公，要求归还被侵夺的鲁国的土地，盟誓完毕而释放了桓公。桓公想背约，由于管仲的劝阻，结果将侵占的土地归还鲁国。十五年，齐桓公开始称霸诸侯。二十三年，庄公到齐国去观看祭祀社神。

三十二年，初，庄公筑台临党氏，〔1〕见孟女，〔2〕说而爱之，许立为夫人，割臂以盟。孟女生子斑。〔3〕斑长，说梁氏女，〔4〕往观。圉人荦自墙外与梁氏女戏。〔5〕斑怒，鞭荦。庄公闻之，曰："荦有力焉，遂杀之，是未可鞭而置也。"斑未得杀。会庄公有疾。庄公有三弟，长曰庆父，次曰叔牙，次曰季友。庄公取齐女为夫人曰哀姜。哀姜无子。哀姜娣曰叔姜，〔6〕生子开。〔7〕庄公无適嗣，爱孟女，欲立其子斑。庄公病，而问嗣于弟叔牙。叔牙曰："一继一及，〔8〕鲁之常也。庆父在，可为嗣，君何忧？"庄公患叔牙欲立庆父，退而问季友。季友曰："请以死立斑也。"庄公曰："曩者叔牙欲立庆父，〔9〕奈何？"季友以庄公命命牙待于鍼巫氏，〔10〕使鍼季劫饮叔牙以鸩，〔11〕曰："饮此则有后奉祀；不然，死且无后。"牙遂饮鸩而死，鲁立其子为叔孙氏。〔12〕八月癸亥，庄公卒，季友竟立子斑为君，如庄公命。侍丧，舍于党氏。

**【注释】**〔1〕"党氏"，鲁大夫。　〔2〕"孟女"，党氏之女。即《左传》所云孟任。　〔3〕"斑"，公子斑。又作子般。　〔4〕"梁氏"，鲁大夫。　〔5〕"圉"，音 yǔ。"圉人"，官名。掌养马放牧等事。"荦"，音 luò，圉人名。　〔6〕"娣"，女弟。对姊而言。　〔7〕"开"，或作开方，即鲁闵（湣）公。　〔8〕"继"，父死子继。"及"，兄终弟及。"一继一及"，古代王位继承的两种方式。　〔9〕"曩"，音 nǎng。"曩者"，以往，从前。　〔10〕"鍼"，音 qián。"鍼巫氏"，鲁大夫。　〔11〕"鸩"，音 zhèn，鸟名。其羽毛有毒，古人用以制成毒酒杀人。故以毒酒饮人亦曰"鸩"。　〔12〕"叔孙氏"，鲁桓公之子叔牙的后裔。春秋后期掌握鲁国政权的三家贵族（三桓）之一。

**【译文】**三十二年，当初，庄公建造高台下临大夫党氏家，庄公看见党氏的孟女，非常喜爱她，许诺要娶她为夫人，割破手臂来立下盟誓。后来孟女生了儿子斑。斑长大以后，爱上了大夫梁氏的女儿，有一次前去看望，碰上圉人荦从墙外和

中華藏書 世家十五篇（精选）

中国书店

三〇七

梁女嬉戏。斑十分愤怒，鞭打荦。庄公听到后说："荦很有力气，要将他杀掉，这是不可只鞭打就作罢的啊。"但斑却没能将他杀掉。这时遇上庄公得病。庄公有三个弟弟，长弟叫庆父，次弟叫叔牙，三弟叫季友。庄公娶了齐女哀姜为夫人，哀姜没生儿子。哀姜妹妹名叫叔姜，为庄公生了儿子开。庄公没有嫡长子继位，喜爱孟女，想立她的儿子斑。庄公病重时，向叔牙询问继承人，叔牙说："父死子继，兄终弟及，这是鲁国的惯例。庆父在，可以作为继承人，君王何必忧虑。"庄公担心叔牙要立庆父，叔牙退出后，又问季友。季友说："让我以生命来拥立斑。"庄公说："刚才叔牙要立庆父，怎么办？"于是季友以庄公的命令让叔牙等待在鲁大夫鍼巫氏家中。派鍼季强迫叔牙喝下毒酒，并说："喝下此酒，你就有后代祭祀，否则你死了就没有后代。"叔牙于是喝下毒酒而死，鲁君立他的儿子为叔孙氏。八月癸亥日，庄公去世，季友终于立子斑为君，一如庄公所命。子斑侍丧时，住在党氏家中。

　　先时庆父与哀姜私通，欲立哀姜娣子开。及庄公卒而季友立斑，十月己未，庆父使圉人荦杀鲁公子斑于党氏。季友奔陈。[1]庆父竟立庄公子开，是为湣公。

　　**【注释】**〔1〕"陈"，古国名。周初所封。建都宛丘（今河南淮阳县），有今河南东部和安徽一部分。春秋末年为楚所灭。

　　**【译文】**起初庆父曾与哀姜私通，想立哀姜的妹妹的儿子开为君。等到庄公死后季友拥立子斑，十月己未日，庆父派圉人荦在党氏家中将公子斑杀死。季友逃奔陈国。庆父终于拥立庄公子开为君，这就是湣公。

　　湣公二年，庆父与哀姜通益甚。哀姜与庆父谋杀湣公而立庆父。庆父使卜齮袭杀湣公于武闱。[1]季友闻之，自陈与湣公弟申如邾，[2]请鲁求内之。鲁人欲诛庆父。庆父恐，奔莒。[3]于是季友奉子申入，立之，是为釐公。[4]釐公亦庄公少子。哀姜恐，奔邾。季友以赂如莒求庆父，庆父归，使人杀庆父，庆父请奔，弗听，乃使大夫奚斯行哭而往。[5]庆父闻奚斯音，乃自杀。齐桓公闻哀姜与庆父乱以危鲁，乃召之邾而杀之，以其尸归，戮之鲁。[6]鲁釐公请而葬之。

　　**【注释】**〔1〕"齮"，音 qí。"卜齮"，鲁大夫。"闱"，音 wéi，宫中小门。"武闱"，王宫之侧门。　〔2〕"邾"，音 zhū，春秋诸侯国。即邹。曹姓。国都在邹（今山东邹县）。战国时为楚所灭。　〔3〕"莒"，音 jǔ。古国名。周初所封。己姓，一说曹姓。春秋初年迁都于莒（今山东莒县）。战国时为楚所灭。〔4〕"釐"，音xī。"釐公"，又作僖公。〔5〕"奚斯"，鲁公子鱼。〔6〕"戮"，音lù，陈尸示众。

**【译文】** 湣公二年，庆父与哀姜私通更为频繁。哀姜与庆父暗中商量杀湣公而立庆父。庆父派卜齮在武闱杀死湣公。季友听到此事，就从陈国和湣公的弟弟申前往邾国，请求鲁人接纳他们。鲁人想杀掉庆父。庆父害怕，逃奔到莒国。于是季友护送子申回国，立以为君，这就是釐公。釐公也是庄公的幼子。哀姜惶恐，逃奔邾国。季友用财货前往莒国贿赂，捕捉庆父，庆父（被遣）回国，季友派人去杀庆父，庆父请求让他出国亡命，没被接受，季友派大夫奚斯哭着前往（转告庆父）。庆父听到奚斯的哭声，便自杀了。齐桓公听说哀姜与庆父淫乱危及鲁国，于是从邾国将她召来杀掉，把她的尸体送回，在鲁国陈尸示众，鲁釐公请求把她安葬。

季友母陈女，故亡在陈，陈故佐送季友及子申。季友之将生也，父鲁桓公使人卜之，曰："男也，其名曰'友'，间于两社，〔1〕为公室辅。季友亡，则鲁不昌。"〔2〕及生，有文在掌曰"友"，遂以名之，号为成季。其后为季氏，〔3〕庆父后为孟氏也。〔4〕

**【注释】** 〔1〕"两社"，鲁有两社，一为周社，一为亳社（即殷社）。"间于两社"，指朝廷与执政大臣治事所在之地。引申为鲁之大臣。参看杨伯峻《春秋左传注》闵公二年。〔2〕"季友亡，则鲁不昌"，自来有两种解释。一说"亡"，逃亡。谓季友出奔，鲁弑二君（子般、闵公）。《左传》"季友"作"季氏"，故另一说则以"季氏"指季氏子孙，谓季氏与鲁为终始。"亡"、"昌"为韵，古音同在阳唐部。〔3〕"季氏"，又称季孙氏。春秋后期掌握鲁国政权的三家贵族之一，三家中以季孙氏势力最大。〔4〕"孟氏"，又称孟孙氏。春秋后期掌握鲁国政权的三家贵族之一。

**【译文】** 季友的母亲是陈国的女子，原先逃亡在陈国，陈国所以帮助护送季友与子申回鲁国。季友将出生的时候，父亲鲁桓公曾使人占卜吉凶，卜者说："是个男孩子，他的名字叫做'友'，将来处于两社之间，成为公室的辅弼。季友不在，鲁国就不昌盛。"到他生下来时，手掌上的纹路像"友"字，就取名为"友"，号称成季。他的后人就是季氏，庆父的后人就是孟氏。

釐公元年，以汶阳鄪封季友。〔1〕季友为相。九年，晋里克杀其君奚齐、卓子。〔2〕齐桓公率釐公讨晋乱，至高梁而还，〔3〕立晋惠公。〔4〕十七年，齐桓公卒。二十四年，晋文公即位。〔5〕三十三年，釐公卒，子兴立，是为文公。

**【注释】**〔1〕"汶阳"，在汶水之北，今山东泰安县西南。"郕"，在今山东费县西北，即《费誓》之费。 〔2〕"里克"，晋大夫。"奚齐、卓子"，皆晋献公庶子。"卓"，又作"悼"。"晋里克杀其君奚齐、卓子"，晋献公攻克骊戎，得其女骊姬，立为夫人，生奚齐；骊姬娣生卓子。因骊姬为献公所宠，欲立奚齐为太子，故潜杀太子申生，并逐群公子。献公死，奚齐继立，为里克所杀，骊姬也被杀。详本书《晋世家》。 〔3〕"高梁"，晋地，在今山西临汾东。 〔4〕"晋惠公"，名夷吾。晋献公庶子。 〔5〕"晋文公"，名重耳。晋献公庶子。春秋五霸之一。详本书《晋世家》。

**【译文】**釐公元年，把汶阳、郕邑封给季友，季友担任相职。九年，晋国大夫里克杀了他的君主奚齐与卓子。齐桓公率领釐公一起去讨平晋乱，到达晋国的高梁返回，立晋惠公为君。十七年，齐桓公去世。二十四年，晋文公即位。三十三年，釐公去世，其子兴继位，这就是文公。

文公元年，楚太子商臣弑其父成王，〔1〕代立。三年，文公朝晋襄公。〔2〕十一年十月甲午，鲁败翟于咸，〔3〕获长翟乔如，〔4〕富父终甥舂其喉以戈，〔5〕杀之，埋其首于子驹之门，〔6〕以命宣伯。〔7〕

**【注释】**〔1〕"楚"，古国名。芈姓。原为商的与国。西周时立国于荆山一带，常与周发生战争，周人称为荆蛮。熊渠为国君时，疆土扩大到长江中游。后建都于郢（今湖北江陵县）。"太子商臣"，楚穆王。"成王"，名恽。楚文王之子。成王欲杀太子，立庶子职，太子遂与傅潘崇杀王。详本书《楚世家》。 〔2〕"晋襄公"，名欢。晋文公之子。 〔3〕"翟"，音 dí，即狄，古族名。春秋前长期活动在齐、鲁、晋、卫、宋等国间。春秋时分为赤狄、白狄、长狄三部。因主要居住于北方，故通称北狄。"咸"，鲁地，或说即《春秋》桓公七年之咸丘。在今山东巨野县南。 〔4〕"长翟乔如"，"乔如"，又作"侨如"，长翟部的酋长。 〔5〕"富父终甥"，鲁大夫。"舂"，音 chōng，犹"冲"。"戈"，青铜兵器。盛行于先秦时代。青铜制，横刃，安以木质长柄。一般以"富父终甥舂其喉"读，杨伯峻谓若如此读，下句"以戈杀之"则始用"戈"，"舂其喉"者不知为何种兵器矣（参看《春秋左传注》）。 〔6〕"子驹之门"，鲁郭门名。 〔7〕"宣伯"，叔孙得臣之子。"以命宣伯"，得臣参加战斗并获长翟乔如而杀之，故以乔如名其子，使后世永记其功。

**【译文】**文公元年，楚太子商巨杀了他的父亲成王，代立为楚王。三年，文公朝见晋襄公。十一年十月甲午日，鲁人在咸地击败翟人，俘获了长狄乔如，鲁大夫富父终甥用戈抵住他的咽喉，将他杀死，把他的头埋在子驹之门下，（这次战役的主将叔孙得臣）就将儿子宣伯命名为乔如。

初，宋武公之世，〔1〕鄋瞒伐宋，〔2〕司徒皇父帅师御之，〔3〕以败翟于长丘，〔4〕获长翟缘斯。〔5〕晋之灭路，〔6〕获乔如弟棼如。齐惠公二年，〔7〕鄋瞒伐齐，齐王子城父获其弟荣如，埋其首于北门。〔8〕卫人获其季弟简如。〔9〕鄋瞒由是遂亡。〔10〕

**【注释】**〔1〕"宋武公"，名司空。宋戴公之子。周平王时人。 〔2〕"鄋瞒"，音 sōu mán，长翟的一支。屡次袭击齐、宋等国。活动于今山东一带。 〔3〕"司徒"，官名。西周始置。又作"司土"。"司徒皇父"，即皇父充石。官司徒，字皇父，名充石，宋戴公子。 〔4〕"长丘"，宋地名。在今河南封丘县西南。 〔5〕"长翟缘斯"，乔如之祖。 〔6〕"路"，又作"潞"，或称潞氏。赤狄的一支。在今山西潞城县东北。"晋之灭路"，事在鲁宣公十五年。 〔7〕"齐惠公"，名元。齐桓公之子。"齐惠公二年"，相当于鲁宣公二年（公元前六〇七年）。 〔8〕"北门"，《左传》文公十一年作"周首之北门"。周首，齐邑。在今山东东阿县东南。 〔9〕"卫人获其季弟简如"，服虔谓与获荣如同时。杜预谓"伐齐退走，至卫见获"，故应与荣如见获同时，当鲁宣公二年。 〔10〕"鄋瞒由是遂亡"，指其部落灭亡，非长狄之种绝（详《考证》）。

**【译文】**当初，在宋武公时，鄋瞒攻打宋国，司徒皇父率军抵御，在长丘打败翟人，俘获长翟缘斯。晋国灭亡路国，俘获乔如的弟弟棼如。齐惠公二年，鄋瞒攻打齐国，齐国的王子城父俘获乔如的弟弟荣如，把他的头埋在北门下。卫人俘获了他的小弟简如。鄋瞒由此就灭亡了。

十五年，季文子使于晋。〔1〕十八年二月，文公卒。文公有二妃：长妃齐女为哀姜，生子恶及视；次妃敬嬴，嬖爱，〔2〕生子俀。〔3〕俀私事襄仲，〔4〕襄仲欲立之，叔仲曰不可。〔5〕襄仲请齐惠公，惠公新立，欲亲鲁，许之。冬十月，襄仲杀子恶及视而立俀，是为宣公。哀姜归齐，哭而过市，〔6〕曰："天乎！襄仲为不道，杀适立庶！"市人皆哭，鲁人谓之"哀姜"。鲁由此公室卑，三桓强。〔7〕

**【注释】**〔1〕"季文子"，季孙行父。季友之孙。 〔2〕"嬖"，音 bì。"嬖爱"，宠幸、宠爱。 〔3〕"俀"，又作"倭"，音 wěi。 〔4〕"襄仲"，公子遂。又称仲遂、东门襄仲。鲁大夫。 〔5〕"叔仲"，即叔仲惠伯。又称叔仲彭生。鲁桓公之子叔牙之孙。 〔6〕"市"，市场、集市。 〔7〕"三桓"，孟孙氏、叔孙氏、季孙氏。因其始祖同是桓公之子，故合称"三桓"。

**【译文】**十五年，季文子出使到晋国。十八年二月，文公去世。文公有二妃：长妃是齐国女子，叫哀姜，生了儿子恶与视；次妃叫敬嬴，很受宠爱，生了儿子俀。俀私下事奉襄仲，襄仲想立他为君，叔仲说不行。襄仲请齐惠公帮忙，惠公新立，想拉拢鲁国，就答应下来。冬十月，襄仲杀了恶与视而立俀为君，这就是宣公。哀姜返回齐国，哭着经过闹市，说："天啊！襄仲大逆不道，杀死嫡子而立庶子!" 街市上的人都哭了，鲁人称她为"哀姜"。从此鲁国公室逐渐衰落，三桓的势力越来越强大。

宣公俀十二年，楚庄王强，[1] 围郑。郑伯降，复国之。十八年，宣公卒，子成公黑肱立，[2] 是为成公。季文子曰："使我杀适立庶失大援者，[3] 襄仲。"襄仲立宣公，公孙归父有宠。[4] 宣公欲去三桓，与晋谋伐三桓。会宣公卒，季文子怨之，归父奔齐。

【注释】〔1〕"楚庄王"，春秋楚国君。名侣。楚穆王之子。曾为春秋时霸主。〔2〕"肱"，音 gōng。〔3〕"使我杀适立庶失大援者"，有两种解释。服虔谓，杀嫡立庶，国政无常，邻国非之，是失大援也。杜预谓，襄仲立宣公，南通于楚，既不能固，又不能坚事齐、晋，故谓失大援。〔4〕"公孙归父"，字子家。襄仲之子。

【译文】宣公俀十二年，楚庄王日见强大，围攻郑国。郑伯投降，楚庄王又恢复了郑国。十八年，宣公去世，其子黑肱继位，这就是成公。季文子说："使我们杀嫡立庶而丧失强大外援的，就是襄仲。"由于襄仲拥立宣公，其子公孙归父受到宣公宠爱。宣公打算除掉三桓的势力，曾和晋国商量攻打三桓的事。时值宣公去世，季文子怨恨襄仲，公孙归父便逃往齐国。

成公二年春，齐伐取我隆。[1] 夏，公与晋郤克败齐顷公于鞍，[2] 齐复归我侵地。四年，成公如晋，晋景公不敬鲁。[3] 鲁欲背晋合于楚，或谏，乃不。[4] 十年，成公如晋。晋景公卒，因留成公送葬，鲁讳之。[5] 十五年，始与吴王寿梦会钟离。[6]

【注释】〔1〕"隆"，《左传》作龙。鲁邑。在今山东泰安南。〔2〕"郤"，音 xì。"郤克"，郤献子。晋大夫。"齐顷公"，春秋齐国君。名无野。齐惠公之子。"鞍"，齐地名。在今山东济南市西郊。"郤克败齐顷公于鞍"，成公二年（公元前五八九年），晋、鲁、卫、曹联合在鞍地打败齐师。〔3〕"晋景公"，晋国君。名据。晋成公之子。〔4〕"不"，即"否"。〔5〕"鲁讳之"，《春秋》成公十年，不书为晋景公送葬事，唯言"公如晋"。盖以此为耻辱，故讳之。〔6〕"吴"，国名。姬姓。始祖为周太王之子太伯、仲雍。有今江苏大部和安徽、浙江的一部分，建都于吴（今江苏苏州）。吴自寿梦始称王。寿梦以上只有世数，而不纪年。鲁成公六年（公元前五八五年）为寿梦元年。详本书《吴太伯世家》。"钟离"，据《水经·注》引《世本》，本为嬴姓小国，不详何时被灭。此时在吴、楚交界处，当为吴地。地在今安徽凤阳县东稍北（参看《春秋左传注》）。

【译文】成公二年春天，齐国伐取鲁国的隆邑。夏天，成公与晋郤克在鞍邑大败齐顷公，齐国再次归还侵夺鲁国的土地。四年，成公前往晋国，晋景公对鲁成公态度不恭敬。鲁成公想背叛晋国而与楚国和好，有人谏阻，才作罢。十年，成公又前往晋国。晋景公去世，晋人顺便留下成公送葬，鲁史讳而不言。十五年，成公始与吴王寿梦在钟离会面。

十六年，宣伯告晋，欲诛季文子。文子有义，晋人弗许。十八年，成公卒，子午立，是为襄公。是时襄公三岁也。

襄公元年，晋立悼公。[1]往年冬，晋栾书弑其君厉公。[2]四年，襄公朝晋。五年，季文子卒。家无衣帛之妾，厩无食粟之马，府无金玉，以相三君。[3]君子曰："季文子廉忠矣。"九年，与晋伐郑。晋悼公冠襄公于卫，[4]季武子从，[5]相行礼。十一年，三桓氏分为三军。[6]十二年，朝晋。十六年，晋平公即位。[7]二十一年，朝晋平公。二十二年，孔丘生。

【注释】[1]"悼公"，晋国君。名周，一作纠。晋襄公曾孙。晋大夫栾书等杀厉公，迎公子周于周而立之。〔2〕"栾书"，栾武子。晋大夫。"厉公"，晋国君。名寿曼。晋景公之子。〔3〕"三君"，鲁宣公、成公、襄公。〔4〕"冠"，行冠礼，即行成人礼。古代天子、诸侯及大夫之冠礼，已不得其详，今唯存《士冠礼》于《仪礼》中。国君行冠礼之年，其说不一。"冠襄公于卫"，襄公行冠礼于卫成公之庙。〔5〕"季武子"，季孙宿。季文子之子。〔6〕"三军"，按《周礼》，一军为一万二千五百人。三桓将公室军队重新编制，组成三军，因公室衰落，三军改为季孙、叔孙、孟孙三族所控制，每族各领一军。〔7〕"晋平公"，晋国君。名彪。晋悼公之子。

【译文】十六年，宣伯告诉晋国，想杀掉季文子。因季文子有义行，晋国不答应。十八年，成公去世，其子午继位，这就是襄公。这时襄公才三岁。

襄公元年，晋国立悼公为君。去年冬季，晋大夫栾书杀死了他的国君厉公。四年，襄公朝见晋君。五年，季文子去世。他的家中没有穿丝绸的妻妾，马厩中没有吃粮食的马匹，府库中没有金银珠玉，他连续辅助了三位国君。君子说："季文子真是廉洁忠实啊！"九年，与晋军联合攻打郑国。晋悼公在卫国为襄公举行冠礼，季武子随从襄公，辅助举行冠礼时当司仪。十一年，三桓将公室的军队一分为三，各领一军。十二年，鲁襄公到晋国朝见。十六年，晋平公即位。二十一年，朝见晋平公。二十二年，孔丘诞生。

二十五年，齐崔杼弑其君庄公，[1]立其弟景公。[2]二十九年，吴延陵季子使鲁，[3]问周乐，尽知其意，鲁人敬焉。三十一年六月，襄公卒。

其九月，太子卒。鲁人立齐归之子裯为君，[4]是为昭公。

【注释】〔1〕"崔杼"，崔武子。齐大夫。"庄公"，春秋齐国君。名光。齐灵公之子。〔2〕"景公"，齐国君。名杵臼。齐庄公之弟。〔3〕"延陵季子"，又称公子札、季札、延州来季子等。吴王寿梦第四子。"吴延陵季子使鲁"，鲁受周室虞、夏、商、周四代之乐舞，故季札请观。姜宸英谓，季札初不知乐工所歌者为何国之诗，闻声而后别之，故皆为想象之辞。见舞则便知为何代之乐，直据所见而赞之（《湛园札记》）。事详《左传》。〔4〕"齐归"，襄公妾敬归之娣，胡女。胡，归姓之国，在今安徽阜阳。"裯"，音 chóu。

【译文】二十五年，齐国崔杼杀了他的国君庄公，立庄公的弟弟景公为国君。二十九年，吴国延陵季子出使鲁国，问他周王室的音乐，他完全了解其中的含义，鲁人对他很尊敬。三十一年六月，襄公去世。同年九月，太子也死了。鲁人拥立齐归的儿子裯为君，这就是昭公。

昭公年十九，犹有童心。穆叔不欲立，[1]曰："太子死，有母弟可立，不即立长。年钧择贤，义钧则卜之。今裯非適嗣，且又居丧意不在戚而有喜色，若果立，必为季氏忧。"季武子弗听，卒立之。比及葬，三易衰。[2]君子曰："是不终也。"

【注释】〔1〕"穆叔"，鲁大夫叔孙豹。宣伯乔如之弟。〔2〕"衰"，音 cuī，即"缞"，丧服。"三易衰"，三次更换丧服。

【译文】昭公十九岁时，还有童心。穆叔不想立他，说："太子死后，还有同母所生的弟弟可立，如无母弟，才立庶长子。年纪如果相当，就选择贤能的，如果才能相当，就用占卜来决定。现在裯不是嫡系的继承人，而且在守丧期间心中毫无哀戚，反而有喜悦之色，如果真立他为君，必然成为季氏的忧患。"季武子不听，到底还是立他为君。等到安葬襄公时，昭公居然三次更换丧服。君子说："这是得不到善终的。"

昭公三年，[1]朝晋至河，晋平公谢还之，鲁耻焉。四年，楚灵王会诸侯于申，[2]昭公称病不往。七年，季武子卒。八年，楚灵王就章华台，[3]召昭公。昭公往贺，[4]赐昭公宝器；[5]已而悔，复诈取之。十二年，朝晋至河，晋平公谢还之。十三年，楚公子弃疾弑其君灵王，[6]代立。十五年，朝晋，晋留之葬晋昭公，鲁耻之。二十年，齐景公与晏子狩竟，[7]因入鲁问礼。二十一年，朝晋至河，晋谢还之。

【注释】〔1〕"三年"，当作"二年"。《春秋》经传及本书《十二诸侯年表》均系于二年。〔2〕"楚灵王"，楚国君。名围。楚共王之子，康王之弟，郏敖之叔父。"申"，西周申国，原居陕西、山西之间，周宣王时部分东迁，分封于谢。春秋初为楚文王所灭。地在今河南南阳市北二十里。〔3〕"章华台"，在今湖北监利县北。〔4〕"昭公往贺"，《春秋》昭公七年云："三月，公如楚。"此系"八年"下，疑误。〔5〕"赐昭公宝器"，《左传》云："好以大屈。"杜预注："大屈，弓名。"孔《疏》引《鲁连书》曰："楚子享鲁侯于章华之台，与之大曲之弓。""大屈"，殆即"大曲之弓"。〔6〕"公子弃疾"，楚平王。后改名居。楚灵王弟。〔7〕"晏子"，晏婴，字平仲。齐大夫。详本书《管晏列传》。"竟"，通"境"。

【译文】昭公三年，朝见晋君来到黄河岸边，晋平公辞谢请他回去，鲁人深以为耻。四年，楚灵王在申会见诸侯。昭公托辞有病没有前往。七年，季武子去世。八年，楚灵王建成章华台，召见昭公。昭公前往祝贺，楚人赐予昭公珍宝（大曲之弓）；但过后反悔，又骗了回去。十二年，昭公朝见晋君到达黄河，晋平公辞谢，请他回去。十三年，楚公子弃疾杀了他的君主灵王，自己立为国君。十五年，昭公朝见晋君，晋人留下昭公为晋昭公送葬，鲁人以此为耻。二十年，齐景公与晏子到鲁国的边境狩猎，顺便进入鲁国求问礼制。二十一年，又朝见晋君到达黄河，晋人辞谢，请他回去。

二十五年春，鸜鹆来巢。〔1〕师己曰：〔2〕"文成之世童谣曰：〔3〕'鸜鹆来巢，公在乾侯。〔4〕鸜鹆入处，公在外野。'"〔5〕

【注释】〔1〕"鸜鹆"，音 qú yù，也作鸲鹆。俗称八哥。〔2〕"师己"，鲁大夫。〔3〕"文成之世"，鲁文公、宣公、成公之世。不言宣公，举其首尾耳。〔4〕"乾侯"，晋邑。在今河北成安县东南。〔5〕此童谣与《左传》所记不同。鸜鹆非中原之鸟而来巢居，以此暗示昭公终将被逼而出亡在外。

【译文】二十五年春天，鸜鹆飞到鲁国来筑巢。鲁大夫师己说："文公与成公的时候有童谣说：'鸜鹆来筑巢，君主在乾侯。鸜鹆来进窝，君主在野郊。'"

季氏与郈氏斗鸡，〔1〕季氏芥鸡羽，〔2〕郈氏金距。〔3〕季平子怒而侵郈氏，郈昭伯亦怒平子。臧昭伯之弟会伪谗臧氏，〔4〕匿季氏，臧昭伯囚季氏人。季平子怒，囚臧氏老。〔5〕臧、郈氏以难告昭公。昭公九月戊戌伐季氏，遂入。平子登台请曰："君以谗不察臣罪，诛之，请迁沂上。"〔6〕弗许。请囚于郓，弗许。请以五乘亡，〔7〕弗许。子家驹曰：〔8〕"君其许之。政自季氏久矣，为徒者众，众将合谋。"弗听。郈氏曰："必杀之。"

叔孙氏之臣戾谓其众曰：[9]"无季氏与有，孰利？"皆曰："无季氏是无叔孙氏。"戾曰："然，救季氏！"遂败公师。孟懿子闻叔孙氏胜，[10]亦杀郈昭伯。郈昭伯为公使，故孟氏得之。三家共伐公，公遂奔。己亥，公至于齐。齐景公曰："请致千社待君。"[11]子家曰："弃周公之业而臣于齐，可乎？"乃止。子家曰："齐景公无信，不如早之晋。"弗从。叔孙见公还，见平子，平子顿首。初欲迎昭公，孟孙、季孙后悔，乃止。

**【注释】**〔1〕"季氏"，季平子。季武子之孙。"郈"，一作"厚"。"郈氏"，郈昭伯，名恶。鲁孝公之后。"斗鸡"，犹后代之斗蟋蟀，下赌注争胜负。 〔2〕"芥"，又作"介"。"芥鸡羽"，一说捣芥子为粉末，播散于鸡翼，以迷郈氏鸡目。一说介为甲，即为鸡着甲。后说较长。〔3〕"距"，雄鸡足底后面突出像脚趾的部分。"金距"，在鸡脚爪上包裹金属作为利刃。 〔4〕"臧昭伯"，臧孙赐。"会"，臧会、臧顷伯。宣叔许之孙。臧孙氏为鲁孝公之后，故二人为从父昆弟（堂兄弟）。〔5〕"臧氏老"，臧氏管家。〔6〕"沂"，音 yí，水名。源出山东邹县东北，西经曲阜，与洙水合，入泗水。 〔7〕"乘"，音 shèng。古代一车四马为一乘。〔8〕"子家驹"，又称子家羁、子家子、懿伯等。鲁庄公玄孙。〔9〕"戾"，《左传》作鬷戾。叔孙氏之司马。 〔10〕"孟懿子"，仲孙何忌。孟孙氏之族。〔11〕"社"，书社。书每社之户籍于社簿。二十五家为一社。"千社"，两万五千家。

**【译文】**季氏与郈氏斗鸡，季氏给鸡套上铁甲，郈氏给鸡安上金属爪子，（季氏的鸡斗败了，）季平子发怒，侵占了郈氏的地盘，郈昭伯也怨恨季平子。臧昭伯的弟弟臧会伪装诬陷臧氏，躲在季氏家，臧昭伯便囚禁了季氏家臣。季平子很气愤，囚禁了臧氏的家臣宰。臧氏、郈氏把两家受难情况报告昭公。昭公在九月戊戌日攻打季氏，进入其宅邑。平子登台请求说："君王听信谗言，没有细察我的罪过，就要前来谴责我，请求把我放逐到沂水边上。"昭公不答应。又请求囚禁到郈邑，也不答应。再请求带着五辆车子逃亡，仍不答应。子家驹说："君王还是答应他吧。鲁国的国政为季氏把持已经很久了，他们的党徒很多，人多就会合谋来对付你的。"昭公还是不听。郈氏说："一定要把他杀了。"叔孙氏的家臣戾问他的党徒说："没有季氏和有季氏，哪种情况对我们有利？"大家都说："没有季氏，就没有叔孙氏。"戾又说："既然如此，我们去救季氏吧！"于是就把昭公的军队打败。孟懿子听说叔孙氏战胜，也把郈昭伯杀了。郈昭伯被昭公派往孟氏家，因此孟氏抓到了他。三桓家族联合起来攻打昭公，昭公只得逃到国外。己亥日，昭公到达齐国。齐景公说："愿奉送一千个社来接待君王。"子家说："抛弃周公的王业而臣服于齐，可以吗？"因此没有接受。子家说："齐景公为人没有信用，不如及早到晋国去。"昭公不听从。叔孙氏到齐国会见昭公，返回鲁国见到平子，平子叩头。起初想迎回昭公，但因孟孙、季孙后悔，就没有这么做。

二十六年春，齐伐鲁，取郓而居昭公焉。[1]夏，齐景公将内公，令无受鲁赂。申丰、汝贾许齐臣高龁、子将粟五千庾。[2]子将言于齐侯曰："群臣不能事鲁君，有异焉。宋元公为鲁如晋，[3]求内之，道卒。[4]叔孙昭子求内其君，[5]无病而死。不知天弃鲁乎？抑鲁君有罪于鬼神也？愿君且待。"齐景公从之。

**【注释】**〔1〕"郓"，音 yùn。鲁邑。鲁有两郓：东郓在今山东沂水县北；西郓在今山东郓城县东。此处为西郓。〔2〕"申丰"、"汝贾"，鲁大夫，季氏家臣。"龁"，音 hé。"高龁"，《左传》作"高齮（音 yǐ）"。子将家臣。"子将"，《左传》作"子犹"，齐大夫梁丘据。一本"子将"上有"货"字。"货子将"，收买子将。"庾"，古代量名。据《考工记》，容量当时为二斗四升，约合今日四升八合。五千庾，约合今日二百四十石（参看《春秋左传注》）。〔3〕"宋元公"，宋国君。名佐。宋平公之子。〔4〕"道卒"，《春秋》曰："宋公佐卒于曲棘。"应在昭公二十五年十一月。曲棘在今河南兰考县东南，民权县西北，为由宋适晋之道。〔5〕"叔孙昭子"，名婼（音 chuò）。叔孙穆叔（叔孙豹）之子，宣伯侨如之侄。

**【译文】**二十六年春天，齐国攻打鲁国，夺取郓邑而让昭公居住。夏天，齐景公打算送昭公回国，命令手下的人不可接受鲁人的贿赂。鲁大夫申丰、汝贾（暗中）答应给齐臣高龁、子将五千庾粮食。子将对齐侯说："鲁国的群臣不能事奉鲁君，发生过怪异的事。宋元公为鲁君的事到晋国去，请求晋君送鲁君回国，却死在半路上。叔孙昭子也设法让他的国君回国，结果无病而死。不知究竟是上天要抛弃鲁国呢？还是鲁君得罪了鬼神？希望君王暂且等待一下。"齐景公听从了这个建议。

二十八年，昭公如晋，求入。[1]季平子私于晋六卿，[2]六卿受季氏赂，谏晋君，晋君乃止，居昭公乾侯。二十九年，昭公如郓。齐景公使人赐昭公书，自谓"主君"。[3]昭公耻之，怒而去乾侯。三十一年，晋欲内昭公，召季平子。平子布衣跣行，[4]因六卿谢罪。六卿为言曰："晋欲内昭公，众不从。"晋人止。三十二年，昭公卒于乾侯。鲁人共立昭公弟宋为君，是为定公。

**【注释】**〔1〕"求入"，请晋君协助返国。〔2〕"晋六卿"，即韩、赵、魏、范、中行及智氏。〔3〕"主君"，春秋时卿大夫家臣称卿大夫为主君。〔4〕"跣"，音 xiǎn，赤脚。"跣行"，光着脚行走。

**【译文】**二十八年，昭公往晋国去请求帮他回国。季平子与晋国六卿有私交，六卿接受季氏贿赂后，劝阻晋君，晋君决定不送鲁君回国，而让昭公住在乾侯。二十九年，昭公前往郓邑。齐景公派人给昭公一封信，自称为"主君"。昭公以此为耻辱，生气而离开郓前往乾侯。三十一年，晋人想送昭公回国，召见季平子。季平子身穿麻布衣，赤脚行走，通过六卿向晋君谢罪。六卿替季平子向晋君说："晋国想要送昭公回国，鲁国民众不依从。"晋人便作罢。三十二年，昭公死在乾侯。鲁人共同拥立昭公的弟弟宋为国君，这就是定公。

定公立，赵简子问史墨曰：[1]"季氏亡乎？"史墨对曰："不亡。季友有大功于鲁，受郓为上卿，至于文子、武子，世增其业。鲁文公卒，东门遂杀适立庶，[2]鲁君于是失国政。政在季氏，于今四君矣。[3]民不知君，何以得国！是以为君慎器与名，[4]不可以假人。"[5]

**【注释】**〔1〕"赵简子"，赵鞅，又名志父。晋大夫。"史墨"，晋史官蔡墨。 〔2〕"东门遂"，襄仲。氏东门，故称东门遂。 〔3〕"四君"，鲁宣、成、襄、昭四公。谓季氏掌握鲁国政权已经历了四位国君。又按《左传》昭公三十二年曰："政在季氏，于此君也四公。"阎若璩谓季友卒而臧文仲执政，臧文仲卒而襄仲执政，襄仲卒而季文子执政（《潜丘札记》）。然季文子卒于襄公五年，未历昭公，且有二人非季氏。一说季氏从季友至季武子四代执政。 〔4〕"器"，车服。"名"，爵号。 〔5〕"不可以假人"，《左传》成公二年引仲尼语："唯器与名，不可以假人。"此或古人语，故史墨与孔子皆言之。

**【译文】**定公即位，赵简子问史墨说："季氏会灭亡吗？"史墨回答说："不会灭亡。季友对鲁国有很大功劳，受封于郓邑，作了上卿，直到文子、武子，一代又一代地扩充他的基业。鲁文公去世时，东门遂杀掉嫡子立了庶子为鲁君，鲁君从这时起就丧失国政大权。国政被季氏所把持，到现在已经历四位国君了。百姓不知道国君，国君怎么能够掌握国家大权！因此做君王的，要谨慎地对待车服器物和爵位名号，不可轻易给予别人。"

定公五年，季平子卒。阳虎私怒，[1]囚季桓子，[2]与盟，乃舍之。七年，齐伐我，取郓，以为鲁阳虎邑以从政。八年，阳虎欲尽杀三桓适，而更立其所善庶子以代之；[3]载季桓子将杀之，桓子诈而得脱。三桓共攻阳虎，阳虎居阳关。[4]九年，鲁伐阳虎，阳虎奔齐，已而奔晋赵氏。[5]

**【注释】**〔1〕"阳虎"，一作阳货。季氏家臣。 〔2〕"季桓子"，季孙斯。季平子之子。〔3〕"而更立其所善庶子以代之"，据《左传》，阳虎欲以季寤取代季氏（桓子），以叔孙辄取代叔孙氏（武叔），自代孟氏（懿子）。 〔4〕"阳关"，鲁邑。在今山东泰安南汶水东岸。 〔5〕

"赵氏"，晋大夫。周穆王赐造父以赵城，其后为赵氏。造父七世孙叔带离周事晋文侯，五世而生赵夙，为晋献公伐霍，封于耿（今山西河津县东南耿乡城）。

【译文】定公五年，季平子去世。阳虎怀私愤，囚禁季桓子，和他订立盟约后，才释放了他。七年，齐军攻打鲁国，夺取郓邑，作为鲁国阳虎的封邑，让他参与政事。八年，阳虎想将三桓的嫡系继承人全部杀光，而改立与他要好的庶子来取代嫡系继承人；用车子载季桓子行，想乘机将他杀掉，桓子利用诈谋得以脱身。三桓于是联合起来攻打阳虎，阳虎占据阳关。九年，鲁人攻打阳虎，阳虎逃到齐国，不久又投奔晋国赵氏。

十年，定公与齐景公会于夹谷，[1]孔子行相事。[2]齐欲袭鲁君，孔子以礼历阶，诛齐淫乐，[3]齐侯惧，乃止，归鲁侵地而谢过。十二年，使仲由毁三桓城，收其甲兵。孟氏不肯堕城，伐之，不克而止。季桓子受齐女乐，孔子去。十五年，定公卒，子将立，是为哀公。

【注释】〔1〕"夹谷"，又名祝其。今山东莱芜县南之夹谷峪。　〔2〕"相"，盟会礼赞，即司仪。　〔3〕"诛齐淫乐"，据本书《齐太公世家》，齐景公从犁鉏之计，于相会时进莱乐。莱为齐所灭之莱夷，原居今山东烟台一带，被齐灭后，夹谷成为其流落之地。在会见中令莱人为乐，故孔子以礼责让之。《左传》所述与此不同。

【译文】十年，定公与齐景公在夹谷盟会，孔子主持礼赞。齐人打算袭击鲁君，孔子按照礼仪登上台阶，制止齐国的淫乐，齐侯畏惧，停止了袭击，并归还侵夺鲁的土地，表示道歉。十二年，定公派仲由毁掉三桓的城墙，收缴他们的铠甲兵器。孟氏不肯毁城，就派兵前往攻打，没有攻下来，只好作罢。季桓子接受齐国赠送的女乐队，孔子便离开鲁国。十五年，定公去世，其子将继位，这就是哀公。

哀公五年，齐景公卒。六年，齐田乞弑其君孺子。[1]七年，吴王夫差强，[2]伐齐，至缯，[3]征百牢于鲁。[4]季康子使子贡说吴王及太宰嚭，[5]以礼诎之。[6]吴王曰："我文身，[7]不足责礼。"乃止。

【注释】〔1〕"田乞"，陈乞、陈僖子。齐大夫。"孺子"，名荼。齐景公之子。　〔2〕"吴王夫差"，春秋末年吴国君。吴王阖闾之子。与晋争霸。后为越所灭。详本书《吴太伯世家》。〔3〕"缯"，《左传》作鄫。鲁邑。在今山东枣庄市东。　〔4〕"牢"，祭祀用的牺牲。牛、羊、猪全备为太牢。　〔5〕"季康子"，季孙肥。季桓子之子。"子贡"，端木赐。孔子弟子。"太宰嚭"，吴大夫。"嚭"，音 pǐ。　〔6〕"诎"，音 chù，通"黜"，贬斥。　〔7〕"文身"，在人身用针刺或用颜料涂成各种自然物或几何图形，以表示某种标记或信仰。吴太伯入荆蛮，断发文身，故吴王以此说明吴国的习俗与礼仪之邦的鲁国不同。

【译文】哀公五年，齐景公去世。六年，齐国田乞杀了他的国君孺子。七年，吴王夫差国势日强，攻打齐国，到了缯地，向鲁人索取牛、羊、猪各百头。季康子派子贡去说服吴王与太宰嚭，以礼节折服了他们。吴王说："我断发文身，不能用礼仪来要求我。"于是作罢。

八年，吴为邹伐鲁，[1]至城下，盟而去。齐伐我，取三邑。[2]十年，伐齐南边。十一年，齐伐鲁。季氏用冉有有功，[3]思孔子，孔子自卫归鲁。十四年，齐田常弑其君简公于意州。[4]孔子请伐之，哀公不听。十五年，使子服景伯、子贡为介，[5]适齐，齐归我侵地。田常初相，欲亲诸侯。十六年，孔子卒。二十二年，越王勾践灭吴王夫差。[6]

【注释】〔1〕"邹"，《春秋》经传作"邾"，见前"邾"注。"吴为邹伐鲁"，《春秋》哀公七年云："公伐邾。"故八年吴为邾伐鲁。〔2〕"取三邑"，据《左传》，齐取鲁谨（音huān）及阐二邑。"三"当为"二"之误。〔3〕"冉有"，冉求，字子有。孔子弟子。详本书《仲尼弟子列传》。〔4〕"田常"，即陈成子。名恒，一作常。陈僖子之子。齐大夫。"意"，音shū。《左传》作"舒"。据本书《田敬仲完世家》，为陈氏邑。地在今山东东部。〔5〕"子服景伯"，子服何。属孟孙氏。"介"，助手。传宾主之言者为介。〔6〕"越"，古国，建都会稽（今浙江绍兴）。"越王勾践"，春秋末年越国君。常与吴相战。公元前四九四年为吴王夫差所败，勾践卧薪尝胆，于公元前四七三年灭吴。"句"，亦作"勾"。详《国语·越语》、本书《越王勾践世家》。

【译文】八年，吴国为邹国而讨伐鲁国，打到国都的城下，订立盟约后离去。齐国攻打鲁国，夺取了三个城邑。十年，鲁国攻打齐国南部边境。十一年，齐国攻打鲁国。季氏任用冉有建立战功，于是想到孔子，孔子从卫国返回鲁国。十四年，齐国田常在意州杀死了他的国君简公。孔子请求鲁君派兵讨伐田常，哀公不听。十五年，派子服景伯为使臣，子贡为副使，出使齐国，齐国归还了侵占的鲁国土地。田常初任齐相，打算安抚诸侯。十六年，孔子去世。二十二年，越王勾践消灭了吴王夫差。

二十七年春，季康子卒。夏，哀公患三桓，将欲因诸侯以劫之，三桓亦患公作难，故君臣多间。[1]公游于陵阪，[2]遇孟武伯于街，[3]曰："请问余及死乎？"对曰："不知也。"公欲以越伐三桓。八月，哀公如陉氏。<sup>〔4〕</sup>三桓攻公，公奔于卫，去如邹，遂如越。国人迎哀公复归，卒于有山氏。子宁立，是为悼公。

**【注释】**〔1〕"间"，隔阂、怨隙。 〔2〕"陵阪"，地名。相传即曲阜东北黄帝陵东之少皞陵。 〔3〕"孟武伯"，又称孟孺子洩、武伯彘。孟懿子之子。 〔4〕"陉氏"，"陉"，音xíng。《左传》作有陉氏。即有山氏。鲁大夫。

**【译文】**二十七年春天，季康子去世。夏天，哀公担心三桓的势力，想利用诸侯的力量来剥夺三桓的势力，三桓也怕哀公发难，以致君臣之间的隔阂很深。哀公到陵阪去游玩，在街上遇见孟武伯，哀公说："请问我将会死吗?"孟武伯回答说："不知道。"哀公想利用越人来攻打三桓。八月，哀公到有山氏那里。三桓攻打哀公，哀公逃跑到卫国，又离开卫国前往邹国，接着前往越国。鲁国人迎接哀公回国，死在有山氏家中。其子宁继位，这就是悼公。

悼公之时，三桓胜，鲁如小侯，卑于三桓之家。十三年，三晋灭智伯，<sup>〔1〕</sup>分其地有之。

**【注释】**〔1〕"三晋"，指晋国韩、赵、魏三家。公元前四五三年，赵、魏、韩三家联合攻灭智氏，三分其地。从此晋国只剩赵、魏、韩三家，晋君成为附庸。公元前四〇三年，周天子正式承认三家为诸侯，故称之为"三晋"。"智伯"，智襄子（荀瑶）。曾专晋国之政。

**【译文】**悼公时，三桓得势，鲁君有如小侯，地位低于三桓家族。十三年，三晋消灭了智伯，瓜分他的土地而占有晋国。

三十七年，悼公卒，子嘉立，是为元公。元公二十一年卒，子显立，是为穆公。穆公三十三年卒，子奋立，是为共公。共公二十二年卒，子屯立，是为康公。康公九年卒，子匽立，是为景公。景公二十九年卒，子叔立，是为平公。是时六国皆称王。<sup>〔1〕</sup>平公十二年，秦惠王卒。<sup>〔2〕</sup>二十年，平公卒，子贾立，是为文公。文公元年，楚怀王死于秦。<sup>〔3〕</sup>二十三年，文公卒，子雠立，是为顷公。

**【注释】**〔1〕"是时六国皆称王"，当时秦、楚、齐、燕、赵、魏、韩七国皆称王。 〔2〕"秦惠王"，战国秦国君，即秦惠文王。名驷。秦孝公之子。在位时夺回河西、灭巴蜀、夺取汉中。初称王。 〔3〕"楚怀王"，战国楚国君。名槐。楚威王之子。

**【译文】**三十七年，悼公去世，其子嘉继位，这就是元公。元公二十一年去世，其子显继位，这就是穆公。穆公三十三年去世，其子奋继位，这就是共公。共公二十二年去世，其子屯继位，这就是康公。康公九年去世，其子匽继位，这就是景公。景公二十九年去世，其子叔继位，这就是平公。这时六国都已称王。平公十二年，秦惠王去世。二十年，平公去世，其子贾继位，这就是文公。文公元年，楚怀王死于秦国。二十三年，文公去世，其子雠继位，这就是顷公。

顷公二年，秦拔楚之郢，[1]楚顷王东徙于陈。[2]十九年，楚伐我，取徐州。[3]二十四年，楚考烈王伐灭鲁。[4]顷公亡，迁于下邑，[5]为家人，[6]鲁绝祀。顷公卒于柯。[7]

鲁起周公至顷公，凡三十四世。

**【注释】**〔1〕"郢"，音 yǐng。楚都。又称纪郢。在今湖北江陵西北。遗址为纪南城。〔2〕"楚顷王"，"顷"下缺"襄"字。楚顷襄王，战国楚国君。名横。楚怀王之子。"陈"，在今河南淮阳。〔3〕"徐州"，鲁东薛县。在今山东枣庄市西。〔4〕"楚考烈王"，名元（一作"完"），楚顷襄王之子。〔5〕"下邑"，"下"，一作"卞"。梁玉绳谓乃"卞邑"之讹。鲁有卞邑，在今山东泗水县东。〔6〕"家人"，庶民，平民。〔7〕"柯"，东阿。

**【译文】**顷公二年，秦国攻下楚国的郢都，楚顷王将国都东迁到陈。十九年，楚国攻打鲁国，夺取了徐州。二十四年，楚考烈王消灭了鲁国。顷公逃亡，迁居下邑，成为平民百姓，鲁国的宗庙断绝祭祀。顷公死于柯邑。

鲁国从周公开始到顷公止，共传了三十四代。

太史公曰：余闻孔子称曰："甚矣鲁道之衰也！洙泗之间龂龂如也。"[1]观庆父及叔牙闵公之际，何其乱也？隐桓之事；襄仲杀适立庶；三家北面为臣，亲攻昭公，昭公以奔。至其揖让之礼则从矣，而行事何其戾也？

**【注释】**〔1〕"洙泗"，鲁国之二水。古时二水自今山东泗水县北合流西下，至曲阜北，又分为二水，洙水在北，泗水在南。"洙泗之间"，为孔丘聚众传授儒学之所。后世以洙泗代称鲁国的文化。"龂"，音 yín。"龂龂"，争辩貌。

**【译文】**太史公说：我听说孔子曾这样说："鲁国的礼仪之道真是衰落到了极点！洙泗之间争吵不息啊。"看一看庆父以及叔牙在闵公时的行为，是多么乖乱呀！隐公桓公的事；襄仲杀嫡立庶的事；三桓虽北面称臣，却亲自率兵攻打昭公，昭公因此出逃。至于鲁国传统的揖让之礼依旧实行着，但做起事情来又是何等的暴戾啊！

# 宋微子世家

　　微子开者，[1]殷帝乙之首子而帝纣之庶兄也。[2]纣既立，不明，淫乱于政，微子数谏，[3]纣不听。及祖伊以周西伯昌之修德，[4]灭饥国，[5]惧祸至，以告纣。纣曰："我生不有命在天乎？是何能为！"于是微子度纣终不可谏，[6]欲死之；及去，未能自决，乃问于太师、少师曰：[7]"殷不有治政，不治四方。[8]我祖遂陈于上，[9]纣沉湎于酒，[10]妇人是用，乱败汤德于下。[11]殷既小大好草窃奸宄，[12]卿士师师非度，[13]皆有罪辜，[14]乃无维获，[15]小民乃并兴，相为敌仇。今殷其典丧！[16]若涉水无津涯。[17]殷遂丧，[18]越至于今。"曰："太师，少师，我其发出往？[19]吾家保于丧？[20]今女无故告予，[21]颠跻，[22]如之何其？"[23]太师若曰：[24]"王子，[25]天笃下灾亡殷国，[26]乃毋畏畏，[27]不用老长。[28]今殷民乃陋淫神祇之祀。[29]今诚得治国，国治身死不恨。为死，[30]终不得治，不如去。"遂亡。

**【注释】**〔1〕"微"，殷京都地区的封国名。"子"，爵号。"开"，微子本名启，为避讳汉景帝刘启，改"启"为"开"。　〔2〕"殷"，在河南省安阳市西北郊。它的范围是以小屯村为中心，包括分散在村北洹河两岸的一些地方，东起自后岗，西至北辛庄，南起自铁路苗圃，北至西北岗，总面积约有四十二平方公里。商王朝建立时，国都不在这里，而是到了第二十个商王盘庚时才把国都迁到"殷"。自从盘庚迁殷以后，直到商朝灭亡的二百七十三年时间里，再没有迁过国都。因此有的史书里又将商朝叫"殷"。"首子"，长子。"庶兄"，微子的母亲生微子时还是妾，及生纣时已经是正妃，所以微子为纣的同母庶兄。"庶"，旁支，跟"嫡"相对。　〔3〕"数"，音 shuò，屡次，多次。　〔4〕"祖伊"，殷纣王的臣子。"西伯昌"，即周文王姬昌。殷纣王时，姬昌为西伯（西方诸侯的首领）。　〔5〕"饥"。音 qí，一作"黎"，古国名。其地在今山西省长治市西南。　〔6〕"度"，音 duó，推测，估计。　〔7〕"太师"，三公之一，为王之师。此处指箕子。"少师"，太师之佐，为孤卿。此处指比干。有的学者根据本书《殷本纪》、《周本纪》，认为"太师"、"少师"均指殷之乐官。可备一说。　〔8〕"四方"，四面八方。　〔9〕"我祖"，指商汤。"陈"，贡献。"上"，上世。　〔10〕"沉湎"，毫无节制地饮酒。　〔11〕"下"，下世。　〔12〕"草窃奸宄"，《集解》引孔安国云："草野盗窃，又为奸宄于外内。""宄"。音 guǐ。《国语·鲁语》韦昭注："乱在内为宄。"　〔13〕"卿士"，又称相，朝廷的执政官。伊

中華藏書

世家十五篇（精选）

中國書店

三三五

伊、甘盘、费仲等曾任此职。"师师"，转相师效。"非度"，不符合法度。〔14〕"辜"，罪。〔15〕"维获"，常得。〔16〕"典"，法典，制度。〔17〕"津"，渡口。"涯"，水边。〔18〕"遂"，就会。〔19〕"发"，《集解》引郑玄云："发，起也。纣祸败如此，我其起作出往也。"〔20〕"家"，《集解》引马融云："卿大夫称家。"〔21〕"女"，与"汝"通。"无故"，无意。"予"，我。〔22〕"颠跻"，坠落。《集解》云："跻犹坠也。"〔23〕"其"，语助词。〔24〕"若"，顺。〔25〕"王子"，微子是帝乙之子，故称王子。〔26〕"笃"，沉重。"下灾"，降下灾祸。〔27〕"乃毋畏畏"，《集解》引孔安国云："上不畏天灾，下不畏贤人，违戾耆老之长，不用其教。"〔28〕"老长"，元老中的长者。〔29〕"陋淫"，《索隐》引刘氏云："'陋淫'犹轻秽也。""神祇"，《集解》引马融云："天曰神，地曰祇。"〔30〕"为"，假如。

**【译文】** 微子启，是殷朝帝乙的长子，帝纣的庶兄。殷纣即位以后，昏暗无道，政事纷乱，淫佚奢侈，微子屡次进谏，纣不听从。等到祖伊由于周西伯姬昌实行德政，把刍国灭掉，担忧祸患降临殷朝，把这事奉告纣。纣说："我生下来不是有命在天吗？他能做出些什么呢！"这时，微子推测纣终究不能劝醒，打算一死了之，或离开纣出走，自己不能决断，就去询问太师、少师道："殷政治不清明，无法治理天下。我朝的始祖汤成就功业于上世，纣嗜酒如命，对妇人言听计从，败坏汤的德政于后世。殷王室的人不论男女老少，都乐于做草野盗贼、犯法作乱的事。朝廷大臣也转相师效不顾法度，都有罪恶，他们屡次互相攻夺，以致没有常得爵禄的人。于是百姓各起一方，互相敌对而不和睦。现在殷朝的典章制度将要丧亡！仿佛渡水却没有渡口和尽头一样。殷朝一定灭亡，现在就到了。"又说："太师，少师，我能起来另谋出路吗？我国或可免于灭亡吗？如今你们没有主意指示我，假如陷于不义，怎么办呢？"太师顺着说道："王子，天帝严重降临灾祸灭亡殷朝，而纣竟然没有任何惧怕，不听从长老的教导。现在殷朝的人民竟轻视亵渎神祇的祭祀。如今如果能够治理好国家，国家得到大治，即使身亡，也不怨恨。如果死了，而国家仍然得不到治理，那么不如离去。"于是逃跑。

箕子者，〔1〕纣亲戚也。纣始为象箸，箕子叹曰："彼为象箸，〔2〕必为玉杯；为杯，则必思远方珍怪之物而御之矣。〔3〕舆马宫室之渐自此始，不可振也。"纣为淫泆，〔4〕箕子谏，不听。人或曰："可以去矣。"箕子曰："为人臣谏不听而去，是彰君之恶而自说于民，〔5〕吾不忍为也。"乃被发详狂而为奴。〔6〕遂隐而鼓琴以自悲，故传之曰"箕子操"。〔7〕

**【注释】** 〔1〕"箕子"，名胥余，为纣王诸父，官太师。封于箕（今山西太谷东北）。曾劝谏纣王，纣王不听，把他囚禁。周武王灭商后被释放。《尚书·洪范》有他对答武王的话，当出于后人拟作。〔2〕"象箸"，象牙筷子。〔3〕"御"，用。〔4〕"淫泆"，纵欲放荡。"泆"，音 yì。〔5〕"说"，同"悦"。〔6〕"被发"，披散着头发。"被"，与"披"通。"详狂"，装疯。"详"，与"佯"通。〔7〕"箕子操"，琴曲名。《集解》引《风俗通义》云："其道闭塞忧愁而作者，命其曲曰操。操者，言遇灾遭害，困厄穷迫，虽怨恨失意，犹守礼义，不惧不慑，乐道而不改其操也。"

**【译文】** 箕子，是纣的亲属。纣开始制造象牙筷子。箕子叹息说："他既然制造象牙筷子，一定会制造玉杯；制造了玉杯，就一定会打算得到远方珍贵奇异的器物来使用。车马宫室的逐渐奢侈华丽，从此开始，他无法振作了。"纣荒淫放荡，箕子进谏，他不听从。有人说："可以离去了。"箕子说："作君王的臣下，规劝不听就离去，这是张扬君主的过失，而自己讨人民的喜欢，我不忍这样做啊。"于是披头散发，装疯当了奴隶。从此隐居起来，弹琴悲叹自己的不幸遭遇，他的琴曲流传下来叫《箕子操》。

王子比干者，〔1〕亦纣之亲戚也。见箕子谏不听而为奴，则曰："君有过而不以死争，〔2〕则百姓何辜？"〔3〕乃直言谏纣。纣怒曰："吾闻圣人之心有七窍，〔4〕信有诸乎？"〔5〕乃遂杀王子比干，刳视其心。〔6〕

**【注释】**〔1〕"比干"，商代贵族，纣王的叔父，官少师。〔2〕"争"，与"诤"通。直言相劝。使人改过从善。〔3〕"百姓"，古代百官贵族的统称，后指黎民、人民。〔4〕"窍"，孔穴。〔5〕"诸"，之。代词。〔6〕"刳"，音 kū，剖开而挖空。

**【译文】** 王子比干，也是纣的亲属。看见箕子规劝纣不听从，去当奴隶，就说："君主有过失而不用直言规劝，百姓遭殃，百姓有什么罪呢！"于是直率地劝谏纣。纣勃然大怒说："我听说圣人的心有七个孔，真有这事吗？"于是杀了王子比干，剖开胸腔看他的心。

微子曰："父子有骨肉，而臣主以义属。〔1〕故父有过，子三谏不听，则随而号之；〔2〕人臣三谏不听，则其义可以去矣。"于是太师、少师乃劝微子去，〔3〕遂行。

**【注释】**〔1〕"义"，情谊，情义。〔2〕"号"，大声哭。〔3〕"太师、少师"，《集解》说："时比干已死，而云少师者似误。"

【译文】微子说："父亲跟儿子有骨肉一样的亲密关系，而臣子跟人君是凭道义联系起来的。所以父亲有过错失误，儿子屡次进谏不听，就跟着他大声号哭。臣子屡次进谏人君不听，那么他依据道义原则可以离开了。"于是太师、少师才劝微子离去，微子便走了。

周武王伐纣克殷，微子乃持其祭器造于军门，[1]肉袒面缚，[2]左牵羊，右把茅，[3]膝行而前以告。[4]于是武王乃释微子，复其位如故。

【注释】〔1〕"祭器"，祭祀用的各种礼器。"造"，前往，到达。"军门"，营门。 〔2〕"肉袒面缚"，《索隐》云："肉袒者，袒而露肉也。面缚者，缚手于背而面向前也。" 〔3〕"把"，把持，握着。 〔4〕"膝行"，用膝着地行走。

【译文】周武王讨伐殷纣王，战胜殷朝，微子就拿着宗庙里的祭器到武王的营门去，他裸露上身，把手捆在背后，左边让人牵着羊，右边让人拿着茅，跪着向前行走，求告武王。于是武王就释放微子，恢复微子的爵位，与以前一样。

武王封纣子武庚禄父以续殷祀，[1]使管叔、蔡叔傅相之。[2]

【注释】〔1〕"武庚"，西周初年分封的殷君。字禄父，商王纣之子。周武王灭商后，继续封他为殷君。武王去世，成王年幼，周公旦摄政，三监不服，武庚乘机勾结三监，联合东方夷族反抗。终于被周公平定，他也自杀。 〔2〕"管叔"，一作"关叔"。西周初年的三监之一。名鲜，周武王之弟。武王灭商后，封于管（今河南郑州）。武王去世，成王年幼，周公旦摄政，他和蔡叔等不服，扬言周公旦要不利于成王，和武庚一起叛乱。后被周公平定，他被杀死。一说自杀。"蔡叔"，周初三监之一。名度，周武王之弟。武王灭商后，封于蔡（今河南上蔡西南）。武王去世，成王年幼，周公旦摄政，他和管叔等不服，与武庚一起叛乱，被周公平定，他被放逐。后成王又封其子胡于蔡，为蔡国始祖。

【译文】武王封纣的儿子武庚禄父为殷君，让他继续殷朝的祭祀，让管叔、蔡叔辅佐、监视他。

武王既克殷，访问箕子。
武王曰："於乎！[1]维天阴定下民，[2]相和其居，[3]我不知其常伦所序。"[4]

【注释】〔1〕"於乎"，表示叹息。同"呜呼"。 〔2〕"维"，发语词。"阴定"，默定。

〔3〕"相",帮助。"和",和睦。 〔4〕"常伦所序",通常的道理次序。

**【译文】**武王灭亡殷朝之后,便去访问箕子。

武王说:"呜呼!天不说话,默默地安定下界人民,帮助他们和睦相处,我却不知道天用来安定人民的治国常理次序。"

箕子对曰:"在昔鲧堙鸿水,〔1〕汩陈其五行,〔2〕帝乃震怒,〔3〕不从鸿范九等,〔4〕常伦所斁。〔5〕鲧则殛死,〔6〕禹乃嗣兴。天乃锡禹鸿范九等,常伦所序。

**【注释】**〔1〕"鲧",我国传说中原始时代的部落首领,居于崇(亦称有崇),号崇伯,由四岳推举,奉尧命治水。他用筑堤防水的方法治水,九年未治平,被舜杀死在羽山。神话谓其神化为黄熊(一作"黄能")。一说他与禹同为治水有功的人物。"堙",音 yīn,堵塞。"鸿",通"洪"。 〔2〕"汩",音 gǔ,扰乱。《集解》引孔安国云:"治水失道,是乱陈五行。" 〔3〕"帝",天。 〔4〕"鸿",大。"范",法。 〔5〕"斁",音 dù,败坏。 〔6〕"殛",音 jí,诛杀,杀死。

**【译文】**箕子回答道:"早先鲧堵塞洪水,把五行的规律搞乱了,天帝于是勃然大怒,不给予大法九种,治国常理从此败坏。鲧受惩罚而死,禹就继承他父亲的事业兴起。天帝就把大法九种赐给禹,治国常理从此有了次序。

"初一曰五行;二曰五事;三曰八政;四曰五纪;五曰皇极;〔1〕六曰三德;七曰稽疑;八曰庶征;〔2〕九曰向用五福,畏用六极。〔3〕

**【注释】**〔1〕"皇极",帝王的法则。《尚书大传》作"王极"。朱熹云:"皇者,君之称;极者,至极之义,标准之名也。" 〔2〕"庶征",众多的征验。 〔3〕"六极",六种凶恶的事。《尚书·洪范》云:"六极:一曰凶、短、折,二曰疾,三曰忧,四曰贫,五曰恶,六曰弱。"

**【译文】**"(这九种大法)一叫五行;二叫五事;三叫八政;四叫五纪;五叫皇极(建立君权);六叫三德;七叫稽疑(考察疑惑);八叫庶征(各种征兆);九叫劝导用五福(五种幸福),让害怕用六极(六种困厄)。

"五行:〔1〕一曰水,〔2〕二曰火,三曰木,四曰金,五曰土。水曰润下,〔3〕火曰炎上,〔4〕木曰曲直,〔5〕金曰从革,〔6〕土曰稼穑。〔7〕润下作咸,炎上作苦,曲直作酸,从革作辛,稼穑作甘。

**【注释】**〔1〕"五行"，指金、木、水、火、土，古人认为这五种物质构成世界万物，中医用五行说明生理、病理上的种种现象，迷信的人用五行推算人的命运。〔2〕"曰"，句中语气助词，无义。〔3〕"润下"，滋润下行。〔4〕"炎上"，火苗往上冒。"炎"，与"焰"字通。〔5〕"曲直"，可曲可直。〔6〕"从"，顺从。"革"，改变。此谓改变形状。〔7〕"稼穑"，泛指农业劳动。

**【译文】**"五行：第一是水，第二是火，第三是木，第四是金，第五是土。水的自然常性是滋润万物，而向下润湿。火的自然常性是炎热旺盛，而向上燃烧。木可以揉造使它弯曲或伸直。金可以销熔顺从人的意愿改变形状。土可以种植收获百谷。水向下浸润成卤产生咸味。火向上燃烧产生苦味。木揉成曲直产生酸味。金顺从人的意愿销熔变形产生辣味。土种植收获的百谷产生甜味。

"五事：一曰貌，〔1〕二曰言，三曰视，四曰听，五曰思。貌曰恭，言曰从，〔2〕视曰明，听曰聪，〔3〕思曰睿。〔4〕恭作肃，〔5〕从作治，〔6〕明作智，聪作谋，睿作圣。〔7〕

**【注释】**〔1〕"貌"，容貌。〔2〕"言曰从"，《集解》引马融云："发言当使可从。"〔3〕"聪"，《楚辞·涉江》王逸注："远听曰聪。"〔4〕"睿"，音 ruì，通达。〔5〕"作"，就，则。"肃"，敬。〔6〕"从作治"，《集解》引马融云："出令而从，所以为治也。"〔7〕"圣"，《集解》引孔安国云："于事无不通谓之圣。"

**【译文】**"五事：一是容貌，二是言论，三是观察，四是听闻，五是思考。容貌必须恭敬，言论必须正确，观察事物必须明白，听闻必须广远，思考必须通达。容貌恭敬就能严肃，言论正确就能治理，观察事物明白就能不受蒙骗，听闻广远就能善于谋划，思考问题通达就能圣明。

"八政：〔1〕一曰食，〔2〕二曰货，〔3〕三曰祀，〔4〕四曰司空，〔5〕五曰司徒，〔6〕六曰司寇，〔7〕七曰宾，〔8〕八曰师。〔9〕

**【注释】**〔1〕"八政"，八种政务官员。郑玄云："食，谓掌民食之官，若后稷者也。货，掌金帛之官，若《周礼》司货贿者也。祀，掌祭祀之官，若宗伯者也。司空，掌居民之官。司徒，掌教民之官。司寇，掌诘盗贼之官。宾，掌诸侯朝觐之官，《周礼》大行人是也。师，掌军旅之官，若司马也。"这里以种官名指代八方面的政教事务。〔2〕"食"，谓农事。〔3〕"货"，包括可衣的布帛及可流通的货币两类，为财富总称。〔4〕"祀"，祭祀。〔5〕"司空"，官名。金文多作"司工"。西周始置，主管建筑工程、制造车服器械、监督手工业奴隶的官，为六卿之一。春秋战国沿置。宋国因武公名司空，因而改司空官名为司城。东汉司空为三公之一。主管水土及建筑工程。后世往往用作工部尚书的别称。这里指建造住宅以安定人民。〔6〕"司徒"，官名。《周礼·地官》说，大司徒是主管教化的官，为三公之一。春秋时沿置，其职掌为治理民事，掌握户口、官司籍田、征发徒役和收敛财赋。秦代省司徒而置丞相。汉哀帝元寿二年（公元前一年），丞相改称大司徒，是三公之一。东汉时改称司徒，主教化。这里指用礼义教民。〔7〕"司寇"，官名。西周始置。《周礼·秋官》说，大司寇，主管刑狱，为六卿之一。春秋战国沿置。孔子曾做过鲁国司寇。后世以大司寇为刑部尚书的别称，侍郎则称少司寇。这里指社会治安。〔8〕"宾"，官名，负责诸侯朝觐礼仪。这里指各种接待外宾事务。〔9〕"师"，军队。指练兵御敌防贼，保国安民。

**【译文】**"八种政务官员：一是管粮食生产的官，二是管财货流通的官，三是管祭祀的官，四是管营建的官，五是管教育的官，六是管社会治安的官，七是管礼宾的官，八是管军事的官。

"五纪：一曰岁，二曰月，三曰日，四曰星辰，〔1〕五曰历数。〔2〕

**【注释】**〔1〕"星"，指二十八宿。"辰"，指十二辰。"星辰"，星的总称。〔2〕"历数"，谓太阳和月亮运行经历的周天度数。

**【译文】**"五种记时方法：一是年，二是月，三是日，四是星辰的出现情况，五是推算日月运行所经历的周天度数。

"皇极：皇建其有极，敛时五福，〔1〕用傅锡其庶民，〔2〕维时其庶民于女极，锡女保极。〔3〕凡厥庶民，毋有淫朋，〔4〕人毋有比德，〔5〕维皇作极。凡厥庶民，有猷有为有守，〔6〕女则念之。不协于极，〔7〕不离于咎，〔8〕皇则受之。而安而色，〔9〕曰予所好德，女则锡之福。〔10〕时人斯其维皇之极。〔11〕毋侮鳏寡而畏高明。〔12〕人之有能有为，使羞其行，〔13〕而国其昌。〔14〕凡厥正人，既富方谷。〔15〕女不能使有好于而家，时人斯其辜。于其毋好，女虽锡之福，其作女用咎。〔16〕毋偏毋颇，〔17〕遵王之义。〔18〕毋有作好，遵王之道。毋有作恶，遵王之路。毋偏毋党，〔19〕王道荡荡。〔20〕毋党毋偏，王道平平。〔21〕毋反毋侧，〔22〕王道正直。会其有极，〔23〕归其有极。曰王极之傅言，〔24〕是夷是训，〔25〕于帝其顺。凡厥庶民，极之傅言，是顺是行，以近天子之光。〔26〕曰天子作民父母，以为天下王。

**【注释】**〔1〕"敛"，采取。"时"，这。"五福"，具体所指不可确考。也可能是下文所说的五福"寿"、"富"、"康宁"、"攸好德"、"考终命"。〔2〕"傅"，通"敷"。布施。"锡"，施予。〔3〕"女"，通"汝"。你。〔4〕"淫"，邪恶。"朋"，朋党。〔5〕"比"，勾结。"德"，行为。"比德"，私相比附。〔6〕"猷"，谋划。"为"，作为。"守"，操守。〔7〕"协"，合。〔8〕"离"，与"罹"通。遭受，陷入。"咎"，罪责，罪恶。〔9〕"而"，你。〔10〕"福"，降福，保佑。这里指爵禄。〔11〕"斯"，此，这。〔12〕"鳏"，老而无妻。"寡"，老而无夫。"高明"，原义是见解超人，此谓宠幸贵显之人。〔13〕"羞"，《尔雅·释诂》云："进也。"即贡献之意。〔14〕"昌"，兴盛。〔15〕"方"，经常。"谷"，禄位。〔16〕"咎"，罪过，过失。〔17〕"偏"，不正，偏斜。"颇"，《尚书·洪范》作"陂"。义与"偏"同，不公正。〔18〕"遵"，依照。〔19〕"党"，偏私。〔20〕"荡荡"，宽广的样子。〔21〕"平平"，治理貌。《集解》引孔安国云："言辨治也。"〔22〕"反"，背逆。"侧"，歪斜。《集解》引马融云："反，反道也。侧，倾侧也。"〔23〕"会"，聚合，犹今言团结。〔24〕"傅言"，宣扬帝王的言论。"傅"，与"敷"通。宣扬，宣示。〔25〕"夷"，常道。"训"，训从。〔26〕"近"，增加，增益。《集解》引王肃云："近犹益也。"

**【译文】**"君王的准则：君王建立君权，应当有准则，采用五福之道，用来施行教育，赐予您的百姓，百姓都会遵守您的准则，又使您懂得如何去维持准则，这样一来，凡属您的百姓，就没有邪恶朋党的风气，百官没有私相比附的行为，都合于您所建立的准则。凡属你的百姓，有谋划，有作为，有操守，您就应当经常想到重视录用他们。有的即使行为不合准则，但是他没有犯罪，您也应当宽容他们。您应当和颜悦色，平易近人，有人说'我遵行美德'，您就应当赐给他福禄。这样，臣民会思念君王建立的准则。不要欺侮无依无靠的人，不要畏惧权势显赫的人。有能力、有作为的人，就让他贡献他的才能，这样，您的国家将会昌盛起来。凡在位的百官长，经常用爵禄使他们富贵，又应当以善道对待他们。如果您不能使他们对于您的国家有好处，那么这些人就会责怪您。对于那些没有好德行的人，您虽然赐给他们爵禄，但是他的所作所为会使您结怨于百姓。不要偏私，不要倾邪，而要遵守王法。不要私好偏爱，而应当遵照王道。不要为非作歹，而应当遵行正路。不营私，不结党，王道宽广。不结党，不营私，王道平坦。不反不乱，不偏不倚，王道正直。为君的人，团结臣民应当有准则；为臣的人，归往君王亦应有准则。君王对于以上陈述的准则，要宣扬教导，是顺天帝的。凡属百姓，对于以上陈述的准则，也要遵守实行，以接近天子圣德的光辉。天子作民众的父母，成为天下民众共同拥戴的圣王。

"三德：〔1〕一曰正直，〔2〕二曰刚克，〔3〕三曰柔克。〔4〕平康正直，〔5〕强不友刚克，〔6〕内友柔克，〔7〕沉渐刚克，〔8〕高明柔克。〔9〕维辟作福，〔10〕维辟作威，〔11〕维辟玉食。〔12〕臣无有作福、作威、玉食。臣有作福作威玉食，其害于而家，〔13〕凶于而国，人用侧颇辟，〔14〕民用僭忒。〔15〕

**【注释】**〔1〕"三德"，三种品德。 〔2〕"正直"，公正刚直。 〔3〕"刚克"，以刚取胜。"克"，胜。 〔4〕"柔克"，以柔取胜。 〔5〕"平康"，平和安康。 〔6〕"强不友"，强暴不顺。《集解》引孔安国云："友，顺也。" 〔7〕"内友柔克"，《尚书·洪范》作"燮友柔克"。《索隐》云："内，当为'燮'。'燮'，和也。" 〔8〕"沉渐"，《尚书·洪范》作"沉潜"。"渐"、"潜"二字古通。《集解》引孔安国云："沉，阴也。潜，伏也。""沉渐"，隐蔽。 〔9〕"高明"，谓君子。 〔10〕"辟"，君主。"作福"，《集解》引郑玄云："专爵赏也。" 〔11〕"作威"，《集解》引郑玄云："专刑罚也。" 〔12〕"玉食"，美食。 〔13〕"家"，指卿大夫的封邑。 〔14〕"辟"，与"僻"通。偏邪不正。 〔15〕"僭"，逾越常规。"忒"，作恶。"僭忒"，越轨为恶。

**【译文】**"三种德性：一是正直，二是过分刚强，三是过分柔顺。中正平和就是正直。倔强不能亲近人就是过分刚强。和顺而不坚强就是过分柔顺。深沉隐伏阴谋，用刚强能对付。高明君子，用和柔安抚。只有国君才能掌握爵赏赐人以福，掌握刑罚施人以威，享受美食，百官不得施行爵赏、刑罚和享受美食。百官如有施行爵赏、刑罚和享受美食的权力，就会伤害自己的封邑，危害人君的国。百官因而背离王道，人民就会越轨作恶。

"稽疑：〔1〕择建立卜筮人。〔2〕乃命卜筮，曰雨，〔3〕曰济，〔4〕曰涕，〔5〕曰雾，〔6〕曰克，〔7〕曰贞，〔8〕曰悔，〔9〕凡七。卜五，占之用二，衍忒。〔10〕立时人为卜筮，三人占则从二人之言。女则有大疑，谋及女心，〔11〕谋及卿士，谋及庶人，谋及卜筮。女则从，龟从，筮从，卿士从，庶民从，是之谓大同，〔12〕而身其康强，〔13〕而子孙其逢吉。〔14〕女则从，龟从，筮从，卿士逆，庶民逆，吉。卿士从，龟从，筮从，女则逆，庶民逆，吉。庶民从，龟从，筮从，女则逆，卿士逆，吉。女则从，龟从，筮逆，卿士逆，庶民逆，作内吉，作外凶。〔15〕龟筮共违于人，用静吉，用作凶。〔16〕

**【注释】**〔1〕"稽"，考察。"疑"，疑惑。"稽疑"，稽考疑事。 〔2〕"卜"，用火烧龟甲或兽骨，看甲骨上的裂痕，借以决定吉凶。"筮"，用蓍草占卦。 〔3〕"雨"，兆象是下雨。 〔4〕"济"，与"霁"通。兆象似雨止。 〔5〕"涕"，《集解》云："《尚书》作'圉'。""圉"，兆象似气络绎不绝。 〔6〕"雾"，兆象似雾气蒙蒙。 〔7〕"克"，兆象似阴气和阳气互相侵犯。《集解》引郑玄云："克者，如祲气之色相犯也。" 〔8〕"贞"，《易》的内卦下三爻。 〔9〕"悔"，《易》的外卦上三爻。 〔10〕"衍"，推演。"忒"，音 tè，变化。 〔11〕"谋"，商量。 〔12〕"大同"，相合，相同。 〔13〕"康强"，安康强健。 〔14〕"逢"，大。谓后代兴旺。 〔15〕"作内吉，作外凶"，《集解》引郑玄云："举事于境内则吉，境外则凶。" 〔16〕"作"，动，兴起。

中国书店

**【译文】**"考察疑惑：选择任用掌管龟卜和蓍筮的官员。教导他们用龟甲或蓍草占卜吉凶，兆纹有的像下雨，有的像雨后或雪后转晴，有的像云气连绵，有的像雾气蒙蒙，有的像阴阳二气互相侵犯，卦象有内卦，有外卦，龟兆和卦象共有这七种。其中五种用龟甲兽骨占卜，两种用蓍草占卜。再根据各种龟兆卦象加以推演变化。任命能识别兆卦名称的人担任卜筮的官职，三个人占，就听从其中两个人的意见。您如果有重大的疑难问题，首先要自己深思熟虑，其次要和卿士商量，要和百姓商量，然后问卜占卦。如果您赞成，龟卜赞成，筮占赞成，卿士赞成，庶民赞成，这叫做大同，你自己会身体康健，你的子孙会兴旺，这是大吉大利。如果您赞成，龟卜赞成，筮占赞成，卿士反对，庶民反对，这就是吉利。如果卿士赞成，龟卜赞成，筮占赞成，您反对，庶民反对，这也是吉利。如果庶民赞成，龟卜赞成，筮占赞成，您反对，卿士反对，这还是吉利。如果您赞成，龟卜赞成，筮占反对，卿士反对，庶民反对，那么在国内办事就吉利，在国外办事就凶险。龟卜、筮占都与人的谋划相反，安静守常就吉利，有所举动就凶险。

"庶征：[1]曰雨，曰阳，曰奥，曰寒，曰风，曰时。[2]五者来备，各以其序，庶草繁庑。[3]一极备，[4]凶。一极亡，[5]凶。曰休征：[6]曰肃，[7]时雨若；[8]曰治，时旸若；[9]曰知，时奥若；曰谋，时寒若；曰圣，时风若。曰咎征：[10]曰狂，常雨若；曰僭，[11]常旸若；曰舒，[12]常奥若；曰急，常寒若；曰雾，[13]常风若。王眚维岁，[14]卿士维月，师尹维日。[15]岁月日时毋易，[16]百谷用成，[17]治用明，畯民用章，[18]家用平康。日月岁时既易，百谷用不成，治用昏不明，畯民用微，家用不宁。庶民维星，[19]星有好风，[20]星有好雨。[21]日月之行，有冬有夏。月之从星，则以风雨。

**【注释】**〔1〕"庶征"，众多的征验。〔2〕"奥"，通"燠"，暖。《集解》引孔安国云："雨以润物，阳以干物，暖以长物，寒以成物，风以动物。五者各以时，所以为众验。"〔3〕"庑"，与"芜"通。草木繁茂。〔4〕"极备"，过多。〔5〕"极亡"，过少。"亡"，通"无"。〔6〕"休征"，善行的征验。〔7〕"肃"，敬。〔8〕"若"，曾运乾《尚书正读》云："譬况之词，位于句末。如《易·离卦》'出涕沱若'、'戚嗟若'，言出涕若沱、戚若嗟也。《诗·氓》'桑之未落，其叶沃若'，言其叶沃也。本文曰'肃时雨若'，犹《孟子》言若时雨降也。下均放（仿）此。"〔9〕"旸"，日出，晴。〔10〕"咎征"，灾难的征兆。〔11〕"僭"，差错。〔12〕"舒"，《尚书·洪范》作"豫"。逸乐。〔13〕"雾"，昏暗。《尚书·洪范》作"蒙"。〔14〕"眚"，通"省"。视察治理政事。〔15〕"师尹维日"，《集解》引孔安国云："众正官之吏分治其职，如日之有岁月也。"〔16〕"毋易"，《集解》引孔安国云："各顺常。"谓君臣各顺其常。〔17〕"百谷"，各种谷类作物。〔18〕"畯民"，贤臣，有才能之人。《尚书·洪范》作"俊民"。〔19〕"星"，《集解》引孔安国云："星，民象，故众民惟若星也。"〔20〕"星"，箕星。〔21〕"星"，毕星。

【译文】"各种征兆：或下雨，或天晴，或温暖，或寒冷，或刮风，或者都合乎时令。这五种气象齐备，又各按照正常的次序，各种植物就茂盛。一种气象过多，就有灾害；一种气象不来，也有灾害。再说人君美好行为的征兆：人君性行肃敬，雨水就及时滋润万物；人君政治清明，阳光就按时照耀大地；人君明智，温暖就按时到来；人君有谋略，寒冷就应时而生；人君通情达理，风就调和顺时。再说人君丑恶行为的征兆：人君行为狂妄，就会淫雨连绵；人君行为僭越不轨，就会常常干旱；人君安于享乐，天气就会过分炎热；人君行事急躁，就会寒冷不断；人君昏庸愚昧，就会常常刮风。君王视察治理政事，好像一年包括四时；大臣各有职责，好像一月统属于岁；普通官吏分治其职，好像一日统属于月。如果年、月、日的时令各顺正常，百谷因而丰收，政治因而清明，贤臣因而表彰提拔，国家因而太平安宁。相反，日、月、年的时令如果颠倒错乱，百谷就会因而歉收，政治就会因而昏暗，贤臣就会因而隐遁，国家就会因而不得安宁。庶民的性格像众星一样，众星有的喜欢风，有的喜欢雨。太阳和月亮的运行，有冬天，有夏天，各有常规。月亮的运行不由常规而顺从众星，就会招致风雨。

"五福：一曰寿，二曰富，三曰康宁，〔1〕四曰攸好德，〔2〕五曰考终命。〔3〕六极：〔4〕一曰凶短折，〔5〕二曰疾，三曰忧，四曰贫，五曰恶，〔6〕六曰弱。"〔7〕

【注释】〔1〕"康宁"，《集解》引郑玄云："平安。"〔2〕"攸"，通"由"。"攸好德"，遵行美德。〔3〕"考"，老。"考终命"，老而善终。〔4〕"六极"，六种凶恶之事。〔5〕"凶"，八岁以前死亡。"短"，二十岁以前死亡。"折"，三十岁以前死亡。〔6〕"恶"，丑陋。〔7〕"弱"，《集解》引郑玄云："愚懦不壮毅曰弱。"

【译文】"五种幸福的事：一是长寿，二是富贵，三是健康安宁，四是德行好，五是高寿善终。六种困厄的事：一是早死，二是疾病，三是忧愁，四是贫穷，五是丑陋，六是愚懦。"

于是武王乃封箕子于朝鲜而不臣也。〔1〕

【注释】〔1〕"朝鲜"，今朝鲜半岛一带。

【译文】于是武王便把箕子封在朝鲜，而不把他作臣下看待。

其后箕子朝周，过故殷虚，[1]感宫室毁坏，生禾黍，箕子伤之，欲哭则不可，欲泣为其近妇人，[2]乃作《麦秀之诗》以歌咏之。其诗曰："麦秀渐渐兮，[3]禾黍油油。[4]彼狡童兮，[5]不与我好兮！"所谓狡童者，纣也。殷民闻之，皆为流涕。

【注释】〔1〕"殷虚"，商代后期的都城遗址，在今河南省安阳市小屯村一带。"虚"，通"墟"。〔2〕"近妇人"，谓与女人好哭的性格相近。〔3〕"渐渐"，《索隐》云："麦芒之状。"〔4〕"油油"，《索隐》云："禾黍之苗光悦貌。"〔5〕"狡"，通"佼"。"狡童"，美好的少年。此处指商纣王，则为贬义。

【译文】这以后，箕子来朝见周王，路过从前殷都废墟，见宫室断垣残壁，禾黍到处丛生，内心悲伤，打算哭又觉不可，打算流泪又觉未免像女人，于是作了《麦秀》诗来歌咏这件事。那首诗说："麦芒尖尖哪，禾黍的苗儿绿油油。那个顽皮的少年呀，不与我亲爱接近啊！"这里所说的顽皮孩子，是指殷纣。殷朝的遗民听到，都为此落了泪。

武王崩，[1]成王少，[2]周公旦代行政当国。[3]管、蔡疑之，乃与武庚作乱，欲袭成王、周公。周公既承成王命诛武庚，杀管叔，放蔡叔，[4]乃命微子开代殷后，奉其先祀，作《微子之命》以申之，[5]国于宋。[6]微子故能仁贤，乃代武庚，故殷之余民甚戴爱之。

【注释】〔1〕"崩"，古时称帝王死。〔2〕"成王"，姓姬名诵，周武王之子。成王及其子康王（名钊）时期，周朝大规模分封诸侯。据传周初分封有七十一国。西周分封，以宗法血缘关系为纽带，建立起周天子统辖下的地方行政系统，从而在一定时期内起到了加强周王朝统治的作用。分封制还为维护天子、诸侯、卿、大夫、士这一等级序列的礼制的产生，提供了重要前提。西周初年所封诸侯，均由中央控制。成王之时，周公、召公是朝中最重要的大臣。自陕（今河南陕县）以西诸侯由召公管理，以东诸侯由周公管理。成康时期，周朝最为强盛。史称"成康之治"。〔3〕"周公"，姓姬名旦，武王弟。因采邑在周（今陕西省宝鸡东北），称为周公。他是周初的政治家。文王死后二年，周公佐武王东伐殷至孟津。四年，他和太公望、召公奭佐武王灭殷杀纣，三分商王畿地。武王死后，成王初立年幼，由他摄政。《尚书大传》说："周公摄政，一年救乱，二年克殷，三年践奄，四年建侯卫，五年营成周，六年制礼作乐，七年致政成王。"除了把制礼作乐叙在六年有失牵强外，其余大抵是正确的。所谓制礼作乐，是指周公在整个执政期间对有关各种典章制度及文化教育诸方面的建树。这一建树在历史上很有名。〔4〕"放"，流放。〔5〕"《微子之命》"，《尚书·周书》篇名。"申"，申明，告诫。〔6〕"宋"，子姓。西周初年，周公东征平定武庚叛乱后，另立归顺周王朝的纣王庶兄微子启建立宋国，都商丘，统治原商都周围的殷商遗民。宋保存殷商文化传统最多，被看作古代礼制的典范，受到诸侯尊重。春秋时宋襄公企图继承齐桓公的霸业，没有成功。终春秋之世，宋常为晋、楚争夺中心，饱受战祸，故成为春秋后期以"弭兵"为口号的和平运动的发起国，对维持中原各国间相对稳定局面起过一些作用。其后宋君权衰弱，贵族大臣掌握国政。到战国中期，辟公（宋桓侯）被司城子罕（剔成肝）所取代，即所谓"戴氏夺子氏于宋"。新建的宋国成为仅次于七雄的二等强国。宋康王北灭滕伐薛，南败楚取淮北之地三百里，东破齐取五城，西胜魏。孟子称其"将行王政"。康王晚年，太子出奔，大臣争权。齐湣王乘机灭宋，康王被杀。

【译文】武王去世，成王年少，周公姬旦代为处理政务，掌握政权，管叔、蔡叔怀疑周公，就与武庚联合起来叛乱，打算袭击成王和周公。周公秉承成王的命令诛杀武庚后，杀掉管叔，流放蔡叔，于是命令微子开代替做殷朝的后嗣，事奉祖先的祭祀，作《微子之命》申明这个意思，在宋地建国。微子素来就仁义贤能，于是代替武庚，所以殷朝的遗民很爱戴他。

微子开卒，立其弟衍，是为微仲。微仲卒，子宋公稽立。宋公稽卒，子丁公申立。丁公申卒，子湣公共立。湣公共卒，弟炀公熙立。炀公即位，湣公子鲋祀弑炀公而自立，曰"我当立"，是为厉公。厉公卒，子釐公举立。

釐公十七年，周厉王出奔彘。[1]

【注释】〔1〕"周厉王"，西周国王，姓姬名胡。他任用荣夷公执政，实行"专利"，又派卫巫监视国人，杀死议论他的人，引起反抗。公元前八四二年，国人发难，他逃奔到彘（今山西省霍县）。十四年后死在彘。

【译文】微子开逝世以后，立他的弟弟衍为国君，他就是微仲。微仲逝世后，儿子宋公稽登极。宋公稽逝世后，儿子丁公申登极。丁公申逝世后，儿子湣公共登极。湣公共逝世后，弟弟炀公熙登极。炀公登极后，湣公的儿子鲋祀杀死炀公而自立为王，说："我应当登极。"这就是厉公。厉公逝世后，儿子釐公举登极。

釐公十七年，周厉王出奔到彘地。

二十八年，釐公卒，子惠公覵立。[1]惠公四年，周宣王即位。[2]三十年，惠公卒，子哀公立。哀公元年卒，子戴公立。

【注释】〔1〕"覵"，音 jiàn。〔2〕"周宣王"，周朝第十一位王。姓姬命静（一作靖），厉王之子。公元前八二八至前七八二年在位。他任用召穆公、周定公、尹吉甫等大臣，整顿朝政，使已衰落的周朝一时复兴。宣王的主要功业，是讨伐侵扰周朝的戎、狄和淮夷。

【译文】二十八年，釐公逝世，儿子惠公覸登极。惠公四年，周宣王登极。三十年，惠公逝世，儿子哀公登极。哀公元年逝世，儿子戴公登极。

戴公二十九年，周幽王为犬戎所杀，[1]秦始列为诸侯。[2]

【注释】[1]"周幽王"，姓姬名宫湼，宣王之子。公元前七八一年至前七七一年在位。他宠爱褒姒，想杀太子宜臼，立褒姒的儿子伯服做太子。宜臼的母亲是申侯的女儿，申侯勾结犬戎攻周，杀幽王于骊山下。[2]"秦"，部落名。嬴姓。相传是伯益的后代。非子做部落首领时，被周孝王封于秦（今甘肃省张家川东），作为附庸。秦人为周王朝统治者养马。周宣王统治时期，秦人的首领秦仲被封为大夫，奉命带领秦人同戎、狄作战，以保卫周王朝的西部边陲。秦襄公护送周平王东迁有功，被周封为诸侯，并被赐予岐山以西的土地。秦国的诞生，使当时中国境内众多的诸侯国家中又增添了一名新的成员。

【译文】戴公二十九年，周幽王被犬戎杀死，秦国开始列为诸侯。

三十四年，戴公卒，子武公司空立。武公生女为鲁惠公夫人，生鲁桓公。十八年，武公卒，子宣公力立。

宣公有太子与夷。十九年，宣公病，让其弟和，曰："父死子继，兄死弟及，天下通义也。我其立和。"和亦三让而受之。宣公卒，弟和立，是为穆公。

穆公九年，病，召大司马孔父谓曰：[1]"先君宣公舍太子与夷而立我，我不敢忘。我死，必立与夷也。"孔父曰："群臣皆愿立公子冯。"穆公曰："毋立冯，吾不可以负宣公。"[2]于是穆公使冯出居于郑。[3]八月庚辰，穆公卒，兄宣公子与夷立，是为殇公。君子闻之，曰："宋宣公可谓知人矣，立其弟以成义，然卒其子复享之。"

【注释】[1]"大司马"，官名，别称司武，掌军政。孔父、固、华弱等曾任此职。"孔父"，即孔父嘉。[2]"负"，背弃。[3]"郑"，国名。姬姓。开国君主是周宣王的弟弟郑桓公，公元前八〇六年分封于郑（今陕西省华县东）。儿子武公先后攻灭郐和东虢，建立郑国，都新郑（今河南省新郑县）。郑的势力不断发展，到庄公时，侵陈伐许，破息攻宋，大败北戎，又同周王交换质子，以至抗击周桓王统率的周、陈、蔡、卫诸国联军的进攻，大破王师并射伤桓王，成为春秋之初相当活跃的小霸主。后因内部争权夺位，发展受挫。但因地处中原，交通便利，商业活跃，兵力亦强，终春秋之世一直为大国争夺的中心，在政治上也占有显著地位。春秋晚期，贤臣子产执政，他团结贵族大臣，选贤举能，改革土地赋税制度，加强军备，公布成文法典，整顿内政，维护本国权益，受到晋、楚诸国尊重。进入战国后，郑国因君臣争权和受韩国蚕食，力量日益削弱。公元前三七五年被韩吞灭。

【译文】三十四年，戴公逝世，儿子武公司空登极。武公生了个女儿做了鲁惠公的夫人，她生了鲁桓公。十八年，武公逝世，儿子宣公力登极。

宣公有太子名叫与夷。十九年，宣公病危，要把君位让给他的弟弟和，说："父亲死了，儿子继承君位；哥哥死了，轮到弟弟继位，这是天下普遍适用的道义与法则。我要立和为国君。"和多次谦让不成，就接受了。宣公逝世后，弟弟和登极，他就是穆公。

穆公九年，病危，叫了大司马孔父前来，对他说："先君宣公舍弃太子与夷而把君位让给我，我不敢忘记。我死以后，必定要立与夷为君。"孔父说："百官都愿意立公子冯。"穆公说："不要立冯，我不可辜负宣公。"于是穆公让公子冯到郑国去居住。八月庚辰这天，穆公逝世，哥哥宣公的儿子与夷登极，这就是殇公。君子听到这件事，说："宋宣公可以称为能了解人了，立他的弟弟为君而成全了道义，然而他的儿子终于再享有了君位。"

殇公元年，卫公子州吁弑其君完自立，欲得诸侯，使告于宋曰："冯在郑，必为乱，可与我伐之。"宋许之，与伐郑，至东门而还。二年，郑伐宋，以报东门之役。[1]其后诸侯数来侵伐。

【注释】〔1〕"报"，报复。

【译文】殇公元年，卫国公子州吁杀害他的国君姬完，自立为国君，想要取得诸侯的支持，派使者告诉宋国说："子冯在郑国，一定会作乱，可以同我去攻打他。"宋国允许了，同姬州吁去攻打郑国，到达东门就回来了。二年，郑国攻打宋国，报复东门那一役。这以后，诸侯多次来侵略和攻打宋国。

九年，大司马孔父嘉妻好，[1]出，道遇太宰华督，[2]督说，[3]目而观之。[4]督利孔父妻，[5]乃使人宣言国中曰："殇公即位十年耳，而十一战，[6]民苦不堪，皆孔父为之，我且杀孔父以宁民。"是岁，鲁弑其君隐公。十年，华督攻杀孔父，取其妻。殇公怒，遂弑殇公，而迎穆公子冯于郑而立之，是为庄公。

【注释】〔1〕"好"，美丽。〔2〕"太宰"，官名。为国君家务总管。华督、皇国父曾任此职。"华督"，宋戴公的孙子。〔3〕"说"，与"悦"通。喜爱。〔4〕"目"，注视。〔5〕"利"，贪。〔6〕"十一战"，《集解》引贾逵云："一战，伐郑，围其东门；二战，取其禾；三战，取邾田；四战，邾郑伐宋；五战，伐郑，围长葛；六战，郑以王命伐宋；七战，鲁败宋师于菅；八战，宋、卫入郑；九战，伐戴；十战，郑入宋；十一战，郑伯以虢师大败宋。"

**【译文】**九年的一天，大司马孔父嘉的美貌妻子外出，在路上遇见太宰华督，华督爱慕她，眼珠一动不动地注视她。华督贪恋孔父的妻子，于是派人在国中宣扬说："殇公登极不过十年，可是打了十一仗，人民痛苦不堪，都是孔父造成的，我将杀掉孔父，以便使人民得以安宁。"这年，鲁国杀害了它的国君隐公。十年，华督进攻杀死孔父，霸占了孔父的妻子。殇公恼怒，华督就杀死殇公，而到郑国去迎接穆公的儿子冯回来立为国君，他就是庄公。

庄公元年，华督为相。[1]九年，执郑之祭仲，[2]要以立突为郑君。[3]祭仲许，竟立突。十九年，庄公卒，子湣公捷立。

**【注释】**〔1〕"相"，官名，别称上卿、宰相。为六卿之首，总理国政。孔父、华督、华元等曾任此职。〔2〕"祭仲"，郑国大夫。"祭"，音 zhài。〔3〕"要"，音 yāo，要挟。"突"，姬突，即后来的郑厉公。

**【译文】**庄公元年，华督当了宰相。九年，逮捕了郑国的祭仲，抓着他的弱点，强使他拥立姬突做郑国的君主。祭仲允许，终于拥立姬突。十九年，庄公逝世，儿子湣公捷登极。

湣公七年，齐桓公即位。九年，宋水，[1]鲁使臧文仲往吊水。[2]湣公自罪曰："寡人以不能事鬼神，政不修，故水。"臧文仲善此言。此言乃公子子鱼教湣公也。[3]

**【注释】**〔1〕"水"，水灾。〔2〕"吊"，对遭遇不幸进行慰问。〔3〕"子鱼"，宋桓公的儿子。

**【译文】**湣公七年，齐桓公登极。九年，宋国遭到水灾的袭击，鲁国派臧文仲到宋国去慰问灾民。湣公责备自己说："我因为不能事奉鬼神，政治不清明，所以发生水灾。"臧文仲赞赏这句话。而这句话是公子子鱼教给湣公的。

十年夏，宋伐鲁，战于乘丘，[1]鲁生虏宋南宫万。[2]宋人请万，万归宋。十一年秋，湣公与南宫万猎，因博争行，[3]湣公怒，辱之，曰："始吾敬若；[4]今若，鲁虏也。"万有力，病此言，[5]遂以局杀湣公于蒙泽。[6]大夫仇牧闻之，以兵造公门。[7]万搏牧，牧齿著门阖死。[8]因杀太宰华督，乃更立公子游为君。诸公子奔萧，[9]公子御说奔亳。[10]万弟南宫牛将兵围亳。冬，萧及宋之诸公子共击杀南宫牛，弑宋新君游而立湣公弟御说，是为桓公。宋万奔陈。宋人请以赂陈。陈人使妇人饮之醇酒，[11]以革裹之，归宋。宋人醢万也。[12]

【注释】〔1〕"乘丘"，鲁地名，在今山东省兖州西北。　〔2〕"生虏"，活捉。"南宫万"，"南宫"为氏，"万"为名。宋国卿。　〔3〕"博"，通"簙"，古代的一种博戏。　〔4〕"若"，你。　〔5〕"病"，痛恨。　〔6〕"局"，棋盘。"蒙泽"，宋地名，在今河南省商丘市东北。〔7〕"仇牧"，宋大夫。"造"，往，到。　〔8〕"阖"，门扇。　〔9〕"萧"，宋邑名，故城在今安徽省萧县西北。　〔10〕"亳"，音 bó，宋邑名，故城在今河南省商丘县南。　〔11〕"醇酒"，浓酒。　〔12〕"醢"，音 hǎi，古代的一种酷刑，把人剁成肉酱。

【译文】十年夏天，宋国讨伐鲁国，在乘丘会战，鲁国活捉了宋国的南宫万。宋国人请求释放南宫万，南宫万回到宋国。十一年秋天，湣公和南宫万去打猎，作博戏，因争道，湣公发怒，侮辱南宫万说："当初我敬重你；现在你是鲁国的俘虏。"南宫万有力，对这句话很反感，于是用棋盘打死湣公于蒙泽。大夫仇牧听到这事，带着兵器到公门。南宫万搏击仇牧，仇牧牙齿撞着门扇死了。南宫万于是杀掉太宰华督，改立公子游为国君。几个公子逃奔萧邑，公子御说逃奔亳邑。南宫万的弟弟南宫牛率兵围攻亳邑。冬天，在萧邑和宋都的公子们共同攻打杀死南宫牛，杀死宋国新君游而拥立湣公的弟弟御说，他就是桓公。南宫万逃奔陈国。宋国人贿赂陈国，陈国人便派女人用浓酒灌醉南宫万，然后用皮革把他包裹起来，送回宋国。宋国人把南宫万剁成了肉酱。

桓公二年，诸侯伐宋，至郊而去。三年，齐桓公始霸。二十三年，迎卫公子毁于齐，立之，是为卫文公。文公女弟为桓公夫人。秦穆公即位。[1]三十年，桓公病，太子兹甫让其庶兄目夷为嗣。[2]桓公义太子意，[3]竟不听。三十一年春，桓公卒，太子兹甫立，是为襄公。以其庶兄目夷为相。未葬，而齐桓公会诸侯于葵丘，[4]襄公往会。

【注释】〔1〕"秦穆公"，秦国第十代国君。名任好，是秦德公的儿子，秦成公的弟弟。公元前六五九年至前六二一年在位，共三十九年。他在位期间，选贤任能，取得文治武功。曾经运用灵活的外交政策和卓越的战略战术，多次打败了强盛的晋国，夺取了晋国在黄河以西的大片土地。又经过周密的策划，智擒了戎王，"益国十二，开地千里，遂霸西戎"，从而使秦国成了函谷关以西唯一强大的诸侯国，足以同东方势力强大的晋、鲁、宋等国相抗衡。　〔2〕"目夷"，字子鱼。　〔3〕"义"，认为合乎事宜。　〔4〕"葵丘"，宋地名，在今河南省兰考县境。

**【译文】**桓公二年，诸侯攻打宋国，攻到都城商丘郊外才离去。三年，齐桓公开始做霸主。二十三年，卫国人到齐国迎接卫国公子毁，拥立为卫君，他就是卫文公。文公的妹妹是宋桓公的夫人。秦穆公登极。三十年，桓公病危，太子兹甫让他的庶兄目夷为君位继承人。桓公认为太子的意愿合乎道义，可是竟没有听取。三十一年春天，桓公逝世，太子兹甫登极，他就是襄公。任用他的庶兄目夷做国相。桓公还没有安葬，而齐桓公在葵丘会合诸侯，襄公便前去参加盟会。

襄公七年，宋地霣星如雨，[1]与雨偕下；六鹢退蜚，[2]风疾也。[3]

**【注释】**〔1〕"霣"，与"陨"通。坠落。 〔2〕"鹢"，音yì。即噦，一种像鹭鸶的水鸟，能高飞。"蜚"，同"飞"。 〔3〕"风疾"，风迅猛。风起于远处，迅猛异常，所以鹢遇风退飞。

**【译文】**襄公七年，宋国国内流星似雨一样坠落，和雨点一起落下；六只噦倒退着飞翔，因为风异常迅猛。

八年，齐桓公卒，宋欲为盟会。十二年春，宋襄公为鹿上之盟，[1]以求诸侯于楚，楚人许之。公子目夷谏曰："小国争盟，祸也。"不听。秋，诸侯会宋公盟于盂。[2]目夷曰："祸其在此乎？君欲已甚，何以堪之！"于是楚执宋襄公以伐宋。冬，会于亳，以释宋公。子鱼曰：[3]"祸犹未也。"十三年夏，宋伐郑。子鱼曰："祸在此矣。"秋，楚伐宋以救郑。襄公将战，子鱼谏曰："天之弃商久矣，不可。"冬，十一月，襄公与楚成王战于泓。[4]楚人未济，[5]目夷曰："彼众我寡，及其未济击之。"公不听。已济未陈，[6]又曰："可击。"公曰："待其已陈。"陈成，宋人击之。宋师大败，襄公伤股。国人皆怨公。公曰："君子不困人于阸，[7]不鼓不成列。"[8]子鱼曰："兵以胜为功，何常言与！[9]必如公言，即奴事之耳，[10]又何战为？"

**【注释】**〔1〕"宋襄公"，名兹父，桓公之子。春秋五霸之一，与楚决战泓水，大败。"鹿上"，宋地名，在今山东省巨野县西南。 〔2〕"盂"，宋地名，在今河南省睢县西北。 〔3〕"子鱼"，即公子目夷，宋襄公庶兄，曾为襄公相。 〔4〕"楚成王"，熊恽，公元前六七一年至前六二六年在位。"泓"，水名，在今河南省柘城县北。 〔5〕"济"，渡水。 〔6〕"陈"，通"阵"，排成战阵。 〔7〕"阸"，危难。 〔8〕"不鼓"，不击鼓。"不成列"，没有形成战斗行列。 〔9〕"常言"，犹言空谈。《集解》引徐广云："一云尚何言与。""与"，通"欤"，语助词。 〔10〕"奴事"，做奴隶侍奉人家。

【译文】八年，齐桓公逝世，宋国打算召集盟会。十二年春天，宋襄公在鹿上召集盟会，要求楚国让诸侯拥护他，楚国人允许了。公子目夷规劝说："小国争当盟首，是祸患哪！"襄公不听从。秋天，诸侯在盂地会见宋襄公并结盟，目夷说："祸患大概将在这里吧？君王的欲望太过分了，怎么能经受得了呢？"在这里楚国逮捕宋襄公来攻打宋国。冬天，诸侯在亳邑集会，释放了宋襄公。子鱼说："祸患还没有了结。"十三年夏天，宋国讨伐郑国。子鱼说："祸患在这里了。"秋天，楚国攻打宋国，援救郑国。襄公要应战，子鱼规劝说："上天抛开商朝很久了，不行。"冬季十一月，襄公跟楚成王在泓水边会战，楚军渡河没有完毕，目夷说："楚国兵多，我们兵少，趁他们没有完全渡河，我们就先发动攻击。"襄公不听从。楚国兵已经全部渡河，还没有列成阵势，目夷又说："可以攻击了。"襄公说："等他们布成阵势。"楚国人布成阵势了，宋国人才开始进攻。宋国军队大败，襄公大腿受伤。宋国的国人都埋怨襄公。襄公说："君子不在人家艰难的时候去困窘他，不在人家没有布成阵势的时候击鼓去进攻他。"子鱼说："战争以取胜为功绩，还有什么陈词滥调可空谈呢！一定要像您所说的，那么就当奴隶侍奉人家好了，又何必要打仗呢？"

　　楚成王已救郑，郑享之；[1] 去而取郑二姬以归。[2] 叔瞻曰：[3]"成王无礼，其不没乎？为礼卒于无别，有以知其不遂霸也。"

　　【注释】[1]"享"，通"飨"。拿酒食相招待。 [2]"二姬"，郑文公夫人芈氏和姜氏的两个女儿。 [3]"叔瞻"，郑国大夫。

　　【译文】楚成王援救了郑国，郑国用酒食款待他；他离开的时候，娶了郑国国君的两个女儿回去。叔瞻说："成王不懂礼，会不得善终吧？行礼终于内外无别，有根据知道他不能成就霸业了。"

　　是年，晋公子重耳过宋，[1] 襄公以伤于楚，欲得晋援，厚礼重耳以马二十乘。[2]

　　【注释】[1]"重耳"，晋献公之子，春秋时晋国国君。公元前六三六年至前六二八年在位。因献公立幼子为嗣，曾出奔在外十九年，由秦送回即位。整顿内政，增强军队，使国力强盛。又平定周的内乱，迎接周襄王复位，以"尊王"相号召。城濮之战，大胜楚军，并在践土（今河南省荥阳东北）大会诸侯，成为霸主。 [2]"乘"，音 shèng，一车四马为一乘。

　　【译文】这一年，晋公子重耳路过宋国，襄公因跟楚国交战受伤，打算得到晋国的援助，就以隆重的礼仪接待重耳，赠送给重耳二十乘（八十四）马。

十四年夏，[1]襄公病伤于泓而竟卒，子成公王臣立。

**【注释】**〔1〕"十四年夏"，《索隐》云："《春秋》战于泓在僖二十三年，重耳过宋及宋襄公卒在二十四年。今此文以重耳过与伤泓共岁，故云'是年'。又重耳过与宋襄公卒共是一岁，则不合更云'十四年'。是进退俱不合于《左氏》，盖太史公之疏耳。"

**【译文】**十四年夏天，襄公因在泓水之战时的腿伤，病发作而终于逝世，儿子成公王臣登极。

成公元年，晋文公即位。三年，倍楚盟亲晋，[1]以有德于文公也。四年，楚成王伐宋，宋告急于晋。五年，晋文公救宋，楚兵去。九年，晋文公卒。十一年，楚太子商臣弑其父成王代立。十六年，秦穆公卒。

**【注释】**〔1〕"倍"，与"背"通。背叛。

**【译文】**成公元年，晋文公登极。三年，成公撕毁与楚国的盟约，与晋国亲近，因为襄公对晋文公有过恩惠。四年，楚成王攻打宋国，宋国向晋国告急。五年，晋文公援救宋国，楚军离去。九年，晋文公逝世。十一年，楚太子商臣杀害他的父亲成王，夺取君位。十六年，秦穆公逝世。

十七年，成公卒。成公弟御杀太子及大司马公孙固而自立为君。[1]宋人共杀君御而立成公少子杵臼，是为昭公。

**【注释】**〔1〕"公孙固"，宋庄公的孙子。

**【译文】**十七年，成公逝世。成公的弟弟御杀死太子和大司马公孙固，而自立为国君。宋国人联合杀死国君御，拥立成公的小儿子杵臼，他就是昭公。

昭公四年，宋败长翟缘斯于长丘。[1]七年，楚庄王即位。[2]

**【注释】**〔1〕"长翟"，也作"长狄"，春秋时狄族的一支，活动于西起今山西临汾、长治，东至山东边境的山谷间。"缘斯"，长翟部族之一鄋（音 sōu）瞒的国君。"长丘"，在今河南省封丘县西南。〔2〕"楚庄王"，春秋时楚国国君。芈姓，名旅（一作吕、侣）。公元前六一三年至前五九一年在位。曾整顿内政，兴修水利。楚庄王三年，攻灭庸国（在今湖北省竹山西南），国势大盛。继又进攻陆浑之戎，陈兵周郊，派人询问象征天子权威的九鼎的轻重。后在邲（今河南省荥阳北）大败晋军，陆续使鲁、宋、郑、陈等国归附，成为霸主。

【译文】昭公四年，宋国在长丘击败长翟缘斯。七年，楚庄王登极。

九年，昭公无道，国人不附。〔1〕昭公弟鲍革贤而下士。〔2〕先，襄公夫人欲通于公子鲍，〔3〕不可，乃助之施于国，〔4〕因大夫华元为右师。〔5〕昭公出猎，夫人王姬使卫伯攻杀昭公杵臼。弟鲍革立，是为文公。

【注释】〔1〕"国人"，古代农夫住在田野小邑，称为"野人"。"国人"是指居住在城里和城郊的人，除了奴隶主贵族外，还包括平民、小手工业者和商人。〔2〕"鲍革"，即公子鲍。《史记志疑》云"革"字衍。〔3〕"襄公夫人"，即夫人王姬，周惠王之女。〔4〕"施"，施加恩惠。〔5〕"华元"，华督曾孙。"右师"，宋国官名。为国君师。华元、华阅、皇缓等曾任此职。

【译文】九年，昭公暴虐，不行德政，宋国国人不归附他。昭公的弟弟鲍革，德才兼备，又能谦恭待士。原先，襄公夫人打算跟公子鲍私通，公子鲍不同意，于是帮助他在国人中广施恩惠，又由大夫华元的荐举做了右师。昭公出去狩猎，夫人王姬派遣卫伯攻杀昭公杵臼。弟弟鲍革登位，他就是文公。

文公元年，晋率诸侯伐宋，责以弑君。闻文公定立，乃去。二年，昭公子因文公母弟须与武、缪、戴、庄、桓之族为乱，文公尽诛之，出武、缪之族。〔1〕

【注释】〔1〕"出"，驱逐出去。

【译文】文公元年，晋国统率诸侯攻打宋国，责备宋国人杀死了国君。听到文公君位已经确定，于是撤兵离去。二年，昭公的儿子凭借文公的同母弟弟须与武公、穆公、戴公、庄公、桓公的家族犯上作乱，文公把他们都杀掉，驱逐武公、穆公的家族。

四年春，楚命郑伐宋。宋使华元将，郑败宋，囚华元。华元之将战，杀羊以食士，其御羊羹不及，〔1〕故怨，驰入郑军，故宋师败，得囚华元。宋以兵车百乘文马四百匹赎华元。〔2〕未尽入，华元亡归宋。

【注释】〔1〕"御",驾车人。当时驾车人是羊斟。 〔2〕"文",文采。"文马",有文采之马。

【译文】四年春天,楚王命令郑国攻打宋国。宋国派华元带兵,郑国打败了宋国,俘虏了华元。华元在将要作战的时候,杀羊给军士吃,他的驾车人来不及吃羊肉羹汁,因而怨恨,便驾着华元的指挥车冲进郑军,因此宋军被打败,郑军才得俘虏了华元。宋国用兵车一百辆套着毛色有文采的马四百匹去赎华元。还没有统统送去,华元便逃回宋国了。

十四年,楚庄王围郑。郑伯降楚,楚复释之。

十六年,楚使过宋,宋有前仇,执楚使。九月,楚庄王围宋。十七年,楚以围宋五月不解,〔1〕宋城中急,无食,华元乃夜私见楚将子反。子反告庄王。王问:"城中何如?"曰:"析骨而炊,〔2〕易子而食。"〔3〕庄王曰:"诚哉言!我军亦有二日粮。"以信故,遂罢兵去。

【注释】〔1〕"以",与"已"通。 〔2〕"析骨而炊",剖解人的骨骸来烧火做饭,形容战乱时百姓的悲惨生活。 〔3〕"易子而食",交换孩子,杀食以充饥。"子",指儿子或女儿,古代男孩、女孩都可称"子"。

【译文】十四年,楚庄王包围郑国。郑国国君向楚国投降,楚国又解围而去。

十六年,楚国使者经过宋国,宋国跟楚国有旧仇,便逮捕了楚国的使者。九月,楚庄王围攻宋都。十七年,楚军围攻宋都五个月没解围,宋都城中危急,没有吃的,华元便在一天夜间私下会见楚国将领子反,子反告诉庄王。庄王问:"城中怎么样?"子反说:"劈人骨头煮饭,互相交换儿子来吃。"庄王说:"多诚实的话!我军也只有两天粮食啦。"因为要守信的缘故,于是撤军回去。

二十二年,文公卒,子共公瑕立。始厚葬。君子讥华元不臣矣。〔1〕

【注释】〔1〕"不臣",不像大臣的样子,违背人臣之道。

【译文】二十二年,文公逝世,儿子共公瑕登极。从这时起实行厚葬。君子讥刺华元没有尽到做臣子的责任。

共公十年,华元善楚将子重,又善晋将栾书,两盟晋楚。十三年,共公卒。华元为右师，鱼石为左师。司马唐山攻杀太子肥，欲杀华元，华元奔晋，鱼石止之，至河乃还，诛唐山。乃立共公少子成，是为平公。

平公三年，楚共王拔宋之彭城，以封宋左师鱼石。四年，诸侯共诛鱼石，而归彭城于宋。三十五年，楚公子围弑其君自立，为灵王。四十四年，平公卒，子元公佐立。

元公三年，楚公子弃疾弑灵王，自立为平王。八年，宋火。十年，元公毋信，诈杀诸公子，大夫华、向氏作乱。楚平王太子建来奔，见诸华氏相攻乱，建去如郑。十五年，元公为鲁昭公避季氏居外，为之求入鲁，行道卒，子景公头曼立。

景公十六年，鲁阳虎来奔，[1]已复去。二十五年，孔子过宋，宋司马桓魋恶之，欲杀孔子，孔子微服去。[2]三十年，曹倍宋，又倍晋，宋伐曹，晋不救，遂灭曹有之。[3]三十六年，齐田常弑简公。

【注释】〔1〕"阳虎"，又名阳货，初为鲁季孙氏家臣，事季平子。平子死后，专鲁国国政。后来与鲁三桓对立失败，奔齐，又奔晋，为赵鞅家臣。〔2〕"微服"，旧时帝王、官吏为了隐藏自己的身份而改着平民的服装。〔3〕"有"，占有，获取。

【译文】共公十年，华元与楚国将领子重有交情，又跟晋国将领栾书友好，因此跟晋、楚两国都缔结了盟约。十三年，共公逝世。华元任右师，鱼石任左师。司马唐山攻杀太子肥，打算杀华元，华元逃往晋国，鱼石阻止他，到黄河边就返回来，杀了唐山。于是拥护共公的小儿子成登极，他就是平公。

平公三年，楚共王攻陷宋国的彭城，把它封给宋国左师鱼石。四年，诸侯共同诛杀鱼石，把彭城归还给宋国。三十五年，楚国公子围杀掉他的国君自己登极，他就是灵王。四十四年，平公逝世，儿子元公佐登极。

元公三年，楚国公子弃疾杀死灵王，自己登极为平王。八年，宋国遭遇火灾。十年，元公不讲信义，用欺骗手段杀死许多公子。大夫华氏、向氏发动叛乱。楚平王的太子熊建来投奔，看到华氏家族互相攻打，乱作一团，熊建离去，前往郑国。十五年，元公因为鲁昭公躲避季孙氏住在国外，替他要求回到鲁国去，元公走到半路上去世了，儿子景公头曼登极。

景公十六年，鲁国阳虎来投奔，不久又离去了。二十五年，孔子经过宋国。宋国司马桓魋诋毁孔子，打算杀他。孔子改着平民服装离去。三十年，曹国背叛宋国，又背叛晋国。宋国攻打曹国，晋国不去援救，于是灭掉曹国而占有它的土地。三十六年，齐国田常杀掉齐简公。

三十七年，楚惠王灭陈。荧惑守心。[1]心，宋之分野也。[2]景公忧之。司星子韦曰:[3]"可移于相。"景公曰:"相,吾之股肱。"[4]曰:"可移于民。"景公曰:"君者待民。"曰:"可移于岁。"景公曰:"岁饥民困,吾谁为君!"子韦曰:"天高听卑。君有君人之言三,[5]荧惑宜有动。"于是候之,[6]果徙三度。

【注释】〔1〕"荧惑",火星。"守",一星侵犯另一星的正常位置。"心",二十八宿中的心宿。 〔2〕"分野",古代星占家以天空星象来占卜人世吉凶,把地上的州国与星空的十二次、二十八宿确定为对应关系,称作"分野"。 〔3〕"司",主管。"司星",主管观测星象的官吏。〔4〕"股肱",大腿和手臂肘腕之间,比喻辅佐帝王的重臣。 〔5〕"君人",君临人民。 〔6〕"候",观察。

【译文】三十七年,楚惠王灭亡陈国。火星侵占心宿星区,心宿区是宋国的天区。景公为这事担忧。司星子韦说:"可以将灾祸移到宰相身上。"景公说:"宰相是我的大腿胳臂。"子韦说:"可以移到人民身上。"景公说:"国君要依靠人民。"子韦说:"可以移到年成上。"景公说:"年成歉收闹饥荒,人民困苦,我做谁的国君?"子韦说:"上天神明虽然高远却能听到人间最细微的声音。您有为人君的话三句,火星应该移动了。"再观测火星,火星果然移了三度。

六十四年,[1]景公卒。宋公子特攻杀太子而自立,[2]是为昭公。昭公者,元公之曾庶孙也。昭公父公孙纠,纠父公子褍秦,褍秦即元公少子也。景公杀昭公父纠,故昭公怨杀太子而自立。

【注释】〔1〕"六十四年",《史记会注考证》引梁玉绳云:"《左传》宋景公卒于哀二十六年,是四十八年卒也。此与《年表》作'六十四',《六国表》又作'六十六',并误。"〔2〕"公子特",《左传》或作"德",或作"得"。

【译文】六十四年,景公逝世。宋国公子特进攻杀太子而自己登极,他就是昭公。昭公,其人是元公的曾庶孙。昭公的父亲是公孙纠,公孙纠的父亲是公子褍秦,褍秦就是元公的小儿子。景公杀死了昭公的父亲公孙纠,所以昭公怨恨太子,便杀死他而自己登极。

昭公四十七年卒,子悼公购由立。悼公八年卒,子休公田立。休公田二十三年卒,子辟公辟兵立。辟公三年卒,子剔成立。剔成四十一年,剔成弟偃攻袭剔成,剔成败奔齐,偃自立为宋君。

君偃十一年,自立为王。东败齐,取五城;南败楚,取地三百里;

西败魏军，乃与齐、魏为敌国。盛血以韦囊，[1]县而射之，[2]命曰"射天"。淫于酒妇人。群臣谏者辄射之。于是诸侯皆曰"桀宋"。[3]"宋其复为纣所为，不可不诛。"告齐伐宋。王偃立四十七年，齐湣王与魏、楚伐宋，杀王偃，遂灭宋而三分其地。

【注释】〔1〕"韦"，经过加工制成的熟牛皮。 〔2〕"县"，与"悬"通。 〔3〕"桀宋"，如同夏桀一样残暴的宋君。

【译文】昭公四十七年逝世。儿子悼公购由登极。悼公八年逝世，儿子休公田登极。休公田二十三年逝世，儿子辟公辟兵登极。辟公三年逝世，儿子剔成登极。剔成四十一年，剔成的弟弟偃袭击剔成，剔成失败逃奔齐国，偃自己登极作宋君。

君偃十一年，自己称号为王。东面打败齐国，攻下五座城。南面打败楚国，侵占土地三百里。西面打败魏国军队。于是跟齐、魏成为敌对的国家。他用牛皮袋盛着血，悬挂起来用箭射它，称为"射天"。君偃沉溺于酒色之中。大臣们有规劝的，君偃就射死他。于是诸侯都称他"桀宋"，说："宋国又会步纣王后尘，为所欲为，不可不杀。"诸侯要求齐国讨伐宋国。宋王偃即位四十七年，齐湣王与魏国、楚国征讨宋国，杀死王偃，于是灭亡宋国，三国瓜分了它的土地。

太史公曰：孔子称"微子去之，[1]箕子为之奴，比干谏而死，殷有三仁焉"。[2]《春秋》讥宋之乱自宣公废太子而立弟，[3]国以不宁者十世。襄公之时，修行仁义，欲为盟主。其大夫正考父美之，故追道契、汤、高宗，[4]殷所以兴，作《商颂》。[5]襄公既败于泓，而君子或以为多，[6]伤中国阙礼义，[7]褒之也，[8]宋襄之有礼让也。

【注释】〔1〕"微子去之"云云，见《论语·微子》。 〔2〕"三仁"，三个仁德之人，谓微子、箕子、比干。 〔3〕"《春秋》"，是指《春秋公羊传》。《公羊传》隐公三年云："庄公冯弑与夷。故君子大居正，宋之祸宣公为之也。" 〔4〕"契"，音 xiè。殷人始祖，佐禹治水，舜封于商。"汤"，商开国之王，契之后第十三代孙。"高宗"，即武丁，商朝第十一代第二十二王。相传他少时生活在民间。即位后，任用傅说、甘盘等贤臣，多次征伐不服从的部族，复兴商朝。在位五十九年。 〔5〕"作《商颂》"，今《诗经》收《商颂》五篇，为《那》，祀成汤；《烈祖》，祀中宗；《玄鸟》，祀高宗；《长发》，祭天；《殷武》，祀高宗。据今人研究，这些作品是从正考父至襄公时宋人追述颂美商代先王的作品，非一时所作。 〔6〕"多"，赞美。 〔7〕"阙"，与"缺"通。缺少。"中国"，华夏诸侯。 〔8〕"褒"，称赞，赞扬。

【译文】太史公说：孔子称"微子离开殷纣王，箕子被降为奴隶，比干规劝而被杀死，殷朝有三位仁人呀”！《春秋公羊传》批评宋国的祸乱是从宣公废黜太子而立弟弟为君开始的，使国家不得安宁达十代之久。襄公修行仁义，想成为盟主。他的大夫正考父赞美这事，所以追述契、汤、高宗的发迹、建国等业绩，揭示殷朝所以兴盛的原因，写了《商颂》。宋襄公既已在泓水打了败仗，但是仍有君子称赞他，这是悲叹当时中原地区的国家缺少礼义，所以表彰襄公，因为他还是一个有礼让精神的人啊。

# 晋世家

晋唐叔虞者，[1]周武王子而成王弟。[2]初，武王与叔虞母会时，[3]梦天谓武王曰：[4]“余命女生子，[5]名虞，[6]余与之唐。”[7]及生子，文在其手曰“虞”，[8]故遂因命之曰虞。

**【注释】**〔1〕“晋唐叔虞者”，别本或无“晋”字。 〔2〕“周武王”，姬姓，名发，周文王之子，继承父业，推翻商纣，建立周朝。详见本书《周本纪》。“成王”，即周成王，姬姓，名诵，周武王之子。详见本书《周本纪》。 〔3〕“叔虞母”，即邑姜，齐太公之女，周武王之妻。〔4〕“天”，天帝，天神。 〔5〕“女”，通“汝”，你。 〔6〕“名虞”，“名”下别本或有“为”字。 〔7〕“唐”，古国名，祁姓，相传为尧的后裔，在今山西翼城西。〔8〕“文”，字。一说通“纹”，此指手掌上的纹路。“虞”，据《春秋左传》隐公元年孔颖达《正义》云，《石经》古文“虞”作“⌒⌒⌒”。若此说属实，则“虞”实指掌纹。

**【译文】**晋国的始祖唐叔虞，是周武王的儿子、周成王的弟弟。当初，周武王与叔虞的母亲相会时，（叔虞的母亲）梦中见天帝对周武王说：“我为你生的孩子起个名，叫做虞，我赐给他唐国之地。”到生下孩子，发现有字在婴儿手掌上，是个“虞”，所以就据此替孩子取名叫做虞。

武王崩，[1]成王立，唐有乱，周公诛灭唐。[2]成王与叔虞戏，削桐叶为珪以与叔虞，[3]曰：“以此封若。”[4]史佚因请择日立叔虞。[5]成王曰：“吾与之戏耳。”史佚曰：“天子无戏言。言则史书之，礼成之，乐歌之。”于是遂封叔虞于唐。[6]唐在河、汾之东，[7]方百里，故曰唐叔虞。姓姬氏，字子于。

**【注释】**〔1〕“崩”，古称天子死为崩。 〔2〕“周公”，姬姓，名旦，周文王之子，周武王之弟，亦称叔旦。因采邑在周（今陕西岐山北），故称周公。谥文，故又称周文公。辅佐周武王灭商。武王去世后，因成王年幼，摄政治国，率师东征，平定叛乱。后返政成王。相传他制礼作乐，为周朝创建了一整套典章制度。详见本书《鲁周公世家》。〔3〕"桐"，树名，梧桐。"珪"，同"圭"，一种玉制的礼器，头尖或圆，体长方，作为帝王诸侯朝聘盟会、分封赏赐、祭祀丧葬时的信物。〔4〕"若"，你。〔5〕"史佚"，史官名佚者。史职掌记录国事、编撰典籍、策命诸侯大夫、祭祀、历法等事务。〔6〕"于是遂封叔虞于唐"，关于叔虞受封于唐的原委，史载不一。此处所述，大致同于《吕氏春秋·重言》、《说苑·君道》等，当为战国秦汉时期流行的一种传说。但《吕氏春秋·重言》、《说苑·君道》谓劝谏成王封叔虞者为周公，系传闻异辞。〔7〕"河"，黄河。"汾"，水名，即今山西境内的汾河。

【译文】周武王去世，周成王即位，唐国发生内乱，周公举兵灭掉唐国。（一天，）周成王与叔虞玩耍，把梧桐树叶削成珪璧形状交给叔虞，说："将这唐地封给你。"（这时在旁的）史佚就请求挑选日子册立叔虞。成王说："我只不过同他闹着玩儿罢了。"史佚说："天子没有开玩笑的话。一发话，史官便记录下来，举行典礼实施它，奏起音乐歌颂它。"于是就册封叔虞在唐。唐地处黄河、汾水的东面，方圆百里，叔虞因此叫做唐叔虞。他姓姬，字子于。

唐叔子燮，〔1〕是为晋侯。〔2〕晋侯子宁族，〔3〕是为武侯。武侯之子服人，是为成侯。成侯子福，〔4〕是为厉侯。厉侯之子宜臼，是为靖侯。〔5〕靖侯已来，年纪可推。〔6〕自唐叔至靖侯五世，〔7〕无其年数。

【注释】〔1〕"燮"，亦称燮父。〔2〕"晋"，水名，在故唐国境内，即今山西翼城西一带。或谓源出今山西太原西南悬瓮山之晋水，非是。"是为晋侯"，传说唐叔虞之子燮以封地境内有晋水，遂改国号为晋，自称晋侯。《汉书·地理志下》云："唐有晋水，及叔虞子燮为晋侯云。"〔3〕"宁族"，亦作"曼期"、"曼旗"。〔4〕"福"，一作"幅"。〔5〕"靖侯"，公元前八五八年——前八四一年在位。〔6〕本书《十二诸侯年表》起自共和元年，即公元前八四一年，是为中国历史有确切纪年之始。该年当靖侯十八年，所以说"靖侯已来，年纪可推"。〔7〕"自唐叔至靖侯五世"，从唐叔至靖侯共六世，不当言五世；联系下文"无其年数"云云，则此"靖侯"似为"厉侯"之误。

【译文】唐叔的儿子燮，这就是晋侯。晋侯的儿子宁族，这就是晋武侯。武侯的儿子服人，这就是晋成侯。成侯的儿子福，这就是晋厉侯。厉侯的儿子宜臼，这就是晋靖侯。从晋靖侯以来，年代可以推算。从唐叔到靖侯这五代，没有他们在位的年数。

靖侯十七年，〔1〕周厉王迷惑暴虐，〔2〕国人作乱，厉王出奔于彘。〔3〕大臣行政，[4]故曰“共和”。[5]

【注释】〔1〕“靖侯十七年”，即公元前八四二年。〔2〕“周厉王”，姬姓，名胡，周夷王之子，任用荣夷公治国，实行专利，加重剥削；又起用卫巫作为耳目，监视国人，严厉镇压不同政见者，终于在公元前八四二年引起国人暴动，被迫逃奔到彘（今山西霍县东北），死于公元前八二八年。其在位年代，本书《周本纪》作三十七年，即公元前八七八年——前八四二年。详见本书《周本纪》。〔3〕“彘”，音 zhì，邑名，在今山西霍县东北。〔4〕“大臣行政”，据本书《周本纪》，指召公、周公二相行政。〔5〕“共和”，据《竹书纪年》及《庄子·让王》、《吕氏春秋·开春》等文献记载，周厉王被逐后，诸侯拥戴共国（在今河南辉县）国君和摄政，国号“共和”。郭沫若先生从金文材料中证实共伯和确有其人（见《两周金文辞大系·考释》一一四页）。本书以为召公、周公两位大臣共同行政，故号“共和”，与史实不符。

【译文】晋靖侯十七年，因周厉王昏聩残暴，国人发生暴动，周厉王被迫逃出京城跑到彘这个地方。朝廷由大臣执政，所以称为“共和”。

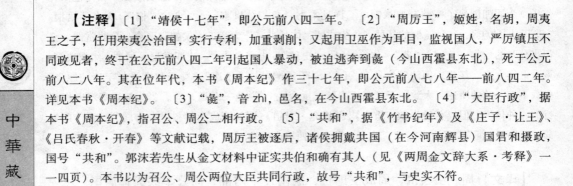

十八年，靖侯卒，子釐侯司徒立。[1]釐侯十四年，周宣王初立。[2]十八年，釐侯卒，子献侯籍立。[3]献侯十一年卒，子穆侯费王立。[4]

【注释】〔1〕“釐侯司徒”，公元前八四〇年——前八二三年在位。〔2〕“周宣王”，姬姓，名静（一作“靖”），周厉王之子，公元前八二八年——前七八二年在位。详见本书《周本纪》。〔3〕“献侯籍”，“籍”一作“苏”，公元前八二二年——前八一二年在位。〔4〕“穆侯费王”，“穆”一作“缪”，“费王”或作“费生”、“弗生”、“溃生”、“溃”，公元前八一一年——前七八五年在位。

【译文】十八年，晋靖侯去世，儿子釐侯司徒继位。晋釐侯十四年，周宣王开始即位。十八年，晋釐侯去世，儿子献侯籍继位。晋献侯在位十一年去世，儿子穆侯费王继位。

穆侯四年，取齐女姜氏为夫人。[1]七年，伐条。[2]生太子仇。十年，伐千亩，[3]有功。[4]生少子，名曰成师。[5]晋人师服曰：[6]“异哉，君之命子也！太子曰仇，仇者雠也。少子曰成师，成师大号，成之者也。名，自命也；物，自定也。今适庶名反逆，[7]此后晋其能毋乱乎？”[8]

【注释】〔1〕“齐”，国名，姜姓，始封君吕尚，周武王灭商后所封，在今山东北部，建都营丘（后称临淄，在今山东淄博东北）。春秋初期齐桓公成为霸主。疆域逐渐拓展到今山东东部、河北南部。春秋末年君权日益为大臣陈氏（即田氏）所削夺。公元前三九一年，姜齐最后一位国君齐康公被迁于海上。公元前三八六年周安王承认田和为齐侯。田齐于公元前二二一年灭于秦国。"取",通"娶"。 〔2〕"条",条戎,古部族名,活动于今山西运城中条山的鸣条冈一带。《左传》桓公二年杜预注及《汉书·五行志》颜师古注以条为晋地,在今山西夏县西北。"伐条",此处与本书《十二诸侯年表》将伐条之役于晋穆侯七年,即周宣王二十三年(公元前八〇五年)。《后汉书·西羌传》李贤注引《竹书纪年》云:"后五年,王伐条戎、奔戎,王师败绩。"将伐条之役于周宣王三十六年(公元前七九二年),即晋穆侯二十年。《今本竹书纪年》云:"三十八年,王师及晋穆侯伐条戎、奔戎,王师败逋。"又将此役于周宣王三十八年(公元前七九〇年),即晋穆侯二十二年。姑录异说,存以备考。此役晋师失利,穆侯深致怨恨,故为太子取名仇。《汉书》颜《注》则以条为晋地,以敌来侵犯,故取仇忿之义以名子。 〔3〕"千亩",晋地名,在今山西介休南,或谓在今山西安泽北。"伐千亩",此处与本书《十二诸侯年表》将千亩之役于晋穆侯十年,即周宣王二十六年(公元前八〇二年)。《后汉书·西羌传》李贤注引《竹书纪年》云:"后二年,晋人败北戎于汾隰。"疑即千亩之役,系于周宣王三十八年(公元前七九〇年),即晋穆侯二十二年。《今本竹书纪年》云:"四十年……晋人败北戎于汾隰。"则以此役于周宣王四十年(公元前七八八年),即晋穆侯二十四年。 〔4〕"有功",有成,指取得胜利。 〔5〕"成师",因千亩之役获胜,师出有成,故以名子。《左传》桓公二年杜预《注》谓"意取能成其众",可备一说。 〔6〕"师服",晋国大夫。 〔7〕"適",通"嫡",嫡子,此指嫡长子。"庶",庶子,指嫡长子之外的儿子。 〔8〕"其",岂,岂能,难道。

**【译文】** 晋穆侯四年,娶齐国女子姜氏为夫人。七年,攻伐条戎。生下太子仇。十年,攻伐千亩,获得胜利。生下小儿子,取名叫成师。晋国大夫师服说:"怪哉,国君竟这样给儿子取名!太子名叫仇,仇是仇敌的意思。小儿子名叫成师,成师是显赫的称呼,是成就事业的意思。名称,应该根据事物本身命名;事物,应该根据天然秩序定位。如今嫡子、庶子取的名意义乖戾颠倒,从此以后晋国岂能不发生变乱呢?"

二十七年,穆侯卒,弟殇叔自立,〔1〕太子仇出奔。殇叔三年,周宣王崩。四年,穆侯太子仇率其徒袭殇叔而立,是为文侯。〔2〕

**【注释】**〔1〕"殇叔",公元前七八四年——前七八一年在位。 〔2〕"文侯",公元前七八〇年——前七四六年在位。

**【译文】** 二十七年,晋穆侯去世,其弟殇叔自己即位,太子仇被迫出逃。晋殇叔三年,周宣王去世。四年,晋穆侯的太子仇率领他的党徒袭击殇叔而即位,这就是晋文侯。

文侯十年,周幽王无道,〔1〕犬戎杀幽王,〔2〕周东徙。〔3〕而秦襄公始列为诸侯。〔4〕

**【注释】**〔1〕"周幽王"，姬姓，名宫湦（"湦"或作"涅"、"皇"），一作"官皇"，周宣王之子，任用虢石父为政，横征暴敛；宠幸褒姒，废黜申后和太子宜臼，引致申侯联合缯、犬戎举兵进攻，身杀于骊山下，王室被迫东迁，西周灭亡。公元前七八一年——前七七一年在位。详见本书《周本纪》。　〔2〕"犬戎"，一作畎戎，又称畎夷、昆夷、绲夷等，古部族名，为戎人的一支，殷、周时代活动于泾、渭流域，即今陕西彬县、岐山一带。"犬戎杀幽王"，幽王被申、缯、犬戎联军杀死于骊山脚下。此仅举犬戎。　〔3〕"周东徙"，周幽王被杀后，废黜的原太子宜臼被拥立继位，是为周平王。公元前七七〇年，周平王即位，率领王室从西周都城镐京（即宗周，在今陕西西安西南沣水东岸）迁至雒邑（在今河南洛阳）。雒邑在镐京之东，原为西周东都。　〔4〕"秦"，国名，嬴姓，相传是伯益的后裔。原为游牧部族，擅长养马。周孝王封非子于秦（在今甘肃张家川东，或说在今陕西宝鸡西）。周宣王封秦仲为大夫。周平王东迁，秦襄公护送有功被封为诸侯，领有今陕西岐山以西之地。其后疆域不断向东扩张。春秋时建都于雍（今陕西凤翔东北）。战国时秦孝公迁都咸阳（今陕西咸阳东北）。公元前二二一年秦王政统一六国。公元前二〇六年被刘邦率领的起义军所灭亡。"秦襄公"，嬴姓，秦庄公之子，秦国第一位正式受封为诸侯的国君。申侯联合缯、犬戎发难时，曾率军救援周；平王东迁时，又领兵护送王室，因此被周平王封为诸侯，赐予岐（今陕西岐山东北）以西之地。后攻伐戎，死于岐。公元前七七七年——前七六六年在位。详见本书《秦本纪》。

**【译文】**晋文侯十年，周幽王暴虐无道，犬戎起兵杀死幽王，周王朝向东方迁徙。从而秦襄公因有功开始正式列为诸侯。

三十五年，文侯仇卒，子昭侯伯立。〔1〕

**【注释】**〔1〕"昭侯伯"，公元前七四五年——前七三九年在位。

**【译文】**三十五年，晋文侯仇去世，儿子昭侯伯即位。

昭侯元年，封文侯弟成师于曲沃。〔1〕曲沃邑大于翼。〔2〕翼，晋君都邑也。成师封曲沃，号为桓叔。〔3〕靖侯庶孙栾宾相桓叔。〔4〕桓叔是时年五十八矣，好德，晋国之众皆附焉。君子曰：〔5〕"晋之乱其在曲沃矣。末大于本而得民心，〔6〕不乱何待！"

**【注释】**〔1〕"曲沃"，晋国都邑名，又称下国、新城，在今山西闻喜东北。晋成侯时曾迁都于曲沃。至晋穆侯时又迁回绛，曲沃为晋国别都。　〔2〕"翼"，即绛，晋国都名，晋孝侯时改绛名翼，在今山西翼城南。晋景公徙都于新田（今山西侯马）后，又称故绛。　〔3〕"桓叔"，成师谥桓，为晋昭侯叔父，故号为桓叔。或以"叔"言成师排行，亦通。　〔4〕"庶孙"，指嫡长子之外的旁枝孙子。"栾宾"，张守节《史记正义》引《世本》云："栾叔宾父也。"则氏栾、字宾，为桓叔从叔父。"相"，音xiàng，帮助，辅佐。　〔5〕"君子"，指有地位、有学识德行的人。引用"君子"之言来评骘人事，常见于本书和先秦史书如《左传》、《国语》等。按此"君子曰"以下所云，《左传》桓公二年记为师服所说。〔6〕"末大于本"，指前言"曲沃邑大于翼"，即臣子封邑大于国君都城。

【译文】晋昭侯元年，封文侯之弟成师到曲沃。曲沃城邑规模比翼大。翼，是晋国君主的都城。成师受封曲沃，号称桓叔。晋靖侯庶出孙子栾宾辅佐桓叔。桓叔此时的年纪已经是五十八了，喜好德行，晋国的民众全都归附他。君子说："晋国的祸乱，就出在曲沃了。枝末大于根本，而又获得民心，这样还能不乱而等待什么！"

七年，晋大臣潘父弑其君昭侯而迎曲沃桓叔。〔1〕桓叔欲入晋，〔2〕晋人发兵攻桓叔。桓叔败，还归曲沃。晋人共立昭侯子平为君，是为孝侯。〔3〕诛潘父。

【注释】〔1〕"弑"，音 shì，古人特称臣杀君、子杀父为弑。按本书《十二诸侯年表》即以此昭侯七年为孝侯元年，故以下所记孝侯年数均较《年表》提前一年。　〔2〕"晋"，指晋国都城翼。　〔3〕"孝侯"，公元前七三九年——前七二四年在位。此依本书《十二诸侯年表》推算。

【译文】晋昭侯七年，晋国大臣潘父杀死国君晋昭侯而迎纳曲沃桓叔。桓叔打算进入晋国都城，晋都国人发兵攻击桓叔。桓叔兵败，返回曲沃。晋都国人共同拥立晋昭侯的儿子平为国君，这就是晋孝侯。杀死了潘父。

孝侯八年，曲沃桓叔卒，〔1〕子鳝代桓叔，〔2〕是为曲沃庄伯。孝侯十五年，曲沃庄伯弑其君晋孝侯于翼。晋人攻曲沃庄伯，庄伯复入曲沃。晋人复立孝侯子郄为君，〔3〕是为鄂侯。〔4〕

【注释】〔1〕"孝侯八年，曲沃桓叔卒"，据前载桓叔生于晋穆侯十年及晋昭侯元年年五十八计之，曲沃桓叔享年七十二。　〔2〕"鳝"，音 shàn，一音 tuó。　〔3〕"郄"，一作"郤"；或作"都"，误。即鄂侯，亦称翼侯。此与本书《十二诸侯年表》及《汉书·古今人表》均谓郄为孝侯之子，《左传》桓公二年则谓郄为孝侯之弟。公元前七二三年——前七一八年在位。〔4〕"鄂"，晋国邑名，在今山西乡宁。"鄂侯"，据《左传》隐公五年、六年载，公元前七一八年，曲沃庄伯进攻翼，郄出奔至随（今山西介休东南），次年郄被大夫嘉父接到鄂安顿下来，由此郄被称作鄂侯。

【译文】晋孝侯八年，曲沃桓叔去世，其子鳝继代桓叔，这就是曲沃庄伯。晋孝侯十五年，曲沃庄伯在翼杀死国君晋孝侯。晋都国人攻打曲沃庄伯，庄伯返回进入曲沃。晋都国人又立晋孝侯的儿子郤为国君，这就是鄂侯。

鄂侯二年，鲁隐公初立。[1]

**【注释】**〔1〕"鲁"，国名，姬姓，周武王灭商后所封诸侯国。始封君为周公旦，周公因辅佐天子不就封，由其子伯禽就封，在今山东西南部，建都曲阜（今山东曲阜）。或谓初封之鲁在今河南鲁山，后伯禽受命徙封于曲阜。春秋末期，公室为季孙氏、孟孙氏、叔孙氏三家瓜分。公元前二五八年，被楚国所灭。"鲁隐公"，姬姓，名息姑，一作息，鲁惠公与其继室声子所生之子，鲁桓公之庶兄。鲁惠公去世时，因太子（即鲁桓公）年幼，摄政当国。后被大夫羽父所杀。公元前七二二年——前七一二年在位。详见本书《鲁周公世家》。

**【译文】**晋鄂侯二年，鲁隐公开始即位。

鄂侯六年卒。[1]曲沃庄伯闻晋鄂侯卒，乃兴兵伐晋。[2]周平王使虢公将兵伐曲沃庄伯，[3]庄伯走保曲沃。晋人共立鄂侯子光，[4]是为哀侯。[5]

**【注释】**〔1〕"鄂侯六年卒"，本书《十二诸侯年表》同此。按《左传》载，鲁隐公五年，即鄂侯六年，鄂侯因曲沃庄伯攻伐奔随，次年被大夫嘉父接纳安置于鄂，则鄂侯六年未卒。〔2〕按《左传》载，鲁隐公五年，即鄂侯六年，曲沃庄伯伐翼，鄂侯奔随，则庄伯伐晋与鄂侯之卒无涉。〔3〕"周平王"，姬姓，名宜臼，一作宜咎，周幽王之子，原为太子，后被废黜。幽王被杀，他被诸侯拥立为王，迁都雒邑（今河南洛阳），建立东周。公元前七七〇年——前七二〇年在位。详见本书《周本纪》。"虢"，国名，姬姓，始封君为周文王之弟虢仲（一说为虢叔）。初封于今陕西宝鸡东，即西虢，亦称城虢。平王东迁时，支族仍留原地，称为小虢；其余随同王室迁徙，建都上阳（今河南陕县东南李家窑），有今河南三门峡和山西平陆一带之地，称为北虢，即此虢公之国，公元前六五五年被晋国所灭。或谓北虢在西周时已建立。"虢公"，虢国国君，名忌父，任周王朝卿士。〔4〕"晋人共立鄂侯子光"，按《左传》隐公六年载，鄂侯子光之立由周桓公王所命。〔5〕"哀侯"，公元前七一七年——七〇九年在位。

**【译文】**晋鄂侯在位六年去世。曲沃庄伯听说鄂侯去世，便起兵进攻晋国都城。周平王派遣虢公率领军队讨伐曲沃庄伯，庄伯逃跑据守曲沃。晋都国人共同拥立晋鄂侯的儿子光继位，这就是晋哀侯。

哀侯二年，曲沃庄伯卒，子称代庄伯立，是为曲沃武公。哀侯六年，鲁弑其君隐公。[1]哀侯八年，晋侵陉廷。[2]陉廷与曲沃武公谋，九年，伐晋于汾旁，[3]虏哀侯。晋人乃立哀侯子小子为君，是为小子侯。[4]

**【注释】**〔1〕"鲁弑其君隐公"，鲁国大夫公子挥（字羽父）谋杀国君隐公。事详见本书《鲁周公世家》。 〔2〕"陉廷"，一作陉庭，晋国邑名，在今山西侯马东北。旧说或谓即荧庭（在今山西翼城东南），误。 〔3〕"汾旁"，汾水岸边。《左传》桓公三年作汾隰，即今山西洪桐到襄汾一段汾河流域。 〔4〕"小子侯"，公元前七〇九年——前七〇六年在位。据《左传》，则为公元前七〇八年——前七〇五年在位。

**【译文】**晋哀侯二年，曲沃庄伯去世，其子称继代庄伯即位，这就是曲沃武公。晋哀侯六年，鲁人杀死其国君鲁隐公。晋哀侯八年，晋都军队侵伐陉廷。陉廷人与曲沃武公合谋，九年，在汾水之滨进攻晋都军队，俘虏晋哀侯。晋都国人于是拥立晋哀侯的儿子小子为国君，这就是小子侯。

　　小子元年，曲沃武公使韩万杀所虏晋哀侯。[1]曲沃益强，晋无如之何。[2]

**【注释】**〔1〕"韩万"，曲沃桓叔之子，曲沃庄伯之弟，即曲沃武公叔父，曾任曲沃武公御戎。韩，晋国邑名，在今山西河津东北，原系周成王弟所封之国，春秋初灭于晋，为韩万封邑，因以为氏。 〔2〕"如之何"，意同"奈之何"，对它怎么办。

**【译文】**晋小子侯元年，曲沃武公派韩万杀死所俘虏的晋哀侯。曲沃的势力越来越强大，晋国公室拿它没有办法。

　　晋小子之四年，曲沃武公诱召晋小子杀之。周桓王使虢仲伐曲沃武公，[1]武公入于曲沃，乃立晋哀侯弟缗为晋侯。[2]

**【注释】**〔1〕"周桓王"，姬姓，名林，周平王太子泄父（早死，未继位）之子，公元前七一九年——前六九七年在位。详见本书《周本纪》。"虢仲"，即虢仲林父，北虢国君，任王室卿士。或谓虢公忌父之子。 〔2〕"缗"，公元前七〇六年——前六九七年在位。按晋小子被杀与晋侯缗之立，此与本书《十二诸侯年表》同系一年，即公元前七〇六年。《左传》则分系两年，晋小子杀在鲁桓公七年，即公元前七〇五年；而晋侯缗立在鲁桓公八年，即公元前七〇四年。

**【译文】**晋小子侯的四年，曲沃武公设计引诱召来晋小子侯而杀死他。周桓王派虢仲领兵讨伐曲沃武公，武公入据曲沃，于是（虢仲奉周王命）立晋哀侯之弟缗为晋侯。

晋侯缗四年，宋执郑祭仲而立突为郑君。[1]晋侯十九年，齐人管至父弑其君襄公。[2]

**【注释】**〔1〕"宋"，国名，或称商、殷，子姓，始封君为商纣王庶兄微子启，西周初周公平定武庚叛乱后，将商旧都周围地区封给他，约有今河南东南部及其与山东、江苏、安徽间地，建都商丘（今河南商丘南）。公元前四世纪中叶，剔成肝（即司城子罕）逐杀宋桓侯，戴氏代宋。公元前二八六年被齐国所灭。"祭仲"，名足，亦称祭足、祭仲足，初为祭邑封人，后得郑庄公宠幸，为卿。受祭为其食邑，祭在今河南中牟，因以为氏。死于公元前六八二年。"祭"，音zhài。"郑"，国名，姬姓。始封君为周厉王之子、周宣王之弟友（一作多父），或谓周宣王之子。公元前八〇六年分封于郑（在今陕西华县东。或谓在今陕西凤翔东，亦有人谓在今河南郑州）。平王东迁，郑国为辅佐王室重要力量。郑武公时，攻灭郐（在今河南密县东南、新郑西北）、东虢（在今河南荥阳东北），建都新郑（今河南新郑）。春秋初，国力强盛，后渐衰落。公元前三七五年被韩国所灭。"突"，即郑厉公，郑庄公之次子；母雍姞，系宋国宠臣雍氏之女。公元前七〇〇年——前六九七年、公元前六七九年——前六七二年两度在位。详见本书《郑世家》。"宋执祭仲而立突为郑君"，按本书《十二诸侯年表》系于宋庄公十年，《郑世家》系于郑庄公四十三年，《左传》系于鲁桓公十一年，实同为晋侯缗六年；本书《宋微子世家》系于宋庄公九年，即晋侯缗五年，均与此有异。〔2〕"管至父"，齐国大夫，时受命戍守葵丘（在今山东临淄）。"襄公"，即齐襄公，名诸儿，齐釐公之子，公元前六九七年——前六八六年在位。详见本书《齐太公世家》。"齐人管至父弑君襄公"，据本书《齐太公世家》、《左传》庄公八年等载，齐大夫管至父、连称联合齐襄公从兄弟公孙无知谋杀襄公，此仅举管至父一人。按此事本书《齐太公世家》、《十二诸侯年表》系于齐襄公十二年，《左传》系于鲁庄公八年，实同为晋侯缗二十一年，与此异。

**【译文】**晋侯缗四年，宋国人拘留胁迫郑国的祭仲而立突为郑国国君。晋侯十九年，齐国人管至父杀死他的国君齐襄公。

晋侯二十八年，齐桓公始霸。[1]曲沃武公伐晋侯缗，灭之，尽以其宝器赂献于周釐王。[2]釐王命曲沃武公为晋君，列为诸侯，于是尽并晋地而有之。

**【注释】**〔1〕"齐桓公"，名小白，齐釐公之子，齐襄公之弟，母卫姬，春秋时期第一位著名霸主，公元前六八五年——前六四三年在位。详见本书《齐太公世家》。"齐桓公始霸"，指公元前六七九年齐桓公在鄄（卫邑，今山东鄄城北旧城）与周大夫单伯及宋、陈、卫、郑等国君主盟会，开始为诸侯霸主。〔2〕"周釐王"，名胡齐，周庄王之子，公元前六八一年——前六七七年在位。详见本书《周本纪》。

**【译文】**晋侯二十八年，齐桓公开始为诸侯霸主。曲沃武公攻伐晋侯缗，消灭晋国公室，如数将晋国公室的珍宝重器赠送奉献给周釐王。周釐王赐命曲沃武公为晋国国君，正式排在诸侯之列，（曲沃武公）于是全部兼并晋国之地而占有它。

曲沃武公已即位三十七年矣，更号曰晋武公。晋武公始都晋国，[1]前即位曲沃，通年三十八年。

**【注释】**〔1〕"晋国"，晋国国都，即翼。

**【译文】**曲沃武公到这时已经在位三十七年了，更改称号叫做晋武公。晋武公开始建都晋国翼城，加上以前曲沃的在位时间，通共在位年数有三十八年。

武公称者，先晋穆侯曾孙也，[1]曲沃桓叔孙也。桓叔者，始封曲沃。武公，庄伯子也。自桓叔初封曲沃以至武公灭晋也，凡六十七岁，而卒代晋为诸侯。武公代晋二岁，卒。与曲沃通年，即位凡三十九年而卒。子献公诡诸立。[2]

**【注释】**〔1〕"先晋"，指曲沃武公即位前之晋，犹下言"故晋"，以别于曲沃武公为国君后之晋。〔2〕"诡"一作"俛"，公元前六七六年——前六五一年在位。

**【译文】**武公称，是先晋穆侯的曾孙，曲沃桓叔的孙子。桓叔，是最初封在曲沃的。武公，是庄伯的儿子。从桓叔始封曲沃一直到武公灭亡晋国公室，统共六十七年，终于取代晋国国君成为诸侯。晋武公取代晋国国君二年，去世。同曲沃的在位时间通共计算年数，在位总共三十九年而去世。他的儿子晋献公诡诸继位。

献公元年，周惠王弟颓攻惠王，[1]惠王出奔，居郑之栎邑。[2]

**【注释】**〔1〕"周惠王"，名阆，一作"毋凉"，周釐王之子，公元前六七六年——前六五二年在位。详见本书《周本纪》。"颓"，又称王颓、王子颓，周庄王与其宠妾王姚所生之子，周釐王之弟，周惠王之叔父。此谓"周惠王弟颓"，误。"周惠王弟颓"之"惠"，当系"釐"之讹。本书《周本纪》正作"釐王弟"。颓在周大夫芳国、边伯、石叔、詹父、子禽祝跪等支持下，于周惠王二年，即公元前六七五年发难，得到燕、卫协助，进攻惠王，篡夺王位；周惠王四年，即公元前六七三年，被郑伯、虢叔率军攻杀。按颓攻惠王事，本书《周本纪》、《十二诸侯年表》、《燕召公世家》、《卫康叔世家》、《郑世家》和《左传》庄公十九年，均系于周惠王二年。此系于晋献公元年，即周惠王元年，误。〔2〕"栎"，音l，郑国别都，在今河南禹县。按惠王居栎事，本书《郑世家》和《左传》庄公二十年均系于晋献公三年，当可信。

【译文】晋献公元年，周惠王的弟弟颓攻打惠王，惠王出走外奔，居住在郑国的栎邑。

五年，伐骊戎，[1]得骊姬、骊姬弟，[2]俱爱幸之。

【注释】[1]"骊戎"，少数部族名，为戎人的一支，姬姓，在今山西析城山、王屋山一带。旧谓在今陕西临潼骊山一带，不可信。公元前六七二年被晋国所灭。[2]"弟"，通"娣"，《左传》庄公二十八年、《国语·晋语一》作"娣"，女弟，相对"姊"而言，今称"妹"。

【译文】晋献公五年，攻伐骊戎。俘获骊姬、骊姬的妹妹，晋献公很喜爱宠幸她们。

八年，士芳说公曰：[1]"故晋之群公子多，[2]不诛，乱且起。"乃使尽杀诸公子，而城聚都之，[3]命曰绛，[4]始都绛。九年，晋群公子既亡奔虢，[5]虢以其故再伐晋，[6]弗克。十年，晋欲伐虢，士芳曰："且待其乱。"

【注释】[1]"士芳"，字子舆，传说为陶唐氏后裔，祁姓。其父隰叔避难至晋，任士师（亦称理，职掌刑狱司法之官），故以官为氏。士芳为晋国大夫，公元前六六八年任大空司。"说"，音shuì，劝说。[2]"故晋之群公子"，按《左传》庄公二十三年云"晋桓、庄之族逼，献公患之"，又僖公五年云"桓、庄之族何罪？而以为戮，不唯逼乎"，则此"故晋之群公子"实指除曲沃武公一支以外的曲沃桓叔、曲沃庄伯之后诸公子。[3]"聚"，晋国邑名，在今山西绛县东南。[4]"绛"，春秋晋国国都称绛者有二：一为晋穆侯从曲沃徙都所止之绛，晋孝侯改称翼，后又称故绛，在今山西翼城东；一为晋景公从绛徙都所止之新田，亦称绛，又称新绛，在今山西曲沃西南。又聚从不称绛，亦从未为晋都。献公时都又称翼或故绛之绛。此谓聚为绛，始都绛，纯属无稽。[5]"虢"，即北虢。"晋群公子既亡奔虢"，按此事于史无征，且上文及本书《十二诸侯年表》、《左传》庄公二十五年均谓尽杀群公子，亦属无稽之言。[6]"再伐晋"，两次攻伐晋国。《左传》庄公二十六年云："秋，虢人侵晋。冬，虢人又侵晋。"然皆非以晋群公子既亡奔虢之故。

【译文】晋献公八年，士芳劝说献公道："原先晋君公族的公子很多，如不杀掉，祸乱将会发生。"晋献公就让士芳全部杀死诸公子，而后在聚地筑城作为国都，取名叫绛，开始以绛为国都。晋献公九年，晋国公子们全部逃亡投奔至虢国，虢公因为这个缘故两次攻伐晋国，没有取胜。献公十年，晋国国君打算攻伐虢国，士芳说："暂且等待虢国自己的内乱。"

十二年，骊姬生奚齐。献公有意废太子，乃曰：“曲沃吾先祖宗庙所在，而蒲边秦，[1]屈边翟，[2]不使诸子居之，我惧焉。”于是使太子申生居曲沃，公子重耳居蒲，[3]公子夷吾居屈。[4]献公与骊姬子奚齐居绛。晋国以此知太子不立也。太子申生，其母齐桓公女也，曰齐姜，早死。申生同母女弟为秦穆公夫人。[5]重耳母，翟之狐氏女也。[6]夷吾母，重耳母女弟也。[7]献公子八人，[8]而太子申生、重耳、夷吾皆有贤行。[9]及得骊姬，乃远此三子。

**【注释】**〔1〕“蒲”，晋国邑名，在今山西隰县西北。〔2〕“屈”，晋国邑名，在今山西吉县北。“翟”，亦作“狄”，古族名，春秋初分为赤狄、白狄、长狄三部，各有分支，主要分布于北方，故又称北狄。此指当时在今陕西延安、山西介休一带的白翟，与晋相邻。〔3〕“公子重耳”，即晋文公，生于公元前六九七年，公元前六三六年——前六二八年在位。〔4〕“公子夷吾”，即晋惠公，公元前六五〇年——前六三七年在位。〔5〕“秦穆公”，“穆”或作“缪”，名任好，秦德公之子，秦宣公、秦成公之弟，任用贤才，向东攻灭梁国、芮国，西进吞并十二国，称霸西戎，公元前六五九年——六二一年在位。详见本书《秦本纪》。“申生同母女弟为秦穆公夫人”，按本书《秦本纪》云秦穆公“四年，迎妇于晋，晋太子申生姊也”；又《左传》庄公二十八年云晋献公“烝于齐姜，生秦穆夫人及太子申生”，则秦穆夫人当为太子申生之姊，而非女弟。〔6〕“狐氏”，族名，亦称大戎，姬姓，相传是唐叔的后裔，在今山西离石、中阳、交口西。按重耳母，《左传》庄公二十八年作大戎狐姬，昭公十三年作狐季姬；《国语·晋语四》作狐姬，系晋大夫狐突之女。〔7〕“夷吾母，重耳母女弟也”，按夷吾母，《左传》庄公二十八年作小戎子。小戎，或以为瓜州之戎，允姓；或以为子姓，如此则夷吾、重耳之母族姓不同，自非姊娣。亦有人主张小戎系大戎别枝，族姓同，然亦非亲姊娣。〔8〕“献公子八人”，按下文介子推云“献公子九人”，又《左传》僖公二十四年亦谓“献公之子九人”，或以此“八”系“九”之误。然细品上下文意，此“八人”乃就献公未得骊姬而言，容或不误。〔9〕“皆有贤行”，《史记会注考证》引枫山本、三条本作“皆贤有行”。

**【译文】**晋献公十二年，骊姬生下奚齐。献公有意要废除原来的太子，就说：“曲沃是我先祖宗庙所在的地方，而蒲邑与秦国接界，屈邑与翟人接界，不派诸子去镇守，我很担心。”于是派太子申生驻守曲沃，公子重耳驻守蒲，公子夷吾驻守屈。晋献公和骊姬所生的儿子奚齐居住在国都绛。晋国国人因此知道太子不能立为国君。太子申生，他的母亲是齐桓公的女儿，叫齐姜，早年去世。申生同母胞妹就是后来的秦穆公夫人。重耳的母亲，是戎翟部落狐氏的女子。夷吾的母亲，是重耳的母亲的同母胞妹。晋献公有儿子八个，而其中太子申生、重耳、夷吾都有才能德行。但到获得骊姬后，晋献公便逐渐疏远这三个儿子。

十六年，晋献公作二军。[1]公将上军，太子申生将下军，赵夙御戎，[2]毕万为右，[3]伐灭霍，[4]灭魏，[5]灭耿。[6]还，为太子城曲沃，赐赵夙耿，赐毕万魏，以为大夫。士蒍曰："太子不得立矣。分之都城，[7]而位以卿，[8]先为之极，[9]又安得立！[10]不如逃之，无使罪至。为吴太伯，[11]不亦可乎，犹有令名。"[12]太子不从。卜偃曰：[13]"毕万之后必大。[14]万，盈数也；[15]魏，[16]大名也。以是始赏，天开之矣。[17]天子曰兆民，[18]诸侯曰万民，今命之大，[19]以从盈数，其必有众。"初，毕万卜仕于晋国，[20]遇《屯》之《比》。[21]辛廖占之曰：[22]"吉。《屯》固《比》入，[23]吉孰大焉。其后必蕃昌。"[24]

**【注释】**〔1〕"军"，古代军队编制中最高一级单位。《周礼·夏官·司马》云："凡制军，万有二千五百人为军。王六军，大国三军，次国二军，小国一军。""晋献公作二军"，二军，指上军、下军。按《水经·河水注》引《竹书纪年》云："晋武元年，尚一军。"《左传》庄公十六年云："王使虢公命曲沃伯以一军为晋侯。"则此前晋国仅一军。〔2〕"赵夙"，晋国大夫，与秦共祖，嬴姓。先祖造父受周穆王所赐赵城（在今山西洪洞北），后因以为氏。其五世祖叔带始仕于晋。其后衍为晋国强宗，与魏、韩瓜分晋国，建立赵国。详见本书《赵世家》。"御戎"，驾驭戎车，此指驾驭晋献公乘坐的战车。古制，一车三人，尊者居左，御者在中，骖乘（即车右）在右。但君王或主帅的车乘，御者在左，君王或主帅居中。赵夙为国君驾车，当在车左。〔3〕"毕万"，周文王子毕公高的后裔，姬姓。周武王灭商，封高于毕，毕在今陕西西安、咸阳北，因以为氏。毕万于此役之后，受封于魏，为魏大夫，是晋卿魏氏始祖。其后魏氏与赵、韩瓜分晋国，建立魏国。详见本书《魏世家》。"右"，即车右，又称骖乘，由勇敢大力之士担任，立于战车之右，手执干戈，专司护卫。〔4〕"霍"，国名，始封君为周文王之子叔处，姬姓，在今山西霍县西南。〔5〕"魏"，国名，西周初分封的诸侯国，姬姓，在今山西芮城北。〔6〕"耿"，国名，始封不详，姬姓，或谓嬴姓，在今山西河津南汾水南岸。〔7〕"都城"，《左传》庄公二十八年云："凡邑，有宗庙先君之主曰都，无曰邑。"此指曲沃。曲沃为晋国旧都，晋武公以下晋君的发祥地，晋国公室宗庙所在。〔8〕"卿"，当时最高等级的职官或爵位。在晋国，通常指统率一军的将、佐。〔9〕"极"，极限，尽头，顶点。〔10〕"安"，哪里，怎么。〔11〕"吴"，或称句吴、工吴、攻吴，国名，姬姓，始祖为周太王之子太伯、虞仲，有今江苏、上海大部和浙江、安徽的一部分，建都于吴（今江苏苏州）。春秋后期，国力渐强。吴王阖闾曾一度攻破楚国。吴王夫差征服越国，并北上与晋国争霸。公元前四七三年被越国所灭。"太伯"，一作泰伯，周太王之长子，与其弟仲雍为让位给幼弟季历而避奔荆蛮，自号句吴，成为当地君长，是吴国始祖。详见本书《吴太伯世家》〔12〕"令名"，善名，美名。〔13〕"卜偃"，晋国掌卜大夫，名偃，即郭偃，又称郄偃、高偃，为辅佐晋文公创建霸业重臣。或以卜偃、郭偃为两人。〔14〕"大"，昌大，昌盛。〔15〕"盈"，本书《魏世家》作"满"。"盈数"，满数，指达到某个有特定含义的数量单位的数。如下文所云"天子曰兆民，诸侯曰万民"中的兆、万。又如《国语·楚语下》云"百姓、千品、万官、亿丑、兆民"中的百、千、万、亿、兆。〔16〕"魏"，通"巍"。〔17〕"开"，《左传》闵公元年作"启"，启示，开导，引申为护佑、保佑。 〔18〕"兆"，古称百万为兆。 〔19〕"命"，通"名"，《左传》闵公元年正作"名"。
〔20〕"卜"，占卜，用火灼龟甲，观察灼裂的纹路来预测未来、行事的吉凶。后亦泛指用其它方
法来预测吉凶。《左传》闵公元年作"筮"。按下文云"遇《屯》之《比》"，用的正是筮法，以
蓍草演算求卦的方法来推断吉凶。 〔21〕"《屯》"，卦名，卦形为☳，《震》下《坎》上。
"之"，往，到，这里是变的意思。"《比》"，卦名，卦形为☷，《坤》下《坎》上。"《屯》之
《比》"，《屯》卦的初九变为初六，即成《比》卦，此系一爻变的变占法。 〔22〕"辛廖"，周
王室大夫。或以为晋大夫，误。 〔23〕"《屯》固《比》入"，指《屯》卦象征坚固，《比》卦
象征入居。尚秉和《周易尚氏学·附录》《左传国语易象释》据互象说解云："《屯》固者，因初
至五，正反皆《艮》，《艮》为坚，故曰固。""《比》入者，言阳入居《坤》五。五尊位，入居
之，故下云蕃昌。" 〔24〕"蕃"，茂盛，繁盛。

【译文】十六年，晋献公建立两个军。献公统率上军，太子申生统率下军，赵
夙驾驭献公战车，毕万担任车右，出征灭掉霍国，灭掉魏国，灭掉耿国。班师回
来，为太子申生营建曲沃城池，赐给赵夙耿国之地，赐给毕万魏国之地，让二人分
别担任耿、魏的大夫。士𫇭说："太子不能立为国君了。分给他先君的都城，并且
授予国卿的职位，提前让他达到作为臣子的顶点，哪里还能立为国君呢！还不如逃
走，别让大难降临。当个吴太伯，不也可以吗？况且还能有个好名声。"太子申生
没有听从。卜偃说："毕万的后代必定发迹。万，是个满数；魏，是个大号。开始
的赏赐就这样，是上天在赞佑他啊。天子号称统有兆民，诸侯号称统有万民，如今
名号既大，又加满数，毕万的后代必定能得到众多的百姓。"当初，毕万卜问在晋
国的仕途。遇到《屯卦》变成《比卦》。辛廖观察卦变说："吉利。《屯卦》象征着
坚险牢固，《比卦》象征着进入居住，还有什么吉兆能胜过这呢！他的后代必定兴
旺昌盛。"

十七年，晋侯使太子申生伐东山。〔1〕里克谏献公曰：〔2〕"太子奉冢
祀社稷之粢盛，〔3〕以朝夕视君膳者也，〔4〕故曰冢子。君行则守，有守则
从，从曰抚军，守曰监国，古之制也。夫率师，专行谋也；誓军旅，〔5〕
君与国政之所图也；〔6〕非太子之事也。师在制命而已，〔7〕禀命则不威，〔8〕
专命则不孝，故君之嗣适不可以帅师。〔9〕君失其官，〔10〕率师不威，将安
用之？"公曰："寡人有子，〔11〕未知其太子谁立。"里克不对而退。见太
子，太子曰："吾其废乎！"里克曰："太子勉之！教以军旅，〔12〕不共是
惧，〔13〕何故废乎？且子惧不孝，毋惧不得立。修己而不责人，则免于
难。"太子帅师，公衣之偏衣，〔14〕佩之金玦。〔15〕里克谢病，〔16〕不从太
子。太子遂伐东山。

【注释】〔1〕"东山"，即东山皋落氏，为赤狄的一枝，隗姓，一说姬姓，时居今山西垣曲

东南，此前居于今山西昔阳东南。〔2〕"里克"，晋国大夫，反对晋献公废嫡立庶。献公死后，主谋杀死先后继位的奚齐、悼子。欲迎立公子重耳，未成，改迎公子夷吾。夷吾即位后被杀，死于公元前六五〇年。〔3〕"冢"，大。"冢祀"，大祀，重大祭祀，此指在宗庙祭祀祖先。"社稷"，古代帝王、诸侯所祭祀的土神和谷神。"粢盛"，音 zī chéng，盛在祭器中供祭祀用的谷物。〔4〕"以朝夕视君膳"，早晚照看国君的膳食。按《礼记·文王世子》云："文王之为世子，朝于王季日三。……食上，必在视寒暖之节。食下，问所膳。命膳宰曰：'末有原。'应曰：'诺。'然后退。"盖为太子照看国君膳食的情形。〔5〕"誓"，主帅告诫将士的言辞，宣示意志，发布号令。〔6〕"国政"，执政大臣。一说"政"通"正"，指国之正卿。〔7〕"制"，拟订，规定。〔8〕"禀"，承受，接受。〔9〕"适"，通"嫡"。〔10〕"官"，官人，任用官吏，此指任官授职的原则。〔11〕"寡人"，意为寡德之人，常用作国君的自我谦称。〔12〕"军旅"，军队，此指军事，军事指挥。〔13〕"共"，通"供"，供职，尽职。一说通"恭"，恭敬。〔14〕"偏衣"，《国语·晋语一》作"偏裻之衣"。裻音 dū，衣背中缝。偏衣指以衣背中缝为界，左右异色的衣服。〔15〕"玦"，音 jué，有缺口的环形玉佩。"金玦"，用金属为材料制成的形似玦的佩物。或谓用作兵符。〔16〕"谢"，告。

**【译文】** 十七年，晋献公派遣太子申生领兵攻伐东山皋落氏。里克劝谏献公说："太子是供奉宗庙社稷祭祀大典、早晚照看国君膳食的人，所以叫做冢子。国君出征的话，太子便镇守国都；如果另有他人镇守国都，便随从国君出征。跟随国君出征叫做抚军，镇守国都叫做监国，是从古立下的制度啊。至于那统率军队，是需要机断专行独立谋划的事；向军队发布号令，是国君同执政大臣筹划的事，都不属于太子所应做的事。统率军队的职责就在于发号施令罢了，（但作为太子统领军队的话，）一味请示接受国君的命令就没有威严，擅自决定发号施令就归于不孝，所以国君的继承人不可以为军队的主帅。国君丧失用人授官的正确原则，使得太子统率军队没有威严，今后将怎么再重用他呢？"献公说："我有好几个儿子，还不知道那太子该立谁。"里克没有作答而告退。里克进见太子申生，太子说："我大概要被废除了吧！"里克说："太子您好自为之吧！国君是在教导您学习军事指挥，怕的是您不能尽职，有什么理由要废除您呢？况且做儿子只应害怕不能尽孝，不该担心不能立为国君。修养好自己的身心而不责求他人，就可以免除祸难。"太子申生担任军队主帅，晋献公让他穿上左右异色的衣服，佩带金玦。里克推托有病，没有跟从太子出征。太子于是就领兵攻伐东山皋落氏。

十九年，献公曰："始吾先君庄伯、武公之诛晋乱，而虢常助晋伐我，又匿晋亡公子，果为乱。弗诛，后遗子孙忧。"乃使荀息以屈产之乘假道于虞。〔1〕虞假道，遂伐虢，取其下阳以归。〔2〕

**【注释】**〔1〕"荀息"，即原黯，盖名黯，字息，氏原。荀，一作郇，西周初所封诸侯国，姬姓，在今山西新绛，后为晋武公所灭，赐予原黯，因以为氏，又称荀叔。为晋国执政大臣。晋献公临终前，委以辅立奚齐之任。献公死，辅立奚齐继位。奚齐被杀，又扶立悼子。悼子亦被杀，遂自尽以殉，死于公元前六五一年。"屈"，晋国邑名，在今山西吉县北。按或以"屈产"连读为地名，因当地有屈产泉而得名，在今山西石楼东南。"乘"，音shèng，古时一车四马，称四马为一乘，这里泛指马匹。"假道"，借道，借路。此指军队借路，通过别国领土。"虞"，国名，周初所封诸侯国，始封君为太王之子虞仲的后代，姬姓，在今山西平陆北。公元前六五五年被晋国所灭。〔2〕"下阳"，一作夏阳，虢国邑名，在今山西平陆北。

**【译文】** 十九年，晋献公说："当初我的先君庄伯、武公讨伐晋国内乱，可是虢国经常帮助晋君公室攻伐我曲沃，又匿藏晋国的流亡公子，结果造成祸乱。如今不诛讨虢国，必然会给子孙后代留下忧患。"于是派遣荀息带着屈地出产的名马去向虞国借路。虞国借给了路，就出兵攻伐虢国，夺取它的下阳而返归。

献公私谓骊姬曰："吾欲废太子，以奚齐代之。"骊姬泣曰："太子之立，诸侯皆已知之，而数将兵，〔1〕百姓附之，奈何以贱妾之故废适立庶？君必行之，妾自杀也。"骊姬详誉太子，〔2〕而阴令人谮恶太子，〔3〕而欲立其子。

**【注释】** 〔1〕"数"，音shuò，屡次，多次。 〔2〕"详"，通"佯"，假装。 〔3〕"谮"，音zèn，进谗言，说人坏话。"恶"，音wù，中伤，义同"谮"。

**【译文】** 晋献公私下对骊姬说："我想废掉太子，用奚齐来替代他。"骊姬流着眼泪说："太子的册立，诸侯都已知晓；而且他多次统率军队出征，百姓归附他，怎么能因为我的缘故废除嫡子而册立庶子呢？如果您一定要这样做，我就只好自杀了。"骊姬表面上假装称誉太子，而暗中却让人诽谤中伤太子，图谋立她的儿子为太子。

二十一年，骊姬谓太子曰："君梦见齐姜，太子速祭曲沃，归釐于君。"〔1〕太子于是祭其母齐姜于曲沃，上其荐胙于献公。〔2〕献公时出猎，置胙于宫中。骊姬使人置毒药胙中。居二日，献公从猎来还，宰人上胙献公，〔3〕献公欲飨之。〔4〕骊姬从旁止之，曰："胙所从来远，宜试之。"祭地，〔5〕地坟；〔6〕与犬，犬死；与小臣，〔7〕小臣死。骊姬泣曰："太子何忍也！其父而欲弑代之，况他人乎？且君老矣，旦暮之人，〔8〕曾不能待而欲弑之！"〔9〕谓献公曰："太子所以然者，不过以妾及奚齐之故。妾愿子母辟之他国，〔10〕若早自杀，〔11〕毋徒使母子为太子所鱼肉也。始君欲废之，妾犹恨之；〔12〕至于今，妾殊自失于此。"太子闻之，奔新城。〔13〕献公怒，乃诛其傅杜原款。〔14〕或谓太子曰："为此药者乃骊姬也，太子何不自辞明之？"太子曰："吾君老矣，非骊姬，寝不安，食不甘。即辞之，〔15〕君且怒之。不可。"或谓太子曰："可奔他国。"太子曰："被此恶名以出，〔16〕人谁内我？〔17〕我自杀耳。"十二月戊申，申生自杀于新城。

**【注释】**〔1〕"釐"，音 xī，通"禧"，祭祀神的供品。 〔2〕"荐"，献，进。"胙"，音 zuò，祭祀用的肉。这里泛指祭祀供品，包括酒。 〔3〕"宰人"，厨子。 〔4〕"飨"，通"享"，享用，食用。 〔5〕"祭地"，祭祀地神，将酒泼洒于地。 〔6〕"坟"，音 fén，像坟头一样突起，隆起。 〔7〕"小臣"，伺候国君的贴身侍从。 〔8〕"旦暮"，从早晨到傍晚，形容时间短促。 〔9〕"曾"，竟，居然。 〔10〕"辟"，通"避"。"之"，往，到。 〔11〕"若"，或，或者。 〔12〕"恨"，怨恨，埋怨。 〔13〕"新城"，即曲沃，因晋献公十六年（公元前六一六年）为曲沃新筑城而有此称。 〔14〕"傅"，官名，负责太子的辅导教育。 〔15〕"即"，倘若，如果。 〔16〕"被"，蒙受，承受。 〔17〕"内"，通"纳"，接纳。

**【译文】**晋献公二十一年，骊姬对太子说："国君做梦见到了齐姜，太子您赶快到曲沃祭祀生母，然后将祭祀过的供品致送国君。"太子于是到曲沃祭祀他的母亲齐姜，事完后给献公送上祭祀的供品。晋献公当时出外打猎，就将供品放在宫中。骊姬让人在供品里加了毒药。过了两天，晋献公从外面打猎归来，厨子向献公送上供品，献公准备食用。骊姬从旁边加以制止，说："供品送来的地方很远，应当先试试再吃。"便将酒洒泼到地上，地面突然隆起；将肉给狗吃，狗当即毙命；给身边小臣吃，小臣也当即毙命。骊姬流着眼泪说："太子何等的残忍啊！对自己的生身父亲都要谋害而取代之，何况对别的人呢？再说国君您年事已高，是朝不保夕的人，居然还迫不及待而企图谋害！"接着又对献公说："太子之所以这样干，不过是因为我和奚齐的缘故。我希望我母子能逃亡它国避难，或者趁早自杀，不让我母子平白无故地成为太子施暴的对象。当初国君想要废除他，我还加以抱怨；事至今日，我才深感自己在这件事上的过失。"太子闻悉这件事，立即奔回新城。献公大怒，就杀死太子的师傅杜原款。有人对太子说："放这毒药的人就是骊姬啊，太子为什么不自己陈辞辩明此事呢？"太子说："我的父君已经老了，没有骊姬，就会睡不安宁，吃不香甜。如果我陈辞说明这事，父君便会因此事发怒。不可这样做。"有人对太子说："可以投奔他国。"太子说："蒙受这样的恶名而出奔，人家有谁肯接纳我呢？我只有自杀这条路了。"十二月戊申那天，太子申生在新城自杀。

此时重耳、夷吾来朝。人或告骊姬曰："二公子怨骊姬谮杀太子。"骊姬恐，因谮二公子："申生之药胙，二公子知之。"二子闻之，恐，重耳走蒲，夷吾走屈，保其城，自备守。初，献公使士芳为二公子筑蒲、屈城，弗就。夷吾以告公，公怒士芳。士芳谢曰："边城少寇，安用之？"退而歌曰："狐裘蒙茸，[1]一国三公，[2]吾谁适从！"[3]卒就城。及申生死，二子亦归保其城。

**【注释】**〔1〕"蒙茸"，皮毛蓬松散乱的样子。〔2〕"三公"，或谓太子申生、公子重耳、公子夷吾，或谓晋献公、公子重耳、公子夷吾。此"三"似非确指，泛言晋国公室乏主，政出多门。〔3〕"适"，往，从。一说通"嫡"，主，专主。

**【译文】**这时重耳、夷吾前来朝见国君。有人告诉骊姬说："两位公子怨恨您进谗言害死太子。"骊姬很恐慌，就诬陷两位公子说："申生在供品中下毒，二位公子事先知道。"两位公子听说这话，非常惊恐，重耳跑回蒲，夷吾跑回屈，据守各人的城邑，自己作好防御的准备。当初，晋献公委派士芳为两位公子修筑蒲城、屈城，没有完成。夷吾将情况向献公报告，献公便对士芳发怒。士芳告罪说："边境城邑很少贼寇，哪里用得着再加固？"退下后这样唱道："狐皮袍子蓬蓬松松，一个国家并存三公，我到底该跟谁而从！"最终完成修城。到太子申生死去，两位公子便回去据守已经加固的城邑。

　　二十二年，献公怒二子不辞而去，果有谋矣，乃使兵伐蒲。蒲人之宦者勃鞮命重耳促自杀。[1]重耳逾垣，宦者追斩其衣袪，[2]重耳遂奔翟。使人伐屈，屈城守，不可下。

**【注释】**〔1〕"勃鞮"，亦作"履鞮"、"履貂"、"勃貂"，即披（"勃鞮"为"披"缓读），晋献公的宦官，字伯楚。或谓"勃鞮"为官名，职掌管理国君的鞋袜。"促"，急促，赶快。〔2〕"袪"，音 qū，袖口。

**【译文】**二十二年，晋献公恼怒两位公子不辞而别，以为果真同太子早有预谋了，便派兵攻打蒲城。蒲地出生的宦官勃鞮传达君命要重耳马上自杀。重耳翻墙逃跑，宦官勃鞮上前追赶斩下重耳的衣袖。重耳就投奔了翟。献公派人攻伐屈，屈人据城固守，无法攻克。

　　是岁也，晋复假道于虞以伐虢。虞之大夫宫之奇谏虞君曰："晋不可假道也，是且灭虞。"虞君曰："晋我同姓，不宜伐我。"宫之奇曰："太伯、虞仲，[1]太王之子也，[2]太伯亡去，是以不嗣。虢仲、虢叔，[3]王季之子也，[4]为文王卿士，[5]其记勋在王室，藏于盟府。[6]将虢是灭，何爱于虞？且虞之亲能亲于桓、庄之族乎？[7]桓、庄之族何罪，尽灭之。[8]虞之与虢，唇之与齿，唇亡则齿寒。"虞公不听，遂许晋。宫之奇以其族去虞。其冬，晋灭虢，虢公醜奔周。[9]还，袭灭虞，虏虞公及其大夫井伯百里奚以媵秦穆姬，[10]而修虞祀。[11]荀息牵曩所遗虞屈产之乘马奉之献公，[12]献公笑曰："马则吾马，齿亦老矣！"[13]

**【注释】**[1]"虞仲"，即仲雍，或以虞仲、仲雍为二人。周古公亶父（太王）次子，与其兄太伯为让位给其弟季历而避奔荆蛮。太伯自号句吴，被当地百姓推为君长。太伯死，由他继位。与太伯同为吴国始祖。周武王灭商后，又封其后裔别枝于虞，为虞国远祖。详参本书《周本纪》、《吴太伯世家》。〔2〕"太王"，即古公亶父，周文王祖父，因戎、狄侵逼，由豳（今陕西彬县东北）迁至岐山下的周（今陕西岐山北），建筑城郭家室，发展农业生产，革除游牧习俗，设置官吏，使周族日益进步强盛。后被周武王追尊为太王。详见本书《周本纪》。〔3〕"虢仲、虢叔"，周季历（即公季、王季）次子、三子，周文王之弟，东虢（在今河南荥阳东北）、西虢（在今陕西宝鸡东）的始封君。由于史料不足，未能确定两人的具体国属。〔4〕"王季"，即季历，又称公季，太王少子，继立为君，周文王之父。王季为周武王灭商后追尊之号。详见本书《周本纪》。〔5〕"卿士"，王室执政大臣。〔6〕"盟府"，掌管文书典册的行政机构。〔7〕"桓、庄之族"，桓指曲沃桓叔，即晋献公曾祖父；庄指曲沃庄伯，即晋献公祖父。桓、庄之族实指晋献公的同祖兄弟。〔8〕"尽灭之"，指晋献公八年（公元前六六九年）尽杀诸公子之事。〔9〕"周"，《左传》僖公五年作"京师"，指东周都城雒邑，在今河南洛阳。〔10〕"井伯百里奚"，"奚"或作"宣"。一说百里氏，奚名，井伯字。一说百氏，奚名，里字。据本书《秦本纪》载，他被晋俘获，作为秦穆姬的陪嫁之臣，送往秦国；从秦逃亡至宛（楚邑，在今河南南阳），为楚人所执；后被秦穆公用五张黑色公羊皮赎回，任以大夫，故又称五羖大夫；是辅佐秦穆公建立霸业的重臣。关于百里奚身世经历，古书记载颇多歧异，如本书《商君列传》与《秦本纪》便有出入。也有人以"井伯百里奚"为两人，被当作秦穆姬陪嫁之臣的是井伯而非百里奚。"秦穆姬"，即秦穆公夫人，晋献公之女，太子申生同母姊。〔11〕"虞祀"，指虞国奉周天子之命对境内山川之神举行的祭祀。〔12〕"曩"，音nǎng，以往，从前。"遗"，音wèi，馈赠，致送。〔13〕"齿"，幼马每年生一齿，古人以齿来计算、指代马的年龄。

**【译文】**这一年，晋国又向虞国借路去攻伐虢国。虞国的大夫宫之奇劝谏虞国国君说："对晋国是不可以借路给它的。借路给它的话将会趁机灭亡虞国。"虞国国君说："晋国和我国同姓，是不应该攻伐我国的。"宫之奇说："太伯、虞仲，是太王的儿子，太伯因为逃亡离去，所以没有继位。虢仲、虢叔，是王季的儿子，做周文王的卿士，对王室建有功勋而记录在册，（记勋的典册）保存在朝廷的盟府。现在晋国连虢国都要灭掉，还会对虞国有什么爱怜之心呢？况且虞国同晋君的血亲关系能够超过桓叔、庄伯家族吗？桓叔、庄伯家族有什么罪过，晋献公却尽行诛灭诸公子。虞国同虢国，就好比嘴唇与牙齿，嘴唇没了牙齿就会受冻。"虞公不肯听从，便应许晋国借路。宫之奇带领自己的家族离开虞国。那年冬天，晋人灭掉虢国，虢公醜逃奔周朝京都。晋军返回时，偷袭灭掉虞国，俘虏虞公及其大夫井伯百里奚作为秦穆姬的陪嫁随员，同时继续保持原先虞国的山川祭祀。荀息牵着从前馈赠给虞国国君屈地出产的马匹，奉还于晋献公，献公笑着说："马还是我过去的马，只是年龄大了几岁。"

二十三年，献公遂发贾华等伐屈，[1]屈溃。夷吾将奔翟。冀芮曰：[2]"不可，重耳已在矣，今往，晋必移兵伐翟，翟畏晋，祸且及。不如走梁，[3]梁近于秦，秦强，吾君百岁后可以求入焉。"[4]遂奔梁。二十五年，晋伐翟，翟以重耳故，亦击晋于啮桑，[5]晋兵解而去。

【注释】〔1〕"贾华"，晋国大夫，曾任右行大夫。奉晋献公之命刺夷吾，未遂。夷吾（即晋惠公）继立后被杀，死于公元前六五〇年。〔2〕"冀芮"，即郤芮，字子公，晋国大夫。公子夷吾出奔梁国，晋献公死后，辅佐公子夷吾回国继位，为晋惠公重臣。晋文公即位后，参与策划谋杀文公的暴乱，被秦穆公派人诱杀，死于公元前六三六年。冀，古国名，传说为商王武丁大臣傅说的后裔，姬姓，在今山西河津，一说在今山西稷山北。晋献公时，被晋所灭，赏给郤芮，成为郤氏食邑，故郤芮又以冀为氏，称冀芮。〔3〕"梁"，国名，与秦同祖，嬴姓，在今陕西韩城南，公元前六四一年被秦国所灭。〔4〕"百岁后"，古人以为人生不过百岁，故用"百岁后"作为人去世后的委婉说法。〔5〕"啮桑"，或作"采桑"，古黄河渡口之一，在今山西吉县北。

【译文】二十三年，晋献公接着派遣贾华等攻伐屈，屈人溃败。夷吾将要打算投奔翟。冀芮说："不行，重耳已经在了，现在去，晋人必定移兵攻伐翟，翟人害怕晋军，灾祸就会临头。不如投奔梁国，梁国靠近秦国，秦国强盛，等我们国君去世后可以借助秦国力量求得进入晋国的机会。"于是投奔梁国。二十五年，晋军攻伐翟，翟人因为保护重耳的缘故，便在啮桑打击晋军，晋军停止进攻而离去。

当此时，晋强，西有河西，[1]与秦接境，北边翟，东至河内。[2]

【注释】〔1〕"河西"，地区名，指今山西、陕西两省间黄河南段之西，约在今陕西大荔、澄城一带。〔2〕"河内"，地区名，指今河南境内黄河以北地区。

【译文】在这时期，晋国强盛，西面据有河西，与秦国接壤，北面同翟相邻，东面一直到河内。

骊姬弟生悼子。[1]

**【注释】**〔1〕"悼子"，一作"卓子"，亦称公子卓，公元前六五一年，晋献公去世，大夫荀息拥立奚齐，奚齐旋即被杀；荀息又扶立悼子，悼子亦即遇害。

**【译文】**骊姬妹妹生下悼子。

二十六年夏，齐桓公大会诸侯于葵丘。〔1〕晋献公病，行后，未至，逢周之宰孔。〔2〕宰孔曰："齐桓公益骄，不务德而务远略，〔3〕诸侯弗平。君弟毋会，〔4〕毋如晋何。"献公亦病，复还归。病甚，乃谓荀息曰："吾以奚齐为后，年少，〔5〕诸大臣不服，恐乱起，子能立之乎？"荀息曰："能。"献公曰："何以为验？"〔6〕对曰："使死者复生，生者不惭，为之验。"于是遂属奚齐于荀息。〔7〕荀息为相，〔8〕主国政。秋九月，献公卒。里克、邳郑欲内重耳，〔9〕以三公子之徒作乱，〔10〕谓荀息曰："三怨将起，秦、晋辅之，子将何如？"荀息曰："吾不可负先君言。"十月，里克杀奚齐于丧次，〔11〕献公未葬也。荀息将死之，或曰："不如立奚齐弟悼子而傅之。"荀息立悼子而葬献公。十一月，里克弑悼子于朝，荀息死之。君子曰："《诗》所谓'白珪之玷，〔12〕犹可磨也。斯言之玷，不可为也'，〔13〕其荀息之谓乎！不负其言。"初，献公将伐骊戎，卜曰"齿牙为祸"。〔14〕及破骊戎，获骊姬，爱之，竟以乱晋。

**【注释】**〔1〕"葵丘"，宋国邑名，在今河南兰考、民权境内。〔2〕"宰孔"，亦称周公、宰周公，周王室太宰。或谓即下文周公忌父。〔3〕"略"，攻略，征伐。〔4〕"弟"，通"第"，但，只。〔5〕"年少"，年轻。按奚齐生于晋献公十二年，此时年仅十五岁。〔6〕"验"，证据，凭据。〔7〕"属"，通"嘱"，托付，请托。〔8〕"相"，此指辅佐大臣。当时晋国并无如同后来的相国、宰相之官。〔9〕"邳郑"，亦作"丕郑"、"㔻郑"，又称㔻郑父。晋国大夫，为里克同党，参与谋杀奚齐、悼子，准备迎立公子重耳，后迎立公子夷吾。夷吾（即晋惠公）继位后被杀，死于公元前六五〇年。〔10〕"三公子"，指太子申生、公子重耳、公子夷吾。〔11〕"次"，停留，引申为停留之处。"丧次"，此指停放晋献公灵柩的地方。〔12〕"玷"，音diàn，玉上的斑点，引申为污点、过失。〔13〕诗句见《诗·大雅·抑》。〔14〕"齿牙"，指在龟甲上钻灼后出现的兆纹呈齿牙形状。"齿牙为祸"，指搬弄口舌、制造谗言而酿成祸乱。《国语·晋语一》云："献公卜伐骊戎，史苏占之，……曰：'遇兆："挟以衔骨，齿牙为猾，戎、夏交捽。"……且惧有口携民，国移心焉。'"可参看。

**【译文】**晋献公二十六年夏天，齐桓公在葵丘大会诸侯。献公因生病，行路落后，还没赶到盟会地点，遇见周王室的宰孔。宰孔说："齐桓公越来越骄横，不致力于德政而忙于征战，诸侯大都内心不服。您尽可不参加盟会，齐国也不能拿晋国怎么样。"晋献公也因有病，就又掉头回国。献公病情加剧，于是对荀息说："我想把奚齐作为继承人，但他年纪太轻，众大臣不会服从，所以我又担心引起动乱，你能扶立他为国君吗？"荀息说："能。"晋献公问："用什么作为证明？"荀息回答说："假使死人复生的话，活着的人也不会感到有丝毫惭愧，用这来作为证明。"于是献公就将奚齐托付给荀息。荀息为辅佐大臣，主持国政。秋天九月，晋献公去世。里克、邳郑想接纳重耳回国，便发动三位公子的党羽作乱，对荀息说："三位公子的积怨将要发作，秦人、晋人帮助他们，您将怎么办？"荀息回答道："我不能背弃对先君许下的诺言。"十月，里克在晋献公停灵的地方杀死奚齐，献公的灵柩还没下葬。荀息准备自杀，有人对他说："（与其自杀，）不如立奚齐之弟为君而辅佐他。"荀息便立悼子为国君而安葬了晋献公。十一月，里克在朝廷杀死悼子，荀息为此自杀。君子说："《诗》中所说的'白玉上的斑点，还可以磨去。可言语中有污点，却无法改变'，大概是在说荀息这样的人吧！能够不背弃自己的诺言。"当初，晋献公准备攻伐骊戎，龟卜的占辞说："搬弄诡言酿就灾祸。"到攻破骊戎，获得骊姬，晋献公宠爱她，结果因此大乱晋国。

里克等已杀奚齐、悼子，使人迎公子重耳于翟，欲立之。重耳谢曰："负父之命出奔，父死不得修人子之礼侍丧，重耳何敢入！大夫其更立他子。"还报里克，里克使迎夷吾于梁。夷吾欲往，吕省、[1]郤芮曰："内犹有公子可立者而外求，难信。计非之秦，辅强国之威以入，恐危。"乃使郤芮厚赂秦，约曰："即得入，请以晋河西之地与秦。"[2]及遗里克书曰：[3]"诚得立，[4]请遂封子于汾阳之邑。"[5]秦缪公乃发兵送夷吾于晋。齐桓公闻晋内乱，亦率诸侯如晋。秦兵与夷吾亦至晋，齐乃使隰朋会秦俱入夷吾，[6]立为晋君，是为惠公。齐桓公至晋之高梁而还归。[7]

**【注释】**〔1〕"吕省"，一作"吕甥"，名饴，或谓晋侯外甥，又称瑕甥、瑕吕饴甥、阴饴甥，字子金。吕为其食邑，在今山西霍县西，因以为氏。又食邑于阴（在今山西霍县东南）、瑕（在今山西临猗西南），故又以阴、瑕为氏。晋惠公及晋怀公的心腹大臣。晋文公即位后，参与谋杀文公活动，被秦穆公派人诱杀，死于公元前六三六年。按《国语·晋语二》云："吕甥及郤称亦使蒲城午告公子夷吾于梁，曰：'子厚赂秦人以求入，吾主子。'"则吕省当时在国内，而不从夷吾在梁，与此所记异。 〔2〕"请以晋河西之地与秦"，《左传》僖公十五年云："赂秦伯以河外列城五，东尽虢略，南及华山，内及解梁城。"可参看。 〔3〕"及"，别本或作"乃"。〔4〕"诚"，果真，如果。 〔5〕"汾阳"，晋国邑名，在今山西静乐西。"请遂封子于汾阳之邑"，《国语·晋语二》云："中大夫里克与我矣，吾命之以汾阳之田百万。"可参看。 〔6〕"隰朋"，齐国公族，辅佐齐桓公称霸的重臣，死于公元前六四五年。 〔7〕"高梁"，晋国邑名，在今山西临汾东北。

**【译文】**里克等人已经杀死奚齐、悼子，便派人到翟迎接重耳，准备拥立他为国君。重耳辞谢说："背弃父亲命令而出奔，父亲故世又不能奉行做儿子的礼节侍候丧葬，重耳我还有什么脸面敢进入晋国！请众大夫改立其它的公子吧。"使者返回报告里克。里克派人到梁迎接夷吾。夷吾想要前往，吕省、郤芮说："国内还有其它公子可立而到外面来找人，难以令人置信。我们计议如不派人到秦国，凭借强国的威势来进入晋国，恐怕有危险。"于是派遣郤芮用重礼贿赂秦国，并立约说："如能返国为君，愿将晋国河西之地送与秦国。"至于送致里克的信说："果真能立为国君，愿将汾阳之邑封赏给您。"秦缪公于是派军队护送夷吾去晋国。齐桓公听说晋国有内乱，也率领诸侯前往晋国。秦国军队和夷吾一抵达晋国，齐国就派隰朋会同秦国军队共同护送夷吾进入国都，夷吾被立为晋国国君，这就是晋惠公。齐桓公到达晋国的高梁便返回本国。

惠公夷吾元年，使邳郑谢秦曰："始夷吾以河西地许君，今幸得入立，大臣曰：'地者先君之地，君亡在外，何以得擅许秦者？'寡人争之弗能得，故谢秦。"亦不与里克汾阳邑，而夺之权。四月，周襄王使周公忌父会齐、秦大夫共礼晋惠公。[1]惠公以重耳在外，畏里克为变，赐里克死。谓曰："微里子寡人不得立。[2]虽然，子亦杀二君一大夫，[3]为子君者不亦难乎？"里克对曰："不有所废，君何以兴？欲诛之，其无辞乎？[4]乃言为此！臣闻命矣。"遂伏剑而死。于是邳郑使谢秦未还，故不及难。

**【注释】**〔1〕"周襄王"，名郑，周惠王之子，公元前六五一年——前六一九年在位。详见本书《周本纪》。"周公忌父"，周王室卿士，或以为即上文的宰孔。"周襄王使周公忌父会齐、秦大夫共礼晋惠公"，按《左传》僖公十年云："周公忌父、王子党会齐隰朋立晋侯。"则此"共礼晋惠公"实言共同为晋惠公举行正式即国君之位的典礼。〔2〕"微"，无，没有。"里子"，即里克。氏后加"子"，为当时对人的尊称。〔3〕"二君"，指奚齐、悼子。"一大夫"，指荀息。〔4〕"其"，通"岂"，岂能，难道。

**【译文】**晋惠公夷吾元年，派遣邳郑告谢秦缪公说："当初夷吾我曾将河西之地应许给您，如今有幸得以入国即位，可大臣们说：'土地，是先君的土地，国君当初流亡在外，凭什么可以擅自应许给秦国？'我力争而不能得成，故此向秦国告歉。"同时也不给里克汾阳之邑，反而夺了他的权。四月，周襄王委派周公忌父，会同齐国、秦国大夫一起为晋惠公举行正式即位的典礼。晋惠公因为重耳在国外，害怕里克策应制造变乱，就赐命里克自杀。对他说："没有您里子，我不能即位。

尽管如此，您毕竟杀死过两个国君和一个大夫，当您这样臣子的国君，不是太作难了吗？"里克回答说："没有奚齐、悼子的废黜，国君您怎么能兴立？想杀一个人，难道还会找不到托辞吗？却要说上这样一番话！臣下领受君命就是了。"就拔剑自杀而死。此时邳郑正出使秦国致歉尚未回还，所以没有遇难。

晋君改葬恭太子申生。[1]秋，狐突之下国，[2]遇申生，申生与载而告之曰："夷吾无礼，[3]余得请于帝，将以晋与秦，秦将祀余。"狐突对曰："臣闻神不食非其宗，君其祀毋乃绝乎？君其图之。"申生曰："诺，吾将复请帝。后十日，[4]新城西偏将有巫者见我焉。"[5]许之，遂不见。及期而往，复见，申生告之曰："帝许罚有罪矣，弊于韩。"[6]儿乃谣曰："恭太子更葬矣，后十四年，晋亦不昌，昌乃在兄。"

**【注释】**〔1〕"恭"，一作"共"，为太子申生之谥。〔2〕"狐突"，氏狐，相传狐氏为唐叔之后。姬姓，名突，字伯行，晋文公的外祖父，曾为太子申生御戎，晋怀公即位后被害，死于公元前六三七年。"下国"，即曲沃。曲沃曾为晋国国都，又是晋武公以后晋君的发祥地，先君宗庙所在，故称下国，犹言下都、陪都。〔3〕"夷吾无礼"，指夷吾即位后与贾君通奸。贾君，一说为晋献公夫人，一说为太子申生夫人。〔4〕"十"，《左传》僖公十年及《论衡·死伪》作"七"。〔5〕"偏"，侧，边。"见"，音xiàn，显现。〔6〕"韩"，亦称韩原，晋国地名，在今山西稷山西北。

**【译文】**晋惠公改葬恭太子申生。秋天，狐突前往下国，途中遇见申生，申生与之同车而告诉他："夷吾不守礼法，我已经向天帝请求并得到允许，准备把晋国给予秦国，秦人将会祭祀我。"狐突回答说："臣下听说神灵是不食用不是同宗共祖所供的祭品的，（倘若把晋国给予秦国，）您的祭祀不就终止了吗？您还是再考虑一下。"申生说："好。我将重新向天帝提出请求。十天以后，新城西边将有一个巫者显现我的灵魂。"狐突答应了他的约会，申生就不见了。狐突到约定的时间前往，再次见到申生，申生告诉他说："天帝答应惩罚有罪的人了，夷吾将在韩地大败。"民间儿童中有歌谣唱道："恭太子，改葬了。此后十四年，晋国不兴旺，兴旺在兄长。"

邳郑使秦，闻里克诛，乃说秦缪公曰："吕省、郤称、[1]冀芮实为不从。若重赂与谋，出晋君，入重耳，事必就。"秦缪公许之，使人与归报晋，[2]厚赂三子。三子曰："币厚言甘，[3]此必邳郑卖我于秦。"遂杀邳郑及里克、邳郑之党七舆大夫。[4]邳郑子豹奔秦，言伐晋，缪公弗听。

**【注释】**〔1〕"邳称"，晋国大夫，为吕省、冀芮同党，拥立夷吾即位。〔2〕"报"，报聘。此指秦因晋派邳郑来聘而遣使报答回访。"使人与归报晋"，按《左传》僖公十年和《国语·晋语三》，秦缪公所派使者为大夫冷至。〔3〕"币"，帛，古人常用作馈赐他人的礼品。此泛指各种礼物。〔4〕"七舆大夫"，指太子申生将下军时所统辖的七位大夫。按《左传》僖公十年和《国语·晋语三》，具体是：共华、贾华、叔坚、骓歂、累虎、特宫、山祁。

**【译文】**邳郑出使秦国，听说里克被杀，就劝说秦缪公道："吕省、欲称、冀芮是不愿意给秦国土地的。如用重礼贿赂而相与谋划，就能赶出晋惠公，接纳重耳，事情必定成功。"秦缪公答应这么办，派遣使者同邳郑回报晋国，厚礼贿赂三位大夫。三人觉察说："财礼丰厚，言语甘甜，这必定是邳郑在秦国出卖了我们。"就下手杀死邳郑以及里克、邳郑的同党七位军中大夫。邳郑的儿子邳豹逃奔秦国，进言攻伐晋国，秦缪公没有听从。

惠公之立，倍秦地及里克，[1]诛七舆大夫，国人不附。二年，周使召公过礼晋惠公，[2]惠公礼倨，[3]召公讥之。

**【注释】**〔1〕"倍"，通"背"，背弃。〔2〕"召公过"，"召"，或作"邵"，名过，谥武，亦称召武公，召公奭之后，周王室卿士。"礼"，按《左传》僖公十一年和《国语·周语上》，指周襄王遣使赐晋惠公命之典礼。〔3〕"倨"，音jù，傲慢，不恭敬。

**【译文】**晋惠公即位后，背弃先前给秦国河西之地以及封里克汾阳之邑的许诺，又杀害七位军中大夫，因此国人不亲附。晋惠公二年，周天子派召公过来举行赐命晋惠公的典礼，惠公在仪式中傲慢不恭，召公讥诮此事。

四年，晋饥，乞籴于秦。[1]缪公问百里奚，百里奚曰："天灾流行，国家代有，救灾恤邻，[2]国之道也。与之。"邳郑子豹曰："伐之。"缪公曰："其君是恶，其民何罪！"卒与粟，自雍属绛。[3]

**【注释】**〔1〕"籴"，音dí，买进粮食。〔2〕"恤"，抚恤，赈济。"救灾恤邻"，别本"恤"下有"患"字，则当读为"救灾恤患"，"邻"属下读，于义较胜。〔3〕"雍"，当时秦国国都，在今陕西凤翔南。"属"，音zhǔ，连接。

**【译文】**晋惠公四年，晋国发生饥荒，向秦国请求购买粮食。秦缪公问百里奚该怎么办，百里奚说："天灾流行，总会在各国交替出现，救援灾民、赈济邻邦，是处理国家之间关系的一条原则。给他们粮食吧。”邳郑的儿子邳豹说：“应当攻伐晋国。”秦缪公说：“晋国国君确实可恶，但晋国的百姓有什么罪过！”结果决定给粮，运粮的队伍从秦都雍城一直连接到晋都绛城。

五年，秦饥，请籴于晋。晋君谋之，庆郑曰：[1]“以秦得立，已而倍其地约。晋饥而秦贷我，今秦饥请籴，与之。何疑而谋之！”虢射曰：[2]“往年天以晋赐秦，秦弗知取而贷我。今天以秦赐晋，晋其可以逆天乎？遂伐之。”惠公用虢射谋，不与秦粟，而发兵且伐秦。秦大怒，亦发兵伐晋。

**【注释】**〔1〕“庆郑”，晋国大夫，反对晋惠公背弃诺言对秦国采取以怨报德的做法，后被晋惠公所杀，死于公元前六四五年。　〔2〕“虢射”，晋国异姓大夫。按《国语·晋语三》，晋惠公称其为舅，乃当时诸侯对异姓大夫的一种尊称，未必其间实有舅甥关系。《左传》僖公十四年杜预《注》据之以为惠公舅，误。

**【译文】**晋惠公五年，秦国发生饥荒，向晋国请求购买粮食。晋惠公与大臣商量，庆郑说：“国君依靠秦国的力量得以即位，事后却背弃给地的口约。晋国发生饥荒而秦国又借贷粮食给我们。如今秦国发生饥荒来请求买粮，应当给他们粮食。还有什么疑问而需要商量的呢！”虢射说：“去年上天将晋国赐给秦国，秦人不知乘机攻取反而借我粮食。如今是上天将秦国赐给晋国，我晋人怎么可以违背天意呢？应该立即乘机攻伐他们。”晋惠公采用虢射的计谋，不给秦国粮食，反而发兵准备攻伐秦国。秦缪公大怒，就发兵攻伐晋国。

六年春，秦缪公将兵伐晋。晋惠公谓庆郑曰：“秦师深矣，[1]奈何？”郑曰：“秦内君，君倍其赂；晋饥秦输粟，秦饥而晋倍之，乃欲因其饥伐之：其深不亦宜乎！”晋卜御、右，庆郑皆吉。公曰：“郑不孙。”[2]乃更令步阳御戎，[3]家仆徒为右，[4]进兵。九月壬戌，秦缪公、晋惠公合战韩原。惠公马骛不行，[5]秦兵至，公窘，召庆郑为御。郑曰：“不用卜，败不亦当乎！”遂去。更令梁繇靡御，[6]虢射为右，辂秦缪公。[7]缪公壮士冒败晋军，[8]晋军败，遂失秦缪公，反获晋公以归。秦将以祀上帝。晋君姊为缪公夫人，衰绖涕泣。[9]公曰：“得晋侯将以为乐，今乃如此。且吾闻箕子见唐叔之初封，[10]曰‘其后必当大矣’，晋庸可灭乎！”[11]乃与晋侯盟王城，[12]而许之归。晋侯亦使吕省等报国人曰：“孤虽得归，毋面目见社稷，卜日立子圉。”[13]晋人闻之，皆哭。秦缪公问吕省：“晋国和乎？”对曰：“不和。小人惧失君亡亲，不惮立子圉，[14]曰‘必报雠，宁事戎狄’。其君子则爱君而知罪，以待秦命，曰‘必报德’。有此二，故不和。”于是秦缪公更舍晋惠公，[15]馈之七牢。[16]十一月，归晋侯。晋侯至国，诛庆郑，修政教。谋曰：“重耳在外，诸侯多利内之。”欲使人杀重耳于狄。重耳闻之，如齐。[17]

【注释】〔1〕“深”，深入，深入国境。或说为重，盛。 〔2〕“孙”，通“逊”，顺，恭顺。 〔3〕“步阳”，或作“步扬”，晋国大夫，晋公族郤氏之后，食邑于步，因以为氏。 〔4〕“家仆徒”，晋国大夫。 〔5〕“骘”，音zhì，马难起步的样子。“惠公马骘不行”，言惠公的马陷入泥泞不能行走。《左传》僖公十五年云“晋戎马还泞而止”，《国语·晋语三》云“戎马泞而止”，可参看。 〔6〕“梁繇靡”，或作“梁由靡”，晋国大夫，晋献公二十五年曾为里克出征驾车。“更令梁繇靡御”，按《左传》僖公十五年和《国语·晋语三》皆云“梁由靡御韩简”，并无“更令梁繇靡御”及下“虢射为右”之事。 〔7〕“辂”，音yà，通“迓”，迎，迎上前去。 〔8〕“缪公壮士冒败晋军”，本书《秦本纪》云“岐下食善马者三百人驰冒晋军”，则此“壮士”指当初吃了秦缪公好马的三百名岐下野人。按《吕氏春秋·爱士》、《韩诗外传》卷十、《淮南子·汜论》等所载亦略同《秦本纪》。 〔9〕“衰绖”，音cuī dié，丧礼服饰。衰，通“缞”，披于胸前当心处的粗麻布片。绖，麻带，缠在头上的称首绖，击在腰间的叫腰绖。衰绖连言，浑指丧服。 〔10〕“箕子”，或谓名胥余，子姓，商纣王诸父，官太师，封于箕（今山西太谷东北）。因劝谏纣王而被囚禁，周武王灭商后获释。 〔11〕“庸”，岂，怎么。 〔12〕“王城”，秦国邑名，原为大荔戎都城，在今陕西大荔东。 〔13〕“子圉”，亦称“太子圉”，即晋怀公，晋惠公与梁嬴所生之子，晋惠公死后即位，次年被秦缪公所派人杀死，公元前六三七年——前六三六年在位。 〔14〕“惮”，音dàn，怕，畏惧。 〔15〕“更舍”，更换住宿之处。按《左传》僖公十五年，晋惠公原被拘留于秦都郊外的灵台，后住进专门招待诸侯的客馆。 〔16〕“牢”，祭祀、馈赠所用的牲口。此指太牢，牛、羊、猪各一为一太牢。“馈之七牢”，馈赠给晋惠公七太牢。这是款待诸侯的礼仪规格，《周礼·秋官·大行人》和《礼记·礼器》皆言接待诸侯用七介七牢。 〔17〕“如”，往，前往。

【译文】晋惠公六年春天，秦缪公领兵攻伐晋国。晋惠公对庆郑说：“秦军深入国境了，怎么办？”庆郑说：“秦国护送您回国即位，您却背弃当初给地的许诺；晋国发生饥荒，秦国运来粮食，秦国发生饥荒，晋国却反其道而行之，居然乘人饥荒攻伐它：秦军深入国境不也理所当然吗！”晋惠公占卜驭手和车右的人选，都是以庆郑为吉利。晋惠公说：“庆郑这个人不恭顺。”便改命步阳驾驭战车，家仆徒担任车右，出发进军。九月壬戌这天，秦缪公、晋惠公在韩原会战。晋惠公的马陷进泥淖不能行走，这时秦兵赶到，惠公窘迫危急，召呼庆郑来驾车。庆郑说：“不听用占卜，战败不也是当然的吗！”说完就离开了。惠公改命梁繇靡驾车，虢射担任车右，迎战秦缪公。秦缪公手下的壮士冲锋打败晋军，晋军溃退，便丧失俘获秦缪公的机会，反让秦军抓获晋惠公而回国。秦缪公准备杀死晋惠公来祭祀上帝。晋惠公姐姐是秦缪公的夫人，（闻讯后）身穿丧服痛哭流涕。缪公说："擒得晋侯，原想以此欢乐一番，不料如今却到了这般地步。况且我听说箕子见到唐叔当初受封，说过'唐叔的后代必定昌大'，晋国怎么能灭亡呢！"于是同晋惠公在王城订立盟约，而且答应放他回国。晋惠公也同时派吕省等人回报国人说："我即使得以返归，也没脸再见宗庙社稷了。你们就挑选日子扶立子圉即位吧。"晋国国人听说后，都失声痛哭。秦缪公问吕省："晋国内部和睦一致吗？"吕省回答说："不和睦一致。小人们惧怕没有国君失去亲人，不惜拥立子圉为国君，并说'一定要报仇，宁可去事奉戎狄（也不从秦国）'。那些君子们却怜悯国君并且知晓他的罪过，等待秦国的命令，并说'一定要报答秦国对晋国的恩德'。有这样两派意见，所以不和睦一致。"于是秦缪公改换了晋惠公住宿的地方，并馈赠牺牲七牢。十一月，送晋惠公回国。晋惠公到达国都，杀死庆郑，整顿政治教化。惠公同大臣商议说："重耳在国外，诸侯中大多认为送他返国为君对自己有利。"打算派人把重耳杀死在狄。重耳闻讯，便离狄前往齐国。

八年，使太子圉质秦。[1]初，惠公亡在梁，梁伯以其女妻之，[2]生一男一女。梁伯卜之，男为人臣，女为人妾，故名男为圉，[3]女为妾。

**【注释】**〔1〕"质"，人质。当时诸侯为取信别国，常将自己的子弟作为人质派往对方。〔2〕"妻"，音 qì，以女嫁人。〔3〕"圉"，养马人，是一种地位低下的徒役或奴隶。

**【译文】**晋惠公八年，派遣太子圉作为人质去秦国。当初，惠公流亡住在梁国，梁伯把自己的女儿嫁给他，生下一男一女。梁伯占卜两个孩子的命运，结果说男孩子将来要当人臣，女孩子将来要为人妾，所以男孩取名叫圉，女孩取名叫妾。

十年，秦灭梁。梁伯好土功，治城沟，民力罢，[1]怨，其众数相惊，曰"秦寇至"，民恐惑，秦竟灭之。

**【注释】**〔1〕"罢"，通"疲"，疲惫，疲劳。

**【译文】**晋惠公十年，秦国灭掉梁国。梁伯喜好大兴土木工程，整治城墙沟池，民力疲乏，怨声载道，被征发的民众经常互相惊吓，叫嚷"秦兵打来了"，百姓怨恨疑惑，秦国最后灭了梁国。

十三年，晋惠公病，内有数子。太子圉曰："吾母家在梁，梁今秦灭之，我外轻于秦而内无援于国。君即不起，病大夫轻，更立他公子。"

乃谋与其妻俱亡归。[1]秦女曰："子一国太子，辱在此。秦使婢子侍，[2]以固子之心。子亡矣，我不从子，亦不敢言。"子圉遂亡归晋。十四年九月，惠公卒，太子圉立，是为怀公。

**【注释】**〔1〕"其妻"，即怀嬴，秦公室女，后又嫁给晋文公为妾，改称辰嬴。〔2〕"婢子"，此为女子的自我谦称。

**【译文】**晋惠公十三年，晋惠公发病，当时国内有好几位公子。太子圉说："我母亲的娘家在梁国，梁如今被秦国灭亡，我是在外被秦人所轻视而在国中又无内援。国君倘若一病不起，担心大夫们看不起我，会改立其他公子为国君。"于是同他的妻子谋划一起逃亡回国。秦女说："您是堂堂一国的太子，蒙含屈辱在此作人质。秦君派我侍奉您，想借以稳住您的心。您要逃亡了，我不能跟从您，但也不会告发。"子圉便只身逃亡返回晋国。十四年九月，晋惠公去世，太子圉即位，这就是晋怀公。

子圉之亡，秦怨之，乃求公子重耳，欲内之。子圉之立，畏秦之伐也，乃令国中诸从重耳亡者与期，[1]期尽不到者尽灭其家。狐突之子毛及偃从重耳在秦，[2]弗肯召。怀公怒，囚狐突。突曰："臣子事重耳有年数矣，今召之，是教之反君也，何以教之？"怀公卒杀狐突。秦缪公乃发兵送内重耳，使人告栾、郤之党为内应，[3]杀怀公于高梁，入重耳。重耳立，是为文公。

**【注释】**〔1〕"期"，期限，此用作动词，规定期限。〔2〕"毛"，即狐毛，晋文公重耳之舅，跟随重耳流亡在外十九年。重耳返国后，为卿。"偃"，即狐偃，字子犯，狐毛之弟，晋文公重耳之舅，故亦称舅犯（或作"臼犯"、"咎犯"）。本书误将狐偃与臼季（又称司空季子，名胥臣）混为一人。跟随重耳流亡在外十九年。重耳返国后，为卿，辅佐晋文公改革内政，建立霸业。〔3〕"栾、郤之党"，指晋国国内亲重耳的大夫栾枝、郤谷等人。

**【译文】**子圉逃亡，秦缪公对此十分恼怒，于是寻找公子重耳，打算送他回国为君。子圉即位后，惧怕秦国来攻伐，就下令国中所有家中有跟随重耳流亡在外的人，给他们规定回归的日期，期满不到的诛灭全家。狐突的儿子狐毛和狐偃跟随重耳在秦国，狐突不肯召他们回来。晋怀公发怒，囚禁狐突。狐突说："臣下之子事奉重耳已有多年了，如今召他们回来，这是教他们弃上背主，怎么能这样教育子女呢？"怀公结果杀了狐突。秦缪公就发兵送重耳回国，派人通知栾氏、郤氏等同党在国内策应，在高梁杀死晋怀公，迎重耳进入国都。重耳即位，这就是晋文公。

晋文公重耳，晋献公之子也。自少好士，年十七，有贤士五人：曰赵衰；[1] 狐偃咎犯，文公舅也；[2] 贾佗；[3] 先轸；[4] 魏武子。[5] 自献公为太子时，重耳固已成人矣。献公即位，重耳年二十一。[6] 献公十三年，[7] 以骊姬故，重耳备蒲城守秦。[8] 献公二十一年，献公杀太子申生，骊姬谗之，恐，不辞献公而守蒲城。献公二十二年，献公使宦者履鞮趣杀重耳。[9] 重耳逾垣，宦者遂斩其衣祛。重耳遂奔狄。狄，其母国也。是时重耳年四十三。[10] 从此五士，[11] 其余不名者数十人，至狄。

**【注释】**〔1〕"赵衰"，字子余，谥成，排行季，亦称赵成季，赵夙之孙（或说赵夙之子，又说赵夙之弟），追随重耳流亡在外十九年。重耳返国后，任原（在今河南济源西北）大夫，故亦称原季，为卿，辅佐晋文公修治政教，建立霸业。死于公元前六二二年。详见本书《赵世家》。〔2〕"狐偃咎犯，文公舅也"，《史记会注考证》和《校补》引南化本、枫山本、三条本、梅仙本无"咎犯文公舅也"六字，疑系注文而混入正文。〔3〕"贾佗"，或作"贾它"，晋公族，追随重耳流亡在外十九年。重耳返国后，为辅佐重臣之一，曾任太师。〔4〕"先轸"，或谓晋大夫先丹木之子，亦称原轸，盖食邑于原（今河南济源西北），因以为氏。晋文公重耳返国后，为卿，曾执掌国政，在城濮之战中领兵大败楚军，屡建战功，在公元前六二七年与狄之役中战死。〔5〕"魏武子"，名犫，氏魏，谥武，毕万之子（或说毕万之孙），追随重耳流亡在外十九年。重耳返国后，为大夫，曾任晋文公戎右。详见本书《魏世家》。〔6〕"年二十一"，依下文晋献公二十二年"重耳年四十三"推算，当作"年二十二"方合。两者必有一误。〔7〕"献公十三年"，重耳守蒲，本篇前述和本书《十二诸侯年表》皆系晋献公十二年；按《左传》庄公二十八年，当在献公十一年。〔8〕"重耳备蒲城守秦"，《史记会注考证》引中井积德云"宜言守蒲城备秦也"，张文虎《校刊史记集解索隐正义札记》云"备、守疑当互易"，疑是。〔9〕"宦者履鞮"，即前文之"宦者勃鞮"。"趣"，音cù，急促，赶快。〔10〕"是时重耳年四十三"，按《国语·晋语四》云"晋公子生十七年而亡"，则以是时重耳年龄为十七，与此大异。〔11〕"从此五士"，按《左传》僖公二十三年，所从五士为：狐偃、赵衰、颠颉、魏武子、司空季子。与此出入较大，又按《左传》昭公十三年叔向语，重耳流亡时先轸在国内。

**【译文】**晋文公重耳，是晋献公的儿子。从小喜好结交士人，十七岁时，已有贤士五人：赵衰；狐偃咎犯，是晋文公的舅舅；贾佗；先轸；魏武子。在晋献公立为太子的时候，重耳就已长大成人了。晋献公即位那年，重耳二十一岁。献公十三年，因为骊姬的缘故，重耳被派守蒲城防备秦国。献公二十一年，献公杀死了太子申生，骊姬又谗言相害，重耳惶恐，没有向献公告辞便返守蒲城。献公二十二年，献公派宦官履鞮赶紧杀死重耳。重耳翻墙而走，宦官履鞮追赶上前斩下他的衣袖。重耳于是投奔狄。狄，是他的生母的故国。这时重耳四十三岁。他身边跟从的有上述五位贤士，其余不出名的有几十人，一起跑到狄。

狄伐咎如，[1]得二女。以长女妻重耳，[2]生伯鯈、[3]叔刘；[4]以少女妻赵衰，[5]生盾。[6]居狄五岁而晋献公卒。里克已杀奚齐、悼子，乃使人迎，欲立重耳。重耳畏杀，因固谢，不敢入。已而晋更迎其弟夷吾立之，[7]是为惠公。惠公七年，畏重耳，乃使宦者履鞮与壮士欲杀重耳。重耳闻之，乃谋赵衰等曰："始吾奔狄，非以为可用与，[8]以近易通，[9]故且休足。休足久矣，固愿徙之大国。夫齐桓公好善，志在霸王，收恤诸侯。今闻管仲、隰朋死，[10]此亦欲得贤佐，盍往乎？"[11]于是遂行。重耳谓其妻曰："待我二十五年，不来，乃嫁。"其妻笑曰："犁二十五年，[12]吾冢上柏大矣。虽然，妾待子。"重耳居狄凡十二年而去。

　　【注释】〔1〕"咎如"，亦作"廧咎如"、"墙咎如"，少数部族名，隗（亦作"媿"）姓，赤狄的一枝，活动于今河南安阳西一带，或说今山西太原东北一带。"咎"，音 gāo。〔2〕"以长女妻重耳"，按本书《赵世家》和《左传》僖公二十三年，嫁给重耳的是少女，《左传》称季隗。〔3〕"鯈"，音 tiáo，一音 chóu。〔4〕"伯鯈、叔刘"，晋文公重耳返国即位后，此二子仍留居于狄。〔5〕"以少女妻赵衰"，按本书《赵世家》和《左传》僖公二十三年，嫁给赵衰的是长女，《左传》称叔隗。〔6〕"盾"，即赵盾，谥宣，排行孟，故亦称宣子、宣孟，其父随晋文公返国后，旋被接回，立为赵氏嫡子，公元前六二一年任中军元帅，为晋襄公、晋灵公、晋成公三朝执政大臣，死于公元前六○二年左右。详见本书《赵世家》。〔7〕"已而"，事后，不久。〔8〕"与"，相与，共同成事。或谓通"举"，举事。《史记索隐》及《史记会注考证校补》云别本作"兴"，于义较胜。〔9〕"通"，达，至。"以近易通"，《国语·晋语四》作"奔而易达"。〔10〕"管仲"，名夷吾，排行仲，谥敬，亦称管子、管夷吾、管敬仲，颍上（颍水之滨）人，原为公子纠辅佐，后经鲍叔牙推荐，被齐桓公任命为卿，尊为"仲父"，对齐国的政治、军事、经济进行一系列整顿、改革，对外奉行"尊王攘夷"的策略，促使齐国富强，辅助齐桓公成为春秋时代第一位霸主。死于公元前六四五年。今传《管子》七十六篇，多系战国齐人托名之作。详见本书《管晏列传》。"隰朋"，齐国公族，齐桓公重臣。〔11〕"盍"，音 hé，何不。〔12〕"犁"，通"黎"，将，及。

　　【译文】狄人攻伐咎如，俘获咎如君的两个女儿。狄君将大的嫁给重耳为妻，生下伯鯈、叔刘；将小的嫁给赵衰为妻，生下盾。在狄居住五年后晋献公去世，里克已经杀死奚齐、悼子，就派人前来迎接，准备立重耳为国君。重耳畏恐被杀，就坚决推辞，不敢回国。不久晋人改迎重耳的弟弟夷吾，立他为君，这就是晋惠公。惠公七年，晋惠公害怕重耳夺位，就派宦官履鞮与壮士一道准备杀死重耳。重耳闻知这个消息，就同赵衰等人商议说："当初我投奔狄，不是以为可借此成就大事，只是考虑路近容易到达而已，所以暂且在此歇脚。在此歇脚久了，我本意希望移居到大国。那齐桓公乐善好施，志在建立霸王之业，安抚周济诸侯。如今听说管仲、隰朋已死，这正是他渴望得到贤才辅佐的时候，何不前往呢？"于是就出发。临别时重耳对他的妻子说："等我二十五年，如果还不回来，你就改嫁。"他的妻子笑着说："到了二十五年，我坟头上栽的柏树都长大了。即便如此，我还是等你。"重耳在狄居住一共十二年才离去。

过卫，[1]卫文公不礼。[2]去，过五鹿，[3]饥而从野人乞食，[4]野人盛土器中进之。重耳怒。赵衰曰：[5]"土者，有土也，君其拜受之。"

【注释】〔1〕"过卫"，重耳过卫，本书《卫康叔世家》系于卫文公十六年，即公元前六四四年，为重耳离狄之年；按《左传》僖公二十三年，重耳过卫亦紧接离狄之后，皆与此合。然本书《十二诸侯年表》将重耳过卫系于卫文公二十三年，即公元前六三七年，且云"重耳从齐过"；又《国语·晋语四》亦谓重耳离狄后先至齐，再从齐至卫，韦昭《注》谓过卫在鲁僖公十八年，即卫文公十八年。当以本书《世家》和《左传》近是。〔2〕"卫文公"，初名辟疆，后改名燬，卫戴公弟，昭伯（卫宣公与前夫人夷姜所生之子）与宣姜（卫宣公夫人）所生，公元前六五九年——前六三五年在位。详见本书《卫康叔世家》。〔3〕"五鹿"，卫国邑名，在今河南濮阳东北，或说在今河北大名东。〔4〕"野人"，居住在城邑四郊以外的人，多为农业生产者。〔5〕"赵衰曰"，按《左传》僖公二十三年、《国语·晋语四》，均以下面的话为子犯所说。

【译文】途经卫国，卫文公不以礼遇。离开卫国时，经过五鹿，重耳因饥饿而向郊野百姓乞讨食物，郊野百姓将土块装在器具中进送给他。重耳发怒。赵衰说："土块，象征会有土地，您应该拜谢接受它。"

至齐，齐桓公厚礼，而以宗女妻之，有马二十乘，[1]重耳安之。重耳至齐二岁而桓公卒，会竖刀等为内乱，[2]齐孝公之立，[3]诸侯兵数至。留齐凡五岁。重耳爱齐女，毋去心。赵衰、咎犯乃于桑下谋行。齐女侍者在桑上闻之，以告其主。[4]其主乃杀侍者，劝重耳趣行。重耳曰："人生安乐，孰知其他！必死于此，不能去。"齐女曰："子一国公子，穷而来此，数士者以子为命。子不疾反国，报劳臣，而怀女德，窃为子羞之。且不求，何时得功？"乃与赵衰等谋，醉重耳，载以行。行远而觉，重耳大怒，引戈欲杀咎犯。咎犯曰："杀臣成子，偃之愿也。"重耳曰："事不成，我食舅氏之肉。"咎犯曰："事不成，犯肉腥臊，何足食！"乃止，遂行。

【注释】〔1〕"二十乘"，古一车四马，是为一乘，则二十乘为八十四马。〔2〕"竖刀"，亦作"竖刁"、"竖貂"，齐桓公寺人，故亦称寺人刀。管仲死后，与易牙、开方专权。齐桓公死，诸子争立，又与易牙等人杀群吏，立公子无诡为君，迫使太子昭出奔，造成齐国内乱。〔3〕"齐孝公"，名昭，齐桓公与郑姬所生之子，被立为太子，故亦称太子昭，齐桓公死后因内乱出奔宋国，依靠宋襄公和其它诸侯的力量平定内乱，返国即位，公元前六四二年——前六三三年在位。详见本书《齐太公世家》。〔4〕"主"，主人，指齐女。

【译文】到达齐国，齐桓公厚礼相待，并且把同宗女子嫁给重耳，又给八十匹马，重耳十分安于这种生活。重耳到齐国两年，齐桓公去世，遇上竖刀等人制造内乱，齐孝公立为国君，诸侯军队频繁而至。重耳在齐留居一共五年。重耳留恋齐女，没有离开齐国的念头。赵衰、咎犯于是在桑树下筹划如何出走。齐女的侍从恰好在桑树上听到谈话，就报告她的主人。齐女却杀死那侍从，劝重耳赶快出走。重耳说："人生能够安乐，谁还管别的东西！我一定要死在这里，不能离开。"齐女说："您是一个大国的公子，遇到危难而来到此地，但众位贤士还是把国家的命运寄托在您身上。可您不马上返回晋国，报答告慰臣下，却眷恋男女之情，我私下都替您感到羞耻。况且这等大事不进取追求，什么时候才能得到成功？"于是同赵衰等人谋划，设计灌醉重耳，用车载着而上路。出发很远才醒过来，重耳大发雷霆，操起戈要杀咎犯。咎犯说："杀死臣下而能成全您，是我的心愿啊。"重耳说："如果事情不成，我就吃你这娘舅的肉。"咎犯说："即便事情不成，我的肉又腥又臊，哪里值得您吃！"重耳这才罢休，继续行路。

过曹，〔1〕曹共公不礼，〔2〕欲观重耳骈胁。〔3〕曹大夫釐负羁曰："晋公子贤，又同姓，穷来过我，〔4〕奈何不礼！"共公不从其谋。负羁乃私遗重耳食，〔5〕置璧其下。重耳受其食，还其璧。

【注释】〔1〕"曹"，国名，姬姓，周初所封诸侯国，始封君为周武王弟叔振铎，都陶丘（今山东定陶西南），有今山东西部，公元前四八七年为宋国所灭。"过曹"，重耳过曹，本书《十二诸侯年表》系于曹共公十六年，即公元前六三七年；本书《管蔡世家》见于曹共公十六年，《左传》见于鲁僖公二十三年（即曹共公十六年），但均系追叙。考本书《宋微子世家》谓重耳过宋在宋襄公十三年，即公元前六三八年，而各处所载重耳流亡过程皆先曹后宋，则过曹至迟当在公元前六三八年。〔2〕"曹共公"，名襄，曹昭公之子，公元前六五二年——前六一八年在位。详见本书《管蔡世家》。〔3〕"骈胁"，亦作"骿胁"，肋骨相连长成一片，是一种人体骨骼畸形。〔4〕"过"，过访，拜访。〔5〕"遗"，音 wèi，馈赠，致送。

【译文】途经曹国，曹共公不以礼遇，反而要观看重耳身上长在一起的肋骨。曹国大夫釐负羁说："晋公子贤能，又是同姓，窘困之中来拜访我曹国，怎么能不以礼相待！"曹共公不听从他的主意。釐负羁于是私下赠送食物给重耳，将玉璧置放在食物下面。重耳接受他的食品退还玉璧。

去，过宋。宋襄公新困兵于楚，〔1〕伤于泓，〔2〕闻重耳贤，乃以国礼礼于重耳。〔3〕宋司马公孙固善于咎犯，〔4〕曰："宋小国新困，不足以求入，更之大国。"乃去。

【注释】〔1〕"宋襄公"，名兹甫（或作"兹父"），宋桓公之子，齐桓公死后，企图争霸，曾被楚所拘，后在伐郑的泓之战中大败于前来救援的楚军，中箭受伤，不久死去。公元前六五〇年——前六三七年在位。详见本书《宋微子世家》。"楚"，国名，芈姓，传说是祝融后裔，西周时立国于荆山（今湖北西部，武当山东南、汉江西岸），鬻熊为周文王之臣。周成王时，其君熊绎正式受封，建都丹阳（今湖北秭归东南）。西周末年，疆域扩展到长江中游。春秋初徙都于郢（今湖北江陵西北纪南城），春秋末一度迁都鄀（今湖北宜城东南）。在与邻国的兼并战争中，疆域不断扩展。战国初，已有今四川东部、湖北全部、湖南东北部、江西北部、安徽北部、陕西东南角、河南南边、江苏淮北的中部。公元前二二三年被秦国所灭。〔2〕"泓"，水名，为古涣水支流，故道约在今河南柘城西北。"伤于泓"，由于延误战机，宋军在泓水之滨被楚军大败，宋襄公中箭受伤。时在公元前六三八年。〔3〕"国礼"，诸侯国君之礼。按本书《宋微子世家》和《左传》僖公二十三年、《国语·晋语四》，宋襄公赠重耳马八十匹。〔4〕"公孙固"，宋国公族，宋庄公之孙，任宋大司马。

【译文】离开曹国，途经宋国。宋襄公此时刚刚兵败于楚，在泓之战中受了伤，听说重耳贤能，就用对待国君的礼节款待重耳。宋国司马公孙固与咎犯相好，说："宋是小国，新近又遭兵败，不能靠宋国来求回国，应该另赴大国。"重耳一行于是离开宋国。

过郑，〔1〕郑文公弗礼。〔2〕郑叔瞻谏其君曰：〔3〕"晋公子贤，而其从者皆国相；〔4〕且又同姓，郑之出自厉王，〔5〕而晋之出自武王。"郑君曰："诸侯亡公子过此者众，〔6〕安可尽礼！"〔7〕叔瞻曰："君不礼，不如杀之，且后为国患。"郑君不听。

【注释】〔1〕"过郑"，按本书《十二诸侯年表》、《郑世家》，重耳过郑皆系于郑文公三十六年，即公元前六三七年。〔2〕"郑文公"，名踕（或作"捷"、"接"、"棱"），郑厉公之子，公元前六七二年——前六二八年在位。详见本书《郑世家》。〔3〕"叔瞻"，或作"叔詹"，郑国执政大臣。〔4〕"国相"，国佐，国君的辅佐。〔5〕"厉王"，即周厉王，名胡，周夷王之子，死于公元前八二八年。在位三十七年，或谓十六年。详见本书《周本纪》。"郑之出自厉王"，郑国始封君郑桓公友是周厉王的小儿子，故云。〔6〕"诸侯亡公子过此者众"，"者"后"众"前，《史记会注考证》引枫山本有"甚"字。〔7〕"安"，哪里，哪能。

【译文】途经郑国，郑文公不以礼相待。郑国大夫叔瞻劝谏他的国君说："晋国这位公子贤能，同时他的随从个个都是堪任国君辅佐的人材；而且又属同姓，郑国的先祖出自周厉王，晋国的先祖出自周武王。"郑君说："诸侯的流亡公子经过此地的很多，哪能够全都以礼相待！"叔瞻说："国君您既然不能以礼相待，不如就杀了他，（否则，）日后将会成为国家的祸患。"郑君没有听从。

　　重耳去之楚，楚成王以适诸侯礼待之，[1]重耳谢不敢当。赵衰曰："子亡在外十余年，小国轻子，况大国乎？今楚大国而固遇子，[2]子其毋让，此天开子也。"[3]遂以客礼见之。成王厚遇重耳，重耳甚卑。成王曰："子即反国，[4]何以报寡人？"重耳曰："羽毛齿角玉帛，[5]君王所余，未知所以报。"王曰："虽然，何以报不谷？"[6]重耳曰："即不得已，与君王以兵车会平原广泽，[7]请辟王三舍。"[8]楚将子玉怒曰：[9]"王遇晋公子至厚，今重耳言不孙，[10]请杀之。"成王曰："晋公子贤而困于外久，从者皆国器，[11]此天所置，庸可杀乎？[12]且言何以易之！"[13]居楚数月，而晋太子圉亡秦，秦怨之；闻重耳在楚，乃召之。成王曰："楚远，更数国乃至晋。秦、晋接境，秦君贤，子其勉行！"厚送重耳。

　　**【注释】**〔1〕"楚成王"，名恽（或作"頵"、"髡"），楚文王之子，堵敖囏之弟，母息妫，公元前六七一年——前六二六在位。详见本书《楚世家》。"适"，通"敌"，匹敌，相当。或谓往，至。〔2〕"固"，坚决，坚持。"遇"，接待，款待。〔3〕"开"，启，启迪，引导，引申为赞助、保佑。〔4〕"即"，如果，倘若。〔5〕"羽毛齿角"，羽，鸟羽；毛，通"旄"，旄牛尾；齿，象牙；角，牛角。皆可用作器物的装饰配件，常为下对上的贡品。〔6〕"不谷"，不善，诸侯的自我谦称。〔7〕"泽"，积水的洼地。〔8〕"辟"，通"避"，退避。"三舍"，古时行军以三十里为一舍，三舍即九十里。〔9〕"子玉"，即成得臣，名得臣，字子玉，氏成，楚国公族，若敖之后，任楚令尹，公元前六三二年领兵与晋战于城濮，兵败自杀。〔10〕"孙"，通"逊"，逊顺，恭敬。〔11〕"国器"，国家重器，国家栋梁。〔12〕"庸"，岂，难道。〔13〕"易"，变易，改变。一说为轻易，随便。"言何以易之"，指重耳说的是实话，如果不那样说，还能改说什么。

　　**【译文】**重耳离开郑国前往楚国，楚成王用相当于诸侯的礼节招待他，重耳辞谢不敢承当。赵衰说："您流亡在外十几年，连小国都轻视您，何况大国呢？如今楚作为大国而坚持如此款待您，您就不必谦让了，这是上天在保佑您啊。"重耳于是以相应的宾客礼节会见楚成王。成王隆重接待重耳，重耳显得非常谦卑。成王说："您如果返回故国，用什么来报答我？"重耳说："鸟羽、牛尾、象牙、犀角、宝玉、绢帛等，都是您有富余的东西，不知用什么来报答。"成王说："即便如此，

（您总该有所表示，）用什么来报答我？"重耳说："如果不得不讲的话，倘若有朝一日同您各领兵车在平原旷野相会，就让我为您退避九十里。"楚国将军子玉发怒说："君王款待重耳极其隆重，如今重耳却口出不逊，请杀死他。"楚成王说："晋国这位公子贤能而在外困顿多年，跟随的人都是治国之材，这些都是上天的安排，难道可以杀他吗？况且话已出口，还能改说什么呢！"在楚国居住几个月后，（作为人质的）晋国太子圉从秦国逃亡，秦缪公怨恨太子圉；听说重耳在楚国，便派人来召他。楚成王说："楚国路远，要经过好几个国家才能到达晋国。秦国和晋国毗邻接界，秦君又贤明，您就好好去吧！"并备厚礼为重耳送行。

重耳至秦，缪公以宗女五人妻重耳，故子圉妻与往。重耳不欲受，司空季子曰：[1]"其国且伐，[2]况其故妻乎！且受以结秦亲而求入，子乃拘小礼，忘大丑乎！"[3]遂受。缪公大欢，与重耳饮。赵衰歌《黍苗》诗。[4]缪公曰："知子欲急反国矣。"赵衰与重耳下，再拜曰："孤臣之仰君，如百谷之望时雨。"[5]是时晋惠公十四年秋。惠公以九月卒，子圉立。十一月，葬惠公。十二月，晋国大夫栾、郤等闻重耳在秦，皆阴来劝重耳、赵衰等反国，为内应甚众。于是秦缪公乃发兵与重耳归晋。晋闻秦兵来，亦发兵拒之。然皆阴知公子重耳入也，唯惠公之故贵臣吕、郤之属不欲立重耳。[6]重耳出亡凡十九岁而得入，时年六十二矣，晋人多附焉。

【注释】[1]"司空季子"，名胥臣，排行季，亦称臼季，食邑于臼（即臼衰，在今山西运城西北），因以为氏，追随重耳流亡在外十九年。重耳返国后为卿，曾任司空，故有司空季子之称，死于公元前六二二年。本书误将臼季与臼犯（或作"咎犯"、"舅犯"，即狐偃，字子犯）混为一人。 [2]"伐"，《史记会注考证》和《校补》引南化本、枫山本、三条本、梅仙本等作"代"，于义较胜。 [3]"丑"，类，物，事。一说羞耻，耻辱。 [4]"《黍苗》"，《诗经》篇名，在《诗·小雅》中。此诗歌颂了召伯主持完成谢之城邑营建的功绩，同时抒发征夫役徒思乡归土的心情。诗云："我任我辇，我车我牛。我行既集，盖云归哉。我徒我御，我师我旅。我行既集，盖云归处。"赵衰席间唱此诗，借以对秦缪公表达盼望早日返回晋国的心愿。 [5]"孤臣之仰君，如百谷之望时雨"，按《黍苗》诗中有"芃芃黍苗，阴雨膏之"句，故赵衰作此回答。 [6]"惠公之故贵臣吕、郤之属"，指拥立晋惠公的晋大夫吕甥、郤芮等人。

【译文】重耳到达秦国，秦缪公将宗室女子五人嫁给重耳，原先子圉的妻子（在其中）一起前往。重耳不想接受子圉的妻子，司空季子说："他的国家你都将要攻伐，何况娶其旧妻这等小事呢！再说接受下来缔结与秦国的亲事可以求得回国，您竟要拘泥小节，而忘弃大事吗！"重耳便接受了。秦缪公非常高兴，同重耳一起宴饮。席间赵衰唱起《黍苗》这首诗。秦缪公说："我知道公子想急着回国了。"赵衰和重耳离座下拜，拜了两拜后说："孤臣游子仰望国君施恩，就如同庄稼盼望及时雨一般。"这时正当晋惠公十四年的秋天。晋惠公在九月去世，子圉即位。十一月，安葬晋惠公。十二月，晋国大夫栾枝、郤谷等听说重耳在秦国，都暗中来劝说重耳返回晋国，愿为内应的人很多。于是秦缪公就派军队陪同重耳回归晋国。晋怀公听说秦军前来，就派出军队抵御。然而大家都暗中知道是公子重耳要回来，其中只有晋惠公的故老旧臣吕甥、郤芮一伙不愿意立重耳为国君。重耳出国流亡共十九年而得回归，当时年纪已经六十二了，晋人大多亲附于他。

文公元年春，秦送重耳至河。咎犯曰："臣从君周旋天下，[1]过亦多矣。臣犹知之，[2]况于君乎？请从此去矣。"重耳曰："若反国，所不与子犯共者，河伯视之！"[3]乃投璧河中，以与子犯盟。是时介子推从，[4]在船中，乃笑曰："天实开公子，而子犯以为己功而要市于君，[5]固足羞也。吾不忍与同位。"[6]乃自隐渡河。秦兵围令狐，[7]晋军于庐柳。[8]二月辛丑，咎犯与秦、晋大夫盟于郇。[9]壬寅，重耳入于晋师。丙午，入于曲沃。丁未，朝于武宫，[10]即位为晋君，是为文公。群臣皆往。怀公圉奔高梁。戊申，使人杀怀公。

**【注释】**〔1〕"周旋"，周流，此指流亡辗转于诸侯各国。 〔2〕"犹"，尚，尚且。 〔3〕"河伯"，或称冯夷，传说中的黄河水神。"视"，察，鉴。 〔4〕"介子推"，或作"介之推"，亦称介推，名推，氏介，晋国大夫，追随重耳流亡在外十九年，后隐居不出。本篇下云"自隐渡河"；而《左传》僖公二十四年则谓重耳返国即位后，因赏赐随从臣属而不及，便与其母隐居绵上（今山西介休东南）山中，所记有异。 〔5〕"要"，通"徼"，求，取。"市"，买取，换取。 〔6〕"同位"，同列，共事。 〔7〕"令狐"，晋国邑名，在今山西临猗西。 〔8〕"庐柳"，晋国邑名，在今山西临猗西北。 〔9〕"郇"，晋国邑名，在今山西临猗西南。 〔10〕"武宫"，曲沃武公之庙，在曲沃。曲沃武公为晋公族曲沃一枝首立晋侯者，晋文公祖父，故重耳即位须至武宫朝拜祭祀。

**【译文】**晋文公元年春天，秦军护送重耳到达黄河。咎犯说："臣下跟随君上周流诸侯各国，过失已经很多了。臣下尚且自知，何况君上呢？请让我在此地分手离开吧。"重耳说："倘若返回国都，有任何不与您同心同德的地方，就请河伯作证。"说完将玉璧投入黄河中，以此与子犯立下誓约。这时介子推随行，在船中，就笑道："上天在保佑公子，可子犯却以为是自己的功劳向君上邀功请赏，真可羞耻啊。我不能忍心和这样的人同事供职。"便独自隐秘地渡过黄河。秦军围困令狐，晋军驻扎在庐柳。二月辛丑这天，咎犯与秦国、晋国的大夫在郇订立盟约。壬寅这天，重耳进入晋军大营。丙午这天，进入曲沃。丁未这天，朝拜武宫，然后正式即位为晋国国君，这就是晋文公。群臣都来拜见。怀公圉出奔高梁。戊申这天，晋文公派人杀死怀公。

　　怀公故大臣吕省、郤芮本不附文公，文公立，恐诛，乃欲与其徒谋烧公宫，杀文公。文公不知。始尝欲杀文公宦者履鞮知其谋，欲以告文公，解前罪，求见文公。文公不见，使人让曰：[1]"蒲城之事，[2]女斩予袪。[3]其后我从狄君猎，女为惠公来求杀我。[4]惠公与女期三日至，而女一日至，何速也？女其念之。"宦者曰："臣刀锯之余，[5]不敢以二心事君倍主，[6]故得罪于君。君已反国，其毋蒲、翟乎？且管仲射钩，[7]桓公以霸。[8]今刑余之人以事告而君不见，祸又且及矣。"于是见之，遂以吕、郤等告文公。文公欲召吕、郤，吕、郤等党多，文公恐初入国，国人卖己，乃为微行，[9]会秦缪公于王城，国人莫知。三月己丑，吕、郤等果反，焚公宫，不得文公。文公之卫徒与战，吕、郤等引兵欲奔，秦缪公诱吕、郤等，杀之河上。晋国复而文公得归。夏，迎夫人于秦，秦所与文公妻者卒为夫人。[10]秦送三千人为卫，以备晋乱。

中華藏書

世家十五篇（精选）

中国书店

三八五

　　**【注释】**〔1〕"让"，责备，斥责。　〔2〕"蒲城之事"，指前载晋献公二十二年（即公元前六五五年）履鞮奉君命到蒲城杀重耳之事。　〔3〕"女"，通"汝"，你。　〔4〕"女为惠公来求杀我"，指前载晋惠公七年（即公元前六四四年）履鞮奉君命至狄杀重耳之事。　〔5〕"刀锯之余"，意同下文"刑余之人"。履鞮系宦官，受过类似宫刑之类阉割生殖器的手术，故云。〔6〕"倍"，通"背"，背弃，背叛。　〔7〕"钩"，带钩，装在腰间带子上的钩，多用青铜制成，系贵族着装上的重要服饰。　〔8〕"管仲射钩，桓公以霸"，公元前六八五年齐国内乱，公子纠和公子小白（即齐桓公）争立为君。管仲拥奉公子纠，在乾时（在今山东垣台西北）之战发箭射中公子小白的带钩。公子小白即位后听从鲍叔牙劝谏，对管仲捐弃前嫌，委以重任，因以建立霸业，被后世传为佳话。参看本书《齐太公世家》和《左传》僖公二十四年、《国语·晋语四》。〔9〕"微行"，秘密出行。　〔10〕"秦所与文公妻者"，即秦缪公所妻者，亦称文嬴，生晋襄公。

　　**【译文】**晋怀公的旧臣吕省、郤芮原本不亲附晋文公，晋文公即位后，害怕被杀，就密谋与他们的党羽焚烧文公居住的宫室，杀死晋文公。晋文公不知道。当初曾经要杀死晋文公的宦官履鞮得知他们的密谋，打算把情况告诉晋文公，以解脱从前的罪过，请求进见晋文公。文公不肯接见，派人斥责说："在蒲城那件事中，你斩断我的衣袖。此后我跟随狄君打猎，你又替惠公来追杀我。惠公给你期限三天到达，而你一天就赶到，为什么那样快？你自己想想吧。"宦官履鞮说："臣下是刀锯之下残废的人，不敢用三心二意来事奉国君，背弃主上，所以得罪于您。您如今已返国为君，难道就不存在像当年蒲城、狄地那样的隐患吗？再说从前管仲发箭射中带钩，齐桓公（不加计较反委重任）以此称霸。如今我这个酷刑残存的人有要事禀告而国君您不肯相见，只怕是灾祸又将临头了。"晋文公于是接见他，履鞮便将吕省、郤芮等人的密谋报告文公。晋文公开始打算召见吕省、郤芮，但吕省、郤芮等人的党羽很多，晋文公怕自己新近回国，国人出卖自己，就秘密出行，在王城会见秦缪公，国人都没察觉。三月己丑这天，吕省、郤芮等人果然造反，焚烧国君宫室，但没有找到晋文公。文公的卫士与叛党激战，吕省、郤芮等退兵想跑，秦缪公诱骗吕省、郤芮等人，在黄河边上杀了他们。晋国恢复平静后，文公重得回归国都。夏天，从秦国接回夫人，秦缪公所嫁给晋文公的妻子终于成为夫人。秦缪公送三千人作为晋文公的警卫，来防备晋国的暴乱。

文公修政，施惠百姓。赏从亡者及功臣，大者封邑，小者尊爵。未尽行赏，周襄王以弟带难出居郑地，[1]来告急晋。晋初定，欲发兵，恐他乱起，是以赏从亡未至隐者介子推。推亦不言禄，禄亦不及。推曰："献公子九人，唯君在矣。惠、怀无亲，外内弃之。天未绝晋，必将有主。主晋祀者，[2]非君而谁？天实开之，二三子以为己力，不亦诬乎？[3]窃人之财，犹曰是盗，况贪天之功以为己力乎？下冒其罪，[4]上赏其奸，上下相蒙，[5]难与处矣！"其母曰："盍亦求之，[6]以死谁怼？"[7]推曰："尤而效之，[8]罪有甚焉。且出怨言，不食其禄。"母曰："亦使知之，若何？"对曰："言，身之文也；[9]身欲隐，安用文之？文之，是求显也。"其母曰："能如此乎？与女偕隐。"至死不复见。[10]

【注释】〔1〕"带"，亦称子带、太叔、叔带、太叔带、王子带，谥昭，封于甘（今河南洛阳南），又称甘昭公，周惠王之子，周襄王之弟，颇受惠后宠爱。周襄王即位之初，勾结戎狄攻伐周王，事败出奔。周襄王十六年，乘襄王废黜狄后之机，再次勾结狄人发难，襄王被迫出居郑地。次年因晋文公出兵勤王而战败身死。"郑地"，按本书《周本纪》和《左传》僖公二十四年、《国语·晋语四》，指郑邑氾（在今河南襄城）。〔2〕"主晋祀"，主持晋国祭祀，意即为国君执掌国政。通常只有国君才有资格主持国家的祭祀大典。〔3〕"诬"，欺骗。〔4〕"冒"，贪，贪冒。按《左传》僖公二十四年作"义"。〔5〕"蒙"，欺蒙，欺骗。〔6〕"盍"，何不。〔7〕"怼"，音duì，怨恨。〔8〕"尤"，过失，罪过。"效"，效法，仿效。〔9〕"文"，纹饰，装饰。〔10〕"见"，通"现"，出现，露面。

【译文】晋文公修明政治，施舍恩惠给百姓。赏赐随从他流亡的人以及其他有功之臣，功劳大的封给食邑，功劳小的奖给爵位。论功行赏还未完毕，周襄王因其弟带发难逃出京都栖居郑国氾地，派人前来向晋国告急。晋国刚刚安定下来，文公打算出兵，但又怕别的乱子起来，因此赏赐随从流亡人员的事还没顾及到隐居的介子推。介子推自己也不提爵禄的事，爵禄便没有给到他头上。介子推说："晋献公儿子九人，只有国君在世了。惠公、怀公无人亲附，国内国外都离弃他们。但上天没有断绝晋国的运脉，那就必定会有人出来主持国政。主持晋国祭祀的人，不是君上还能是谁呢？上天在保佑国君，可那些人却以为是自己的力量，不是在自欺欺人吗？偷窃别人的财物，尚且说是盗贼，何况贪天之功以为己力呢？下面的臣子贪冒罪过，上面的君主赏赐奸邪，上上下下相互蒙骗，实在难以和他们相处了。"他母亲说："你何不也去邀功请赏呢？即便这样死了，去埋怨谁呢？"介子推说："明知错误而效法它，罪过就更严重了。况且我已口出怨言，不能再吃国君的俸禄了。"母亲说："那就让国君明了事情真相，怎么样？"介子推回答说："言语，好比是人身上的装饰；连身子都要隐藏起来，哪里还用得着装饰它呢？装饰身子，这是企求显耀啊。"他母亲说："你能这样吗？（真能这样，）我同你一起去隐居。"介子推一直到死也没有再露面。

介子推从者怜之，[1]乃悬书宫门曰："龙欲上天，[2]五蛇为辅。[3]龙已升云，四蛇各入其宇；一蛇独怨，终不见处所。"文公出，见其书，曰："此介子推也。吾方忧王室，未图其功。"使人召之，则亡。遂求所在，闻其入绵上山中，[4]于是文公环绵上山中而封之，[5]以为介推田，[6]号曰介山，"以记吾过，且旌善人"。[7]

**【注释】**〔1〕"怜"，爱怜，同情。 〔2〕"龙"，隐喻晋文公。"上天"，隐喻登上君位。〔3〕"五蛇"，隐喻晋文公未即位时的五位近臣。具体所指，其说不一。本篇前谓赵衰、狐偃咎犯、贾佗、先轸、魏武子，《左传》僖公二十三年谓狐偃、赵衰、颠颉、魏武子、司空季子，《史记索隐》谓狐偃、赵衰、魏武子、司空季子、介子推。此处所言，当包括介子推在内，据下言"一蛇独怨，终不见处所"可知。 〔4〕"绵上"，晋国地名，在今山西介休东南。 〔5〕"封"，土堆，此用作动词，指按照一定的规格堆起土台，作为界域的标志。 〔6〕"田"，《史记集解》引徐广曰："一作'国'。" 〔7〕"旌"，表彰。

**【译文】**介子推的追随者同情他，于是在宫墙门上挂了一条字幅，写道："龙欲上天，五蛇为辅。龙已升云，四蛇各入其宇；一蛇独怨，终不见处所。"晋文公出门，看见那字幅，说："这讲的是介子推啊。我正忙于操心王室之乱，还没来得及报答他的功劳。"派人召见介子推，人已经逃走。便寻找他的住所，听说介子推进入绵上山中，于是晋文公下令环绕绵上山的中心区域修筑封疆，作为介子推的禄田，称之为介山，并说："用这来记录我的过失，同时表彰善人。"

从亡贱臣壶叔曰：[1]"君三行赏，赏不及臣，敢请罪。"文公报曰：

"夫导我以仁义，防我以德惠，此受上赏。〔2〕辅我以行，卒以成立，此受次赏。矢石之难，〔3〕汗马之劳，此复受次赏。若以力事我而无补吾缺者，此复受次赏。三赏之后，故且及子。"〔4〕晋人闻之，皆说。

中华藏书

史记精华

中国书房

三八八

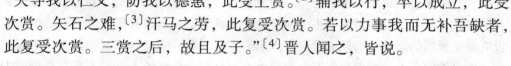

**【注释】**〔1〕"贱臣"，指担任劳务杂役的侍从。"壶叔"，《吕氏春秋·当赏》作"陶狐"，《韩诗外传》卷三、《苑复·恩作》"陶叔狐"。 〔2〕"受"，通"授"。 〔3〕"矢石"，箭矢和礌石，皆为守城武器。"矢石之难"，弓箭礌石的危险。此指作战中敢于冲锋陷阵，不避艰险。〔4〕"故"，固，毕竟。

**【译文】**随从重耳流亡的贱臣壶叔说："国君三次论功行赏，赏赐都没有惠及臣下，冒昧前来请罪。"晋文公回答说："那能用仁义来引导我前进，用德行贤惠来防范我过失的，这类人授于上等赏赐。用实际行动来辅佐我，最终取得成功的，这种人授于次一等的赏赐。敢冒流矢飞石的危险，立下汗马功劳的，这类人授于再次一等的赏赐。至于用苦力事奉我而不能补救我过失缺陷的，这类人授于更次一等的赏赐。三次赏赐之后，本来就将轮到你。"晋人听说这番话，都很高兴。

二年春，秦军河上，将入王。赵衰曰：〔1〕"求霸莫如入王尊周。周、晋同姓，晋不先入王，后秦入之，毋以令于天下。方今尊王，晋之资也。"三月甲辰，晋乃发兵至阳樊，〔2〕围温，〔3〕入襄王于周。四月，杀王弟带。周襄王赐晋河内阳樊之地。〔4〕

**【注释】**〔1〕"赵衰曰"，按本书《十二诸侯年表》和《左传》僖公二十五年、《国语·晋语四》，以下语均作咎犯言。 〔2〕"阳樊"，亦名樊，东周王畿邑名，在今河南济源东南。〔3〕"温"，一名"苏"，原为西周初年司寇苏忿生食邑，后苏氏叛周投狄，地归周辖，在今河南温县西南。当时发难的周襄王之弟带正占据此地。 〔4〕"周襄王赐晋河内阳樊之地"，周赐晋之地，《左传》僖公二十五年作"阳樊、温、原、欑茅之田"，《国语·晋语四》作"南阳阳樊、温、原、州、陉、绨、组、攒茅之田"，在今河南济源至获嘉一带。因地在黄河之北，泛称河内；在太行山之南，亦泛称南阳。

**【译文】**晋文公二年春天，秦军驻扎在黄河边上，准备护送周襄王返入京都。赵衰说："谋求霸主的办法，没有比护送襄王返入京都尊崇周室更好的。周、晋本系同姓，晋国如不先护送襄王进入京都，往后秦国就会护送襄王进入京都，这样晋国便无法对天下发号施令了。当今尊崇襄王，正是晋国日后称霸的资本啊。"三月甲辰这一天，晋国便出兵到达阳樊，包围温邑，护送周襄王进入成周。四月，杀死周襄王之弟带。周襄王赏赐给晋文公河内阳樊的土地。

四年，楚成王及诸侯围宋，宋公孙固如晋告急。先轸曰："报施定霸，[1]于今在矣。"狐偃曰："楚新得曹而初婚于卫，若伐曹、卫，楚必救之，则宋免矣。"于是晋作三军。[2]赵衰举郤谷将中军，[3]郤臻佐之；[4]使狐偃将上军，狐毛佐之，[5]命赵衰为卿；栾枝将下军，[6]先轸佐之；荀林父御戎，[7]魏犨为右：往伐。冬十二月，晋兵先下山东，[8]而以原封赵衰。[9]

【注释】〔1〕"报施"，报答宋国的施舍。本篇前云重耳过宋，宋襄公"以国礼礼于重耳"。〔2〕"三军"，指中军、上军、下军，以中军主将为三军统帅。这是大国的军队编制，《周礼·夏官·序》云："凡制军……王六军，大国三军，次国二军，小国一军。"在此之前，晋国只有上、下二军。〔3〕"郤谷"，晋国大夫，重耳返国时，与栾枝等在国内策应，据《国语·晋语四》郤谷时年五十，死于公元前六三三年。"赵衰举郤谷将中军"，赵衰荐举郤谷之辞，详见《左传》僖公二十七年、《国语·晋语四》。〔4〕"郤臻"，或作"郤溱"，晋国大夫。〔5〕"狐毛"，晋国大夫，狐偃之兄。"使狐偃将上军，狐毛佐之"，按《左传》僖公二十七年和《国语·晋语四》，均作狐毛将上军，狐偃佐之。〔6〕"栾枝"，谥贞，亦称栾贞子，晋公族栾宾之孙，栾成（即栾共叔）之子，晋国大夫，重耳返国时，与郤谷等在国内策应，死于公元前六二二年。〔7〕"荀林父"，谥桓，名林父，字伯，晋公族逝敖之子，食邑于荀，因以为氏；晋文公五年（公元前六二二年）晋将原来的步卒由二行扩编为三行，荀林父任中行主将，其后又以官为氏，故亦称荀伯、中行伯、桓伯、中行桓子。公元前五九七年任中军元帅，执掌国政。〔8〕"山东"，指太行山之东。按《国语·晋语四》谓晋军"及孟门，而原请降"。孟门为太行山东麓隘道，即此"山东"所指。〔9〕"原"，国名，姬姓，始封君为周文王之子，西周初所封诸侯国，初在今山西沁水，后迁于今河南济源西北。"以原封赵衰"，按本书《十二诸侯年表》此事系于晋文公元年，《左传》僖公二十五年、《国语·晋语四》皆系于晋文公二年，即公元前六三五年。当以《左传》、《国语》所记为是。此系于晋文公四年，误。

【译文】晋文公四年，楚成王与诸侯围攻宋国，宋国大夫公孙固前来晋国告急。先轸说："报答施舍、奠定霸业，就在今朝了。"狐偃说："楚国新近得到曹国归附，又初次和卫国通婚，倘若攻伐曹国、卫国，楚国必定救援它们，宋国之围也就可以解除了。"于是晋国建立三军。赵衰推举郤谷统领中军，郤臻辅佐他；让狐偃统领上军，狐毛辅佐他；任命赵衰为卿；栾枝统领下军，先轸辅佐他；荀林父驾驭公车，魏犨为车右，出兵讨伐。冬天十二月，晋军抢先沿黄河下太行山之东，同时把原邑封给赵衰。

　　五年春，晋文公欲伐曹，假道于卫，卫人弗许。还自河南度，[1]侵曹，伐卫。正月，取五鹿。二月，晋侯、齐侯盟于敛盂。[2]卫侯请盟晋，[3]晋人不许。卫侯欲与楚，国人不欲，故出其君以说晋。卫侯居襄牛，[4]公子买守卫。[5]楚救卫，不卒。[6]晋侯围曹。三月丙午，晋师入曹，数之以其不用釐负羁言，[7]而用美女乘轩者三百人也。[8]令军毋入僖负羁宗家以报德。楚围宋，宋复告急晋。文公欲救则攻楚，为楚尝有德，不欲伐也；欲释宋，[9]宋又尝有德于晋：患之。先轸曰："执曹伯，分曹、卫地以与宋，楚急曹、卫，其势宜释宋。"[10]于是文公从之，而楚成王乃引兵归。

**【注释】**〔1〕"河南"，卫地，本书《卫康叔世家》和《左传》僖公二十八年作"南河"。南河即南津，亦称"棘津"、"济津"、"石济津"，为古黄河渡津，在今河南淇县之南，延津之北。〔2〕"齐侯"，指齐昭公，公元前六三二年——前六一三年在位。详见本书《齐太公世家》。〔3〕"卫侯"，指卫成公，公元前六三四年——前六〇〇年在位。详见本书《卫康叔世家》。〔4〕"襄牛"，卫国邑名，在今河南东明西南。或说在今河南睢县，则系宋国之邑。〔5〕"公子买"，字子丛，鲁国大夫。此年被杀。"公子买守卫"，按卫、楚为婚姻之国，时关系良好，鲁国亲从于楚，故派大夫公子买戍守卫地。〔6〕"卒"，《史记集解》引徐广曰："一作'胜'。"《左传》僖公二十八年作"克"。〔7〕"数"，历数，列举。"釐负羁"，或作"僖负羁"。〔8〕"轩"，一种前顶较高而有帷幕的马车，供大夫以上乘坐。"用美女乘轩者三百人"，本书《管蔡世家·赞》云："余寻曹共公之不用僖负羁，乃乘轩者三百人，知唯德之不建。"《左传》僖公二十八年云："数之以其不用僖负羁，而乘轩者三百人也。"均无"美女"二字；此以乘轩者为美女，亦不合情理，"美女"二字或系衍文。"三百"系虚数，极言其多，曹为小国，不可能乘轩者有三百之多。〔9〕"释"，通"舍"，舍弃，抛弃。〔10〕"释"，消除，解除。

**【译文】**五年春天，晋文公准备攻伐曹国，向卫国借路，卫人不答应。晋军绕道从黄河南段渡水，入侵曹国，攻伐卫国。正月，攻取五鹿。二月，晋侯、齐侯在敛盂订立盟约。卫侯请求与晋国结盟，晋人不答应。卫侯打算与楚国结盟，国人不愿意，所以驱逐他们的国君来取悦晋国。卫侯居住在襄牛，公子买奉鲁君之命戍守卫国都城。楚军来救援卫国，没有结果。晋侯领兵围攻曹国。三月丙午这一天，晋军攻入曹国都城，斥责曹共公不采用釐负羁谏言，反而重用美女，美女乘坐轩车的竟有三百人之多。晋文公下令军中，不准进入僖负羁家族住房，以此报答当年的恩德。楚军围攻宋国，宋国再次向晋国告急。晋文公要救宋就必须进攻楚军，但因楚成王曾经对自己有过恩德，便不打算攻伐楚军；想撒手不管宋国，可宋襄公又曾经对自己有恩德：晋文公对此感到十分为难。先轸说："拘捕曹伯，把曹国、卫国的地分给宋国，楚国便会着急曹国、卫国的处境，造成那样的形势，自然可以消除宋国的危难。"于是晋文公听从他的计谋行动，而后楚成王也就退兵回国。